Tony Schwartz

Was wirklich zählt

Auf der Suche nach Weisheit und Lebenssinn heute

Aus dem Amerikanischen
von Erika Ifang

Knaur

Deborah, Kate und Emily gewidmet

Inhalt

III Das Ziel: Die Integration des Erreichten

Einleitung: Ein tiefes Sehnen

»Was ist ein Leben der vollkommenen Hingabe an die Wahrheit? Es ist zuerst einmal ein Leben der fortwährenden, unablässigen strengen Selbsterforschung. Wir begreifen die Welt nur durch unsere Beziehung zu ihr … Ein Leben in Weisheit kann nur ein Leben der Kontemplation und des Handelns sein.«

M. Scott Peck

»Man wird nicht erleuchtet, indem man sich Lichtgestalten vorstellt, sondern indem man sich die Dunkelheit bewußt macht.«

C. G. Jung

Die Party begann an einem kalten Samstagabend im Januar 1988 um zehn im rosamarmornen Atrium des Trump Towers. Grelle Lampen beleuchteten den Eingang auf der Fifth Avenue, vor dem in großen Limousinen Gäste vorfuhren, am roten Teppich auf dem Bürgersteig ausstiegen und in die Halle gingen, wo sie von einem Dutzend herumziehender Geiger und Scharen von Kellnern in weißem Jackett, die in Sektflöten Champagner anboten, in Empfang genommen wurden. Menschenmassen drängten sich hinter den Polizeiabsperrungen, um die ankommenden Zelebritäten zu begaffen. Obgleich die Party zu Ehren eines Buches stattfand, das ich geschrieben hatte – als Ghostwriter, um genau zu sein –, hatte auch ich das Gefühl, ein Außenstehender zu sein. Schließlich handelte es sich um die Art von Ereignis, bei der ich sonst nur als Reporter anwesend zu sein pflegte. Jetzt hingegen stand ich im Smoking, mit stolzem neuem Haarschnitt und völlig untypischem gewinnendem Lächeln mit meiner Frau eingeklemmt zwischen Donald Trump, Ivana Trump und Si Newhouse, dem

Eigentümer von Random House, und gehörte zum Empfangskomitee.

Gemeinsam begrüßten wir Gäste, die das Erscheinen von *The Art of the Deal* (deutscher Titel: *Überleben ganz oben*) mit uns feiern wollten, dem Buch, das Trump und ich zusammen geschrieben hatten. Die meisten von denen, die uns die Hand schüttelten, hatten keine Ahnung, wer wir waren, aber das kümmerte uns nicht im mindesten. Wir genossen dieses glanzvolle Märchen in vollen Zügen. Das Buch war gerade dabei, Platz eins in der Bestsellerliste der *New York Times* zu erklimmen. Und Trump war auf einmal *der* Erfolgstyp der achtziger Jahre: ein risikofreudiger Unternehmer, der unverfroren Eigenwerbung machte, ein höchst luxuriöses Leben führte und zu den bedeutendsten Prominenten zählte. Ob man ihn mochte oder nicht, sein Lebensstil hatte etwas Faszinierendes, Verführerisches an sich.

Entschlossen, möglichst viel aus diesem einzigartigen Ereignis herauszuholen, hatte ich alle Freunde, Angehörigen und Bekannten aus meinem Adreßbuch eingeladen, einschließlich unserer Babysitterin, unseres Steuerberaters und meines Tennislehrers – mit Ehepartnern natürlich. Mein Bruder war für die Filmaufnahmen mit Videokamera zuständig, während meine Schwester Reportagefotos machte; aber letztlich war es unsere Babysitterin, die am Ende die meisten Bilder von sich selbst mit berühmten Persönlichkeiten hatte – darunter Boxschwergewichtsmeister Leon Spinks und sein Manager Don King, der Gouverneur von New Jersey Tom Kean, das Model Cheryl Tiegs, die schwerreiche Anne Bass, die frühere Miß Amerika und CBS-Moderatorin Phyllis George nebst Mann, der Exgouverneur von Kentucky John Y. Brown, der Schriftsteller Norman Mailer und der Schauspieler Michael Douglas, der unter anderem gekommen war, um Studien für seine Rolle in dem neuen Film *Wall Street* zu machen, in dem er einen Millionär à la Trump spielen sollte.

Kurz nach Mitternacht stellte der Komiker Jackie Mason uns und Hunderten von Gästen, die sich in allen fünf Stockwerken des

Atriums über die Geländer lehnten, Trump vor, der sich begeistert zum Erfolg des Buches äußerte und sogar scherzte, seine Aufgabe habe unter anderem darin bestanden, mir das Geldverdienen beizubringen. Danach wurde ein riesiger Kuchen in Form des Trump Towers hereingerollt, dem ein Zug von Männern und Frauen mit roten Wunderkerzen folgte. Als der Kuchen angeschnitten wurde, schwebten gleichzeitig Hunderte von roten Luftballons aus der Atriumspitze herab. Ich verbrachte die nächsten Stunden tanzend, trinkend und lachend mit meiner Frau, Verwandten und Freunden zusammen. Wir gingen erst nach drei in der Morgenfrühe.

Es war die rauschende Feier eines außergewöhnlichen Höhepunkts. Ich war 35 Jahre alt und ganz oben, was die Verwirklichung des »amerikanischen Traums« betraf. Ich war Reporter der *New York Times,* schrieb für *Newsweek* und war ein erfolgreicher Zeitschriftenjournalist. Trotzdem hatte ich nie viel Geld und mußte wie die meisten Leute, die ich kannte, zusehen, wie ich über die Runden kam. Jetzt, mit *Überleben ganz oben,* würde ich in wenigen Wochen mehr verdienen als in meinem ganzen bisherigen Berufsleben, und das bedeutete ein finanzielles Polster, wie es nur wenige Glückliche genießen können. Die Verleger rissen sich schon um jedes Buch, das ich als nächstes schreiben würde. Meine zehnjährige Ehe war glücklich und hielt fest. Meine Frau stand selbst im Berufsleben, und unsere beiden sechs- und siebenjährigen Töchter waren gesund und meistens auch munter. Ich joggte jeden Tag ein paar Meilen und spielte mindestens zweimal die Woche Tennis. Ich hatte viele gute Freunde und empfand mich als nützliches Mitglied der Gesellschaft.

Warum war ich dann nicht restlos glücklich?

Nach der Trump-Party und während das Buch weiterhin großes Aufsehen erregte, war ich wochenlang wie in einem Höhenrausch. Aber ich merkte auch, daß ich, wenn einmal ein Tag ohne aufregende Neuigkeiten über das Buch verging, eine gewisse Unruhe verspürte. Ich hatte die Welt zwei Jahre lang mit Trumps Augen betrachtet, mich ganz an sein schwindelerregendes Tempo gewöhnt und meinen eigenen Alltag ebenso mit hektischer Aktivität vollgepfropft. Jetzt stand ich jedoch nicht mehr unter dem gleichen äußeren Druck, der mich vorher angetrieben hatte. Ich mußte mich nicht von einem Augenblick zum anderen auf ein neues Projekt stürzen, um fällige Rechnungen bezahlen zu können. Außerdem war fast unmerklich eine Veränderung mit mir vorgegangen. Mein Leben lang war ich in meinem Beruf auf Erfolg aus gewesen, auf die Anerkennung und Bewunderung meiner Leistungen. Jetzt hatte ich ein Buch geschrieben, das von sich reden machte und unleugbar erfolgreich war – und doch fehlte etwas. Ich merkte, daß es schon ein Privileg war, Zeit zum Nachdenken über solche Fragen zu haben, aber dadurch verloren sie auch nichts von ihrer Dringlichkeit und Bedeutung.

Zuerst fragte ich mich, ob es vielleicht einfach an der Art von Erfolg lag, den ich errungen hatte. Schließlich war *Überleben ganz oben* eigentlich gar nicht *mein* Buch. Und trotz seines unaufhaltsamen Aufstiegs zum Bestseller rief es auch ein paar heftige Gegenreaktionen hervor. Trump selbst wurde von Kritikern als Symbol für den herrschenden Geist der Gewinnsucht und Ellbogenmentalität bezeichnet, und ich wurde häufig gleich mitverurteilt. Ich wurde beschuldigt, mich zu verkaufen. Ich sagte mir zwar, daß ich mit dem Buch gute, ehrliche Arbeit geleistet hatte, was nicht nur seine Popularität, sondern auch das zumeist positive Echo bewies. Aber dennoch duckte ich mich förmlich, wenn ich auf eine Weise charakterisiert wurde, die überhaupt nicht dem entsprach, wie ich gerne gesehen werden wollte – und mich selbst sehen wollte.

Ich wünschte mir nicht bloß Anerkennung, sondern auch Hochachtung. Meine journalistischen Vorbilder waren Schriftsteller wie David Halberstam, Gay Talese und Tom Wolfe. Ich hatte immer so schreiben wollen wie sie: anspruchsvolle, gut recherchierte Berichte über entscheidende Themen unserer Zeit. Wenn ich mich endlich diesem Traum zuwandte, dachte ich, könnte ich vielleicht einen Weg finden, die gähnende Leere in meinem Innern auszufüllen. Doch schon als ich anfing, nach Stoff für das perfekte Buch Ausschau zu halten, merkte ich, daß ich die Antworten, nach denen ich suchte, nicht einfach durch einen noch ansehnlicheren Erfolg erhalten würde. Ich hatte über die Jahre eine Menge guter journalistischer Arbeit geleistet, und trotzdem empfand ich mein Leben im Grunde nicht als tief, befriedigend oder leidenschaftlich. Zudem sah ich keinen tieferen Sinn in allem als den, in meinem Beruf erfolgreich zu sein und ein behagliches Leben im Kreis meiner Familie und meiner Freunde zu führen. Das waren rühmliche, wichtige Ziele, nur genügten sie einfach nicht. Ich sehnte mich eigentlich danach, zufrieden zu sein, mich in meiner eigenen Haut wohler zu fühlen, das Empfinden zu haben, etwas Zeitlosem, Wesentlichem verbunden zu sein, »wirklicher« zu leben.

Trotz meiner äußeren Zielsetzungen war ich eigentlich immer ein Suchender gewesen. Hinter meiner so glatt wirkenden Erfolgsstory und der Maske des entschlossenen und zufriedenen Karrieremenschen, mit der ich mich oft zu präsentieren pflegte, war ich schon lange innerlich aufgewühlt und unzufrieden, erfüllte mich eine lautlose, lastende innere Unruhe. Ich suchte Anerkennung und Liebe, wurde jedoch leicht wütend, verlor schnell die Geduld und neigte zu Vorurteilen. Zu manchen Menschen fühlte ich mich zwar stark hingezogen, bewahrte aber trotzdem Distanz oder stieß diese Leute sogar von mir weg. Ich hatte gewaltige Energiereserven, jedoch häufig große Mühe, mich auf etwas zu konzentrieren. Ich war hin und her gerissen zwischen Erfolgsstreben und dem Gefühl, genau durch diesen übermächtigen Wunsch davon abgehalten zu werden, mein Leben einfach Tag für Tag zu genießen. Ich dachte endlos darüber nach, wie ich meine Konflikte lösen könnte, dabei ging es mir am besten, wenn ich ganz in einer Sache aufging oder mich voll für jemanden engagierte. Da ich in der Gegenwart oft Chaos erlebte, setzte ich alle Hoffnungen auf die Zukunft. Ich war mir sicher, daß mehr am Leben war, als ich bisher erfahren hatte. Ich spürte, daß ich nur einen Bruchteil des Lebens auslebte, das mir zur Verfügung stand, und nur einen blassen Widerschein meiner Möglichkeiten wahrnahm. Ich suchte nach einem viel runderen

Leben, nach der Erfahrung meines ureigenen Wesens, nach etwas, das ich später Weisheit nannte.

Im Gegensatz zu vielen Amerikanern hat es mich auf der Suche nach einem Sinn nie zu den institutionalisierten Religionen gezogen. Ich bin jüdischer Abkunft und von Eltern erzogen worden, die selbst keinerlei religiösen Überzeugungen anhingen. Statt dessen wurden vor allem Werte wie Rationalität, Objektivität und nüchterne Skepsis gepriesen. Wir sprachen nie über die Möglichkeit eines Gottes, einer höheren Macht oder einer tiefinneren, uneinsehbaren Intelligenz des Universums. Meine wenigen Synagogenbesuche ließen mich völlig ungerührt, ja kalt. Mit den Ritualen und Traditionen, die ich in der Sonntagsschule, bei Gottesdiensten und an hohen jüdischen Feiertagen oder bei den Passahfesten in der Wohnung meiner Großmutter erlebte, konnte ich im Grunde meines Herzens nichts anfangen. Je älter ich wurde, um so mehr mißtraute ich dem Dogma, den hierarchischen Strukturen und der Starrheit, durch die sich die meisten institutionalisierten Religionen auszuzeichnen schienen. Ich mißtraute überhaupt instinktiv jeder absoluten Autorität – ich empfand sie im Licht meiner eigenen Erfahrungen als Heranwachsender meist als angemaßt, engstirnig und heuchlerisch. Rückblickend sehe ich, daß ich mich nach Glauben sehnte, aber nicht um den Preis, blind irgendwelche Überzeugungen anzunehmen, die nicht mit meinen eigenen Erfahrungen übereinstimmten.

Die einzige Möglichkeit der Sinnfindung, die vor meiner Familie Bestand hatte, war der Dienst an anderen. Meine Mutter war ihr Leben lang sozial aktiv gewesen und machte kein Hehl daraus, daß sie diese Arbeit als höchste Berufung ansah. Als Teenager beteiligte ich mich pflichtschuldigst – und manchmal sogar begeistert – an politischen Kampagnen, gab behinderten Kindern Unterricht und opponierte gegen den Krieg in Vietnam. Als ich Anfang Zwanzig war, schrieb ich immerhin noch engagierte Artikel über Fälle, die mich interessierten. Aber als ich noch älter war, geheiratet und selber Kinder hatte, konzentrierte ich mich ganz auf mein berufliches Fortkommen und das Wohlergehen meiner Familie. Erst später wurde mir allmählich klar, daß ich damit auch gegen meine Mutter rebellierte. Ihr uneingeschränktes, zwanghaftes Engagement für andere war, wie ich es empfand, zu Lasten meiner selbst und meiner Geschwister gegangen. In Reaktion darauf hatte ich mich entschlossen, einen anderen Weg einzuschlagen.

Ich setzte meine Hoffnung weitgehend auf zwei amerikanische Methoden, im Leben voranzukommen. Der erste hieß Erfolg. Wenn ich davon genug hätte, sagte ich mir – beruflichen Erfolg, Anerkennung, Geld, ein gemütliches Heim, interessante Ferien, eine gute Ehe, strahlende Kinder, einen großen Freundeskreis –, dann wäre ich irgendwann auch zufrieden. Wie es das Schicksal will, bin ich an die Grenzen dieses amerikanischen Traums gestoßen, als ich ihn endlich verwirklicht hatte. Nach dem Trump-Ereignis konnte ich immer noch nicht mit Sicherheit sagen, welche Rolle Erfolg überhaupt für ein erfülltes Leben spielte, aber ich war sicher, daß er nur ein Teilchen in einem viel größeren Puzzle war.

Die zweite Methode, auf die ich große Hoffnungen setzte, war die Psychotherapie. Gegen Ende meiner Collegezeit verließ mich die Frau, mit der ich drei Jahre zusammengelebt hatte. Sie war meine erste große Liebe gewesen, und ich war am Boden zerstört. Ich begab mich in Therapie, um eine Antwort auf meine Fragen zu finden, und endete in einer langen traditionellen Freudschen Psychoanalyse. Mit der Zeit verstand ich die Konflikte aus meiner Kindheit besser, die mich bis in die Gegenwart hinein peinigten, und erkannte die Abwehrmechanismen, die ich entwickelt hatte, um mich vor Schmerz zu schützen. Nach Jahren verliebte ich mich in die Frau, die ich schließlich heiratete, und daraufhin nahmen die Schwierigkeiten ab, die ich damit hatte, mich zielstrebig auf meine Arbeit zu konzentrieren. Ich habe allerdings nie in Erfahrung bringen können, ob das alles auch ganz von selbst eingetroffen wäre, im natürlichen Verlauf des Heranwachsens und Reifens.

Wie dem auch sei, mir dämmerte es jedenfalls irgendwann, daß meine Erfahrungen mit der Therapie ziemlich unfruchtbar und eindimensional waren. Mein Psychoanalytiker war ein anständiger, intelligenter Mann, aber unsere Beziehung war eher oberflächlich und distanziert. Ich hatte kaum jemals starke Gefühle während der Sitzungen – ich kann mich nicht erinnern, je geweint zu haben oder richtig wütend geworden zu sein –, und mein Analytiker hat mich nie gedrängt, tiefer zu graben. Statt dessen bewahrte er eine neutrale Distanz, so daß unsere Beziehung weitgehend intellektuell blieb. Meine Lebensumstände verbesserten sich mit der Zeit, aber *gefühlsmäßig* ging es mir keineswegs besser. Dennoch hatte ich, als ich mich schließlich dazu durchrang, die Therapie abzubrechen, gemischte Gefühle. Ich wußte, daß ich noch keine Antwort auf meine Fragen gefunden hatte. Ich hungerte weiterhin nach einem befriedigenden Leben. Mir fehlte etwas.

In der Zeit nach *Überleben ganz oben* begann ich, mich für Meditation zu interessieren. Was mich reizte, war allerdings nichts Spirituelles. Ich hatte nie viel übrig für Praktiken, die mir weltfern und abgehoben erschienen. Ich sah in der Meditation nur eine Möglichkeit zur Entspannung. Meinem Empfinden nach war ich zu sehr unter Druck, gierte ständig nach dem nächsten Adrenalinstoß und war kaum jemals in der Lage, mich zu entspannen. Ich begann zu meditieren, um endlich langsamer zu treten.
Zu meinem Erstaunen erwies sich die Übung, meine Gedanken einfach laufen zu lassen und in einem Zustand innerer Ruhe zu verharren, als erhebend und ergreifend. Ich machte zum ersten Mal die Erfahrung, daß es möglich war, über quälende Alltagssorgen hinauszuwachsen und statt dessen Ruhe, Klarheit und ein tiefgreifendes Wohlbehagen zu empfinden. Am Ende kam ich zu der Überzeugung, die Antwort gefunden zu haben, nach der ich gesucht hatte – eine Möglichkeit, das zu ergänzen, was in meinem Leben fehlte. Ich kam auch zu dem Schluß, daß sich viele Leute nur deshalb nicht für die Meditation interessieren oder gar darüber spotten, weil sie sie als etwas Mystisches betrachten – als Aktivität

für solche, die dem materiellen Leben entsagen und die Alltagswelt hinter sich lassen wollen.

Sehr schnell wurde mir klar, daß die Meditation einen praktischen Nutzen hatte. Dadurch, daß ich lernte, meinen Geist still werden zu lassen, verminderte sich meine innere Spannung, ich konnte mich besser konzentrieren und leichter Informationen aufnehmen. Darüber hinaus nahmen, wie ich merkte, bewußte Wahrnehmung und Klarheit zu, öffnete ich mich einer erweiterten Sicht der Dinge, etwas, das sich nur schwer in Worte fassen läßt. Ich meditierte mindestens 20 bis 30 Minuten täglich, oft sogar eine ganze Stunde lang. Wenn ich allein meditierte, geschah es bisweilen, daß ich mich gegenwärtiger, lebendiger, offener, anderen inniger verbunden fühlte als je zuvor. In solchen Augenblicken nahm ich einen neuen Sinn in meinem Leben wahr – ich hatte das deutliche Gefühl, einem größeren Ganzen verbunden zu sein. Meine Berufung als Schriftsteller sah ich jetzt darin, das Meditieren zu propagieren. Ich war entschlossen, eine verständliche Sprache zu finden, um meine machtvollen Erfahrungen weiterzugeben.

Aber ich hatte die Rechnung ohne den Wirt gemacht. Enttäuscht und zu meinem Leidwesen mußte ich feststellen, daß ich, wenn ich nach der Meditation meine Augen öffnete und ins Alltagsleben zurückkehrte, meist gleich wieder in die alten Verhaltensmuster zurückfiel. Ich machte mir Sorgen um Probleme, die von der Meditation her gesehen belanglos gewirkt hatten. Das innere Geschwätz im Kopf kehrte wieder. Mit einem Schlag war ich wieder ungeduldig. Ich merkte, daß ich immer noch auf Beifall aus war, und spürte die altbekannte Rastlosigkeit. Es war zum Verzweifeln: Ich hatte zwar einen Blick in eine bessere Lebensweise getan, aber sie in meinen Lebensalltag zu übernehmen war eine ganz andere Sache. Vielleicht, redete ich mir ein, war das ganze Problem nur, daß ich erst angefangen hatte zu meditieren. Schließlich war es absurd, zu erwarten, daß bereits innerhalb weniger Monate bleibende Veränderungen in meinem Leben eintreten würden, geschweige denn die sofortige Erleuchtung. Doch als ich mehr Zeit mit Leuten verbrachte, die schon viele Jahre meditierten und ihr Leben auf diese spirituelle Übung gründeten, mit deren Hilfe sie über ihr Ego hinauswachsen wollten, stellte ich fest, daß sie zum großen Teil die gleichen Schwierigkeiten hatten wie ich. Die wenigsten von ihnen verhielten sich mitleidsvoller, einfühlsamer oder selbstloser als das Gros derer, die ich kannte und die nicht meditierten. Welchen Wert auch der in der Meditation gewonnene höhere Blickwinkel haben mochte, er schien nicht die von mir gesuchte Lösung für alles zu sein. Den Geist ganz still werden lassen zu können war offensichtlich nur ein Teil des Weisheitspuzzles und brachte für sich allein nicht viel.

Die Folge davon war, daß ich in einem größeren Umfeld nach Weisheit zu suchen begann. Erst viel später ging mir auf, daß ich damit einer jahrtausendealten Tradition folgte: der Suche nach dem heiligen Gral, nach Sinn, nach dem wahren Wesen – nach jenem Pfad, den Joseph Campbell die Fahrt des Helden nennt. Mir wurde auch klar, daß ich eine Art von Weisheit suchte, die zu meinem Leben und zu der Kultur paßte, der ich angehörte. Ich war nicht daran interessiert, meine materiellen Bedürfnisse zu verleugnen, in ein Ashram einzutreten oder meine beruflichen Ziele aufzugeben. Ich wollte auch weiterhin leidenschaftlich teilhaben am Weltgeschehen, aber ebenso leidenschaftlich wollte ich mich mit etwas Höherem in mir und anderen verbinden.

Vier Jahre lang reiste ich durchs Land und machte Leute ausfindig, in deren Leben die Suche nach Sinn Vorrang hatte. Ich führte lange Gespräche mit Psychologen, Philosophen, Ärzten, Mystikern, Medien, Lehrern und Wissenschaftlern über ihre Vorstellungen und Erfahrungen. Ich verschaffte mir auch einen genauen Überblick darüber, ob Entdeckungen in den traditionellen Fachgebieten Psychologie, Medizin oder Naturwissenschaften harte Fakten beisteuern konnten zum höchst subjektiven Versuch einer Definition dessen, was ein sinnerfülltes Leben ist. Und wann immer es mir möglich war, probierte ich die Methoden, Techniken und Übungen, die eine Transformation bewirken sollten, selbst aus.

Vieles damals wurde aus dem Geist der Gegenkultur der sechziger Jahre geboren und zugleich als Reaktion auf das elitäre Denken, die Sterilität und die pathologische Ausrichtung der Psychoanalyse. Die Leute, denen ich mich zuwandte, waren weniger an den Defiziten als an den höheren menschlichen Möglichkeiten interessiert. Viele von ihnen hielten den Blick über die eigene Praxis hinaus auf die Welt gerichtet. Sie gerieten zwangsläufig unter den Einfluß der fruchtbaren Einsichten Freuds über die Natur des Unbewußten. Aber auch C. G. Jungs Ausrichtung auf die Entdeckung des wahren Selbst durch einen Prozeß, den er Individuation nannte, übte eine starke Anziehungskraft auf sie aus, ebenso wie Wilhelm Reichs Theorie, die Neurose wurzele in der Trennung des Menschen vom Körper und der daraus folgenden Unfähigkeit des Menschen, seine Gefühle voll auszuleben. Und ein Großteil dieser Pioniere machte schließlich auch den Versuch, die Erkenntnisse der modernen Psychologie mit der Weisheit der meditativen Traditionen des Ostens zu vereinen.

Oberbegriffe wie *Human-Potential-, New-Age*-Bewegung und Bewußtseinsrevolution waren in den 60er und 70er Jahren Ausdruck eines weiten Spektrums neuer Denkansätze über die Transformation des Menschen. Vielleicht zum ersten Mal wurden in den Vereinigten Staaten Ideen wie Selbsterforschung, persönliches Wachstum oder gar Selbsttranszendenz zu legitimen Zielen eines großen Teils der Mittelschicht.

Mich selbst interessierten nicht nur die Vorstellungen, Techniken und Praktiken der Leute, die ich kennenlernte, sondern auch die Verbindungen zwischen ihren jeweiligen Tätigkeitsfeldern; ich wollte wissen, woher ihre Inspiration stammte und in welchem Maße ihre Entdeckungen und Erfahrungen ihr eigenes Leben verwandelt hatten. Die Tatsache, daß Menschen offenbar wirklich in der Lage sind, sich während ihres Lebens weiterzuentwickeln, was den Stand ihres Bewußtseins und ihrer Selbsterkenntnis wie auch das Spektrum und das Maß ihrer Fähigkeiten anging, gab mir neue Hoffnung. Lange bevor sich in meinem eigenen Leben bedeutende

Veränderungen vollzogen, erkannte ich schon das riesige ungenutzte Potential menschlicher Möglichkeiten.

Meine Recherchen waren umfassend und bezogen sich auf die verschiedensten Gebiete: Experimente mit psychedelischen Drogen, die Erforschung der humanistischen und transpersonalen Psychologie, die Anfänge des Biofeedback, das vielschichtige Studium der Träume, die wissenschaftliche Erforschung der Verbindungen zwischen Geist und Körper, die bahnbrechenden Erkenntnisse über die linke und rechte Hirnhälfte und den Versuch, östliche spirituelle Traditionen im Westen einzuführen – vor allem Meditations- und Yogatechniken. Es gehörten auch einige erstaunlich handfeste, gut dokumentierte Untersuchungen auf Gebieten dazu, die immer als Domäne der Okkultisten gegolten hatten: Parapsychologie, Fernheilung sowie Nahtod- und außerkörperliche Erfahrungen.

Ich experimentierte mit den verschiedensten Arten von Meditation, angefangen mit einem ganzwöchigen Retreat in den Bergen von Utah über ein Wochenende mit hundert anderen Städtern, zusammengepfercht in einem Raum am Time Square in New York, bis hin zu einem Privatkurs in Transzendentaler Meditation bei mir zu Hause im Kreis meiner Familie.

Ich lag neben 200 anderen Menschen auf dem Fußboden cines höhlenartigen Saales in der Wüste nahe Palm Springs und übte eine machtvolle Atemtechnik, mit deren Hilfe man das Normalbewußtsein durchstoßen und stark unterdrückte Gefühle und Erinnerungen einschließlich des eigenen Geburtserlebnisses wachrufen kann. Ich fuhr nach Berkeley, Kalifornien, um fünf Tage mit Übungen zu verbringen, durch die ich mir meines Körpers bewußter werden und erkennen konnte, wie mit verschiedenen Körperhaltungen ganz bestimmte Gefühle verbunden sind. Ich ließ mich in New York City, Topeka, Kansas und Palo Alto, Kalifornien, an verschiedene Biofeedbackgeräte anschließen, die mir Feedback darüber gaben, wie ich gezielt Hände und Füße wärmen, die Muskeln entspannen, den Puls verändern, die Gehirnwellen verlangsamen,

die Aufmerksamkeit sammeln oder auch Traumbilder erzeugen konnte.
Ich besuchte Cambridge, Massachusetts, um Zeichnen mit Unterstützung meiner rechten Gehirnhälfte zu lernen, und ich fuhr nach Sarasota in Florida, um mich in den idealen Zustand zum Tennisspielen zu versetzen. Außergewöhnliche Medien und Sensitive an beiden Küsten der USA lasen in mir wie in einem Buch, und Körpertherapeuten in allen möglichen Städten klopften und kneteten mich weich. Ein Geistlicher der Unitarierkirche von San Rafael, Kalifornien, und ein abtrünniger Psychoanalytiker in Dobbs Ferry, New York, brachten mir bei, in einer Gruppensituation meine Träume zu deuten und schöpferisch zu nutzen. Ich nahm an großen Gruppen in Big Sur, Kalifornien, und New Rochelle, New York, teil, wo ich lernte, tief eingeprägte Persönlichkeitsmuster, die uns zu gewohnheitsmäßigen, automatischen Reaktionen veranlassen, wahrzunehmen und abzulegen. Ich brachte etliche Wochenenden damit zu, den Unterschied zwischen meinem Persönlichkeitsbild und meinem tieferliegenden Wesen zu erkennen.
So unterschiedlich diese Praktiken und deren Anhänger auch oft waren, verblüffte mich doch immer wieder die wechselseitige Vernetzung ihrer Ideen. Als ich mich daran machte, die Geschichte meiner Suche zu Papier zu bringen, schien es mir nur natürlich, mit denen zu beginnen, die bahnbrechend für die westliche Suche nach Sinn waren, weil sie östliche und westliche Ideen, Methoden und Techniken miteinander zu verbinden wagten. Als nächstes unterzog ich diejenigen einer näheren Betrachtung, die besonders innovative, praktische Möglichkeiten entwickelt haben, durch die ein Zugang zu bestimmten Aspekten des menschlichen Potentials gewonnen werden kann. Zum Schluß habe ich mich auf die Leute konzentriert, deren Arbeit meiner Meinung nach die umfassendste, ausgewogenste und westlichste Art des Umgangs mit der Suche nach Weisheit darstellt. Ich habe mich unablässig bemüht, in dieser oft verworrenen Landschaft die Spreu vom Weizen zu trennen und die betreffenden Leute, Theorien und Praktiken klar zu unterschei-

den. Ich habe keine endgültigen Antworten auf meine Fragen erhalten, zu meiner großen Befriedigung aber doch ein Gespür dafür gewonnen, wie ich zu einem reicheren, wahrhaftigeren und vollständigeren Leben kommen kann.

Ich bin nie in der Überzeugung schwankend geworden, daß die meisten Menschen nur einen Bruchteil ihres Potentials ausschöpfen – daß etwas Tiefgreifenderes, Erfüllenderes nur darauf wartet, verwirklicht zu werden. Doch sosehr ich auch nach einfachen Lösungen hungerte, führte mich meine Suche nur in immer tiefere Mysterien hinein und warf immer mehr Fragen auf. Wie können persönliche Bedürfnisse und Wünsche mit der eher selbstlosen, transzendentalen Orientierung in Einklang gebracht werden, die sich durch Meditation einstellt? Welche Beziehung besteht zwischen dem, was Jung die Persona nannte – das Gesicht, das wir bewußt der Welt zeigen – und dem, was er den Schatten nannte – den dunklen Impulsen und Konflikten, die unerkannt in unserem Unbewußten schlummern? Wie sollte ich meinen Hunger nach inneren Einsichten und nach Selbsterkenntnis mit dem gleichzeitig vorhandenen Verlangen vereinen, auch in der Außenwelt maßgeblich und effektiv zu handeln? Und wie ließ sich mein Wunsch, zu wachsen und mich weiterzuentwickeln, mit dem ebenso starken Bedürfnis vereinen, den Status quo zu schützen und zu verteidigen, wie unvollkommen und schmerzhaft das auch sein mochte?
All diese Fragen erhoben sich während der Arbeit an diesem Buch. Als Journalist hatte ich gelernt, Fakten nüchtern, objektiv und ungetrübt durch meine persönlichen Gefühle darzustellen. Es war mir stets bewußt gewesen, daß das unmöglich war, außer wenn ich so tat, als hätte ich keine subjektiven Erfahrungen. Trotzdem habe ich mich jahrelang bemüht, jede Story zumindest von zwei Seiten gründlich zu beleuchten, nur um verzweifelt feststellen zu müssen, daß meine Arbeit dann weder wirklich ehrlich war noch Tiefgang besaß. Beim vorliegenden Buch hatte ich keinerlei Verlangen danach, vorsichtige Distanz zu bewahren. Ich war auf die Suche

gegangen, weil ich unbedingt ein erfüllteres, befriedigenderes Leben kennenlernen wollte. Wie hätte ich das erreichen können, wenn ich nur Fakten gesammelt und ausgewertet hätte? Wenn ich nicht gewillt war, loszulassen – in Erfahrungen einzutauchen, ohne gleichzeitig ihren Wert zu bestimmen –, wie konnte ich dann aufrichtig erwarten, irgend etwas Bedeutsames zu entdecken? Und wie konnte ich umgekehrt zu logischen, glaubwürdigen Schlüssen kommen, wenn ich meine kritischen Fähigkeiten einfach ausschaltete? Ich traf eine klare Entscheidung: erst Erfahrungen, später deren Bewertung.

Mit den gleichen widerstreitenden Gefühlen hatte ich zu kämpfen, als es um die Leute ging, die im Mittelpunkt dieses Buches stehen. Als Journalist hatte ich es mir zur Gewohnheit gemacht, einen gewissen Abstand zum jeweiligen Gegenstand meines Interesses zu halten, um sachlich darüber berichten zu können. Ich habe die betreffende Person eingehend interviewt, habe ihr Werk, ihre Ideen und ihr Leben unter die Lupe genommen und bin dann eines Tages einfach zum nächsten Fall übergegangen. Das war jedoch häufig mit einem Gefühl der Trauer und des Verlustes verbunden. Schließlich wollte ich etwas über Menschen zu Papier bringen, deren Leben mich ursprünglich interessiert und fasziniert hatte. Diesmal war ich alles andere als leidenschaftslos. Ich hielt speziell nach Leuten Ausschau, die für mich Weisheit und Ganzheit verkörperten – nach Rollenvorbildern für meine eigene Suche. Die Befragten teilten oft meine tiefinnersten Besorgnisse und Leidenschaften. Ich glaubte nicht, sie richtig kennenlernen zu können, wenn ich ihnen bloß eine Reihe von Fragen stellte. Vielmehr fühlte ich mich genötigt, mich mehr auf sie einzulassen, eine persönliche Beziehung herzustellen – und das tat ich in vielen Fällen auch. Zu manchen entwickelte sich eine echte Freundschaft. Aber trotzdem kam ich irgendwann nicht mehr umhin, mich hinzusetzen und über sie und ihre Arbeit zu schreiben. Ob es wohl möglich war, fragte ich mich, ihre Leistungen und das Maß, in dem sie ihre Einsichten auch verkörperten, richtig zu bewerten in dem Wissen, daß ich sie dadurch in manchen Fällen verletzen oder beleidigen würde? War es realistisch, sowohl kritisch als auch mitfühlend sein zu wollen, sowohl Freund als auch Urteilender?

Die Antwort darauf weiß ich immer noch nicht, aber ich habe mein Möglichstes getan. Ich habe mich bemüht, die Arbeit jedes einzelnen unter dem Gesichtspunkt eines »erfüllten Lebens« zu sehen, das ich ja definieren wollte. Waren die Ideen, die Techniken und das Alltagsverhalten des Betreffenden diesem Ziel dienlich? Wenn nicht, woran lag es, und was fehlte dann? Ich war nicht darauf aus, eine Einteilung in gut und schlecht vorzunehmen, sondern wollte das Wesen einer aufrichtigen Weisheitssuche besser erfassen. Dennoch zweifle ich nicht daran, daß meine eigenen unbewußten Vorurteile, Vorlieben und Abwehrmechanismen meine Wahrnehmungen getrübt haben. Ich habe besonders meiner Neigung entgegenzuwirken versucht, mich automatisch mehr auf die Schwächen anderer zu konzentrieren als auf die Stärken. Ich habe ferner meinem Hang widerstanden, endgültige Urteile zu fällen, und mir statt dessen lieber die Tiefe, die Komplexität und das Geheimnisvolle der Menschen, denen ich begegnet bin und der Abenteuerreise, die ich unternommen habe, vor Augen geführt.

Ich habe mich nicht damit zufrieden gegeben, nur Techniken auszuprobieren oder verschiedene Weisheitslehren zu begutachten. Vielmehr war ich entschlossen, einen Weg und Übungsmethoden zu finden, die wirklich zu einem befriedigenderen, sinnvolleren Leben führen. Mir war schon ziemlich zu Anfang klar, daß lebensverändernde Überzeugungen und Verhaltensweisen dauernde Übung erfordern – die disziplinierte Beherrschung von Techniken, um feste Verhaltensmuster aufzubrechen und zu tieferen Ebenen der Wahrheit vorzudringen. Ich war anfänglich davon überzeugt, daß irgend jemand – oder irgendein Weg – mir schließlich die Augen öffnen würde. Tatsächlich hatte fast jeder, mit dem ich einige Zeit verbrachte, eine klare Vorstellung von einem richtigen und weisen Leben und wußte, wie das am besten zu erreichen sei. Viele von diesen Leuten waren charismatisch und überzeugend, so daß ich oft und heftig hin und her gerissen war. Ein unverkennbares Muster zeichnete sich ab. Lernte ich einen eindrucksvollen Lehrer, ein neues System, erstaunliche Einsichten oder eine interessante Technik kennen, mit deren Hilfe sich die Tiefen des Unbewußten erschließen ließen, war ich schnell entflammt und stieg voll darauf ein. Während meine Freunde und Kollegen sich schon darüber amüsierten, verkündete ich immer wieder, endlich die Antwort gefunden zu haben – oder zumindest die beste Möglichkeit, sie zu finden. Mit der Zeit wich meine ursprüngliche Leidenschaft allerdings einer Skepsis, die immer dicht unter der Oberfläche lauerte. Eine bestimmte Technik, die zuerst so machtvoll erschien, verlor immer mehr von ihrem anfänglichen Glanz, wenn ich immer deutlicher sah, wie unvereinbar die zündende Botschaft eines Lehrers mit seinem alltäglichen Lebensstil war.

Zuerst fand ich dieses Phänomen äußerst desillusionierend. Nach und nach erkannte ich jedoch, daß die Kluft zwischen Theorie und Praxis nicht unbedingt bedeutete, daß es der Lehre an Weisheit mangelte oder der Lehrer ein Schwindler war. So konnte ich schließlich immer besser in mich aufnehmen, was jemand trotz seiner Grenzen und Schwächen zu bieten hatte. Trotzdem fühlte ich mich stärker zu den Lehrern hingezogen, die sich offen mit ihren Widersprüchen auseinandersetzten. Daß sie das taten, hieß für mich, daß sie immer noch darum bemüht waren, weiter zu wachsen, und genug Mut hatten, um noch mehr Wahres über sich herauszufinden, wie schwierig es auch sein mochte. Vielleicht lag es an der Seltenheit dieser offenen Haltung, daß ich so angetan davon war, wenn sie einmal in Erscheinung trat.

In gewisser Weise suchte ich vier Jahre lang die Antwort auf zwei klare, uralte Fragen: Wer bin ich? und: Warum bin ich hier? Darauf gaben mir die weisesten Leute, die ich traf, sehr unterschiedliche Antworten. Die einen sprachen von einem Selbst, das die Fähigkeit besaß, die zur Durchsetzung bestimmter Ziele in dieser Welt nötigen Gedanken und Gefühle bei Bedarf aufzurufen. Die anderen definierten ein *wahres* Selbst im psychologischen Sinne nach der

Fähigkeit, mit den eigenen tiefinnersten Gefühlen in Fühlung zu kommen. Für wieder andere war das wahre Selbst ein Ausdruck angeborener, von der Alltagspersönlichkeit, dem Ego, jedoch meist maskierter Wesensqualitäten, die erst wieder entdeckt und kultiviert werden mußten. Und noch andere behaupteten, daß das Selbst im Grunde reine Illusion sei und die vornehmste Aufgabe im Leben darin bestehe, über das Ego und jedes Gefühl der Getrenntheit hinauszuwachsen und statt dessen grenzenlose Einheit zu erleben. In jedem Fall war festzustellen, daß die Art und Weise, in der die Leute das Wesen des Selbst definierten, vorgab, worin sie den Sinn des Lebens sehen. Für manche ist Selbsterkenntnis das höchste Ziel, für andere eine Weiterentwicklung zum Besseren, und für die dritten ist es Selbsttranszendenz und selbstloses Dienen. Nach Auffassung einiger geht es darum, die eigenen Möglichkeiten durch bewußtes, diszipliniertes Handeln voll auszuschöpfen. Nach Meinung anderer soll man einfach sich selbst besser kennenlernen, bewußter und wahrnehmungsfähiger werden und Abwehrmechanismen und Automatismen im Verhalten abbauen. Und nach Ansicht noch anderer stellt sich Weisheit dann ein, wenn man über das Verstandesmäßige hinausgeht und sich einem intuitiven Wissen anvertraut, das im eigenen Innern aufsteigt, wenn Geist und Körper still geworden sind. Eine Möglichkeit zu finden, diese oft widersprüchlichen Perspektiven ins Alltagsleben zu übertragen, ist für mich zur Hauptlebensaufgabe geworden. Diese Geschichte meiner Weisheitssuche ist noch nicht abgeschlossen – ebensowenig wie meine eigene Entwicklung.

I
Der Anfang:
Pioniere einer neuen Zeit

1
Ein neues Modell der Wirklichkeit:

Ram Dass, psychedelische Erfahrungen und die Reise nach Osten

»Unser normales Wachbewußtsein, die Vernunft, wie wir es nennen, ist nur eine besondere Art von Bewußtsein, während überall darum herum, durch einen hauchfeinen Film davon getrennt, möglicherweise vollkommen andere Bewußtseinsformen liegen ... Eine Darstellung des Universums in seiner Totalität, die diese anderen Bewußtseinsformen weitgehend außer acht läßt, kann nicht endgültig sein, denn sie lehren uns, keinen voreiligen Schlußstrich unter unsere Abrechnung mit der Wirklichkeit zu ziehen.«

William James

»Nur weil wir nicht wissen, wer wir sind, weil wir nicht erkennen, daß das Himmelreich in uns liegt, benehmen wir uns auf diese meist dumme, oft kranke und manchmal kriminelle Art und Weise, die so typisch menschlich ist.«

Aldous Huxley

1989 begann ich aus höchst praktischen Gründen zu meditieren. Ich wollte die hektische Aktivität meines Geistes dämpfen. An Gurus und Ritualen, spiritueller Erweckung oder höheren Bewußtseinsebenen hatte ich kein Interesse. All das wirkte auf mich eher mystisch, und mystisch war für mich das Gegenteil von nützlich. Ich wollte Meditation pur. Ich las ein paar Bücher darüber, wie man meditieren sollte, und fing mit einer einfachen Übung an – der Konzentration auf ein einziges Wort und dessen Wiederholung beim Ein- und Ausatmen. Ein Mantra interessierte mich auch nicht, und so wählte ich das Wort »eins« und beschloß, eine bestimmte Zeitspanne morgens früh gleich nach dem Aufwachen für die Meditation über dieses Wort zu reservieren. Wenn sich erst die täglichen Pflichten vor mir auftürmten, das wußte ich, würde ich Entschuldigungen finden, um nicht meditieren zu müssen. Das Problem war, wie ich schnell merkte, daß sich diese eigentlich doch sehr einfache Tätigkeit – still zu sitzen und ein einziges Wort zu wiederholen – als eine der schwierigsten Aufgaben erwies, die ich je zu bewältigen hatte. Die Art von bewußter Disziplin, die ich aufwandte, um meine Schreibarbeiten zu erledigen oder um morgens zu joggen, nützte mir überhaupt nichts. Sich vorzunehmen, nichts zu denken – oder sich 20 Minuten auf ein einziges Wort zu konzentrieren – ist genauso, als würde man einem Kind befehlen, 20 Minuten still zu sitzen. Es ist völlig nutzlos. Mein Geist besaß, wie ich schnell erkannte, einen eigenen Kopf.

Zuerst empfand ich es als unerträglich, mehr als ein paar Minuten in Meditation zu verharren. Ich wurde unruhig, meine Gedanken schweiften ab, längst vergessene Verpflichtungen fielen mir ein, und schon konnte ich dem Verlangen nach Stift und Papier nicht länger widerstehen und machte mir Notizen. Ich hing Tagträumen nach, kaute an vergangenen Ereignissen herum oder schmiedete Pläne. Kam mir eine Idee oder plötzliche Einsicht, griff ich wieder nach dem Stift. Dann schalt ich mich dafür aus, anscheinend nicht einmal in der Lage zu sein, so einfachen Anweisungen zu folgen. Manchmal lenkten mich körperliche Schmerzen ab. In meinen Knien pochte es, mein Rücken schmerzte, und meine Stirn juckte. Oder ich verlor mich in Phantasien, wurde schläfrig und nickte ein. Ich schwor mir, mich besser zu konzentrieren, und mußte feststellen, daß das Schwören selbst schon wieder eine Ablenkung war. Ich tat alles nur Erdenkliche, außer still zu werden und mich auf »eins« zu konzentrieren. Ich hatte mich unwissentlich auf eine erbitterte Schlacht mit einem unendlich findigen Gegner eingelassen: meinem eigenen Geist.

Erstaunlicherweise kam ich nie in Versuchung, aufzugeben. Vielleicht lag es daran, daß ich ahnte, wie großartig es sein könnte, seine Gedanken besser unter Kontrolle zu haben. Schon die kurzen Augenblicke, in denen meine Gedanken aufhörten, sich zu jagen, waren in ihrer Stille so erhebend, daß es mir die Mühe wert schien, durchzuhalten. Auch wenn mich meine Gedanken 20 Minuten lang mit einem unaufhörlichen Sperrfeuer belegten, gewährte mir die Tatsache, nicht nachgegeben zu haben, dennoch eine gewisse Befriedigung. Ohne mich bewußt dazu durchzuringen, verlängerte ich schließlich meine Sitzungen. Natürlich gingen mir unweigerlich Alltäglichkeiten durch den Sinn, aber ich kam an einen Punkt, wo ich merkte, daß ich die Gedanken einfach laufenlassen konnte. Ich brauchte ihnen gar nicht soviel Aufmerksamkeit zu schenken oder ihnen nachzuhängen. Und wenn sie zurückkehrten, konnte ich sie wieder laufenlassen. Je weniger ich mich gegen sie wehrte, um so kraftloser schienen sie in ihrem Ansturm auf mich zu werden.

Manchmal ließ ich mich so sehr ablenken, stand ich so stark unter Druck oder war so zerstreut, daß ich bei Beendigung der Sitzung noch genauso aufgedreht war wie vorher. Aber trotzdem setzte ich mich am nächsten Morgen wieder hin und fing von vorn an. Nach einigen Wochen erlebte ich die ersten Ruhepausen in meinem Kampf. Ich vertiefte mich leichter in das Wort »eins« und das rhythmische Atmen. Gelegentlich erreichte ich eine tiefere – oder höhere – Ebene als die der Worte und bewußten Gedanken. Diesen Zustand hatte ich noch nie erlebt. Paradoxerweise stellte ich fest, daß mein Bewußtsein weiter und klarer wurde, wenn ich nicht aktiv nachdachte. Statt chaotisch zwischen Gedanken, Wahrnehmungen und körperlichen Empfindungen hin und her zu sausen, konnte ich meine Aufmerksamkeit besser sammeln und fixieren. Ich konnte sie auf einen Gegenstand meiner Wahl richten. Statt unruhig, zerstreut oder in Geistesaktivitäten verstrickt zu sein, gewann ich irgendwie einen inneren Abstand davon – etwa so, als wäre ich ein wohlwollender Beobachter.

Oft merkte ich gar nicht, daß irgend etwas Ungewöhnliches passiert war, bis ich die Augen öffnete. Erst dann wurde mir bewußt, daß das, was ich bloß als ein paar Minuten empfunden hatte, in Wirklichkeit 20 Minuten, manchmal sogar eine halbe Stunde gewesen waren. Wenn das geschah, fühlte ich mich unbeschwerter, war ich ruhiger und im Grunde auch glücklicher. Das Meditieren bewirkte zwar keine jähen, tiefgreifenden Veränderungen in meinem Leben, aber ich bemerkte feine Unterschiede. Zum Beispiel hatte ich mehr Spannkraft. Wenn mich etwas aufregte, fand ich leichter und ohne bewußte Anstrengung mein seelisches Gleichgewicht wieder. Irgendwann probierte ich es, mich direkt nach einem ärgerlichen Vorfall hinzusetzen und zu meditieren. Und tatsächlich verlor sich auch der nagendste Ärger, der größte Frust oder die tiefste Enttäuschung, sobald ich mindestens zehn oder fünfzehn Minuten still gesessen hatte. Bisweilen schmolz alles einfach dahin. Bei solchen Gelegenheiten war es so, als hätte ich einen sicheren Hafen gefunden, einen Zufluchtsort, an dem es still und ruhig war, auch wenn Stürme ringsumher tobten. Es faszinierte mich, festzustellen, daß ich nicht weniger, sondern mehr Kontrolle besaß und mehr Wohlbehagen empfand, wenn ich meinen Hang zum Denken, Analysieren und Artikulieren zu unterdrücken vermochte.

Zwei Ereignisse in den ersten sechs Monaten meiner Meditationspraxis öffneten mir die Augen für ihren außergewöhnlichen praktischen Nutzen und Wert. Das erste traf ein, als ich eines Morgens auf einen Zug wartete, um zu einem Treffen in Manhattan zu fahren. Als ich in den Waggon stieg, hatte ich plötzlich ein mulmiges Gefühl – ich war wie benebelt und sah alles doppelt. Das pflegten die unverwechselbaren, todsicheren Vorzeichen einer nahenden Migräne zu sein. Seit meinem siebzehnten Lebensjahr hatte ich unter gelegentlichen Migräneanfällen gelitten – einem mulmigen Vorgefühl, dem kurze Zeit später ein betäubender Kopfschmerz folgte, als würde eine Seite meines Kopfes mit einem Holzhammer bearbeitet. Ich bekam diese Anfälle nur zwei- bis dreimal im Jahr, aber jeder Anfall dauerte acht bis zehn Stunden. Während dieser Zeit konnte ich nichts machen, sondern mußte mich in einen dunklen Raum zurückziehen, mich hinlegen, die Augen schließen, Tabletten schlucken, die kaum etwas nützten, und warten. Es war schlicht und einfach die Hölle.

Diesmal jedoch gab es nicht einmal ein dunkles Zimmer, in das ich mich hätte flüchten können. Ich saß in einem Zug und war auf dem

Weg zu einem wichtigen Treffen, das äußerst schwer zu arrangieren gewesen war. In meiner Verzweiflung beschloß ich, die Augen zu schließen und die Probe aufs Exempel zu machen, ob Meditieren – meine gesammelte Aufmerksamkeit auf etwas anderes zu richten als die Vorboten und anschließenden Qualen der Migräne – irgendwie helfen konnte. Als wir in den Bahnhof einfuhren, öffnete ich widerstrebend die Augen. 30 Minuten waren verstrichen. Zu meinem Erstaunen sah ich nicht mehr doppelt und hatte auch keine Schmerzen. Zum ersten Mal hatte ich trotz aller sicheren Vorzeichen keine Migräne bekommen. Später kam ich auf eine plausible physiologische Erklärung für dieses Phänomen: Die Vorboten einer Migräne sind die Folge einer starken Verengung der Blutgefäße im Kopf, durch die die Durchblutung beeinträchtigt wird. Der hämmernde Kopfschmerz entsteht, wenn sich diese Blutgefäße mit Macht zu erweitern versuchen und dadurch einen gewaltigen Druck im Kopf erzeugen. Meine Konzentration und das Stillwerden meines Geistes in der Meditation hatten irgendwie die Durchblutung meines Kopfes normalisiert. Damit hatte ich die Kontrolle über einen automatischen körperlichen Vorgang erlangt. Bereits beim ersten Anzeichen für eine nahende Migräne probierte ich es das nächste Mal wieder mit dieser Technik, und es funktionierte. Inzwischen sind über fünf Jahre vergangen, und ich bin fast völlig frei von Migräne. Wenn ich doch gelegentlich noch einmal Kopfschmerzen habe, sind sie viel erträglicher, und selbst diese Schmerzen lindert die Meditation.

Das zweite Ereignis begab sich ebenfalls im Zug, diesmal an einem milden Herbstabend. Ich war in New York City an der Grand Central Station und wollte mit dem Zug nach Hause fahren, um rechtzeitig zum Essen dort zu sein. Als der Zug aus dem Bahnhof in den Tunnel fuhr, ging das Licht aus. Etwa zehn Minuten später blieb der Zug stehen. Die Stimme des Schaffners verkündete über Lautsprecher, daß es Probleme mit der Elektrik gäbe und er nicht sagen könnte, wie lange die Reparatur dauern könnte. Meine Mitreisenden und ich konnten nichts weiter tun, als stillzusitzen und im Tunnel zu warten – bis in alle Ewigkeit. Das fand ich überhaupt nicht gut. Ich habe lange zu der Art von Leuten gehört, die das Festsitzen im Verkehrschaos als persönliche Beleidigung betrachten, und Geduld war auch nie eine meiner Tugenden. Jetzt kam noch totale Finsternis hinzu, und damit war für mich ein Szenario gegeben, das ich fast als Folter empfand. Die Mitfahrenden schienen auch nicht gerade zuversichtlich zu sein. Wie ich ihrem Knurren und Seufzen entnehmen konnte, wuchs ihr Ärger zusehends.

Allem zum Trotz schloß ich die Augen und konzentrierte mich im stillen auf das Wort »eins«, wobei ich langsam und gleichmäßig atmete. Bald hatte ich jedes Zeitgefühl verloren und war ganz in meiner Meditation aufgegangen. Je länger wir festsaßen, um so ruhiger wurde ich. Als dann schließlich das Licht wieder anging und der Zug anfuhr, schaute ich auf die Uhr. 90 Minuten waren vergangen. Ich hatte so lange meditiert wie noch nie, und dabei war mir, als wären es höchstens 20 oder 30 Minuten gewesen. Als ich um halb neun aus dem Zug stieg – volle zwei Stunden zu spät –, war ich so entspannt wie selten je zuvor. Meine Frau wollte es nicht glauben. Sie hatte die Kinder schon vorgewarnt, ich hätte bestimmt schlechte Laune, wenn ich nach Hause käme, und sie sollten lieber einen Bogen um mich machen. Dieses Erlebnis hatte einen gravierenden Einfluß auf mich. Wenn ich über meine Gedanken hinausging und mich stark genug konzentrierte, konnte ich, das wußte ich jetzt, in einen Zustand der Ruhe und des Wohlbefindens kommen, der unabhängig war von den äußeren Umständen. Mir war, als wäre ich über ein Teilchen eines viel größeren Puzzles gestolpert. Die Meditation war eindeutig eine hochwirksame Entspannungstechnik. Doch was mich jetzt viel mehr interessierte, war der einzigartige Bewußtseinszustand, den sie mir erschließen half, und die Möglichkeit, daß er mit meiner Weisheitssuche in Zusammenhang stehen könnte. Das war es, was mich innerlich bewegte, als ich schließlich Richard Alpert alias Ram Dass aufsuchte.

Von allen Suchern, die aus der gärenden Gegenkultur der sechziger Jahre hervorgegangen sind, hat wohl keiner dem traditionellen amerikanischen Traum vom Erfolg so drastisch den Rücken gekehrt, einen so radikal anderen Weg eingeschlagen und trotzdem seine neue Perspektive so nachdrücklich und ansprechend darzustellen vermocht wie Richard Alpert. Als Harvard-Psychologieprofessor mit steiler Karriere führte er zusammen mit seinem Kollegen Timothy Leary Anfang der sechziger Jahre wissenschaftliche Versuche mit psychedelischen Drogen durch. Seine Experimente mit Drogen beeinflußten Alperts Ansichten über das Wesen der Wirklichkeit und veränderten sein Leben von Grund auf. Als in Harvard der Widerstand gegen die Forschungen wuchs und weder Alpert noch Leary sich bremsen lassen wollten, wurden sie schließlich gefeuert.

Nach einigen Jahren eigener Forschungsversuche mit psychedelischen Drogen beschloß Alpert Ende der sechziger Jahre, nach Indien zu fahren. Dort lernte er seinen Guru, Maharaji, kennen und wurde dessen Schüler. Als er ein Jahr später wieder in die Vereinigten Staaten zurückkehrte, trug er den Namen Baba Ram Dass – das heißt auf Sanskrit »Diener Gottes« –, den er von Maharaji erhalten hatte, und ging ganz in seiner neuen Identität auf. Bald zog er mit den lebhaften Schilderungen seiner Erlebnisse in Indien Scharen von Menschen an. 1972 erschien *Sei jetzt hier* – die freimütige Geschichte seiner Suche nach Erleuchtung und ein »Hardbuch für bewußtes Leben«. Das Werk wurde zum Kultbuch und Bestseller, es war für Tausende von jungen Amerikanern der Einstieg zu Meditation, Yoga, Mantrasingen, Atemtechniken und Spiritualität und ließ sie erkennen, daß es möglich ist, höhere Bewußtseinszustände zu erfahren und ein sinnvolleres Leben zu führen.

Auch ich war damals im College, aber ich hatte mehr Interesse an Antikriegspolitik, einer Freundin und meiner Karriere als Journalist. Auf meinem Radarschirm flackerte die Bewußtseinsbewegung nur schwach. Fast zwei Jahrzehnte waren seitdem vergangen, als ich Ram Dass im Sommer 1990 aufsuchte. Inzwischen hatte ich mich intensiv der Meditation zugewandt und die Möglichkeit erwogen, daß ich Zugang zu einer umfassenderen Wirklichkeit gewinnen könnte, als ich sie je in meinem Alltag erlebt hatte. Ich ging zu Ram Dass, weil es mir folgerichtig erschien, bei ihm einen Anfang zu machen im Hinblick sowohl auf meine eigene Suche als auch auf die Story, die ich schreiben wollte.

Er war sechzig und lebte allein im Gästehaus eines Anwesens in Marin County, das zwei guten Freunden von ihm gehörte. Mit dem gebräunten, glattrasierten Mann, der an die Tür kam, hatte ich nicht gerechnet. Ram Dass sah eigentlich jünger aus als auf den Bildern vor 20 Jahren, wo er gerade mit einem Vollbart und langer weißer Robe aus Indien zurückgekommen war. Damals hatte er das Leben eines Asketen geführt. Jetzt, in seinen weißen Chinahosen, mit Sweatshirt, sauber gestutztem Schnurrbart und unbekümmertem Lächeln, wirkte er so entspannt und glücklich wie ein Geschäftsmann der gehobenen Mittelschicht, der gerade von einer Runde Golf in seinem Club zurückkehrt. Sein Haus hatte vier Zimmer, die bescheiden, aber behaglich in postmodernen Pastellfarben möbliert waren. Klassische Musik tönte aus der Stereoanlage, als ich ankam, und die Regale waren vollgepackt mit Büchern und Kassetten. Zuvorkommend begrüßte er mich.

Von unserer ersten Begegnung an war mir klar, warum sich so viele Sucher zu ihm hingezogen fühlten. Ram Dass spricht in einfachen, westlich-psychologischen Begriffen über Meditation und die spirituellen Praktiken des Ostens. Er hat eine außergewöhnliche Begabung fürs Erzählen, das Zeitgefühl eines Bühnenkomikers und eine unbeschwerte Art, sich über seine eigenen Fehler und Schwächen lustig zu machen. Trotz all seiner Experimente mit veränderten Bewußtseinszuständen hatte er etwas sehr Erdhaftes, Ermutigendes an sich. Ich fand Ram Dass charismatisch wie auch verletzlich, ohne Umschweife und freundlich. Über 25 Jahre lang hatte er daran gearbeitet, östliches Denken in das normale westliche Leben zu integrieren. Heute widmet er seine Zeit dem Bücher- und Artikelschreiben, hält Vorträge vor häufig mehr als tausend Menschen, leitet kleinere, eher experimentelle Workshops und reserviert einen beträchtlichen Teil seiner Zeit für das, was er jetzt seine wichtigste spirituelle Arbeit nennt: den Dienst an anderen. Zu seinen Aktivitäten gehört die Beratung unheilbar Kranker ebenso wie die Arbeit für SEVA, eine gemeinnützige Organisation zur medizinischen Versorgung Blinder in Indien und Nepal und für Hilfsprojekte in Guatemala. Vor kurzem hat Ram Dass angefangen, sich mit einem Thema zu befassen, das sozusagen vor der eigenen Haustür liegt: das Altern. Außerdem meditiert er mindestens eine Stunde am Tag und erheblich länger, wenn er sich für eine bestimmte Zeitspanne ins Retreat zurückzieht, was er mindestens einmal im Jahr macht.

Richard Alperts Sehnsucht nach einem besseren Lebensstil wurde genährt durch eine Kindheit in materiellem Überfluß und emotionaler Verzweiflung. Obgleich er ein halbes Dutzend Bücher über sein Leben geschrieben und in Hunderten von Vorträgen und Interviews darüber gesprochen hat, hat er nie viel über die frühe Kindheit verlauten lassen. In *Sei jetzt hier* zum Beispiel geht er mit einem Satz über die ersten zwanzig Jahre seines Lebens hinweg: »Solange ihr keinen karrierebesessenen, angstgetriebenen Neurotiker aus dem jüdischen Mittelstand kennt«, schreibt er da mit täuschender Nonchalance, »habt ihr noch keinen echten Erfolgstypen kennengelernt.« Selbst jetzt, nach jahrelanger Selbsterforschung, spricht Ram Dass nur ungern über seine Beziehung zu seinen Eltern und die Rolle, die seine Kindheit im Hinblick auf seinen Lebensweg hatte. »Ich glaube, das ist einer der Bereiche, in dem mein Bewußtsein am verschwommensten ist«, erklärt er. »Es hat seine Geheimnisse nicht der offenen Klarheit überlassen, die ich ansonsten während meiner spirituellen Arbeit entwickelt habe. Ich neige immer noch zu Vorurteilen über meine Eltern, und das spricht meinem Empfinden nach nicht gerade für Offenheit und Klarheit.«

Ich brauchte nicht sehr hartnäckig nachzubohren, um festzustellen, daß Alperts Gefühle gegenüber seiner Kindheit noch immer stark, lebhaft und oft schmerzlich sind. Als jüngster von drei Söhnen stand er seiner Mutter außergewöhnlich nahe, aber ihre Beziehung war schwierig. Oberflächlich betrachtet, war seine Mutter Gertrude eine sehr konventionelle, energische jüdische Vorstadthausfrau. »Sie hat mich gelehrt, gut zu sein, und mir beigebracht, was richtig und anständig ist«, erzählte Alpert. Zugleich war sie aber zutiefst unsicher. Säuglinge, die vollkommen von ihr abhingen, betete sie an, während sie mit heranwachsenden Kindern, die eigene Bedürfnisse und Wünsche entwickelten, erhebliche Schwierigkeiten hatte, wie er merkte. »Die einzige Beziehung, die ich zu ihr unterhalten konnte, war die eines abhängigen Kindes«, sagte Alpert. »Da ich ihr letztes Kind war, hat sie mich zu ihrem Baby gemacht. Ich hinwiederum habe eine starke Abhängigkeit zu ihr aufgebaut, eine unangemessene Liebesbeziehung, über die ich nie ganz hinweggekommen bin. Als Teenager habe ich alles gegessen, was sie mir vorgesetzt hat, um sie dazu zu bewegen, mich mehr zu lieben. Ich wurde immer dicker. Irgendwo in meinem Innern wußte ich, daß sie mich in dem Augenblick, in dem ich ein Mann wurde, ablehnen würde, wie sie alle Männer ablehnte. Was sie mir übermittelte, war schrecklich und widersprüchlich. Einerseits verstand und unterstützte sie mich. Andererseits jedoch verachtete sie jede Abweichung von ihren sehr konventionellen Überzeugungen. Sie war äußerst beherrschend in Sachen Gefühl, und für mich blieb einfach nicht viel Raum.«

Alperts Beziehung zum Vater war völlig anders, hatte aber eine ähnlich hintergründige Qualität. Als junger Mann schon Waise, entwickelte sich George Alpert zum erfolgreichen Geschäftsmann, der sogar den Börsenkrach von 1929 erstaunlich gut überstand. Als Richard zwei Jahre später geboren wurde, zog die Familie in einen reichen Vorort von Boston. Alpert hat nach eigenen Angaben in seiner Kindheit und Jugend relativ viel Zeit mit seinem Vater verbracht, erinnert sich aber auch an seinen Vater als einen Mann, »der dauernd die Anerkennung anderer brauchte. Es ist leicht erkennbar, inwiefern ich ganz der Vater bin.« Mit seiner Arbeit gewann George Alpert eine Menge Anerkennung. Er wurde schließlich Präsident der New Haven Railroad, Mitbegründer der Brandeis-Universität und ein beliebter öffentlicher Redner und anerkannter Menschenfreund in Boston. In seinem riesigen Landhaus in New Hampshire, das er 1938 kaufte, sorgte er verschwenderisch für die Unterhaltung von Gästen und ließ Wirtschaftsbosse mit Privatzügen zu seinen rauschenden Festen bringen.

Dem jungen Richard fiel es ungemein schwer, in die Fußstapfen des Vaters zu treten. Es nützte auch nichts, daß seine beiden älteren Brüder es zu etwas brachten – der eine als ausgezeichneter Sportler, der andere als Künstler und Musiker. Richard liebte und bewunderte seinen Vater, fand jedoch dessen Wertvorstellungen von Anfang an irritierend. »In gewisser Weise hatte die Verehrung, die mein Vater Leuten in Machtpositionen – politischen oder wirtschaftlichen – angedeihen ließ, einen sehr ungesunden Einfluß auf mein Leben«, erzählte mir Alpert. »Dadurch wurden mir all diese Dinge übermäßig wichtig. Ich schlage mich bis heute damit herum. Weder von meinem Vater noch von meiner Mutter habe ich eine echte Liebe zum Lernen, einen Bezug zur Natur oder auch Ehrfurcht vor dem Dasein vermittelt bekommen.« Eine Erinnerung empfindet Alpert als charakteristisch für diese Leere: »Ich weiß noch, daß ich eines Tages einmal mit meinem Vater – ich war vielleicht zehn – auf unserem Golfplatz saß und einen unglaublich schönen Sonnenuntergang beobachtete. Er sagte zu mir: ›Ist das nicht ein schöner Anblick?‹ Ich stimmte ihm zu, denn ich fand es auch sehr schön, dieses Naturwunder Gottes. Dann sagte er: ›Wirklich toll, wie kurz das Gras geschnitten ist.‹ Er hatte natürlich die Schönheit der Golfrasenflächen gemeint. In gewisser Weise ist sein Horizont nie über das hinausgegangen, was ihn persönlich betraf. Ich wollte in meiner Existenz als Mensch bei ihm Bestätigung finden. Doch er war so sehr mit sich selbst beschäftigt, daß wir als Kinder eigentlich gar nicht existierten.«

Im Gegensatz zu seinen erfolgreichen Brüdern entsprach Richard

Alpert von Anfang an nicht den Erwartungen des Vaters. Er war nicht nur übergewichtig, unbeholfen und unsicher, was seine sexuellen Neigungen betraf, sondern auch ein mittelmäßiger Schüler. Als es Zeit wurde, sich an einem College zu bewerben, wurde er beim ersten, Harvard, abgelehnt. Statt dessen ging er an die Tufts-Universität. Erst dort, als er zum ersten Mal auf sich selbst gestellt war, entwickelte er eine eigene Identität. Wie er merkte, besaß er die Gabe, Menschen an sich zu ziehen. Es dauerte nicht lange, und er nahm ab, glänzte mit seiner Begabung als charmanter Erzähler, wurde Wein- und Antiquitätenkenner und war gesellschaftlich sehr beliebt. Die wissenschaftliche Arbeit kam dabei zu kurz, und als es so weit war, mußte er feststellen, daß er zu schlechte Noten hatte, um ein Medizinstudium an einer renommierten Universität aufzunehmen.

Alpert entschied sich daraufhin für ein Psychologiestudium, aber sein Vater weigerte sich, für etwas anderes aufzukommen als ein Medizinstudium. In einer solchen Lage konnte Alpert stets auf seinen Charme zurückgreifen. Er bewarb sich an der Wesleyan-Universität und freundete sich mit David McClelland, dem Leiter der psychologischen Fakultät in Wesleyan, an. Mehr beeindruckt von Alperts Wärme, Energie und Leidenschaftlichkeit als von seinen akademischen Leistungen, bot ihm McClelland eine Assistentenstelle im Forschungsbereich an.

Alpert promovierte schließlich an der Stanford-Universität; seine Doktorarbeit schrieb er über ein Thema, das speziell für ihn persönlich relevant war: akademische Leistungsangst. Er hatte immer noch starke Minderwertigkeitsgefühle in der Welt der Wissenschaft. Aber das hielt ihn nicht davon ab, stetig die Karriereleiter emporzuklettern. 1958 wandte sich McClelland – inzwischen Professor an der Harvard-Universität und Leiter ihres hochangesehenen Zentrums für Persönlichkeitsforschung – erneut an Alpert und lud ihn zum Eintritt in seine Fakultät ein. Das war ein honigsüßer Moment für ihn – das Angebot zu bekommen, an eben der Institution zu lehren, von der er nach seinem Schulabschluß abgelehnt

worden war. Er sagte also ein Angebot in Stanford ab und ging nach Harvard.
Alpert war erst 27 Jahre alt, bekleidete aber schon bald Ämter und Würden und hatte den Fuß in drei verschiedenen Fakultäten einschließlich der Fachrichtungen Sozialwissenschaften, Psychologie und Erziehungswesen. Er zögerte nicht, sich an Harvard ein kleines Imperium aufzubauen. Er gehörte mehreren renommierten Komitees an, schloß eine Reihe von Forschungsverträgen ab, hielt gut besuchte Vorlesungen und stand einem Büro mit vollständiger Belegschaft aus Forschungsassistenten und Sekretären vor. »Ich spielte mit der Macht und nahm immer mehr auf mich«, erzählte Alpert mir bei unserem ersten Treffen. »Es konnte mir gar nicht schnell genug gehen. Ich dürstete nach Macht, Kontrolle und Meisterschaft.« Er lebte auch nicht schlecht. Viel später schrieb er in seinem Buch *Sei jetzt hier:* »Ich hatte eine Wohnung voller Antiquitäten in Cambridge und gab reizende Dinnerpartys. Ich besaß einen Mercedes-Benz, ein Motorrad der Marke Triumph mit 500 ccm, eine Cessna 172, einen MG-Sportwagen, ein Segelboot und ein Fahrrad ... Ich lebte so, wie ein erfolgreicher, alleinstehender Professor im Land des amerikanischen Traums zu leben hat.«[1]

Tim Leary und psychedelische Drogen bewirkten die erste drastische Wende in Richard Alperts Leben. Leary kam im Herbst des Jahres1959 nach Harvard. Obgleich er eine angesehene Autorität auf dem Gebiet der Persönlichkeitsdiagnostik und Professor an der Universität in Berkeley gewesen war, war er von David McClelland eigens zu dem Zweck berufen worden, um etwas Bewegung in die psychologische Fakultät von Harvard zu bringen. Leary war damals 39 Jahre alt und hatte gerade ein Manuskript abgeschlossen, in dem er seine Vision einer alternativen Form von Therapie entwarf. Diese hatte er McClelland bei ihrer ersten Begegnung in Florenz beschrieben, wo er damals lebte. In seiner Theorie vertrat er unter anderem die These, die Psychologen müßten eine persönlichere Umgangsform mit ihren Patienten pflegen, statt den sicheren, emotional neutralen Abstand zu wahren, den die Freudianer bevorzugten. Learys rebellischer Geist, seine ketzerischen Ideen und sein energischer Charme verfehlten ihre Wirkung auf McClelland nicht. Er hielt sich zwar an die akademischen Spielregeln, hatte jedoch ein starkes Interesse daran, wie er Leary gestand, jemanden zu berufen, der »aktivistische Forschungsprojekte anberaumen würde, durch die die Institution gezwungen würde, sich zu verändern«.[2]

Leary war kaum in Cambridge angekommen, da waren er und Alpert schon enge Freunde. Alpert war immer auf der Suche nach Mentoren, die vielleicht bessere Antworten wußten als er, und sofort gefangengenommen von Learys Kreativität, Selbstbewußtsein und querdenkerischem Wagemut. Leary seinerseits sah in Alpert einen potentiellen Huckleberry Finn als Gegenpart zu sich selbst, dem Tom Sawyer – einen bereitwilligen Weggenossen, einen netten Kumpel und einen treuen Gefolgsmann. Alpert, der weiterhin das Ansehen und die Macht eines Lebens in Harvard genoß, war sich doch auch dunkel einer gewissen Leere und Verzweiflung dahinter bewußt. Er wußte, daß nie ein Gelehrter aus ihm werden würde, und fühlte sich irgendwie als Betrüger. »Ich sah in meinen Kollegen allmählich nicht mehr die weisen Lehrer, die sie meines Erachtens hätten sein müssen«, erzählte mir Alpert. »Keiner von uns verstand etwas von den Bedingungen des Menschseins oder wußte, wie daran etwas zu ändern sei. Wir Psychologen machten die Leute nicht viel glücklicher oder gesünder.« Zum Beispiel hatten fünf Jahre Psychoanalyse bei ihm selbst keine Ängste abgebaut. Er unternahm die richtigen Schritte, und doch gewährte ihm nichts die ersehnte Befriedigung. »Das Wesen des Lebens war mir ein Rätsel«, schrieb Alpert in *Sei jetzt hier.* »Der ganze Lehrstoff erschien mir wie lauter winzige Moleküle, die sich keineswegs auch nur annähernd zu so etwas wie Weisheit summierten.«[3]

Der nächste Abschnitt in Alperts Leben brach an, als Leary tatsächlich im folgenden Sommer sein erstes »aktivistisches Forschungsprojekt« in Mexiko ansetzte. Es entsprang seinem ersten Erlebnis mit dem bewußtseinsverändernden Pilz *Psilocybe mexicana.* Für

Leary wurde dadurch sein ganzes Denksystem in Frage gestellt, denn es erschloß ihm das riesige brachliegenden Potential des Gehirns. »Die Reise dauerte etwas länger als vier Stunden«, schrieb er über zwanzig Jahre später. »Wie fast jeder, dem sich der Schleier einmal gelüftet hat, war auch ich danach ein anderer Mensch. In vier Stunden am Schwimmbassin in Cuernevaca habe ich mehr über den Geist, das Gehirn und seine Strukturen, gelernt als in den vorangegangenen fünfzehn Jahren als gewissenhafter Psychologe. Ich kam zu der Erkenntnis, daß das Gehirn ein unterforderter Biocomputer ist, der Milliarden von ungenutzten Neuronen enthält. Ich kam zu der Erkenntnis, daß das normale Bewußtsein nur ein Tropfen in einem Meer von Intelligenz ist, daß Bewußtsein und Intelligenz systematisch erweitert werden können, daß das Gehirn umprogrammiert werden kann und daß das Wissen von der Funktionsweise des Gehirns das dringlichste wissenschaftliche Thema unserer Zeit ist. Ich war außer mir vor Begeisterung und überzeugt davon, daß wir endlich den gesuchten Schlüssel gefunden hatten.«[4]

Es gelang Leary ziemlich schnell, einen widerstrebenden McClelland dazu zu bewegen, ihn offiziell mit der Erforschung psychedelischer Drogen in Harvard zu betrauen. Er überredete McClelland ferner dazu, einen weiteren Versuchsleiter für das Forschungsprojekt anzustellen: seinen guten Freund Frank Barron, Stanford-Psychologe und führende Autorität in der Psychologie der Kreativität. In der Zwischenzeit hatte die Chemiefirma Sandoz bereits die Extraktion des psychoaktiven Inhaltsstoffes des mexikanischen Pilzes bewerkstelligt und begonnen, ihn in synthetischer Form unter dem Handelsnamen Psilocybin qualifizierten Forschern zur Verfügung zu stellen. Psychedelika waren noch nicht verboten, und Sandoz war daran interessiert, mehr über ihre Wirkung in Erfahrung zu bringen – insbesondere daran, in welchem Maße sie schizophrenieähnliche Symptome hervorbringen konnten. Leary wagte den Sprung ins kalte Wasser – er war selbst seine erste Versuchsperson. In den ersten drei Monaten jenes Herbstes nahm er mehr als fünfzigmal Psilocybin ein. Zusammen mit Barron verabreichte er es auch einer

Vielzahl von anderen Menschen, ein erster Versuch, seine Wirkungen zu erforschen. Alpert war in jenem Herbst gerade abwesend und ein Semester lang Gastprofessor in Berkeley. Erst nach seiner Rückkehr nach Harvard im Winter wurde er mit den psychedelischen Drogen bekannt gemacht. Auf seinen ersten Trip ging er in Learys Wohnzimmer in Cambridge, Massachusetts, an einem verschneiten Abend im März des Jahres 1961.

Alpert hat diese Erfahrung in *Sei jetzt hier* – und seitdem in zahllosen Vorträgen und Workshops – geschildert. Sein Bericht ist eine der lebendigsten, verständlichsten Beschreibungen, die ich darüber gefunden habe, wie psychedelische Drogen eine Bewußtseinsveränderung und eine vollkommen neue Sicht der eigenen Identität hervorrufen können. Bei Alpert erreichte der Trip seinen Höhepunkt, während er allein in Learys Wohnzimmer saß. Als die Droge zu wirken begann, nahm er plötzlich jemand anderen im Zimmer wahr. Bei genauer Betrachtung merkte er, daß er sich selbst als Professor in Universitätstracht sah. »Es war, als hätte sich dieser Teil, der Harvard-Professor, von mir getrennt oder abgelöst«[5], schrieb er in *Sei jetzt hier*. Zuerst fand Alpert das beunruhigend, aber dann dachte er: »Na ja, ich habe hart gearbeitet, um diesen Status zu erringen, aber eigentlich brauche ich ihn gar nicht.« Als nächstes verschwand der Professor ganz, doch an seine Stelle trat eine ganze Reihe von Leuten, in denen Alpert Aspekte seiner selbst erkannte: Gesellschaftslöwe, Cellist, Pilot, Liebhaber. Als er danach durchs Zimmer schaute, sah er ein Kind, den ursprünglichen Richard Alpert, seine Grundidentität. Nachdem auch das verschwunden war, bekam er furchtbare Angst. Wie, fragte er sich, kann ich bloß ohne etwas so Grundlegendes – mein Selbst – zurechtkommen? Nun ja, überlegte er dann, zumindest habe ich noch meinen Körper. Doch als er jetzt auf die Couch hinuntersah, entdeckte er, daß sein Körper anscheinend ebenfalls verschwunden war.

»Nichts von all meinem philosophischen Materialismus hatte mich darauf vorbereitet, und so flippte ich aus«, erzählte er mir am ersten Nachmittag unserer Begegnung. »Ich fing an, nach Timothy zu rufen, als mir der Gedanke durch den Kopf schoß: ›Wer flippt hier eigentlich aus? Wenn ich nicht mein Körper und ebensowenig die Rollen bin, die ich in der Gesellschaft spiele, was bleibt dann noch?‹ Und plötzlich ging mir ein Licht auf. Es war wie eine Figur-Grund-Umkehrung. Ich wurde mir eines Teils meiner selbst, eines Wesenskerns bewußt, der nichts mit Leben und Tod zu tun hatte.«

Obwohl es ihm zum damaligen Zeitpunkt nicht klar war, hatte Alpert eine klassische transzendentale Vision, wie sie von allen östlichen Weisheitslehren beschrieben wird. Er hatte die Erfahrung der spirituellen Wesensnatur, des wahren Selbst, gemacht. Viel später faßte Alpert es so zusammen: »Obschon alles, was mich ausmachte, selbst mein Körper und dieses Leben, weg war, nahm ich doch bewußt wahr! Und nicht nur das, sondern dieses bewußte ›Ich‹ beobachtete auch noch mit ruhigem Mitgefühl das ganze Drama einschließlich der Panik. Bei dieser Erkenntnis überkam mich sofort eine neue Art von Ruhe. Ich hatte gerade einen Ort gefunden, wo ›ich‹ unabhängig von einer gesellschaftlichen oder körperlichen Identität existierte. Und noch etwas – dieses ›Ich‹ war wissend – es war tatsächlich wissend. Es war eher weise als bloß kenntnisreich. Es war eine innere Stimme, die die Wahrheit sprach. Ich erkannte sie, war eins mit ihr und hatte ein Gefühl, als sei mein ganzes Leben, in dem ich stets in der Außenwelt Bestätigung suchte – David Riesmans ›fremdbestimmtes Sein‹ –, vorbei. Jetzt brauche ich nur innen nach dem Ort zu suchen, an dem ich wußte.«[6] Und was genau das für ein Ort sei, fragte ich Alpert. »Ich fühlte mich so, als sei ich heimgekommen«, sagte er. »Es war eine unglaubliche Erleichterung.«

Meine eigenen Erfahrungen mit psychedelischen Drogen, die ich fast zehn Jahre nach Alperts erstem Trip machte, waren ganz anders. Anfang der siebziger Jahre habe ich als Collegestudent etwa ein dutzendmal mit psychedelischen Drogen experimentiert. Inzwischen waren sie längst verboten worden, und kaum jemand sprach noch von den bewußtseinserweiternden und verwandelnden Möglichkeiten, die ihnen innewohnten, sondern es war vorwiegend von ihrer entspannenden Wirkung und ihrem »Freizeitwert« die Rede. Ich habe nie ernsthaft erwogen, daß meine Wahrnehmungen auf diesen Trips irgendeine tiefere Bedeutung oder einen praktischen Nutzen für mein Leben haben könnten. Manche Trips wirkten so in mir nach, daß ich mich erinnern konnte, etwas Wesentlicheres in mir erfahren zu haben – einen gewissen logischen Zusammenhang, Furchtlosigkeit und Authentizität, die mir neu waren. Aber wenn ich vom Trip herunterkam, war es mir jedesmal vollkommen unmöglich, mir diese *Erfahrung* einer Epiphanie wieder zu vergegenwärtigen. Es war so ähnlich, als wenn man aus einem sehr aufrührenden, vollkommen real wirkenden Traum aufwacht, der einem daraufhin jäh aus dem Bewußtsein schwindet – und nur die Spur eines wehmütigen Gefühls hinterläßt, daß etwas Bedeutungsvolles verlorengegangen ist.

Einmal während meiner Collegezeit nahm ich mir vor, alle bedeutenden Einsichten, die ich auf einem Trip vielleicht hatte, aufzuzeichnen. Ich schaltete ein Tonbandgerät ein und begann, sobald die Droge zu wirken anfing, meine Gedanken auszusprechen, wenn mir irgend etwas wichtig erschien. Aber als ich das Tonband am nächsten Morgen abhörte, war ich total enttäuscht. Einiges von dem, was ich gesagt hatte, war einfach unverständlich, während alles andere gespickt war mit albernen Platitüden, wie man sie auf Grußkarten findet. Damals kam mir nicht in den Sinn, daß mein Erlebnis vielleicht nicht zu beschreiben war – daß die Sprache den Gefühlen und Einsichten, die ich in diesem veränderten Bewußtseinszustand hatte, nicht gerecht werden konnte. Ich hatte jedenfalls nicht die Mittel an der Hand, das, was ich erlebte, sinnvoll in mein Leben einzuordnen. Und so gingen meine Freunde und ich nur noch auf Trips, um in etwas zu flüchten, das einem erlebnisreichen Tag in einem Vergnügungspark gleichkam.

Alpert nahm seine psychedelischen Visionen viel ernster. Er bediente sich dieses Mittels der Bewußtseinsveränderung zu einer Zeit, als er mit seinem Leben zutiefst unzufrieden war, in der ausgesprochenen Hoffnung, daß ihm die Drogenerfahrung ein paar neue Alternativen zeigen würde. Schon bald sahen seine Harvard-Kollegen und er in psychedelischen Drogen ein Mittel, den Vorhang des Normalbewußtseins zu zerteilen und in eine andere, umfassendere und befriedigendere Wirklichkeitsebene einzutreten. Sie waren auf nichts anderes aus als auf die grundlegende Selbstverwandlung. Sehr schnell erkannten Leary und Alpert, daß zwei Faktoren – die eigene Erwartungshaltung und das soziale Umfeld, in dem die Droge genommen wird – eine ungeheure Wirkung auf das Ergebnis hatten. Diese veränderlichen Faktoren nannten sie »Set«, die geistigen Voraussetzungen, und »Setting«, das jeweilige soziale Umfeld.

Alpert kam bald zu dem Schluß, daß die Drogen den Leuten halfen, sich zu öffnen, indem sie die Barrieren abbauten, die das Denken im allgemeinen der unmittelbaren Wahrnehmung und den tiefsten Gefühlen in den Weg stellt. Hatte eine solche Öffnung stattgefunden, konnten allerdings die verschiedensten Dinge passieren. Der Spielraum der Möglichkeiten umfaßte alles, vom Kummer angesichts neuer, schmerzlicher Einsichten in das eigene Leben bis hin zur höchsten Freude, Grenzen überschreiten und sich anderen zutiefst verbunden fühlen zu können. »Wenn ein Trip mit sanfter Hand geleitet wurde, konnte man sich der tiefsten Seiten seines Wesens versichern«, sagte Alpert. »Man konnte auch voller Schmerz und Trauer erkennen, wie weit man sich von sich selbst entfernt hatte, und ein tieferes Verständnis für seine mißliche Lage gewinnen. Und hinterher stellte sich oft das Gefühl ein, daß man sich von nun an verändern würde – mit entsprechender Begeisterung und Energie.«

Leary, Alpert, Barron und eine schnell wachsende Schar von Studenten verbrachten immer mehr Zeit damit, gemeinsam psychedelische Drogen zu nehmen. Der Höhepunkt des Versuchsprojektes war erreicht, als sich zwölf von fünfzehn frischgebackenen Studenten der psychologischen Fakultät von Harvard um die Mitarbeit bewarben. Die Teilnehmer an dem Versuch hatten sowohl beruflich als auch privat immer stärker das Bedürfnis, eine geschlossene

Gesellschaft zu bilden. »Es war, als hätten wir ein neues Land entdeckt und nicht nur eine neue Sprache entwickelt, sondern völlig neue Glaubens-, Wertsysteme und Gebräuche«, erzählte mir Alpert. Allerdings hatten sie nicht vorausgesehen, wie sehr diese Arbeit sie den Kollegen und Freunden, die keine Drogen nahmen, entfremden würde. »Die Welt fiel völlig auseinander in die, die antörnten, und die, die das nicht taten«, erklärte Alpert. »Es war unmöglich, das, was in einem veränderten Bewußtseinszustand geschah, voll und ganz gutzuheißen, ohne selbst in diesen Zustand einzutreten. Was wir erlebten, begann dort, wo die westliche Psychologie aufhörte.«

Die Erfahrungen mit psychedelischen Drogen, glaubten sie, wiesen auf eine Realität hin, die der normalen Erfahrung übergeordnet war. Es war ihnen damals zwar noch nicht klar, aber mit dieser Ansicht boten sie das klassische Beispiel einer einseitigen Entscheidung. Kaum hatten sie eine selbstlosere, spirituelle Position eingenommen, als sie auch schon die Erkenntnisse der westlichen Psychologie und die Bedeutung eines Verständnisses für Fragen der Persönlichkeit und des Unbewußten zu verunglimpfen begannen. Auch den Verstand entlarvten sie als Barriere, die die unmittelbare Wahrnehmung behinderte. Außerdem hatte Leary wenig Interesse daran, die psychedelischen Drogen mit traditionellen wissenschaftlichen Methoden zu untersuchen. Was auf den Trips passierte, ließ sich seiner Meinung nach im Grunde nicht quantitativ bestimmen, und deshalb bestände kein Grund, es auch nur zu versuchen. Frank Barron war anderer Auffassung. Ihm machte es bereits Sorgen, daß Leary soviel Psilocybin nahm. Er bestand darauf, daß sie, um sich die Unterstützung Harvards zu sichern, wissenschaftlichen Methoden folgten. Als er damit nicht durchkam, zog er sich allmählich von der Arbeit zurück, um schließlich zu kündigen und nach Stanford zurückzukehren. Alpert übernahm seine Stelle als Projektleiter – er hatte kein Interesse daran, Leary wegen seiner Exzesse zur Rede zu stellen, ihm lag vielmehr daran, ihn, das verrückte Genie mit der hehren Vision, voller Eifer zu unterstützen.

»Ich habe so etwas wie die Basisarbeit zur Finanzierung und Strukturierung unserer Projekte an der Schnittstelle zur Universität gemacht«, erzählte mir Alpert. »Ich war willens, den Sinn meines Lebens nur noch in der Förderung von Tims Kreativität zu sehen. Mich selbst fand ich überhaupt nicht kreativ. Ich hatte das Gefühl, bloß ein politisch versierter, neurotischer jüdischer Erfolgsmensch zu sein. Tim hingegen ging immer weiter. Erst drei Jahre später wurde mir klar, daß ich mir selbst keinen Gefallen damit tat, mitzumachen.« Natürlich leistete er durch sein Einvernehmen mit Leary und mit dessen extremen Ansichten ihrer beider Entlassung von Harvard Vorschub. Das wiederum setzte den vielversprechenden Forschungen ein Ende, die Alpert hatte in Gang halten sollen.

Anfang 1961, kurz nach Alperts erstem Trip, startete das Harvard-Team ein außergewöhnliches Programm, in dessen Rahmen Psilocybin an Schwerverbrecher des Concord-Gefängnisses verabreicht wurde – darunter Mörder, bewaffnete Diebe und Heroindealer. Amtliche Unterlagen belegten, daß über 70 Prozent dieser Gefängnisinsassen wieder straffällig zu werden pflegten. »Wir wollten feststellen, ob diese Leute durch eine Bewußtseinsveränderung ihre Situation völlig anders sehen würden«, erklärte Alpert. »Konnten wir sie dazu bringen, ihr Leben in einen größeren Zusammenhang zu stellen, der in ihnen den Wunsch wecken würde, sich selbst zu verändern?« Vor und nach den Drogenexperimenten wurden standardisierte Persönlichkeitstests mit den Gefangenen durchgeführt. Da Leary von der Bedeutung einer Atmosphäre gegenseitigen Vertrauens überzeugt war, nahmen er und die anderen des Forschungsteams die Drogen zusammen mit den kriminellen Versuchspersonen ein und gingen mit ihnen gemeinsam in einem abgeschlossenen Raum auf Trip.

Es war ein gewagtes und gefährliches Experiment – und obwohl es keine Kontrollgruppe zum Vergleich gab, waren die ersten Ergebnisse erfolgversprechend. Nach nur drei Sitzungen zeigten sich bei den Strafgefangenen eindeutige Veränderungen sowohl im Verhalten als auch in den psychologischen Testergebnissen. Sie erzielten eine niedrigere Punktzahl bei Depression, Feindseligkeit und asozialen Neigungen, dafür jedoch höhere Werte bei Energie, Verantwortung und Kooperation. Ein Folgeprogramm für bedingt Haftentlassene wurde anberaumt. Nach Ablauf des zweiten Versuchsjahres waren nur zehn Prozent derer, die an den Drogenexperimenten teilgenommen hatten, wieder im Gefängnis. Trotzdem wuchs David McClellands Unbehagen angesichts der Forschungen von Leary und Alpert. In einem Memorandum, das beim Fakultätstreffen im Oktober 1962 verlesen und in Jay Stevens' brillantem Buch über die damalige Zeit *Storming Heaven* zitiert wurde, schrieb er: »Die Entwicklung des Projektes ist durch wiederholten willkürlichen Drogenkonsum, Gruppenentscheidungen, die nicht ausgeführt wurden, usw. aufs Spiel gesetzt worden ... Man kommt nicht umhin, daraus zu folgern, daß unter den Wirkungen der Droge auch die ist, das Verantwortungsgefühl zu schwächen oder die Impulsivität zu steigern.«[7]

Leary und Alpert begannen während dieser Zeit, sich mehr und mehr für die spirituellen Dimensionen ihrer bewußtseinsverändernden Experimente zu interessieren. Die Parallelen zwischen ihren psychedelischen Erfahrungen und authentischen Berichten über Erleuchtungserlebnisse aus der mystischen Literatur faszinierten sie am meisten. Auf Anregung von Frank Barron begannen Leary, Alpert und andere, Passagen aus dem Werk *Die Vielfalt der religiösen Erfahrung* von William James und aus buddhistischen, taoistischen und Sufitexten zu lesen. Sie studierten auch klassische östliche Schriften, darunter die *Bhagavadgita,* den *Visuddhi-Magga* und das *Tibetanische Totenbuch.* Insbesondere das Totenbuch mit seiner ausführlichen Darlegung des Sterbens und Wiedergeborenwerdens entsprach genau den Bewußtseinsveränderungen, die sie alle unter der Wirkung von Psilocybin erlebten. Alpert und Leary brachten schließlich eine freie Übersetzung des *Tibetanischen Totenbuches* heraus und gaben ihr einfach den Titel *Die psychedelische Erfahrung.*

Diese Entwicklung beurteilte McClelland besonders skeptisch. »Es ist wahrscheinlich kein Zufall«, schrieb er in dem genannten Memorandum, »daß Indien, das Land, das den Gebrauch solcher Substanzen am längsten ermutigt hat, eine der übelsten Gesellschaftsordnungen der Menschheit hervorgebracht hat, innerhalb derer denkende Menschen ihre Zeit damit verbringen konnten, unter dem Einfluß von Drogen, in Buddhahaltung versunken, das Bewußtsein zu erforschen, während gleichzeitig Armut, Krankheit, Unterdrückung und Aberglauben eine in der Geschichte einmalige Ausprägung und Form annahmen.«[8]

Als Alpert McClellands Kritik zu Ohren kam, versuchte er, seinem Team in bezug auf Datensammlung und Forschungsmethoden eine professionellere Arbeitsweise nahezulegen und ihre angeschlagene Position gegenüber der Universitätsleitung von Harvard wieder zu festigen. Die Kunde von ihren Forschungen verbreitete sich trotzdem immer weiter und erzielte schließlich auch bei zwei bedeutenden Religionswissenschaftlern ein positives Echo. Huston Smith war 43 Jahre alt, Dekan der philosophischen Fakultät des Massachusetts Institute of Technology (MIT), vergleichender Religionswissenschaftler und produktiver Autor. Walter Houston Clark war 62 Jahre alt und Professor für Religionspsychologie an der Harvard-Universität sowie an einer theologischen Hochschule. Beide Männer wollten mehr über die Fähigkeit psychedelischer Drogen wissen, transzendente Erfahrungen zu erleichtern. Smith leitete schließlich selber Psilocybin-Sitzungen für die Studenten seines Seminars über Mystik, während sich Clark lieber Alperts und Learys Harvard-Projekt anschloß.

Als nächster bekundete Walter Pahnke Interesse, ein junger Arzt, der gerade mitten in seiner Promotion steckte. Nachdem er Alpert und Leary kennengelernt hatte, beschloß er, seiner Doktorarbeit eine unter strenger klinischer Kontrolle durchgeführte Untersuchung der Fähigkeit psychedelischer Drogen zugrunde zu legen, authentische mystische Erfahrungen auszulösen. Sein Experiment sollte am Karfreitag 1962 im Untergeschoß der Marsh-Chapel-Kirche der Universität von Boston stattfinden. Dort wollte er zwanzig von Walter Clark ausgesuchte Theologiestudenten versammeln, während oben der Karfreitagsgottesdienst abgehalten und über Lautsprecher übertragen wurde. Die Hälfte von ihnen sollte Psilocybin, die andere Hälfte Placebos bekommen. Aber je näher das Datum rückte, um so unruhiger wurde die Universitätsleitung. In letzter Minute verweigerte sie schließlich die Ausgabe von Psilocybin für den Karfreitagsversuch. Leary und seine Gruppe ließen sich dadurch nicht abschrecken. Sie zogen einfach los und kauften das benötigte Psilocybin auf der Straße ein.

Der Versuch hätte gar nicht besser laufen können. Es war schnell klar, welche Studenten die Droge eingenommen hatten. Sie wanderten im Raum umher und sangen und beteten mit, wie sie es aus den Lautsprechern hörten, während die Placebo-Gruppe still dasaß. Später wurden alle Versuchspersonen gebeten, einen detaillierten Fragebogen auszufüllen, um ihre Erfahrungen zu beschreiben. Pahnke ließ die Antworten nach einem System zur Bewertung mystischer Erlebnisse, das westliche Religionswissenschaftler ausgearbeitet hatten, von Theologen auswerten, die nichts von dem Versuch wußten. Es gab acht Charakteristika: das Erlebnis der Einheit von Versuchsperson und Universum; die Sicherheit in bezug auf die gewonnenen Erkenntnisse; die Transzendenz von Raum und Zeit; ein Gefühl der Heiligkeit; die Erfahrung der Paradoxie in bezug auf das gewohnte Denken; Unbeschreiblichkeit; Flüchtigkeit; dauerhafte positive Einstellungs- und Verhaltensänderungen als Folge des Experiments.

Neun der zehn Studenten, die die Droge einnahmen, wurden authentische mystische Erfahrungen zugesprochen. Nur einer aus der Placebo-Gruppe beschrieb etwas Ähnliches. Zwanzig Jahre später wurden die meisten Teilnehmer des Karfreitagsversuchs im Rahmen einer Untersuchung noch einmal befragt mit dem Ergebnis, daß alle, die damals Psilocybin genommen hatten, noch immer von der positiven Wirkung jener einmaligen Erfahrung zu profitieren glaubten. Leary und Alpert kamen zu der Überzeugung, daß psychedelische Drogen eine Möglichkeit darstellten, schnell die

Art von Weisheit zu erlangen, die sonst nur durch Übungen wie langfristiges Meditieren kultiviert werden kann und die seit Jahrtausenden Gegenstand vieler östlicher Lehren ist.

Der Schriftsteller, Philosoph und Visionär Aldous Huxley hat wohl das maßgeblichste Werk zu diesem Thema geschrieben. 1948 versuchte der mit dem Roman *Schöne neue Welt* berühmt gewordene Autor in seinem Buch *Die ewige Philosophie* wissenschaftlich fundiert aufzuzeigen, daß allen noch existierenden religiösen Traditionen ein einziges gemeinsames Bild der göttlichen Wirklichkeit zugrunde liegt. Nur wenn sich der Geist in einem Zustand der Losgelöstheit, Klarheit und Demut befände, argumentierte Huxley, könne diese Wirklichkeit erfaßt werden. Wie es der Zufall wollte, lehrte Huxley am MIT, gar nicht weit von Harvard, als Leary und Alpert ihre Drogenversuche aufnahmen, und wurde ihr vermutlich berühmtester Befürworter. Bei ihm war das Interesse an psychedelischen Drogen schon viel früher erwacht als bei ihnen; seine Erfahrungen hatte er in einem Büchlein mit dem Titel *Die Pforten der Wahrnehmung* festgehalten, das 1954 veröffentlicht wurde und sein erstes Erlebnis mit Mescalin wiedergibt, der synthetischen Version des psychoaktiven Inhaltsstoffes von Peyote.

Huxley stellte sehr überzeugend dar, daß bewußtseinsverändernde Drogen unter den richtigen Umständen die Macht besaßen, die Wahrnehmung zu steigern, das Bewußtsein zu erweitern und mehr von unseren höchsten menschlichen Möglichkeiten verfügbar zu machen. Das Buch war nicht zuletzt deshalb so bemerkenswert, weil Huxley ein höchst intelligenter, gewissenhafter, provokativer Denker und hervorragender Schriftsteller war. »Aus dem Geleise gewöhnlicher Wahrnehmung geworfen zu werden, während einiger zeitloser Stunden die äußere und die innere Welt nicht so zu sehen zu bekommen, wie sie einem vom Trieb zum Überleben besessenen Tier oder einem von Wörtern und Begriffen besessenen Menschen erscheinen, sondern wie sie, unmittelbar und unbedingt, vom Geist als Ganzem aufgefaßt werden können – das ist ein Erlebnis von unschätzbarem Wert für jeden Menschen … Wir müssen unsere Fähigkeit bewahren und womöglich verstärken, die Welt unmittelbar und nicht durch das nur halb durchsichtige Medium von Begriffen anzuschauen, das jede gegebene Tatsache zu einer nur allzu vertrauten Ähnlichkeit mit irgendeinem klassifizierenden Etikett oder einer erklärenden Abstraktion verzerrt.«[9]

Huxley hielt die ernsthafte Erforschung von psychedelischen Drogen zwar für sehr wichtig, wußte aber auch, daß dieses Thema die bestehende Ordnung gefährdete und deshalb Zündstoff war. Er warnte Leary mehrmals, doch vergebens. »Ich mag Tim wirklich«, schrieb er 1962 an einen Freund, »aber warum muß er bloß so ein Esel sein? Ich habe ihm wiederholt gesagt, daß jemand, der auf diesem heiklen Gebiet Forschungen anstellt, es einzig mit der Einstellung eines Anthropologen tun kann, der in einem Stamm mitten unter möglicherweise gefährlichen Wilden lebt. Fall nicht auf mit deiner Abeit ... Brich keine Tabus, und übe keine Kritik an örtlich anerkannten Dogmen. Sei höflich und freundlich – und mach deine Arbeit.«[10]

Leary tat nichts dergleichen. Im Gegenteil, er verstieg sich immer mehr zu dem, was er eine »naturalistische Forschung« nannte. Das hieß, daß er Leute unter den verschiedensten Umständen die Droge einnehmen ließ und nur darum bat, sie möchten danach eine kurze schriftliche Darstellung dessen geben, was sie erlebt hatten. Die meisten seiner Kollegen fanden diese Vorgehensweise schlampig und wissenschaftlich unbrauchbar. Alpert für sein Teil unternahm einige Anstrengungen, der höchst unkonventionellen Forschungsmethode doch ein paar statistische Daten abzugewinnen, zum Beispiel, daß 61 der ersten 98 Versuchspersonen, die Psilocybin nahmen, von Einsichten berichteten, die positive Veränderungen in ihrem Leben zur Folge hatten. Er führte auch etliche Beispiele aus ihren Aufzeichnungen an. Trotzdem waren das ziemlich dürftige Beweise, die Alpert noch dazu in einer Form darbot, die nicht den offiziellen Gepflogenheiten entsprach. Die Wahrheit war, daß die Szene um Leary und Alpert einer endlosen Hippieparty glich. Leute wie Alan Ginsberg und Alan Watts, Jack Kerouac und der Jazzmusiker Maynard Ferguson, alle kamen vorbei, um ebenfalls ihre Erfahrungen mit Psilocybin zu machen.

Als der wachsende Widerstand gegen ihre Arbeit eine entsprechende Reaktion unumgänglich machte, merkte Alpert, daß er nicht einfach Leary fallenlassen konnte, um die eigene Haut zu retten. »Ich wußte im tiefsten Herzen, daß ich die innere Wahrheit, die ich entdeckt hatte, mit Füßen treten würde, wenn ich aus gesellschaftlichem oder politischem Eigennutz die Wahrheit dessen, was ich erlebt hatte, ableugnete«, erklärte er. »Meine Drogenerfahrungen hatten mein Leben so viel schöner gemacht und bereichert, daß ich dieser Wahrheit nicht einfach den Rücken kehren konnte.« Harvard entschied sich schließlich gegen Alpert. Er wurde im Mai 1963 entlassen mit der Begründung, er habe durch die Ausgabe von Psilocybin an Studenten die Universitätsrichtlinien verletzt. Es war speziell der ungeregelte Gebrauch dieser starken Drogen, der die Universitätsverwaltung entsetzte. Noch im selben Monat wurde auch Leary die Lehrbefugnis entzogen mit der fadenscheinigen Begründung, daß er zu etlichen seiner Vorlesungen nicht erschienen sei. McClelland war zutiefst enttäuscht über die Entlassung der beiden Männer, die er selbst berufen hatte. »Es zerreißt mir das Herz, wenn ich sehe, was aus ihnen geworden ist«, sagte er damals. »Zu Anfang waren sie gute Wissenschaftler, dann sind sie zu Sektierern geworden.«[11] Tatsache ist, daß Leary und Alpert mit ihrer Weigerung, bestimmte Grenzen nicht zu überschreiten, eine einmalige Gelegenheit verspielten – die Chance, an der renommiertesten und angesehensten Universität der Vereinigten Staaten wissenschaftlich eine Lanze für psychedelische Drogen zu brechen. Statt dessen trug nicht zuletzt der in der breiten Öffentlichkeit ausgetragene Meinungsstreit dazu bei, daß die Regierung schließlich alle psychedelischen Drogen verbot.

So weit war es aber noch nicht, und so bemühten sich Leary und Alpert nach ihrer Entlassung von Harvard darum, die psychedelische Forschung durch eine eigene Organisation, die International Foundation for Internal Freedom (IFIF), in aller Öffentlichkeit voranzutreiben. Nachdem sie aus mehreren Ländern ausgewiesen worden waren – darunter Mexiko sowie den Kleinen Antillen –, ließen sie sich schließlich in Millbrook, New York, auf dem riesigen Anwesen eines reichen Freundes nieder. Eine Zeitlang taten sie nach außen hin so, als widmeten sie sich auf ihre lockere Art wissenschaftlichen Forschungen. In Wirklichkeit jedoch war das Haus in Millbrook eine Anlaufstelle für Künstler, Intellektuelle und Hippies, die an Wochenenden dorthin kommen und in einer gastfreundlichen Atmosphäre psychedelische Drogen nehmen konnten. Allmählich aber begannen Leary und Alpert eigene Wege zu gehen. 1966 wurde Leary bei der Überquerung der Grenze von Texas nach Mexiko wegen Besitzes eines kleinen Fläschchens Marihuana, das noch dazu seine Tochter bei sich hatte, verhaftet. Er wäre wahrscheinlich glimpflich davongekommen, hätte er die Verhaftung nicht lautstark zu einer Verfassungsklage hochstilisiert. Nach einem langen Prozeß wurde er am Ende zu zehn Jahren Haft verurteilt; es gelang ihm allerdings, schon nach weniger als drei Monaten zu fliehen. Für die nächsten Jahre tauchte er in Europa unter. Was Learys Ruhm in der Zeit nach Harvard hauptsächlich begründet haben dürfte, ist der Spruch, der ihm 1963 eines Morgens unter der Dusche einfiel: »Turn on, tune in, drop out« – antörnen, einstimmen, ausdroppen. Aus der Rückschau betrachtet war das wohl weniger der Aufruf, sich einem höheren Bewußtsein zu öffnen, als vielmehr ein Plädoyer für die Rückkehr zur Freiheit der Kindheit.

Alperts Glaube an die verwandelnde Kraft psychedelischer Drogen schwand langsam dahin. »Nach sechs Jahren wurde mir klar, daß ich selbst vom höchsten High jedesmal wieder herunterkam. Es war, als wäre man ins Reich Gottes gekommen, hätte gesehen, wie alles ist, hätte die neuen Bewußtseinsebenen erlebt und wäre wieder ausgestoßen worden.« Er war schließlich zu der Überzeugung gelangt, flüchtige Einblicke in höhere Möglichkeiten irrigerweise für die Erleuchtung selbst gehalten zu haben. »Durch diese Drogen gewannen wir ein Verständnis für andere Bewußtseinsebenen«, erzählte mir Alpert rückblickend. »Außerdem wurde vieles durch die von den Drogen ausgelösten inneren Erlebnisse intensiviert. Die Leute vertrauten unter anderem bereitwilliger auf ihr intuitives Gespür für Gerechtigkeit und Freiheit, statt einfach die gesellschaftlichen und politischen Strukturen anzuerkennen, in denen sie lebten. Aber wir haben uns diese Einsichten nicht wirklich zu eigen gemacht und hatten auch nicht die Disziplin, sie in unserem Leben umzusetzen. Zudem hatten wir damals ziemlich naive Vorstellungen davon, wie schnell eine Veränderung vonstatten gehen könnte. Wir fühlten einen Umschwung, aber nicht sehr klar.«

Eine kleine Zahl von Wissenschaftlern hielt unerschütterlich an dem Glauben fest, psychedelische Drogen hätten langfristig verwandelnde Kräfte. Einer der seriösesten Denker unter ihnen dürfte Stanislav Grof gewesen sein, ein tschechoslowakischer Psychiater, der bereits in den fünfziger Jahren in Prag Versuche mit LSD durchgeführt hatte. 1967 ging er in die Vereinigten Staaten, um seine Arbeit an der Johns-Hopkins-Universität und am Psychiatrischen Forschungsinstitut von Maryland fortzusetzen – einem der wenigen Institute, wo solche Forschungen noch legal waren. Grof konzentrierte sich auf den Einsatz von LSD als therapeutischem Mittel. Während Leary und Alpert Aufrührer und Abtrünnige geworden waren, verfolgte er geradlinig seinen Weg. Er hatte ein kantiges Kinn, sah gut aus, war kräftig gebaut und wirkte kühl, sehr konzentriert und distanziert. Ich hatte Schwierigkeiten, in engeren Kontakt mit ihm zu kommen, aber wie seine Freunde versichern, ist er freundlich und großherzig und nur aufgrund der angeborenen Reserviertheit des Osteuropäers kühl.

Grof wurde 1931 als Sohn eines Chemikers und einer Konzertpianistin geboren und hatte als Kind sowohl wissenschaftliche wie künstlerische Neigungen. Er zeichnete und malte, war darüber hinaus aber auch ein ausgezeichneter Schüler und wurde mit 18 Jahren zum Medizinstudium zugelassen. Dort begann er, Freud zu lesen. »Ich war begeistert von seiner Theorie der Psychoanalyse«, erzählte er mir. »In meinen Augen war sie jedoch in der Praxis völlig ineffektiv, viel zu zeitaufwendig und zu teuer.« Grof arbeitete 1954 gerade als Student in der psychiatrischen Abteilung der Prager Karls-Universität, als ein Päckchen vom Labor der Firma Sandoz eintraf. Es enthielt eine neue psychoaktive Droge, LSD-25, die erstmals 1938 von dem Schweizer Chemiker Albert Hofmann synthetisch hergestellt worden war. Sandoz war damals an Berichten über die Wirkungsweise von LSD ebenso interessiert wie später an Berichten über Psilocybin.

Grof, immer schon ein wißbegieriger Mensch, bot sich selbst als Versuchsperson an. Bei seinem ersten Trip hatte er ähnliche Erfahrungen wie Huxley, Leary und Alpert: ein geschärftes Wahrnehmungsvermögen, intensive Gefühle und eine Flut von frühkindlichen Erinnerungen. Einmal fühlte er sich förmlich aus seinem Körper geschleudert, wirbelte im Kosmos herum und machte die Erfahrung eines Universums weit jenseits seiner selbst. Was ihn jedoch am meisten interessierte, war die Möglichkeit, mit Hilfe von LSD einen direkten Zugang zu den Schlupfwinkeln des Unbewußten zu finden. »Ich hatte das starke Gefühl«, schrieb er später, »als könnte eine LSD-unterstützte Analyse den therapeutischen Prozeß vertiefen, intensivieren und beschleunigen.«[12] Als Grof die Aufgabe übertragen wurde, eine klinische Versuchsreihe durchzuführen, verabreichte er Patienten mit unterschiedlichen psychischen Störungen unter strenger Aufsicht LSD. Statt sich einfach an Erfahrungen und traumatische Erlebnisse aus der Kindheit zu erinnern und darüber zu reden, wie sie es bei der traditionellen Psychoanalyse zu tun pflegten, regredierten die Patienten unter LSD-Einfluß rasch und durchlebten frühkindliche Erfahrungen mit aller Deutlichkeit noch einmal.

Grof entdeckte bei diesen LSD-Sitzungen ein wiederkehrendes Muster. Im Verlauf weiterer Sitzungen kamen die Patienten allmählich vom Wiedererleben solcher Kindheitsereignisse auf noch frühere Erinnerungen zurück, für die die Psychoanalyse keine Erklärung bot. Viele Versuchspersonen erlebten nach eigenen Angaben buchstäblich die eigene Geburt wieder – einschließlich des mit diesem Vorgang oft verbundenen entsetzlichen Traumas. Einem bedeutenden Prozentsatz von ihnen gelang schließlich der Durchbruch in einen transpersonalen Bereich, in dem sie ein Gefühl der Einheit hatten, der Transzendenz von Zeit und Raum, der Ehrfurcht und Ekstase, wie es später auch Leary und Alpert schilderten. Als Freudianer hatte Grof gelernt, diese absonderlichen Zustände als psychotisch oder aber als Phantasie einzustufen. Gleichzeitig nahm er jedoch erstaunt zur Kenntnis, welch eine Wirkung die LSD-Trips auf das Leben seiner Patienten hatten.

»Schwere Symptome, die einer monate- oder sogar jahrelangen konventionellen Behandlung widerstanden hatten, verschwanden häufig«, schrieb er. In dem, was unter dem Einfluß von LSD zutage trat, schloß Grof, wurde womöglich »das angestrengte Bemühen des Organismus sichtbar, sich von den Auswirkungen verschiedener Traumata zu befreien, seine Funktionen zu vereinfachen und sich selbst zu heilen«.[13]

Eine der grundlegendsten Erfahrungen seiner Patienten, von denen Grof berichtet, war die Begegnung mit dem eigenen Tod. Was tatsächlich bei den Patienten zu sterben schien, schrieb er später, sei offenbar das Ego oder das »falsche« Ich – »ein Gefühl allgemeiner Unzulänglichkeit, das Bedürfnis, auf alle möglichen Gefahren vorbereitet zu sein, ein zwanghaftes Verlangen, alles im Griff und unter Kontrolle zu haben und das unablässige Bemühen, sich selbst und anderen etwas zu beweisen«.[14] Kurz: Was starb, war – wie in Alperts erster Erfahrung – das Selbstbild, das die Leute ihr Leben lang aufgebaut und verteidigt hatten – und das sie fälschlicherweise für ihre wahre Identität hielten. Grof stellte fest, daß diese tiefgreifenden Veränderungen bei vielen seiner Patienten anhielten. Bei denjenigen, die wirklich unter LSD eine Todeserfahrung machten, wich das Entsetzen angesichts einer Vernichtung ihres Egos schließlich der Vision eines intensiven weißen Lichts, der Freude und dem Gefühl des Neugeborenseins. Das wiederum führte, wie Grof sagte, bei vielen seiner Versuchspersonen zu einem liebevol-

leren, tieferen Verständnis ihren Mitmenschen und dem Universum gegenüber.
»Weltliche Ambitionen, Konkurrenzdenken und das Streben nach Status, Macht, Ruhm, Prestige und Besitz schwanden dahin«,[15] schrieb Grof. Über einen Zeitraum von 20 Jahren hinweg sammelte er systematisch 200 Versuchsberichte über LSD-Erfahrungen, wertete sie aus und identifizierte gemeinsame Merkmale. Leider haben weder Grof noch andere Wissenschaftler exakt kontrollierte klinische Forschungen angestellt. Seine Darstellung der positiven Wirkungen von LSD auf seine Patienten, einschließlich der positiven Ergebnisse von Folgeuntersuchungen nach 18 Monaten, war faszinierend, blieb jedoch anekdotisch und ohne schlüssigen Beweis. Letzten Endes hat seine Arbeit nie die Aufmerksamkeit der vorherrschenden Wissenschaft erregt.

Ich brannte darauf, Ende der achtziger Jahre selbst solche Erfahrungen zu machen, und erwog, unter Aufsicht von jemandem wie Ram Dass oder Grof psychedelische Drogen zu nehmen. Doch nach einiger Zeit merkte ich, daß diese Möglichkeit bei meiner geistigen Verfassung und der hierzulande herrschenden Atmosphäre kaum einen Reiz besaß. Psychedelische Drogen sind schon lange verboten, und sie gesetzeswidrig zu nehmen schien mir nicht gerade die ideale Voraussetzung für Ausflüge in die Tiefen meiner Psyche. Selbst Ram Dass riet mir davon ab. »Unsere Kultur bietet nicht den richtigen Rahmen für diese Art von Erfahrung«, sagte er. »Und tut man's trotzdem unter so paranoiden Umständen, sind Schwierigkeiten vorprogrammiert.« Mir wurde auch klar, daß ich infolge meines höheren Alters und der größeren Verantwortung eigentlich gar nicht mit einer starken Droge experimentieren wollte, deren Wirkung sich nicht voraussagen ließ. Es gab allerdings eine Alternative, wie sich herausstellte. Nachdem LSD Mitte der siebziger Jahre sogar für Forschungszwecke von der Regierung verboten worden war, hatte Grof selbst begonnen, nach Wegen zu suchen, um drastische Bewußtseinsveränderungen ohne Drogen auszulösen. Gemeinsam mit seiner Frau Christina entwickelte er eine Technik, die er »holotropes Atmen« nennt. Als ich mich zu einem seiner Workshops anmeldete, hatten bereits Tausende von Leuten diese Technik ausprobiert.

Die Grof-Methode baut auf einer Grundform intensiven Atmens auf, wie es in vielen mystischen Traditionen – vom Kundalini-Yoga bis hin zur taoistischen Meditation und vor allem in der indischen Wissenschaft vom Atmen, dem Pranayama – geübt wird. Wilhelm Reich war einer der ersten, der die Beobachtung machte, daß psychische Widerstände oft mit einer gestörten Atmung einhergehen und daß schnelleres, tieferes Atmen häufig die Abwehrmechanismen lockert und einen außergewöhnlichen Zugang zum Unbewußten eröffnet. Unter dem Einfluß all dieser Erkenntnisse sowie einer moderneren Technik, des Rebirthings, die das Geburtserlebnis noch einmal heraufbeschwört, entwickelten die Grofs eine Methode, die darauf basiert, daß man das Tempo, die Intensität und die Länge der Atemzüge steigert.

Im Oktober 1990 reiste ich zu einem Zentrum mit Namen »Institut für Mentalphysik« in der Nähe von Palm Springs, Kalifornien, um an Grofs Workshop teilzunehmen. Über 150 weitere Interessenten gesellten sich zu mir, die wie ich 575 Dollar für ein sechstägiges Programm bezahlt hatten. Ich fühlte mich in der wüstenartigen Umgebung sofort wohl. Die Luft war frisch und sauber, die Sonne hell und heiß, und die Aussicht war einfach herrlich. Ein Dutzend verschiedener Kakteenarten boten die einzige Abwechslung in einer flachen, pastellfarbenen Landschaft, die sich überallhin ausbreitete, so weit das Auge reichte. Zu der kleinen Diskussionsgruppe, der ich zugeteilt worden war, gehörten ein Sozialarbeiter, zwei Psychologen, ein Psychiater, ein buddhistischer Mönch und ein pensionierter Forstbeamter. Die Woche setzte sich aus Meditationssitzungen und Vorträgen zusammen, aber Hauptattraktion für fast alle Anwesenden waren natürlich die Atemübungen.

Als am ersten Nachmittag die entsprechenden Vorbereitungen

getroffen wurden, sah der Versammlungssaal, in dem wir zusammenkamen, wie ein Luftschutzbunker aus, in dem vorübergehend Leute zusammengepfercht sind und sich einen Schlafplatz einzurichten versuchen. Bei den Sitzungen legte man sich hin, und das hieß, daß sich 75 Menschen in Trainings- oder Gymnastikanzügen jeweils einen kleinen Bereich des großen Raums sicherten. Als nächstes bauten sie Burgen aus Kissen, Matten, Decken, Wassergläsern und Papiertaschentüchern um sich herum auf. Auch kleine Plastiktüten wie im Flugzeug hatten viele mitgebracht, für den Fall eines Falles. Die Anweisungen fielen hauptsächlich durch ihre Einfachheit auf. Das sehr beschleunigte Atmen sollte eine Bewußtseinsveränderung hervorrufen, es habe keine gesundheitsschädlichen körperlichen Auswirkungen, versicherte uns Grof. Sorgfältig ausgesuchte, vorwiegend klassische Musik erklang aus riesigen Lautsprechern vorn im Saal, während wir atmeten. Die Musik, erklärte Grof, sei so ausgewählt, daß sie uns in unserer Erfahrung unterstütze und anrege – beginnend mit anregenden, aufrüttelnden Stücken, die dann allmählich in ihrer Intensität nachließen, während die Stunden verstrichen.

Das Wichtigste sei, so wurde uns gesagt, offen zu sein und nicht kontrollierend einzugreifen. »Tut nichts, sondern wartet, bis etwas *mit euch* geschieht«, wies Grof uns an. »Die heilende Kraft ist Teil eurer eigenen höheren Intelligenz. Ziel des Atmens ist es, die Aufmerksamkeit von Verstand und Intellekt weg auf Körper und Empfindungen zu lenken. Ihr müßt gespannt sein auf das, was geschieht. Wenn ihr denkt, während es geschieht, blockt ihr die Erfahrung nur ab.« Wenn etwas aus dem Unbewußten freigesetzt würde und an die Oberfläche käme, fuhr Grof fort, sollten wir mit allen möglichen, scheinbar extremen oder sogar absonderlichen Verhaltensweisen rechnen – Tränen, Wut, Gliederverrenkungen, kindlichen Regressionen, spontanem Tanzen oder auch Reden in fremden Zungen. Je mehr wir dazu fähig wären, die bewußte Kontrolle aufzugeben, und einfach losließen, um so tiefer würde unsere Erfahrung sein. »Diese Technik soll das Unbewußte aktivieren und seinen eigenen Lauf nehmen lassen«, sagte Grof weiter. »Das Atmen bringt unterdrückte Gefühle zum Vorschein. Wir gehen davon aus, daß die einzige Möglichkeit, mit diesen Gefühlen fertig zu werden, darin besteht, sie voll und ganz auszuleben. Die Gesellschaft hat eine Menge Regeln aufgestellt, was ausgedrückt werden darf und was zivilisiert ist, aber sie halten uns nur davon ab, von unseren eigenen Elementarkräften Besitz zu ergreifen. Setzt euch keine Maßstäbe, was noch akzeptabel ist. Ein innerer Aufruhr zu Anfang ist normal. Atmet einfach weiter. Es wird unter Umständen noch schlimmer, bevor es besser wird. Laßt zu, daß es sich aufbaut und von selbst auflöst.«

Manchmal würden sich, warnte Grof, die durch das Atmen und die Musik ausgelösten starken Gefühle nicht ganz von selber auflösen, sondern sich in körperlichen Schmerzen manifestieren – in Form von Muskelkrämpfen oder Kopfschmerzen zum Beispiel. Für diesen Fall, erklärte Grof, gäbe es überall im Raum Helfer, die in einer intensiven Form der Körpertherapie ausgebildet seien. Mit Hilfe dieser ebenfalls von Reich entlehnten Technik werden emotionale Blockierungen durch Konzentration auf ihre körperlichen Ausdrucksformen abgebaut. Die Helfer, so erklärte Grof mir später, seien dazu da, besonders starken physischen Druck auf die Körperzone auszuüben, in der der Atmende Schmerzen fühle, um den Schmerz – samt der dahinterliegenden Gefühlsblockierung – nach Möglichkeit aufzulösen. »Unser Körper weiß selbst, was für ihn am besten ist«, sagte Grof. »Eine tiefe Weisheit ist im Körper am Werk, die weiß, wie Spannungen und Aggressionen abgebaut werden können, wenn wir es nur zulassen.«

Ich beschloß, meine erfahrenere Partnerin darum zu bitten, bei der ersten Atemsitzung die aktive Rolle zu übernehmen. Alice, eine Frau in den Fünfzigern, war selbst Körpertherapeutin und verdiente ihren Lebensunterhalt mit einer Technik, die sie »Energie Balancing« nannte. Sie hatte schon eine ganze Reihe von bewußtseinsverändernden Methoden ausprobiert, einschließlich eines früheren Workshops in holotropem Atmen, an dem sie mit ihrem Mann teilgenommen hatte. Im Gegensatz zu mir schien sie keinerlei Bedenken zu haben. Ich brauchte mich nur neben sie zu setzen, darauf zu achten, daß sie die beschleunigte Atmung durchhielt, und sie mit allem zu versorgen, was sie für ihr Wohlbefinden benötigte. Wenn die Atmenden Probleme hatten – Angst oder Schmerzen oder Verlust der Kontrolle –, konnte man jederzeit einen der vielen im Raum verteilten Helfer rufen.

Zu meinem Erstaunen war schon wenige Minuten nach Beginn der Sitzung klagendes Jammern und durchdringendes Schmerzensgeschrei aus allen Ecken des Raums zu hören. Als ich aufstand, um mir einen besseren Überblick zu verschaffen – diskreterweise tat ich so, als müßte ich mich strecken –, sah ich, wie sich Leute in den verschiedensten Verrenkungen auf dem Fußboden wanden. Im Lauf der nächsten Stunden hörte ich jedes auch nur erdenkliche Geräusch: Schreien, Singen, unverständliches tiefes Gemurmel und Babygeplapper, aber auch entzücktes Lachen und Laute voller Ekstase. Ich sah Leute zittern, zucken, Grimassen schneiden, den Mund aufreißen und sich hin und her wälzen. Es war, als betrachtete ich ein zum Leben erwachtes Gemälde von Hieronymus Bosch.

Mindestens zwei Atmende waren schließlich in einer solchen körperlichen Verfassung, daß zwei Helfer sie festhalten mußten. Einige Männer rissen sich das Hemd vom Leib, während Frauen interessanterweise nicht die gleiche Hemmungslosigkeit entwickelten. Männer wie Frauen erhoben sich und begannen spontan zu tanzen, viele mit geschlossenen Augen. Andere lagen vollkommen still da und atmeten tief, ohne sich zu regen. Meine Partnerin schien hin und her zu wechseln zwischen Zeiten der Stille, in denen sie einen glückseligen Gesichtsausdruck hatte, und solchen, in denen sie plötzlich die Arme hochwarf und wütend schrie. Ein paarmal, als sie Schmerzen zu haben schien, rief ich den nächsten Helfer herbei, der mir versicherte, es sei das Beste, so wenig wie möglich einzugreifen. Alice hielt vier Stunden durch, wie die meisten anderen. Als sie schließlich die Augen öffnete und mir sagte, sie glaube, es überstanden zu haben, war ich erleichtert. Sie wirkte erschöpft, denn sie war anscheinend emotional Achterbahn gefahren; also redeten wir kaum miteinander, während wir gingen.

Am Abend setzte sich meine Gruppe mit Pat McCallister zusammen, unserer Helferin, einer Schülerin von Grof, die selbst Dutzende von Atemsitzungen hinter sich hatte. Mit ihrem Enthusiasmus und ihrer Zuwendung sorgte sie dafür, daß ich mich sofort wohl fühlte. Die Storys, die einige aus meiner Gruppe erzählten, muteten fast surreal an – von Reisen nach anderen Galaxien und Fahrten in eine höllische Unterwelt war die Rede. Eine Frau berichtete von Engeln, die sie gesehen hatte, andere hatten Augenblicke voll freudiger Transzendenz erlebt, und wieder andere sprachen vom Gefühl einer tiefen meditativen Ruhe. Es wurde auch von merkwürdigen körperlichen Empfindungen berichtet und von lange verdrängten Erinnerungen, die herausgesprudelt waren. Diejenigen Atmenden, die die außergewöhnlichsten Erfahrungen gemacht hatten, schienen am zufriedensten zu sein. Bis auf einen oder zwei hatten alle den Eindruck, von der Übung profitiert zu haben.

Am nächsten Tag, als ich selbst an die Reihe kam, hatte ich das gleiche Lampenfieber wie zu meiner High-School-Zeit im Umkleideraum vor einem Basketballspiel. Mit Alice an meiner Seite machte ich es mir auf Matten und Kissen bequem. Es dauerte nicht lange, bis ich fast automatisch sehr intensiv atmete. Schon kurz nach Beginn der Sitzung begann ich, in Gedanken in meine Collegezeit zurückzureisen, und erlebte überraschenderweise die Liebesaffäre noch einmal, die so unglücklich geendet hatte. Ich hatte gedacht, das alles längst hinter mir gelassen zu haben. Statt dessen tauchte eine ganze Reihe von lebhaften Bildern aus unserer gemeinsamen Zeit vor meinem inneren Auge auf. Manche waren erfreulich, aber einige brachten mir das brennende Gefühl von Verlust und Verzweiflung wieder in Erinnerung, das sich, wie ich sofort spürte, mit ähnlichen Erlebnissen in meiner Kindheit vermischte. An diesem Punkt merkte ich auf einmal, daß mir Tränen über das Gesicht rannen. Ich empfand einen so tiefen Kummer wie selten. Mir wurde auch bewußt, daß ich Gefühle dieser Art normalerweise vorausschauend auf Distanz hielt, eben um diese Schmerzen nicht erleiden zu müssen.

Alice sagte nichts, aber es war tröstlich, sie dort zu wissen. Ich fiel in keine der extremen Verhaltensweisen, die ich am Vortag beobachtet hatte. Und zu meiner Enttäuschung reiste ich weder in höhere Gefilde, noch hatte ich hehre Visionen. Ich geriet nicht einmal in Versuchung, aufzustehen und zu tanzen. Ich war bloß ungewöhnlich entspannt, locker und fühlte mich wohl in meiner Haut. Mehrere Stunden lang trat mein normales Selbstbewußtsein in den Hintergrund, verstummte der unablässige innere Dialog. In dieser Zeit konnte ich die aufsteigenden Bilder und Gefühle in aller Freiheit wiedererleben. Die erste Sitzung hatte zumindest eine lockernde Wirkung auf mich. Ich war weniger reserviert, dafür aber offener und herzlicher.

In gewisser Weise ängstigte mich die Tiefe meiner Gefühle auch. Bei meiner zweiten Sitzung zwei Tage später fiel es mir viel schwerer, einfach zuzulassen, daß sich die Erfahrung von selbst entfaltete. Meine normalen Ängste und Abwehrmechanismen gegen den Kontrollverlust traten wieder in Kraft. Ich wollte nicht so recht darauf vertrauen, daß es gefahrlos war, alles, was nach außen wollte, hervorkommen zu lassen. Jedesmal, wenn ich in die Nähe von etwas kam, das emotional belastet war, schreckte ich instinktiv zurück, indem ich weniger tief atmete. Ich blieb lieber beim Vertrauten und hielt Distanz zu meinen Gefühlen, statt das Risiko einzugehen, sie zu erforschen. Das einzige Gefühl, das ich nach einer längeren Atemzeit dann doch noch erlebte, war ein unbestimmtes Empfinden, daß mir etwas fehlte. Ich wußte aber nicht, was es sein konnte. Als ich schließlich versuchte, das Gefühl körperlich zu orten, stellte ich fest, daß es in meinem Herzen war und daß es dort einen beklemmenden Druck erzeugte.

Gegen Ende der Sitzung erwähnte ich dies Alice gegenüber. Sie riet mir, es doch einmal mit der körpertherapeutischen Technik zu versuchen, von der Grof gesprochen hatte. Sie rief zwei Helfer, Pat, die meine kleine Gruppe leitete, und einen Mann namens Sheelo

Bohm. Die beiden stellten sich über meine Brust. Während sie mit den Händen Druck auf mich ausübten, sollte ich jedesmal tief in den Druck hineinatmen. Ziemlich schnell und zu meiner Überraschung wanderte der Schmerz in meinen Kopf und legte sich als eine Art Knoten um meine Schläfen. Sheelo übte nun Druck auf diese Stellen aus. Ich atmete heftig in seine Hände – er ermahnte mich sogar, mich noch mehr anzustrengen – und spürte völlig unerwartet Gefühle aufwogen. »Warum tust du das? Ich tue doch mein Bestes!« hörte ich mich wie ein Kind wehklagen. Als nächstes überschwemmte mich eine Welle von Trauer und Verwirrung, und ich hatte das Gefühl, davon überwältigt zu werden. Sheelo hielt den Druck aufrecht und forderte mich auf, weiter so zu atmen. Schließlich überkam mich ebenso plötzlich wieder ein intensiver Gefühlsschwall – diesmal das ohnmächtige Empfinden, ausgenutzt zu werden. Helle Wut wallte in mir auf, und ich hatte das dringende Bedürfnis, mich zur Wehr zu setzen und Sheelo von mir weg zu stoßen. Ich ging so sehr in dem Erlebnis auf, daß ich davon überzeugt war, Sheelo wolle die Situation nur ausnutzen, um mich ohne Grund zu verletzen. Ich kam mir wie ein armes unschuldiges Opfer vor. Dann merkte ich, wie der Druck in meinem Kopf allmählich schwand, und ich empfand nur noch Erschöpfung – und fühlte mich geläutert.

Ich wußte sofort, daß ich an tief vergrabene, ursprüngliche, frühe Erfahrungen meines Lebens gerührt hatte, obwohl ich sie nicht genau lokalisieren konnte. Ich wußte auch, daß ich einen Einblick in Gefühle gewonnen hatte – in Ohnmacht, Abhängigkeit und Angst –, den ich mir sonst nicht gestattete. Letzten Endes hatte ich jedoch nur einen flüchtigen Blick hineintun können, so ähnlich wie Alpert sich mit Hilfe psychedelischer Drogen eine neue Bewußtseinsebene erschlossen hatte, um gleich wieder in die normale Wirklichkeit zurückgestoßen zu werden, sobald die Wirkung der Droge verflogen war. Es bestand kein Zweifel, daß Grofs Arbeit die Möglichkeit in sich barg, Abwehrmechanismen des Geistes aufzulösen und so Gefühle aufzudecken, die lange unterdrückt waren.

Aber meines Erachtens bewirkte die Technik wenig, was die Rolle des Verstandes bei der Verarbeitung neuer Einsichten betraf. Erst viel später, als ich eine andere Methode ausprobierte, mit deren Hilfe ein Zugang zu den tiefsten Gefühlen gefunden werden kann, sah ich immer klarer, was für Kindheitserinnerungen durch das holotrope Atmen ausgelöst worden waren und wie ich diese Erkenntnisse nutzbringend in mein Leben integrieren konnte.

Am Ende seiner Zeit mit Timothy Leary suchte Richard Alpert nach Antworten, die auf Dauer Gültigkeit besaßen. In Anbetracht seiner Zweifel, daß die durch Drogeneinwirkung erhaltenen Einblicke effektiv ins Alltagsleben eingebracht werden könnten, hatte er gemischte Gefühle bei dem Gedanken, seinen Unterhalt mit Vorträgen über psychedelische Drogen zu verdienen. Als ihn 1967 ein reicher Freund, David Padwe, zu einer Reise nach Indien einlud, ergriff er die Gelegenheit beim Schopf. Dort hoffte er, vielleicht die Antworten zu finden, die so schwer zu definieren waren. Padwe hatte sein Vermögen durch den Verkauf seines kleinen Unternehmens an Xerox erworben, und er hatte vor, stilvoll zu reisen. Er ließ einen Landrover nach Teheran einfliegen, und von dort aus begaben Alpert und er sich auf eine Reise erster Klasse nach Osten. Alpert hatte bereits eine Menge klassischer östlicher Texte gelesen, kannte sich in der Geographie des höheren Bewußtseins aus und hatte dem gelobten Land schon zahllose psychedelische Besuche abgestattet. Trotzdem kam er sich nicht besonders weise oder erleuchtet vor, und so hielt er wieder einmal die Augen nach einem Mentor oder Lehrer offen.
Monate später saß Alpert gerade im Blue Tibetan Restaurant in Katmandu, als ein spindeldürrer, fast zwei Meter großer Mann mit langem blondem Bart hereinkam und sich an seinen Tisch setzte. Der Mann stellte sich als Bhagwan Das vor. Er war, wie sich später herausstellte, 23 Jahre alt und früher Surfer am Laguna Beach in Kalifornien gewesen, aber Alpert hatte sofort das Gefühl, daß er jemanden vor sich hatte, der mehr wußte als er. Die nächsten sechs

Tage blieb Bhagwan Das bei Alpert und Padwe in deren Hotelsuite, sprach mit ihnen über esoterische mystische Texte und gab ihnen Meditations- und Yogastunden. Als Padwe verkündete, er habe beschlossen, Japan zu seinem nächsten Reiseziel zu machen, schloß Alpert sich lieber Bhagwan Das an, der eine Pilgerreise zu indischen Tempeln unternehmen wollte – zu Fuß. Alpert sah sich gezwungen, nur leichtes Gepäck mitzunehmen: eine Schultertasche mit dem Nötigsten, eine Flasche LSD und eine kleine Geldsumme.

Zu Anfang ihrer gemeinsamen Wanderung begann Alpert immer wieder, beim Gehen von seiner Vergangenheit zu erzählen. Jedesmal winkte Bhagwan Das freundlich ab. »Denk nicht an die Vergangenheit«, sagte er, »sei jetzt hier.« Oder: »Denk nicht an die Zukunft. Sei jetzt hier.« Es war sehr frustrierend. »Er hat mir das Spiel gründlich verdorben«, erzählte Alpert. »Ich war immerhin ein begeisterter Erzähler.« Andererseits war Alpert zutiefst beeindruckt von der Gelassenheit und Zufriedenheit, die Bhagwan Das ausstrahlte, davon, wie wenig er brauchte und wie sehr er sich überall zu Hause fühlte. Nach fast drei Monaten Wanderung von Tempel zu Tempel verkündete Bhagwan Das eines Tages, er müsse jetzt seinen eigenen Guru aufsuchen. Daraufhin gingen er und Alpert wieder nach Katmandu zurück, nahmen den Landrover, den Padwe zurückgelassen hatte, und fuhren hundert Meilen weiter zu einem winzigen Tempel im Himalaya.

Kaum waren sie dort, sprang Bhagwan Das mit Tränen in den Augen aus dem Auto. Er stürzte auf einen kleinen alten Mann zu, der mit gekreuzten Beinen im Gras saß, und fiel vor ihm auf die Knie. Der alte Mann wurde Maharajji genannt (»großer König«); Alpert nahm zuerst einmal an, daß es sich um einen cleveren Gauner handelte. Eben waren sie einander vorgestellt worden, als der Guru Alpert auch schon freundlich fragte, ob er ihm nicht den Landrover schenken wollte. Daß Alpert nicht begeistert zustimmte, schien ihn nicht weiter zu stören. Vielmehr sorgte er dafür, daß die Ankömmlinge etwas zu essen bekamen. Später an diesem Tag wurde Alpert noch einmal zum Guru gerufen. Mit Hilfe eines Übersetzers beschrieb ihm Maharajji genauestens, was er, Alpert, am vorherigen Abend gemacht hatte, sogar, daß er an seine verstorbene Mutter gedacht hatte. Maharajji gab auch zutreffend an, daß Alperts Mutter im vergangenen Jahr an einer eher seltenen Milzerkrankung gestorben war – etwas, worüber Alpert nie mit jemandem in Indien gesprochen hatte.

Maharajjis Enthüllungen hatten eine überwältigende Wirkung auf Alpert. »Ich spürte furchtbare Schmerzen in meiner Brust, mir war, als würde ich in einen Schraubstock gespannt, und ich fing an zu weinen. Ich weinte und weinte«, schrieb er später. »Das einzige, was ich zu sagen vermochte, war, daß ich das Gefühl hatte, zu Hause zu sein. Als sei die Reise zu Ende. Als wäre ich fertig.«[16] Wie schon mehrmals zuvor kam Alpert zu dem Schluß, endlich den Mann gefunden zu haben, der die Antwort auf seine Fragen wußte. Am Morgen nach der ersten Begegnung wurde Alpert erneut zu Maharajji gerufen. Der Guru verlangte als erstes von ihm, die »Medizin« zu holen. Alpert verstand nicht, was er meinte, bis ihm jemand klarmachte, daß der Guru von dem mitgebrachten LSD sprach. Als Alpert damit zurückkehrte, deutete Maharajji auf die Droge und sagte: »Erwirkt dir das *Siddhis*?« Er gebrauchte das Sanskritwort für »außergewöhnliche Kräfte«, die in anderen Bewußtseinsstadien auftreten, darunter die übersinnlichen Fähigkeiten, die Maharajji vorher unter Beweis gestellt hatte.

Daraufhin schluckte Maharajji zu Alperts Verblüffung fast tausend Milligram LSD, das Zwanzigfache der üblichen Erstdosis. Nichts tat sich in den nachfolgenden Stunden. Welcher höhere Bewußtseinszustand es auch sein mochte, der durch LSD erschlossen wurde, überlegte Alpert, dieser Maharajji erreichte einen solchen Zustand jedenfalls ohne Drogen. Das Erlebnis bestätigte sein Empfinden, daß er einem außergewöhnlichen Menschen begegnet war. Eigentlich warnen alle östlichen Lehrer davor, sich von *Siddhis* verlocken zu lassen. Nach ihrer einhelligen Meinung lenkt es nur von der Suche nach dem wahren Wesen oder höheren Selbst ab, solche außergewöhnlichen Kräfte, die im Laufe eines spirituellen Trai-

nings häufig auftreten, als etwas Besonderes zu betrachten. Umgekehrt beweist sich das höhere Selbst nicht unbedingt durch die Fähigkeit, besondere Kräfte zu entfalten.
Rückblickend meint Ram Das, er sei nicht nur von Maharajjis Demonstration der *Siddhis* angetan gewesen, sondern insbesondere von der Intensität der Liebe, die dieser verströmte, und von dessen völliger Bedürfnis- und Begierdelosigkeit. Alpert vertraute auf seinen Instinkt, er ließ alle Zweifel fallen und stellte nach der ersten Begegnung keine weiteren Fragen mehr, sondern wurde ein gläubiger Schüler des Meisters. Er bekam ein kleines Zimmer und einfache Kleidung und wurde der Leitung eines Yogis unterstellt, der ihm täglich Unterricht in Meditation, Gesang und Hatha-Yoga, dem Yoga der körperlichen Bewegung, gab. Außerdem erhielt er spirituelle Unterweisung, vorwiegend in Form von kurzen Sprüchen, die sein Yogi ihm mit Kreide auf eine Tafel schrieb. Erst viel später merkte Alpert, daß es sich dabei um Lehren des Raja-Yoga handelte, eines bis in alle Einzelheiten ausgearbeiteten Systems zur Erlangung der Erleuchtung, das etwa zwischen 500 v. Chr. und 500 n. Chr. von dem indischen Weisen Patanjali entwickelt worden war. Alpert glaubte, endlich das Richtige gefunden zu haben. Einmal fragte er Maharajji, ob LSD überhaupt irgendeinen Wert für die Suche nach Weisheit hätte. Es könnte von Nutzen sein, sagte sein Guru, da es unter Umständen den Glauben an die Existenz höherer Bewußtseinszustände stärke. Doch letzten Endes, sagte sein Guru weiter, seien Drogen nicht der richtige Weg zur Erleuchtung. »Es ist besser, Christus zu werden, statt ihn nur zu besuchen«, sagte er, »und das kann deine Medizin nicht für dich tun.«
Alpert wurde etwa sechsmal in acht Monaten zu Maharajji geführt, und diese Begegnungen waren jedesmal kurz. Einmal fragte der Guru ihn: »Gibst du gern Kindern etwas zu essen?« Alpert, der immer kinderlieb gewesen war, antwortete mit Ja. Dann fragte der Guru: »Bringst du andere gern zum Lachen?« Alpert nickte. »Gut«, sagte Maharajji daraufhin und gab ihm dann drei leichte Schläge auf den Kopf. Als Alpert ging, war er in einem unerklärlichen

Hochgefühl. Er betrachtete diese rätselhaften Gespräche als Hinweise für die Lebensführung. Ein andermal fragte ihn Maharajji: »Kennst du Gandhi?« Als Alpert das bejahte, sagte der Guru: »Sei wie er.« Alpert mußte lachen. »Gerne«, sagte er. Wieder ein anderes Mal gab der Guru Alpert seinen neuen indischen Namen, Baba Ram Dass.

Er entnahm den Gesprächen mit dem Guru, daß er eine dienende Funktion in der Welt habe – zumindest insofern, als er sich um Kinder kümmern oder seine kommunikativen Fähigkeiten dazu gebrauchen konnte, die Weisheitslehre zu verbreiten, die er zu Füßen seines Gurus lernte. Das, was er schließlich nach Amerika zurückbrachte – und was für ihn von zentraler Bedeutung geblieben ist –, betrifft die Art und Weise, wie sich die Menschen selbst betrügen und unterschätzen, indem sie sich zu sehr mit ihren Gedanken und Vorstellungen identifizieren. »Der Verstand schützt nur euer Gefühl von dem, was ihr zu sein glaubt«, sagte er in einem Vortrag, den ich mir anhörte. »Er schafft Modelle und Erwartungen. ›Ich weiß, was los ist‹, behauptet er. Aber ihr seid ja vielleicht mehr, als ihr zu sein glaubt. Der Verstand ist lediglich Teil eines größeren Ganzen. Wir halten daran fest, einander durch unsere Gedanken und durch die Sinne verbunden zu sein. Weisheit ist die Erkenntnis, daß wir durch den Teil unserer selbst miteinander verbunden sind, in dem wir uns nicht von anderen unterscheiden. Wenn man in die Getrenntheit verfällt und diese ernst nimmt, verliert man die Weisheit. Im Verstand wohnt das Wissen, im Herzen die Weisheit. Wir haben Angst davor, unsere Herzen zu öffnen, weil wir fürchten, dann unsere Getrenntheit aufgeben zu müssen und unterzugehen.«

Diese Vision nahm für Ram Dass während der Studienmonate mit dem Yogi, den Maharajji ihm zugeteilt hatte, Gestalt an. Es war eine sehr sichere, geschützte Welt, in der er damals lebte. Er hatte nur wenige Verpflichtungen und kaum materielle Bedürfnisse. Er verbrachte seine Zeit im allgemeinen damit, in einem Raum zu meditieren, Yoga zu üben und Texte zu studieren. Obgleich er Maharajji nicht oft sah, fühlte er sich bei ihm sicher und geborgen. Er spürte, wie ihm in dieser schlichten Umgebung das Herz aufging, wie seine Ängste von ihm abfielen, seine weltlichen Begierden und Zwänge immer mehr schwanden und sein Gefühl von Getrenntheit einer umfassenderen Bewußtheit wich. Es war, wie er mir versicherte, ein außerordentlich erfüllender, befriedigender Lebensabschnitt.

Gleich zu Beginn meiner eigenen Meditationspraxis bekam ich einen Vorgeschmack von der Erfahrung, die Ram Dass so plastisch geschildert hatte. Rückblickend vermute ich, daß ich zum Teil deshalb ein so starkes Öffnungserlebnis hatte, weil ich so wenig Ahnung hatte, was zu erwarten stand, und kaum mit Vorurteilen belastet war. Ich hatte dieses Erlebnis während eines fünftägigen Retreats in den Bergen von Alta im Staate Utah. Das Retreat wurde von einer Psychologin namens Joyce Goodrich geleitet, die sich in erster Linie mit Geistheilen befaßt. Besonders interessiert es sie, ob es möglich ist, durch Versenkung in bestimmte meditative Bewußtseinszustände den Krankheitsverlauf bei einem anderen Menschen zu beeinflussen, auch aus der Ferne. Das ist schlichtweg ein Gedanke, der jedem konventionellen wissenschaftlichen Verständnis zuwiderläuft, und ich hatte natürlich meine Zweifel – ich war skeptisch, aber für jeden Beweis offen. Mein Hauptgrund, mich zu diesem Seminar anzumelden, war der, meine Meditationsübungen zu vertiefen. Goodrich versprach, über mehrere Tage hinweg verschiedene Techniken vorzustellen. Noch vor einem knappen Jahr wäre mir der Gedanke, auch nur zwanzig Minuten zu meditieren, undenkbar erschienen. Jetzt lebte ich förmlich auf bei der Aussicht darauf, aller Verpflichtungen ledig zu sein und mindestens sechs bis acht Stunden am Tag meditieren zu dürfen. Ich hoffte, bei einer so konzentrierten stundenlangen Meditation die ruhige Stille, die Leichtigkeit und das wortlose Wohlbefinden noch intensiver erfahren zu können, die ich ab und zu während meiner täglichen Sitzungen von zwanzig bis dreißig Minuten im letzten Jahr erlebt hatte.
Ich war an einem Donnerstagabend im Alta Peruvian Lodge angekommen. Es lag in einer herrlichen Umgebung, inmitten der Gelas-

senheit hoher Berge. Das Alta Peruvian ähnelte eigentlich mehr einem Studentenheim als einem Hotel. Die Einrichtung meines Zimmers bestand einzig aus einem Bett und einem kleinen Pult, aber irgendwie wirkte es sehr passend. Je weniger Ablenkungen, desto besser. Die sechs anderen Seminarteilnehmer paßten in kein bestimmtes Klischee. Da waren unter anderem Betty, eine hochgewachsene, schlanke, energische Frau in den Fünfzigern, die ein hohes Regierungsamt in Utah bekleidete, deren wahre Leidenschaften jedoch Meditation und Bewußtseinsforschung waren, und Jack, ein gutgekleideter, verschlossener Typ Anfang Vierzig, der in San Francisco lebte, etwas mit Computern zu tun hatte, noch nie meditiert hatte und an dem Retreat nur auf Drängen seiner Freundin teilnahm.

Am ersten Abend versammelten wir uns alle in einem großen Raum und setzten uns im Halbkreis. Nachdem wir uns miteinander bekannt gemacht hatten, sprach Goodrich zuerst über das Wesen der meditativen Erfahrung und deren Beziehung zum Geistheilen. Unter Berufung auf das Werk des Psychologen Lawrence Leshan erzählte sie uns, wie Geistheiler ihre Arbeit beschreiben. Eine Heilung vollzieht sich im allgemeinen nur dann, sagte sie, wenn der Heiler in einen meditativen Bewußtseinszustand überwechselt und sich und seinen Patienten als ungeteilte Einheit erfahren kann statt durch alltägliche Abgrenzungen getrennt. Nach der Einführung von Goodrich führten wir verschiedene Meditationsübungen von jeweils zwanzig Minuten Länge aus. Bei der ersten – einer Konzentrationsübung, die der von mir bisher praktizierten glich – zählten wir einfach unsere Atemzüge von eins bis sechs und wieder von vorn. Dann widmeten wir uns einer Kontemplationsübung: Wir konzentrierten uns auf einen einzigen Gegenstand, in diesem Fall ein Streichholz, und betrachteten es mit gesammelter Aufmerksamkeit. Das war schwer durchzuführen und am Ende nur frustrierend. Ich war nicht daran gewöhnt, etwas so Eindimensionalem soviel Aufmerksamkeit zuzuwenden, und es fiel mir ungemein schwer, in meiner Konzentration nicht nachzulassen. Als ich am ersten Abend

zu Bett ging, wurde mir klar, daß das, worauf ich mich da eingelassen hatte, eine viel größere Herausforderung war als gedacht.
Vom nächsten Morgen ab gab es drei- bis vierstündige Sitzungen morgens, nachmittags und abends mit jeweils zwanzig Minuten Meditation und einer anschließenden Diskussionsstunde, in der wir von unseren Erfahrungen berichteten. Die Meditationen waren ganz unterschiedlich. Wir machten weitere Konzentrationsübungen: Wir zählten den Atem, wobei wir darauf achteten, wie er in die Nasenlöcher einströmte und wieder entwich, und wiederholten dabei ein Wort oder einen Laut. Auch weitere Kontemplationsübungen wurden durchgeführt; nach dem Streichholz kamen unsere Hände und danach ein Bild an die Reihe, das wir erst von nahem und dann aus einer größeren Entfernung anschauen mußten. Ich merkte, daß ich mir in meinem Leben angewöhnt hatte, von Gegenständen nur das unbedingt Notwendige wahrzunehmen – und selbst dabei war ich in Gedanken meist schon woanders. Ich war verblüfft, welche Fülle und wie viele Einzelheiten ich jetzt sah, wo mich keine Termine drückten und ich wirklich die Zeit hatte, hinzuschauen. Wir führten auch Visualisationsübungen durch. Bei einer solchen Übung sollten wir uns einen Fluß vorstellen, der von den Gipfeln des Himalayas herabströmte, und uns selbst am Flußufer. Gedanken und andere Ablenkungen sollten wir, sowie sie uns störten, in einem Stück Holz ablegen und den Fluß hinuntertreiben lassen. Diese Übung hatte das Loslassen auch von den eigenen Gedanken und Gefühlen zum Ziel.
Das Visualisieren erwies sich als besonders schwierig für mich. Ich war gewohnt, in Worten und Begriffen zu denken. Der Gedanke, mir etwas bildlich vorzustellen, war mir fremd. Ich probierte es spaßeshalber einmal, aber was schließlich vor meinem inneren Auge stand, war mehr die *Idee* eines Flusses als dessen Bild. Erst viel später erfuhr ich, daß das in abstrakten Begriffen befangene Gehirn einfach keine Bilder produziert. Das Visualisieren setzt vielmehr eine Bewußtseinsveränderung voraus. Und tatsächlich entstanden erst dann Bilder in mir, als ich von der logischen,

linearen Welt der Sprache ablassen konnte. Ich erkannte, daß ich Worte und Gedanken teilweise zu meiner Sicherheit und zu meinem Schutz gebraucht hatte. Diese vertraute Geistesverfassung – das, was in der normalen Realität Geltung hat – aufzugeben hieß, sich auf eine unheimliche Reise ins Unbekannte zu begeben.
Allmählich begannen die Meditationen in dieser geballten Form Wirkung zu zeigen. Sowohl die angenehme Umgebung als auch die viele Zeit, die ich den Übungen widmete, halfen mir, meine Geistestätigkeit ruhigzustellen. Am Vormittag des zweiten Seminartages wurde mir bewußt, daß mir manche Meditationsübungen zu tiefer Versenkung verhalfen. Ich wurde von nichts mehr abgelenkt und war im allgemeinen klar und gelassen. Ich war hellwach, aber ohne eine bestimmte Ausrichtung, und damit zufrieden, einfach still dazusitzen.
Leider hielt dieser Zustand nicht an. Bereits am Nachmittag desselben Tages schloß sich die Tür unerklärlicherweise wieder, und schon kehrten meine normalen Gedanken und Gefühle zurück. Einmal waren wir in einer Meditationsübung im Gehen begriffen und sollten jede unserer Bewegungen mit besonderer Aufmerksamkeit beobachten. Die ersten dreißig Minuten schien alles gut zu laufen. Dann aber schossen mir immer mehr Gedanken durch den Kopf, meine Ungeduld wuchs, und ich fragte mich verärgert, wie Frau Goodrich uns soviel zumuten konnte. Es war, als hätte mein bewußter Verstand – meine Persönlichkeit – plötzlich genug von all dieser Stille und geriete außer Kontrolle.
Damals war mir nicht ganz klar, was eigentlich geschah. Ich wußte nur, daß ich deutlich Groll und Unmut in mir aufsteigen spürte. Am Abend ärgerte ich mich dann noch über eine Einführung von Frau Goodrich in eine Meditation, die ich verworren fand. Ich schalt mich selbst aus, weil ich meine Gedanken nicht davon abhalten konnte, abzuschweifen. Ich war frustriert, niedergeschlagen und wütend. Ich beneidete andere, die sich weniger herumzuplagen schienen, besonders Betty, die anscheinend mühelos in einen tiefen Ruhezustand überwechselte, und Elaine, ein anders Gruppenmitglied, die

nach einer Visualisierungsübung in allen Einzelheiten lebhafte Bilder beschreiben konnte.

Trotz meines Mißmuts konnte ich immerhin etwas von der losgelösten Bewußtheit aufrechterhalten, die ich während meiner vorherigen Meditationen aufgebaut hatte. Erst viel später erkannte ich darin die meditative Haltung des »Beobachters« – die Fähigkeit, Gedanken und Gefühle zu beobachten, ohne sofort automatisch darauf zu reagieren. In diesem Licht betrachtet, war mein ganzer Groll nur eine Erfindung meines eigenen Geistes. Niemand hatte etwas getan, um ihn auszulösen. Der wahre Grund meiner Verärgerung war der, daß die zutiefst befriedigende Erfahrung des Vormittags nicht von Dauer gewesen war. Nur dadurch, daß ich meine Gedanken wirklich losließ, hatte ich etwas Neues, Erhebendes berührt. Aber dann war die Angst vor dem Verlust der Kontrolle zurückgekehrt, und mit ihr der Zweifel. Es war paradox: Je mehr ich mich bemühte, dieses Loslassen noch einmal zu erleben, um so vergeblicher waren meine Anstrengungen.

Am nächsten Morgen, einem Sonntag, wachte ich kurz vor sieben auf. Es war ein frischer, kühler, wunderbar klarblauer Morgen in den Bergen, und ich ging Joggen. An den ersten beiden Tagen in Utah hatte mich die dünne Höhenluft erheblich verlangsamt, und auch von diesem Lauf erwartete ich nicht viel. Als ich loslief, begann ich über die Ursache meines Ärgers am Vorabend nachzusinnen. Plötzlich füllten sich meine Augen mit Tränen. Mir war Weinen noch nie leichtgefallen, geschweige denn angenehm gewesen, und so war ich vollkommen überrascht von diesen Tränen. Ich spürte sofort, daß sie mit der Erfahrung des Loslassens in Zusammenhang standen. Die anhaltenden Meditationsübungen waren dabei, meine gewohnten Verhaltensweisen aufzulösen: die ständige Hektik, das dauernde Reden und Wiederkäuen, das Bedauern, Rationalisieren und Planen. Beim Joggen wurde mir bewußt, wieviel Mühe ich mir unbewußt jeden Tag aufs neue gab, mehr Sicherheit zu gewinnen, mich weniger angreifbar zu fühlen und mich in der Welt heimisch zu machen. Es läßt sich schwer in Worte fassen, von welcher

Trauer, welcher Furchtlosigkeit und grenzenlosen Liebe zugleich ich während meines Laufs erfüllt war. Irgendwie gewann ich, sobald meine normale Abwehr zusammengebrochen war, Zugang zu tiefliegenden Gefühlen, die ich bisher nicht gekannt hatte.

Die Trauer entsprang meiner wachsenden Einsicht, erfolglos geblieben zu sein, weil ich so sorgsam darauf bedacht gewesen war, mich von meinen Gefühlen zu distanzieren. Die völlig untypische Furchtlosigkeit weckte ein überschäumendes, um sich greifendes Gefühl in mir, als sei jetzt alles möglich. Und die grenzenlose Liebe war das Erhebendste überhaupt – ein Gefühl, als öffne sich mein Herz denen um mich herum, ein nie dagewesenes inneres Verlangen, die Hand auszustrecken und nur das Beste in meinen Mitmenschen zu sehen, das Bedürfnis, alle meine Blockaden und Vorurteile aufzugeben. Als ich rechtzeitig für das Vormittagsseminar zurückkehrte, war ich vollkommen entspannt und überglücklich, wieder mit den anderen Mitgliedern meiner Gruppe zusammen zu sein. Nicht, daß meine Zweifel auf einmal alle weg gewesen wären. Im Gegenteil, ich suchte sofort nach Beweisen dafür, daß ich diese Erfahrungen einfach erfunden hatte, weil ich sie so sehr ersehnte oder mich von einer Woge kollektiver Gruppenbegeisterung mitreißen ließ. Aber im Lauf des Tages wurde über jeden Zweifel erhaben klar, daß ich eine außergewöhnliche Veränderung erlebt hatte – einen Wechsel vom Kopf zum Herzen. Ich empfand es stärker denn je, daß die Verbundenheit kein abstrakter Begriff mehr für mich war, sondern etwas, das ich greifbar und unmittelbar erlebt hatte.

Das Empfinden, statt im Kopf in meinem Herzen zu sein, wuchs mit der Zeit. Einmal erwähnte ich das Betty gegenüber, und sie riet mir zu einer Meditationsübung, die sie selbst entwickelt hatte. Lange Zeit später entdeckte ich, daß ihre Methode große Ähnlichkeit mit einer traditionellen buddhistischen Übung hatte, *Metta* – das heißt auf Pali »Liebe«. Betty pflegte zuerst das Bild von jemandem heraufzubeschwören, der ihr sehr nahe stand. Dann stellte sie sich vor, wie sie dieser Person Liebe entgegenbrachte. Als nächstes malte sie sich aus, wie sie ihrerseits Liebe von dieser Person empfing, um sich zum Schluß vorzustellen, daß sie die Botschaft aussandte: »Ich wünsche dir alles Gute.« In dieser Weise nahm sie sich jeden einzeln vor, Angehörige, Freunde, Kollegen und schließlich sogar Leute, mit denen sie Streit hatte. Wellen der Liebe in die Gegend zu senden war Neuland für mich, und unter normalen Umständen hätte ich diesen Gedanken albern oder gar peinlich gefunden. Aber inzwischen war ich schon vier Tage im Retreat. Ich war ungewöhnlich entspannt und verspürte längst nicht mehr den Drang, meine Erlebnisse rasch wieder vom Tisch zu fegen, sondern strebte danach, in den Zustand mit dem weit offenen Herzen zurückzukommen, den ich beim Joggen erlebt hatte.

Ich dachte also an Leute aus meinem Leben und wiederholte im stillen die Sätze, die mir Betty vorgeschlagen hatte – ohne Erfolg. Doch dann begann ich, diese Übung in engerer Verbindung mit meinen tiefsten Gefühlen durchzuführen. Ich konzentrierte mich auf eine meiner Töchter und versuchte mir eine Situation aus dem wirklichen Leben vorzustellen, in der ich eine besonders starke Liebe für sie empfunden hatte, und danach eine Situation, in der sie mir solche Liebe entgegenbrachte. Je lebhafter ich mir die Szene vorstellen konnte, um so befriedigender war die Erfahrung. Bei manchen Leuten war es schwerer, ihnen Liebe entgegenzubringen oder Liebe von ihnen zu empfangen. Oft lag das, wie ich merkte, daran, daß die Beziehung von irgendeinem Konflikt überschattet wurde, den ich mir bis dahin gar nicht eingestanden hatte. Manchmal wollte ich, das wurde mir dann klar, dem oder der Betreffenden gar keine Liebe entgegenbringen oder umgekehrt keine Liebe annehmen. Das alles spielte sich natürlich nur in meiner Vorstellung ab, aber zuweilen kam es mir so vor, als sei der betreffende Mensch wirklich bei mir. Wenn ich mich tief genug versenkte, schien die Meditation ein Eigenleben zu entfalten. Dann konnte ich förmlich spüren, wie mir das Herz aufging.

Nachdem ich mir alle die vergegenwärtigt hatte, an denen mir im Leben am meisten gelegen war, und danach meine engsten Kollegen, wandte ich mich zuletzt den Menschen zu, mit denen ich mich

in einem offenen Konflikt befand. Ich dachte speziell an eine Person, die mich mit echter Gehässigkeit behandelt hatte und von der in meinen Augen eine Gefahr für mich ausging. Liebe war vermutlich die letzte Empfindung, die mich mit diesem Kerl verband. Er hatte mich vorsätzlich verletzen wollen – ungerechterweise, wie ich meinte –, und ich hatte wahrhaftig schwer unter seinem Angriff gelitten. Als ich so dasaß und versuchte, mir eine Möglichkeit auszumalen, wie ich Liebe für ihn aufbringen konnte, kam mir etwas in den Sinn. Mir wurde klar, wieviel Wut er womöglich auf mich oder sein Bild von mir hatte und welchen Preis er dafür wahrscheinlich zahlen mußte. Da wir einander kaum kannten, fragte ich mich, welche Aspekte seiner selbst er wohl auf mich projiziert hatte, die er unerträglich fand. Während ich in dieser Weise einmal alles mit seinen Augen betrachtete, spürte ich plötzlich, daß er selbst sicherlich viel mehr unter seiner eigenen Feindseligkeit zu leiden hatte als ich. Nicht, daß ich mich jetzt bemüßigt gefühlt hätte, ihn zum Essen einzuladen, aber ich war in der Lage, Mitgefühl für ihn zu empfinden und sogar voller Liebe an ihn zu denken. Ich war regelrecht schockiert, daß eine kleine Änderung in meiner eigenen Sicht der Dinge einen so grundlegenden emotionalen Wandel hervorrufen konnte. Es zeigte mir, wie leicht man sich in gewohnten Verteidigungsmechanismen verfängt, die einem die Fähigkeit nehmen, offen und mitfühlend zu bleiben.
Als es so weit war, daß ich nun Liebe von diesem Menschen hätte empfangen sollen, konnte ich mir natürlich nicht einreden, er empfinde mir gegenüber Liebe oder Mitgefühl. Deshalb wandelte ich Bettys Anweisungen leicht ab. »Ich nehme das an, was immer du mir als Liebe zugedacht hast«, sagte ich im Geist. Auch das schien zu funktionieren. Zuerst mochte ich diese Geschichte nicht einmal Freunden erzählen, weil sie meines Erachtens schwachsinnig und unwahrscheinlich klang. Doch mit der Zeit merkte ich, daß ich so etwas wie eine kraftvolle, positive Verbindung zu meiner Kraft der Vergebung geknüpft hatte. Von dem Tag an habe ich mich nie mehr nennenswert über ihn geärgert. Obgleich wir nie über meine Erfah-

rung sprachen, hörte er auf, auf mir herumzuhacken. Als die Jahre vergingen und ich gelegentlich etwas von ihm hörte, war ich stets überrascht, festzustellen, daß ich ihm nichts verübelte, sondern unerklärlicherweise sogar eine gewisse Verbundenheit mit ihm spürte – als hätte die Anstrengung, endlich Frieden mit ihm zu schließen, uns auf einen gemeinsamen Nenner gebracht.

Als das Retreat zu Ende ging, war ich entspannter, weniger abwehrend und weitherziger, als ich meines Wissens je zuvor gewesen war. Ich hatte nachhaltig einen Bewußtseinszustand erlebt, in dem sich die Grenzen, die mich sonst von anderen trennten, weitgehend aufgelöst hatten. In den ersten Tagen nach meiner Heimkehr bemerkten selbst meine prosaischsten Freunde und Kollegen ein Leuchten bei mir, das sie sehr ansprechend fanden. Eines Abends waren meine Frau und ich zu einem Abendessen eingeladen, und ich saß neben dem Gastgeber – einem aggressiven Anwalt, der keinerlei Interesse an irgendwelchen Gefühlen hatte, geschweige denn an grenzenloser Liebe. Auf einmal merkte ich, daß ich ihm meine Seminarerfahrungen beschrieb. Ich unternahm keine besonderen Anstrengungen, ihn von der Echtheit dieser Erfahrungen zu überzeugen, bemerkte jedoch, daß er meiner Erzählung immer aufmerksamer lauschte, daß seine Miene sichtbar weicher wurde und er schließlich sogar mit dem Kopf nickte. Meine Retreaterfahrungen blieben noch wochenlang lebendig. Nach und nach kamen allerdings meine normalen Gewohnheiten und Ängste wieder zum Vorschein. Gelegentlich konnte ich mich noch einmal öffnen, indem ich die *Metta*-Meditation durchführte. Doch selbst dann spürte ich einen gewissen Widerwillen, mein Herz so weit zu öffnen. Am Ende lebten die Erfahrungen von Utah fast nur noch in meiner Erinnerung – in dem starken Gefühl, einen wesentlicheren Teil meiner selbst aufgeschlossen zu haben, einem überzeugenden Beweis dafür, daß es möglich war, inniger in Fühlung mit anderen zu kommen, nur vermochte ich diese Seinsweise noch immer nicht dauerhaft in meinen Alltag zu integrieren.

Als Ram Dass 1968, nach einjährigem Meditationsaufenthalt in Indien, in die Vereinigten Staaten zurückkehrte, fühlte er sich stark zurückgeworfen. Es überraschte ihn nicht. Schon vor seinem Abschied von Maharajji hatte er Bedenken geäußert. »Ich bin zu unrein. Es ist, als würde ich den Wölfen vorgeworfen«, sagte er zu seinem Guru. »Ich sehe keine Unreinheiten«, sagte der Guru. »Ich werde nie zulassen, daß du in Amerika irgend etwas Unrechtes tust.«

Aber Ram Dass hatte allen Grund zur Beunruhigung. In einem Vortrag zwei Jahre später sagte er: »Es ist sehr leicht, die Verhaftung an die weltlichen Spiele abzubrechen, wenn man in einer Höhle im Himalaya sitzt. Ganz anders ist man hingegen im Herzen von New York City in den Vereinigten Staaten Sex, Macht, Geld, Ruhm und Sinnesgenüssen ausgesetzt, inmitten von Fernsehen, lauter lieben Leuten ringsherum, großen Köchen, der Werbung, kurz allem, was totales Anhaften unterstützt.«[17] In seinem Triebleben hatte Ram Dass stets unter einem gewissen Zwang gestanden, speziell sexuell. Einmal zurückgekehrt ins Land der Versuchung, verschaffte ihm auch die umfassendere Sicht der Dinge in der Meditation keine echte Erleichterung. Er entschied sich dafür, nach Möglichkeit weiterhin ein entsagungsvolles Leben wie in Indien zu führen – seinen intensiven Begierden also bewußt und vorsätzlich Widerstand zu leisten. »Das Wesen der Zivilisation ist nicht die Vervielfältigung von Begierden«, schrieb er damals, »sondern der freiwillige, absichtliche Verzicht.«[18] Die Folge davon war eine Art Doppelleben – ein öffentliches Image, das seinen inneren Erfahrungen und seinem alltäglichen Verhalten widersprach.

Er war aus Indien zurückgekehrt, um sein *Sadhana,* seinen spirituellen Übungsweg, fortzusetzen, zum Teil, indem er das, was er gelernt hatte, an andere weitergab. Als *Sei jetzt hier* ein Bestseller wurde, erhielt er zahlreiche Einladungen zu Vorträgen vor Universitäten, Kommunen und Therapiezentren, Kirchen und Rotary Clubs, ja selbst vor Ärzten und Psychologen solcher Institute wie der Menninger Foundation oder dem Albert Einstein Medical College. Ram Dass konzentrierte sich in seinen Vorträgen auf die Freiheit vom Anhaften an soziale Rollen, an den Erfolg, an sinnliche Genüsse oder auch an das Ichgefühl. Er sprach davon, daß der Verstand ein ewiges Hindernis für die höchste Erkenntnis ist – daß wir, solange wir uns in unserem Handeln nur von dem lenken lassen, was wir denken und glauben, nie wahrhaft wachsen können. »Gedanken halten uns getrennt«, erklärte er in *Sei jetzt hier.* »Die Identifikation mit den eigenen Gedanken aufzuheben heißt, innere Freiheit zu erlangen.« Und über das Paradox der Macht sinnierte er: »Wenn man alles, seine Stellung und seine Macht, aufgegeben hat, ist man im Besitz aller Macht.«[19]

Ram Dass hatte dennoch nach wie vor sehr menschliche Schwächen und gab sich Selbsttäuschungen hin, was er mit mehr oder weniger Erfolg zu verbergen wußte. Mehr als einmal kehrte er zu seinem Guru nach Indien zurück, in der Hoffnung, seine bleibenden Begierden und das, was er seine »Unreinheit« nannte, zu überwinden. Aber Anfang der siebziger Jahre war er so weit, daß er mit Road-Manager und Band auf Vortragsreise durch die Vereinigten Staaten ging und oft 10000 Dollar pro Abend einstrich. Zwar gab er das meiste Geld für die verschiedensten guten Zwecke weg, doch er schwelgte auch in der Geltung und Macht, die sein Ruhm ihm eintrug.

Als David McClelland zufällig einmal Ram Dass mit Bart und Gewand begegnete, war er verblüfft, daß sein alter Freund so anders aussah und handelte, im Grunde jedoch von den gleichen Kräften getrieben zu sein schien. »Er machte den Eindruck, als hätte er sich in jeder Hinsicht verändert – im Aussehen, in seiner Einstellung, im Werdegang und im Hinblick auf seinen Lebenssinn«, schrieb McClelland später. »Doch nachdem ich einige Zeit mit ihm zusammen gewesen war, merkte ich, wie ich immer wieder zu mir sagte: ›Ganz der alte Dick.‹ Er zieht immer noch die große Show ab, wie immer schon. Er ist immer noch in Machtspiele verwickelt. Nur die Art der Macht hat sich verlagert – von den westlichen Standardsymbolen Geltung und Macht hin zu psychischen beziehungsweise spirituellen Siddhis. Außerdem schämt er sich immer noch, ein solches Interesse an Macht zu haben.«[20]

Mitte der siebziger Jahre war Ram Dass auf dem Höhepunkt des Ruhms angekommen. *Sei jetzt hier* war so etwas wie die Bibel junger Suchender geworden, und das nicht nur, weil es die Mustergeschichte einer spirituellen Verwandlung so anschaulich wiedergab; es war darüber hinaus gespickt voll mit markigen Sprüchen und Geschichten über das Wesen der spirituellen Reise und zudem ein praktischer, leichtverständlicher Ratgeber über Themen wie Meditation, Askese, Ernährung, *Siddhis,* die Wahl eines Gurus oder Lehrers, psychedelische Drogen, Yoga, Mantrasingen, Sex und Tod.

Im Sommer 1974 hielt Ram Dass mehrere Abende pro Woche im Naropa-Institut in Boulder, Colorado, Vorträge vor jeweils mehr als tausend Zuhörern. Doch selbst als er Scharen von Anhängern hatte, blieb er voller Selbstzweifel. Sein Wissen, fand er, war nichts im Vergleich zu den tibetischen Lehren des zweiten Starredners am Naropa-Institut, eines buddhistischen Mönchs namens Trungpa Rimpoche. Und mit dem asketischen Leben, das er führte, war es auch so eine Sache. »Ich verstrickte mich immer mehr in weltliche Belange«, schrieb er später in *Schrot für die Mühle,* »und wurde immer depressiver und scheinheiliger.«[21] Obgleich Maharajji im Vorjahr gestorben war, beschloß Ram Dass, noch einmal nach Indien zu fahren. Er war nicht sicher, was er diesmal finden würde, aber er hatte das Gefühl, spirituell noch an sich arbeiten zu müssen. Als der Sommer zur Neige ging, fuhr er Richtung New York, von wo aus er nach Indien fliegen wollte. Ein paar Tage vor seinem Abflug jedoch erschien ihm während einer Meditation in seinem Hotelzimmer in New Jersey sein Guru. Und Maharajji sagte in völlig untypischem perfektem Englisch: »Du brauchst nicht nach Indien zu fahren. Du bekommst hier deine Lehre.«

Am nächsten Tag kam Ram Dass in New York City an und meldete sich telefonisch bei einer alten Freundin. Sie erzählte ihm, daß sie mit einer Frau bekannt sei, die außergewöhnliche spirituelle Kräfte besitze, und er müsse sie unbedingt kennenlernen. Joya Santayana – vormals Joyce Green – war, wie sich herausstellte, eine jüdische Hausfrau aus Queens. Sie war in den Vierzigern, hatte viel Make-up aufgelegt, lange falsche Wimpern und ein tiefes Dekolleté. Als Ram Dass das erste Mal bei ihr erschien, befand sich Joya in einer tranceartigen Starre. Er schaute sie sich genauer an, fühlte nach ihrem Puls, den er nicht fand, und kam zu dem Schluß, daß sie sich tatsächlich in jenen höheren spirituellen Zustand der Einheit begeben haben mußte, der *Samadhi* genannt wird. Als Joya schließlich wieder zu sich kam, waren ihre ersten Worte: »Was zum Teufel wollen Sie hier?« Aus unerfindlichen Gründen sah Ram Dass in dieser unverdienten Grobheit den Beweis dafür, daß diese Frau kein Scharlatan war. »Wenn sie ein Schwindlerin gewesen wäre«, äußerte er später einem Reporter gegenüber, »hätte sie sich mit Sicherheit heiliger verhalten.«

Ähnlich, wie ihn Maharajjis geistige Kräfte in ihren Bann gezogen hatten, beeindruckte ihn auch Joyas offensichtliche Fähigkeit, in samadhiartige Bewußtseinszustände einzutreten. Außerdem bewegte ihn zutiefst, daß sie zu einer anderen Stimme überwechseln konnte, mit der sie anscheinend alte Lehren zu übermitteln und stundenlang hintereinander lyrische Gedichte aufzusagen vermochte. Joya behauptete sogar, die Macht der Stigmatisierung zu besitzen – die mystische Fähigkeit, spontan blutende Wundmale hervorzubringen wie der leidende Christus am Kreuz. Ram Dass wußte zwar, daß auch die außergewöhnlichsten *Siddhis* noch kein Beweis für die Erleuchtung sind, aber trotzdem verfiel er deren Reizen. In den folgenden fünfzehn Monaten lernte er konzentriert bei Joya und wich bis zu zwanzig Stunden am Tag nicht von ihrer Seite. Ferner gab er in der Öffentlichkeit die Erklärung ab, sie sei ein erleuchtetes Wesen. Das hatte zur Folge, daß Scharen von Suchenden, die bisher Ram Dass für eine Quelle höheren Bewußtseins gehalten hatten, jetzt zu Joya überliefen. Ihr eigentliches Genie bestand darin, wie Ram Dass später erkannte, ihn genau bei den psychologischen Bedürfnissen zu packen, die er selbst nie befriedigt hatte, und das alles noch als höchste spirituelle Lehre auszugeben.

Nach dem Tod seines Gurus sehnte Ram Dass sich von neuem nach jemandem, der alle Antworten wußte. Und obwohl er in seinen Vorträgen ständig betonte, wie wichtig es sei, über das Ego hinauszugehen, fühlte er sich geschmeichelt durch Joyas beharrliche Äußerung, aus ihm einen spirituellen Führer von Weltrang machen zu wollen. Er verfiel schließlich auf eine spirituelle Begründung für sein Abgehen von Logik und Urteilsvermögen. »Unterwerfung und Hingabe hieß die Methode, der ich durch die Lehren meines Gurus mein Herz geöffnet hatte«, schrieb er später. »Dieser Vorgang bedeutete also nur, daß ich noch mehr losließ, daß ich auch meinen Widerstand gegen vieles von dem fahrenließ, was dem gesunden Menschenverstand zuwiderzulaufen schien.«[22] Er fand sogar eine etwas verdrehte Rechtfertigung dafür, eine sexuelle Beziehung mit Joya aufzunehmen, obgleich sie von all ihren Schülern strikte Enthaltsamkeit verlangte und selbst in aller Öffentlichkeit ein ebensolches Gelübde abgelegt hatte. Joya behauptete, keinerlei physische Begierden zu haben, und Ram Dass nahm bereitwillig ihre Erklärung an, durch den gemeinsamen Sex würde sie im Grunde *ihn* lehren, genausowenig an physischen Begierden haftenzubleiben wie sie.

Dennoch wuchsen seine Zweifel angesichts ihrer überspannten Behauptungen, und so ließ er sie im März 1976 endlich fallen. Sie sei doch kein erleuchtetes Wesen, bekannte er in einem Artikel mit dem Titel »Ei auf meinem Bart«, sondern lediglich jemand mit weltlichen Ambitionen wie viele andere. Selbst ihre angebliche Macht sei ein Schwindel. Zum Beispiel verdanke sie ihre außergewöhnliche Energie nicht ihrer spirituellen Arbeit, sondern Amphetaminen, behauptete er. »Ein unglaubliches Netz aus Halbwahrheiten und Lügen löste sich vor meinen Augen auf«, schrieb er. »Am Ende mußte ich mir eingestehen, daß ich mich selbst betrogen hatte.« Ram Dass führte noch etliche andere Gründe an, warum er auf Joya geflogen war, unter anderem seinen sehnsüchtigen Glauben, jemand wisse wunderbarerweise die Antworten für ihn, sein überstarkes Machtbedürfnis und seine Abneigung dagegen, auf die eigene Logik und das eigene kritische Bewußtsein zu vertrauen. Zum Schluß verglich er seine Erfahrungen noch mit dem, was unweigerlich in Kultbewegungen passiert. »Bist du einmal dabei, verkörpern sie für dich eine totale Wirklichkeit, die dir keine Ausflucht läßt.«

Trotz alledem hielt er an der Überzeugung fest, daß einer seiner Fehler der war, einfach den falschen Guru gewählt zu haben. Ein Grund für das Fiasko mit Joya sei sein »ungenügender Glaube an Maharajji gewesen«, meinte er. Das Erlebnis mit Joya markierte dennoch einen weiteren Wendepunkt in seinem Leben. Er glaubte zwar weiterhin, daß die demütigende Erfahrung von Wert für ihn gewesen sei – »Schrot für die Mühle des Erwachens«, wie er es nannte –, aber er gab auch zu, daß andere darunter gelitten hatten. »Manche sind offenbar verletzt worden und trennten sich von ihr mit Gefühlen der Verzweiflung, des Zynismus und der Paranoia«,[23] sagte er. Für Ram Dass selbst war es der Schlußstrich unter seinen unglückseligen Versuch, im Namen der Weisheit den weltlichen Lüsten zu entsagen. Mit der Zeit entwickelte er eine ausgewogenere, komplexere Vorstellung von einem ganzheitlichen Leben. »Nach der Erfahrung mit Joya wurde mir endlich klar, daß meine Inkarnation kein Fehler war«, erzählte er mir. »Ich habe der Welt entsagt, weil ich von meinen Neigungen loskommen wollte. Aber nach und nach merkte ich, daß ich der Abneigung in die Falle gegangen war. Das Problem ist, daß man jedesmal, wenn man gegen etwas ankämpft, es im Grunde verstärkt. Schließlich ging mir auf, daß ich, um frei zu sein, das Leben voll und ganz bejahen und Freude daran haben mußte, statt es zu verwerfen. Ich konnte nichts unter den Teppich kehren.«

Der Wendepunkt kam an einem Abend, als Ram Dass mit Alan Watts zusammen beim Wein saß. Alan Watts war ein ehemaliger Geistlicher, der dazu beigetragen hatte, Zen im Westen einzuführen, aber trotzdem den Sinnenfreuden eines relativ materiellen

Lebens nicht abtrünnig geworden war. An einem Punkt ihres Gesprächs, es war schon sehr spät, sagte Watts zu ihm: »Dein Problem, Richard, ist, daß du zu sehr an der Leere klebst.« Lange Zeit hatte Ram Dass zum Beispiel nach sexueller Identität gesucht, indem er gegen seinen überwältigenden, zwanghaften Sexualtrieb ankämpfte. All das lastete weniger auf ihm, wie er entdeckte, wenn er einfach seine Begierden zur Kenntnis nahm und sich schließlich damit abfand, homosexuell zu sein.

Ein Teil des Kampfes, den Ram Dass führte, bestand darin, den Glauben an eine endgültige Antwort auf all seine Fragen aufzugeben. »Die spirituelle Reise ist eine Reise, auf der man dauernd auf die Nase fällt«, sagte er 1988 auf einem öffentlichen Forum mit dem Titel »Tut die Erleuchtung der geistigen Gesundheit gut?«. »Man tut einen Schritt, den man für weise hält, tritt voll daneben und fällt auf die Nase. Und dann steht man auf und klopft sich ab. Verlegen schaut man Gott an und wagt einen weiteren Schritt. Und fällt wieder auf die Nase. Es ist, als würfe man sich auf dem ganzen Weg zum Himmel unentwegt nieder ... Wenn ich auf den Weg blicke, sehe ich, daß er eher wie eine Spirale verläuft statt wie ein Kreis. Jedesmal, wenn ich wieder zur Meditation zurückkehrte, ließ ich schneller los. Und nach der Meditation scheine ich jedesmal etwas weniger stark oder zumindest weniger spürbar steckenzubleiben.« Die Herausforderung, überlegte Ram Dass, lag weniger darin, den vollkommenen Bewußtseinszustand zu finden, als vielmehr die Einsicht zu gewinnen, daß ein Leben in Ganzheit nur auf unterschiedlichen Ebenen möglich war. »Die Wirklichkeiten, von denen wir gelernt haben, sie seien absolut, sind in Wahrheit nur relativ«, schrieb er in *Schrot für die Mühle.* »Wer frei ist, lebt in allen Wirklichkeiten gleichzeitig.«[24] Auf der einen Seite heißt das, wie er mir sagte, seinen Lebensunterhalt zu verdienen, Kinder aufzuziehen, Verantwortung zu übernehmen und voll und ganz am Weltgeschehen teilzunehmen. Auf der anderen Seite heißt es, eine Ebene anzuerkennen, auf der das eigene individuelle Schauspiel nur Teil eines viel größeren Ganzen sei, daß das Leben unbeständig und ewig im Wandel begriffen und der physische Tod nur ein Übergang und kein Ende sei. »Ich befinde mich im Niemand-Training«, erklärte Ram Dass dem Publikum bei einem seiner Vorträge, den ich besuchte. »Im ersten Teil meines Lebens wollte ich unbedingt jemand sein. Dann habe ich kehrtgemacht und wollte unbedingt niemand werden. Jetzt versuche ich niemand zu sein, indem ich jemand bin. Solange man meint, jemand zu sein, hat man Angst, denn jemand stirbt letzten Endes. Aber niemand stirbt nicht. Der Trick ist der, so zu leben, als würde es etwas bedeuten, daß man jemand ist, obwohl man weiß, daß es letztlich nichts bedeutet. Man fährt zweigleisig. Man lebt voller Leidenschaft, und doch gibt es da den anderen Teil von einem, der absolut leer und gleichmütig ist. Man lebt in dieser Welt und gehört doch nicht zu ihr.«

Ram Dass wurde auch klar, daß er nicht einfach über all das reale Leiden ringsherum hinwegsehen konnte. Im Gegenteil, sein spiritueller Weg machte es erforderlich, eine Möglichkeit zu finden, anderen in ihrem Schmerz die Hand entgegenzustrecken – selbstlos zu handeln. Die Saat war vor langer Zeit in Indien gelegt worden, als er Maharajji gefragt hatte: »Wie erlange ich Erleuchtung?« »Nähre die Menschen«, hatte sein Guru schlicht gesagt. Später hatte Ram Dass den Guru gefragt: »Wie erkenne ich Gott?« Und Maharajji hatte geantwortet: »Diene den Menschen.« Ram Dass merkte, daß dadurch, daß er seinen Geist in der Meditation ganz still werden ließ, seine Wahrnehmung für das Leid in seiner Umgebung geschärft wurde. Das Bemühen, sein eigenes Leid zu vermindern, verwob sich schließlich unentwirrbar mit dem Bemühen, das Leid anderer zu lindern. In einem gewissen Sinne handelte es sich, wie er erkannte, um ein und denselben Weg.

Mit der Zeit fand er verschiedene Möglichkeiten, anderen zu dienen. Neben seiner Tätigkeit für Organisationen wie SEVA reist er viel und spricht vor den verschiedensten Gruppierungen. Seine mannigfaltigen Aktivitäten während einer Woche umfassen zum Beispiel ein Treffen mit einer Gruppe namens *Temple of Understanding* (»Tempel des Verständnisses«), die sich das Ziel gesetzt hat, die Vereinten Nationen mit mehr Spiritualität zu erfüllen, eine programmatische Rede auf einer großen Konferenz über die Voraussetzungen des Lebens in der Gemeinschaft, ein Abend mit einer Gruppe reicher, erfolgreicher Leute, die sich auf eine neue Art und Weise nützlich machen wollen, der Briefwechsel mit einem hohen Mitarbeiter des Weißen Hauses darüber, wie mehr reflektierende Bewußtheit in den politischen Entscheidungsprozeß eingebracht werden könnte, und die Vorbereitung auf eine Reise nach Israel, angeregt durch die Wiederentdeckung der Rolle des Judaismus in seinem Leben. Derzeit verbringt er auch viel Zeit im direkten Dienst an anderen. Zum Beispiel hilft er unheilbar Kranken bei ihrer Auseinandersetzung mit dem Tod. Auch Menschen mit Aids, Krebs und anderen lebensgefährlichen Krankheiten hilft er mit Briefen, Anrufen und Besuchen.

»Für den, der frei werden will, ist das Loslassen vom Leben in dieser Form die vornehmste Aufgabe«, sagte er mir. »Bei Sterbenden zu sein heißt, mit dem erschreckendsten Thema des Lebens konfrontiert zu sein. Das ist die höchste Übung des Nichtanhaftens – einigermaßen gleichmütig zu bleiben inmitten der sehr raschen Bewußtseinsveränderung, die mit dem Sterben verbunden ist. Wenn die Menschen die Selbstkontrolle und ihre Identität verlieren, suchen sie aus einem Impuls heraus nach einem Halt und klammern sich fest. Dann ist es gut, Helfer zu haben, die gelernt haben, wie man sich der Veränderung anpassen kann. Die Kunst ist, bewußt zu bleiben. Du sagst: ›Wer du zu sein meintest, bist du nicht, aber jetzt bist du hier.‹ Sterbenden die Hand zu halten ist für mich die Möglichkeit, mich nützlich zu machen, aber zugleich ein Weg zum spirituellen Wachstum.«

Ram Dass sucht inzwischen in seinem eigenen Leben – sowohl auf persönlicher wie auf universaler Ebene – weniger exzentrisch nach der Wahrheit und verschließt auch die Augen nicht mehr vor der Bedeutung der individuellen psychologischen Arbeit. Über die Jahre hat er nicht nur seinen spirituellen Weg weiterverfolgt, sondern sich auch immer wieder in Psychotherapie begeben; beide Ansätze

befruchten sich seiner Meinung nach gegenseitig. »Es geht hin und her«, sagte er mir. »Die Beobachterhaltung während der Meditation bringt die Psychodynamik ans Licht. Man sieht seine Ängste, seine Gier oder seine Wut und hat dann konkrete psychotherapeutische Angriffspunkte. Auf mich hat das Wechselspiel dieser beiden Prozesse einen viel tieferen Eindruck gehabt als jeder der beiden für sich allein.« Die Wahrheit bleibt jedoch sein Prüfstein, wie schwer faßbar sie auch sein mag. »Es gibt unendlich viele Arten, sich selbst etwas vorzumachen«, sagte er. »Mein Ego ist immer noch raffiniert darin, das, was ich gelernt habe, in etwas zu verkehren, was mich weiterhin gefangenhält. Ich muß schon sehr still sein innerlich, um hören zu können, wann ich in die Irre gegangen bin, denn sonst betrüge ich mich am Ende bloß wieder selbst.«
Dennoch konzentriert sich Ram Dass auch weiterhin stärker auf die Meditationspraxis und die Entwicklung einer transzendentalen Perspektive als auf die Erforschung des eigenen Unbewußten und die Lösung psychologischer Konflikte. »Ich habe das letzte aus der ganzen Sache herausgeholt«, sagte er mir in Anspielung auf die Jahre der Psychoanalyse, in denen er seine schwierige Kindheit unter die Lupe nahm, »und es war einfach irgendwann unglaublich uninteressant.« An einem Punkt habe er die Entscheidung getroffen, erzählte er mir, daß er nicht erst dann weitergehen könne, wenn er wieder vollkommen unversehrt und konfliktfrei sei. Bleibende Ängste beschloß er einfach zu umgehen, statt sich weiterhin als ihr Opfer zu betrachten. Doch so vernünftig und praktikabel sich das auch anhörte, wurde ich irgendwie das Gefühl nicht los, daß es nur die halbe Wahrheit war. Ob er, fragte ich ihn, jemals einfach darüber getrauert hätte, daß die emotionalen Bedürfnisse in seiner Kindheit nie befriedigt wurden, und über die Schmerzen, die er dadurch erlitten habe? Ob er sie auch durchlebt habe, statt sich über sie zu erheben? »Ich würde sagen, daß ich zwar getrauert habe, aber wahrscheinlich nicht ausreichend«, antwortete er. Ob dieses Trauern bloß von Selbstmitleid erfüllt oder seines Erachtens echt gewesen sei, fragte ich ihn. »Trauern ist ein Weg zur Befreiung, ganz

sicher«, erwiderte er, ohne zu zögern. »Was mir an Trauerarbeit fehlt, fehlt mir an der Freiheit.« Warum er denn bei seinem Durst nach Befreiung *nicht* ausgetrauert habe, fragte ich ihn. »Es sollte wohl nicht sein«, sagte er, »warum, weiß ich nicht.« Aber am Ende war er doch zu ehrlich, um das so stehenzulassen. »Es kann sein«, gab er mit gewohnter Ungeschminktheit und Bescheidenheit zu, »daß es einfach zu schmerzhaft war.«

2
Die Entfaltung des menschlichen Potentials

Michael Murphy und die Gründung von Esalen

In einer einzigen Lebensspanne hat sich unsere physische Umwelt fast bis zur Unkenntlichkeit verändert. Aber verhältnismäßig wenig hat sich verändert in der Art und Weise, wie sich der einzelne Mensch auf die Welt bezieht und die Wirklichkeit erlebt. Eine solche Veränderung ist jedoch unausweichlich und unmittelbar bevorstehend. Neue Geräte und Techniken zur Entfaltung des menschlichen Potentials – der breiten Öffentlichkeit wie auch den meisten Intellektuellen unbekannt – stehen bereits zur Verfügung; vieles mehr befindet sich gegenwärtig in der Entwicklung. Wir stehen an einer erregenden und gefährlichen Grenze – und müssen von neuem die alten Fragen beantworten: »Wo liegen die Grenzen der menschlichen Fähigkeiten und der Erfahrung des Menschseins? Was heißt es überhaupt, ein Mensch zu sein?«

Einleitung des Esalen-Katalogs von 1965

Wir fürchten unsere höchsten (wie auch unsere niedrigsten) Fähigkeiten. Wir haben im allgemeinen Angst, das zu werden, wovon wir in unseren vollkommensten Augenblicken, unter den vollkommensten Bedingungen und unter Aufwendung allen Mutes einen flüchtigen Blick erhaschen. Wir finden die Möglichkeiten der Gottgleichheit, die wir in diesen Gipfelmomenten erleben, erfreulich oder gar spannend. Und doch zittern wir angesichts ebendieser Möglichkeiten gleichzeitig vor Schwäche, Ehrfurcht und Angst.

Abraham Maslow

Das erste Mal bin ich 1991 im Esalen-Institut gewesen, im ungewissen darüber, was mich erwarten würde, aber voller Neugier und Spannung. Ich kannte Esalen nur durch seinen Ruf in den sechziger und siebziger Jahren, als es das heißeste Zentrum der Human-Potential-Bewegung war. Ich hatte die Vorstellung von einem Ort, wo die Leute ihre Kleider ablegten, alle Hemmungen fallenließen, ihre verbotensten Gefühle freilegten und diese mit unverblümter Direktheit zum Ausdruck brachten – zum Teufel mit den Konsequenzen! In meinem Kopf war Esalen eine Stätte intensiver Begegnungen, dramatischer emotionaler Durchbrüche und unverhüllter sexueller Experimente. Mir war einfach nicht bewußt, daß es darüber hinaus auch noch Anlaufstelle, Sprungbrett und gemeinsamer Treffplatz für ein ganz außergewöhnliches Aufgebot bahnbrechender Theoretiker und Praktiker war, die dabei waren, eine eigene amerikanische Form der Weisheitssuche zu entwickeln.

Kaum hatte ich einen Fuß auf das Gelände gesetzt, als mir auch schon klar wurde, warum Esalen seinen Reiz nie verloren hat. Seine Lage in Big Sur – drei Autostunden südlich von San Francisco – war geradezu spektakulär. Esalen liegt auf dem langen, schmalen Ausläufer eines üppig bepflanzten Anwesens zwischen Bergen im Osten und dem Pazifischen Ozean im Westen. Ein großes Hauptgebäude mit Aufenthaltsräumen und Eßsaal beherrscht das Zentrum von Esalen. Es ist von rustikalen Gästeunterkünften und anderen Häusern umgeben. Ein Stufenweg führt zu den natürlichen heißen Quellen des Anwesens, deren Wasser sich in überdimensionierten Wannen unmittelbar über dem Meer sammelt. Auf einer großen Terrasse sind Tische aufgestellt; dort verrichten die zwei Dutzend Masseure und Masseusen von Esalen nach wie vor sieben Tage die Woche ihre Arbeit, die sich eines regen Zuspruchs erfreut.

Als ich zum ersten Mal zum Essen in den weiten, rustikalen Eßsaal ging, wurde ich von einem summenden Stimmengewirr empfangen, fühlte mich jedoch sofort wohl. Esalens Workshops – Wochenend- und Fünf-Tage-Programme über verschiedenste Themen, die Körper, Geist und Seele umfassen – sind beliebter denn je. Der Eßsaal war voll, und als ich mich an einen der langen Holztische setzte und Gesprächsfetzen von ringsum mitbekam, merkte ich gleich, daß alles auf ein ungewöhnlich hohes Maß an Intimität und Kontakt hin angelegt ist. Das Vermächtnis von Offenheit und Selbstbesinnung trägt auch weiterhin Frucht.

Wenn Esalen allerdings einst als Apotheose eines ichbezogenen, narzißtischen Jahrzehnts gegolten hat, so herrscht heute ein ganz anderer Geist dort – es ist mehr Gemeinsinn, Zurückhaltung, Achtung und Besinnlichkeit zu spüren, als ich erwartet hätte. Noch heute trägt fast keiner an den heißen Quellen Kleidung. Ich selbst empfand die Abende an den Pools, nachdem ich mich von meiner Überraschung über soviel Fleisch erholt hatte, gar nicht mehr als sexgeladen, sondern genoß es zu meinem Erstaunen, dort zu sitzen und mich, manchmal stundenlang, mit Leuten zu unterhalten, die ich tagsüber kennengelernt hatte. Auf meinen weiteren Reisen habe ich mehrmals in Esalen haltgemacht. Jedesmal hat mich nicht nur ein bestimmter Lehrer oder eine Übung dorthin gelockt, sondern auch die Aussicht, mit anderen zusammensein zu können, die wie ich aufrichtig nach einem Leben in Ganzheit streben. Wenige Tage unter einfachen Verhältnissen und in einer unglaublich schönen Umgebung genügten, und ich kehrte mit neuen Informationen und Erfahrungen, vor allem aber wie neugeboren und voller Inspiration nach Hause zurück.

Um einen ersten Einblick in die Geschichte Esalens und seine Rolle in der Human-Potential-Bewegung zu gewinnen, wandte ich mich an Michael Murphy. Wie die meisten Menschen, die ihm begegnen, fühlte auch ich mich sofort zu ihm hingezogen.

Er stand an der Schwelle zu seinem sechzigsten Lebensjahr, als wir uns das erste Mal trafen, sah aber viel jünger aus. Ein breites, unbekümmertes Lächeln lag auf seinem runden, offenen Gesicht. Er kam mit dem lockeren, federnden Gang eines Athleten in das Restaurant in der Nähe seiner Wohnung in San Rafael, Kalifornien. Vor allem aber wirkte er voller Überschwang mit seinem ansteckenden Lachen, seiner grenzenlosen Begeisterung und seinem unbeschwerten Charme. Gleichzeitig war ich überrascht von Umfang und Tiefe seines Intellekts. Während des Essens sprach er mit der gleichen sachkundigen Leichtigkeit über Philosophie, Mystik, Sport, Psychologie, Religion und Politik, besonders jedoch über die menschlichen Entwicklungsmöglichkeiten, das »human potential«. Murphy ist mehr als irgendein anderer für die Geburt der Human-

Potential-Bewegung in seinem Land verantwortlich. 1962 gründete er zusammen mit seinem Collegefreund Richard Price das Esalen-Institut in Big Sur, Kalifornien. Noch heute ist er Chairman seiner Verwaltung. Esalen ist nach wie vor ein öffentliches Forum für Lehrer, Psychologen, Ärzte, Medien, Philosophen, Körpertherapeuten, Mystiker und Wissenschaftler, die sich über ihre unkonventionellen Ideen, Techniken und Methoden für die Gestaltung eines ganzheitlichen Lebens miteinander austauschen wollen. Gestalttherapie, Encounter-Gruppen und körperorientierte Verfahren wie Rolfing, Feldenkrais und Alexandertechnik haben zuerst in Esalen eine breite Aufmerksamkeit erregt. In guten wie in schlechten Tagen ist Esalen seit dreißig Jahren Versuchsfeld für neue Ansätze in der westlichen Suche nach Erkenntnis und Weisheit.

Murphys persönliche Interessen sind so breitgefächert wie eh und je. Zum Zeitpunkt unserer ersten Begegnung im Herbst 1989 hatte er gerade sein siebtes und ehrgeizigstes Buch abgeschlossen, *Der Quantenmensch. Ein Blick in die Entfaltung des menschlichen Potentials im 21. Jahrhundert*. Sieben Jahre lang verbrachte er sechs Tage pro Woche acht Stunden am Tag damit, alte und neue Beweise für die höheren Fähigkeiten von Körper, Geist und Seele des Menschen zusammenzutragen. Wie Esalen entsprang auch dieses Buch Murphys Überzeugung, daß der Mensch über gewaltige unausgeschöpfte Möglichkeiten verfügt. Sein zunehmend tieferer Einblick in die Vorstellungen und Techniken sowohl östlicher kontemplativer Traditionen als auch der modernen Psychologie hat Murphy in seiner Überzeugung bestärkt, daß unser Potential, zur Selbsterkenntnis zu gelangen und zu wachsen, erheblich größer geworden ist. Ausgestattet mit diesem Wissen, so argumentiert er, stehen wir an der Schwelle zum nächsten großen evolutionären Sprung – einer Transformation des Bewußtseins, die die Macht hat, jeden Aspekt unseres Lebens zu verändern.

Murphy hat sich für seine eigene Weisheitssuche eine ungewöhnliche Mischung von Eigenschaften zunutze gemacht. Als Philosophiestudent an der Stanford-Universität entwickelte er ein tiefgreifendes, klares Verständnis für die kontemplativen Traditionen des Ostens. Während des größten Teils seiner Zwanzigerjahre meditierte er durchschnittlich acht Stunden pro Tag, bewahrte sich aber gleichzeitig ein leidenschaftliches Interesse an der Frage, wie die höheren Möglichkeiten des Menschen ins Alltagsleben integriert werden könnten. Murphy kann zum Beispiel in einfachen, bewegenden Worten über seine eigenen übersinnlichen Erfahrungen sprechen, aber ebensostark beschäftigt es ihn, wie sich meditative Fähigkeiten, etwa die konzentrierte Aufmerksamkeit, die gesteigerte Bewußtheit oder die tiefe körperliche Entspannung in den Dienst so praktischer Ziele wie Heilen oder Sport stellen lassen.

Paradoxerweise hat die Zielsetzung Esalens oft in krassem Widerspruch zu Murphys eigenen instinktiven Gefühlen und Prioritäten gestanden. Esalen war lange ein Ort, an dem Leute dazu ermutigt wurden, ihre Schleusen zu öffnen und selbst ihre dunkelsten Geheimnisse zu offenbaren. Murphy ist nicht der Mensch, von dem man annehmen würde, daß er mit einem Fremden Vertraulichkeiten austauscht. Er besitzt einen scharfen, logischen Verstand, ist ein unersättlicher Leser und dem Geistesleben verschrieben. Esalen hatte jahrelang keine eigene Bibliothek, denn in der Anfangszeit verwarfen seine berühmtesten Lehrer das Denken als ein Mittel, Gefühlen auszuweichen. Murphy wollte mit seinen langen und einsamen Meditationen über die persönlichen Begierden und Bindungen hinausgehen. Esalen wurde mit Gruppentechniken bekannt, die zu einer gewaltigen emotionalen Katharsis und äußerst intimen Kontakten zu führen pflegten. Murphy lebte in seinen Zwanzigern wie ein Mönch und blieb bis zum Alter von dreißig Jahren unberührt. Esalen feierte den Körper und erlangte weithin Berühmtheit als Brutstätte offen zur Schau getragener Sinnlichkeit und sexueller Experimentierfreudigkeit. Wie bloß, fragte ich mich, sollte ich diese völlig unterschiedlichen Ansätze in meiner eigenen Suche nach Wissen miteinander versöhnen? Mir war klar, daß sowohl Murphy als auch das von ihm begründete Institut wichtige Teilchen des Puzzles waren – allerdings sehr unterschiedliche.

Murphys erste Lebenshälfte ist sozusagen der Inbegriff einer amerikanischen Erfolgsstory. Er wurde 1930 in eine ziemlich wohlhabende bürgerliche Familie in der kleinen kalifornischen Stadt Salinas geboren. Sein Großvater väterlicherseits, Henry, war der führende Arzt der Stadt und errichtete dort zwei Krankenhäuser. Henrys Ehefrau Bunny war selbst eine erfolgreiche Geschäftsfrau. 1910 erwarben die beiden zusammen in Big Sur, 200 Meilen südlich von San Francisco, das riesige Anwesen mit Blick auf den Pazifik. Es wurde der Feriensitz der Familie, und eine Zeitlang dachte man sogar daran, es in einen Kurort zu verwandeln. Murphy verbrachte als Kind die Wochenenden dort mit der Familie, genoß die natürlichen heißen Quellen auf dem Gelände und berauschte sich an der atemberaubenden Schönheit der Landschaft. Erst viel später entstand in dieser Umgebung Esalen.

Murphy wuchs in einem Haushalt auf, der die gegensätzlichen Temperamente seiner Eltern widerspiegelte. Murphys Vater John war ein erfolgreicher Anwalt in Salinas. Er vererbte sowohl Michael als auch dessen jüngerem Bruder Dennis die Begeisterung für den Sport einschließlich Boxen und die Liebe zur Literatur. Aber er war auch streng und besaß ein hitziges irisches Temperament. Im Gegensatz dazu hatte Murphys Mutter Marie, deren Eltern aus Südfrankreich stammten, die unerschütterliche Heiterkeit und Überschwenglichkeit der Basken. Murphy war in seinem Temperament ein Ebenbild der Mutter. Wenn sein Vater enttäuscht oder verärgert war, pflegte Murphy sich unsichtbar zu machen, um besseres Wetter abzuwarten. Seine Eltern hatten heftige Diskussionen und Streitereien miteinander. Aber soweit Murphy sich erinnern kann, war selbst nach den dunkelsten Stürmen in der Familie die Luft stets wieder klar und freundlich. Seine Eltern sprachen selten offen über ihre Gefühle, was dem jungen Murphy nur recht war. Sein Bruder Dennis war völlig anders geartet und hatte ein heftigeres Temperament. Rebellisch und hitzig, war Dennis immer zum Kampf bereit, und er ließ nichts durchgehen.

»Der große Unterschied zwischen uns beiden war der, daß ich

sozusagen tänzerisch mit meiner Mutter umging und mich so verhielt, daß ich nichts falsch machen konnte«, erzählte Murphy. »Mich liebte sie vorbehaltlos, aber Dennis gegenüber war es wohl anders. Es muß eine furchtbare Last für meinen Bruder gewesen sein, und so ist er mein Gegenteil geworden. Er war wild, ich hingegen war ganz der brave Junge.« Die Gegensätze blieben tatsächlich bis weit in ihr Erwachsenenleben hinein bestehen. Während seines letzten High-School-Jahres war Murphy Klassensprecher, Mannschaftskapitän des Golfteams und Festredner bei der Abschlußfeier. Doch erhaschte er auch bisweilen schon einen Schimmer von höheren Möglichkeiten, die sich einer rationalen Erklärung entzogen. Zum Beispiel spielte er manchmal Golf auf eine Art und Weise, die weit über das hinausging, was er bei normaler Vernunft für möglich gehalten hätte, verbunden mit einem Gefühl großer Gelassenheit und Freude. Gelegentlich rührte ihn das Beten auf ähnliche Weise an. Die Eltern waren beide keine Kirchgänger, aber als Murphy elf Jahre alt war, nahm Großmutter Bunny die Enkel einmal mit in die Episkopalkirche. Dennis langweilte sich und ging nie wieder hin, während Murphy so aufgewühlt war von dem Erlebnis, daß er von da an regelmäßig den Gottesdienst besuchte. Obwohl er seit langem vorhatte, Medizin zu studieren, spielte er daraufhin ernsthaft mit dem Gedanken, Geistlicher zu werden.

Schon als Teenager entwickelte Murphy eine Lebensphilosophie, die vollkommen seine Persönlichkeit widerspiegelte. Einerseits sah er, daß jedes Leben von Schmerz und Leid überschattet wurde, auch das seiner eigenen Familie. Andererseits kam er zu dem Schluß, daß im Wesenskern aller Menschen Freude liegen müsse, die immer wieder nach Ausdruck dränge. Kurz: Es mußte einen Weg um die Dunkelheit herum geben – einen direkten Weg zu einem höheren Urgrund. »Ich hatte das Empfinden, daß wir alle Zugang zum Urgrund haben, zu Gott oder zum Licht«, sagte Murphy, »und daß unsere Aufgabe im Leben darin besteht, damit in Berührung zu kommen und dieses Licht in die Welt zu tragen – durch Meditation, Gebet, Freundschaft, Musik oder gar Sport.« Murphy war insbesondere an Berichten über höhere menschliche Fähigkeiten interessiert. Er stand nicht nur unter dem Einfluß seiner eigenen übersinnlichen Erfahrungen beim Beten oder im Sport, sondern auch unter dem der Bücher, die er las, sei es Will Durants *Geschichte der Philosophie* oder Esther Hardings *Psychic Energy,* ein Buch über die Psychologie von C. G. Jung. »Mit fünfzehn war ich bereits ziemlich fest davon überzeugt, daß der Versuch der Gesellschaft, aus Leuten normale Menschen zu machen, zum Scheitern verurteilt war, wenn sie ihnen nicht gleichzeitig einen tieferen Sinn, ein Gefühl der Befriedigung vermittelte«, erzählte mir Murphy.

Nichtsdestoweniger blieb Murphy für die nächsten zweieinhalb Jahre auf einem konventionellen Kurs. Nach seiner Zulassung zur Stanford-Universität wurde er prompt zum Studentenvertreter gewählt und arbeitete in dieser Funktion mit älteren Semestern zusammen, darunter mit dem späteren Harvard-Präsidenten Derek Bok und dem Senator von Oregon Mark Hatfield. Er wohnte im Studentenheim einer einflußreichen Studentenverbindung, trug Kaschmirpullover, sah sich Football-Spiele an und arbeitete sich pflichtbewußt durch die medizinischen Grundsemester mit der festen Absicht, Arzt zu werden. Er machte sogar eine atheistische Phase durch, in der er heftig gegen die Starrheit und den Dogmatismus der institutionalisierten Religion aufbegehrte und jeden Gedanken daran fallenließ, ein geistliches Amt anzutreten. An einem Tag im Januar seines vorletzten Studienjahrs trat das Ereignis ein, das sein Leben drastisch verändern sollte. Er war gerade auf der Suche nach einer Vorlesung in Psychologie, für die er sich eingeschrieben hatte, und platzte aus Versehen in eine Vorlesung über vergleichende Religionswissenschaften. Sie wurde von einem Professor mit Namen Frederic Spiegelberg abgehalten.

Spiegelberg, ein weltberühmter Asienkenner und ungeheuer charismatischer Lehrer, hatte gerade ein Forschungsjahr hinter sich. Auf seinen Reisen war er auch mit zwei berühmten indischen Mystikern und Lehrern zusammengetroffen: mit Ramana Maharshi, von dem Somerset Maughams Roman *Auf Messers Schneide* handelt, und Sri Aurobindo Ghose, einem Gelehrten und Weisen, der einen großen Ashram in Pondicherry in Südindien leitete. Spiegelberg kritisierte die institutionalisierten Religionen offen und behauptete, sie trieben sehr häufig einen Keil zwischen die Menschen, statt sie zusammenzubringen. Seiner Überzeugung nach nahm der Weg zur höheren Wahrheit dort seinen Anfang, wo die grundlegenden spirituellen Prinzipien beherzigt wurden, die allen großen Religionen im Kern eigen sind – das, was Aldous Huxley »die ewige Philosophie« nannte.

Die höchste Form von Religion sei die, trug Spiegelberg seinen Studenten vor, über die Religion hinauszugehen. Murphy fühlte sich sofort angesprochen. »Was Spiegelberg sagte«, erzählte er mir, »traf mich nicht nur wie ein Donnerschlag, es löste vielmehr auch die intuitive Erkenntnis aus, daß er recht hatte. Da stand dieser Mann vor etwa 650 Studenten und brachte ihnen die Veden nahe, die Vorstellung, daß Atman – das höchste Selbst – eins ist mit Brahman, dem Wesen alles Seienden. Das ist eine der klarsten Feststellungen in der Weltmystik. Atman ist Brahman. *Tat Twam Asi.* Das bist du. Wir sind alle eins. Das zu hören wirkte auf mich geradezu elektrisierend, als wenn man in der Wüste Wasser findet. Es bewegt mich noch jetzt, daran zu denken. Tatsache ist, daß ich von da ab mein Leben lang das auszupacken und zu entwickeln bestrebt war, was ich damals in jener ersten Vorlesung gehört habe.«

Murphy war entschlossen, sein Leben fortan nach den Prinzipien auszurichten, die Spiegelberg dargelegt hatte – darunter die Ablehnung jeder einschränkenden Rechtgläubigkeit und starren Glaubenshaltung. Er war ein leidenschaftlicher Student, und Spiegelberg war bald sein Mentor und Freund. Während des folgenden Jahres zog sich Murphy vom Studentenleben zurück; er verlor das Interesse am Medizinstudium und widmete seine Zeit lieber der Meditation und dem Lesen, wobei er hauptsächlich Bücher über östliche Religionen verschlang. Zunächst befaßte er sich intensiv mit Aurobindo. Im Gegensatz zu vielen anderen östlichen Weisen war Aurobindo nicht daran interessiert, so etwas Abstraktes wie Erleuchtung zu suchen und zu diesem Zweck der Welt zu entsagen oder den Körper zu überwinden. Er glaubte vielmehr daran, daß systematisches Üben – Meditation und Yoga, aber auch Sport, zwischenmenschliche Beziehungen und soziales Handeln – es einem ermögliche, die eigenen höheren Möglichkeiten im Lebensalltag zu verwirklichen. Wie die meisten östlichen Lehrer schenkte Aurobindo der Rolle des persönlichen Unbewußten ebensowenig Beachtung wie den neurotischen Konflikten, die im Laufe der individuellen Entwicklung auftreten. Was Murphy fesselte, war Aurobindos fortschrittliche Philosophie und deren Betonung höherer menschlicher Fähigkeiten, die entwickelt werden sollten. »Am meisten beeindruckte mich Aurobindos Vorstellung, daß man durch sein Handeln in der Welt das Göttliche verwirklichen könne«, sagte er mir. »So wie ich es verstand, sagte er damit, die Evolution sei ein Widerschein des gewaltigen göttlichen Schauspiels, das sich mit uns entfaltet.«

Insbesondere Aurobindos Leben inspirierte Murphy. Aurobindo wurde 1872 in Bengalen geboren, in England erzogen und begann sein Berufsleben als Lehrer. Er zeigte immer mehr Interesse an der Politik, war mit Ende Zwanzig Herausgeber der einflußreichsten revolutionären Zeitschrift seiner Zeit und Feind Nummer eins des britischen Geheimdienstes. Wegen seiner angeblichen Mitwirkung an einem Bombenanschlag, bei dem eine Britin getötet wurde, verbrachte er ein Jahr im Gefängnis, ohne je überführt zu werden. In dieser Zeit vollzog sich bei ihm das, was er selbst als spirituelle Verwandlung beschrieb. Er hatte bereits vorher Interesse an östlichen Praktiken gezeigt, gestaltete sein Leben aber fortan noch kontemplativer und stellte die tiefe meditative Versenkung und den Yoga in den Mittelpunkt. Nach seiner Freilassung dachte er verstärkt darüber nach, wie er seine spirituellen Belange in sein praktisches Handeln einbeziehen konnte. Er gründete den Ashram in Pondicherry, schrieb Bücher und nahm gelegentlich Einfluß auf das politische Geschehen. Als zum Beispiel die Nazis in Deutschland an die Macht kamen und Gandhi sich neutral verhielt, spendete Aurobindo seinen früheren Feinden, den Briten, die beträchtliche Summe von 2000 Pfund für ihren Kampf gegen Hitler.

In seinem dritten Studienjahr am College schloß Murphy sich einer Gruppe an, die einmal pro Woche zusammenkam und unter anderem gemeinsam Aurobindos Hauptwerk *Das göttliche Leben* las. Leiter der Gruppe war ein brillanter, geheimnisvoller Student höheren Semesters namens Walt Page. Murphy war fasziniert von Pages eklektischer Synthese der spirituellen Überzeugungen des Ostens und den Erkenntnissen der westlichen Psychologie, während ihn dessen guruhafte Ansprüche auf unerschütterliche Loyalität und Unterwürfigkeit abstießen. Zu seiner Bestürzung ergaben sich viele Gruppenmitglieder einfach in alles, was Page vorschlug. Rückschauend sah Murphy darin seine erste Lektion über die Gefahren des Autoritarismus. Der Fehler, den andere Gruppenmitglieder machten, wie er schließlich glaubte, war der, ihr Vertrauen lieber in einen zweifelhaften Botschafter zu setzen als in die eigentliche Botschaft. Murphy war nicht besonders überrascht, als er Jahre später erfuhr, daß Page Selbstmord begangen hatte.

Er hatte sich jedoch schon lange vorher von Pages Gruppe zurückgezogen und sich noch mehr in die Meditation und das Lesen vertieft. Weiterhin Vorlesungen zu besuchen und ein normales Studentenleben zu führen wurde immer unerträglicher für ihn. Am Ende war das Maß einfach voll. »Ich saß an einem Denkmal auf dem Universitätscampus und meditierte«, erzählte Murphy, »als plötzlich die Gelübde in mir ertönten und ich überaus stark eine innere Berufung spürte. Mir war, als müßte ich etwas tun, um die Richtung zu bestätigen, die ich bereits eingeschlagen hatte. Ich ging geradewegs zum Vorsitzenden der Studentenverbindung und sagte ihm, daß ich aufhöre. Am nächsten Tag zog ich in ein Zimmer außerhalb des Universitätsgeländes um und brach mein Studium ab. Meinem Gefühl nach rannte ich auf etwas zu, das ungeheuer spannend und lohnend war, weg von einer gesellschaftlichen Rolle, die mir weitgehend aufgezwungen worden war.«

Bald kreiste Murphys Leben nur noch um die Meditation – er meditierte vier Stunden am frühen Morgen und vier Stunden am späten Nachmittag. Die übrige Zeit verbrachte er mit Lesen. Das Meditieren empfand er als freudig und erhebend, als unmittelbare Erfahrung von etwas, das größer war als er selbst. »Wenn man soviel meditiert wie ich, läßt es sich nach dem Gesetz der Wahrscheinlichkeit im Grunde gar nicht vermeiden, ab und zu eine Gotteserfahrung zu haben«, erzählte mir Murphy. »Ich führte ein sehr einfaches Leben, das mich völlig befriedigte. Die ganze Vision besaß eine zwingende Logik; während des Sitzens war jede Erfahrung gesteigert – von der Gelassenheit über die Ausgeglichenheit bis hin zur Verzückung. Manchmal waren die Erfahrungen vollkommen überwältigend. Als C. G. Jung einmal gefragt wurde, ob er an Gott glaube, antwortete er: ›Ich glaube nicht an Gott, ich weiß, daß Gott existiert.‹ Genauso war es bei mir.« Für Murphy war diese Zeit der Meditationspraxis auch persönlich befreiend. »Als Heranwachsender war ich total leistungsorientiert und konformistisch«, erklärte er. »Hier in der Meditation fand ich einfach das Wesentliche. Das Meditieren gab mir auf einmal ein enormes Selbstvertrauen, das von niemand abhängig war.«

Seine Familie und seine Freunde waren weniger entzückt von seinem einsamen Leben. Nach bürgerlicher Auffassung brach niemand, der noch seine fünf Sinne beisammen hatte, ein Studium an der Stanford-Universität ab, um ein Leben in Askese und Selbstbesinnung zu führen. Murphys Vater verbot dem Sohn, je wieder nach Hause zu kommen. Kurze Zeit danach erschien ein bekannter Schulpsychologe bei Murphy, den ein Freund der Familie geschickt hatte, offenbar, um ein Urteil über die Geistesverfassung des jungen Mannes abzugeben. Der Psychologe fand keine Anzeichen dafür, daß Murphy verrückt wäre; es dauerte nicht lange, und Murphys Vater unterstützte den Sohn wieder. Im darauffolgenden Herbst kehrte Murphy nach Stanford zurück, um sein Studium abzuschließen, hauptsächlich jedoch, um Privatunterricht bei Spiegelberg zu nehmen.

Nach Abschluß des Studiums diente Murphy zwei Jahre in der Armee und kehrte danach mit der Absicht, in Philosophie zu promovieren, nach Stanford zurück. Doch wieder einmal wurde er immer unruhiger. Diesmal entwickelte er zwanghafte Symptome, am deutlichsten eine ständige, unbegründete Angst, Anfälle zu bekommen. Schließlich dämmerte es ihm, daß ihm sein Körper mit dieser Angst sagen wollte, daß er im Ersticken begriffen sei. Durch diese Einsicht gestärkt, brach er das Studium erneut ab und beschloß, sich einen lange gehegten Traum zu erfüllen: den Aurobindo-Ashram in Pondicherry zu besuchen. Seine Angst vor Anfällen verschwand daraufhin fast augenblicklich.

Aurobindo war fünf Jahre zuvor gestorben, aber sein Werk wurde weitergetragen von einer Französin in den Siebzigern, Madame Richard, die einfach »die Mutter« genannt wurde. Der Ashram, am Golf von Bengalen gelegen, bestand aus etwa 200 Häusern, von denen die meisten Innengärten besaßen. Außerdem gab es eine riesige Sportanlage einschließlich eines Schwimmbeckens mit olympischen Maßen und eine große Farm, durch die der Ashram praktisch versorgt war. Er beherbergte bis zu 2000 Leute, die meisten davon Inder, aber auch immer eine Handvoll Westler.

Für Murphy war der Ashram die ideale Umgebung, um seine Meditationspraxis zu vertiefen und zu lesen, aber auch um Sport zu treiben, was Aurobindo als geniales Mittel zum Wachsen und Über-sich-Hinausgehen betrachtet hatte. Es war in vieler Hinsicht ein beschauliches Dasein – einfach, gesund, erbaulich, mit sportlicher Aktivität und ohne große Verpflichtungen. Die einzige Beeinträchtigung war Murphys Empfinden nach die Kultatmosphäre, die sich um Aurobindo herum entwickelt hatte. Nach Aurobindos Tod war die Verehrung auf die Mutter übergegangen, und viele Anhänger schrieben ihr magische Kräfte zu. Sie akzeptierten auch widerspruchslos ihre Forderung nach Annahme aller ihrer Lehren. So sehr Murphy die Mutter bewunderte, hatte er doch das Gefühl, daß ihre magischen Fähigkeiten stark übertrieben wurden. Das bestätigten ihm seine eigenen Beobachtungen.

Murphy sog Aurobindos Lehre in sich auf, aber er war nicht geneigt, irgend jemandes Schüler zu werden. Nach sechzehn Monaten beschloß er, nach Palo Alto zurückzukehren. Dort setzte er sein kontemplatives Leben fort, verdiente sein Brot als Hotelpage und war ganz zufrieden. Erst zwei Jahre später, kurz bevor er dreißig wurde, begegnete er Richard Price und begann, Möglichkeiten ins Auge zu fassen, wie er seine unkonventionellen Interessen mit einem praktischen Nutzen verbinden konnte. Wie sich herausstellte, hatten Price und Murphy beide an der Stanford-Universität studiert, waren sich jedoch nie über den Weg gelaufen. Price hatte danach in Harvard ein Psychologiestudium aufgenommen und dort ähnliche Probleme gehabt wie Murphy in Stanford. In Harvard war die psychologische Fakultät von den früheren Schwerpunkten Psychodynamik und subjektive innere Erfahrung auf eine erheblich trockenere, auf Feldforschung gegründete Experimentalpsychologie übergewechselt.

Price hatte sich wie Murphy zum Abbruch des Studiums entschlossen, um seinen meditativen und mystischen Interessen nachgehen zu können. Es sollte jedoch noch ein düsteres Kapitel in seinem Leben geben. Dieser Abschnitt ist in Walter T. Andersons lebendiger und anschaulicher Geschichte Esalens *The Upstart Spring* dargestellt. Nach wochenlanger intensiver Meditation und sehr wenig Schlaf hatte Price eines Abends eine Bar in North Beach, San Francisco, besucht. Dort verfiel er in eine Ekstase, in der er ein viel umfassenderes Gefühl seiner selbst hatte. Die einzige Möglichkeit, die er fand, um dieses Erlebnis in Worte zu fassen, war ein Refrain, den er unablässig vor sich hin sang – »Light the fire, light the fire« (»entzünde das Licht«). Der Barmann rief schließlich die Polizei. Das nächste, woran Price sich erinnern konnte, war die geschlossene psychiatrische Abteilung einer Anstalt. Er hielt sich nie für verrückt, aber nach dreimonatigem Aufenthalt dort war er ruhiger, klarer und klüger denn je. Als er nach Hause wollte, stellte er jedoch fest, daß sein Vater für seine erneute Einlieferung in eine andere Anstalt gesorgt hatte. Von da an ging es abwärts mit ihm. Nach etlichen Monaten wurde er in eine dritte Klinik gebracht und dort – trotz heftigster Gegenwehr – neun Monate lang mit Elektro- und Insulinschock behandelt. Aus dieser Erfahrung ging er nach eigenen Angaben ein Jahr später als körperliches und geistiges Wrack hervor.

Price war zwei Jahre aus der Klinik heraus, als er Murphy ruhig und völlig klar seine Geschichte erzählte. Nach Ansicht des entsetzten Murphys war Price einer autoritären Psychiatrie in die Hände gefallen, die ihn mit angeblich therapeutischen Mitteln dazu zwingen wollte, sich den herrschenden Verhaltensregeln der Gesellschaft anzupassen. In eine geschlosse Abteilung befördert zu werden, so erkannte Murphy mit Schaudern, das hätte auch ihm passieren können, als seinerzeit in Stanford der Psychologe auftauchte, um seinen Geisteszustand zu überprüfen. Aufgrund ihrer ähnlichen Erfahrungen und Anschauungen fühlten Price und Murphy sofort eine Seelenverwandtschaft. Fast überall, wo sie nach Antworten gesucht hatten, waren sie auf sehr kluge Köpfe getroffen, die fanatisch über eine beschränkte Auffassung wachten – ob in den Fakultäten renommierter Universitäten, in der Psychiatrie, im spirituellen Bereich oder auch in der eigenen Familie. Wonach sie sich beide sehnten, war eine Gemeinschaft aktiver Sucher, die nichts für festgelegte Antworten übrig hatten. Ob es nicht eine Möglichkeit gab, fragten sie sich, in aller Freiheit ihre breitgefächerten gemeinsamen Interessen zu verfolgen – Ost und West, Psychologie und Mystik, Wissenschaft und Religion, Körper und Geist, das menschliche Potential und die uralte Weisheit.

Murphy meinte, das Anwesen seiner Familie in Big Sur könnte der ideale Platz für die Verwirklichung ihrer Vision sein. Er wollte unbedingt mit anderen teilen, was er in der Meditation erlebt hatte, und verschiedene östliche Techniken, die einen Zugang zu anderen Bewußtseinsebenen eröffneten, an einem Ort versammeln. Außerdem wollte er neuen Ansätzen in der westlichen Psychotherapie eine Heimat bieten, darunter solchen, die der Körperarbeit den Vorzug gaben. Inspiriert von John Dewey, dem Erzieher, der die

»Bildung des ganzen Menschen« propagierte, schwebte Murphy ein Institut vor, dessen Lehrprogramm gleichzeitig Geist, Körper und Seele ansprach. Price war inzwischen zutiefst angerührt worden von einem Vortrag, den Aldous Huxley 1960 an der Berkeley-Universität in Kalifornien gehalten hatte. Huxleys Vortrag mit dem Titel »Die menschlichen Möglichkeiten« ging von dem Gedanken aus, daß der Mensch nur einen Bruchteil der Fähigkeiten seines Gehirns nutzt. »Es schlummern noch jede Menge Möglichkeiten – für die Vernunft, für Zuneigung und Herzensgüte, für die Kreativität – im Menschen«, erklärte Huxley seinem Publikum. Dann beschrieb er eine Reihe neuer Verfahren für das persönliche Wachstum, die größtenteils die Selbstwahrnehmung schärfen und dem Betreffenden dazu verhelfen sollten, höhere Geistesebenen zu erleben. Er beendete seinen Vortrag in Berkeley mit der Forderung nach einer Einrichtung, an der die Verfahren, die er untersucht und selbst ausprobiert hatte, auf eine wissenschaftlichere Basis gestellt und erforscht werden könnten.

Sowohl Murphys als auch Prices Eltern zeigten sich begeistert von diesem Plan, erleichtert, daß ihre Söhne zu guter Letzt doch noch etwas mit ihrem Leben anfingen. Murphys Großmutter Bunny willigte ein, ihm das Anwesen in Big Sur langfristig zu einem niedrigen Preis zu verpachten, während Prices Familie Geld aus Treuhandvermögen für den Sohn lockermachte. Das Projekt nahm rasch Gestalt an. Mit Hilfe des Landverwalters – des späteren Szene-Journalisten Hunter Thompson – vertrieben sie die jungen Homosexuellen und die ortsansässigen Herumtreiber, die scharenweise in der Nacht angerückt waren, um die natürlichen heißen Quellen mit Blick aufs Meer zu genießen. Im Herbst 1962 liefen die ersten Kurse in Big Sur Hot Springs an, wie das Anwesen jetzt hieß. Murphy übernahm in erster Linie organisatorische Funktionen und vermochte mit seinem Charme und seiner Begeisterung berühmte Denker als Vortragsredner nach Big Sur zu ziehen.

Es dauerte nicht lange, und die Seminare wurden von einer Gruppe brillanter Denker geleitet, darunter Murphys früherer Lehrer Spiegelberg, Alan Watts, damals der führende westliche Vertreter des Zen-Buddhismus, der Verhaltensforscher B. F. Skinner, der Psychologe Gardner Murphy, James Pike, der radikale Bischof der Episkopalkirche in Kalifornien, der Theologe und Schriftsteller Norman O. Brown, der Parapsychologe J. B. Rhine, der Psychologe und Kreativitätsexperte Frank Barron von der Universität in Berkeley, der Anthropologe Gregory Bateson und der Linguist S. I. Hayakawa. Wie sich herausstellte, waren viele der ersten Seminarleiter durch ihre Erfahrungen mit psychedelischen Drogen dazu motiviert worden, nach tiefgreifenderen Antworten zu suchen. So erschienen im ersten Jahr denn auch Richard Alpert und Timothy Leary, um eine Reihe von Vorträgen zum Thema »Die ekstatische Erfahrung« zu halten. Murphy selbst blieb keineswegs nur im Hintergrund, sondern nahm an allen 200 Vorträgen und Workshops der Anfangszeit in Big Sur teil.

Keiner der ersten Lehrer glich Murphy so sehr in Anschauung und Temperament wie Abraham Maslow. War Aurobindo der östliche Haupteinfluß, so wurde Maslow dessen westliche Entsprechung und sowohl Murphys Mentor als auch sein engster Freund. Die beiden hatten eine ähnliche Auffassung von den Möglichkeiten des Menschen und die gleiche Abneigung dagegen, sich nur die dunklen Seiten davon auszumalen. Dabei hatte ihre Philosophie völlig unterschiedliche Hintergründe. Maslow bezeichnete seine Kindheit schonungslos als »furchtbar unglücklich«. Er war 1908 geboren und in Brooklyn aufgewachsen; sein Vater verdiente den Lebensunterhalt mit Fässerreparieren und arbeitete so viele Stunden täglich, daß Maslow ihn kaum zu Gesicht bekam. Er blieb fast ausschließlich der Obhut seiner Mutter überlassen, die er später als »grausam, dumm und böse« beschrieb, als so lieblos, daß sie ihre Kinder fast in den Wahnsinn trieb. Auch die Zeit vermochte diese Wunden nicht zu heilen – als die Mutter starb, weigerte sich Maslow, zu ihrer Beerdigung zu gehen. »Die Triebfeder hinter meiner Lebensphilosophie, hinter all meinen Forschungen und Theorien war der Haß und Widerwillen gegen alles, wofür meine Mutter stand«,[1] schrieb er später. Maslow konzentrierte sich sein Leben lang auf die edlere Seite des menschlichen Wesens.

Nach einer Ausbildung zum Verhaltenspsychologen in den dreißiger Jahren machte er bald von sich reden mit seiner Untersuchung der Muster und Strukturen im Herrschafts- und Sexualverhalten von Affen. Ende des zweiten Weltkriegs herrschten in der Psychologie zwei Richtungen vor: an den Universitäten der Behaviorismus und in den Kliniken die Freudsche Psychoanalyse. Maslow wurde von beiden beeinflußt, und beide behagten ihm am Ende nicht. Den Behaviorismus fand er übervereinfacht und reduktionistisch, denn dieser versuchte den Menschen anhand eines Tiermodells zu verstehen und erklärte das Verhalten grundsätzlich durch die Konditionierung – die vorhersagbaren Reaktionsmuster bei Belohnung und Bestrafung. Nach Maslows Auffassung trugen Behavioristen wie B. F. Skinner der ungeheuren Komplexität der menschlichen Motivation und der enormen angeborenen Fähigkeit des Menschen zum persönlichen Wachstum nicht genügend Rechnung. Er fand Freuds psychodynamische Denkweise fruchtbarer und komplexer, besonders dessen bahnbrechende Betrachtung der Rolle des Unbewußten und durch die Kindheitsentwicklung bedingten Verhaltensmuster. Nur wurde der Freudsche Denkansatz seiner Meinung nach letztlich begrenzt durch das medizinische Modell, auf dem er beruhte.

»Die Psychologie von 1949«, sagte er in einem Vortrag ebendieses Jahres, in dem er sich in erster Linie auf das klassische Freudsche Denken bezog, »ist weitgehend eine Psychologie von Krüppeln und kranken Menschen, die von einer Untersuchung des Menschen in seiner schlimmsten Form ausgeht ... Wie könnte unter solchen Umständen überhaupt festgestellt werden, daß der Mensch höhere Fähigkeiten als bloß neurotische besitzt?«

Den stärksten anfänglichen Einfluß auf Maslow hatte Kurt Goldstein. Dieser deutschstämmige Psychiater weigerte sich, Menschen als »neurotisch« oder »psychotisch« zu etikettieren. Vielmehr meinte er, jeder Mensch müsse in seiner Ganzheit und in seiner Umgebung gesehen werden. In dieser »Gestalt«, wie er es nannte, sei der Mensch mehr als nur die Summe seiner Teile. Weiter vertrat Goldstein die Ansicht, daß alle Menschen den angeborenen Instinkt haben, zu wachsen und ihre Möglichkeiten voll auszuschöpfen. Diesen Instinkt nannte er den Trieb zur »Selbstverwirklichung«. Maslow stellte dieses umfassende Konzept schließlich in den Mittelpunkt seiner Arbeit. Sein Glaube an den angeborenen Trieb des Menschen, gesund zu sein, war die Grundlage seines Werkes *Psychologie des Seins,* das ihm erstmalig weithin Anerkennung erwarb. Es erschien 1962, im gleichen Jahr, in dem die Big Sur Hot Springs gegründet wurden. Die in diesem Buch vorgestellten Ideen bildeten auch das Fundament für die von Maslow mitbegründete »humanistische Psychologie«, die »dritte Kraft« und Alternative zum Behaviorismus und zur Freudschen Psychologie.

»Jedes Zeitalter bis auf unseres hatte sein Modell, sein Ideal«, schrieb Maslow in der *Psychologie des Seins.* »Alles, was uns geblieben ist, ist der gut angepaßte Mensch ohne Probleme, ein sehr verwässerter, zweifelhafter Ersatz. Vielleicht sind wir schon bald in der Lage, uns den immer weiter wachsenden, sich selbst verwirklichenden Menschen zum Führer und Vorbild zu nehmen, den, in dem alle Möglichkeiten zur vollen Entfaltung gelangen, den, dessen inneres Wesen frei zum Ausdruck kommt, statt verfälscht, unterdrückt oder verleugnet zu werden.«[2] Kurz nach Erscheinen des Buches kam Maslow überraschend zu Besuch nach Big Sur Hot Springs, das bald darauf in Esalen – das war der Name eines örtlichen Indianerstamms – umbenannt wurde. Es war einer jener bedeutsamen Zufälle, die C. G. Jung als »Synchronizität« bezeichnet hat. Maslow machte gerade mit seiner Frau Bertha Ferien in Kalifornien und fuhr eines Abends den Highway 1 entlang, der an Esalen vorbeiführt. Da die beiden müde waren, aber kein Gasthaus fanden, bogen sie schließlich einfach an einer Straßenlaterne in eine Einfahrt ein und landeten auf dem Esalen-Gelände.

Als die Maslows im Haupthaus erschienen und nach einem Zimmer fragten, wurden sie von Gia-fu, einem lebhaften Kampfkunstlehrer, ziemlich barsch abgefertigt. Doch kaum hatte Maslow sich eingetragen, da wußte Gia-fu, um wen es sich handelte. Wie fast jeder in Esalen hatte auch er die *Psychologie des Seins* gelesen, und er führte nun fast einen Derwischtanz der Begeisterung und Ehrerbietung auf. Murphy war damals nicht anwesend, wohl aber Richard Price, den Gia-fu eiligst holte. Big Sur Hot Springs sei, erklärte Price Maslow, ein neues Zentrum, das viele der Prinzipien der humanistischen Psychologie umzusetzen versuche, wie sie in der *Psychologie des Seins* dargelegt seien. Maslow zeigte sofort Interesse. Letztlich war es jedoch Murphy, der den stärksten Kontakt zu dem Älteren herstellte. Sie hatten vieles gemeinsam. Beide waren von Natur aus unerschütterlich optimistisch, höflich, warmherzig und tolerant. Beide glaubten inbünstig an die Möglichkeit eines Gesellschaftswandels, und beide sprachen erheblich lieber über Ideen, als sich in Gefühlen zu ergehen – insbesondere unangenehmen.

Wie Murphy besaß auch Maslow die dem Gelehrten eigene Vorliebe für Ordnung und Logik, und er war entschlossen, die höheren Formen geistiger Gesundheit systematisch zu beschreiben. Freud hatte ein geniales Modell zum besseren Verständnis neurotischer Erkrankungen entwickelt, indem er sich in der Hauptsache die Blockierungen und Pathologien vornahm, die in den verschiedenen Stadien der kindlichen Entwicklung auftreten. Aber Freuds Modell endete mit der Auflösung neurotischer Symptome – dem, was er die Rückkehr zum normalen menschlichen Leiden nannte. Maslow war der Auffassung, der Mensch hätte höhere Möglichkeiten. In *Motivation und Persönlichkeit,* seinem vielleicht einflußreichsten Werk, vertritt Maslow die These, daß alle Menschen aus einer »angeborenen Rangordnung der Bedürfnisse« heraus handeln, wie er es nennt.

»Die physiologischen Bedürfnisse beherrschen, wenn sie unbefriedigt bleiben, den Organismus«, schrieb er. »Bei relativer Befriedigung machen sie den nächsthöheren Bedürfnissen in der Hierarchie Platz, die dann die Persönlichkeit beherrschen und organisieren.«[3] Sobald die lebenswichtigen Bedürfnisse befriedigt sind, drängt nach Maslows Ansicht das »Zugehörigkeitsgefühl« nach Befriedigung – das Bedürfnis nach Sicherheit, Bestätigung und Akzeptanz. Die meisten Menschen leiden seiner Meinung nach, wenn die lebenswichtigen Bedürfnisse befriedigt sind, sie jedoch nicht in ihren Zugehörigkeitsgefühlen bestätigt werden, unter Symptomen wie Angst, Unsicherheit, Selbstsucht und Unruhe. Erst wenn die Zugehörigkeitsbedürfnisse befriedigt sind, haben die Menschen nach Maslows Auffassung die Sicherheit und Gelassenheit, sich auf eine höhere Ebene zu begeben. Das gelingt nur einer kleinen Minderheit, aber mit verblüffender Wirkung. Die Betreffenden handeln auf einmal instinktiv aus höheren, selbstloseren Motiven heraus, etwa aus Großzügigkeit, Loyalität, Einfühlungsvermögen oder einem Gemeinsinn, der ihrem Leben, wie Maslow meint, wahre Tiefe und Sinn gibt. Bei solchen Menschen, sagt er, sind die Grundbedürfnisse zumindest teilweise ein Leben lang, besonders in der Kindheit, befriedigt worden.

Da diese Menschen seltener von inneren Dämonen gejagt werden – von aufgestautem Ärger, Angst und Streß –, sind sie laut Maslow besser in der Lage, zuzuhören und zu lernen sowie auf ihre Kreativität zurückzugreifen und produktiv zu sein. Er kommt zu dem Schluß, daß diese selbstverwirklichten Menschen Erfüllung finden, weil sie in allen Bereichen ihres Lebens – innerlich und äußerlich, in bezug auf sich selbst wie auch auf andere – ihre Möglichkeiten weitgehend ausschöpfen. Die gesündesten Leute, folgert Maslow, seien die, die sich einer Aufgabe außerhalb ihrer selbst verschrieben haben. Dieses Gefühl einer Berufung oder »Metamotivation«, fährt er fort, sei leidenschaftlich, selbstlos und grundlegend. Bei solchen Menschen sei die Unterscheidung in »Ich« und »Nicht-Ich« aufgehoben, so daß sich ein Selbstgefühl einstelle, das tatsächlich keine Grenzen kenne.

Ohne das Wort *spirituell* zu verwenden, führte Maslow solche transzendentalen Vorstellungen in die Sprache der westlichen Psychologie ein. Umgekehrt bezeichnete er gewisse »Metapathologien« – Drogenabhängigkeit, Alkoholismus, schwere Kriminalität, Hoffnungslosigkeit – als spirituelle Krankheiten, die dann auftreten, wenn das angeborene Bedürfnis des Menschen nach einem Sinn in seinem Leben keine Bestätigung findet. Der höchste Ausdruck der eigenen Möglichkeiten, schrieb Maslow, entspringe nicht etwa persönlichen Leistungen, sondern der Fähigkeit, durch den Dienst an anderen über sein Leben hinauszugehen. Wen überrascht es, daß Murphy diese Theorie sehr überzeugend fand, besonders ihre Ausrichtung auf höhere Bereiche der menschlichen Möglichkeiten. Maslow war jedoch kein praktizierender Therapeut und schlug infolgedessen keine Mittel und Wege vor, wie die große Mehrheit der Menschen mit den ungelösten Konflikten aus der Kindheit – dem, was er »unbefriedigte Zugehörigkeitsbedürfnisse« nannte – umgehen sollte. Statt dessen schrieb er als Theoretiker und dazu noch meistens in hochgestochener akademischer Prosa über die erhabenen Möglichkeiten des Menschen.

In Esalen wurden die Grenzen dieses hochintellektuellen Denkansatzes schnell sichtbar. Die allerersten Seminare, von Huxleys Vortragskunst und Maslows Arbeit getragen, trugen den Titel »Das menschliche Potential«. Wie bei vielen der ersten Angebote Esalens handelte es sich dabei um seriöse, kultivierte Veranstaltungen, die – wäre es nicht dieses Thema gewesen – gut in jeder Universität hätten stattfinden können. Hochgebildete Leute hielten Vorträge über Selbstverwirklichung, menschliche Möglichkeiten und sogar Transzendenz. Die Zuhörer saßen auf Stühlen mit harten Lehnen und lauschten höflich. Aber all das Gerede von höheren Möglichkeiten war doch weit entfernt von den unmittelbaren Grenzerfahrungen, von denen Maslow in seinen Büchern sprach. Er prägte das Wort *Gipfelerlebnis,* um damit Augenblicke zu beschreiben, in denen ein Durchbruch gelingt, wir also unser Potential weitgehend verwirklichen und Hochgenuß empfinden, ein überwältigendes Hochgefühl erleben, von einem tiefen Staunen erfaßt werden, uns mit dem Universum in Einklang fühlen oder eine tiefgreifende grenzenlose Liebe spüren. Allerdings waren Maslow selbst solche Erfahrungen wohl fremd.

An einem Nachmittag im Frühling 1962, kurz nach Erscheinen der *Psychologie des Seins,* stand Maslow vor dem Taxistand am Logan Airport in Boston, als sein Freund Timothy Leary mit einer Begleiterin vorbeikam und sich erbot, ihn mitzunehmen. Leary war damals noch Harvard-Professor auf Abwegen und führte seine psychedelischen Versuche durch. Wie sich Leary später erinnerte, wandte sich die junge Frau, als Maslow eingestiegen war, um und fragte ihn: »Und was machen Sie, Abe?« Leary schaltete sich ein und sagte: »Abe ist einer der bedeutendsten Psychologen unserer Zeit. Er hat den Begriff ›Gipfelerlebnis‹ eingeführt und eine Menge Leute davon überzeugt, daß in der Psyche die wunderbarsten Möglichkeiten schlummern und nur darauf warten, geweckt und ausgeschöpft zu werden.« Die junge Frau fragte Maslow in aller Unschuld weiter: »Was ist denn ein Gipfelerlebnis?« »Ich weiß es nicht«, erwiderte der, »denn ich hatte noch nie eins. Es ist ein altes Philosophenparadox, daß Theorie und Praxis oft Welten auseinander liegen.«

Es stellte sich bald heraus, daß die Leute, die an den ersten Seminaren in Esalen teilgenommen hatten, wenig Interesse an intellektuellen Anregungen und theoretischen Erklärungen hatten, sondern mehr auf unmittelbare Erfahrungen aus waren. Diese Seminarteilnehmer waren fast alle hochausgebildete Fachleute: Anwälte und Psychologen, Geistliche, Sozialarbeiter und Lehrer. Gemeinsam war ihnen allen ein vernünftiges Maß an konventionellem Erfolg und der Hunger danach, mehr aus ihrem Leben zu machen. Viele hatten Hunderte von Stunden in die klassische Freudsche Psychoanalyse investiert, aber trotzdem noch das Gefühl, ihrem Leben fehle etwas. Bald war klar, daß sie um jeden Preis ihre einengenden Gewohnheiten loswerden, ihre eingeschlossenen Gefühle zum Ausdruck bringen und wieder engere Fühlung mit ihrem Körper aufnehmen wollten. Sowohl Murphy als auch Maslow sahen Esalen eher als ein Bildungszentrum an, das sich auf die obersten Stufen der Maslowschen Bedürfnishierarchie konzentrierte: auf Selbstverwirklichung, Selbsttranszendenz, Einfühlung und selbstloses Dienen. Diejenigen, die nach Esalen kamen, hatten etwas Einfacheres, Dringenderes im Sinn. Für sie war Punkt eins auf der Tagesordnung, die Konventionen und Regeln zu brechen, nach denen sie bisher gelebt hatten. Die Selbstverwirklichung mußte warten – und das Hinausgehen über die Belange des Ichs erst recht.

Murphy bestand auch gar nicht darauf, seine Ziele durchzusetzen. Das einzige, worauf er und Price in Esalen besonderen Wert legten, war die Aufgeschlossenheit gegenüber einer Vielzahl von Ideen und Praktiken. »Wir wollten keineswegs einem Dogmatismus, Fundamentalismus oder Totalitarismus anheimfallen«, erzählte mir Murphy. »Vielmehr wollten wir einen Ort schaffen, an dem man Theorie und Praxis innerhalb eines offenen Systems erforschen konnte.« Dementsprechend war alles in Esalen eine direkte Gegenreaktion auf die Werte der herrschenden Kultur. Waren für das konventionelle Gesellschaftsleben Höflichkeit und Diskretion Voraussetzung, setzte man in Esalen auf Ehrlichkeit und Offenheit – jeder sollte ohne Hemmungen genauestens darlegen, wie er etwas oder jemanden empfand. Viele der ersten Besucher von Esalen waren geprägt von der puritanischen Ära, in der sie aufgewachsen waren, und sie fühlten sich vom eigenen Körper und Gefühl abgeschnitten. Esalen hinwiederum hatte eine Vielzahl von Möglichkeiten anzubieten, Körperbewußtsein und Sinnlichkeit zu steigern – durch wohliges Herumliegen in den heißen Bädern, Nacktmassagen auf der Terrasse oder Kurse für die Sinneswahrnehmung. Weder Marihuana noch andere psychedelische Drogen waren in Esalen offiziell erlaubt, aber trotzdem überall in Gebrauch, was unausweichlich zur Folge hatte, daß die Leute noch hemmungsloser wurden.

Während bei der traditionellen Psychotherapie das Gespräch und die verstandesmäßige Einsicht im Vordergrund stehen, waren Denken und Analyse in den berühmtesten Workshops von Esalen out;

die Teilnehmer sollten vielmehr wieder mit ihren Gefühlen in direkte Berührung kommen. Die Psychoanalyse machte Jahre auf der Couch erforderlich, in denen tiefbegrabene Kindheitstraumata aufgespürt werden sollten; Esalen hingegen bot stark kathartische Methoden an, mit deren Hilfe emotionale Blockierungen abgebaut, Abwehrmechanismen entlarvt und eine schnelle, drastische Verwandlung vollzogen werden konnte. Was immer Esalen auch sonst zu bieten hatte, es war jedenfalls ein rundum spannender Ort zum Leben.

Murphys und Prices sehr toleranter Stil hatte eine weitere unbeabsichtigte Folge. Er schuf ein Vakuum, das – vielleicht unvermeidlich – wieder aufgefüllt wurde von den Lehrern mit der stärksten Persönlichkeit, den aufsehenerregendsten Methoden und der besonderen Gabe, das leidenschaftliche Verlangen der Schüler nach intensiven Erfahrungen und schnellen Ergebnissen zu stillen. Das beste Beispiel dafür war Fritz Perls, der Michael Murphy den meisten Kummer machte. Die beiden waren absolute Gegensätze. Murphy war höflich, charmant und fast schon übertrieben freundlich. Perls nahm kein Blatt vor den Mund, hielt im gesellschaftlichen Umgang überhaupt nichts von feiner Art und war häufig unausstehlich. Murphy war Mystiker, Perls Atheist; allerdings sah Murphy in seiner typischen Art Perls' offensichtliche Aversion gegen östliche Praktiken in einem günstigeren Licht. Rückschauend beschrieb er Perls Jahre später als »heimlichen Mystiker«, als jemanden, der an einer »Verdrängung des Erhabenen« litt.

Perls war ein kleiner bärtiger Mann und schon in den Siebzigern, als Murphy ihn kennenlernte. Er war unverhüllt scharf auf jüngere Frauen, besuchte regelmäßig Esalens heiße Quellen und hatte offenbar keine Probleme mit dem körperlichen Altern. Murphy war groß, jung und gutaussehend, lebte jedoch jahrelang zölibatär, er mied Esalens heiße Bäder, und die in seinem Institut öffentlich zur Schau getragene Nacktheit war ihm peinlich. Perls mußte stets im Mittelpunkt stehen, was er auch meistens schaffte, und sah überhaupt keinen Grund, sich irgend jemandem gegenüber anders zu verhalten. Murphy war von Natur aus rücksichtsvoll und ein ausgezeichneter Zuhörer, und es fiel ihm entsetzlich schwer, nein zu sagen. Perls war beißend, intuitiv und gebildet, aber herausfordernd antiintellektuell. Murphy schwelgte in Ideen. Diese Gegensätze ließen sich nie versöhnen – wie Apollo und Dionysos.

Perls, 1893 in Berlin geboren, war in Deutschland als klassischer Freudscher Psychoanalytiker ausgebildet worden. Doch wie Maslow war er sehr ernüchtert von der Psychoanalyse, und das besonders, nachdem ihm Freud bei ihrer persönlichen Begegnung über den Mund gefahren war. Im Lauf der Jahre kam er zu der Überzeugung, daß die Psychoanalyse den Leuten lediglich endlose Einsichten bescherte, ohne sie je zu fundamentalen Veränderungen zu bewegen. Perls war wie Maslow von dem Gestaltpsychologen Kurt Goldstein beeinflußt worden, mit dem er in den zwanziger Jahren in Frankfurt zusammengearbeitet hatte. Jahre später zog er nach Berlin um und wurde Patient des Psychiaters Wilhelm Reich. Wie C. G. Jung war Reich einer der Lieblingsschüler Freuds, bevor er abtrünnig wurde und seine eigene Schule begründete. Reich vertrat die Auffassung, daß sich alle neurotischen Probleme in körperlichen Verzerrungen widerspiegeln und ausdrücken, die er »Charakterpanzer« nannte. Eine Steigerung des Körperbewußtseins hielt er für ein viel wirksameres, direkteres Mittel, um psychische Symptome aufzudecken und zu beheben, statt bloß darüber zu reden.

Reich entdeckte vor allem eine starke Beziehung zwischen Muskelverspannungen und bestimmten Persönlichkeitsmerkmalen. Im Gegensatz zu Freud, der jeden direkten Kontakt zu seinen Patienten vermied, glaubte Reich, daß die Arbeit mit den Händen dabei helfen könnte, Muskelblockierungen aufzulösen, hinter denen sich tieferliegende Emotionen verbargen. Zum Beispiel übte er unter Umständen Druck auf einen Körperteil aus, in dem er eine intensive Anspannung oder Verkrampfung bemerkte – ob Kiefer, Nacken, Rücken oder Augen. Oft bewirkte der Druck nicht nur eine physische Erleichterung, sondern führte zu einer emotionalen Katharsis in Form von Wut, Angst oder Trauer. Indem er seinen Patienten diese starken Empfindungen – zu denen die Gesprächstherapie kaum einen Zugang eröffnete – ins Bewußtsein rief, konnten sie seiner Überzeugung nach die ihnen fremd gewordenen Teile ihrer selbst wieder erfahren. Dadurch wiederum wurde eine echte Heilung in Gang gesetzt. Zu den umstrittensten Ansichten Reichs gehört die These, daß die Fähigkeit, im Sexualakt das zu erleben, was er »wahren Orgasmus« nannte, der höchste Maßstab für die geistige Gesundheit sei – der erhabenste schöpferische Akt der Selbstverwirklichung.

Perls war stark von Reich beeinflußt worden, aber die Verbindung zwischen ihnen riß ab, als sie beide 1933 gezwungen waren, aus Deutschland zu fliehen. Perls ging zuerst nach Südafrika und 1946 schließlich in die Vereinigten Staaten. Als Therapeut war er bereits vom traditionellen Freudschen Stil abgegangen, in den frühen Erinnerungen der Patienten zu graben. Statt dessen befaßte er sich lieber damit, welche pathologischen Symptome in der Gegenwart zutage traten – einschließlich der körperlichen Verspannungen und Verzerrungen. Die Gestalttherapie errang zum erstenmal Anerkennung in der breiten Öffentlichkeit, nachdem Perls an einem Buch des Erziehers Paul Goodman und des Psychologen Ralph Hefferline über dieses Thema mitgewirkt hatte. Zwar rechnete es sich Goodman als Verdienst an, das Buch geschrieben zu haben, aber letztlich war es Perls' klinische Arbeit, die der Gestalttherapie zum Durchbruch verhalf und ihm eine große Anhängerschar eintrug.

Die Gestalttherapie ging von einer einfachen Prämisse aus: daß die Menschen leiden, weil sie die Verbindung zu Körper und Gefühl verloren haben und dadurch letzten Endes mit sich selbst uneins sind. Eine Therapie, so meinte Perls, müsse in dem Bemühen bestehen, dem Patienten dabei zu helfen, dieses Gewahrsein von Körper und Geist wiederzuerlangen. »Wir leben in festen Verhaltensmustern«, schrieb er viel später. »Wir spielen immer wieder die gleichen Rollen. Wenn man also herausfindet, wie man sich selbst am Wachsen hindert und davon abhält, seine Möglichkeiten voll auszuschöpfen, hat man ein Mittel gefunden, sein Leben reicher zu gestalten … In der Therapie versuchen wir, uns Schritt für Schritt die entfremdeten Teile der Persönlichkeit wieder zu eigen zu machen … Die Fähigkeit zu entwickeln, bei dem zu verweilen, was wir vermeiden, ist nicht leicht, und deshalb brauchen wir jemand anderen, um uns dessen bewußt zu werden, was wir vermeiden.«[4]

Perls war 71 Jahre alt, als er 1964 in Esalen einzog. Michael Murphy hatte ihn auf einer Konferenz erlebt, die im Dezember des Vorjahres in Esalen abgehalten worden war, und sich damit einverstanden erklärt, daß er im darauffolgenden Frühling drei Wochenendseminare dort leitete. Weder Murphy noch Price mochten Perls persönlich besonders, aber sie waren beide von seiner Arbeit beeindruckt. Nie hätten sie gedacht, daß Perls am Ende fast sechs Jahre in Esalen bleiben und dem Ort mehr als jeder andere Lehrer seinen Stempel aufdrücken würde.

Von Anfang an war Esalen für Perls ein Forum, auf dem er mit einer großen, begeisterten Zuhörerschar rechnen konnte, und dementsprechend sorgte er auch für effektvollen Wirbel. Im Normalfall benutzte er das Haupthaus von Esalen, wo er sich am Kopfende des großen Saals in einen Lehnstuhl setzte, mit zwei kleineren Stühlen vor sich, und eine Zigarette paffte. Er bestand darauf, daß alle ihn Fritz nannten, während er sonst kaum zu Vertraulichkeiten ihm gegenüber ermutigte. Der Klient, mit dem er arbeitete, pflegte auf einem der kleineren Stühle zu sitzen, um bisweilen unter Perls' Anleitung auf den anderen Stuhl zu wechseln. Damit sollte er verschiedene Aspekte seiner selbst ausagieren oder in die Rolle einer wichtigen Figur in seinem Leben schlüpfen, zum Beispiel die einer zurückhaltenden Mutter oder eines erdrückenden Partners. Perls war der Meinung, daß sich an den meisten Abwehrmechanismen zeigte, wie der Verstand dazu benutzt wurde, Gefühle auf Distanz zu halten. Dafür gab es voraussagbare Muster, die er in seiner charakteristischen ungehobelten Sprache beschrieb. »Hühnerscheiße« sei der banale Small-talk, von dem das Leben der meisten Menschen beherrscht würde, verkündete er. Mit »Kuhscheiße« betitelte er die rationalen Erklärungen, die die Leute sich ausdachten, um ihr oft destruktives neurotisches Verhalten zu rechtfertigen. »Elefantenscheiße« nannte er das hochgestochene Gerede von Veränderung, Verwandlung und Bewußtsein, von dem seines Erachtens viele Esalen-Workshops durchdrungen waren. »Ein bißchen Ehrlichkeit kann viel bewirken«, schrieb er, »und davor haben die meisten von uns Angst – sich selbst gegenüber ehrlich zu sein und den Gedanken der Selbsttäuschung fallenzulassen.«[5]

Nach Perls' Ansicht heiligte der Zweck – die Leute zu zwingen, sich mit diesen untergründigen Gefühlen auseinanderzusetzen – die drastischen Mittel. »Fritz entwickelte eine Arbeitsmethode im Umgang mit den Leuten, durch die sie wirklich in den gegenwärtigen Augenblick katapultiert wurden, was auch immer dazu nötig war«, bemerkte Robert Hall dazu, ein Psychiater, der Perls 1967 in Esalen kennenlernte und eine Ausbildung bei ihm machte. »Er verhalf ihnen dazu, ihre vergangenen Leiden in der Gegenwart zu erleben, sich hindurchzuarbeiten auf eine Öffnung hin und dann loszulassen. Was er tat, hatte etwas Magisches. Er drang geradewegs zum Kern vor und machte keine Umschweife.« Genau diese Fähigkeit war es, die Perls' Arbeit in Esalen so populär machte – und sie so deutlich von den traditionellen Therapieformen abgrenzte. Er setzte auf Konfrontation und die emotionale Katharsis und erzielte damit eindrucksvolle, sofortige Resultate. Selbst Richard Price studierte schließlich bei Perls, und die Leute standen Schlange, um sich von Perls zeigen zu lassen, wo sie am verletzlichsten waren, und in aller Öffentlichkeit ihre bestgehüteten Abwehrmechanismen und Selbsttäuschungen fallenzulassen.

Aber es war auch ein Preis dafür zu zahlen. Mit Recht besorgt über die Neigung der Leute, durch das Denken Gefühle zu vermeiden, lehnte Perls den Intellekt in Bausch und Bogen ab. »Weg vom Verstand und hinein in die Sinne«, lautete seine Parole. Indem er sich auf diese Weise einseitig festlegte, setzte er genau die Qualitäten herab – Selbstbewußtsein und reflektierende Urteilskraft –, die den Menschen als Menschen auszeichnen. Zudem gelang es Perls zwar prächtig, seine Klienten dazu zu bewegen, sich schmerzhafte unterdrückte Gefühle wieder zu vergegenwärtigen, aber hinterher bekamen sie kaum Hilfestellung und Unterstützung – etwas, das in Esalen generell zu kurz kam.

Murphy hatte zutiefst zwiespältige Gefühle, was Perls betraf. Einerseits sieht er ihn in der Erinnerung als genialen Praktiker. »Ebenso wie Joe Montana wußte, wie man ein Football-Spiel gewinnt, wußte Fritz Perls, welche Knöpfchen man drücken muß«, erklärte Murphy mir. »Er war äußerst kreativ und ideenreich, wußte, wo er einen packen konnte, und holte die problematischen Lebensfragen ganz schnell ans Licht. Das habe ich selbst bei ihm erlebt.« Andererseits bedrückte ihn die Begrenztheit dieses Ansatzes. »Fritz konzentrierte sich so sehr auf das Losreißen, daß er kaum noch Augen für etwas anderes hatte«, sagte Murphy. »Er hatte eine Art Urvertrauen in die Kraft der bewußten Wahrnehmung, aber keinen Sinn dafür, daß gewonnene Einsichten auch integriert werden mußten.« Robert Hall, der Perls viel näher stand als Murphy, hat bei seinem Mentor ähnliche Mängel entdeckt. »Er war wunderbar darin, einen Kontakt herzustellen, was in Sekundenschnelle möglich ist«, erzählte mir Hall, »aber er verstand nichts von intimeren Beziehungen, die sich erst mit der Zeit entwickeln. Er war zwar zu tiefer Liebe fähig, offenbar jedoch nicht dazu, langfristige Beziehungen zu knüpfen und mit Erfolg aufrechtzuerhalten – auch nicht zu mir.« Daß Perls auf Kosten von Vertraulichkeit und Mitgefühl so großen Wert auf Unabhängigkeit und Ehrlichkeit legte, kommt nirgendwo deutlicher zum Ausdruck als in einem Text, den er das »Gestaltgebet« nannte. »Ich tu das meine, und du tust das deine«, schrieb er. »Ich bin nicht auf dieser Welt, um deinen Erwartungen zu entsprechen, und du nicht, um den meinen zu entsprechen. Du bist du, und ich bin ich. Und wenn wir uns durch Zufall finden sollten, ist das schön. Wenn nicht, ist nichts daran zu ändern.«

Das eigentliche Problem mit Perls war, wie Murphy schließlich feststellte, daß seine Weltanschauung »jämmerlich unvollständig« war. Diesen Gedanken führt er in seinem Buch *Der Quantenmensch* genauer aus und beruft sich dabei auf die alte griechische Idee der *Antakoluthia,* der »Bindung der Tugenden aneinander«, wie er es nennt. Eine Tugend, so argumentiert er elegant und einleuchtend, ist für sich allein noch keine Tugend. Wahre Tugend erfordert den Ausgleich von Gegensätzen. In Perls' Fall zum Beispiel führte das fehlende Mitgefühl oft zu Grausamkeit. Murphy führt zahllose Beispiele dieser Art in allen Einzelheiten an. »Ein hilfreiches Verstehen anderer«, schreibt er, »erfordert sowohl Empathie als auch Abgrenzung. Meditation verlangt nach Konzentration und nach Entspannung. Die Stärkung der Willenskraft kann zuzeiten ein Aufgeben gewöhnlicher Willensentscheidungen erfordern ... Erregung wird in der (erfolgreichen) Yoga-Praxis durch Entspannung ergänzt. Schmerzhafte Erkenntnisse werden im Verlauf einer (erfolgreichen) psychotherapeutischen Behandlung von Selbstakzeptanz unterstützt. Die Lockerung chronischer Verspannungen in bestimmten Muskeln wird bei der (erfolgreichen) somatischen Schulung von deren Neuausrichtung begleitet.«[6]

Trotz dieser tiefen Einsichten gab Murphy doch manchen »Tugenden« den Vorzug vor anderen, besonders in den Anfangsjahren von Esalen. Das sah Robert Hall zum Beispiel an Murphys Antipathie gegen Perls. »Ich mag Michael sehr, und ich habe ihn immer für einen Visionär gehalten«, erzählte mir Hall. »Aber ich habe auch gleich gemerkt, daß Gefühle nicht seine besondere Stärke sind. Er nahm einfach nicht an der Prozeßarbeit teil, und das hat mir zu denken gegeben. Er hat zwar alles ausprobiert, sich aber nie richtig auf etwas eingelassen. Ich hatte immer das Empfinden, daß speziell Perls bei ihm auf Ablehnung stieß. Aus der Rückschau sehe ich ein, daß das zum Teil seine Berechtigung hatte. Fritz ging unverantwortlich, mißbräuchlich und schrecklich eigensinnig mit Macht um und verletzte viele. Aber er war auch ein Könner, und meinem Empfinden nach hat Michael die Feinheiten der Gestalttherapie und der Arbeit von Perls nie richtig gewürdigt – zum Teil wahrscheinlich deshalb, weil er sich die entsprechenden Erfahrungen stets versagte.«

Der zweite Lehrer, der zu Beginn einen gewaltigen Einfluß auf Esalen hatte, war William Schutz. Nach seiner Ausbildung als Sozialpsychologe lehrte er an den Universitäten von Chicago, Harvard und Berkeley sowie an der Albert Einstein School of Medicine. Schutz hat zwar die Idee der Encounter-Gruppe nicht erfunden, aber er hat ihr mit seinem Bestseller *Joy: Expanding Human Awareness* weithin Aufmerksamkeit verschafft. Das Buch erschien 1967, im gleichen Jahr, in dem Schutz mit vierzig Jahren als Lehrer in Esalen einzog. Ein Großteil des Jahres verging mit Reisen, auf denen er Talk-Shows abhielt, die Werbetrommel für sein Buch rührte und über Esalen sprach. Die Folge davon war, daß Encounter-Gruppen schließlich schon ein Synonym für Esalen waren, bevor die praktische Arbeit richtig angelaufen war.

Schutz war eine so starke Persönlichkeit, daß er bald Perls seinen Platz als führender Lehrer von Esalen streitig machte. Er war selbstbewußt, kraftvoll, energisch, geradeheraus, komisch und selbstkritisch. Wie Perls sagte er, was er fühlte, ob man es hören wollte oder nicht. Er sah nicht besonders gut aus, aber mit seiner Energie zog er Frauen an und war ihnen leidenschaftlich zugetan. Auch er profitierte von Murphys anfänglicher Begeisterung und seinem Entgegenkommen. Im Gegensatz zu Perls, dem es hauptsächlich um die Aufdeckung von Selbstbetrug ging, verkündete Schutz eher eine Freudenbotschaft, die gut von Murphy hätte stammen können. »Wenn etwas für jeden lebenden Menschen gilt, dann dies: Er schöpft seine Möglichkeiten nicht voll aus«, schrieb Schutz in *Joy*. »Die latent vorhandenen Fähigkeiten, verborgenen Talente und ungenutzten Möglichkeiten, Vollkommenheit zu erreichen, sind Legion ... Freude ist das Gefühl, das der Verwirklichung der eigenen Möglichkeiten entspringt.«[7]

Schutz machte seine ersten Erfahrungen mit der Gruppenarbeit Anfang der fünfziger Jahre, während er in der Marine diente. Er sollte helfen, eine Gruppe von Männern auszuwählen, die gut unter den schwierigen Bedingungen an Bord eines Schlachtschiffs zusammenarbeiten könnten. Daran entzündete sich sein Interesse an der Art und Weise, wie Menschen in Gruppen miteinander umgehen, und ein Fachbuch über seine Theorien entstand. Mitte der fünfziger Jahre übernahm Schutz wieder einen Lehrauftrag, diesmal an der Harvard-Universität. Dort beschloß er, ein Standardseminar über Gruppendyamik in eine sogenannte Trainingsgruppe oder T-Gruppe umzuwandeln. Statt bloß über sein Thema zu referieren, wurde Schutz ein Teil der Gruppe. Der Unterricht bestand darin, offen miteinander über alles zu reden, was einem im Sinn lag. »Ich entdeckte etwas, von dem ich bis dahin nichts wußte – meine Gefühle«, erzählte mir Schutz in einem unserer ersten Gespräche. »Die Gefühle faszinierten mich auf einmal ebenso wie zuvor die Gedanken.«

Ebenso unzufrieden wie Perls mit dem langsamen Prozeß der klassischen Psychoanalyse, sog Schutz wie ein Schwamm neue Therapiemethoden in sich auf. Zu Beginn der sechziger Jahre beispielsweise verbrachte er einige Zeit in den National Training Laboratories in Bethel, Maine. Dort war man allmählich von der formellen akademischen Erforschung der Gruppendynamik zur freieren, weniger durchstrukturierten Arbeit mit T-Gruppen übergegangen. Aber Schutz widmete sich nicht nur der Gruppenarbeit. Als er nach New York zurückkehrte, um am Albert-Einstein-Institut Medizinstudenten zu unterrichten, verbrachte er seine Freizeit damit, die Stadt nach neuen therapeutischen Ansätzen und Methoden abzukämmen. Er studierte unter Perls' Mitarbeiter Paul Goodman Gestalttherapie und machte sich mit gelenkter Phantasie vertraut. Außerdem interessierte er sich für körperorientierte Richtungen wie etwa Alexander Lowens Bioenergetik, eine Technik, die unmittelbar von Wilhelm Reich inspiriert war, bei dem Lowen als Student und Patient ausgebildet worden war. Und er studierte Rolfing unter Ida Rolf. Ida Rolf, von Beruf ursprünglich Chemikerin, entwickelte eine Massagetechnik, bei der sie mit tiefen und oft schmerzhaften Massagegriffen auf das Muskelgewebe einwirkte, um chronisch verspannte Muskeln, die Schmerzen verursachen und den Bewegungsablauf stören, zu lockern. Nach seiner

Rückkehr ans Einstein-Institut begann Schutz, in seinen eigenen Klassen mit den Techniken, die er gelernt hatte, zu experimentieren. Im Hinblick auf das breitgefächerte Spektrum der angewandten Methoden bezeichnete er diesen Ansatz als »offene« Encounter-Arbeit.

Das beherrschende Thema in Schutz' Gruppen in Esalen war die Ehrlichkeit. Er war der Meinung, daß die meisten Leute nicht die Wahrheit sprechen – weder sich selbst noch anderen gegenüber – und deshalb ein unreifes, beschränktes und unechtes Leben führen. Ähnlich wie Perls besaß Schutz ein sicheres Gespür dafür, wann jemand nicht mit der Sprache herausrückte oder etwas verbarg, und die Gruppen dienten dazu, an diese tieferen Wahrheiten heranzukommen. In den offenen Encounter-Gruppen galten einfache, strenge Regeln. Man sagte, was einem auf dem Herzen lag, beschrieb eher Gefühle als Gedanken und blieb der Gegenwart verhaftet, statt sich der Vergangenheit oder Zukunft zuzuwenden.

Schutz zielte darauf ab, die Barrieren zu durchbrechen, die durch die eigenen Ängste verursacht waren, ob sie ihren Ursprung in der Kindheit, in bestimmten Traumata, in kulturellen Prägungen oder in einer autoritären religiösen Konditionierung hatten. Die Gruppe war sein Laboratorium. Wenn zwischen zwei Teilnehmern einer Gruppe Spannungen auftraten, ermutigte Schutz die beiden häufig dazu, sich statt eines Wortgefechts einen echten Ringkampf zu liefern, um ihre wahren Gefühle ans Licht zu bringen. Wirkte jemand verkrampft, pflegte Schutz irgendeine Form von Massage oder Körpertherapie anzuwenden, um Gefühle auszulösen. Hatte jemand Probleme mit seinem Körper, hielt Schutz ihn dazu an, die Kleider abzulegen und sich auf diese Weise direkt mit dem Gefühl der Verletzlichkeit auseinanderzusetzen, das dadurch entstand. Und jemand, der wütend war, wurde aufgefordert, seiner Wut richtig Luft zu machen und zu diesem Zweck auf Kissen einzudreschen, zu schreien oder sogar Gegenstände durch den Raum zu werfen.

Schutz und Perls wetteiferten um Murphys Beifall, aber auch um die Vorherrschaft in Esalen. Zu Anfang kam Perls Schutz noch entgegen, aber allmählich wuchs seine Eifersucht, weil der Neuankömmling sowohl bei den schönsten Frauen als auch bei Journalisten, die etwas über Esalen schreiben wollten, mehr Beachtung fand als er. Schließlich verspottete Perls Schutz als »Joy boy« und implizierte damit, daß Schutz mehr an Freude und Vergnügen interessiert war als daran, daß die Leute sich aufrichtig mit sich selbst auseinandersetzten. Schutz blieb nachsichtig Perls gegenüber, aber ihre Rivalität erregte doch regelmäßig Aufsehen in Esalen. Das Komische an der Sache war, daß die beiden trotz ihrer persönlichen Differenzen weitreichende philosophische Gemeinsamkeiten hatten. Keine anderen Lehrer prägten das Bild von Esalen in der Öffentlichkeit so stark wie Perls und Schutz. Beide wandten sich gegen eine Unterdrückungskultur, die ihrer Auffassung nach die Leute davon abhielt, ehrlich zu sein. Beide konnten hervorragend Widerstände aufspüren und tieferliegende Gefühle ans Licht bringen. Beide waren von Reich beeinflußt und der Meinung, daß sich Gefühle unzweideutig im Körper widerspiegeln. Und beide vertraten die Ansicht, daß zuviel Denken den wahren Gefühlen hinderlich ist. Bei alledem errang der liebenswürdige Schutz mehr Aufmerksamkeit in den Medien als der giftige Perls.

Im Januar 1968 veröffentlichte beispielsweise das *New York Times Magazine* einen Artikel, durch den Esalen und Schutz' offene Encounter-Gruppen eine hohe Würdigung erfuhren und zu neuem Ansehen kamen. Autor des Artikels war Leo Litwak, ein altgedienter Journalist, der voller Skepsis nach Esalen gekommen war, um es wie umgewandelt wieder zu verlassen. Ausschlaggebendes Ereignis in Litwaks Encounter-Gruppe, die Schutz leitete, war das erneute Durchleben eines Tages im ersten Weltkrieg, an dem Litwak einen jungen deutschen Soldaten erschossen hatte. Es war an einem Nachmittag; Litwak lag mit geschlossenen Augen da, und die anderen Gruppenteilnehmer waren um ihn versammelt. Schutz fragte Litwak, ob er willens sei, sich im Geiste seinen Körper von innen anzuschauen. Litwak ging darauf ein und war bald ganz von seiner Vorstellung in Anspruch genommen; als erstes stellte er fest, daß er kein Herz in sich finden konnte. Und dann stieß er plötzlich auf eins, das »in Schleim gehüllt und mit Blutgefäßen behangen war«. Dieses Bild führte zum Durchbruch.

»Dieses Herz hat mich gesprengt«, schrieb Litwak abschließend in seinem Artikel. »Ich spürte, wie sich meine Brust zusammenzog. Dann explodierte ich. Ich brach in Tränen aus ... Jetzt, zwanzig Jahre später, klagte ich um den jungen Deutschen, der mich vorher nie gekümmert hatte, und schüttelte meine Betäubung ab ... Im Verlauf jener Reise durch meinen Körper begann ich wieder zu fühlen und merkte auf einmal, was mir gefehlt hatte. Ich hatte das Empfinden, weit offen und leichter zu sein und war zur einfachen, unmittelbaren Begegnung mit anderen bereit. Es war nicht nötig, zu lügen oder Demütigung zu fürchten. Ich war willens, mich zum Narren zu machen. Ich erlebte die Freude, die Schutz zu wecken versprochen hatte. Ich bin ihm dankbar. Nicht einmal das Angebot von Liebe vermochte mich zu schrecken.«[8]

Niemand in Esalen verteidigte Schutz glühender als George Leonard – und trat eifriger für die Methoden zum Abreagieren ein, die für Esalen am Anfang charakteristisch waren. Leonard, ein großer, gertenschlanker, energiegeladener Südstaatler, wurde 1965 auf Esalen aufmerksam, als er wegen eines Artikels für die Zeitschrift *Look,* zu deren Mitarbeiterstab er gehörte, die Human-Potential-Bewegung genauer unter die Lupe nahm. Er war 42, als er Michael Murphy kennenlernte, mit dem ihn sofort eine Seelenverwandtschaft verband. Wie Murphy war auch Leonard davon überzeugt, daß der Mensch gewaltige brachliegende Möglichkeiten besaß und daß eine Transformation des Bewußtseins bevorstand. Esalen, davon überzeugte ihn Murphy schon bald, konnte in dieser Hinsicht führend sein.

»Ich war hingerissen von Murphy«, schrieb Leonard Jahre später. »Hinter seiner jovialen Persönlichkeit verbarg sich ein so strahlendes inneres Licht, wie ich es nie zuvor gesehen habe.« Leonards Artikel wurde nie veröffentlicht, aber er selbst wurde bald Murphys bester Freund und schließlich Vizepräsident von Esalen. Außerdem

trat er leidenschaftlich für Schutz und die aggressivsten Formen des Encounters ein.
»Sie müssen wissen, daß bis in die sechziger Jahre hinein noch alles in der Besenkammer versteckt wurde«, erklärte mir Leonard 1989 bei unserer ersten Begegnung in seinem Haus in Mill Valley, Kalifornien. »Man sprach nicht über Homosexualität. Es fiel auch kein Wort über geprügelte Frauen, Vergewaltigung oder sexuellen Mißbrauch. Man sprach nicht über seine Gefühle. Selbst das Wort *Krebs* wurde in der feinen Gesellschaft nicht erwähnt. Und da kommt ein Typ wie Schutz und bricht all diese Tabus. Es ist kaum zu beschreiben, was für ein außergewöhnliches Erlebnis es war, an einer seiner Gruppen teilzunehmen. Plötzlich drückte man bei all diesem Ansporn Gefühle aus, die man noch nie zuvor gezeigt hatte, und plauderte Geheimnisse aus, die man jahrelang für sich behalten hatte. Und was geschah? Die Welt ging nicht unter, obwohl man das erwartet hatte. Statt dessen sah alles erheblich besser aus. Wenn man einfach losläßt, stellt sich wahrhaftig ein Gefühl der Ekstase ein. Und dann kommen die Leute an und umarmen einen. Jeder liebt einen, weil man das gemacht hat, weil man Ehrlichkeit und Mut bewiesen hat.«
Das einprägsamste Erlebnis dieser Art hatte Leonard 1968, als er mit seiner damaligen Frau Lilly an einer Encounter-Gruppe für Paare unter Leitung von Schutz teilnahm. Schutz, der immer zu mehr Wahrhaftigkeit drängte und antrieb, schlug vor, daß sich jedes Paar zunächst einmal drei Geheimnisse ins Gedächtnis rufen sollte, die der Partner oder die Partnerin nie erfahren hatte – besonders solche, die unter Umständen eine Bedrohung für die Ehe darstellten. Es dauerte nicht lange, und lauter schreckliche Geschichten kamen ans Licht und schlugen ein wie eine Bombe – Geschichten von Untreue, Mißbrauch, Betrug und Haß. Auf die meisten Paare wirkte diese Erfahrung, wie Leonard mir erzählte, zuerst sehr erleichternd und erhebend. Gegen Ende der Woche waren sich viele Paare sogar nähergekommen als je zuvor. Worauf sie allerdings nicht vorbereitet wurden, waren die Nachwehen. Ein,

zwei Wochen später, wenn die Leute wieder zu Hause waren, pflegten die schmerzhaften Geheimnisse, die sie einander offenbart hatten, erneut hochzukommen, und wieder voller Wucht, nur daß dann niemand da war, der vermitteln und helfen konnte. Was bei all diesem Sich-die-Wahrheit-Sagen herauskam, war häufig sehr qualvoll und verheerend in seiner Wirkung. Die eine Sache war es, den Leuten dabei zu helfen, sich zu öffnen, und eine ganz andere, sie zu entlassen, ohne ihnen etwas an die Hand zu geben, womit sie ihre neuen Gefühle und Einsichten in ihr Leben integrieren konnten.

Während Leonards Begeisterung für Schutz' bahnbrechendes Modell ungebrochen blieb, nahm Murphys Interesse mit den Jahren immer mehr ab. »Schutz war im Grunde auf Befreiung fixiert«, sagte mir Murphy. »Er war der Motor einer Bewegung, die mit Freud und Reich begann. Im Namen der von ihm so hochgeschätzten Offenheit und Ehrlichkeit rief er die Teilnehmer seiner Gruppen dazu auf, Integrität und Mut zu beweisen, wobei jedoch häufig die Herzlichkeit und das Einfühlungsvermögen auf der Strecke blieben. Es stellte sich zum Beispiel heraus, daß Ärger eines der am häufigsten in Encounter-Gruppen zutage tretenden Gefühle war. Das Problem dabei war, daß das Ausdrücken starker Wutgefühle nicht unbedingt auch eine Abreaktion und Klärung mit sich brachte. Carol Tavris hat vor kurzem in ihrem Buch *Wut. Das mißverstandene Gefühl* geschrieben: »Wer ohnehin dazu neigt, seiner Wut freien Lauf zu lassen, wird noch wütender, statt weniger verärgert zu sein.«[9] Außerdem lenkt ein Wutausbruch nach Erkenntnissen von Tavris und anderen oft von tieferliegenden Empfindlichkeiten und Emotionen ab, die damit kaschiert werden – unter anderem Angst, Hilflosigkeit, Enttäuschung, Traurigkeit und Verzweiflung. »Man kann nicht mit Encounter leben«, teilte Murphy 1976 dem Schriftsteller Calvin Tomkins mit. »Encounter ist wie ein Initiationsritus, ein Mittel, um eine Grenze zu überschreiten und zu sehen, was auf der anderen Seite ist.«[10] Obwohl er nur selten selbst an derartigen Gruppen teilgenommen hatte, hatte er mehr als genug davon. »Anfang der siebziger Jahre war ich so weit, daß ich mich auch mit einem dicken

Knüppel nicht mehr in die Nähe von Encounter gewagt hätte«, gestand mir Murphy.

Schutz war nicht weiter überrascht, daß Murphy nichts mehr für Encounter übrig hatte. »Michael ist ein Meditationstyp, ein stiller Mensch, und im Grunde seines Herzens sehr konservativ«, erzählte Schutz mir 1991 eher enttäuscht als bitter. »Seine Vorstellung von dem, wie Esalen sein sollte, kam von Aurobindo. Was er eigentlich wollte, war ein geistiges Zentrum, an dem man über alles diskutieren konnte. Dafür gab es nach meiner Auffassung schon genug Universitäten – zum Beispiel Stanford, Berkeley und Harvard. Der Austausch von Ideen löst keine Veränderungen aus. Einzigartig an Esalen war, daß Erfahrungen gemacht werden konnten – durch *Sensory Awakening,* Gestalt- und Körpertherapie sowie Tai-chi und Encounter. Ich selbst habe 600 Stunden Psychoanalyse hinter mir und gemerkt, daß eine langfristige Gesprächstherapie – in der Patienten vor allem lernen, Patienten zu sein – längst nicht so wirkungsvoll ist wie die kurzfristige Gruppenarbeit mit offener Konfrontation. Michael hatte bei alledem immer gemischte Gefühle – besonders bei dem, was ich im Encounter gemacht habe, mit wachsender Erregung, aufbrechenden Emotionen und körperlichen Reaktionen. Aber er ist auf eine interessante Weise aufgeschlossen. Er hat sich Esalen immer als großen Schirm vorgestellt, und deshalb hat er auch nie aufgehört, Leute wie mich zu fördern, selbst wenn er abweichender Meinung war. Das ist sein eigentliches Genie, würde ich sagen.«

Noch heute leitet Schutz ab und zu Workshops in Esalen, wenn auch etwas gemäßigter als in den sechziger Jahren. Murphy hat sich aber inzwischen noch mehr der Überzeugung zugewandt, daß kathartische Methoden wie die in Schutz' Encounter-Gruppen und Perls' Gestalttherapie einfach nicht zu bleibenden Veränderungen führen. »Mir wurde allmählich klar, daß das, was wir die Big-Bang-Methode nannten, nicht funktioniert«, sagte Murphy und kam damit zum gleichen Schluß wie Ram Dass in bezug auf psychedelische Drogen. »Es brachte Leute in die Startlöcher. Aber wir gaben ihnen keine langfristigen Trainingsregeln mit auf den Weg. Wir haben nicht über die dunkle Nacht der Seele gesprochen – über das Auf und Ab des Weges und die Tatsache, daß es womöglich erst schlimmer wird, bevor es besser wird. Wir haben nicht gesagt, daß Veränderung auch weiterhin diszipliniertes Üben erfordert und die Lernkurve zeitweilig ins Stocken gerät. Letztendlich hatten wir es alle viel zu eilig.«

Das trat besonders schmerzlich zutage, als Esalen 1967 ein neues Programm für Langzeitgäste einführte, das einer kleinen Anzahl von »Psychonauten« die monatelange Teilnahme an einer Reihe sehr intensiver, konzentrierter transformativer Übungen von der Meditation bis hin zum Encounter ermöglichte. Nach Ablauf des zweiten Jahres wurde das Programm abgesetzt. Zwei der ersten Teilnehmer hatten bereits Selbstmord begangen. Murphy erwies sich wieder als sein eigener schärfster Kritiker. »In meinen Augen hatte unser Programm wieder keine Mitte – kein Gleichgewicht –, was unbedingt erforderlich ist, wenn man sich tief auf die persönliche Verwandlung einläßt«, sagte er zu Tomkins. »Es war zu wild und zu chaotisch.«

Rückschauend glaubt Murphy, daß die Schwierigkeiten der ersten Jahre zum Teil von seiner eigenen Unfähigkeit herrührten, Leuten wie Perls und Schutz entgegenzutreten und das Ruder fest in der Hand zu behalten. »Ich hatte einfach nicht genug eigene Kraft, um Fritz und anderen die Stirn zu bieten«, sagte er mir. »Dazu habe ich mich nie berufen gefühlt, obgleich ich der Begründer des Zentrums und der Eigentümer des Landes war und mir die gesamte Terminplanung oblag. Vielmehr ließ ich zu, daß eine bestimmte Gruppe von Menschen die Szene beherrschen konnte, und das oft wider besseres Wissen.« Auf der anderen Seite hätte Esalen vielleicht nie soviel Aufmerksamkeit erregt und eine solche Bedeutung erlangt, wenn Murphy seine eher intellektuellen, transzendentalen Vorstellungen dort verwirklicht hätte. Seine hochfliegenden Hoffnungen, die Leute würden sich mit Hilfe von konzentrierten Meditationsübungen höhere Bewußtseinsebenen erschließen, standen einfach nicht in Einklang mit dem, was von denen, die kamen, in Esalen gesucht wurde. Es wurden stets auch Meditations- und Yoga-Workshops angeboten. Aber in den sechziger und siebziger Jahren weckten diese schwierigen Einzelübungen nicht halb soviel Begeisterung wie die Gestalttherapie, Encounter und andere Formen der Körpertherapie.

Murphy war der Auffassung, daß man seine Möglichkeiten nur dann voll ausschöpfen könne, wenn man ein gewisses Maß an sozialem Bewußtsein und Nächstenliebe hätte, und bemühte sich immer, eine ethische Komponente in den Esalen-Mix einzubringen. Tatsächlich gab es verschiedene Versuche dieser Art. George Leonard hielt Anfang 1968 zusammen mit dem schwarzen Psychiater Price Cobbs eine Reihe von Encounter-Workshops ab, die Schwarze und Weiße dazu bringen sollten, sich im Umgang miteinander ehrlich mit dem explosiven Thema der Rassenbeziehungen auseinanderzusetzen. Das Programm fand zwei Jahre später im Anschluß an einen rassistisch gefärbten Vorfall unter den Gruppenleitern ein jähes Ende. Anfang der siebziger Jahre begann in Esalen ein Programm in humanistischer Medizin, bei dem Mediziner und andere aus den Pflegeberufen einen persönlicheren, liebevolleren Umgang mit ihren Patienten lernen sollten – lange vor dem heutigen, sprunghaft angestiegenen Interesse an einer Geist-Körper-Medizin. Esalen und ein Professor namens George Brown bekamen Forschungsgelder für eine Untersuchung der sogenannten »konfluenten Erziehung«, die Murphys früherem Traum von einer Erweiterung des Lehrplans in den Schulen entsprach, mit dem Ziel, nicht nur den Geist, sondern auch Körper und Seele einzubeziehen. 1971 unternahm Murphy die erste seiner vielen Reisen nach Rußland, ursprünglich, um mit Wissenschaftlern über das beiderseitige Interesse an der Parapsychologie zu sprechen, und später, um einen Kulturaustausch auf breiterer Ebene zu ermöglichen. All diese Programme erfreuten sich zwar eines gewissen Erfolges, und einige dienten sogar als Wegbereiter für erheblich größere Bewegungen in späterer Zeit, aber Esalen selbst fand dabei nur relativ wenig Beachtung.

Esalen mangelte es, wie Murphy und andere schließlich erkannten, an Lehrern mit umfassendem visionären Weitblick. Statt dessen kamen Workshop-Leiter an, die sich längst für eine Seite entschieden hatten. Dieser Widerspruch trat wohl nie deutlicher in Erscheinung als während des legendären Besuchs, den Abraham Maslow Esalen 1966 abstattete. Maslow hatte sich das ehrgeizige intellektuelle Ziel gesteckt, eine neue Sprache zu entwickeln, mit der sich die Gipfelerlebnisse und höheren menschlichen Möglichkeiten genauer beschreiben ließen, die er seit langem untersuchte. Murphy half ihm, für das Seminar eine Gruppe von 25 Leuten zusammenzustellen. Er zögerte, Fritz Perls einzuladen, weil er wußte, daß dieser gern auf Konfrontationskurs ging und die Gruppe sprengte. Dennoch brachte er es nicht über sich, jemanden auszuschließen – und sei es sein kampfbereiter alter Widersacher.

Kaum war Perls angekommen, übernahm er bei dem Treffen auch schon die Rolle des Provokateurs. Er hatte wenig übrig für die hochgesinnten theoretischen Diskussionen, die er selbst als Elefantenscheiße zu bezeichnen pflegte, und brachte noch weniger Geduld auf für eine Versammlung, die er prätentiös und sinnlos fand. Außerdem konnte er, was mindestens ebenso schwer ins Gewicht fiel, nicht ertragen, Maslow die Bühne zu überlassen, der wie alle Collegeprofessoren daran gewöhnt war, mit Hochachtung empfangen zu werden. Wenn Maslow beispielsweise den Beitrag eines Teilnehmers lobte, trat Perls sofort auf den Plan. »Ist ja wie in der Schule hier«, spottete er. »Dort der Lehrer, hier der Schüler, der die richtigen Antworten weiß.« Maslow, von Natur aus nicht aggressiv, überhörte diese Sticheleien einfach. Perls brachte jedoch auf seine grobe und aggressive Art auch ein Gefühl zum Ausdruck, das viele Gruppenmitglieder mit ihm teilten. Maslow schuf mit all der Förmlichkeit und trockenen intellektuellen Methodik eine sichere Distanz und eine abstrakte Gesprächsgrundlage, die weit von der wirklichen Lebenserfahrung der Menschen entfernt war.

Perls entschied sich schließlich, die Sache auf die Spitze zu treiben. Er ließ sich von seinem Stuhl auf den Fußboden gleiten, kroch auf allen vieren zu Maslow, schaute an ihm hoch und lud ihn ein, zu ihm runterzukommen. Maslow war entsetzt und warf Perls kindisches Verhalten vor. Daraufhin trieb dieser es noch weiter und umschlang Maslows Knie. Am Ende wandte sich Maslow voller Abscheu an Murphy, der die Vorstellung sowohl komisch als auch höchst peinlich fand. »Es scheint sich hier um eine Krankheit zu handeln«, sagte Maslow zu Murphy, brach die Sitzung ab und ging hinaus, um seine Gedanken zu sammeln – und seinen Gleichmut wiederzufinden. Nach seiner Rückkehr am nächsten Tag hielt er der Gruppe einen strengen Vortrag über die Gefahren der Irrationalität und grundlosen Rebellion.

»Ich muß Sie alle dringend bitten, über die Tatsache nachzudenken, daß Esalen und viele der Leute hier vor jeder übermäßigen Hemmung und Intellektualisierung fliehen«, sagte er. »Wozu dient überhaupt die Selbstverwirklichung? Sofern Sie kein selbstsüchtiger Mensch sind und bloß Nabelschau halten wollen, packen Sie kräftig mit zu. Wenn Ihr Gehirn dabei frei und spontan funktionieren kann, ist das sehr angenehm ... Wenn Sie Ihr Hirn nicht gebrauchen, schöpfen Sie Ihre Möglichkeiten auch nicht aus ... Ich bin ein guter Arbeiter. Ich arbeite hart. Ich versuche etwas zu leisten, und das aus purer Freundlichkeit gegenüber anderen. Ich möchte gern Gutes tun.«[11] Murphy stimmte ihm eigentlich von ganzem Herzen zu, aber er konnte auch die Gefühle einiger Seminarteilnehmer verstehen, die meinten, daß Maslow sich selbst zu ernst nahm und zu herablassend reagierte und daß eine abstrakte neue Sprache keinen echten Nutzen hätte.

Gegen Ende seines Lebens wurde Maslow immer skeptischer, was Esalen betraf – was sich auf manchmal erstaunliche Weise äußerte. Im Frühjahr 1970 machte sich Maslow nach Angaben seines Biographen Edward Hoffman daran, eine detaillierte Kritik Esalens und anderer Wachstumszentren zu schreiben, die, dem Vorbild Esalens folgend, überall im Lande wie Pilze aus dem Boden geschossen waren. Wie andere Kritiker der Human-Potential-Bewegung auch, darunter vor allem die Schriftsteller Christopher Lasch, Peter Marin und Tom Wolfe, war Maslow tiefbesorgt über die oft narzißtische Konzentration auf das persönliche Wachstum in Esalen und das fehlende Interesse für die größeren gesellschaftlichen Belange. Außerdem erbitterte es ihn, daß der sinnlichen Erfahrung und dem Gefühl der Vorzug gegeben wurde auf Kosten des Verstandes. Und schließlich kreidete er Esalen noch die Ausrichtung auf Schnellverfahren und die Nichtbeachtung von Werten wie harter Arbeit, Disziplin und langfristigem Engagement an. All diesen Kritikpunkten pflichtete Michael Murphy bei.

Überraschenderweise stellte Maslow aber auch genau die Prämisse in Frage, auf die sich Esalen gründete und die den Kern seiner eigenen lebenslangen Arbeit bildete: die Verwirklichung der höchsten und heilsamsten Möglichkeiten jedes einzelnen. Dies, so gab er zu, sei zwar das letzte Ziel. Doch bevor es zu einer solchen Höherentwicklung kommen könnte, sei es notwendig, die eigenen tiefinnersten Konflikte und Neurosen zu lösen. Durch die Ausrichtung Esalens auf höhere Ebenen der Gesundheit, so Maslow, seien die traditionellen psychotherapeutischen Denkansätze allzu bereitwillig vom Tisch gefegt worden. Paradoxerweise hatte Maslow selbst mitgeholfen, ein Bild von diesen höheren Ebenen zu entwerfen. »Esalen sollte Freud und die Psychoanalyse nicht ausklammern«, schrieb er in einer Kritik, die einen Wandel in seinem eigenen Leben widerspiegelte. Mit 61 Jahren begab Maslow sich in Psychoanalyse.

Im Verlauf der Analyse stieß er zum ersten Mal auf eine Quelle großer Wut in seinem Innern, die er, wie er nun erkannte, lange Zeit unterdrückt hatte. Sein Kardiologe hatte ihn gewarnt, daß diese Wut eine unmittelbare Gefahr für seine Gesundheit darstelle, die nach zwei Herzattacken angegriffen war. Maslow sah auch immer deutlicher, daß er in seinem Leben generell Wut und negative Empfindungen zu vermeiden getrachtet hatte. Sein Interesse am Wesen des Bösen in der Welt erwachte, und er fragte sich, in welchem Maße es menschlicher Unwissenheit oder mangelndem Bewußtsein entsprang. Es war, als sei er endlich dazu fähig geworden, auch den Schattenseiten des Lebens ins Auge zu sehen. So hatte er sich einmal im Kreis gedreht. Schon früh in seinem Berufsleben vom Freudschen Denken beeinflußt, hatte er diese Sicht der Dinge später als zu eingeschränkt abgelehnt, nur um am Ende seines Lebens einzusehen, daß die Auseinandersetzung mit ungelösten Konflikten eine unabdingbare Voraussetzung dafür ist, seine Möglichkeiten voll und ganz auszuschöpfen und ein Leben in Ganzheit zu führen.

Maslow konnte seine Kritik an Esalen ebensowenig beenden wie seine Psychoanalyse. An einem sonnigen Samstag im Juni 1970 joggte er im Stand am Pool seines Hauses in Menlo Park, Kalifornien, als er seinen dritten Herzanfall erlitt und auf der Stelle starb, kurz nach Vollendung seines 62. Lebensjahrs. Fritz Perls war schon einige Monate zuvor gestorben, nachdem er Esalen 1969 verlassen hatte, um ein eigenes Gestalttherapiezentrum in einem ehemaligen Motel in British Columbia zu eröffnen. Schutz blieb noch drei Jahre in Esalen; als er ging, ging es auch mit dem Encounter schnell zu Ende. Murphy selbst hatte schon 1967 eine Esalen-Filiale in San Francisco gegründet und seitdem immer mehr Zeit dort verbracht. Das Jahr, in dem Perls und Maslow starben, brachte auch für sein Leben einen Wendepunkt.

Im Frühjahr 1970 wurden Murphy und einige Esalen-Lehrer nach England eingeladen, um dort über ihre Arbeit zu sprechen und sie auch praktisch zu demonstrieren. Sie hielten Workshops ab und lernten die Köpfe der englischen Human-Potential-Bewegung kennen, vor allem den radikalen Psychiater R. D. Laing. Auf einem Abstecher nach Italien wurde Murphys ursprüngliche Vision einer Transformation – die in Esalen unter seinen Augen eine so unerwartete Richtung genommen hatte – mit neuem Leben erfüllt. Er fuhr nach Florenz, um dort Robert Assagioli zu treffen, einen Psychiater in seinen Achtzigern, der eine Therapie namens Psychosynthese entwickelt hatte. Ein Zeitgenosse Freuds, hatte Assagioli als Psychoanalytiker begonnen, war aber schließlich zu dem gleichen Schluß gekommen wie Jung und erheblich später auch Maslow – daß nämlich Freuds Theorien die höheren menschlichen Möglichkeiten unberücksichtigt ließen.

Assagioli ließ Freud nicht einfach fallen. Vielmehr stellte er die Hypothese auf, daß die Verwirklichung des wahren Selbst nicht nur eine Konfliktlösung in dem, was er das »niedere Unbewußte« nannte, voraussetzte, sondern auch die Entwicklung des »höheren Unbewußten«, das die höchsten Intuitionen und Inspirationen des Menschen in sich schließt. »Wir müssen erst beherzt in die Tiefen unseres niederen Unbewußten hinabsteigen, um die dunklen Kräfte erkennen zu können, die uns umgarnen und bedrohen«, schrieb Assagioli in seiner *Psychosynthese,* einem Buch, das Esalen herausbrachte. »Was also erreicht werden muß, ist die Erweiterung des normalen Bewußtseins zu dem des Selbst ..., die Vereinigung des niederen mit dem höheren Selbst.«[12] Murphy war zutiefst angerührt von diesem umfassenden Denkmodell. »Besonders faszinierend fand ich seine Idee, daß die moderne Psychologie mit der ewigen Weisheit vereint werden könnte«, sagte mir Murphy. »Für mich war das eine Bestätigung dafür, wie notwendig ein umfassendes Übungsprogramm ist.« Die Psychosynthese errang allerdings in den Vereinigten Staaten keine größere Bedeutung und zog nur eine bescheidene Anhängerschar an.

Die Aufgabe, ein umfassendes transformatorisches Übungsprogramm zu entwerfen, war für die nächsten zwei Jahrzehnte der Eckstein von Murphys Werk. Als er aus Europa zurückkam, merkte er, daß Esalen mit seiner Eigendynamik sein Leben ziemlich stark aus der Bahn geworfen hatte. Eine Liebesaffäre, die bei seinem Umzug nach San Francisco begonnen hatte, verleitete ihn zu einer wenig glücklichen Ehe, die kaum ein Jahr hielt. Er sehnte sich nach einem ruhigeren Leben, ähnlich dem, das er während seiner Meditationsjahre geführt hatte. Schließlich suchte er sich eine Wohnung auf dem Telegraph Hill in San Francisco und widmete sich wieder vermehrt der Meditation und dem Schreiben. In seinem ersten – und erfolgreichsten – Roman ging es um seine beiden leidenschaftlichsten Interessen: den Sport und die Mystik. Sein Titel lautete *Golf and the Kingdom* (»Golf und das Himmelreich«). Sein zweiter Roman *Jacob Atabet* trug autobiographische Züge und handelte von einem jungen Gelehrten und Mystiker in San Francisco, der an der Transformation interessiert war und unbedingt einer breiteren Öffentlichkeit die höheren menschlichen Möglichkeiten ins Bewußtsein rücken wollte. 1974 verheiratete er sich erneut, diesmal mit Dulce Cottle, die erst Assistentin bei ihm gewesen war, um später das Esalen-Büro in San Francisco zu leiten, als Murphy sich zurückzog.

Anfang der achtziger Jahre begann Murphy mit einem Assistenten zusammen ein gewagtes Unternehmen, das er das Transformationsprojekt des Esalen-Instituts nannte. Sein Ziel war, eine große Bibliothek mit Berichten und Beweisen für die außergewöhnlichen geistigen, körperlichen und spirituellen Fähigkeiten des Menschen anzulegen. Zu diesem Zweck sammelte er alle möglichen Informationen, von wissenschaftlichen Untersuchungsergebnissen über Berichte von anthropologischen Feldforschungen bis hin zu den Aussagen von Augenzeugen. Mitte des Jahres 1984 beschloß er, sich voll und ganz auf das Manuskript für ein Buch zu konzentrieren, in dem all seine Erkenntnisse zusammengefaßt werden sollten. Im Dezember brachte Dulce einen Sohn zur Welt, und Murphy wurde mit 55 Jahren zum ersten Mal Vater. Im Oktober des darauffolgenden Jahres starb sein Partner Richard Price durch einen merkwürdigen Unfall. Er war in Esalen geblieben und eines Nachmittags gerade auf einer Tour in den Bergen bei Big Sur, als sich ein riesiger Felsblock löste und ihm das Genick brach. Murphy war untröstlich über den Verlust, aber andererseits verdoppelte er daraufhin seine Anstrengungen, das Lebenswerk in Buchform darzustellen, das er und Price gemeinsam unternommen hatten.

Murphy betitelte sein Buch *The Future of the Body* (deutscher Titel: *Der Quantenmensch*) in Anlehnung an Aurobindos Gedanken, daß es bei der Transformationsarbeit letztlich um die Fleischwerdung des Geistes geht – um Verkörperung statt um Transzendenz. *Der Quantenmensch,* eine intellektuelle Glanzleistung, umfaßt über 800 Seiten, schöpft aus über 3000 Quellen und deckt ein riesiges Spektrum ab, von der Geschichte der Evolutionstheorie bis hin zu Beweisen für ein Leben nach dem Tode, von bemerkenswerten Erfolgen der Geistheiler bis hin zu den körperlichen Veränderungen, die während einer Hypnose auftreten. In gewisser Weise ist das Buch eine gründliche Aufarbeitung der Themen, die Murphy dreißig Jahre zuvor dazu bewegten, Esalen zu gründen. Er spricht noch immer voller Leidenschaft davon, daß wir auf der Schwelle zu einem dritten großen evolutionären Sprung stehen. »Zweimal hat es Evolutionsschübe auf dieser Erde gegeben«, erzählte mir Murphy bei Abschluß seines Buches. »Nämlich einmal, als anorganische Stoffe Leben erzeugten, und das andere Mal, als das Leben den Menschen hervorbrachte. Jetzt will ich zeigen, daß alle menschlichen Attribute – Kommunikation, Vitalität und Bewegung, Erkenntnisfähigkeit, Willensäußerung und selbst die Fähigkeit zur Liebe – übernormale Entsprechungen haben. Ich bin davon überzeugt, daß diese höheren Möglichkeiten durch gewisse transformative Praktiken erschlossen werden können. Die Entwicklung des Menschen ist noch nicht abgeschlossen.«

Ein Jahr nach unserem ersten Treffen spann Murphy diese Vorstellungen bei einem Esalen-Workshop, den er mit George Leonard zusammen leitete, aus. Es war eine wunderbare Woche. Den Tag und den frühen Abend nahmen wir am Workshop teil. Später abends saß ich dann mit Murphy und anderen in seinem Zimmer, wo wir Bier tranken und uns unterhielten, oder wir versammelten uns mit anderen Workshopteilnehmern an den heißen Pools. Morgens joggten wir über den Highway 1, stritten uns bei langen Mittagsmahlzeiten und Abendessen über Transformation und spielten rowdyhaft Football auf dem Rasen, sobald wir zwischen den Programmpunkten ein paar Minuten Zeit hatten. Aber meistens gab Murphy an uns weiter, was er über die menschlichen Möglichkeiten erforscht hatte. »Ich bin ungemein stark von der Idee beeinflußt, daß die Kultur bestimmte Fähigkeiten fördert und andere ignoriert oder unterdrückt«, sagte er bei seinem Einführungsvortrag. »Alles Leben ist evolutionär – wenn auch nicht unbedingt in positiver Richtung. Die Evolution macht erheblich mehr Kurven als Fortschritte. Auch beim Menschen gibt es Fortschritt oder Rückschritt. Unsere bruchstückhafte technische Kultur ist noch nicht so beschaffen, daß wir alles, wovon wir wissen, daß es möglich ist, erreichen könnten. Mir geht es darum, die Disziplinen zu identifizieren und zu unterstützen, die zu einer positiven Verwandlung führen. Integrale Methoden beanspruchen den Menschen ganz – körperlich, emotional, intellektuell, willensmäßig und spirituell.«

Besonders überzeugend kann Murphy die Myriaden von Hemmnissen darstellen, die dem Bemühen um ein Leben in Ganzheit entgegenstehen. »Irgend etwas ist ins Dasein eingebaut, das aus dem Leben einen sportlichen Wettkampf macht«, erklärte er unserer Esalen-Gruppe. »Zum Beispiel zwischen Christus und dem Teufel, Buddha und der Unwissenheit, Freud und dem Unbewußten. Wir haben die Göttlichkeit in uns, aber es ist gar nicht so leicht, daranzukommen.« Obwohl er selbst seit langem meditiert, steht Murphy vielen mystischen Traditionen kritisch gegenüber, die die Evolution des Bewußtseins durch Meditation propagieren, dabei aber die Rolle, die eine Integration der eigenen Verwandlung ins Alltagsleben spielt, übersehen oder gar geringschätzen. »Das Bewußtsein ist nur ein Aspekt der Teilnahme am Weltgeschehen«, sagte er. »Ich glaube, daß die Meditation eine Grundvoraussetzung für jede integrale Übungspraxis ist, aber ich kann mir nicht denken, daß sich das Universum jahrtausendelang abgerackert haben sollte, damit wir alle in Retreats enden. Wenn das Eingehen ins Nirwana alles ist, gibt es keine Abenteuer mehr, und dann hat Gott uns die Pointe versaut. In meinen Augen ist das wahre Abenteuer des Lebens unsere Verkörperung hier.«

In seinem Buch *Der Quantenmensch* führt Murphy aus, wie selbst viele eingeführte Praktiken die ausgewogene Suche nach Erkenntnis unterlaufen können. Jede Meditationsübung kann, wie er deutlich macht, eine Möglichkeit sein, den innigen Kontakt zu anderen Menschen zu vermeiden. Psychotherapeutische Erkenntnisse können dazu ausgeschlachtet werden, impulsives oder schädliches Verhalten als einen Ausdruck wahrer Gefühle zu rechtfertigen. Selbst die Kultivierung übernormaler Fähigkeiten oder *Siddhis* – parapsychischer Fähigkeiten zum Beispiel – kann zu Aufgeblasenheit und Selbstüberhebung führen oder von einer ausgeglicheneren Entwicklung ablenken. Nach Murphys Auffassung ist es auch gefährlich, sich auf einen einzigen Lehrer zu verlassen. »Damit nimmt man an, daß ein einziger Mensch uns über alle Bereiche unterrichten kann, und das ist eine Unmöglichkeit«, äußerte Murphy mir gegenüber. »Der Königsweg zu einer integralen Übungspraxis führt über ein Lehrprogramm, das kein Guru je anbieten könnte.« Schließlich gibt es einen unbewußten Widerstand gegen Veränderung, der unweigerlich auch ein Gegengewicht gegen die leidenschaftlichste Verwandlungswilligkeit bildet. »Die Leute fühlen sich oft zu Aktivitäten hingezogen«, faßt Murphy zusammen, »die ihre Schwächen erhalten und bemänteln.«

Davon ist Murphy selbst keine Ausnahme. Bei den Übungen, für die er sich interessiert, steht schon lange nicht mehr die psychologische Selbstbeobachtung und Selbsterforschung im Vordergrund, sondern die Kultivierung höherer Bewußtseinszustände durch eine Mischung aus Willen, Disziplin und Hingabe. Trotz ihrer sonstigen Bedeutung war die Meditation für Murphy auch immer ein Mittel, den emotionalen Konflikten auszuweichen, mit denen er nicht gut zurechtkam. »Ich mußte mein Leben lang hart an meiner eigenen Psychodynamik arbeiten«, erzählte er mir. »Mein ursprünglicher Kurs ging gar nicht in diese Richtung, aber ich mußte mich immer wieder mit den furchterregenden dunklen Seiten meiner selbst auseinandersetzen. Ich kehre immer wieder zu bestimmten Schwachpunkten zurück, um sie besser verstehen zu können, um etwas daran zu ändern und um sie als Teil dessen, was ich bin, anzunehmen. Sicher ist das nicht mein Hauptinteresse, aber ich mußte es tun, um zurechtzukommen und so kreativ zu sein, wie ich es wollte. Ich setze mich nicht gern mit der Unordnung in Esalen auseinander, aber ich tue es trotzdem, und es hat sich auch stets gelohnt. Ich bin immer gegen diese Fluchttendenz in mir angegangen.« Murphys Neigungen – und Abneigungen – sind indessen weiterhin sehr deutlich zu erkennen. Im *Quantenmensch* läßt er sich zum Beispiel volle fünfzig Seiten lang über das Charisma katholischer Heiliger aus und gute dreißig Seiten lang über außergewöhnliche Leistungen in Abenteuer und Sport, ein Spiegelbild seiner eigenen Doppelleidenschaft für Mystik und Sport. Im Gegensatz dazu widmet er dem Thema Psychotherapie nur ein paar magere Seiten.

Im Januar 1992 begannen Murphy und George Leonard mit einem Experiment, das sie »integrale Transformationspraxis« nennen. Sie fanden drei Dutzend Leute, die einwilligten, sich über einen Zeitraum von neun Monaten einmal pro Woche zu treffen. Außerdem verpflichteten sich die Teilnehmer zu einer Reihe von täglichen Übungen, durch die das ausgelöst werden sollte, was Murphy und Leonard »die positive, gesunde Verwandlung von Körper, Geist und Seele« nannten. Beabsichtigt war, den Leuten dabei zu helfen, systematisch ein Leben in Ganzheit aufzubauen. Viele der bekannten Praktiken zielten auf eine Verwandlung des Körpers ab, etwa die regelmäßige Aerobicübung von mindestens drei Stunden pro Woche, in Einheiten von jeweils dreißig Minuten unterteilt, oder das feste Tagespensum an Streck-, Kräftigungs- und Ausgleichsübungen, das Versprechen, nach Möglichkeit nur fettarme Kost zu sich zu nehmen, und das empfohlene Krafttraining dreimal pro Woche. Der Lesestoff der Gruppenteilnehmer – von Murphys *Quantenmensch* bis zu Leonards Buch *Der längere Atem* – konzentrierte sich auf die Kultivierung eines breiten Spektrums von Talenten und Fähigkeiten, weniger auf die Selbsterforschung. Trotzdem ließen Berichte der Teilnehmer darauf schließen, daß sie auf allen Ebenen von der Arbeit profitierten – körperlich, emotional, intellektuell und spirituell. Vor kurzem haben einige Mitglieder eine eigene ähnliche Gruppe gegründet, und Murphy und Leonard planen, ein Zentrum speziell für integrale Übungsmethoden zu eröffnen.

Für Murphy kam im Winter 1993 eine unerwartete emotionale Lebenskrise. Auslöser war die Auflösung seiner zwanzigjährigen Ehe. »Das hat mir das Herz gebrochen«, erklärte Murphy. Im Alter von 61 Jahren mußte er ein solches Maß an Kummer und Verzweiflung erleben wie nie zuvor. Er begab sich zum ersten Mal in seinem Leben für einige Monate in Psychotherapie und fand es höchst erhellend. »Jetzt weiß ich eine längere Therapie besser zu würdigen«, sagte er mir. »Es liegt in meiner Natur, daß ich die Welt mit Humor und Abstand aus dem Augenwinkel betrachte. Ich liebe die Freiheit und ich liebe das Spiel, und diese intimere Beschäftigungsart war eine ganz schön harte Arbeit und Schinderei und schmerzhaft obendrein. Aber sie hat mich auch bereichert und mir die Augen geöffnet.«

Etwa zur gleichen Zeit, in der seine Ehe in die Brüche ging, beschloß Steve Donovan, sein langjähriger Freund und Kollege, der Esalen Tag für Tag in Gang gehalten hatte, zu gehen. Murphy übernahm vorübergehend selbst die Leitung, nicht zuletzt in der Absicht, Esalens Auftrag für die Zukunft neu zu überdenken und auszuweiten, obwohl die Workshops dort nach wie vor voll ausgebucht sind. Zu diesem Zweck machte Murphy es sich zur Regel, jeden Morgen um sieben im Eßsaal zu erscheinen und mit den Leuten darüber zu reden, was Esalen ihnen eigentlich bedeutete. Mehrere Stunden hintereinander unterhielt er sich mit Seminarteilnehmern, festen Mitarbeitern und arbeitenden Gästen, die einige Monate in Esalen zu bleiben pflegten. »Es war eine Offenbarung«, erzählte er mir im Sommer 1993. »Ich habe jetzt ein ganz neues Bild davon, wie Esalen den Leuten dient. Mir ist klar geworden, daß sie zur Selbsterforschung und zur Heilung gebrochener Herzen hierherkommen. Mir ist das wirklich jetzt erst bewußt geworden. Ich habe immer nur darüber theoretisiert, aber nun habe ich es endlich gespürt, ganz intensiv, zum Teil durch das, was ich selbst durchgemacht habe. Ich war gerührt von der Tapferkeit der Leute, nicht da stehenzubleiben, wo sie schon waren. Ich sah, daß sie hierherkommen, um etwas Neues zu probieren, um sich auszuweinen und ihr Leid zu teilen, um Erkenntnisse über sich selbst zu gewinnen und den Mut zu finden, die nächsten Schritte im Leben zu tun.«

Murphy kam zu dem Schluß, daß er diese Erfahrungen unterbewertet hatte. Ebensowenig hatte er bisher kritische Stimmen hinterfragt, die Esalen als zu »empfindlich-empfindsam« verspotteten. Wie er jetzt erkannte, konnte gerade diese Orientierung ein Pluspunkt für Esalen sein. »Was ist an Empfindlichkeit auszusetzen? Was an Empfindsamkeit?« sagte Murphy vor kurzem bei einem unserer Gespräche. »Vielleicht liegt das eigentliche Problem unserer Kultur darin, daß wir von beidem zu wenig zeigen. Ist die Selbsterforschung etwas Schlechtes? Ist es falsch, Neuland zu betreten? Das ist doch das Kernstück des evolutionären Abenteuers! Es entspricht genau meinem ursprünglichen Bild von Esalen.«

Trotz allem ist Murphy immer noch fest davon überzeugt, daß Ekstase und höhere Fähigkeiten selbst im tiefsten Dunkel noch darauf drängen, sich Bahn zu brechen. Um selbst bei allem Schweren durchzuhalten, hat er seine Meditationspraxis wiederaufgenommen, insbesondere Übungen für das Herz. Er fing wieder an, mindestens einige Stunden pro Tag zu meditieren, und beginnt jeden Tag mit einer Sitzung von fünf bis sieben Uhr morgens. »Es gab große Schmerzen und viel Einsamkeit, aber auch viel Freude«, sagte er mir im Frühling 1994. »Aus einem gebrochenen Herzen quillt Liebe. Diese Freude geht über den Verstand. Ich betrachte das Leiden tatsächlich als Gnade. Mehr denn je bin ich davon überzeugt, daß die Vorstellung, mit der wir Esalen gegründet haben – die Entwicklung des ganzen Menschen –, genau richtig war. Eine Lektion, die ich inzwischen gelernt habe, ist die, daß wir bei all unserer Unvollkommenheit doch immer weiterwachsen können.«

3
Der Yoga des Westens

Elmer Green, Biofeedback und Selbstkontrolle

Sehr gut

Wir sind gehemmt, unterdrückt und wie hypnotisiert, weil wir kulturell konditioniert und dahingehend erzogen worden sind, daß wir uns selbst als machtlos ansehen, Ereignisse in unserem Körper oder Leben kontrollieren oder verändern zu können ... Wir sind nicht darüber informiert worden, daß unser Körper das tut, was man ihm sagt, wenn man es ihm zu sagen versteht ... Nur wenn wir uns gegen dieses einschränkende Bild von uns selbst wehren, können wir den Bann brechen und uns endlich als freie Menschen aufführen, die dazu in der Lage sind, den Lauf ihres Lebens in signifikanter Weise zu beeinflussen.

Elmer Green

Wann immer Barrieren zurückweichen, wird der Körper plastischer und reaktionsfähiger und in dem Maße ein besseres und vollkommeneres Instrument für das Wirken des Geistes.

Sri Aurobindo

Während Ram Dass und Michael Murphy liebenswürdige, charismatische, begeisterte Sucher nach Wissen sind, deutet bei Elmer Green alles auf seine Herkunft aus dem Mittleren Westen hin, denn er ist erheblich reservierter und karger. Green, inzwischen über 70 Jahre alt, ist freimütig, leise, sachlich. Auf seine stille, eindrückliche Art jedoch ist er die dritte leidenschaftliche, treibende Kraft hinter der Bewußtseinsbewegung im Amerika der frühen sechziger Jahre. Ging es Murphy um die Entfaltung des menschlichen Potentials und Ram Dass um Wege zur Selbstüberschreitung, ist Green ein Wissenschaftler, der den praktischen Nutzen meditativer Zustände quantitativ bestimmen, die unentwirrbare Verbindung zwischen Geist und Körper bei der Krankheitsbehandlung nachweisen und eine meßbare Technologie – das Biofeedback – anbieten wollte, um Zugang zu höheren Bewußtseinsstadien zu erlangen. Darüber hinaus interessierte ihn auch die Fähigkeit des Menschen, in diesem Zustand sein Leben zu verwandeln.

Green, spindeldürr, mit beginnender Glatze und schütterem Spitzbart, goldgeränderter Brille, lebhaften Augen und einem offenen Gesicht, findet seine ungewöhnlichen Neigungen keineswegs widersprüchlich. Er ist sowohl erdverbunden als auch mystisch, streng objektiv und zugleich von einem festen Glauben an die eigene intuitive Weisheit geleitet, systematisch und gewissenhaft in seiner Forschungsarbeit, aber doch aufgeschlossen und begierig darauf, Phänomene zu untersuchen, die sich dem rationalen Verständnis entziehen. In seinem ungeheuren Selbstvertrauen hat er es selten darauf angelegt, Anerkennung für sein außergewöhnliches Werk zu finden. Er glaubt, zu Größerem berufen zu sein, und verfolgt seine Interessen ohne Rücksicht darauf, ob sie in der Gesellschaft auch ankommen. Green hat sich damit zufriedengegeben, der Stachel im Fleisch der angesehenen Menninger-Klinik in Topeka, Kansas, zu sein, wo er den größten Teil seines Berufslebens tätig war.

Ich suchte bei Green nicht nur nach seinem Stück von dem Weisheitspuzzle, sondern wollte auch meine eigene Suche auf eine festere Grundlage stellen. Ram Dass, Murphy und andere sprachen viel von der erweiterten Perspektive, von Offenherzigkeit und Selbstlosigkeit, die sich während der Meditation einstellen, und von den ungewöhnlichen Kräften, die einem in diesem hochkonzentrierten Zustand erwachsen können. Aber worin genau besteht diese Erfahrung von Entspanntheit und Ruhe, und warum ist sie so schwer zu definieren? Selbst nach über einem Jahr täglichen Meditierens und mehreren langen Retreats war ich nicht dazu in der Lage, meinen Geist in der Meditation zuverlässig und voraussagbar still werden zu lassen oder auch nur sicher zu wissen, wann ich mich diesem Zustand näherte. Ich dürstete nach objektiveren Hinweisen, nach irgendeinem Beweis dafür, daß sich solche Erfahrungen vorhersagen und vorsätzlich herbeiführen lassen.

Das Mittel, dessen sich Green bei seiner Suche bediente, war Biofeedback – ein Fach, das er mit seiner Frau Alyce und ihrem gemeinsamen Kollegen Dale Walters zusammen Anfang der sechziger Jahre ins Leben rief. Biofeedback ist weder etwas Mystisches noch etwas Subjektives. Es handelt sich einfach um physiologische Informationen über Muskelspannungen, Körpertemperatur, Blutdruck, Gehirntätigkeit usw., die in Form von Licht, Klang oder Schwingung zur Versuchsperson zurückgeleitet werden. Sowie der Blutdruck sinkt, blinkt zum Beispiel ein entsprechend programmiertes Lämpchen regelmäßiger. Das Biofeedbacktraining geht davon aus, daß die bewußte Wahrnehmung innerer physiologischer Prozesse es möglich macht, diese Vorgänge bis zu einem gewissen Grad der eigenen Kontrolle zu unterwerfen.

Die Grundlagen für Eingriffe in die eigene Physiologie sind bereits vor mindestens 2500 Jahren in einigen mystischen Traditionen des Ostens gelegt worden, aber erst die Greens bauten das Biofeedback zu einer Methode aus, mit deren Hilfe Selbstregulierung und Selbstwahrnehmung in die Sprache der westlichen Wissenschaft übertragen und verstanden werden konnten. Biofeedback bildet, wie die Greens es ausdrücken, eine »Brücke zwischen dem Bewußten und dem Unbewußten, dem Willkürlichen und dem Unwillkürlichen, dem Kortex und dem Subkortex, ja sogar der Vernunft und der Intuition«.[1] Kurz: Biofeedback eröffnet einem die Möglichkeit, sich die Aspekte seiner selbst zu Bewußtsein zu bringen, die unter normalen Umständen unzugänglich sind – »den Teil unseres Wesens«, erklärte Green, »der normalerweise abgeschirmt ist«. Green wollte letztlich auf meßbare Weise zeigen, daß das bewußte Wissen und Verstehen nur eine Ebene der Intelligenz darstellt und ein Leben in Ganzheit auch davon abhängt, inwiefern die nichtverbalen Kräfte von Geist, Körper und Unbewußtem nutzbar gemacht werden. Biofeedback war für mich ein meßbarer Weg, diese Fähigkeiten auszubilden und zu dokumentieren.

Die Greens wurden schließlich inoffiziell die erste Biofeedback-Familie. Auch Alyces Tochter aus erster Ehe, Pat Norris, und deren Mann Steve Fahrion, beide Psychologen, haben sich als Therapeuten und Forscher seit über zehn Jahren an der Menninger-Klinik mit Biofeedback beschäftigt. Auf der Grundlage ihrer Forschungen haben sie zahlreiche Bücher verfaßt und vor kurzem das biowissenschaftliche Institut für geistig-körperliche Gesundheit in Topeka gegründet. Elmer und Alyces Tochter Judy Green und ihr Ehemann Robert Schellenberger sind beide als Psychologen und Professoren am Aims Community College in Greeley, Colorado, tätig. Gemeinsam haben sie eins der besten Bücher über die Anfänge der Biofeedback-Forschung mit dem Titel *The Ghost in the Box* (»Der Geist in der Schachtel«) verfaßt. Alyces Sohn aus erster Ehe, Doug Boyd, hat als Autor eine Menge Bücher zum Thema Bewußtsein geschrieben, darunter eins über eine der außergewöhnlichsten Versuchspersonen der Greens, Swami Rama.

Als ich Elmer Green kennenlernte, litt seine hochbetagte Frau unter einer degenerativen Hirnerkrankung, so daß er sich bis auf einen Nachmittag in der Woche unablässig um sie kümmern mußte. Irgendwann klappte es jedoch, und ich konnte auch der Menninger-Klinik einen Besuch abstatten, aber meistens habe ich mich telefonisch mit Green unterhalten. Er war ausgesprochen großzügig mit seiner Zeit. Manchmal stellte ich ihm ganze zwei Stunden lang Fragen, und im Lauf der Jahre haben wir sicher 25mal miteinander gesprochen.

Wir traten in eine ungewöhnliche Beziehung zueinander. Obwohl er seine Ansichten mit großem Nachdruck und leidenschaftlich darlegte, hatte ich doch nie das Gefühl, daß er mich von irgend etwas überzeugen wollte. Ich hatte Interesse, und er hatte Achtung vor der Ernsthaftigkeit, mit der ich meine Suche betrieb, und freute sich, mir in jeder Weise behilflich zu sein. Nicht, daß es den Anschein gehabt hätte, als sehne er sich nach Gesellschaft, aber ich merkte, daß es ihm stets Freude machte, mit mir zu reden. Im Gegensatz zu den meisten anderen, die ich auf meiner Suche kennenlernte, schien Green keinerlei Eigeninteresse mit unseren Gesprächen zu verbinden.

Sowohl in seiner Forschungsarbeit als auch beim Schreiben geht es Green in erster Linie darum, Mittel und Wege zu finden, wie Biofeedback und die Fähigkeit der physiologischen Selbstregulierung praktischen klinischen Zwecken zugeführt werden können. Darüber hinaus beschäftigt er sich mit der Frage, wie ein systematischer Zugang zu tieferen Wissensebenen geschaffen werden kann, wie ungenutzte Potentiale erschlossen werden können und das entfaltet werden kann, was in seinen Augen ein höheres Selbst ist, das über das Ich oder die alltägliche Persönlichkeit hinausgeht. Zu dieser Zielsetzung konnte es unter anderem deshalb kommen, weil Green sich nicht allzusehr mit Problemen aus seiner Kindheit belastet fühlt. Seine Beziehung zu den Eltern charakterisiert er mit herzlichen, positiven Worten, und er ist froh und dankbar, frei von »Gefühlen der Schuld, Angst, Wut und Eifersucht zu sein, in denen so viele Menschen befangen sind«.

Innerhalb von drei Jahrzehnten hat Greens Team an der Menninger-Klinik Tausende von Patienten mit Hilfe von Biofeedback gelehrt, alle möglichen Krankheiten von Migränekopfschmerzen über Bluthochdruck bis hin zur Raynaud-Krankheit zu überwinden. Sie führten auch genau Buch über die freie Kontrolle, die manche besonders geübte Menschen in hochkonzentrierten Bewußtseinszuständen über den eigenen Körper auszuüben vermochten. Aufgrund der Schwierigkeiten, Forschungsgelder bei den entsprechenden offiziellen Stellen lockerzumachen, konnten die Greens nicht die klassischen Untersuchungen unter kontrollierten Bedingungen durchführen, die ihrer Arbeit in medizinischen und wissenschaftlichen Kreisen mehr Glaubwürdigkeit verliehen hätten. Trotzdem hat ihre klinische und theoretische Arbeit an der Menninger-Klinik eine gesamte neue Generation von Biofeedback-Forschern auf den Plan gerufen, die jetzt Versuche unter kontrollierten Bedingungen durchführen. Diese wiederum zeigen auf, daß Biofeedback – vor allem Gehirnwellenfeedback – ein äußerst wirksames Mittel zur Behandlung verschiedenster Erkrankungen und Störungen ist, bei denen eine konventionelle medizinische Behandlung versagt.

Elmer Green lernte schon früh im Leben, mit seinen oft widersprüchlichen Impulsen spielerisch umzugehen. Er wuchs als ältester von zwei Söhnen in einer frommen Methodistenfamilie in Duluth, Minnesota, auf. Greens Vater war gezwungen, das College zu verlassen, um seine junge Familie mit einem Penney-Store durchzubringen. Er bewahrte sich jedoch seine intellektuelle Neugier, las viel und sang im Kirchenchor mit. Greens Mutter war Hausfrau und verließ sich im Gegensatz zu ihrem Mann, der eine höchst rationale, lineare Lebensanschauung hatte, eher auf ihre Intuition. »Mein Dad lag in vielen Dingen falsch, aber aus genau den richtigen Gründen«, erzählte mir Green. »Er hielt an der Logik fest, aber das Problem ist, daß Logik nicht alles erklärt. Meine Mutter lag oft richtig, aber aus völlig falschen Gründen. Sie pflegte zu sagen: ›Dem Burschen solltest du nicht trauen. Sieh nur, was für eine Krawatte er trägt.‹ Wie sich meist herausstellte, hatte sie recht, nur hatte das nichts mit der Krawatte zu tun. Meine Eltern waren ein interessantes Paar, weil sie einander überhaupt nicht verstanden. Ich habe beide verstanden und bin deshalb in der Familie der Vermittler geworden.« Als Elmer im College war, ließen sich seine Eltern dann scheiden. Die Trennung berührte ihn nicht allzustark, wie er glaubt, da er weitgehend auf eigenen Füßen stand und sich außerdem von beiden Eltern geliebt, gewürdigt und geachtet fühlte.
Von frühester Kindheit an hatte Green das intuitive Empfinden, daß im Leben mächtige unbekannte Kräfte am Werk sind. So interessierte er sich zum Beispiel zuerst für paranormale Phänomene, weil seine Mutter häufig Dinge von Leuten oder Ereignissen erzählte, die sie eigentlich gar nicht wissen konnte. Green hatte selbst einige paranormale Erlebnisse. Einmal träumte er beispielsweise als Teenager lebhaft vom Bruder eines Freundes, der damals in der Marine diente. Im Traum erklärte der Bruder Green, er leide seit Monaten

an einer schmerzhaften Infektion im Bein, aber es gehe ihm endlich etwas besser. Wochen später erfuhr Green, daß der Bruder gerade in einem Brief nach Hause genau das beschrieben hatte, was Green geträumt hatte.

Auf der High-School interessierte er sich mehr und mehr für die Naturwissenschaften, vor allem für Physik, und war hingerissen von der Präzision, Logik und Schönheit der wissenschaftlichen Methodik. Etwa zur gleichen Zeit schloß er sich zusammen mit seiner Mutter einer kleinen religiösen Gemeinschaft an, die von einem ehemaligen Geistlichen namens Arthur Green (kein Verwandter) geleitet wurde. Elmer Green hatte, ähnlich wie Michael Murphy, eine entschiedene Abneigung gegen die Doktrinen und Dogmen der institutionalisierten Religionen. »Ich war es leid, mir abgedroschene Platitüden anhören zu müssen, die überhaupt nicht mit meinen Erfahrungen übereinstimmten.« Arthur Green jedoch war in Techniken der Geist-Körper-Koordination ausgebildet worden, wie sie innerhalb der Sufitradition weitergegeben werden. Für die Sufis, die Mystiker des Islam, ist es überaus wichtig, auf dem Weg zu Selbstverwirklichung und Erkenntnis Geist, Körper und Gemüt willentlich kontrollieren zu können. Arthur Green bestritt den Wert der wissenschaftlichen, materialistischen Auffassung nicht, zu der Elmer so stark neigte. Aber er hielt Elmer auch vor Augen, daß es noch andere Kräfte im Leben gibt, die sich zwar einer rationalen Erklärung entziehen, jedoch trotzdem Beachtung verdienen.

Arthur Green brachte Elmer und seiner Mutter verschiedene Techniken bei, mit deren Hilfe der Geist dazu benutzt werden kann, Probleme auf ungewöhnliche Weise zu lösen. So sollten sie zum Beispiel im Dämmerzustand kurz vor dem Einschlafen das eigene Unbewußte darum bitten, in Form von Traumsymbolen Antwort auf Fragen oder Probleme zu geben. Er lehrte sie auch, die symbolischen Antworten, die sie erhielten, zu entschlüsseln. Jahre später bediente sich Elmer einer Version dieser Methode, um ein mathematisches Problem zu lösen, von dem die gelehrte Welt schon seit hundert Jahren geplagt wurde, und veröffentlichte das Ergebnis in der Zeitschrift *Science.* Dennoch trat Arthur Green nicht dafür ein, blindlings auf die Intuition zu vertrauen – oder auf die absolute Autorität eines anderen Menschen. »Wenn ihr das Gefühl habt, etwas Wahres zu wissen«, sagte er zu seinen Schülern, »dann müßt ihr das auch bis zu einem gewissen Grad an eurem Leben zeigen können. Sonst wißt ihr nicht wirklich. Ihr redet nur.«[2]

1936 schrieb sich Elmer an der Universität von Minnesota ein, um Physik zu studieren, aber sein Interesse für die Bewußtseinsforschung blieb, und bald fand er eine neue Gruppe, der er sich anschließen konnte. Dr. Will J. Erwood, ehemaliger Geistlicher der Spiritistenkirche, der nach einer Auseinandersetzung mit den Kirchenältesten gegangen war, verdiente sich seitdem sein Brot mit Vortragsreisen. 1937 ließ er sich in Minneapolis nieder und begann, östliche und westliche Methoden zur Steigerung des Selbstbewußtseins zu lehren. Green war sowohl von Erwoods breitgefächerten Kenntnissen als auch von seiner unglaublichen Selbstbeherrschung angetan. Einmal beispielsweise hatte sich Erwood übel an einem Küchenmesser geschnitten, aber innerhalb weniger Tage war die Wunde vollkommen verheilt, und es blieb keine Narbe zurück. Green suchte nach einer Erklärung dafür. »Der Körper tut, was man ihm sagt, wenn man gelernt hat, wie man es ihm sagt«, bemerkte Erwood. »Es richtig sagen zu können setzt unter anderem innere Stille sowie die Visualisierung dessen voraus, was man vom Körper wünscht.«

Je länger Green mit Erwood zusammenarbeitete und je mehr metaphysische Bücher er las, um so mehr schwand sein Interesse am Collegestudium und an den traditionellen Wissenschaften. Besonders faszinierend fand er den Gedanken, daß man sich dann, wenn man gelernt hatte, den Körper zu entspannen, die Gefühle zu beschwichtigen und den Geist still werden zu lassen, Fähigkeiten zunutze machen konnte, von denen die meisten Menschen nichts ahnen. Nach Greens Auffassung traten bei Erwood am stärksten außergewöhnliche Kräfte in Erscheinung, wenn der Geistliche sich in einen Trancezustand brachte und sich selbst dann mit völlig anderer Stimme einfach als »der Lehrer« bezeichnete. Im Laufe von zwei Jahren nahm Green an über hundert Sitzungen mit Erwoods »Lehrer« teil. »Wie sich zeigte, wußte er buchstäblich alles über mich, die Ereignisse jedes einzelnen Lebensjahres einschließlich meiner Träume«, erzählte mir Green.

Der »Lehrer« stellte aber auch klar – ebenso wie zuvor Arthur Green –, daß er nur etwas beitrage zu Greens eigener Wissenssuche und daß es niemanden in der Außenwelt gäbe, von dem man alle Antworten erwarten könnte. »Als ich ihn nach seinem Namen fragte«, erzählte mir Green, »sagte er: ›Wenn ich dir einen Namen nenne, der für dich irgendeine geschichtliche Bedeutung hat, glaubst du vielleicht das, was ich dir erzähle, aber aus dem falschen Grund. Wenn ich dir hingegen einen Namen nenne, den du nicht kennst, glaubst du mir unter Umständen nicht, und auch das aus dem falschen Grund.‹« Dies wurde mit der Zeit Greens eigenes Credo. »Man sollte nichts glauben, sondern lieber Untersuchungen anstellen, bis man sich auf entsprechende Erfahrungen stützen kann«, schrieb er später. »Vorurteile blockieren die Lernfähigkeit, weil sie die Wahrnehmung verzerren, und deshalb sollten Expertenmeinungen nur als Anhaltspunkt dienen.« Auf irgendeine absolute Autorität zu bauen war folglich nach seiner Ansicht unproduktiv. »Eine solche Willfährigkeit führt letztendlich zur Aufgabe des freien Willens und der Selbstbewußtheit«, schrieb er, »und wir hatten genau das Gegenteil im Sinn: beides zu steigern.«[3]

Obgleich die Erforschung des Bewußtseins weiterhin ihren Reiz auf Green ausübte, siegte nach seiner Eheschließung mit Alyce 1941 doch sein praktischer Verstand. Er mußte nämlich Geld verdienen. Als der zweite Weltkrieg ausbrach, hatte er bereits drei Kinder zu versorgen, zwei davon aus Alyces erster Ehe, und wurde vom Wehrdienst zurückgestellt. Finanzielle Überlegungen waren auch weiterhin ausschlaggebend für seine beruflichen Entscheidungen. Nach dem Krieg studierte er noch eine Weile Physik am UCLA, doch als das Geld knapp wurde, mußte er wieder arbeiten, diesmal als Physiker für die Teststation der Marineartillerie in China Lake, Kalifornien. In seiner Freizeit las er jedoch weiterhin Bücher über Yoga und die mystischen Traditionen des Ostens.

Über zehn Jahre lang bemühte er sich ferner, die Kräfte seiner Persönlichkeit besser verstehen zu können und seine Energien in den Dienst von Zielen zu stellen, durch die nicht bloß seine eigene Macht und Stellung ausgebaut wurde. »Ich begriff allmählich, daß sich das Ego aus einer gewaltigen Zahl von autonomen Wesen zusammensetzt, die alle um meine Aufmerksamkeit wetteiferten«, erzählte mir Green. »Ich hätte mit Leichtigkeit ein totaler Egoist werden können. Die Herausforderung für mich bestand darin, mein Verhalten sehr sorgfältig zu beobachten und selbst das in Augenschein zu nehmen, was meine Träume mir sagten. Außerdem sprach ich jeden Tag mit Alyce über das, was ich sah. Man braucht einen objektiven Zuhörer, denn das Ego findet immer Mittel und Wege, einen zu täuschen. Sich durch diese Persönlichkeitsschichten hindurchzuarbeiten ist das Schwierigste von der Welt. Es bedeutet, daß man sich von allem Anhaften löst, damit man auch solchen Sachen wie Leistung und Erfolg nicht mehr auf den Leim geht.«

Green wurde auch von Alyces starkem Interesse an einem spirituellen Leben beflügelt. Sie war auf einer Farm in Norddakota aufgewachsen und hatte sich schon sehr früh mit der Beziehung zwischen Geist und Körper befaßt. Als junge Mutter merkte sie, daß sie anscheinend die Macht besaß, im Krankheitsfall ihre Kinder zu heilen, und zwar einfach durch das, was sie dachte und fühlte. »Ich sang ihnen vor, sang ihnen mein Vorstellungsbild von Licht und Kraft vor, um so die Störung zu beheben und den Körper zu heilen«, erklärte sie später. »Es funktionierte offenbar meistens, denn die Schmerzen klangen ab, starkes Fieber sank plötzlich, oder eine Kinderkrankheit wurde schnell überwunden. Die Male, bei denen ich gewissermaßen eine sprühende Lebendigkeit empfand, schienen von Erfolg gekrönt zu sein.«

Interessanterweise setzte Alyce sich erst im Ruhestand, kurz nach ihrem achtzigsten Geburtstag, als sie schon krank war, mit ihren eigenen unbewältigten Problemen auseinander. Aufgrund ihrer Erkrankung war sie meistens nicht zu Gesprächen fähig, aber ab und zu war sie vollkommen klar. »Sie hat mir erklärt, daß sie jetzt endlich das herausfindet, dem sie vorher keine Aufmerksamkeit geschenkt hat«, sagte Elmer mir einmal kurz vor Alyces Tod im Sommer 1994. »Sie war spirituell sehr fortgeschritten. Ich habe mich der Sünde der Einlassung schuldig gemacht, sie der Auslassung. Sie hat nicht für sich selbst gestritten oder gesagt, was sie brauchte. Sie hat nie meditiert, um sich selbst zu erforschen, sondern immer nur, um andere zu heilen. Dabei hatte sie natürlich Bedürfnisse wie jeder andere auch, und das hat sie endlich eingesehen.«

Obgleich Elmer mehr als ein Jahrzehnt bei der Marine tätig war, machte er sich keine Illusionen, was die beschränkte »objektive« Weltanschauung seiner Physikerkollegen dort betraf. 1957 hatte er endlich genug Geld zusammengespart, um noch einmal zu studieren. Im Herbst desselben Jahres wurde er zum Studium der Biopsychologie an der Universität von Chicago zugelassen, während sich Alyce für Psychologie einschrieb. Elmer entwickelte auch seine Kräfte zur Selbstregulierung weiter. Er schulte sich zum Beispiel darin, lange Zeit ohne Schlaf auszukommen und sich, falls nötig, außerordentlich stark zu konzentrieren. Seine 198 Seiten lange Doktorarbeit beispielsweise schrieb er 1962 in der außergewöhnlich kurzen Zeit von zehn Tagen, wobei er insgesamt nur zwanzig Stunden schlief und zweimal 36 Stunden in einem durch tippte, ohne einmal aufzustehen – das alles überwiegend mit Hilfe von yogischen Atemtechniken zur Energiebewahrung.

Als Student wurde Green von einem Kommilitonen auf ein Buch aufmerksam gemacht, das den nächsten Abschnitt seines beruflichen Werdegangs stark beeinflussen sollte. Es handelte vom *»autogenen Training«* und war von dem deutschen Neurologen Johannes Schultz geschrieben worden, der die Technik schon seit 1910 zur körperlichen Tiefentspannung von Patienten entwickelt hatte.

Das autogene Training gründet sich auf die Visualisierung verschiedener Empfindungen, die der Betreffende laut aufsagt. Die Gefühle werden mit Sätzen wie: »Mein rechter Arm ist schwer«, »Mein Herz schlägt ruhig und regelmäßig« usw. und zum Schluß »Meine Stirn ist kühl« beschrieben.

Nach herkömmlicher westlicher Auffassung war es unmöglich, die bewußte Kontrolle über Funktionen des autonomen Nervensystems wie etwa die Regulierung der Körpertemperatur zu gewinnen. Als jedoch der Mitstudent Green die einfachen Übungen demonstrierte, war dieser beeindruckt. »Seine Hand wurde so warm und schwoll so an, daß er minutenlang seinen Ring nicht vom Finger ziehen konnte«, schrieb Green später. Bis zum Erscheinen der englischen Ausgabe seines Buches im Jahr 1959 hatte Schultz zusammen mit seinem Kollegen Wolfgang Luthe 600 Untersuchungsberichte von Ärzten und Psychologen aus ganz Europa ausgewertet, die seine These erhärteten. Die Technik linderte eindeutig die Symptome von Schlaflosigkeit, Kopfschmerzen, Asthma und chronischer Verstopfung.

Green spürte, daß diese Kräfte nicht nur ein Mittel zur Selbstheilung waren, sondern ein weiterführender Schritt auf dem Weg zur Weisheit. »Die Hände aus eigener Kraft aufwärmen zu können setzt eine Schulung des Bewußtseins und Willens voraus«, sagte er mir. »Damit die Hände warm werden können, muß man auf irgendeine Weise innerlich still und ruhig werden. Und wenn man das gelernt hat, tut man letztlich nichts anderes als das, wovon Yogis seit Tausenden von Jahren reden: Man stellt die innere Mechanik ruhig, um in andere, tiefere Wissensschichten einzutauchen. Ich hatte immer das Ziel vor Augen, Menschen in die Lage versetzen zu können, ihre eigenen verborgenen Potentiale auszuschöpfen und ihr höheres Selbst zu entdecken.« Gleich nach seiner Promotion machte sich Green auf die Suche nach einer Einrichtung, die eine Erforschung der Selbstregulierung unterstützen würde, wie sie ihm vorschwebte.

Jahre vorher, als er noch bei der Marine war, hatte er versucht, sein

Unterbewußtsein zu Rate zu ziehen, welche Tätigkeit er als nächste ausüben sollte. »Ich hatte viele Male gesehen«, erzählte Green mir, »daß ich in einem bestimmten Bewußtseinsstadium eine Tür durchschreiten und Zugang zu einer Bibliothek finden konnte, die alle Erkenntnisse, alle Informationen und alle Weisheit des Universums umfaßte.« Diese Bibliothek entsprach, wie er merkte, dem, was C. G. Jung das »kollektive Unbewußte« nannte, die Sufis den »allgemeinen Geist« und der Yogi Patanjali das »Feld des Geistes«. Daraufhin stellte er im Geiste seine Frage, versenkte sich in einen ruhigen meditativen Zustand und hatte nahezu augenblicklich ein detailliertes Bild vor Augen. Er sah Gras, einen bewaldeten Hügel und im Hintergrund einen Wachturm. Da er zu dem betreffenden Zeitpunkt in der kalifornischen Wüste lebte, nahm er an, daß sich das Bild auf seine berufliche Zukunft beziehe.

1963, über ein Jahrzehnt nach diesem Erlebnis, beschloß Green, sein Unterbewußtsein erneut zu seiner Zukunft zu befragen. Zu seinem Erstaunen erschien, sobald er sich in einem meditativen Ruhezustand befand, der Wachturm wieder. Diesmal waren Uhren auf allen vier Seiten und innen ein kleines Museum mit indianischen Ausstellungsstücken und Handschriften. Ferner stand ihm ein zweites Gebäude vor Augen, das mit elektronischen Geräten angefüllt war, und ein Mann mittleren Alters, der offenbar dort Dienst tat. Green glaubte so fest an die Gültigkeit dieser Bilder, daß er sich vornahm, eine Autoreise durchs Land und jeweils an den großen Universitäten haltzumachen, bis er den Wachturm seiner Meditation finden würde. Ein paar Tage, bevor er losfuhr, erhielt er jedoch unerwartet einen Anruf von einem Kommilitonen, den er an der Universität von Chicago kennengelernt hatte. Der Kommilitone hatte eine Tätigkeit an der Menninger-Foundation aufgenommen. Er rufe unter Berufung auf Greens Elektronikerfahrungen bei der Marine im Auftrag von Gardner Murphy an, dem Leiter der Menninger-Forschungsabteilung und einem der bedeutendsten Psychologen des Landes.

Am nächsten Tag saß Green bereits in einem Flugzeug nach Topeka. Als er am Menninger-Institut eintraf, erkannte er es sofort wieder, und er hatte das starke Gefühl, zu Hause zu sein. »Das erste, worauf mein Blick fiel, war der Wachturm mit den vier Uhren, der auf einem grasbewachsenen Hügel stand«, erzählte Green mir. »Dann ging ich in den Turm hinein und fand ein Museum vor, angefüllt mit indianischen Gebrauchsgegenständen, die Carl Menninger gesammelt hatte. Und als ich zum Schluß Gardner Murphy kennenlernte, erkannte ich in ihm gleich den Mann aus meiner Vorstellung wieder.«

Nach einem ersten Gespräch bot Murphy Green sofort eine Anstellung und ein Labor an, verbunden mit dem Recht, mindestens ein Viertel seiner Zeit Projekten seiner eigenen Wahl zu widmen. Murphy selbst war ein Mann mit ungewöhnlich vielen Interessen. Er hatte sich einen vorzüglichen Ruf in gehobenen Kreisen erworben und war trotzdem auch Präsident der amerikanischen Gesellschaft für parapsychologische Forschungen gewesen. Er gab als erster Green den Anstoß, einmal über die Möglichkeiten des Biofeedback nachzudenken. Jahrelang hatte Murphy unter chronischen Nackenverspannungen gelitten, und er war davon überzeugt, daß sie durch Streß verursacht wurden. »Er war der Ansicht, daß Muskelprobleme generell geistig bedingt seien«, erzählte Green weiter, »daß nämlich geistige Verkrampfungen auf die Muskeln übergingen und daß er, wenn er nur die Spannungen dort lösen könnte, wo er sie erkenne, unter Umständen etwas daran ändern könnte. Ich sagte ihm, das sei sicher möglich, da Yogis schon lange durch ein entsprechendes Bewußtseinstraining das autonome Nervensystem zu kontrollieren vermochten.«

Green hatte bereits vorgehabt, zu untersuchen, ob Leute mit Hilfe des autogenen Trainings ihre Körpertemperatur spontan verändern konnten. Jetzt gab Murphy ihm weiteren Auftrieb. Ob nicht die Fähigkeit zu einer solchen willentlichen Kontrolle gesteigert werden könnte, fragte sich Green, wenn die Versuchspersonen dauernd ein Feedback bekamen über das, was mit ihrer Körpertemperatur passierte, entsprechend den Meßdaten in ihren Fingern? Es war längst nachgewiesen, daß Patienten in einer hypnotischen Trance mit Erfolg angewiesen werden konnten, ihren Puls zu verlangsamen, rote Striemen auf ihren Armen erscheinen zu lassen oder auch ärgste Schmerzen nicht mehr zu spüren. Green wollte gern beweisen, daß die Versuchspersonen diese Wirkungen selbst hervorrufen konnten. »In der Hypnose ist man bewußtlos, und jemand anders manipuliert den Geist des Hypnotisierten«, erklärte mir Green. »Mir schwebte vor, daß die Leute Herr ihrer selbst sein würden, selbstbewußt und selbstsicher, statt von Ärzten und Therapeuten abhängig zu sein.«

Ihre ersten Experimente mit einer Kombination aus autogenem Training und Biofeedback führten die Greens 1965 durch. Sie arbeiteten mit einem Studenten namens Dale Walters zusammen, der schließlich ihr Partner wurde und dem Team am Menninger-Institut fast drei Jahrzehnte angehörte. Green baute als erstes ein Gerät, mit dem Informationen über die Temperatur in den eigenen Fingern an die betreffende Versuchsperson zurückgeleitet werden konnten. Die Versuchspersonen wurden instruiert, nicht durch eine aktive Willensanstrengung dafür zu sorgen, daß die Hände wärmer oder die Arme schwerer wurden. Vielmehr sollten sie die angestrebte Veränderung visualisieren und dann ohne bewußtes Bemühen oder Eingreifen einfach geschehen lassen – eine Technik, die von den Greens »passives Wollen« genannt wurde. Tatsächlich vermochte die überwiegende Mehrheit der Versuchspersonen die Temperatur in den Fingern zu erhöhen. Bezeichnenderweise passierte genau das Umgekehrte, wenn sie ihre Hände mit Willenskraft statt mit ihrer passiven Vorstellung zu erwärmen versuchten. Gaben die Versuchspersonen auf, stieg die Temperatur in ihren Händen für gewöhnlich wieder.

Aber warum genau war es durch Visualisation möglich, die Kontrolle über autonome Körperfunktionen wie Körpertemperatur und später auch Blutdruck und Muskelanspannung zu erlangen? »Der Körper«, überlegte Green, »reagiert unmittelbar auf die Anweisun-

gen des Geistes, sofern diese in einer Sprache ergehen, die der Körper versteht.« Diese Sprache, sinnierte er weiter, sei nicht die bewußte Intention oder ein verbaler Befehl, sondern die bildliche Vorstellung. Ein einfaches und einleuchtendes Beispiel dafür, wie Geisteskraft den Körper beeinflussen kann, liefert jemand, der eine erregende sexuelle Phantasie visualisiert. Die physiologische Reaktion ist unmißverständlich und tritt oft sofort ein. Hingegen sind abschweifende Gedanken und körperliche Spannungen – zum Beispiel alle Formen von Angst – der Fähigkeit, einen bestimmten Befehl an den Körper weiterzuleiten, nur hinderlich. Jetzt verstand Green auch den Mechanismus besser, durch den Hypnose funktioniert. »In einer tiefen Trance passiert folgendes«, sagte er. »Der Hypnotiseur schaltet den bewußten Geist des Patienten aus, um sich direkt an den Körper wenden zu können.«
Ursprünglich hatten die Greens nur nachweisen wollen, daß eine physiologische Selbstregulierung möglich ist, aber ihre Arbeit hatte überraschende Begleiterscheinungen. Die erste trat auf, als eine Patientin, die ihr Leben lang von schweren Migräneanfällen geplagt worden war, zu ihm kam, um das Erwärmen der Hände zu erlernen. Tatsächlich verschwanden die Migränekopfschmerzen einfach, sobald ihre Hände eine bestimmte Temperatur erreicht hatten. Green stellte die Theorie auf, daß die Tiefentspannung, die durch die Handerwärmung ausgelöst wurde, ihr überstrapaziertes sympathisches Nervensystem ruhigstellte, so daß sich der Blutkreislauf normalisieren konnte, den eine Migräne normalerweise ins Stocken bringt. Wahrscheinlich war es das, was mit mir geschehen war, als ich im Zug die Migräne nahen spürte, zu meditieren begann und mich in einen Zustand tiefer Entspannung versenkte, in dem die Kopfschmerzen keine Chance mehr hatten. Bis 1980 hatten die Greens schon Hunderte von Migränepatienten mit Biofeedback behandelt und damit Erfolgsquoten zwischen 70 und 80 Prozent erzielt. Erfolg hatten sie auch mit der Behandlung anderer Erkrankungen, vor allem Bluthochdruck, Raynaud-Krankheit, Asthma und Magen-Darm-Beschwerden.

Obgleich ihre klinische Arbeit vielen Patienten Nutzen brachte, wollten Elmer, Alyce und Dale Walters doch nach wie vor in erster Linie die Fähigkeit zu einer umfassenderen Selbstregulierung eingehender erforschen. Im Lauf der Jahre testeten sie in ihrem Menninger-Institut viele Meditierende und Yogis. Zwei Personen fielen durch ihre Fähigkeiten auf. Der weniger Umstrittene von beiden war Jack Schwarz, ein unbeschwerter, schmächtiger Mann mit einem guten Sinn für Humor, der bei seiner Ankunft am Menninger Mitte Dreißig war. Er war in Holland geboren und besaß eine außergewöhnliche Kontrolle über seinen Körper, eine Fähigkeit, die schon in seiner Jugend voll ausgereift war. Die erste Anregung dazu bekam er, als er einmal einem Hypnotiseur zuschaute, der sich in Trance versetzte und dann Nadeln in die Arme stach, anscheinend ohne Schmerzen zu empfinden. Neugierig geworden, probierte Schwarz selbst, sich in einen Zustand der Tiefentspannung zu versenken. Bald merkte er, daß er mit der Kunst des Hypnotiseurs mithalten konnte.

Da er gehört hatte, daß die Greens Versuchspersonen wissenschaftlich testeten, tauchte Schwarz im Herbst 1971 im Menninger-Institut auf. Im Labor der Greens angekommen, zog er sofort zwei Segelmachernadeln von gut 15 Zentimeter Länge hervor und stach sie sich gleich in jeden Bizeps. Nach dem Herausziehen bluteten die Wunden zehn Sekunden lang heftig. Dann versiegte die Blutung, und die Wunden schlossen sich vollständig. Als er es das zweite Mal machte, blutete er überhaupt nicht. Diese Vorführung wurde später gefilmt, und ich sah sie mir voller Verwunderung an. Bei einer anderen Gelegenheit wollte Schwarz zeigen, daß er jeden Teil seines Körpers willentlich betäuben konnte. Um das zu beweisen, drückte er in aller Ruhe eine brennende Zigarette volle 25 Sekunden an seinen Oberarm. Er gab kein Zeichen von Schmerz oder Qual von sich, und hinterher war lediglich eine Hautrötung an der Stelle zu sehen, keine Blase. Aus seiner Antwort auf die Frage, wie er diese Kunststücke denn bewerkstellige, ging hervor, daß er sich der gleichen Methode bediente wie die, mit deren Hilfe die

Versuchspersonen der Greens die Temperatur ihrer Hände zu erhöhen pflegten. Schwarz versuchte, wie er den Greens sagte, nie bewußt, seinen Körper zu irgend etwas zu zwingen. Vielmehr konzentrierte er sich vorher darauf, seinen Geist still werden zu lassen, seine Aufmerksamkeit nach innen zu richten und sein Unterbewußtsein zu bitten, alles Nötige zu veranlassen. Wenn das Unterbewußtsein ihm dies in Form eines Vorstellungsbildes zusagte, widmete er sich gleich der anvisierten Aufgabe. Nach seiner Auffassung hatte er keineswegs mehr innere Fähigkeiten, in seine Physiologie einzugreifen, als andere Menschen auch. Durch ein systematisches Training könnte jeder das gleiche lernen wie er. Und wahrhaftig, zwanzig Jahre später wendet er immer noch viel Zeit daran, Schülern das Know-how zur Selbstregulierung zu vermitteln.
Noch spektakulärer als Schwarz' Vorführungen waren die von Swami Rama, einem Yogalehrer, der im Himalaya und in Südindien ausgebildet worden war. *Swami* bedeutet in der wörtlichen Übersetzung »Herr des Selbst«, und die Greens hatten davon gehört, daß der Swami sogar seinen Puls willentlich zum Stillstand bringen konnte. Swami Rama kam auf Empfehlung eines Kollegen zu ihnen und hatte große Pläne. Er sei von seinem Guru nach Amerika gesandt worden, erzählte er den Greens später, um auf meßbare Weise zu demonstrieren, daß meditative Zustände nicht nur zu einer größeren Selbstbeherrschung führten, sondern auch zu tiefer Selbstverwirklichung und Weisheit. Swami Rama, hochgewachsen, gut gebaut und charismatisch, ein wahrer Ausbund an Energie, Begeisterung, Ideen und Ansichten, traf im März 1970 in der Menninger-Foundation ein.

An seinem ersten Tag im Labor schaffte der Swami an zwei Stellen seiner rechten Hand, die nur fünf Zentimeter auseinander lagen, einen Temperaturunterschied von neun Grad – eine außergewöhnliche Meisterschaft in der Selbstregulierung. Am nächsten Tag konnte er sein Herz auf Befehl fünfmal so schnell schlagen lassen wie normal – 306 Schläge pro Minute –, ohne sichtbare negative Auswirkungen. Wieder bei seinem Ausgangspuls von 74 angekommen, willigte er ein, ihn diesmal zu verlangsamen und ließ ihn augenblicklich auf 52 Schläge pro Minute sinken. Nach zwei Tagen mußte er weiter, aber er versprach, im folgenden September für einen längeren Aufenthalt wiederzukehren. Zwei Wochen später machte er Green in einem Brief ein paar Dutzend Vorschläge für künftige Selbstregulierungsexperimente, die sie gemeinsam durchführen könnten. »Es ist absolut erstaunlich, daß die Menschen nichts von der Macht des Geistes über den Körper verstehen«, schrieb er. »Doktor, nur die Meditation ist wirkliches Leben. Nach meiner Erfahrung gibt es nichts Größeres im Leben als die Meditation.«[4]

Seinem Versprechen getreu, stellte Swami Rama bei seinem nächsten, zwei Monate dauernden Besuch im Menninger-Institut eine ganze Reihe von außerordentlichen Fähigkeiten unter Beweis. Bei einer Demonstration produzierte er eine zystenartige Beule von der Größe eines Vogeleis auf einer Gesäßbacke, um sie daraufhin genauso schnell wieder verschwinden zu lassen. Ein andermal bat der Swami Alyces Tochter Pat Norris, sofort zu ihm zu kommen. Als sie eintraf, verlangte der Swami, sie möge ihm eine Frage stellen, die ihr am Herzen liege, wollte aber nicht sagen, warum. Als sie seinem Wunsch nachkam, wiederholte er seine Bitte so oft, bis sie sieben Fragen gestellt hatte, darunter auch die, ob sie ihren Sohn auf eine Privatschule schicken und ob sie ihren Doktor machen sollte. Dann zog Swami Rama ein Blatt Papier hervor. Darauf standen sieben Fragen und Antworten. Fünf Fragen entsprachen genau denen, die Frau Norris ihm gestellt hatte.

Das spektakulärste Meisterstück des Swamis fiel in den Bereich der Telekinese: Ein Gegenstand wird dabei ausschließlich durch Geisteskraft bewegt. Er bereitete sich darauf vor, indem er sich mehrere Tage in tiefe Meditation versenkte, in der er sein Mantra nahezu 150000mal wiederholte, wie er angab. Das Ziel sei gewesen, erklärte er später, seine Aufmerksamkeit und damit seine Energie stark zu konzentrieren. In der Zwischenzeit baute Elmer ein Gerät mit einer Stricknadel, die über einem Winkelmesser schwebte, so daß jede Nadelbewegung genau gemessen werden konnte. Am Tag der Demonstration wurde das Gesicht des Swamis mit einer Maske abgedeckt und sein Körper mit einer Decke, damit er keine Luftströme erzeugen konnte, die die Nadel in Schwingung versetzten. Er saß anderthalb Meter von dem Meßgerät entfernt. Mehrere Ärzte waren zur Beobachtung dabei. Nach einigen Minuten völliger Stille wiederholte Swami Rama eine Minute lang sein Mantra, um dann einen lauten Befehl auszustoßen, worauf die Nadel sofort um fast zehn Grad ausschlug. Er wiederholte die Vorführung noch einmal. »Wir haben bei diesen Experimenten eins erkannt«, sagte Green, »daß nämlich Geist und Körper über Fähigkeiten verfügen, die weit über unsere normale Vorstellung hinausgehen, und daß es systematische Methoden gibt, diese Fähigkeiten zu entwickeln.«

Ebenso wie Green, der die Fähigkeit zur Selbstregulierung für den entscheidenden ersten Schritt auf dem Weg zu einem ganzheitlicheren Leben hielt, glaubte auch Swami Rama an eine solche fortschreitende Entwicklung. Er selbst hatte als junger Mann viele Jahre in Indien verbracht und mit äußerster Disziplin Techniken erlernt, um Geist und Körper kontrollieren zu können. Während seines Aufenthalts als Versuchsperson an der Menninger-Foundation gab er zweimal wöchentlich interessierten Institutsmitarbeitern Aufschluß über den Zusammenhang von Selbstregulierung und Weisheitssuche. »Yoga«, erklärte er der Gruppe bei einer der ersten Versammlungen, in der er den spirituellen Pfad darlegte, den er gelehrt worden war, »Yoga ist die Kontrolle über die verschiedenen Zustände des Geistes. Er ist ein System, mit dessen Hilfe das eigene Wesen verstanden, die Meisterschaft über dieses Wesen errungen und von dieser Meisterschaft zu höheren Zwecken Gebrauch gemacht werden kann. Aber dabei ist Disziplin erforderlich. Ohne Disziplin keine Meisterschaft ... Lernen ohne Disziplin schafft eine Kluft zwischen Denken und Handeln, zwischen Wissen und Verhalten.« Wie Swami Rama weiter ausführte, leitet die Meditation letztlich ganz von selbst zu einem weisen Leben über. »Die Meditation«, äußerte er vor der Menninger-Gruppe, »ist der einzige Weg zur Freiheit – zu Freiheit von Angst und Schmerz, von Wut, Qual und Niedergeschlagenheit, zu Freiheit von allem Kummer, aller Furcht und allen Fesseln. Und die Meditation ist der einzige Weg zur Erkenntnis.«

Nichtsdestotrotz kamen viele von denen, die Swami Rama begegneten, ziemlich schnell zu dem Schluß, daß ihm weder die jahrelange Meditation noch die Kenntnis höherer Bewußtseinsstadien geholfen hatte, über sein Ego hinauszugehen oder seine alltäglichen Persönlichkeitskonflikte abzulegen. Vielmehr gab er Elmer deutlich zu verstehen, daß er nicht viel für diese Aspekte des Lebens übrig habe. Daß es ihm ernst damit war, wurde klar, als Elmer anhand von Messungen feststellen wollte, ob sich Swami Rama in bestimmte Gehirnwellenzustände versenken konnte, zum Beispiel in den Theta-Zustand der Tiefentspannung, in dem oft unbewußte Erinnerungen in Form von Bildern aufsteigen. Swami Rama vermochte diesen Zustand zwar verhältnismäßig leicht zu erreichen, nachdem Green ihn beschrieben hatte. Doch er kehrte schleunigst wieder ins Normalbewußtsein zurück und war sichtlich erregt. »Das ist ein schrecklicher, pathologischer Zustand«, verkündete er. Green fragte ihn, was er damit meine. »Alles, was andere je von mir verlangt haben, alles, was ich je machen wollte, und alles, was ich hätte tun sollen, aber nie getan habe, kam hoch und schrie gleichzeitig auf mich ein«, erwiderte Swami Rama. »Es ist sehr laut und sehr unangenehm. Davon halte ich mich normalerweise fern.« Kurz gesagt: Swami Rama war sehr wählerisch in dem, was er in sein Bewußtsein dringen ließ, während er alles übrige lieber verdrängte. Green hatte schon länger die Gefahren eines solchen Verhaltens gesehen. »Wer einen spirituellen Weg verfolgt, setzt Energie frei, und Swami Rama hatte wirklich besondere Kräfte«, erzählte er mir. »Das Problem ist nur, daß das Ego vollkommen außer Kontrolle geraten kann, wenn die Persönlichkeit nicht einigermaßen entwickelt, richtig eingestellt und verstanden ist. Swami Rama hat diesen Teil seines Wesens nie integriert. Er konnte zwar ein paar tiefe Lehren weitergeben, aber nicht die einzelnen Teile seiner selbst zusammenfügen. Einmal hat er zu mir gesagt: ›Das Hauptproblem im Leben ist das Ego, das weiß niemand besser als ich.‹«

Die Publicity, die Swami Ramas außergewöhnliche Selbstregulierungsgroßtaten am Menninger-Institut erregten, verschaffte ihm weithin Beachtung und Anerkennung. 1971 gründete er sein erstes Himalayan Institute in Illinois. Seiner hohen Berufung entsprechend – die auf dem beruhte, was Swami Rama eine »wissenschaftliche« Art von Yoga nannte – sollte das Institut die »ethische, soziale, ökonomische und spirituelle Entwicklung der Menschheit und damit den Weltfrieden, die internationale Integration, das Verständnis und das spirituelle Erwachen unter den Menschen fördern«.[5] Im Umsehen hatte es eine beträchtliche Schar von Anhängern. Heute gibt es zahlreiche Zweigstellen des Himalayan Institute. Noch vor kurzem beherbergte der Hauptsitz in Honesdale, Pennsylvania, hundert Dauerbewohner und während der regelmäßig stattfindenden Wochenendkurse in Yoga, Meditation, Antistreßtraining und Ernährung wie auch bei einem längeren »Selbstverwandlungsprogramm« bis zu hundert zahlende Gäste.

All das änderte sich jedoch in letzter Zeit, denn Swami Ramas Auftreten ist seit ein paar Jahren selbst bei einigen seiner engsten Anhänger zusehends mehr unter Beschuß geraten. Obwohl er immer betont hatte, er würde sich seiner Tradition gemäß zum Zölibat bekennen, gab es bereits Mitte der siebziger Jahre Behauptungen, daß er nicht nur manche seiner Schüler erniedrigte und tyrannisierte, sondern auch Frauen in seinem Institut sexuell mißbrauchte. Eine ganze Reihe von Frauen schrieben damals an Elmer Green und stellten ihm dar, wie sie zu einer sexuellen Beziehung mit Swami Rama verführt worden waren. Zwei Frauen erhärteten später durch Erfahrungsberichte, die in die Akten einer Sektenbeobachtungsorganisation aufgenommen wurden, die Behauptungen über den Mißbrauch Swami Ramas. Die umfassendste Untersuchung und Verdammung Swami Ramas aber unternahm die Journalistin Katherine Webster. Im November 1990 veröffentlichte sie im *Yoga Journal* ihren Artikel »Der Fall Swami Rama aus dem Himalaya«.

Frau Webster hatte mehr als ein Dutzend Frauen befragt, die nach eigenen Angaben zu sexuellen Beziehungen mit Swami Rama gezwungen worden waren, und darüber hinaus zahllose andere, die diese Anschuldigungen bestätigten. »Die meisten Frauen«, schrieb Webster, »haben Angst, sie sind frustriert und fühlen sich betrogen.« Eine Frau erzählte Webster, wie der Swami ihr zuerst besondere Aufmerksamkeit zukommen ließ und Privilegien einräumte. Dann habe er allmählich sexuelle Beziehungen zu ihr aufgenommen unter dem Vorwand, ihr wichtige spirituelle Lektionen erteilen zu wollen. Eine andere Frau erzählte, der Swami sei abends spät in ihrem Zimmer aufgetaucht, habe sie sexuell belästigt und sie trotz ihrer Gegenwehr zum Verkehr gezwungen. Als die Frau bei einem Vorstandsmitglied des Himalayan Institute Klage erhob, konterte Swami Rama mit der Behauptung, sie habe ihn verführt. Eine weitere Frau gab an, vom Swami sogar zum Geschlechtsverkehr gezwungen worden zu sein, nachdem er ihre Heirat mit einem anderen arrangiert hatte. »Sex mit einem Guru«, zu dem Schluß kam Webster, »ist eine Form von spirituellem Inzest.«[6] Ende 1993 schließlich wurde aufgrund der schwerwiegenden Beschuldigungen von zwei Teenagern, die im Honesdale-Ashram aufgewachsen waren und behaupteten, von Swami Rama zu sexuellen Beziehungen gezwungen worden zu sein, ein Verfahren angestrengt.

Die Geschichte von Swami Ramas Schattenseiten ist alles andere als ein Einzelfall. 1985 ergab eine Untersuchung von Gurus und spirituellen Lehrern in den Vereinigten Staaten, daß 34 von 39, die nicht zölibatär lebten, nach eigenem Bekenntnis zumindest gelegentlich sexuelle Beziehungen mit einer/einem oder mehreren ihrer Schüler/innen hatten. Fast die Hälfte der befragten Schüler – die meisten weiblich – gaben an, daß diese Beziehungen ein schwerer Schlag für »ihre Übungspraxis, ihr Verhältnis zum Lehrer und ihr Selbstwertgefühl« gewesen seien. Schwere Anschuldigungen wegen Machtmißbrauchs – überwiegend sexueller und finanzieller

Art – sind im letzten Jahrzehnt gegen die Führer von über zwölf der größten spirituellen Gemeinschaften Amerikas erhoben worden. Dazu gehört Bhagwan Shree Rajneesh, der in Oregon eine riesige Gemeinschaft aufbaute und für seine Vorliebe für Rolls-Royce bekannt war; er wurde schließlich nach Indien abgeschoben; ferner Swami Muktananda, der bis zu seinem Tod im Jahre 1982 eine weltweite Anhängerschaft hatte und der Berichten zufolge zahllose sexuelle Beziehungen mit jungen Anhängerinnen unterhielt; dann Richard Baker-Roshi, ehemaliger Harvard-Student und Leiter des Zen-Centers von San Francisco, der abdanken mußte, nachdem seine Affäre mit einer verheirateten Schülerin ruchbar geworden war; und Chögyam Trungpa Rinpoche, ein tibetisch-buddhistischer Mönch und Begründer des Naropa-Instituts in Boulder, Colorado, der 1986 an den direkten Folgen seines Alkoholismus starb. Das Extremste überhaupt aber dürfte das unverantwortliche Verhalten des designierten Nachfolgers von Trungpa, Vajra-Regent Osel Tendzin, gewesen sein, eines in den USA geborenen Schülers, verheiratet und Vater zweier Kinder, bei dem 1987 Aids diagnostiziert wurde. Tendzin gab am Ende zu, ungeschützten Geschlechtsverkehr mit etlichen männlichen Schülern gehabt zu haben, selbst als er schon wußte, daß er Aids hatte. »Bei Tendzin hat sich auf eine extremere, tödlichere Art das Muster von Verleugnung und Ignoranz wiederholt«, bemerkte einer seiner Schüler, »das Trungpa Rinpoches Einstellung zum Alkohol geprägt hatte.« Tendzin weigerte sich hartnäckig, seine Position aufzugeben, bis er 1991 in einem Krankenhaus in San Francisco starb – offiziell nur beurlaubt von seiner Stellung als Haupt der Vajradhatu-Gemeinschaft.

Einige desillusionierte Anhänger suchten zumindest einen Teil der Verantwortung für diesen Mißbrauch bei sich selbst. Stan Trout zum Beispiel war einer der engsten Berater von Swami Muktananda, bis er ihm Anfang der achtziger Jahre die Gefolgschaft aufkündigte. Danach beschuldigte er den Guru, regelmäßig junge Mädchen belästigt zu haben unter dem Vorwand, ihre Jungfräulichkeit überprüfen zu wollen. »Aus Liebe zur Wahrheit und denen, die sie lehren, finden wir uns ungewollt mit Ausbeutung und Betrug ab«, schrieb Trout in einem offenen Brief an die Muktananda-Gemeinschaft. »Unser Fehler ist der, daß wir einen anderen Menschen vergöttlichen und ihm Vollkommenheit zuschreiben. Von dem Punkt ab ist alles zulässig ... Es ist nicht absolut sicher, daß die Erleuchtung moralische Tugendhaftigkeit bei der betreffenden Person voraussetzt ... Die Erleuchteten sind beim Kampf gegen das eigene Böse auf dem gleichen Stand wie die Unwissenden – mit dem einzigen Unterschied, daß der Erleuchtete die Wahrheit kennt und für deren Verleugnung keine Entschuldigung hat.«[7] Elmer Green kam zu einem ähnlichen Schluß, was Swami Rama und die Tatsache betraf, daß es diesem gelang, trotz seiner mißbräuchlichen Verhaltensweisen ungeschoren zu bleiben. »Viele Menschen verwechseln die Siddhis – die Kräfte, durch die Körper, Empfindung und Geist beherrscht werden können – mit Spiritualität«, sagte er. »Dabei können die Siddhis eine Ego-Falle sein ... Ein Heiliger ist jemand, der tut, was er sagt.«[8]

Trotz allem war Green weiterhin davon überzeugt, daß die Kräfte der Selbstregulierung einem höheren Zweck dienen könnten, beispielsweise der Verminderung von psychischem Streß, dem Erschließen der Intelligenz des Unbewußten und der Pflege eines höheren Selbst. Seine Aufgabe sah er darin, Versuchspersonen nicht nur zu lehren, wie sie die Kontrolle über den Blutdruck oder die Muskelspannung erlangen könnten, sondern sie zu stärkerer freiwilliger Geisteskontrolle anzuhalten. Die Art von Feedback, die am unmittelbarsten mit der Geistesverfassung in Verbindung steht, ist die Gehirnstromaktivität. Wenn man lernte, regulierend in die Gehirnwellen einzugreifen, mußte es theoretisch möglich sein, willentlich Zugang zu verschiedenen Bewußtseinszuständen und geistigen Fähigkeiten zu gewinnen. Den ersten weithin anerkannten Beweis dafür, daß diese Art von Kontrolle tatsächlich möglich ist, lieferte ein freundlicher, wortkarger Psychologe und Forscher namens Joe Kamiya.

Obgleich er ausgebildeter Verhaltenspsychologe war, galt Kamiyas Interesse vor allem der wissenschaftlichen Erforschung des Bewußtseins. Mitte der fünfziger Jahre begann er mit Traumforschung an der Universität von Chicago. Ursprünglich wollte er herausfinden, ob das Träumen mit bestimmten Gehirnwellenmustern verbunden ist, die durch ein Elektroencephalogramm (EEG) aufgezeichnet werden können. Vereinfacht ausgedrückt, mißt das EEG die Geschwindigkeit und Intensität elektrischer Aktivitäten im Gehirn an allen Punkten des Schädels, an denen eine Elektrode angebracht ist.

Die moderne Erforschung der Gehirnwellen begann mit dem deutschen Forscher Hans Berger, der 1924 entdeckte, daß vom Gehirn elektrische Spannung ausgeht. Nach und nach wurden vier große Gehirnwellenmuster identifiziert. Das Muster, das im allgemeinen den normalen Wachzustand kennzeichnet, wurde Beta genannt und umfaßt schnellere Gehirnwellen von 13 bis 26 Hertz oder Zyklen pro Sekunde. Beta hängt mit der aktiven, gesammelten, bewußten Aufmerksamkeit in der Außenwelt zusammen – ob bei einem Gespräch, bei der Teilnahme an einem Sportereignis oder beim Lösen eines mathematischen Problems. Allgemein gilt, daß Beta meist dann vorherrscht, wenn eine Aufgabe Logik und Deduktionsvermögen erfordert. Am entgegengesetzten Ende des Spektrums befindet sich Delta, die langsamste Gehirnwelle. Sie bewegt sich zwischen 0,5 und 3 Hertz. Sie tritt bei den meisten Menschen dann auf, wenn sie schlafen oder bewußtlos sind.

Die beiden Gehirnwellenmuster im mittleren Bereich kennzeichnen feinere, mehr nach innen gerichtete Stadien des Wachbewußtseins. Theta (4 bis 7 Hertz) tritt im allgemeinen nur im Moment des Einschlafens oder Aufwachens auf. Es ist normalerweise mit spontanen Traumbildern oder Einschlafphantasien gekoppelt. Alpha (8 bis 13 Hertz) charakterisiert einen bewußteren, klareren und wachsameren Zustand als Beta, ist jedoch weniger aktiv und stärker nach innen ausgerichtet als dieses. Alpha wird als neutraler, stiller Zustand betrachtet – als ruhiger Entspannungszustand. Die meisten

Leute können sich wenigstens zeitweilig in diesen Zustand versetzen, wenn sie einfach nur die Augen schließen. Neuere Untersuchungen legen die Vermutung nahe, daß eine noch viel feinere Differenzierung getroffen werden muß, was die Art der Gehirnwellenmuster betrifft; zum Beispiel können 10 oder 14 Hertz jeweils sehr unterschiedlichen Fähigkeiten entsprechen. Die Charakteristika der vier Grundmuster stimmen jedoch im wesentlichen nach wie vor.

Kamiya nahm seine Biofeedback-Experimente 1962 mit einem einfachen Ziel auf. Er wollte wissen, ob es möglich war, vorsätzlich von einem dominanten Gehirnwellenmuster auf ein anderes überzuwechseln und dann einen deutlich anderen Bewußtseinszustand zu erleben. Kamiya entschied sich für ein Alpha-Training. Der Beta-Zustand war schließlich bei den meisten Leuten im Alltagsleben vorherrschend. Weder der Delta- noch der Theta-Zustand schienen Kamiya groß von Nutzen zu sein – eine Auffassung, deren Unrichtigkeit später von den Greens nachgewiesen werden sollte. Immerhin war zu dem betreffenden Zeitpunkt bereits festgestellt worden, daß Alpha mit einem bestimmten meditativen Ruhezustand des Bewußtseins in Zusammenhang steht. 1961 beispielsweise veröffentlichten drei indische Forscher eine Studie über sechs Yogis. Es hatte sich gezeigt, daß die Yogis, sobald sie sich in tiefe Meditation versenkten, ohne Ausnahme vorwiegend Alphawellenmuster erzeugten, insbesondere, wenn sie ins Samadhi eintraten, den subjektiven Zustand der Ekstase und Einheit. 1966, etliche Jahre, nachdem Kamiya seine Arbeit aufgenommen hatte, veröffentlichten zwei Japaner eine Studie über 48 Zenpriester und -schüler. Wieder stiegen die Alphawerte binnen einer Minute nach Meditationsbeginn ausnahmslos an. Alpha nahm in diesen Fällen entsprechend der Versenkungstiefe fortwährend zu, bis an einem bestimmten Punkt Thetawellen einsetzten und das Alphamuster ablösten.

Kamiya begann seine eigenen Forschungen damit, daß er Versuchspersonen an ein EEG anschloß, zwischendurch wiederholt eine Glocke läutete und die Leute jedesmal fragte, ob sie das

Empfinden hätten, daß Alpharhythmen vorlägen. Dann sagte er ihnen sofort, ob sie recht oder unrecht hatten. Das war zwar eine primitive Art von Feedback, aber sie erbrachte ein paar bemerkenswerte Ergebnisse. »Meine erste Versuchsperson war ein Chemiestudent, den das Bewußtsein nicht weiter interessierte und der auch nicht zur Selbstbeobachtung neigte«, erzählte Kamiya mir 1990 bei unserer ersten Begegnung in seinem Haus in San Francisco. »Am ersten Tag lag er die Hälfte der Male richtig, was Zufall sein konnte. Am zweiten Tag jedoch erzielte er eine Trefferquote von 60 Prozent, am dritten Tag 85 Prozent, und am vierten Tag hat er 400mal hintereinander richtig getippt. Er hatte keine Ahnung, wie er das schaffte, aber er hatte sich eindeutig in diese Dimension eingeklinkt und herausgefunden, wie er seine Gehirnwellen steuern konnte. Wenn ich an dieses Experiment zurückdenke, stehen mir heute noch die Haare zu Berge.«

Im nächsten Abschnitt seiner Versuchsreihe ließ Kamiya einen leisen Piepton erschallen, wenn Alphawellen gemessen wurden, und je stärker sie wurden, um so gleichmäßiger piepte er. Die Mehrzahl der Versuchspersonen konnte so innerhalb von wenigen Stunden dazu gebracht werden, ihre Alphawellen zu steigern. Umgekehrt wirkte die Beschäftigung mit Aktivitäten, die Konzentration erfordern – Rechnen beispielsweise oder das genaue Nachdenken über ein bestimmtes Ereignis –, hemmend auf das Alphamuster. Zwischen den Versuchen, wenn den Versuchspersonen gesagt wurde, sie brauchten sich nicht mehr um Alphawellen zu bemühen, stellte Kamiya fest, daß dann das Alphamuster kontinuierlich zunahm, was Elmer Green auch bei seinen Versuchspersonen bemerkt hatte, sobald sie aufhörten, die Temperatur ihrer Finger willentlich erhöhen zu wollen. Die bewußte Absicht, eine lineare Form des Denkens, schien also die Alphawellen zu unterdrücken, während das Fallenlassen einer solchen Absicht sie offenbar verstärkte.

Kamiya gab seine Ergebnisse zuerst im April 1962 auf einem Psychologiekongreß bekannt. Seine Eröffnungen waren eine Sensation und haben das ihre dazugetan, Biofeedback wissenschaftlich hoffähig zu machen. Es dauerte nicht lange, und die Begeisterungswoge schwappte über den Kreis der Psychologen hinaus. Leute unterschiedlichster Herkunft strömten in Scharen zu Kamiyas Labor, weil sie gehört hatten, das Alphatraining sei eine Art von »Instant-Zen«, eine westliche Methode, um schnell Zugang zu den tiefen Versenkungszuständen der Ruhe und Ekstase zu gewinnen, die selbst fortgeschrittene Yogis erst nach jahrelangem Training zu erreichen imstande waren. Bald wurde deutlich, daß erfahrene Meditierende, die ins Labor kamen, leichter Alphawellen produzierten als Nichtmeditierende. »Den Geist vom verbalen Denken ausruhen zu lassen und den eigenen inneren Bewußtseinsgrad zu erhöhen erzeugt stärkere Alphawellen«, schloß Kamiya daraus. 1965 besuchte Michael Murphy das Labor. Es erwies sich, daß er infolge seiner langen Meditationsschulung seine Gehirnwellen schnell und leicht unter Kontrolle hatte und das Alphamuster buchstäblich auf Befehl steigern oder abflauen lassen konnte.

Die Greens, angeregt durch Kamiyas Arbeit, begannen 1965 mit Gehirnwellenfeedback zu experimentieren und machten ähnliche Beobachtungen über die Muster einer erhöhten Alphaaktivität. Wenn sich zum Beispiel Jack Schwarz die Nadel in den Arm stach – ein normalerweise sehr schmerzhafter Eingriff –, hätte man eigentlich das von äußerster Konzentration und Bewußtheit zeugende Betamuster erwarten können. Schwarz hingegen erzeugte beträchtlich mehr Alpha, sobald die Nadel mit seinem Bizeps in Berührung kam, weil er dem körperlichen Schmerz durch Tiefentspannung entgegenwirken konnte.

1973 verbrachten die Greens auf Swami Ramas Einladung hin einige Monate in Indien, wo sie mit Hilfe von tragbaren Biofeedbackgeräten systematische Messungen der Selbstregulierungsfähigkeiten von geübten Yogis vornahmen, die ein abgeschiedenes meditatives Leben führten. Herausragend war insbesondere ein Versuch, bei dem ein Yogi einwilligte, sich für acht Stunden unterirdisch ohne Frischluftzufuhr in eine kleine Kiste einschließen zu lassen. Als die Greens hinterher das EEG lasen, stellten sie fest, daß der Swami fast ausnahmslos gleichmäßige Alphawellen produziert hatte. Offenbar hatte er überlebt, weil er Geist und Körper in einen so tiefen Ruhezustand versetzt hatte, daß der physiologische Sauerstoffbedarf ungewöhnlich gering war.

Die anfängliche Begeisterung für Kamiyas Arbeit mit dem Alphatraining war allerdings von kurzer Dauer. Einer der Gründe dafür war, daß Kamiya sich einfach nicht dazu aufraffen konnte, wissenschaftliche Berichte über seine Erkenntnisse zu schreiben und zu veröffentlichen, sondern immer nur inoffiziell auf Versammlungen über seine Arbeit sprach. Hinzu kam, daß anscheinend andere Forscher nicht in der Lage waren, zu gleichen Ergebnissen zu kommen wie er, so daß viele schließlich zu dem Schluß kamen, Biofeedback sei keine verläßliche Methode zur Steigerung von Alphawellen. Kamiya, zuerst entmutigt, fand am Ende eine Erklärung dafür. »Mir ging auf, daß sich die meisten anderen Forscher nicht über die Bedeutung ihrer persönlichen Interaktion mit ihren Versuchspersonen klar waren«, sagte er. »Bei der Mehrzahl der Leute funktioniert es ebensowenig sofort, wie jemand schon nach wenigen Stunden fähig ist, ein Musikinstrument zu spielen.« Die Greens stellten zum Beispiel fest, daß zwar 15 der ersten 16 Experimente mit Temperaturfeedback zur Regulierung des Blutdrucks keine meßbaren Ergebnisse zeitigten, die Versuchspersonen aber in fast allen Fällen nur ein paar Trainingsstunden hinter sich hatten. »Forscher zahlen häufig nicht den Preis, der für einen klinischen Nachweis bezahlt werden muß«, schrieben sie später in der Zeitschrift *Biofeedback and Society,* »nämlich den Versuchspersonen die nötige Zeit zu geben, sich innerlich darüber klar zu werden, was im Körper vor sich geht.«[9]

Ich wollte unbedingt selbst sehen, ob Gehirnwellenfeedback mir helfen würde, den Zustand der Stille, Bewußtheit und Tiefentspannung aufrechtzuerhalten, der in der Meditation so schwer faßbar für mich war. Als ich Kamiya kennenlernte, hatte er längst aufgehört, mit Versuchspersonen zu arbeiten, und betrieb keine Gehirnwellenforschung mehr. Er hatte zunehmend Zweifel an der Brauchbarkeit eines Alphatrainings bekommen. Ich fand jedoch eine kommerzielle Gehirnwellenklinik, das Mindcenter in Palo Alto, Kalifornien, zu dessen Führungsstab James Hardt gehörte, ein Psychologe und Forscher, der früher in Kamiyas Labor mitgearbeitet hatte. Hardt und Kamiya gingen schließlich eigene Wege, aber 1988 eröffnete Hardt zusammen mit dem Unternehmer Foster Gamble das Mindcenter mit dem Ziel, das Alphatraining kommerziell anwendbar zu machen. Man ging davon aus, daß Leute, denen man beibrachte, mehr Alphawellen zu produzieren, weniger streßanfällig waren, so daß sie produktiver und gesünder wurden, mehr Selbstachtung entwickelten und sogar ihre Selbsterkenntnis steigerten.

Im Juli 1991 flog ich nach Kalifornien, um ein sogenanntes »Alpha-1-Gehirnwellentraining« mitzumachen – einen fünftägigen Intensivkurs für Anfänger. Das Training wurde von Dave Mulvey geleitet, einem Mann mit leiser Stimme, der Anfang Vierzig war. Außer mir waren noch drei Teilnehmer da – Dough, ein umgänglicher, mystisch angehauchter Unternehmer in den Sechzigern, der sich einen Großteil seines Lebens mit dem Bewußtsein befaßt hatte; Adam, ein durch und durch anständiger, stocksteifer junger Mann um die Dreißig, der im Auftrag eines Krankenhauses im Mittelwesten, in dem er tätig war, die Brauchbarkeit der Biofeedbackmethoden des Mindcenters überprüfen und ein Trainingsprotokoll führen sollte; und Paul, distinguierter Manager einer Computer-Firma in Silicon Valley, Anfang Vierzig und auf Drängen seiner Frau dabei, von der er seit kurzem getrennt lebte. Sie hatte den Kurs gut gefunden, und er war zu allem bereit, wodurch er vielleicht wieder mit ihr zusammenkommen würde.

Das Feedbacktraining fand statt in einzelnen Kabinen von zwei mal zwei Metern Grundfläche, die ein bißchen wie Raumkapseln wirkten. Hardt hatte sie entworfen mit dem Ziel, eine äußerst entspannende Umgebung zu schaffen. Fußboden und Wände waren mit Teppich verkleidet und dadurch schalldicht. Ich saß in einem gepolsterten Drehstuhl auf Rädern. Vor mir standen zwei Monitoren, einer mit großem Bildschirm zum Anschauen von Videos und ein erheblich kleinerer, der mir während des Trainings meine Treffer anzeigte. Zu meiner Rechten war ein Schalter für eine Sprechanlage, die mich mit Mulvey verband. Er saß im Kontrollraum und beobachtete die Gehirnwellentätigkeit jedes einzelnen Gruppenteilnehmers, die dort aufgezeichnet und ausgedruckt wurden. Allmorgendlich, während Mulvey uns kurz den Tagesablauf erklärte, verkabelte ein Techniker mich und die anderen still, indem er vier Elektroden an den Schädel anschloß und uns helmartige Geräte auf den Kopf setzte. In der Kabine steckte ich dann den Stecker meines Helms in eine dafür vorgesehene Buchse, die mich und meine Gehirnwellen direkt mit dem Computer verband.

Mulvey sagte uns, was uns erwartete. »Sobald Sie in Ihrer Kabine angeschlossen sind«, erklärte er uns, »werden Sie mit Unterbrechungen einen leisen Ton hören, der Ihnen das Feedback über Ihre Alphawellen gibt. Dieser Ton wird in dem Maße immer lauter und gleichmäßiger, je mehr Alphawellen Sie erzeugen, während er wieder leiser und unregelmäßiger wird, wenn die Alphawellen abklingen.«

Alpha hat, wie Mulvey erklärte, etwas Paradoxes. »Es ist eine Art entspannter Aufmerksamkeit oder engagierter Gleichgültigkeit, so, als sei man hellwach und gegenwärtig, aber trotzdem meilenweit entfernt«, sagte er. Eine gesteigerte Alphaaktivität, fuhr er fort, würde häufig Gefühle von Freiheit, von Schweben und Leichtigkeit, ja sogar von Freude und Weite auslösen. »Wundern Sie sich aber nicht«, setzte er dann noch hinzu, »wenn Sie auch Angst oder Trauer oder Wut erleben.« Wenn der Geist still wird, erklärte er, würden meist all die Gefühle freigesetzt, die unter dem anhaltenden geistigen Geschwätz verdeckt sind, das typisch ist für das von Betawellen beherrschte Leben im Wachbewußtsein. Wir ständen vor der Aufgabe, sagte er, so lange zu experimentieren, bis wir heraus hätten, welche Gedanken und Gefühle unsere Alphawellentätigkeit verstärkten. »Hier geht es nicht um Analyse und Verstehenkönnen«, schloß Mulvey, »sondern um die Einstimmung in subtilste Gefühle und Sinneswahrnehmungen.«

Das Feedback erfolgte in zwei »Schüben« oder Abschnitten von jeweils zwei Minuten. Zusätzlich zu dem durchgehenden Feedback mit Tönen bekamen wir nach jedem Abschnitt eine Auswertung, der wir den durchschnittlichen Alphawert entnehmen konnten, den wir erreicht hatten. Ich ging recht forsch an die Sache heran, als ich mich am ersten Morgen in meiner Kabine niederließ und das Licht dämpfte. Immerhin hatte ich seit über zwei Jahren jeden Morgen meditiert. Ich wußte, wie ich meinen Geist still werden lassen konnte, und konnte auf ein halbes Dutzend Meditationstechniken zurückgreifen, die ich gelernt und ausprobiert hatte. Obwohl wir eigentlich einen Zustand der Ruhe und Losgelöstheit anstrebten, empfand ich einen gewissen Kampfgeist und hungerte sozusagen nach Erfolg. Ich wollte mir und den anderen Teilnehmern beweisen, daß meine Meditationspraxis greifbare Ergebnisse erzielt hatte.

Zu meinem Leidwesen war die Aufgabe schwerer, als ich anfangs gedacht hatte. Die einfachsten und verläßlichsten Meditationstechniken zum Ruhigwerden, die ich kannte – das Atemzählen beispielsweise oder die Wiederholung eines Mantras – steigerten mein Alpha nur unwesentlich. Über kurz oder lang war ich frustriert und hatte Rückenschmerzen. Und je mehr ich mich ärgerte, um so weniger Alphawellen produzierte ich. Trotzdem gab ich nicht auf. Zu meiner Überraschung erzielte ich meine höchste Trefferquote, wenn ich mich in erotischen Phantasien erging oder einfach Tagträumen nachhing.

Es zeigte sich bald, daß ich bei all meinen Meditationsübungen kaum Zeit in einem nachweislich entspannten, von Alphawellen beherrschten Zustand verbracht hatte. Gleichzeitig erkannte ich eine unzweifelhafte Wechselbeziehung zwischen der Intensität meiner Gefühle – welcher Art auch immer – und einer vermehrten Alphaaktivität. Ich war verblüfft, daß das bewußte Denken, das typische Betastadium, in gewissem Sinne das Gegenteil von Fühlen ist. Im Lauf der nächsten Tage zeichnete sich ein Muster ab.

Morgens dauerte es nicht lange, bis ich festsaß, unfähig, meine Alphatätigkeit anzukurbeln, welche Technik ich auch anwenden mochte. Außerdem wurde ich das Gefühl nicht los, zu versagen. Das wiederum frustrierte mich noch mehr, und meine Selbstkritik wuchs. Es ging ja schließlich um Kontrolle. Angesichts meiner Gefühle der Hilflosigkeit und des Ungenügens bemühte ich mich noch stärker, mich zu entspannen. Aber je mehr ich mich anstrengte, um so tiefer sank mein Alpha. Es war ein Teufelskreis, und der einzig plausible Ausweg war der, meinen Wunsch, das Ergebnis zu beeinflussen, fallenzulassen. Wie ich merkte, bestand das Problem darin, daß ich seltsamerweise genau das beängstigend fand. Wer weiß, was ich entdecken würde, wenn ich das Denken einstellte und einfach Tieferliegendes heraufsteigen ließ!

Einmal schweiften, als ich da so in meiner abgedunkelten Kabine saß, meine Gedanken ab, und ich mußte lächeln – vielleicht über meine absurde, finstere Entschlossenheit. Irgendwie weckte das Lächeln sehr lebendige und detaillierte Erinnerungen an ein ungeheuer angenehmes Erlebnis während meiner Collegezeit. Ich durchlebte plötzlich einen Tag meines Lebens als Zwanzigjähriger wieder, als sei es erst gestern gewesen. Mein Lächeln wurde immer breiter, und schließlich lachte ich laut auf. Ich fühlte mich leicht, beschwingt, glücklich. Mein normales Denkmuster war kraftvollen Emotionen gewichen, für die ich keine Worte fand. Eine kleine körperliche Veränderung – der Wechsel von verbissener Entschlossenheit zu einem entspannten Lächeln – hatte eine Barriere niedergerissen, Spannungen abgebaut und mir die Tür zu einem vollkommen anderen Bewußtseinszustand geöffnet. Natürlich stieg meine Alphatätigkeit sprunghaft an.

Am nächsten Tag, als ich wieder nur niedrige Werte erreichte, ärgerte ich mich und schalt mich aus. Meine erste Reaktion war Hoffnungslosigkeit. Anscheinend war ich meinem eigenen negativen inneren Dialog zum Opfer gefallen. Das kam mir bekannt vor – so pflegte ich oft ganz automatisch mit mir selbst zu reden. Dann überflutete mich eine Welle von Traurigkeit, etwas, das ich nicht oft erlebe. Instinktiv kreuzte ich die Arme vor der Brust und umklammerte meine Schultern mit den Händen, wie man es macht, wenn einem kalt ist oder man Angst hat. Die Traurigkeit war ebenso stark wie das Vergnügen, das ich am Vortag empfunden hatte. Wieder schnellten meine Alphawerte in die Höhe. Doch nicht lange, und mein Verstand schaltete sich ein. Aha, dachte ich, jetzt habe ich endlich eine Technik gefunden, die funktioniert, eine todsichere Methode zur Steigerung der Alphawellen: Ich muß mich einfach auf starke Gefühle konzentrieren. Aber sobald ich absichtlich ein Lächeln aufsetzte oder ein trauriges Bild vor meinem inneren Auge heraufbeschwor, sanken meine Werte wieder. Aktiv ein Gefühl *anzustreben* erforderte, wie ich merkte, Denken. Etwas analysieren, einordnen, bewerten, erklären und in Begriffe fassen, das alles ist Sache der Betawellen und für sich genommen sicher höchst nützlich, aber nicht sehr hilfreich, wenn man sich tief entspannen und auf subtilere Empfindungen und Sinneseindrücke in seinem Innern einstellen will.

»Die meisten Leute erreichen keine Alphasteigerung, solange sie nicht gelernt haben, sich zu entspannen«, äußerte Hardts Partner Foster Gamble später in jener Woche mir gegenüber. »Entspannt sehen Sie klarer, was in Ihnen vorgeht. Dann sehen Sie sich vor die Aufgabe gestellt, Ihre Gefühle ganz natürlich fließen zu lassen. Der gemeinsame Nenner derer, die eine verstärkte Alphaaktivität erreichen, ist emotionale Authentizität, die Fähigkeit, gefühlsmäßig zu erfassen, was der Augenblick gerade bietet.« Gamble selbst war zu Anfang trotz zahlloser Feedbacksitzungen nicht in der Lage gewesen, Alpha über einen bestimmten Punkt hinweg zu steigern. Einmal sah ihn sein Trainer einfach nur an und sagte: »Glücklichsein ist ganz in Ordnung, weißt du.« Gamble brach in Lachen aus. Sofort stiegen seine Werte um 25 Prozent. »Mir ging plötzlich auf«, erzählte er mir, »daß ich diese ganze Sache so bitterernst nahm, daß ich mich unmöglich entspannen konnte. Als mir der Trainer den Hinweis gab, sagte ich mir: ›Na schön, ich muß also darauf achten, daß ich glücklich bin.‹ Natürlich sanken meine Werte wieder in den

Keller. Am Ende merkte ich, daß ich eine Menge Traurigkeit mit mir herumschleppte, an die ich nie gerührt hatte. Mein Vater war vor drei Monaten gestorben, und ich vermißte ihn sehr. Als ich mir endlich gestattete, diese Trauer zu empfinden, schossen meine Werte wieder in die Höhe.«

Außer daß man ein subjektives Entspannungsgefühl und einen besseren Draht zum eigenen Empfinden hatte, war der praktische Nutzen des Alphazustandes im einzelnen schwer zu beschreiben oder zu beurteilen. Ich war mir immer noch nicht ganz sicher, wie dieser Zustand wirkungsvoll ins Alltagsleben übertragen werden konnte. Gamble hatte selbst Probleme mit dieser Frage. »Ich glaube, dieses Training ist nur ein erster Schritt in Richtung Selbstmeisterung«, erklärte er. »Die Grundtechniken, wie man geistig still wird, die Aufmerksamkeit sammelt und die Gedanken einfach beobachtet, sind zwar sehr schwer zu meistern, aber sie sind unerläßlich für ein erfüllteres Leben. Ohne diesen Grad der Meisterschaft ist es so, als versuche man eine Sonate zu spielen, ohne Taktfestigkeit zu besitzen und Noten lesen zu können.« Gamble erwog schließlich, auf der Grundlage seiner im Alphatraining erworbenen Fähigkeiten der Selbstmeisterung weitere Kurse anzubieten mit dem Ziel, das Kommunikationsvermögen zu verbessern und zu einem ausgeglicheneren Lebensstil zu finden. Ob diese Weiterführung etwas gebracht hätte oder nicht, sie kam auf jeden Fall zu spät. Das Alpha-Feedbacktraining, Hauptanliegen des Mindcenters, fand einfach nicht genügend Anhänger, um kostendeckend zu sein. Widerstrebend mußte Gamble das Zentrum 1991 schließen.

Nach Elmer Greens Auffassung war schon die einseitige Ausrichtung auf ein alphaorientiertes Training ein fundamentaler Fehler, den nicht nur Gamble und Hardt machten, sondern auch andere Biofeedbackforscher und -anwender im klinischen Bereich, angefangen bei Joe Kamiya. »Alpha ist letztlich nur ein Ruhezustand«, sagte er mir. »Er ist zwar zehnmal besser als Beta mit all seinen Spannungen, aber über einen gewissen Entspannungszustand hinaus hat er eigentlich nicht viel zu bieten. Wirkliches Wachstum läßt sich ausschließlich im tieferen Thetazustand erreichen. Dort kann das Unbewußte ergründet und sogar die Fähigkeit erworben werden, es umzuprogrammieren. Der eigentliche Wert von Alpha liegt darin, die notwendige Brücke zwischen Beta und Theta zu schlagen.«

Aus derselben Einsicht heraus befaßte sich Green Anfang der siebziger Jahre mit der Erforschung der besonderen Eigenschaften des Thetazustandes. An der japanischen Studie über die Gehirnwellen von 48 Zenmeistern und Mönchen verblüffte ihn die Tatsache, daß bei diesen Leuten, wenn sie die höchste Stufe meditativer Versenkung erreicht hatten, die vorherrschende Alphatätigkeit langen Reihen von Thetawellen wich. Zenmeister haben diesen Zustand zu allen Zeiten als den der »Wesensschau« bezeichnet, der Zugang zu einer tieferliegenden Wahrheit gewährt. Green merkte bald, daß ihm diese Erfahrung aus seinem eigenen Leben vertraut war. Es handelte sich um genau die Art von meditativem Träumen, die er vor vielen Jahren bei Arthur Green gelernt hatte, um bildhafte Antworten von seinem Unbewußten zu erhalten.

Elmer Green ließ sich also von seinen Kollegen an die Instrumente anschließen, gab sich dem vertrauten Tagträumen hin und – produzierte starke Thetawellen. Als nächstes stellte er die These auf, daß Versuchspersonen, die lernten, sich über die Gewohnheit des Einschlafens hinwegzusetzen, wenn sie in den Thetabereich kamen, vielleicht einen unmittelbaren Zugang zu spontan entstehenden, höchst aufschlußreichen Bildern hätten. »Wir fanden heraus, daß Theta mit tief verinnerlichten Zuständen in Zusammenhang steht«, schrieb er später. »Dieser Zustand tiefer Stille von Körper, Empfindung und Geist, wie er im Thetatraining erzielt wird, scheint eine Brücke zwischen bewußten und unbewußten Vorgängen zu schlagen und bringt im allgemeinen ›unerhörte‹ Dinge zu Bewußtsein.«[10]

Das tiefinnerliche Stillwerden, so folgerte Green, ermöglicht die Einstimmung auf die äußerst subtilen Informationen, die im Thetazustand auftauchen. »Es ist so, als hätte man zwei Radiosender«, erklärte er mir. »Der eine ist laut, während der andere nur schwach und weit entfernt ist. Um den schwachen hören zu können, muß man den lauten wegdrehen. Wir begeben uns in den Thetazustand, damit der Lärm unseres normalen Wachbewußtseins abgeschaltet wird und wir die leisere Stimme dahinter hören können. Und das tun wir, weil unser Bewußtseinsspektrum ganz offensichtlich erheblich mehr umfaßt, als uns im allgemeinen bewußt ist.«

1971 begannen die Greens mit der Untersuchung der Thetaaktivitäten und stellten zu diesem Zweck eine Pilotgruppe von acht Personen zusammen, die alle auf eine lange Meditationspraxis zurückblicken konnten. Zu dieser Gruppe gehörten auch Elmer und Alyce, Pat Norris und Dale Walters. Ziel war, eine Methodik für das Thetatraining zu entwickeln und deren Wirksamkeit zu prüfen. Alle acht Versuchspersonen erhielten Unterricht in autogenem Training und lernten Atemübungen, um sich zunächst einmal körperlich zu entspannen, nach der Devise, daß es mit verspanntem Körper nicht möglich ist, sich geistig zu entspannen und emotionale Verkrampfungen abzubauen. Danach gab es für die Gruppe Feedbacksitzungen von jeweils 30 Minuten Dauer, in denen der Ton immer dann anschwoll, wenn die Thetatätigkeit zunahm. Im Laufe von sechs Sitzungen brachten es alle acht Teilnehmer fertig, ihre Thetawerte beträchtlich zu erhöhen und trotzdem wach und aufmerksam genug zu bleiben, um etwaige Bilder zu erkennen. Einer der Teilnehmer war der Psychiater Stan Grof, der die Fähigkeit unter Beweis stellte, willentlich in den Thetazustand eintreten zu können – und währenddessen sogar zu reden.

Im darauffolgenden Jahr erhielten die Greens vom National Institute of Mental Health die finanziellen Mittel für eine Versuchsreihe mit 26 Studenten, die alle das Pilotprogramm durchlaufen mußten, das noch durch zusätzliche Feedbacksitzungen ergänzt wurde – 40 Sitzungen von jeweils 50 Minuten Dauer über mehrere Wochen hinweg. Die Greens und Dale Walters wollten herausfinden, welche Art von Bildern mit den verschiedenen Gehirnwellenbereichen gekoppelt sind. Obgleich nur wenige der Studenten Meditationserfahrungen hatten, waren fast alle dazu in der Lage, ihre Thetawerte allmählich zu erhöhen, ohne einzuschlafen. Die meisten konnten sich an lebhafte Traumbilder dabei erinnern. Diese Bilder umfaßten auch längst vergessene Kindheitsereignisse, was Green in seiner Hypothese bestärkte, daß der Thetazustand ein direkter Zugang zu einem reichen Schatz unbewußter Erinnerungen ist, die durch die traditionelle Gesprächstherapie nicht so leicht zu erschließen sind. Unerwarteterweise gab ein erheblicher Prozentsatz der Studenten an, daß sich im Anschluß an das Training eine Reihe von positiven Veränderungen in ihrem Leben vollzogen hätte. Diese reichten von größerer Klarheit über mehr Energie und die Verbesserung zwischenmenschlicher Beziehungen bis hin zu einem besseren Konzentrations- und Erinnerungsvermögen im Studium.

Green nahm an, daß das Unbewußte im Thetazustand regelrecht umprogrammiert werden konnte, um psychologische und physiologische Veränderungen auszulösen. Schon früh hatte er die Möglichkeiten für eine Selbstregulierung und Selbstheilung bei solchen Experten wie Jack Schwarz und Swami Rama erkannt. Er kannte sie sogar aus eigener Erfahrung, denn er hatte sich schon mehrfach in den Thetazustand versetzt und gewünschte Veränderungen visualisiert. Einmal hatte er die Technik zum Beispiel angewandt, um sich buchstäblich über Nacht von einer schmerzhaften Schleimbeutelentzündung in der Schulter zu befreien, die auf eine schulmedizinische Behandlung nicht angesprochen hatte. Wie Green vermutete, konnten sehr viele Erkrankungen und Störungen einer Selbstheilung überlassen werden, sofern die richtige Methode entwickelt wurde, physiologische Veränderungen im Thetazustand zu visualisieren. »Visualisierung und Gehirnwellentraining zusammen«, schrieb er in einer seiner neuesten Veröffentlichungen, »führen zu physiologischen Veränderungen, einer emotionalen Beruhigung und einem Grad an mentaler Kontrolle, der in der Meditation ohne lange Übung kaum erreicht wird.«[11] Doch weder er noch die Teilnehmer seiner Gruppe erarbeiteten je ein Forschungsprotokoll, wie eine bestimmte Krankheit oder Störung systematisch getestet und weiterbehandelt werden kann.

Neben der klinischen Anwendung faszinierte Green der Gedanke, daß der Thetazustand Zugang zu den tiefsten Schichten der Kreativität eröffnen könnte. Künstler und Wissenschaftler geben sich oft, wie er wußte, instinktiv Träumereien jeder Art hin, um neue Einsichten zu gewinnen und andere Zusammenhänge herstellen zu können. In *Beyond Biofeedback* erzählt Green die Geschichte des Chemikers Friedrich Kekulé, der gewissermaßen im Traum die bahnbrechende Theorie der Molekularstruktur entwickelte. »Ich kam ins Träumen, und siehe da, die Atome trieben vor meinen Augen ihr Spiel«, gab Kekulé an.[12] Green führt etliche Beispiele von Menschen an, die das Träumen kreativ nutzten, darunter die Dichter William Blake, John Milton und Samuel Taylor Coleridge, ferner die Kinderbuchautorin Enid Blyton, die beschrieb, wie sie die Augen zu schließen pflegte und den Geist leer werden ließ, um plötzlich ein ganzes Buch wie einen Film vor ihrem inneren Auge ablaufen zu sehen. Der Mathematiker Henri Poincaré berichtete von mathematischen Gleichungen, die in Scharen aufgestiegen und vor ihm herumgetanzt seien, als er eben einschlief. Selbst Albert Einstein sprach vom »kombinatorischen Spiel« der Zeichen und Bilder, das unerläßlich wäre für die Kreativität und jeder logischen, verbalen Analyse vorausginge.

1973, bei einem Forschungsaufenthalt in Indien, wo sie die Gehirnwellenmuster von fortgeschrittenen Yogis untersuchen wollten, fanden die Greens ihre Vermutungen über den Thetazustand überraschend bestätigt. Sie befanden sich mitten in einer Testreihe mit Ram Sharma, einem Professor der Biophysik, der schon lange meditierte. Nachdem sie ihn an die Geräte angeschlossen und ihm erklärt hatten, welche Art von Gehirnwellen sie von ihm erwarteten, vermochte Dr. Sharma auf Befehl nahezu reine Thetawellen zu produzieren und dabei vollbewußt zu bleiben – ein Kunststück, das nur wenige Westler vollbringen können. Auf die Frage Greens, wie er das denn anstelle, antwortete der Professor, er verfalle einfach in einen sehr stillen Bewußtseinszustand, in dem er vor langer Zeit gelernt habe, Antwort auf schwierige intellektuelle Fragen zu erhalten, die er sich selbst stellte. Es handle sich um eine geistige Ebene, erklärte er, die anscheinend »alles wüßte«. Green war entzückt über diese unerwartete Bestätigung und kam zu dem Schluß, daß ein Thetatraining im Grunde jedem zugute kommen müßte. »Es war jetzt klar«, schrieb er später, »daß der Durchschnittsmensch, ohne sich einer Religion, einem Dogma oder einem Meditationssystem verschreiben zu müssen, lernen konnte, sich in den Bewußtseinszustand zu versenken, in dem er zur Lösung von Problemen auf die scheinbar unfehlbare Quelle der Kreativität zurückgreifen konnte.«[13]

Meine eigenen Erfahrungen mit der Steigerung von Thetawellen machte ich nicht, um irgendwelche Krankheitssymptome zu beheben, sondern nur, um einen besseren Zugang zu meinem Unbewußten zu gewinnen. Die Ergebnisse waren bescheiden, aber trotzdem aufschlußreich. Den ersten Versuch unternahm ich 1991 in der Menninger-Klinik bei einem Thetatrainings-Workshop unter der Leitung von Dale Walters. Jeder Teilnehmer hörte sich eine Reihe von Vorträgen über Biofeedback allgemein und Theta im besonderen an und hatte drei Thetasitzungen von jeweils einer halben Stunde Dauer. Da die Zeit knapp war, machten wir weder Atemübungen noch autogenes Training zur Vorbereitung, beides meiner Meinung nach für eine Tiefentspannung eigentlich unerläßlich – besonders für verbal orientierte Menschen, die nicht unbedingt auf die feineren Regungen ihres Körpers eingestimmt sind. Um Zeit zu sparen, wurden wir also gleich an die Instrumente angeschlossen und in die Arbeit mit unseren tragbaren Feedbackgeräten eingewiesen. Dann wurden wir in einen der beiden Räume mit jeweils etwa sechs Liegesesseln geführt. Wir konnten wählen, ob wir sitzen oder eine liegende Position einnehmen wollten, um Theta, den Zustand unmittelbar vor dem Einschlafen, leichter auslösen zu können.
Ich entschied mich dafür, die Rückenlehne meines Sessels so weit

nach hinten zu klappen, daß ich eine richtige Liege hatte. Nach Ablauf der 30 Minuten ununterbrochenen Feedbacks las ich an dem kleinen Gerät, das meine Werte in Prozent ausdruckte, meine Thetazeit ab. Zu meinem Erstaunen hatte ich während eindrucksvoller 40 Prozent der Sitzung vorwiegend Thetawellen produziert. Allerdings hatte ich fast keine Erinnerungen an traumhafte Bilder oder Ähnliches. Das wunderte mich, bis eine Teilnehmerin mir gegenüber erwähnte, sie wäre abgelenkt worden, weil irgend jemand im Raum laut geschnarcht hätte. Da wurde mir zu meinem Leidwesen klar, daß ich fast die ganze Zeit in einem leichten Schlummerzustand verbracht hatte. Deshalb hatte ich kaum Erinnerungen, und deshalb hatte ich auch so hohe Thetawerte erzielen können. Bei der zweiten Sitzung verstellte ich die Rückenlehne meines Stuhls kaum und saß aufrechter. Dieses Mal kam ich mit meinem Theta nur auf 25 Prozent, aber dafür war ich sicher, nicht geschlafen zu haben. Ich konnte mich an eine ganze Reihe von Bildern erinnern, die mir durch den Sinn geschossen waren, manche anscheinend aus dem Nichts, andere mit einem Bezug zu meinem Leben. Ich kam mir mehr wie ein Beobachter vor, nicht wie jemand, der dabei ist und die Erfahrungen wirklich macht – ich hatte zwar Interesse an dem, was ich sah, war jedoch gleichzeitig unbeteiligt. Das war genau die losgelöste Haltung, die Green als charakteristisch für den Thetazustand bezeichnet hatte.

In einem Bild sah ich meine verstorbene Großmutter, die eine Treppe zu einer Art Himmel hinaufstieg. In einem anderen beobachtete ich einen Freund, der Drehbuchautor ist, dabei, wie er ein erfolgreiches Treffen durch einen flotten Sprung geradewegs aus dem Fenster beendete – und ich schaffte es an diesem Punkt irgendwie, ein stehendes Bild daraus zu machen, als er gerade mitten in der Luft war. Außerdem gab es einige Bilder, in denen erst irgend etwas festgehalten und dann losgelassen wurde. Als ich diese Bilder hinterher einzuordnen versuchte, kam mir der Satz in den Sinn: »Du mußt schon springen, um die Ernte einzubringen.« Die Herausforderung, wirklich loszulassen, schien sowohl für das Gehirnwellentraining als auch für mein übriges Leben zu gelten. Gleichzeitig war ich mir bewußt, daß ich nie ganz aufhörte, die Kontrolle über das, was geschah, zu behalten.

In der dritten und letzten Sitzung blieb mein Thetawert bei ungefähr 25 Prozent, aber das Gefühl, mich in einer Welt voller Bilder zu befinden, verflüchtigte sich. Ich nahm meine Zerstreutheit und mein Bemühen um Erfolg stärker wahr, und ich war nur mit Unterbrechungen entspannt. Ein paar Bilder stiegen in mir auf, darunter eins, in dem Woody Allen sich plötzlich irgendwie in einen sehr maskulinen Warren Beatty verwandelte, aber dieses Mal war es noch schwieriger für mich, etwas mit dem anzufangen, was ich sah. Ich verließ Topeka mit dem Gefühl, einen Geschmack von den Möglichkeiten bekommen zu haben, die im Thetazustand stecken, aber auch im ungewissen darüber, wohin eine Fortsetzung dieses Trainings führen könnte.

Meine zweite Erfahrung mit dem Thetatraining machte ich sechs Monate später am letzten von meinen fünf Tagen im Mindcenter. Bis dahin hatte ich vier lange Tage lang mit gemischtem Erfolg versucht, meine Alphawellen zu verstärken. Am letzten Morgen willigten wir ein, eine Sitzung mit Theta-Feedback zu verbringen. Als wir uns in unseren Kabinen niederließen, hatte ich eine gewisse Vorstellung davon, was bei mir funktionieren könnte, zum Teil aufgrund meiner früheren Erfahrungen am Menninger-Institut. Statt es mit einer bestimmten Entspannungstechnik zu probieren, ließ ich mich einfach auf meiner Liege ein wenig zusammensacken, den Körper schlaff und mich selbst schläfrig werden, wobei ich die Augen leicht geöffnet hielt, um nicht richtig einzunicken. Fast augenblicklich hörte ich die Tonsignale lauter und gleichmäßiger werden. Im Gegensatz zu meinem Alphatraining und meinen Menninger-Erfahrungen fühlte ich mich gleich instinktiv in diesem Thetazustand wohl. Als ich später über diese Empfindung nachdachte, fiel mir ein, daß ich mich in meinem Alltagsleben ganz gern leichten Tagträumereien hingebe, die dem traumartigen Thetazustand ähneln. Wenn ich derartig traumbefangen bin, überhöre ich oft eine Frage, die mir jemand stellt, oder verliere bei einer Unterhaltung den Faden und schelte mich dafür aus. Hier hingegen wurde ich – wenn auch nur mit lauteren Tönen – für etwas belohnt, das unter anderen Umständen als unnütz oder sogar unhöflich galt. Während der zweiminütigen Zeitabschnitte war ich ungewöhnlich entspannt und frei von bewußten Gedanken. Es erschienen zwar ein paar Bilder vor meinen Augen, aber ich schenkte ihnen nicht viel Beachtung. Statt dessen überließ ich mich dem freien, angenehmen Gefühl, von dem ich durchdrungen war, und genoß die Tonsignale, die der Beweis dafür waren, daß ich tief in einen anderen Bewußtseinszustand eingetaucht war. Ich konnte Lautstärke und Frequenz der Töne fast schon willkürlich verändern. Ich war mir nicht ganz sicher, wie ich das machte, aber ich empfand eine ruhige Heiterkeit und hatte das seltsame Gefühl, daß ich meinen Geisteszustand zur Zeit vollkommen im Griff hatte, obwohl mir keinerlei Gedanken durch den Kopf gingen. Bei meinen frustrierenden Bemühungen, meine Alphawellen anzukurbeln, hatte ich ab und zu stechende Rückenschmerzen bekommen, aber jetzt fühlte sich mein ganzer Körper entspannt und flexibel an. Beim Alphatraining hatte ich zudem darum gekämpft, körperlich und geistig die Kontrolle zu behalten. War ich in den Thetazustand geschlüpft, fühlte ich mich dagegen sofort sicher, entspannt und zu Hause.

Wenn ich gelegentlich aus dem Thetazustand herausglitt und bewußter wurde, kam ich ins Nachsinnen. Was kann ich tun, fragte ich mich, um an einer so schönen Erfahrung wie eben festzuhalten? Wie sich herausstellte, wußte ich noch ziemlich genau, wie ich überhaupt dazu gekommen war. Mit Kontrolle oder Anstrengung hatte das nichts zu tun. Im Gegenteil, ich überließ mich einer gewissen Schläfrigkeit, blieb dabei aber wach. Dadurch bekam ich ein deutliches Gespür dafür, was es heißt, wirklich loszulassen. Das Erlebnis währte zwar nur kurz, aber ich ging daraus mit der Überzeugung hervor, einen vollkommen neuen, möglicherweise nützlichen Bewußtseinszustand entdeckt zu haben. Allerdings war mir auch klar, daß die Fähigkeit zum Wechsel der Bewußtseinsebenen nicht automatisch zu höheren Erkenntnissen führt. Trotzdem sah ich deutlicher denn je, wie Flexibilität sowohl die eigene Macht als auch die eigenen Möglichkeiten erweitert. Kein Gehirnwellenzustand ist unter allen Bedingungen von gleichem Nutzen, aber die Fähigkeit, sich zum Beispiel frei in Alpha- oder Thetazustände begeben zu können, erschließt einem nicht nur stillere, entspanntere Gemütsbereiche, sondern auch unbewußte Erinnerungen, die sonst unzugänglich und unbekannt sind. Flexibilität ist im Grunde ein Mittel, um das Bewußtsein zu erweitern und zu vertiefen, ein Weg zur Erfahrung eines umfassenderen Lebens.

Heute ist Green mehr denn je von den Möglichkeiten des Thetazustands fasziniert. Bei einem Biofeedback-Workshop 1987 im Menninger-Institut beispielsweise legte ein kaum bekannter Psychologe von einem Veteranenkrankenhaus in Colorado ein Protokoll vor, aus dem hervorging, daß er das Thetatraining erfolgreich bei chronischen Alkoholikern eingesetzt hatte. Zwei Jahre später veröffentlichte Eugene Peniston einen Bericht über eine klinisch kontrollierte Untersuchung, die seine Ergebnisse bestätigte. Seitdem haben noch andere Forscher gemerkt, daß eine derartige Behandlung auch bei Drogenmißbrauch, posttraumatischen, streßbedingten Störungen, Magersucht, Bulimie und anderen Persönlichkeitsstörungen mit großem Erfolg angewandt werden kann. Umgekehrt hat sich das Gehirnwellentraining zur Unterdrückung von *exzessiven* Thetawellen als wirksam bei der Behandlung von Kopfverletzungen, Aufmerksamkeitsstörungen und Depressionen erwiesen.

Greens Hauptaugenmerk gilt allerdings immer noch der Möglichkeit, das Thetatraining als Mittel zur psychischen und spirituellen Entwicklung zu nutzen. »Theta eröffnet einen Weg, eine Schwelle zu überschreiten und Zugang zu allen Räumen des Unbewußten zu finden, vom Keller bis zur Dachterrasse«, erzählte er mir. »Was man mit dem anfängt, was man dort findet, bleibt jedem selbst überlassen. Es kann sein, daß man in diesem Zustand tiefstes Mitleid für andere empfindet, aber man kann auch den perfekten Bankraub planen.« Der Antrieb, weise zu handeln, ist, wie Green weiterhin glaubt, abhängig von der kontinuierlichen Auseinandersetzung mit Persönlichkeitsproblemen, die während des Trainings auftauchen. »Man kann nicht einfach mit einer Art Endspurt über die Schwächen und Fehler der Persönlichkeit hinausgehen«, erklärte er. »Am Ende muß man sich mit jeder einzelnen Frage befassen, die sich stellt. Es gibt sicher keinen einzigen Winkel im Unbewußten, dessen man sich nicht bewußt wird. Bis man sich aber hundertprozentig bewußt ist, kann man natürlich wieder bis auf Null zurückfallen. Entlang des Weges warten alle möglichen raffinierten kleinen Fallen auf das Ego, darunter Selbstgerechtigkeit und mangelnde Bescheidenheit. Vollbewußt zu sein bedeutet, sich unentwegt im Auge zu behalten. Man muß erst seine Persönlichkeit beieinander haben, bevor man seine kosmische Rolle wirklich ausfüllen kann.«

Zugang zu einer anderen Dimension – zu einem höheren Selbst – jenseits der persönlichen Wünsche und Vorlieben zu gewinnen ist Greens höchstes Ziel. »Der wahre Wert des Thetatrainings«, schrieb er jüngst, »ist die relativ kurze Zeit, die man zur Entwicklung der Fähigkeit braucht, ohne jahrelange Meditation mit Versuch und Irrtum in einen Bewußtseinszustand überzuwechseln, in dem man seinem eigenen Selbst von Angesicht zu Angesicht begegnet. Dieses transzendente Wesen ... liegt über, unter, hinter dem Freudschen Ego, liegt in dessen Innern oder wird von ihm versteckt. Die Begegnung mit dem wahren Selbst kann schnell erfolgen, wenn die Persönlichkeit durch das Thetafeedback mittels EEG zur Ruhe gekommen ist und gleichzeitig die Aufmerksamkeit vollkommen frei ›nach oben‹ gerichtet wird. Das Selbst ist offenbar stets bereit, uns zu helfen, sofern wir ihm in der rechten Weise entgegenkommen und uns ihm öffnen.«[14]

»Und was genau bringt das Festhalten an dieser transzendenten Perspektive für den Lebensalltag?« fragte ich Green bei einem Telefonat vor kurzem. »Was diese Arbeit einbringt, ist eine unglaubliche Bewußtheit und Objektivität«, sagte er. »Man spürt alles, was mental, physisch und emotional um einen herum und in einem abläuft, ohne sich im einzelnen damit zu identifizieren. Der transpersonale Blickwinkel gestattet es einem tatsächlich, den inneren Vorsitz zu übernehmen – eine Position, die notwendig ist, will man die einzelnen autonomen Teile seiner Selbst miteinander versöhnen. Wenn das geschieht, kann man seine Aufmerksamkeit weiter nach innen lenken und sich der höheren Möglichkeiten seines Wesens bewußt werden – wie man sich in den gesamten spirituellen Kosmos einfügt. Wir glauben vielleicht, zu unserer eigenen Rettung geboren zu sein. In Wahrheit sind wir aber hier, um uns in unserem Wesen so zu verwandeln, daß wir die Erde retten können.«

II
Der Weg:
Die Möglichkeiten von Körper und Geist

Donnerstag 30.5.96

19h

Wirtschaftkammer
Freistadt

Stromsparnis
Vortrag

Country Hotel Borgen

07281/85850

14h Fr.

9h – 18h Sa.

9h – 16h So.

4
Das größere Ganze

Betty Edwards und die rechte Gehirnhälfte

Klarheit, Einsicht und Verständnis stellen sich nur dann ein, wenn das Denken außer Kraft ist, wenn der Geist still ist. Nur dann kann man sehr klar sehen, dann kann man sagen, daß man wirklich verstanden hat, ... dann ist man zur unmittelbaren Wahrnehmung fähig, weil der Geist nicht länger verwirrt ist.

Krishnamurti

In diesen Augenblicken, deren Merkmal das plötzliche Wegfallen der Last von Angst und Unruhe ist, die so stetig Druck auf unser Alltagsleben ausübt, daß wir ihrer gar nicht bewußt sind, ist das, was sich einstellt, etwas Negatives. Das heißt, es kommt nicht etwa zu »Inspiration«, wie wir normalerweise denken, sondern es werden starke gewohnheitsmäßige Barrieren niedergerissen – die sich sehr schnell wieder zu formieren pflegen. Aber manches Hindernis wird vorübergehend geradezu hinweggefegt.

T. S. Eliot

Betty Edwards kam auf Umwegen zu ihrer Suche nach Weisheit. Zu Anfang war sie keineswegs von dem Wunsch nach einem erfüllteren Leben oder dem Interesse an der Kultivierung höherer Bewußtseinszustände motiviert. Vielmehr suchte die Kunstlehrerin nach Möglichkeiten, ihren Schülern wirklichkeitsgetreues Zeichnen beizubringen, wollte ihnen zu einer klareren Sicht verhelfen. Beim Zeichnen öffnete sich für sie völlig überraschend ein Fenster, durch das sie erkannte, auf welche Art und Weise das Gehirn Informationen verarbeitet – und warum die meisten Leute nur einen so begrenzten Gebrauch von der Fülle seiner Möglichkeiten machen. Seitdem hat sie sich der Aufgabe gewidmet, aufzuzeigen, daß sich hinter unserer Art, logisch, analytisch und verbal zu denken, häufig eine vollkommen andere Intelligenzebene verbirgt, die eher visuell, imaginativ, metaphorisch und nonverbal ist. Durch diese Einsicht konnte sie nicht nur wirklichkeitsgetreues Zeichnen lehren, sondern auch moderne wissenschaftliche Erkenntnisse über die unterschiedlichen Fähigkeiten der linken und rechten Hemisphäre des Gehirns bestätigen. Frau Edwards war die erste aus einer Reihe von Leuten, an die ich mich wandte, die mit großem Erfolg bedeutende, aber oft unerkannte oder unterbewertete geistig-körperliche Fähigkeiten schulen. Diese Fähigkeiten sind, wie ich meine, überaus wichtige Werkzeuge bei jeder Suche nach Weisheit.

Edwards kam zum Beispiel zu der Überzeugung, daß die Fähigkeit, scheinbar gegensätzliche Denkweisen des Gehirns miteinander zu versöhnen oder frei zwischen ihnen hin und her zu wechseln, grundlegend für eine optimale Ausnutzung des Geistes ist – und für ein erfülltes Leben. Edwards war 64, als wir uns bei einem ihrer Zeichenworkshops an der Harvard-Universität zum ersten Mal begegneten. Sie war mir sofort sympathisch. Groß und schlank, konservativ gekleidet und distinguiert, ja formvollendet in ihrem Auftreten, wirkte sie so in sich ruhend, daß ich mich augenblicklich wohl fühlte. Auch in ihrem eigenen Leben söhnt sie gegensätzliche Bestrebungen miteinander aus. Bei aller Sanftheit, Weitherzigkeit und Zurückhaltung ist sie doch eine logisch denkende, realistische Frau, die sich artikulieren kann und sehr genau zu unterscheiden weiß. Sie spricht leise und etwas schleppend mit einem gewissen Understatement, ohne Zweifel an der unmißverständlichen Leidenschaft für ihre Arbeit zu lassen. Im Lauf der Zeit, die ich mit ihr zusammen war, habe ich sie schätzen und bewundern gelernt.

Edwards hat sich eine eigene Position in der Erforschung der rechten und linken Gehirnhälfte erworben. Einerseits ist in wissenschaftlichen Kreisen eine spezialisierte Diskussion im Gange über die genaue Rolle, die jede Hirnhälfte bei verschiedenen Aufgaben spielt. Das andere Extrem ist die populäre Trivialisierung der komplexen Beziehung zwischen den beiden Hirnhälften, wobei die rechte Hemisphäre als Quelle von Kreativität, Intuition, Gefühlstiefe und sogar höherem Bewußtsein bezeichnet wird. Edwards argumentiert sehr überzeugend, daß die Stärken der rechten Gehirnhälfte in unseren Schulen und generell in unserer Kultur unterbewertet und entsprechend schlecht ausgebildet worden sind. Gleichzeitig will sie beweisen – besonders mit ihrem Kreativitätstraining –, daß die höchsten Funktionsebenen dann erschlossen werden, wenn die besonderen Fähigkeiten jeder Hirnhälfte den Anforderungen einer bestimmten Aufgabe entsprechend richtig und flexibel ausgeschöpft werden.

In der Praxis bedient sich Edwards Techniken, die auf die rechte Hemisphäre zurückgreifen, um Schülern schnell beizubringen, realistisch zu zeichnen, selbst wenn sie noch sehr ungelenk sind. Andererseits bewegen ihre Methoden die Schüler dazu, in einen zeitlosen, wortlosen, höchst konzentrierten Bewußtseinszustand einzutreten, der sich im allgemeinen erst durch intensive Meditationsübungen eröffnet. Wie ich selbst gemerkt habe, sieht man in diesem Bewußtseinsstadium nicht nur klarer und mehr, sondern man erlebt auch hautnah, wie Sprache und Denken die unmittelbare Wahrnehmung behindern. Bei Frau Edwards Zeichnen zu lernen war eine äußerst befriedigende Erfahrung für mich und die meisten anderen Kursteilnehmer. Außerdem bahnt einem Edwards' Methode einen Weg in Dimensionen des Geistes – einschließlich des Unbewußten und der transpersonalen Zustände jenseits des eigenen Ichs –, die womöglich einzig durch die rechte Hirnhälfte zugänglich sind.

Edwards war von Kindesbeinen an sowohl visuell als auch verbal begabt, und es waren diese starken Seiten, die durch ihre Erziehung gefördert und belohnt wurden. Aufgewachsen ist sie in einer armen Arbeiterfamilie in Long Beach, Kalifornien. Die finanziellen Umstände zwangen sie, Sehfähigkeiten zu entwickeln, über die viele andere Kinder nicht verfügten. »Es gab noch kein Fernsehen, und wir waren zu arm, um uns einen Kinobesuch leisten zu können«, erzählte sie mir bei unserem Treffen in ihrem Haus in Santa Monica.

»So ziemlich alles, was wir zu unserer Unterhaltung hatten, war ein Radio, das bildliches Vorstellungsvermögen erfordert. Ich konnte mir jedesmal, wenn ich das Radio einschaltete, im Geiste eine ganze Menagerie von Charakteren vor Augen führen. Heute bekommen wir die Bilder von außen, statt sie innerlich entstehen zu lassen. Es ist nicht mehr nötig, sich etwas bildhaft vorzustellen, denn man braucht nur das Fernsehen einzuschalten, und schon ist alles da.«
Auch ihre gestörte Beziehung zur Mutter macht Edwards für ihre Ausrichtung aufs Visuelle verantwortlich. Die Mutter, chronisch depressiv und geistesabwesend, schenkte der kleinen Betty wenig Aufmerksamkeit und sorgte so dafür, daß sich die Kleine stundenlang Tagträumen hingab. Zu dem wenigen, was ihrer Mutter Freude machte, gehörte das, was sie in ihrer unmittelbaren Umgebung wahrnahm. Wenn sie einkaufen ging und die neunjährige Betty mitzuckelte, äußerte die Mutter jedesmal Entzücken über Geranienblüten, die über eine Mauer hingen, das Spiel des Sonnenlichtes auf dem Haar eines Vorübergehenden oder die Farbe einer bestimmten Blume. Edwards erinnert sich noch, daß es sie stets wunderte, was an diesen Dingen ihrer Mutter so ungewohntes Vergnügen bereiten mochte. Da sie dieses Geheimnis unbedingt lüften wollte, um mehr Beachtung bei ihrer Mutter zu finden, lernte sie, sich ihre Umgebung genau anzusehen. Dabei erlebte sie einmal etwas, das sie später als »kognitiven Wandel« beschrieb – den Wechsel in einen völlig anderen Bewußtseinszustand. »Von klein auf konnte ich recht gut zeichnen«, erklärte sie später. »Ich glaube, ich war eins der wenigen Kinder, die zufällig auf eine Sehweise stoßen, die einen in die Lage versetzt, ziemlich gut zu zeichnen. Ich weiß noch, daß ich mir schon als kleines Kind sagte, daß ich ›das‹ tun müßte, wenn ich zeichnen wollte. Dieses ›das‹ definierte ich nie näher, aber ich wußte, daß ich das, was ich zeichnen wollte, eine Zeitlang anstarren mußte, bis ›das‹ eintraf. Dann vermochte ich es mit einem für ein Kind großen Können zu zeichnen.«
Als Edwards zu zeichnen begann, interessierte sich die Mutter nicht sonderlich dafür, aber der Vater war so stolz auf die Begabung

seiner Tochter, daß er sich oft neben sie stellte und ihr die Bleistifte spitzte, während sie arbeitete. Diese Beachtung machte ihr ungeheure Freude, fühlte sie sich doch geliebt und bestätigt, und das beflügelte sie in ihrem Wunsch, beim Zeichnen zu bleiben. Meistens war der Vater jedoch viele Stunden fort von zu Hause bei der Arbeit, und die Mutter war in einer eigenen Welt. Edward nahm schließlich ihre Zuflucht zu Büchern und Ideen. Die ältere Schwester ihrer besten Freundin war Bibliothekarin und wurde eine Art Ersatzmutter für Betty. Diese Schwester gab den Mädchen jede Woche etwas zu lesen mit, um später mit ihnen darüber zu reden. Die Freude an Büchern stellte für Edwards die Verbindung zu einer anderen geistigen Dimension her. Ihre Eltern hatten beide keinen High-School-Abschluß, und als sie schließlich zum Studium zugelassen wurde, war sie das erste Mitglied ihrer Familie, das ein College besuchte.

Kurz nach Beendigung ihres Studiums heiratete sie und bekam schnell hintereinander zwei Kinder, die später beide einen künstlerischen Beruf ergriffen. Ihre Tochter Anne ist Museumsdirektorin und ihr Sohn Brian Kunstmaler. Wie die meisten Frauen ihrer Generation zog Frau Edwards nie in Betracht, selbst Karriere zu machen. Doch als es mit ihrer Ehe bergab ging, widmete sie sich wieder der Kunst und begann, ihre Werke auszustellen. Nach der Scheidung geriet sie unter finanziellen Druck und eröffnete ein Kunststudio am Wilshire Boulevard in West Hollywood. Das erwies sich als sehr ungewisse Geldquelle, und so beschloß sie, Kunstlehrerin zu werden. Ihre erste Anstellung bekam sie 1965 an der Venice High-School. Sie war mit Leib und Seele Lehrerin, aber es enttäuschte sie zutiefst, daß sie nur ganz wenigen Schülern mit Worten beibringen konnte, wirklichkeitsgetreu zu zeichnen. »Warum zeichnet ihr nicht einfach, was ihr seht?« pflegte sie aufgebracht zu fragen. Eines Tages hatte sie einen wunderlichen Einfall; sie schlug ihren Schülern vor, eine Zeichnung, die sie kopieren sollten, auf den Kopf zu drehen. Es dauerte nur Minuten, und all die zappeligen, schwatzhaften, leicht abzulenkenden Jugendlichen waren totenstill und widmeten sich vollkommen konzentriert der gestellten Aufgabe. Noch verblüffender als das waren die Zeichnungen, die sie danach ablieferten. Es verschlug Edwards die Sprache, so genau waren sie.

Dieses Rätsel wollte ihr nicht mehr aus dem Kopf. Dann las sie 1968 in der *Los Angeles Times* einen Artikel über eine Gehirnhälftenuntersuchung, die der Neurochirurg Roger Sperry am California Institute of Technology durchführte. Für diese Arbeit, bei der zum ersten Mal der rechten Hirnhälfte einzigartige Fähigkeiten attestiert wurden, erhielt er schließlich den Nobelpreis. Als Edwards den Artikel über Sperrys Forschungen las, verstand sie plötzlich, was an dem Tag passiert war, als sie ihre Schüler gebeten hatte, die Zeichenvorlagen auf den Kopf zu drehen. Die verbale linke Hemisphäre, das fiel ihr sofort auf, ist zum Zeichnen ungeeignet, während die besonderen Fähigkeiten der rechten Hemisphäre genau die zum akkuraten Sehen und Zeichnen erforderlichen sind. Es drängte sich ihr sogar die Vermutung auf, daß das normale Denken und Urteilen das einfache, tiefgehende, volle Sehen buchstäblich verhindert. Im darauffolgenden Jahr nahm Edwards eine Lehrtätigkeit an einer Handelsschule im Stadtzentrum von Los Angeles auf und bereitete sich gleichzeitig in Abendkursen an der Universität von Kalifornien in Los Angeles auf ihre Promotion vor. 1976 promovierte sie mit einer Arbeit, die sich auf eine Untersuchung der Auswirkungen umgedrehter Zeichenvorlagen gründete. Vereinfacht ausgedrückt stellte sie die These auf, daß die linke Hirnhälfte, wenn ihr die Möglichkeit genommen wird, Gegenstände zu erkennen und zu benennen, versagt und die Aufgabe der rechten Hirnhälfte zuweist.

Aufgrund ihrer Doktorarbeit wurde Edwards als Dozentin an die Universität von Kalifornien in Long Beach berufen. Als ein Lektor des Fachbuchverlages Prentice Hall Interesse daran äußerte, ihre Doktorarbeit als Buch zu veröffentlichen, falls sie diese umschreiben würde, setzte sie sich hin und schrieb sechs Probekapitel. Die Reaktion war eine schroffe Absage. Beigefügt war der Kommentar eines Gutachters, der um eine Prüfung der Kapitel gebeten worden war. »Ich habe das ganze Manuskript gelesen«, lautete der Begleittext, »aber es wäre nicht nötig gewesen.« Zum Glück warf ihr bester Freund, ein Mathematikprofessor namens William Bergquist, die Absage einfach in den Papierkorb. »Er hatte ein absolut unerschütterliches Vertrauen in mich«, erklärte Edwards. »Er sagte: ›Vergiß es einfach. Mach weiter und schreib das Buch zu Ende. Du schaffst es.‹ Ohne ihn hätte ich aufgehört.« 1978 wurde ein kleiner kalifornischer Verleger, Jeremy Tarcher, auf Edwards' Manuskript aufmerksam und bot ihr 6000 Dollar Vorschuß für das Buch. Sie nahm das Angebot sofort an. Zwei Wochen nach Auslieferung ihres Buches *Drawing on the Right Side of the Brain* (deutscher Titel: *Garantiert Zeichnen lernen. Das Geheimnis der rechten Hirn-Hemisphäre und die Befreiung unserer schöpferischen Gestaltungskräfte*) im Winter 1979 landete der Titel bereits auf der Bestsellerliste der *New York Times.* Seitdem sind allein in den USA mehr als 1,5 Millionen Exemplare verkauft worden, und der Trend hält noch immer an. Ihr zweites Buch, *Der Künstler in dir,* das die Rolle beider Hirnhälften für die Kreativität untersucht, hat in den USA eine Auflage von über 500000 Exemplaren erreicht.

Obgleich Edwards zuerst von Roger Sperrys Arbeit inspiriert wurde, geht die Forschung, die schließlich zu seinen Erkenntnissen führte, bis in die Anfänge des 19. Jahrhunderts zurück. 1836 äußerte der französische Landarzt Marc Dax bei einem Medizinertreffen in der französischen Stadt Montpellier die Vermutung, daß die Sprache überwiegend mit der linken Gehirnhälfte verbunden sei. Dax sah seine Auffassung durch seine klinischen Erfahrungen mit 40 Patienten begründet, die unter Gehirnschädigungen litten. In jedem Fall hatte die Schädigung der linken Hirnseite zu einem Verlust der Sprache geführt, während die Schädigung der rechten Hirnhälfte keine solche Wirkung nach sich zog. Diese Art von anekdotischen klinischen Beobachtungen trug ihm keine Hochachtung von seiten seiner Kollegen ein, und als er im darauffolgenden

Jahr starb, setzte keiner von ihnen seine Arbeit fort. Es dauerte fast dreißig Jahre, bis der britische Neurologe John Hughlings Jackson die Beobachtungen von Dax bestätigte, daß die Sprache meistens der linken Hirnseite zugeordnet ist. Jackson ging noch einen Schritt weiter und spekulierte, daß die rechte Hirnseite womöglich ganz eigene Funktionen wahrnehme. »Wenn es sich in breiterem Maße nachweisen ließe, daß die Ausdrucksfähigkeit ihren Sitz in der einen Hirnhemisphäre hat«, schrieb er mit prophetischem Blick, »ist es keineswegs absurd, die Frage zu stellen, ob dann nicht vielleicht die Wahrnehmung – der entsprechende Gegenpol – ihren Sitz in der anderen hat.«[1]

Jacksons Ideen erschienen seinen Kollegen kaum glaubhaft. Bis auf wenige Ausnahmen interessierte sich in den nächsten hundert Jahren kaum jemand für die Möglichkeit, daß die rechte Hirnhälfte mehr sein könnte als nur eine stumme untergeordnete Begleiterscheinung der linken. Als sich im Westen schließlich mehr und mehr eine wissenschaftliche Vorgehensweise durchsetzte, wurde immer mehr Wert auf Rationalität und Logik – die Markenzeichen der linken Hirnhälfte – gelegt. Im Gegenzug wurde alles Intuitive und auf Impression beruhende als primitiv, magisch und unbeweisbar abgetan. 1926 schloß eine Kritik der wissenschaftlichen Fachliteratur zu diesem Thema mit dem Satz: »Auf jeden Fall ist die rechte Hirnhälfte im Vergleich zur linken offenkundig minderwertig.« Noch 1943 behaupteten zwei namhafte Wissenschaftler: »Beim Menschen liegen die höheren Funktionen grundsätzlich in nur einer zerebralen Hemisphäre« – natürlich der linken. Die Wissenschaftler stimmten überein, daß die einzige Vergleichbarkeit der beiden Hirnhemisphären darin bestehe, daß die linke offenbar die Kontrolle über die körperlichen Funktionen der rechten Körperseite ausübe und die rechte die Kontrolle über die linke Körperseite.

Roger Sperry nahm seine Forschungen Anfang der fünfziger Jahre auf. Anhand von Experimenten mit Katzen konnte er nachweisen, daß das Corpus callosum, die Nervenverbindung zwischen den beiden Großhirnhemisphären, als Leitung der Informationsübermittlung dient. Trotzdem blieb auch jetzt noch rätselhaft, warum es zwei Hirnhälften gibt. Zu Beginn der sechziger Jahre führten Sperry und etliche seiner Studenten Untersuchungen an Patienten durch, die unter schweren epileptischen Anfällen litten. In ihrer verzweifelten Hoffnung auf Linderung der Symptome, die sie zu Schwerstbehinderten machten, willigten diese Patienten in eine Radikaloperation ein, bei der der Nervenstrang zwischen den beiden Hirnhemisphären durchtrennt wird. Diese Operation hebt die Behinderungen der Patienten bis zu einem gewissen Grad auf. Die beiden Hirnhälften können danach nicht mehr miteinander kommunizieren, aber zur Überraschung der Forscher hatte das keine sichtlichen Auswirkungen auf die normalen Funktionen der meisten Patienten.

Sperrys nächster Schritt war die Durchführung einer Reihe von genialen Experimenten, mit denen die Möglichkeit erforscht werden sollte, daß tatsächlich jede der beiden Hirnhemisphären einzigartige Fähigkeiten besaß. Bei einem Versuch wurden zum Beispiel zwei verschiedene Bilder gleichzeitig auf eine Leinwand projiziert, eins für die linke, das andere für die rechte Hirnhälfte, und zwar so, daß es dem Patienten nicht möglich war, beide Bilder gleichzeitig wahrzunehmen. So wurde das Bild eines Löffels, das auf die linke Seite der Leinwand projiziert wurde, nur von der rechten Hirnhälfte wahrgenommen und verarbeitet; das Bild eines Messers, auf die rechte Seite der Leinwand projiziert, wurde hingegen nur von der linken Hirnhälfte wahrgenommen und verarbeitet. Als die Patienten anschließend befragt wurden, was sie gesehen hatten, gaben sie ohne Ausnahme an, der Gegenstand sei ein Messer gewesen. Doch als sie danach aufgefordert wurden, einmal hinter die Leinwand zu greifen und das Objekt zu ergreifen, das sie gesehen hatten, wählten sie den Löffel. Kurz: Der linken Hirnhemisphäre stand Sprache zur Verfügung, um zu beschreiben, was sie wahrgenommen hatte. Der rechten Hemisphäre zwar nicht, aber sie konnte das Objekt, das sie wahrgenommen hatte, danach identifizieren, wie es geformt war und sich anfühlte. Als die Patienten, die den Löffel gewählt hatten, gefragt wurden, was sie denn da in der Hand hätten, herrschte meist ein paar Sekunden lang Verwirrung, und dann kam die falsche Antwort: »Ein Messer.« Das war nicht nur ein Hinweis auf die physiologische Tatsache, daß die beiden Hirnhälften nicht miteinander kommunizierten, sondern auch ein weitgehender Hinweis auf ihre jeweiligen Funktionen. Die verbale linke Hirnhemisphäre sprang anscheinend ein und lieferte eine Antwort, auch wenn ihr die entsprechenden Informationen fehlten.

Sperry und sein Student Jerry Levy konnten schließlich den Nachweis führen, daß die beiden Hirnhemisphären Informationen auf vollkommen unterschiedliche Art und Weise verarbeiteten. »1970«, schrieb Levy, »war die Herrschaft der linken Hirnhälfte endgültig vorbei. Die große Mehrheit der Forscher kam zu dem Schluß, daß jede Seite des Gehirns ein hochspezialisiertes Denkorgan ist, wobei die rechte Hirnhälfte überwiegend Funktionen wahrnimmt, die die Funktionen der linken ergänzen.«[2] Die linke Hemisphäre, so Sperry, habe vor allem analytische Aufgaben, insbesondere diejenige, Sprache hervorzubringen und zu verstehen. Sie gehe offenbar abschnittsweise, Schritt für Schritt und mit Zeitbewußtsein vor, treffe aufgrund von logischen Folgerungen vernünftige Feststellungen und arbeite auf Entscheidungen hin. Außer für sprachliche Aufgaben scheine die linke Hirnhälfte auch für Probleme wie Kontoführung, Zeitplanung und das pünktliche Erscheinen bei Verabredungen besser geeignet zu sein.

Vieles davon war längst bekannt. Der eigentliche Durchbruch war Sperrys Nachweis der hochentwickelten Fähigkeiten der rechten Hirnhemisphäre. Nicht allein, daß sie visuell und räumlich erheblich funktionstüchtiger war als die linke und zum Beispiel Gesichter viel besser erkennen konnte, sie besaß auch viel ausgeprägtere Fähigkeiten, Dinge ganzheitlich zu erfassen und die einzelnen Teile auf das Ganze zu beziehen. Infolgedessen war die rechte Hirnhälfte im Vorteil, wenn es darum ging, die Klangnuancen einer Stimme zu interpretieren, Metaphern zu verstehen oder auch neue Vorstellungen zu bestimmten Ideen zu entwickeln. Und da die rechte Hirnhälfte weniger als die linke darum bemüht war, sich in einen bestimmten Rahmen einzufügen oder schwierige Aufgaben durch logisches, lineares Denken zu bewältigen, löste sie Probleme eher mit großem intuitivem Schwung und aufgrund von plötzlichen Eingebungen. Aus alledem schloß Sperry, daß die Spezialisierung der Hirnhälften nicht nach dem Schema »alles oder nichts« funktioniere. Sie orientiere sich vielmehr an einem graduellen Schema. Für bestimmte Aufgaben sei jeweils eine Hirnhemisphäre besser geeignet, während die größten, sehr komplexen Probleme offenbar die Zusammenarbeit beider Hemisphären erforderten.

Daß diese beiden Arten der Datenverarbeitung bereits vor mehreren Jahrtausenden intuitiv erfaßt wurden, geht aus der östlichen mystischen Literatur hervor. Die chinesische Vorstellung des Yin und Yang beispielsweise stimmt ziemlich genau mit Sperrys Erkenntnissen über die wissenschaftlich nachweisbaren Eigenschaften der linken und rechten Hirnhälfte überein. Yin entspricht unter anderem der linken Körperseite (und infolgedessen der rechten Hirnhälfte), dem Unbewußten und der Intuition, Yang hingegen der rechten Körperseite (und linken Hirnhälfte), das heißt dem bewußten Denken und der Vernunft. 1930 hat Sri Aurobindo, der im Westen erzogene indische Yogi, den Michael Murphy so bewunderte, zwei völlig unterschiedliche Arten von Wissen beschrieben. »Der Denkapparat ist ein Organ, das sich in zwei wesentliche Kategorien teilen läßt«, schrieb er. »Rechts die Fähigkeiten des Begreifens, der Kreativität und der Synthese, links die Fähigkeiten zu Kritik und Analyse ... Die linke Seite beschränkt sich auf das, was als gesicherte Wahrheit gilt, die rechte greift das auf, was noch unbestimmt und ungesichert ist. Beide sind unabdingbar für die Vollkommenheit der menschlichen Vernunft. Diese wichtigen Funktionen des Apparates müssen zu ihrer höchsten und besten Leistung gebracht werden, wenn die Erziehung eines Kindes nicht unvollkommen und einseitig sein soll.«[3]

Sperry kam nach und nach zu der Überzeugung, daß sich im Westen ein Ungleichgewicht eingestellt hatte. »Das jetzt anliegende

Hauptproblem«, schrieb er 1973, »liegt darin, daß es offenbar zwei Arten von Denken getrennt voneinander in der linken und rechten Hirnhemisphäre gibt, das verbale und das nichtverbale, und daß unser Bildungssystem und die Wissenschaft ganz allgemein dazu neigen, die nichtverbale Form des Intellekts zu vernachlässigen. Letzten Endes diskriminiert die heutige Gesellschaft die rechte Hirnhemisphäre.«[4]

Ich begegnete Betty Edwards schon in der Anfangsphase meiner Nachforschungen. Fasziniert von den Ideen, die ich in ihrem Buch kennengelernt hatte, rief ich sie in ihrem Büro in Kalifornien an in der Hoffnung, ein Treffen mit ihr vereinbaren zu können. Ihre Assistentin nannte mir eine Telefonnummer in Cambridge, Massachusetts, wo ich sie in ihrem Hotel erreichte. »Es wäre mir eine Freude, mich ausführlich mit Ihnen zu unterhalten«, sagte sie freundlich, nachdem wir ein paar Minuten miteinander geplaudert hatten. »Aber wenn Sie wirklich verstehen wollen, was ich mache, empfehle ich Ihnen, an dem fünftägigen Zeichenkurs teilzunehmen, den ich von morgen ab in Harvard gebe. Wie wär's, wollen Sie nicht kommen?«
Das wirkte fast so auf mich, als hätte sie mich gebeten, meine Kleider abzulegen und an einer Nackt-Encountergruppe teilzunehmen. »Ich kann absolut nicht zeichnen«, wehrte ich ab.
»Das ist ja wunderbar!« erwiderte sie lachend.
»Wieso?« fragte ich.
»Schüler wie Sie sind sehr begehrt«, erklärte sie. »Mit ihnen lohnt sich die Arbeit am meisten. Die Entwicklung ist dann geradezu stürmisch.«
»Nein, Sie verstehen nicht richtig«, sagte ich. »Ich bin eine totale Niete. Ich kann *wirklich* nicht zeichnen.«
»Das habe ich schon oft gehört«, sagte Frau Edwards jetzt so bestimmt, daß es mich entwaffnete. »Ich hoffe sehr, daß Sie die Zeit finden.« Nach kaum einer Stunde war meine Entscheidung gefallen. Meine vierjährige Tochter zeichnete besser als ich, und daran

würde sich wohl auch nichts ändern. Aber wenigstens würde ich eine Menge über das lernen können, was Edwards »die starken, oft von der Sprache in den Schatten gestellten Hirnfunktionen« nennt.[5]
Ich traf am nächsten Morgen gerade rechtzeitig zum Kursbeginn ein. Unter den gut vierzig Teilnehmern waren ein Arzt, ein Immobilienmakler, ein Restaurator sowie mehrere Kunstlehrer und Maler. Nach der Natur zu zeichnen, erklärte uns Frau Edwards als erstes, hinge in erster Linie davon ab, daß man die Kunst der unmittelbaren Wahrnehmung beherrsche. »Die linke Hirnhälfte will alles benennen und kategorisieren, was per Definition Einschränkung und Vereinfachung bedeutet«, sagte sie. »Das trübt den Blick für das, was wirklich da ist in all seiner Komplexität. Nach Ansicht der meisten von uns entzieht sich das Gehirn weitgehend unserer Kontrolle. Es scheint ein Eigenleben zu haben. Das Paradoxe daran ist, daß uns dann, wenn es ums Sehen – und Zeichnen – geht, ausgerechnet das Ablassen von dem, was wir wissen, letztendlich eine größere Beherrschung verschafft.« Die erste Schwierigkeit, fuhr sie fort, sei die, daß die meisten Menschen nicht das zeichneten, was vor ihnen stünde, sondern das reproduzierten, was sie schon kennten. Von Kindheit an speichern wir in unserem Gedächtnis Hunderte von Symbolen für Gegenstände – die primitive Darstellung eines Mundes, einer Nase, eines Baumes, einer Katze, eines Stuhls, eines Hauses. Werden wir zum Zeichnen aufgefordert, schauen wir uns die einzigartigen Merkmale des Gegenstandes vor uns im allgemeinen nicht genau an. Vielmehr kopieren wir automatisch eine stark vereinfachte Version des Objektes, die sich auf unsere Kindheitssymbole und -auffassungen gründet. »Sehen zu können, was wirklich da ist«, sagte Frau Edwards mit ihrer weichen, melodischen Stimme, »setzt den Wechsel zu einer anderen Wahrnehmungsebene voraus. Die Worte werden bedeutungslos, und das Denken macht der unmittelbaren Wahrnehmung Platz.«
Dieser nichtverbale Bewußtseinszustand entspricht, wie Frau Edwards uns sagte, der Sehweise des Künstlers. Indem wir das fah-

renlassen, was wir bewußt »wissen«, befreien wir uns und können die Welt endlich so sehen, wie sie tatsächlich ist – und das abbilden, was wir sehen. »Wir besitzen die zum Zeichnen nötigen Fähigkeiten schon«, erklärte uns Frau Edwards. »Der Trick ist der, das Wissen beiseite zu lassen, das uns im Weg steht.« Wie sie sagte, hat sie erst durch die Reflexion ihrer eigenen Zeichenerfahrungen und die Bemerkungen ihrer Schüler die Merkmale des Zustandes identifizieren können, in dem man genauer sieht. Wenn sich der betreffende Wechsel vollzieht, wird nach ihrer Erfahrung das innere Geschwätz, das wir fast alle unentwegt im Kopf hören, leiser. Ebenso der Wunsch nach einem Gespräch mit jemandem. Statt dessen wird man vollkommen von der Aufgabe in Anspruch genommen und verliert häufig jedes Zeitgefühl. »Bei einer besonders tiefen Veränderung habe ich ein Empfinden von Einssein. Stift, Papier, der Zeichengegenstand, das alles wird eins«, erzählte sie uns. »Man verliert das Gefühl, ein von dem Vorgang getrenntes Wesen zu sein.« Edwards hat sich nie mit der mystischen Literatur des Ostens befaßt, dabei hat ihre Beschreibung der idealen Geistesverfassung beim Zeichnen eine bemerkenswerte Ähnlichkeit mit der mystischen Erfahrung des Einheitsbewußtseins. In beiden Fällen weicht das aktive Geschwätz des verbalen Geistes einer stilleren inneren Erfahrung, während gleichzeitig die bewußte Wahrnehmung umfassender und genauer wird. Mir fiel ein Satz von Ram Dass ein. »Gedanken«, hatte er gesagt, »nähren unser Gefühl der Getrenntheit und verwehren uns den Zugang zu wahrhaft tiefempfundener Verbundenheit.«

Fast jeder hat nach Edwards' Meinung in irgendeiner Weise schon einmal das erlebt, was sie den »kognitiven Wandel« nennt, durch den man plötzlich »mit anderen Augen« sieht. Dieser Wandel kann dann auftreten, wenn man vollkommen versunken Musik hört, bei einem sportlichen Wettkampf »alles um sich her vergißt« oder einen Nachmittag lang selbstverloren im Garten arbeitet. Die letztgenannte Erfahrung ist Frau Edwards besonders geläufig, da sie viele Stunden in dem herrlichen terrassierten Blumengarten verbringt, der sich direkt hinter ihrem Haus im Santa-Monica-Canyon in Los Angeles den Steilhang hinaufzieht. »Ich hatte phantastische Erlebnisse beim Gärtnern – von der gleichen Art wie die beim Zeichnen oder Malen«, erzählte sie mir einmal, als wir in ihrem Garten zusammensaßen. »Alles erschließt sich einem für einen Augenblick, und man findet Einlaß in einen Seinszustand der Verbundenheit, den man sich bis in alle Ewigkeit erhalten möchte.«

Nach Beendigung ihres Einführungsvortrags prüfte Frau Edwards zunächst den derzeitigen Stand unseres Könnens. Jeder von uns mußte vor dem eigentlichen Unterrichtsbeginn drei Zeichnungen anfertigen: eine von einem Modell, das vorn saß, die zweite von einer Person aus der Erinnerung und die dritte von einer seiner Hände. Zweck der Zeichnungen war, eine Vergleichsgrundlage zu schaffen für das, was wir am Ende des Kurses zu zeichnen vermochten. Die meisten Kursteilnehmer könnten kaum glauben, in bloß fünf Tagen so weit gekommen zu sein, sagte uns Frau Edwards. Das sei aber der Fall, ganz unabhängig davon, auf welcher Stufe sie begonnen hätten. Edwards wundert es auch nicht weiter, daß die meisten aktiven Künstler und Kunstlehrer, die an ihren Kursen teilnehmen, nie gelernt haben, realitätsgetreu zu zeichnen, und nicht einmal glauben, die Fähigkeit dazu erwerben zu können.

Für mich war die Aussicht, das vorn sitzende Modell genau wiedergeben oder gar ein Gesicht aus der Erinnerung zeichnen zu müssen, geradezu lächerlich. Aber ich machte doch zum Spaß mit. Innerhalb der nächsten 45 Minuten produzierten fast alle meine Klassenkameraden passable Zeichnungen, nichts Spektakuläres, aber auch nichts, was völlig daneben gewesen wäre. Als ich Frau Edwards meine Zeichnungen brachte, lächelte sie. Ich lächelte auch. Schließlich hatte ich sie ja gewarnt. »Gut«, sagte sie auf ihre sanfte, ermutigende Art, mit der sie, wie ich bald merkte, jede Kritik zu äußern pflegte. »Also, Tony, in meinen Augen sieht es ganz so aus, als hätten Sie mit sechs Jahren zu zeichnen aufgehört.« Das war nicht als Beleidigung gemeint. Edwards ist davon überzeugt, daß Zeichnungen nach Anweisung nicht viel über die Begabung des Betreffenden aussagen, sondern ein Hinweis darauf sind, an welchem Punkt des Lebens die zeichnerische Entwicklung einfach zum Stillstand gekommen ist. Ihres Wissens passiert das meist schon in der Kindheit, da das Zeichnenkönnen in der Schule selten als wichtig eingestuft wird. Nur Menschen wie sie selbst, die zufällig den »kognitiven Wandel« erleben und infolgedessen mit Leichtigkeit gut zeichnen können, werden gefördert. Die meisten Kinder hören bereits vor der Pubertät ganz mit dem Zeichnen auf.

In ebendieser Zeit wird die Erziehung insgesamt immer verbaler, linearer und numerischer, wie Frau Edwards darlegte, und der Erfolg wird weitgehend an den Leistungen in diesen Bereichen gemessen. Künstlerische und visuelle Begabungen wie auch eine lebhafte Einbildungskraft werden immer mehr unterbunden oder ganz abgelehnt. Es besteht kaum Nachfrage nach Zeichenklassen oder nach Kursen, in denen Wahrnehmungsfähigkeit und Kreativität geschult werden oder ein Verständnis dafür vermittelt wird, wie das Gehirn lernt. »Die Folge davon ist«, erklärte Frau Edwards uns, »daß eine der Hauptstärken des Gehirns – die rechte Hirnhemisphäre – so gut wie gar nicht ausgenutzt wird.« Frau Edwards gab allerdings auf mein Drängen hin zu, daß sie selten jemanden wie mich kennengelernt hätte, bei dem die visuelle Entwicklung schon so früh zum Stillstand gekommen sei. Das schien ihren Enthusiasmus jedoch noch zu beflügeln. »Das ist großartig, Tony«, sagte sie, »es wird Spaß machen, mit Ihnen zu arbeiten.«

Nächster Punkt auf der Geschäftsordnung war die Entmystifizierung des Zeichnens. »Die Behauptung, diese Fähigkeiten seien reine Magie oder gottgegeben, ist ein Märchen«, sagte sie uns. »Es ist dadurch entstanden, daß so wenige lernen, wirklichkeitsgetreu zu zeichnen, und daß die, die zeichnen können, es in den seltensten Fällen erklären können.« Da das Zeichnen vorwiegend eine nichtverbale Fähigkeit der rechten Hirnhälfte ist, fuhr Frau Edwards fort, ist es besonders schwierig, das, was man dabei erlebt, in Worte zu fassen. Die meisten Künstler und Kunstlehrer wissen gar nicht, wie sie eigentlich in den Bewußtseinszustand kommen, der Zeichnen möglich macht. Außerdem wollen viele das Geheimnis des Zeichnenkönnens lieber für sich bewahren. Wie Magier wollen sie das Wissen nicht preisgeben, das ihren Trick ermöglicht – und sie heraushebt aus der Menge. »Dabei kommt etwas höchst Absonderliches heraus«, sagte Frau Edwards. »Leute, die nicht zeichnen können, wollen nämlich im allgemeinen auch keinen Zeichenkurs besuchen. Das ist etwa so, als würde man keinen Französischkurs belegen wollen, weil man kein Französisch spricht. In Wahrheit kann jeder, der seinen Namen leserlich schreiben kann, auch lernen, nach der Natur zu zeichnen.«

Die Hauptschwierigkeit besteht, wie Frau Edwards hinzufügte, darin, die linke Hirnhemisphäre zu umgehen. »Um Zugang zum subdominanten, visuellen, wahrnehmenden R-Modus des Gehirns zu gewinnen«, schrieb sie in ihrem ersten Buch, »muß das Gehirn vor eine Aufgabe gestellt werden, die der verbale, analytische L-Modus nicht annimmt. »Einfacher ausgedrückt: Die rechte Hirnhälfte wird leichter zugänglich, wenn eine Aufgabe gestellt wird, die nur sie bewältigen kann. Zu diesen Aufgaben, die das Linkshirn nicht mag, die es ablehnt oder nicht ausführen kann, erklärte Frau Edwards weiter, gehören solche, bei denen etwas mechanisch wiederholt wird, in denen komplexe visuelle Details die ungeteilte Aufmerksamkeit erfordern und keine zeitliche Begrenzung gegeben ist. Die linke Hirnhälfte neigt dazu, zu vereinfachen und zusammenzufassen und beruft sich dabei oft auf etwas, das sie bereits kennt. So symbolisiert das Linkshirn in seiner Ungeduld, eine Haarsträhne mit all ihren Feinheiten wahrzunehmen, Haar zum Beispiel mit ein paar schnellen Strichen. Im Gegensatz dazu vertieft sich das Rechtshirn, dem visuelle Komplexität vertraut ist und das sich nicht von alten Symbolen und Vorurteilen beirren läßt, gern in alles, was es wahrnimmt – und reproduziert es mit großer Sorgfalt.

Die erste Gelegenheit, Edwards' Auffassung zu überprüfen, bekam ich gegen Ende des ersten Kurstages in Harvard, als sie jedem von uns eine Kopie der wundervollen Strichzeichnung Pablo Picassos von Igor Strawinsky aushändigte. Die Anweisungen waren einfach.

Wir sollten das Bild abzeichnen, es dazu jedoch auf den Kopf drehen. Frau Edwards riet uns, alles Erkenn- und Benennbare (Mund, Nase, Bein, Knopf am Hemd) zu ignorieren und einfach nur die Linien und Schattierungen genau so abzubilden, wie wir sie sähen. Dabei würden wir etwas über die erste Hürde des Zeichnens lernen: die Wahrnehmung von Strichen oder Linien. Es dauerte nicht lange, und ich ging vollkommen in der gestellten Aufgabe auf. Ich merkte, daß mir dieses Erlebnis auf eine entspannte, wortlose Weise Freude machte, aber ich dachte nicht weiter darüber nach. Obgleich ich doch täglich meditierte, kam es höchst selten vor, daß ich innerlich so still wurde oder jegliches Zeitgefühl so vollständig verlor wie bei diesem Kopieren der Picasso-Zeichnung. Etwa eine halbe Stunde später, als ich mein Liniengewirr schließlich richtig herum drehte, war ich verblüfft, wie genau ich die Vorlage wiedergegeben hatte. Ich mußte mir beide Bilder zweimal anschauen, bis ich überhaupt Unterschiede bemerkte. Ich war mir ziemlich sicher, daß ich, wenn ich die Picasso-Zeichnung richtig herum zu kopieren versucht hätte, kaum gewußt hätte, wo ich beginnen sollte. Ich hätte bestenfalls eine primitive Karikatur von Strawinsky zustande gebracht. Durch die Aufforderung, ein unkenntliches Gewirr von Linien und Schattierungen abzuzeichnen, hatte mir Frau Edwards die Angst genommen, die sich unweigerlich eingestellt hätte, wenn ich mich an der genauen Kopie des komplizierten Bildes hätte versuchen müssen.

Auch Sperry selbst war begeistert von dem praktischen Nutzen, den Frau Edwards aus seiner Arbeit zog. Er nannte ihr Buch einen »glänzenden Einfall« und schrieb: »Ihre Anwendung der Erkenntnisse aus der Gehirnforschung auf das Zeichnen ist eine gute Bestätigung für die Forschung und treibt sie sogar noch voran.« Einige der früheren Mitarbeiter Sperrys übten hingegen Kritik an Edwards, unter anderem deshalb, weil neurologische Forschungen erst noch zeigen müßten, wie sich eigentlich der Wechsel in der Dominanz zwischen linker und rechter Hirnhemisphäre vollzieht.

Jerry Levy, inzwischen Biopsychologe an der Universität von Chicago, sagt beispielsweise, daß das Wechselspiel zwischen den beiden Hirnseiten erheblich komplizierter ist, als Edwards vorgibt. »Als Bettys Buch erschienen ist, sagte ich mir: ›Na schön, klingt ja ganz vernünftig‹«, erzählte mir Levy. »Aber sie ist keine Neurologin, und es sind mittlerweile Daten bekannt, die ihren Vermutungen widersprechen. Zum Beispiel ist die Behauptung, die linke Hirnhemisphäre könnte beim Zeichnen oder anderen Tätigkeiten übergangen werden, neurologisch einfach unhaltbar.« Auch die Psychologin Sally Springer und der Neurologe George Deutsch nahmen in ihrem Buch *Left Brain, Right Brain* (deutscher Titel: *Linkes Gehirn/Rechtes Gehirn. Funktionelle Asymmetrien*) kritisch zu Edwards' Behauptungen Stellung. »Zur Zeit«, schrieben sie, »läßt sich überhaupt noch nicht sagen, ob ihre Methoden aus den Gründen erfolgreich sind, die sie angibt.«[6] Es gäbe zum Beispiel keine schlüssigen Beweise dafür, daß bei einem normalen Gehirn die linke Hirnhemisphäre die Verwirklichung der in der rechten Hirnhemisphäre angelegten künstlerischen Fähigkeiten behindert.

Frau Edwards versuchte, über die rein technischen Aspekte dieser beschränkten wissenschaftlichen Debatte hinauszukommen, indem sie das größere Ganze im Blick behielt. »Seit Ende der siebziger Jahre«, schrieb sie, »habe ich die Begriffe L-Modus und R-Modus benutzt, um die Kontroverse über die Lokalisierung zu umgehen ... Eine Aufklärung über die zwei kognitiven Bewußtseinszustände hat bei allen Schülern jeden Niveaus empirische Erfolge erzielt. Kurz: Die Methode funktioniert, ganz unabhängig davon, in welchem Maße künftige Forschungen eine genaue Lokalisierung ermöglichen oder den Trennungsgrad der beiden Hemisphären in bezug auf die Hirnfunktionen bestimmen können.«[7] Meine eigenen Erfahrungen waren die beste Bestätigung dafür. Von der ersten Übung an merkte ich, wie sich meine kognitive Sehweise spürbar veränderte. Es war gar keine Frage, daß meine normale Denktätigkeit einfach aussetzte, während ich hingegeben zeichnete.

»Die Nervenforscher und Neurochirurgen sind ewige Neinsager«, sagte Frau Edwards mir, »und sie haben in den meisten Fällen mein Werk überhaupt nicht gelesen. Sie haben ziemlich sicher recht, daß es kein einfacher Vorgang ist, wenn sich im Gehirn ein kognitiver Wandel vollzieht. Natürlich ist es nicht so, als wenn man eine Lampe ausknipst und dafür eine andere anknipst. Aber darauf kommt es nicht an. Das Bild ist nach wie vor durchaus brauchbar für die Erfahrung, die man tatsächlich macht.« Immerhin müssen selbst die Kritiker die Wirksamkeit ihrer Methode anerkennen. Levy nennt sie eine »großartige Lehrerin«, und Springer und Deutsch gehen sogar noch weiter. »Tatsache ist, daß Edwards' Methode offenbar funktioniert«, gaben sie zu. »Es wird zukünftigen Forschungen vorbehalten sein, zu erklären, warum sie funktioniert.«[8]

Edwards ist aus genau entgegengesetzten Gründen auch von Kollegen aus den eigenen Reihen kritisiert worden, zum Beispiel auch an der California State University, wo sie bis zu ihrer Pensionierung 1993 tätig war. Diese Leute beanstanden, daß ihr System, nach dem wirklichkeitsgetreues Zeichnen gelernt werden kann, nichts mit Kunst oder Kreativität zu tun hat. Ihrer Meinung nach untergräbt die Konzentration auf die reine Technik der Bildreproduktion wahrscheinlich sogar das künstlerische Ausdrucksvermögen. »Wenn ich das höre, sage ich immer: ›Ja, uns ist klar, daß es nichts mit Kunst zu tun hat‹«, erklärte mir Frau Edwards ein wenig aufgebracht. »Wir fördern bloß Fähigkeiten bei Leuten, die diese vorher nicht besaßen. Ich glaube, man muß sich auf jedem Gebiet ein bestimmtes Grundwissen aneignen. Würden Sie Romane zu schreiben versuchen, wenn Sie keine Ahnung von Grammatik und Satzbau hätten? Bis zu diesem Jahrhundert hat jeder große Künstler gelernt, nach der Natur zu zeichnen, und es scheint der Kreativität keinen Abbruch getan zu haben. Selbst heute sind Kinder, die man für künstlerisch begabt hält, immer die, die gut nach der Natur zeichnen können. Der Punkt ist doch der, daß Bildung nie schadet. Wissen ist Macht. Hat man es erworben, steht es einem frei, damit etwas anzufangen oder nicht. Ich möchte Schülern und Studenten die Mittel an die Hand geben, eine solche Wahl treffen zu können. Das ist wahre Freiheit.«

Aus ihrer Überzeugung heraus, daß der linke Hirnmodus des verbalen, analytischen Denkens in unserer Kultur stark überwiegt, konzentriert sie sich vor allem auf die Entwicklung der mit der rechten Hirnhemisphäre verbundenen Fähigkeiten. In ihrem eigenen Leben pflegt sie allerdings mit Bedacht beide Seiten. Sie verbringt lange Stunden bei der Gartenarbeit, zeichnet aber auch noch. »Wenn ich am Flughafen merke, daß ich noch eine Stunde auf mein Flugzeug warten muß, hole ich meine Zeichenutensilien hervor und skizziere ein paar von den Szenen ringsumher. Das ist eine wunderbare Möglichkeit, mir meine Erlebnisse tief ins Gedächtnis einzugraben und mich gleichzeitig zu entspannen, indem ich vom aktiven Denken ablasse.« Sie fährt auch gerne lange Strecken auf der Autobahn, wenn sie nicht unter Zeitdruck steht, weil sie genau dadurch vom zielgerichteten Denken weg in einen eher imaginativen Bereich des Rechtshirns überwechseln kann.

Daneben verschlingt sie nach wie vor Bücher, schreibt aber auch selbst weiterhin anschaulich, klar und eindrucksvoll. Ihre beiden Bücher legen Zeugnis ab von ihrer Kunst, Sprache und Logik dazu einzusetzen, um zu lernen, von Sprache und Logik selektiven Gebrauch zu machen – also die Fähigkeiten der linken Hirnhälfte zu Hilfe zu nehmen, um zu erklären, wie man sich die Fähigkeiten der rechten zunutze machen kann. Da sie beide Sprachen, die verbale wie die visuelle, fließend beherrscht, kann sie mit Leichtigkeit zwischen beiden hin und her wechseln. Statt die Bedeutung der Sprache geringzuschätzen, sieht sie sowohl ihren Wert als auch ihre Grenzen. »Meine Stärke liegt darin«, erklärte sie mir, »mich mit der Kunst – die nicht im linearen, rationalen Denken angesiedelt ist – auf logische, analytische Art zu befassen. Zeichnen ist etwas Vieldeutiges, Paradoxes. Die meisten Leute mögen das nicht. Aber gerade das ist doch das Vergnügliche daran, wie ich finde.«

In unserer nächsten Aufgabe beim Kurs – der Arbeit mit dem

negativen Raum – ging es genau um ein solches Paradox. Unter negativem Raum, erklärte sie uns, ist einfach der leere Raum zwischen den Linien oder Umrissen eines Objektes zu verstehen. Man stelle sich das Loch in einem Doughnut oder Zuckerkringel vor, und schon weiß man im wesentlichen, was mit negativem Raum gemeint ist. Im Linkshirnmodus ist es ziemlich schwierig, Interesse an leeren Räumen zu entwickeln. Im Rechtshirnmodus hingegen besteht für den negativen und den positiven Raum das gleiche Interesse – also Interesse am ganzen Doughnut oder Kringel. Wir sollten nun anhand des negativen Raums das Bild eines relativ komplizierten Stuhls zeichnen. Wie Frau Edwards ausführte, haben die meisten von uns gerade deshalb solche Probleme damit, einen solchen Gegenstand zu zeichnen, weil wir schon soviel darüber »wissen«, wie er aussieht – daß die Lehne beispielsweise einen Winkel von 90 Grad mit dem Sitz bildet, daß der Sitz flach ist und daß die Beine bekanntermaßen alle gleich lang sind. Mit diesen Informationen im Kopf kann man jedoch keinen Gegenstand zeichnen, der Ähnlichkeit mit einem Stuhl hat. »Das Paradoxe ist«, fuhr Frau Edwards fort, »daß nur dann, wenn wir Formen zeichnen, die einem Stuhl völlig unähnlich sind – das, was wirklich da ist, wenn wir genau hinsehen –, wir ein stuhlähnliches Bild produzieren. Das Wissen um die tatsächliche Form eines Stuhls ist uns nur hinderlich, wenn wir ihn genau zu Papier bringen wollen.«

Sich auf die Negativräume zu konzentrieren bietet, wie Frau Edwards erklärte, eine nützliche weitere Möglichkeit zur Umgehung des verbalen Wissens. Die linke Hirnhälfte verfügt über keine Symbole oder Worte für leere Räume und hat auch keine Vorstellung davon. Meine einzige Chance bestand darin, die negativen Zwischenräume so zu zeichnen, wie ich sie sah, und mir keine Gedanken über das Resultat zu machen oder darüber, ob ich es »richtig« hinbekam. Wenn wir diese Übung peinlich genau ausführten, sagte uns Frau Edwards, würde die positive Form des Stuhls – die der negative Raum »umgibt« – wie von Zauberhand erscheinen. »Indem wir die negativen Räume ebenso wichtig nehmen wie die positiven Formen, vereinheitlichen wir auch die Komposition unserer Bilder«, erklärte sie weiter. »Auf die Sprache übertragen, ist der negative Raum die Entsprechung zum Kontext.« Anders ausgedrückt: Erst die Wahrnehmung des Zwischenraums gibt einer Zeichnung ihre Ganzheit.

Zuerst fiel es mir sehr schwer, die leeren Räume in dem Stuhl vor mir zu erkennen. Ich konnte den Unterschied zwischen den tatsächlichen Formen und ihrer leeren Umgebung nicht richtig ausmachen. Daß ich sie nicht sehen konnte, beunruhigte mich, so daß es noch schwieriger wurde, klarer zu sehen. Es war ein leuchtendes Beispiel für mich, wie Angst buchstäblich blind macht. Doch als ich mich schließlich dazu zwang, einfach hinzuschauen, sprangen mir die Zwischenräume auf einmal ins Auge, wie Frau Edwards vorhergesagt hatte. Sie zu zeichnen war erstaunlich leicht. Ich merkte, wie ich mich entspannte, und alles wurde schärfer. Ich versuchte keineswegs, irgendeine Ähnlichkeit herzustellen oder Formen aneinander anzupassen. Ich zeichnete einfach nur, was ich sah. Ich hatte auch keine Ahnung, wohin das alles führen mochte, aber ich ging in diesem Zustand ohne Worte glückselig und ohne einen Leistungswillen in meiner Aufgabe auf.

Als ich fertig war und mich zurücklehnte, um mir das Ergebnis anzuschauen – die erstaunlich gute Wiedergabe eines Stuhls –, war mir seltsam zumute. Ich war begeistert, aber ich wußte nicht genau, wie ich das gemacht hatte. Es schien einfach so passiert zu sein. Als Schriftsteller pflegte ich endlos lange und genauestens an jedem Satz herumzufeilen. Eine klare, sinnfällige Sprache war der Lohn dieser freiwilligen harten Arbeit und der damit verbundenen Mühen. Ich verdiente mir die guten Sätze, die ich schrieb, schwer. Im Falle des Stuhls konnte ich mich aber nicht an eine Anstrengung irgendwelcher Art erinnern, nicht einmal an einen klaren Vorsatz. Ich ließ mich normalerweise auch nicht für eine so lange Zeit von etwas fesseln, ohne das Endergebnis ständig im Blick zu behalten. Vielmehr wurde ich im allgemeinen kribbelig oder schweifte in Gedanken vom Thema ab, wenn ich eine schwierige Aufgabe vor mir hatte. In diesem Fall war meine Aufmerksamkeit jedoch weitgehend ungebrochen geblieben und die Zeit so schnell vergangen, daß ich vollkommen verblüfft war, als ich feststellte, wie lange ich mich mit der Aufgabe beschäftigt hatte. Die Wirkung hielt noch bis nach Kursende an. Ich hatte den Kopf nicht so voll und war mehr auf die Gegenwart eingestellt. Das Zeichnen befreite mich für längere Zeit von dem gnadenlosen Geschwätz meines eigenen Verstandes. Während des Kurses wohnte ich bei meinem Bruder; wir mochten uns sehr, standen aber auch immer in einem stillen Wettbewerb miteinander, was besonders deutlich wurde, wenn wir zusammen waren. Diesmal lösten sich die Spannungen in Luft auf, zumindest vorübergehend. Allabendlich nach einem ausgedehnten und gemütlichen gemeinsamen Essen zog ich mich mit Vergnügen zurück, um die von Frau Edwards aufgetragenen Hausaufgaben zu machen.

Am dritten Tag wandten wir uns der linearen Perspektive, dem räumlichen Sehen, zu. Nach Frau Edwards' Auffassung ist das die schwierigste, aber auch die spannendste Sache, die man lernen kann. Die Perspektive zu meistern, was den Künstlern erstmalig in der Zeit der Renaissance gelang, heißt, Macht über den Raum zu gewinnen – die Fähigkeit, etwas Dreidimensionales in den richtigen Proportionen aus dem richtigen Blickwinkel auf einer zweidimensionalen Fläche abzubilden. Die Schwierigkeit läge unter anderem darin, erklärte uns Frau Edwards, daß perspektivisches Zeichnen mehr als alles andere die Fähigkeit der rechten Hirnhälfte benötige, die oft paradoxe Beziehung zwischen den einzelnen Teilen und dem Ganzen zu erkennen, aber auch die Fähigkeiten der linken Hirnhälfte, messen, zählen und berechnen zu können. Um uns den Vorgang zu erleichtern, der, wie sie uns versicherte, irgendwann instinktiv und automatisch ablaufe, zeigte sie uns, wie wir die Größen- und Winkelbeziehungen von Gegenständen zueinander messen konnten. Das räumliche Sehen setze Vergleichen voraus, sagte sie: wie weit dieser Winkel in Vergleich zu jenem ist, wie groß dieser

Gegenstand im Vergleich zu jenem. Zusätzlich muß man sich aber noch mit paradoxen Wahrnehmungen auseinandersetzen, die den im Linkshirn beheimateten Sinn für Logik Lügen strafen. Um zum Beispiel einen bestimmten Winkel dreidimensional abbilden zu können, ist es oftmals nötig, ihn auf eine Weise zu zeichnen, die allem widerspricht, was man für richtig hält. »Wir müssen uns von falschen Auslegungen lösen, die meist auf dem beruhen, was wir über das da draußen denken«, schrieb Frau Edwards. »Man muß glauben, was man sieht, und das Wahrgenommene zeichnen, und man darf es nicht verändern oder nachbessern, um es dem verbal Gewußten anzupassen.«[9]

Als der vierte Tag kam und mit ihm die Aussicht auf die schwierigste Aufgabe überhaupt – ein Porträt eines anderen Kursteilnehmers zu zeichnen –, war ich schon viel selbstsicherer geworden. Zu meiner Verwunderung konnte ich mittlerweile die konvergierenden Seiten einer Zimmerecke so zeichnen, daß Perspektive und Proportion beinahe stimmten. Mit Hilfe dessen, was ich durch das Abzeichnen der auf den Kopf gedrehten Vorlage und die Konzentration auf die leeren Zwischenräume gelernt hatte, konnte ich nun den Vorurteilen ausweichen, die mich in meiner Zeichenkunst bisher auf zweidimensionale Strichmännchen beschränkt hatten.

Um uns bei unserem ersten Porträt zu helfen, verwandte Frau Edwards zunächst ein paar Stunden darauf, das auszuräumen, was sie die häufigsten Irrtümer des Linkshirns bezüglich einer Kopfform oder der Position bestimmter Einzelheiten nannte. So erklärte sie uns zum Beispiel, daß Augen oft viel zu hoch im Gesicht angelegt werden und infolgedessen die Stirn stark verkürzen und verzerren. Das käme daher, meinte sie, daß die dominante linke Hirnhälfte, die alles zu benennen und zu kategorisieren pflegt, Körperteile wie Augen, Nase und Mund interessanter fände als die Stirn. Daher würde sie diesen ausdrucksvollen Teilen des Gesichts viel mehr Raum zuweisen, als sie tatsächlich einnehmen. Es sei so, als würde die linke Hirnhälfte Informationen, die ihr nicht besonders zusagen, automatisch abwerten oder gar unterdrücken.

Ich suchte mir für mein Porträt Audrey aus, eine attraktive junge Kunstlehrerin. Zum ersten Mal in dieser Woche mühte ich mich richtig ab. Ich wollte, daß mein Bild gut wurde, nicht nur, um Frau Edwards und die anderen Kursteilnehmer zu beeindrucken und meinem Modell Gerechtigkeit widerfahren zu lassen, sondern auch, um sichtbar zu machen, wie weit ich es gebracht hatte. Ich stand auch zeitlich ein wenig unter Druck. Da Audrey kein professionelles Modell war, konnte ich nicht von ihr erwarten, bis in alle Ewigkeit stillzusitzen, und beeilte mich deshalb, fertig zu werden. Wegen meiner vielen Gedanken – sorgenvollen vor allem – darüber, wie das Bild wohl ausfallen würde, war ich nicht so ganz bei der Sache, sah also nicht einfach nur hin. Der kognitive Wandel, den ich in den vergangenen Tagen ganz leicht hatte vornehmen können, vollzog sich jetzt höchstens dann und wann einmal. Das Porträt, das so entstand, war sicher besser als die erste Probe meines Könnens vor Kursbeginn, aber glücklich war ich damit nicht. Es zeugte irgendwie von Schwerarbeit und Unbeholfenheit und hatte nur geringe Ähnlichkeit mit Audrey. Auch von Dreidimensionalität war nicht viel zu merken. Da ich alles andere als hohe Erwartungen an diese Woche geknüpft hatte, hatte ich allen Grund, mit meinen Fortschritten zufrieden zu sein. Aber ich wußte auch, daß ich den großen Durchbruch noch nicht erlebt hatte.

Am letzten Kursvormittag stellte Frau Edwards uns eine vierte Form der Zeichenkunst vor: die Wahrnehmung von Licht und Schatten, das Schattieren. Die fünfte und höchste Kunst, die Wahrnehmung des Ganzen beziehungsweise der »Gestalt«, ist das einzige, was Frau Edwards *nicht* lehrt. Sie stelle sich bei Meisterung der vier vorangegangenen Zeichenformen von selbst ein, sagte sie. »Zeichnen ist wie Fahrradfahren«, erklärte sie uns. »Zuerst lernt man die einzelnen Funktionen wie Lenken, Treten, Bremsen und Schalten. Das ist zu Beginn ziemlich schwierig, man kommt ganz durcheinander und hat sogar ein bißchen Angst. Aber allmählich fügen sich die einzelnen Arbeitsgänge zusammen, bis man eines Tages plötzlich glatt und mühelos fahren kann, ohne darüber nachzudenken.« Zuletzt sei das Radfahren dann so etwas wie eine »ganzheitliche Kunst«. Wenn wir die einzelnen Formen des Zeichnens beherrschten, versicherte uns Frau Edwards, würden auch diese sich mit der Zeit zu einer »ganzheitlichen Kunst« vereinen. Dann könnten wir uns endlich mühelos in einer zweiten Sprache verständigen. Und wir brauchten nicht mehr darüber nachzudenken, wie wir den zum Zeichnen notwendigen kognitiven Wechsel erreichen könnten.

Uns blieben nur noch ein paar Stunden für Licht und Schatten. Genug Zeit für mich, um zu verstehen, was eigentlich an meiner Zeichnung von Audrey fehlte. Durch das Schattieren würden Objekte dreidimensional wirken, erklärte Frau Edwards. »Sie sollen jetzt die verschiedenen Abstufungen von Licht und Schatten auf einem Gegenstand wahrnehmen. Ebenso, wie die meisten Leute zu Anfang keine leeren Zwischenräume sehen können, bemerken sie auch die feinen Licht- und Schattenwerte auf einem Gegenstand oder einer Form nicht.« Wieder einmal mußten wir gegen die Neigung des Linkshirnmodus angehen, zu reduzieren und zu vereinfachen – die Dinge im wahrsten Sinne des Wortes schwarzweiß zu sehen, statt in ihrem komplexen Schattierungsreichtum. Die Lösung sei die, sagte uns Frau Edwards, einen Gegenstand oder eine Form so lange genau anzuschauen, bis uns eine Schattierung oder ein Lichtreflex von bestimmter Gestalt ins Auge fiele, und diese dann zu zeichnen, ohne den Versuch zu machen, sie näher zu bestimmen. Um das tun zu können, müßten wir Schattierungsgrade unterscheiden können und nicht nur Schwarz und Weiß wiedergeben, sondern auch dazwischenliegende Abstufungen. So ähnlich, wie sich positive Formen aus den negativen Zwischenräumen herausbilden, würde sich aus der getreuen Wiedergabe der Licht- und Schattenstufen die Dreidimensionalität ergeben.

Zum Abschluß sollten wir unsere gesammelten Kenntnisse nun in den Dienst eines Selbstbildnisses stellen, einer Dreiviertelansicht von uns selbst im Spiegel. Um Licht und Schatten hineinzubringen, mußten wir auf Frau Edwards' Geheiß zuerst einen rechteckigen

Rahmen auf ein Blatt Papier zeichnen und die Innenfläche mit flachem Bleistift schraffieren. Diese Fläche würde uns automatisch einen »Mittelton« angeben, den Wert, den Anfänger meist nur mit größter Mühe erkennen können. Die dunkleren Schattierungen könnten wir am besten mit einem schwarzen Stift hineinzeichnen, riet sie uns, während wir hellere Töne dadurch erzielten, daß wir stellenweise die Fläche wegradierten. Wie gewöhnlich konnte ich mir nicht vorstellen, wie ich das schaffen sollte. Aber ich war inzwischen so weit, mich durch meine Unerfahrenheit oder gar Zweifel nicht aus dem Konzept bringen zu lassen. Im Gegensatz zum Vortag war ich jetzt so darauf fixiert, die Anweisungen auszuführen, daß ich gar keine Zeit hatte, darüber nachzudenken, was wohl dabei herauskommen würde. Da ich mir selbst Modell stand, war ich entschlossen, so lange sitzen zu bleiben, bis ich das zu Papier gebracht hatte, was ich sah. Ziemlich schnell bekam ich einen Blick für die Schattenformen, sah ich Winkel, indem ich mir die Leerräume anschaute, feilte ich an allen Einzelheiten herum und war mir doch nur verschwommen des Gesamtbildes bewußt. Innerhalb kurzer Zeit vergaß ich alles ringsumher. Und ich hatte überhaupt kein Gefühl mehr dafür, wie die Zeit verging.

Irgendwann meinte ich, alle Formen, Schattierungen und Zwischenräume gezeichnet zu haben, die ich aus dem Gesicht herauslesen konnte, das mich aus dem Spiegel anstarrte. Ein Blick auf die Uhr sagte mir, daß zwei Stunden verstrichen waren. Als ich aufstand und mir die Zeichnung zum ersten Mal im Ganzen anschaute, war ich wie vom Donner gerührt. Das Gesicht war unverkennbar meins. Selbst die Stimmung, die das Bild ausstrahlte, erkannte ich sofort. Ich war hellauf begeistert. Ich merkte plötzlich, wie sehr ich mich immer danach gesehnt hatte, zeichnen zu können – was für ein herrliches Gefühl das war, so tief und genau sehen zu können. Meine Porträtzeichnung zeugte keineswegs von einer geschickten oder geschulten Hand, wie bei anderen im Kurs, aber Frau Edwards war dennoch des Lobes voll. Allein schon der sprunghafte Fortschritt in der Technik, den ich in den fünf Tagen gemacht hätte, sei ganz außerordentlich, sagte sie. Außerdem sei es unglaublich, wie treffend ich meine Persönlichkeit im Bild einzufangen vermocht hätte. In den letzten Jahren habe ich noch mehrere Selbstporträts angefertigt, darunter auch noch einmal eins bei einem zweiten Zeichenkurs von Frau Edwards. Jede Zeichnung von mir ist zwar technisch vollkommener als die vorherigen, aber das erste Selbstporträt ist in sich das stärkste und realitätsbezogenste. Seitdem bin ich nie wieder mit so ungeteilter Aufmerksamkeit bei der Sache gewesen.

Als Frau Edwards am letzten Nachmittag neben mir stand, begriff ich plötzlich, welch starken Einfluß sie mit ihrer unablässigen Aufmunterung auf uns hatte. Sie schuf eine günstige, vorurteilsfreie Atmosphäre, in der die Erfolgserwartungen hochgespannt werden durften, während die Möglichkeit, zu versagen, gar nicht in Betracht gezogen wurde. Dadurch wurde es einem leichtgemacht, Angst und Unsicherheit, schlechte Erfahrungen von früher und das drückende Gefühl, bestimmte Normen erfüllen zu müssen, fahrenzulassen – all die Ausgeburten des Linkshirndenkens, die das freie, echte Sehen behindern. Anders ausgedrückt: Der Rechtshirnmodus ist ein störanfälliger, schwer faßbarer Zustand, den das Linkshirn in seiner Eile, ein Urteil zu fällen, schnell wieder aufheben kann. Auf der anderen Seite gibt die linke Gehirnhälfte, wenn sie sich vor eine Aufgabe gestellt sieht, der sie nicht gewachsen ist, nach Edwards' Auffassung oft einfach auf, statt die Arbeit der rechten Hirnseite zu übertragen.

»In unseren Kursen tun wir alles, um dieser Neigung entgegenzuwirken«, sagte mir Frau Edwards einige Wochen nach dem Kurs. »Wir ermahnen die Schüler, wir liefern ihnen Beweise dafür, daß diese Techniken bei anderen Schülern funktioniert haben, und wir versuchen, eine fürs Gemüt möglichst gute Atmosphäre zu schaffen. Ich betrachte die linke Gehirnhälfte als Hüter des Ego. Eine seiner Funktionen ist die, uns davor zu schützen, uns zum Narren halten zu lassen. Damit die rechte Gehirnhälfte hervortreten und übernehmen kann, muß die linke die Versicherung bekommen, daß alles gut ausgehen wird. Das ist es, worum wir uns mit all den Maßnahmen bemühen. Wir schaffen eine sichere Umgebung, in der wir die bewußte Kontrolle ruhig aufgeben können.«

Ich gab mich keinen Illusionen hin, daß meine realistischen Zeichnungen etwas mit Kunst zu tun haben könnten oder die Art von Originalität und Einbildungskraft widerspiegelten, von der wahre Kreativität lebt. Aber es beeindruckte mich doch ebenso wie Frau Edwards, daß der Zugang zum Rechtshirnmodus, in dem wirklichkeitsgetreues Zeichnen möglich ist, auch für Kreativität und originelles Denken wesentlich ist. Inspiration kam meines Erachtens weniger aus dem rationalen, analytischen L-Modus als vielmehr aus dem stilleren, nur schwach strukturierten R-Modus. Nur im letzteren gab es, wie ich vermutete, reichlich Platz für neue Ideen und spontane unorthodoxe Gedankenverbindungen. Wie sich herausstellte, widmete Edwards ihr zweites Buch genau diesem Thema. Dieses Buch *(Der Künstler in dir)* beginnt mit einer wunderbaren Linkshirnerkenntnis. Nahezu alle Worte, die etwas mit Kreativität zu tun haben, drehen sich nach Edwards' Beobachtung ums Sehen – Einblick, Weitblick, Einsicht, Vision, ja selbst Erleuchtung, der Definition nach das Aufleuchten der Erkenntnis vor dem inneren Auge. Die Kreativität wird, wie sie sagte, oft als die Fähigkeit bezeichnet, Probleme anders zu *sehen*. Kreative Durchbrüche sind denn auch oft von Ausrufen begleitet wie: »Jetzt sehe ich klar!« oder: »Mir ist ein Licht aufgegangen!« Edwards spann die Theorie weiter aus, daß die Fähigkeit zur unmittelbaren Wahrnehmung – zum Klarsehen – integraler Bestandteil der Kreativität ist. Zum Beispiel fiel ihr auf, daß Intuition – ein Hauptbestandteil der Kreativität – meist definiert wird als »Kraft oder Fähigkeit zu direkter, unmittelbarer Erkenntnis ohne Beteiligung des rationalen Denkens«. Sowohl die Kreativität als auch das wirklichkeitsgetreue Zeichnen setzen Edwards' Meinung nach die Fähigkeit voraus, vom verbalen Denkmodus der linken Hirnhemisphäre auf die stärker visuell geprägte, holistische Art der Informationsverarbeitung der rechten

Hirnhemisphäre überzuwechseln. »Das linke Hirn befaßt sich lieber mit Details als mit größeren Problemen, es macht aufgrund seiner Teilinformationen keine intuitiven Weitsprünge und will so schnell wie möglich ans Ziel und zu einer Entscheidung kommen«, erzählte mir Frau Edwards. »Dieses vorschnelle Urteilen ist eines der größten Hindernisse für das Zeichnen und die Kreativität.«

Als nächstes nahm sie sich vor, den kreativen Prozeß systematisch in seine einzelnen Bestandteile zu zerlegen. Zweck der Übung war, die Beziehung zwischen der linken und der rechten Hirnhälfte im Ablauf eines schöpferischen Prozesses besser zu verstehen. Zuerst kämmte sie die umfangreiche Literatur zum Thema Kreativität durch und entdeckte eine erstaunliche allgemeine Übereinstimmung, was die Grundstadien des Prozesses betraf. Der deutsche Physiologe und Physiker Hermann Helmholtz war im 19. Jahrhundert der erste, der bei seinen eigenen schöpferischen Prozessen bestimmte Stufen unterschied. Die erste Stufe war die des »Auffüllens« oder Ansammelns von Informationen. Die zweite war die des »Ausbrütens«, eine Zeit, in der man über die Informationen nachgrübelt. Und die dritte war die des »Durchbruchs«, in der es zu einer plötzlichen, spontanen Lösung oder Erkenntnis kommt. Fast hundert Jahre später werden alle drei Stufen von Kreativitätspsychologen mehrheitlich anerkannt.

1908 fügte der französische Mathematiker Henri Poincaré noch eine vierte Kreativitätsstufe hinzu. Verifizierung sei der Vorgang, durch den die Erkenntnis in eine konkrete Form gefaßt und auf ihre Richtigkeit hin überprüft werde. Und in den sechziger Jahren benannte der amerikanische Psychologe Jacob Getzels eine Stufe, die den vieren vorausgeht – die Entdeckung oder Formulierung des einer Lösung harrenden Problems. Das ist eine Art »Aha-Erlebnis«, die den schöpferischen Prozeß in Gang setzt. Ein anderer Amerikaner, der Psychologe George Kneller, nannte diese einleitende Stufe nachträglich die »erste Einsicht«. Zahllose Autoren und Psychologen haben inzwischen an diesen fünf Stufen herumgebastelt. Der Schriftsteller Joseph Chilton Pearce brachte eine Schrift mit dem

Titel »Durchbruch in die Einsicht« heraus, in der er die fünf Stufen der Kreativität als Hinwendung, Pflege, Reifung, Durchbruch und Umsetzung schilderte. Der Schriftsteller und Psychologe Daniel Goleman sprach in seinem Buch *The Creative Spirit* (»Der schöpferische Geist«) von den vier Stufen Vorbereitung, Ausbrütung, Einsicht und Umsetzung.

Edwards hat sich vorgenommen, die Hirnhemisphäre zu bestimmen, die für die jeweilige Stufe des schöpferischen Prozesses am ehesten in Frage kommt. Zwei Stufen sind ihrer Auffassung nach eindeutig stärker von Linkshirnfähigkeiten abhängig. Das »Auffüllen« ist das methodische, oft mühsame Zusammentragen vorhandener Informationen, bevor eine neue Einsichtsebene erreicht wird. »Eines der Paradoxe der Kreativität«, zitierte sie den Psychologen George Kneller, »ist, daß wir uns mit den Ideen anderer vertraut machen müssen, um originell denken zu können«, der gleiche Grund, aus dem Künstler ihres Erachtens nach der Natur zeichnen lernen mußten. »Information ist, kurz gesagt, der Rohstoff, aus dem das originelle Denken hervorgeht – und je mehr einer weiß, um so besser sind seine Grundlagen.«

Verifikation, die letzte Stufe des schöpferischen Prozesses, verlangt oft sogar noch mehr ausgeprägte Linkshirnfähigkeiten: Die Analyse, Systematisierung und Übertragung des Durchbruchs in eine verständliche Sprache. Die anderen drei Kreativitätsstufen – erste Einsicht, Ausbrütung, Durchbruch – galten lange als eher unbestimmbar, geheimnisvoll und nicht systematisch oder konsequent lehrbar. Sie hängen laut Edwards primär von Rechtshirnfähigkeiten ab, unter anderem von einer gewissen Toleranz gegenüber Vieldeutigkeit, Komplexität und Paradoxie, einem Vertrauen auf nichtverbale Vorstellungen und Intuitionen und einer Fähigkeit, sowohl das Ganze als auch die Teile zu sehen. »In jedem dieser Stadien läuft die schöpferische Arbeit weitgehend auf einer unbewußten Ebene ab«, sagte sie mir, »und häufig erst dann, wenn das Linkshirn mit seiner bewußten, rationalen Suche nach einer Lösung keinen Erfolg hatte.«

Edwards wollte diese Kreativitätsstufen ebenso entmystifizieren wie die verschiedenen Komponenten des Zeichnens. Nach ihren Erfahrungen wird die erste Einsicht, die den schöpferischen Erkundungsdrang auslöst, meist als intuitiver Sprung in einen Bereich jenseits der Sprache beschrieben. Das Stadium des Ausbrütens beginnt, sobald genug Informationen gesammelt wurden, die linke Hirnhälfte jedoch nicht in der Lage war, kraft ihrer Logik und analytischen Fähigkeiten eine Lösung für ein bestimmtes Problem zu finden. An diesem Punkt wird das Problem, oft aus Frustration und dem Gefühl heraus, versagt zu haben, erst einmal beiseite geschoben, manchmal auch bewußt und vorsätzlich fallengelassen. So könnte ein Künstler oder Wissenschaftler, dem nichtanalytische Möglichkeiten zur Lösung schöpferischer Probleme bekannt sind, beschließen, einen Spaziergang zu machen, ein bißchen in den Tag hineinzuträumen oder auch »darüber zu schlafen«. Elmer Greens Methode beispielsweise, sein eigenes Unbewußtes zu ergründen, besteht darin, sich in einen wachen, aber traumartigen Zustand zu versenken und die Antwort dann an spontan auftauchenden Bildern abzulesen.

»Die freiwillige Abwendung von einem Problem entzieht es der bewußten Kontrolle«, erklärte mir Frau Edwards, »und versetzt so den R-Modus, der mit enorm komplexen Zusammenhängen umzugehen versteht, in die Lage, sich etwas auszudenken.«[10] Die rechte Hirnhälfte versucht im Grunde stets, das größere Ganze zu sehen und nicht nur dessen einzelne Teile. Wie Green und andere herausgefunden haben, sind die Lösungen oft in komplexe Bilder eingebettet statt in Worte. Der eigentliche Moment des schöpferischen Durchbruchs – oder der Erleuchtung – kommt in den meisten Fällen unaufgefordert und spontan. »Alles fällt buchstäblich an seinen Platz«, erzählte mir Frau Edwards, »und auf einmal erkennt man das Ganze.«

Edwards' nächster wichtiger Beitrag war die Erkenntnis, daß die Kreativität oft davon abhängt, daß bestimmte Techniken aufgegriffen werden, um die Kontrollneigung der linken Hemisphäre zu dämpfen. Damit die rechte Hemisphäre ihre Arbeit tun kann – etwa im Stadium des Ausbrütens –, braucht sie eine unbestimmte Zeit der Ruhe. Ist die linke Hemispäre weiterhin zu sehr nach außen gerichtet, vorurteilsvoll und beherrschend, wird der notwendige kognitive Wechsel unter Umständen vereitelt. Dieses Phänomen habe ich bei mir viele Male beobachten können. Jeden Tag aufs neue anzufangen und sich tief in die Arbeit zu versenken ist nach wie vor ein äußerst schwieriges Unterfangen für mich, obwohl ich nun schon zwanzig Jahre Schriftsteller bin. Wenn ich auf einen leeren Bildschirm schaue, muß ich mich immer noch mit Myriaden von Ängsten auseinandersetzen, die bezeichnend sind für die linke Hirnhälfte: mit der Ungewißheit, ob ich wirklich Originalität beweisen kann, der Schwierigkeit, komplexe Ideen in eine klare, verständliche Sprache zu zwängen; dem starken Verlangen, einfache Lösungen zu finden und zu einem schnellen Abschluß zu kommen, und der schauerlichen Aussicht auf einen möglichen Mißerfolg. Die linke Hirnhälfte versucht, wie Edwards sagt, diese Ängste zu vermeiden, indem sie sich lieber Aufgaben sucht, die sie gut bewältigen kann. Mir dämmerte die Einsicht, daß meine eigenen Vermeidungstaktiken fast schon automatisch in Kraft traten. Statt gleich zu schreiben, wenn ich mich hinsetze, pflege ich erst meinen Schreibtisch zu ordnen, Listen zusammenzustellen, Anrufe zu tätigen oder nach unten zu gehen und mir Kaffee zu holen. Ich bin mehr denn je davon überzeugt, daß die Schreibhemmungen des Schriftstellers – wie vielleicht alle schöpferischen Blockierungen – größtenteils dem Unvermögen zuzuschreiben sind, dafür zu sorgen, daß die rechte Hirnhälfte eine dominantere Rolle bei kreativen Projekten einnehmen kann, für die die linke weniger gut ausgerüstet ist. Um diese Theorie für mich persönlich zu testen, beschloß ich, während ich an diesem Kapitel schrieb, festzustellen, ob ich meine linke Hirnhälfte dazu bewegen könnte, der rechten ein Stück Boden abzutreten. Ich entschied mich für eine Technik, die auch Frau Edwards anwendet, wenn sie schreibt. Statt mich einfach vor ein leeres Blatt Papier zu setzen – was immer Unruhe und Frust auslöst –, wollte ich mir von jetzt an immer zuerst die Seiten vom Vortag vornehmen und redigieren. Da die Grundideen bereits feststehen und es beim Redigieren eigentlich nur noch um sprachliche Feinheiten geht, ist das die richtige Tätigkeit, um die linke Hirnhälfte zu beschäftigen.

Während ich mich in die Arbeit vertiefte, merkte ich, wie ich mich entspannte und tief in den Modus der rechten Hirnhälfte eintauchte, den ich vom Zeichnen her kannte. In dieser Geistesverfassung schreckte es mich nicht mehr so sehr, auf neue Einfälle kommen und schreiben zu müssen. Meine linke Hirnhälfte ging allerdings selten auf eine weite Reise. Vielmehr lungerte sie in der Nähe herum als Stimme, die mich unentwegt abzulenken versuchte, mir einreden wollte, mir etwas Leichteres, Überschaubareres vorzunehmen oder mir wenigstens eine Pause zu gönnen. Mich tief in den rechten Hirnmodus zu versenken empfand ich zwar als angenehm und produktivitätssteigernd, aber ich mußte dann auch die bewußte Kontrolle aufgeben. Das fällt mir meistens schwer. Es erfordert, wie ich im Lauf der Zeit herausfand, ein großes, aufrichtiges Vertrauen – die Bereitwilligkeit, an die eigenen tiefinnersten unbewußten Möglichkeiten zu glauben. Edwards sagt darüber: »Man wird nicht dadurch kreativer, daß man sich bemüht, kreativer zu sein, sondern indem man den Teil des Geistes weiterentwickelt, der so tiefgreifend mit schöpferischem Denken beschäftigt ist. Es erscheint nur logisch, daß visuelles Können, das den bereits vorhandenen Sprachfähigkeiten hinzugefügt wird, mit sehr hoher Wahrscheinlichkeit die Leistung des Gehirns insgesamt vergrößert.«[11]

Aber ist die rechte Hirnhemisphäre auch wirklich der Sitz der schöpferischen Inspiration, wie Edwards inzwischen vermutet? Elmer Green – der einzige mir bekannte Forscher, der die Beziehung zwischen den Hirnstromaktivitäten und den beiden Hirnhemisphären untersucht hat – lieferte eine komplexere Erklärung. Laut Green muß man, um Kreativität verstehen zu können, nicht nur zwischen der jeweiligen Rolle der rechten und linken Hirnhälfte unterscheiden, sondern auch zwischen den verschiedenen Schichten des Gehirns. Patienten beispielsweise, die bei ihm lernten, von sich aus langsamere, also Thetawellen, zu erzeugen, um sich Informationen aus dem Unbewußten zu holen, mußten zuerst die linke Hirnhälfte ruhigstellen. Eigens dafür brachte er Elektroden am Schädel über der linken Großhirnrinde an.

»Wir wollen Zugang gewinnen zu den Gehirnzentren, in denen die tieferen Bewußtseinsschichten angesiedelt sind«, erzählte Green mir. »Solange man allerdings die linke Hirnhälfte nicht zur Ruhe erzieht, indem man sich in den Thetazustand versenkt, wird sie immer weiter wie ein aufgeblasener Einpauker agieren, Anweisungen und Befehle herausbrüllen und für Ablenkung sorgen. Es dauert lange, bis die Leute sich darüber klar werden, daß die grundlegendste Form der Intelligenz ihren Sitz nicht im rationalen Linkshirn hat. Vielmehr quillt sie aus tieferen Gehirnzentren in Form von Gestalten, Bildern und Empfindungen in die rechte Hirnhemisphäre. Nur die rechte Hälfte vermag Bilder in ihrem ganzen Umfang zu erkennen. Zuerst muß jedoch der Lärm des Wachbewußtseins ausgeschaltet werden, denn die Informationen aus den tieferen Schichten des Gehirns sind so zart wie der leichte Wind, den ein Schmetterlingsflügel erzeugt. Im gleichen Moment, in dem man ihnen zuviel Linkshirnaufmerksamkeit zuwendet, entschwinden die Informationen meist wieder.«

Green kennt diesen Konflikt aus eigener Erfahrung, insbesondere aus seiner Studienzeit. Wann immer er ein Problem nicht deduktiv durch rationale Analyse zu lösen vermochte, pflegte er mit Hilfe der Techniken, die er als Jugendlicher gelernt hatte, in seinem Unbewußten Rat zu suchen. »Es funktionierte immer erst dann, wenn meiner linken Hemisphäre buchstäblich die Ideen ausgegangen waren«, erzählte er mir. »Dann ließ ich meinen Geist vollkommen still werden und ging davon aus, daß der nächste Eindruck, die nächste Idee, die in mir aufstiegen, die Lösung für mein Problem sein würden. Schon bald pflegte mir dann ein Licht oder ein Bild dicht über den Augen zu erscheinen. Betrachtete ich mir die so erhaltene Antwort später mit Verstand, also mit der linken Hirnhälfte, hörte ich mich stets vor mich hinmurmeln: ›Das ist eine blödsinnige Idee.‹ Damit war sie dann auch vom Tisch, genauso, wie die linke Hirnhälfte alles wegfegt, was nicht in ihr Weltbild paßt. Nach einiger Zeit, immer noch ohne Lösung, pflegte ich mir erneut über mein Rechtshirn Zugang zum Unbewußten zu verschaffen. Natürlich bekam ich wieder die gleiche Antwort. Wenn das etwa 25mal geschehen war, glaubte ich langsam daran.«

Edwards entwickelte mit der Zeit eine eigene Technik, um sich die Intelligenz ihres Unbewußten zu erschließen. Ihr Ziel sei es, erzählte sie mir, mit Hilfe einer eigenen visuellen Sprache, der sogenannten »Analogzeichnungen«, das Innenleben des Geistes zu durchforsten. Über einige Jahre hinweg bat sie Hunderte von Schülern, Bilder von bestimmten Emotionen oder Schwierigkeiten, mit denen sie konfrontiert waren, zu zeichnen, ohne erkennbare Symbole zu benutzen. Sie gestattete nur die Sprache der Linien und Formen. Mit der Zeit entdeckte Edwards auffällig häufig wiederkehrende Muster in der Art und Weise, wie bestimmte Emotionen symbolisiert wurden. Freude zum Beispiel zeigt sich meistens in hellen, geschwungenen, runden Formen, die sich nach oben strecken, Wut hingegen im allgemeinen zackig, dunkel und spitz zulaufend. Frieden und Ruhe drücken sich fast immer in horizontalen oder sanften Wellenlinien aus, während Niedergeschlagenheit nicht nur als etwas Dunkles erscheint, sondern in Formen, die auch tatsächlich ganz unten auf das Blatt gequetscht werden. Edwards stellte fest, daß die Schüler eine Menge über starke, tieferliegende Gefühle in Erfahrung bringen konnten, indem sie diese einfach visuell zum Ausdruck brachten. »Durch das Zeichnen können wir eine Tür aufschließen, die dem Bewußtsein sonst nicht offensteht«, schloß Frau Edwards.[12]

Auf der tiefsten Ebene, zu der Erkenntnis kam sie, bietet die Anwendung solcher Techniken, um das Unbewußte zu erschließen, die Möglichkeit, näher an das wahre Selbst heranzukommen. Bisher hat sie sich allerdings nicht zu dieser Art von Selbsterforschung überwinden können. »Ich glaube, ich habe gewissermaßen den

Aspekt der Arbeit umgangen, der einen Bezug zum Selbst hat«, erzählte sie mir. »Vielleicht ist das eine Nachwirkung meiner Erziehung, wo es nie gestattet war, sich mit sich selbst zu beschäftigen. Mein Daseinszweck bestand darin, meine Mutter glücklich zu machen. Meine Aufmerksamkeit richtete sich stets nach außen. Heilung fand ich immer durch Geben, nicht durch ein Nach-innen-Schauen. Ich glaube nicht, daß ich nun unbedingt herausfinden muß, wo meine Probleme liegen, denn ich habe das Gefühl, im kritischen Augenblick auf jeden Fall damit fertig zu werden. So neurotisch ich auch bin, ich werde klarkommen.«

Waren das, so fragte ich mich, Rationalisierungsversuche von seiten ihrer linken Hirnhälfte? Eines Tages fragte ich sie, ob sie nicht einfach Angst habe vor dem Leid, das sich womöglich einstellen werde, wenn sie tiefer in ihr Inneres eindringe. »Ja, die ist schon da, ich merke, wie meine rechte Hirnhälfte zustimmt«, erwiderte Frau Edwards mit leisem Lachen. »Ich habe mich selbst zum Opfer meiner Mutter gemacht – dieser Person, die mich weggewischt hat, sich mir aufgezwungen hat. Nicht einmal jetzt – sie ist fast neunzig – kann ich loslassen. Ich fühle mich immer noch für sie verantwortlich, obwohl ich einen hohen Preis dafür zahle. Im tiefsten Grunde glaube ich nicht, daß ich daran je etwas ändern kann. Das sagt natürlich mein Linkshirn. Es sagt immerfort: ›Mach bloß keine Wellen.‹«

Edwards ist davon überzeugt, daß die rechte Gehirnhälfte einen Weg zu einer viel umfassenderen Ebene der Wahrheit und Tiefe bahnt als die linke. »Was ist, wenn sich herausstellt, daß wir auf die falsche Karte gesetzt haben?« fragt sie die Teilnehmer an ihrem Fünf-Tage-Kurs neuerdings. »Was ist, wenn wir jahrhundertelang Sprachen, mathematische und technische Fähigkeiten gepflegt und dafür ein anderes System – ein visuelles, nichtverbales – außer Kraft gesetzt haben, das letzten Endes viel stärker ist und uns erheblich mehr nützt, wenn wir überleben wollen? Was ist, wenn die Sprache uns durch ihre Macht und Dominanz zu einem Handel verleitet hat, durch den wir uns selbst verkürzt und die Fähigkeit verloren haben, die eigentliche Komplexität und die größeren Zusammenhänge in der Welt, in der wir leben, zu erkennen?« Diese Gedanken führt sie gegen Ende ihres Buches *Der Künstler in dir* noch genauer aus. »Zeichnen verleiht einem ein Gefühl von Macht – keiner Macht über Dinge oder Menschen, sondern einer merkwürdigen Macht des Verstehens, des Wissens oder der Einsicht«, erklärt sie. »Durch das Zeichnen knüpft man eine innigere Verbindung zu den Dingen und Menschen außerhalb von einem selbst … Indem man hinausschaut und seine Umwelt mit den Augen eines Künstlers sieht, nimmt man Einblick in sich selbst. Umgekehrt nimmt man, wenn man nach innen schaut, um den Künstler in sich zu finden, Einblick in die Außenwelt.«[13]

Obgleich sie intuitiv der Wahrnehmungsweise der rechten Hirnhemisphäre den Vorzug gibt, bleibt Edwards doch bei ihrer Überzeugung, daß auch die linke Hirnhemisphäre für ein Leben in Ganzheit eine wichtige Rolle spielt. Wie Elmer Green einmal gesagt hat: »Die Macht der linken Hirnhälfte liegt darin, daß sie uns bei Verstand erhält, uns dabei hilft, von unserem Aberglauben abzulassen, und uns Möglichkeiten an die Hand gibt, Informationen zu analysieren und auszuwerten. Ohne sie wären wir noch immer im finsteren Mittelalter.« Edwards sieht ihre größte Herausforderung darin, ein Gleichgewicht zwischen den Stärken beider Gehirnseiten herzustellen. »Ideal wäre es«, sagte sie mir, »wenn die rechte Hirnhälfte die Rolle übernehmen würde, uns einen Zugang zu den tiefsten Ebenen echter Erfahrung zu eröffnen und als Realitätsprüfung gegenüber der Tendenz der linken Hirnhälfte, uns mit Geschichten abzuspeisen, dienen würde, wenn sie keine brauchbaren Antworten weiß. Die ideale Rolle der linken Hirnhälfte wäre die, allen Informationen, die vom Rechtshirn stammen, zum Ausdruck zu verhelfen und zwischen Wichtigem und Banalem zu unterscheiden. Jeder Denkmodus ist unvollständig ohne den anderen. Man muß über beide Hirnhemisphären verfügen können, um ganz zu sein.«

5
Die Geist-Körper-Connection

Was dem einen recht ist,
ist dem anderen billig

Die große Mehrheit von uns muß ein Leben fortwährender systematischer Falschheit führen. Unweigerlich wird die Gesundheit davon betroffen, wenn man Tag für Tag etwas anderes sagt, als man fühlt, wenn man vor dem zu Kreuze kriecht, was man verabscheut, und Freude über das mimt, was einem nichts als Unglück bringt. Unser Nervensystem ist keine bloße Erfindung; es ist Teil unseres physischen Körpers, und unsere Seele existiert im Raum und ist in uns wie die Zähne in unserem Mund. Sie kann nicht bis in alle Ewigkeit ungestraft verletzt werden.

Boris Pasternak

Der Medizinmann ist aus dem gleichen Grund erfolgreich wie wir alle. Jeder Patient trägt seinen eigenen Arzt in sich. Sie kommen zu uns, ohne diese Wahrheit zu kennen. Wir tun unser Bestes, wenn wir dem Arzt, der in jedem Patienten wohnt, die Möglichkeit geben, tätig zu werden.

Albert Schweitzer

Es lag auf der Hand, daß meine Rückenschmerzen etwas mit dem Druck zu tun hatten, dem ich in meinem Leben ausgesetzt war. Als sie sich 1985 einstellten, war Deborah mit unserem zweiten Kind schwanger und lag selbst mit einer Art Bandscheibenvorfall im Bett. Wir waren gerade in eine neue Wohnung gezogen, um genügend Platz für unsere wachsende Familie zu haben, und sahen noch dazu ständig wachsenden Ausgaben entgegen. Ich arbeitete wie verrückt, um uns über Wasser zu halten. Irgendwann war es dann endlich soweit: Unser zweites Kind kam gesund und allerliebst zur Welt, Deborahs Schmerzen verschwanden, und ich unterzeichnete einen Vertrag für ein Buch. Alles wurde leichter, nur meine Rükkenschmerzen wurden immer schlimmer. Schließlich kreiste mein ganzes Leben hauptsächlich darum. Ich suchte Orthopäden und Neurologen auf, wurde von einem Chiropraktiker eingerenkt und von einem Osteopathen ein zweites Mal eingerenkt. Ich machte Streckübungen mit einem Physiotherapeuten, hielt die Nadeln eines Akupunkteurs aus und verbrachte zwei Wochen in einer Schmerzklinik in Florida. Ich belegte einen Yogakurs und versuchte, mehr Entspannung in mein Leben einzubauen. Ich nahm eine aufrechte Haltung ein, kräftigte mein Untergestell, verteilte Lumbalkissen im ganzen Haus, hielt jede Menge Eisbeutel im Tiefkühlfach vorrätig und stopfte ein Heizkissen unter mein Bett. Nichts half. Am Ende suchte ich einen Arzt am Rusk-Institut für Rehabilitationsmedizin der Universität von New York auf; er hieß John Sarno. Ich hatte inzwischen anderthalb Jahre lang fast ununterbrochen Schmerzen gelitten. Sarno war ein kleiner, robuster, gesund aussehender Mann Anfang Sechzig, der leidenschaftlich an seine Arbeit glaubte und wenig Geduld für Skeptiker aufbrachte. Ich war für alles offen, was vielleicht meine Schmerzen linderte. Binnen weniger Stunden überzeugte Sarno mich davon, daß mit meinem Rücken eigentlich gar nichts verkehrt sei. Die körperlichen Symptome maskierten vielmehr unbewußte Emotionen, die ich nicht wahrhaben wollte, und Angst spielte eine wesentliche Rolle dabei, daß die Schmerzen chronisch wurden und immer wieder auftraten.

Sarnos Behandlung zielt im Kern darauf ab, Patienten dazu zu bringen, sich die Auswirkungen bestimmter Gedanken und Gefühle auf ihren Körper stärker bewußtzumachen. Was unbewußt bleibt, so seine Devise, kann nicht nur psychische Qualen auslösen, sondern auch körperliche Schmerzen. Wirkungsvoller und einleuchtender als jeder andere praktizierende Arzt, den ich kannte, führte mir Sarno vor Augen, welch eine unglaublich starke Heilwirkung schon dann eintritt, wenn man sich einfach unbewußte Gedanken und Gefühle zu Bewußtsein bringt. Drei Wochen und zwei lange Vorträge nach meinem ersten Besuch hörte mein Rücken auf, weh zu tun. Von wenigen kurzen Ausnahmen abgesehen, hat er mir seitdem nie wieder Probleme bereitet.

Sarno vermittelte mir meine erste unmittelbare Erfahrung über die Verbindung von Geist und Körper. Mit der Zeit ging mir auf, daß diese Beziehung überaus wichtig ist für jeden, der nach einem erfüllteren Leben sucht. Wenn Geist und Körper wieder harmonisch zusammenarbeiten, tritt oft entgegen aller schulmedizinischen Weisheit und wissenschaftlichen Erkenntnis eine Heilung ein. Sarno glaubt zum Beispiel, daß bei über 95 Prozent der Patienten, die zu ihm kommen, keine organischen Fehler für die Schmerzen verantwortlich sind. Dazu gehören auch Patienten mit Symptomen, die nach landläufiger Meinung Rückenschmerzen verursachen müßten – beispielsweise Bandscheibenschäden oder Skoliose.

Die meisten Leute leiden nach Sarnos Ansicht unter dem, was er »Tension Myositis Syndrome« (Spannungs-Myositis-Syndrom), abgekürzt TMS, nennt. Damit meint er, daß körperlicher Schmerz auf tieferliegende emotionale Faktoren zurückzuführen ist – unter anderem auf Unruhe, Angst und Ärger. Klassische TMS-Symptome sind unter anderem Empfindlichkeit und Schmerzen in grundverschiedenen, unzusammenhängenden Rückenpartien, eine äußerst ambitionierte, anspruchsvolle Persönlichkeit sowie eine persönliche Vorgeschichte mit verschiedenen Beschwerden, die mit Streß in Verbindung gebracht werden, etwa Migränekopfschmerzen, Sodbrennen, Magengeschwüre, Dickdarmentzündung, Reizkolon, Asthma und Allergien. Später ist Sarno außerdem zu dem Schluß gekommen, daß TMS auch der auslösende Faktor für etliche andere Krankheitsbilder ist, die keine erklärlichen körperlichen Ursachen haben: gewisse Arten von Knie- oder Schulterschmerzen, Tennisarm, Schienbeinschmerzen, Schmerzen in den Gelenken und der Achillessehne sowie verschiedenste Fußschmerzen einschließlich Knochensporn, Plattfüße oder auch Fallfuß. Die Folgerungen aus dieser Theorie sind gewaltig. Rückenschmerzen sind zum Beispiel in den Vereinigten Staaten – neben der gewöhnlichen Erkältung – die zweithäufigste Ursache für den Gang zum Arzt. Die jährlichen Kosten der Behandlung von Leuten mit Rückenschmerzen belaufen sich auf über 8 Milliarden Dollar, und die Zahl der Wirbelsäulenoperationen ist in den USA beinahe zehnmal so hoch wie in anderen westlichen Ländern.

Sarno hat zwar nie eine Versuchsreihe unter Kontrollbedingungen durchgeführt, aber er macht Aufzeichnungen von seinen Ergebnissen. In den vergangenen zwanzig Jahren hat er mehr als zehntausend Rückenleidende behandelt. 1982 hat er nach dem Zufallsprinzip eine Nachuntersuchung an 177 Patienten vorgenommen, die er in den drei vorangegangenen Jahren behandelt hatte. 76 Prozent hatten nur noch wenig oder gar keine Schmerzen mehr und gingen wieder ihren normalen Tätigkeiten nach. Bei 8 Prozent war eine Besserung eingetreten, und nur 16 Prozent waren unverändert. 1987 führte er, ebenfalls nach dem Zufallsprinzip, eine ähnliche Untersuchung an von ihm behandelten Patienten durch, bei denen mittels Computer- und Kernspin-Tomographie schwere Bandscheibenschäden diagnostiziert worden waren. Erstaunliche 88 Prozent dieser Gruppe – 96 Patienten – gaben an, nach Sarnos Aufklärungsvortrag und anschließender Behandlung kaum oder gar keine Schmerzen mehr gehabt zu haben. 10 Prozent sprachen von einer Besserung, und nur 2 Prozent erfuhren keine Änderung ihres Zustands. Diese Statistiken sind zwar kein wissenschaftlicher Beweis, aber sie spiegeln meine eigenen Erfahrungen mit Leuten wider, die ich in den letzten sieben Jahren zu Sarno geschickt habe. Es waren über fünfzig – ein Dutzend davon Freunde und Nachbarn –, und ich habe die Weiterentwicklung fast aller verfolgt. Obgleich viele zu Anfang ihre Zweifel hatten, daß Sarnos Methode etwas nützen würde, sind sie bis auf wenige heute schmerzfrei. Angesichts der Tatsache, daß nahezu alle konventionellen Verfahren zur Behandlung von Rückenschmerzen einschließlich einer Operation kaum Wirkung zeigen, ist diese Erfolgsrate außergewöhnlich.

Doch in medizinischen Fachkreisen war man nach wie vor skeptisch, was Sarnos Behauptung betraf, Rückenschmerzen hätten selten eine körperliche Grundlage. Im Juli 1994 aber hat das *New*

England Journal of Medicine die Ergebnisse einer höchst ungewöhnlichen Untersuchung veröffentlicht, bei der sich 98 Männer und Frauen *ohne* Rückenschmerzen einer Kernspin-Tomographie unterziehen mußten. Die Forscher – Versuchsleiter war Dr. Michael Brant-Zawadzki – stellten fest, daß etwa zwei Drittel der Testpersonen Wirbelsäulenschäden aufwiesen, zum Beispiel Bandscheibenprotrusion, Bandscheibenprolaps oder Bandscheibendegeneration. Die Autoren der Studie kamen zu dem Schluß – wie Sarno zwanzig Jahre früher –, daß kein direkter Zusammenhang zwischen Bandscheibenschäden und Schmerzen besteht. »Manche Ärzte möchten ihren Patienten gern erklären können, warum es ihnen so ergeht, wie es ihnen ergeht«, erklärte Dr. Brant-Zawadzki. »Die Versuchung ist natürlich groß, daß weniger qualifizierte Ärzte leichtfertig eine Verbindung zwischen Bandscheibenschäden und Patientensymptomen herstellen.«[1] Die Studie machte zwar deutlich, daß ein Großteil der chirurgischen Eingriffe bei Rückenproblemen überflüssig ist, aber sie erbrachte keine wirkungsvolleren Behandlungsmethoden.

Einer der Kernpunkte von Sarnos Behandlung ist die Teilnahme an zwei zweistündigen Vorträgen über die emotionalen Ursachen von Rückenschmerzen, die er vor jeweils maximal vierzig Patienten hält. Seiner Meinung nach entstehen die Schmerzen in allen bis auf wenige Fälle durch Gewebeschwächen insbesondere der Muskeln, Nerven, Sehnen und Bänder. Vorausgegangen ist häufig eine Verletzung. Er vertritt nun die Theorie, daß erst danach Spannungen unterschiedlicher Art – ob bewußt oder unbewußt – ein Zusammenziehen der Blutgefäße verursachen, die zu den Muskeln und Nerven im Rücken und zu Schultern und Nacken führen. Dadurch komme es zu einer Drosselung der Blutzufuhr und dementsprechend des Sauerstoffs, was schließlich schmerzhafte Muskelverkrampfungen und Nervenschmerzen auslöse. Unter normalen Umständen könne man davon ausgehen, daß sich die Sache von selbst wieder gebe, ebenso wie ein Wadenkrampf nach zu langem Laufen oder Sitzen in unveränderter Position nur von kurzer Dauer wäre.

Rückenschmerzen hingegen würden oft die Angst auslösen, es handle sich um eine schwerere, mit längerem Leiden verbundene Verletzung. Dies würde zu vermehrten Verspannungen führen, die wiederum eine neuerliche Verengung der Blutgefäße zur Folge hätten. Das Ende vom Lied wäre ein Teufelskreis chronischer Schmerzen, der den Körper daran hindere, von seinen natürlichen Selbstheilungskräften Gebrauch zu machen.

Sarno führt im Grunde eine Gesprächstherapie durch. Deren Ziel ist es, logisch und überzeugend darzustellen, daß die meisten Rückenschmerzen keine organischen Ursachen haben. Seine Feststellung, daß ein erheblicher Prozentsatz aller Erwachsenen nachweislich Bandscheibenschäden hat, aber nur sehr wenige über Rückenschmerzen klagen, ist inzwischen durch das *New England Journal of Medicine* bestätigt worden. Wie er angibt, haben nahezu all seine Patienten Schmerzen und empfindliche Stellen hier und dort im Rücken, im Nacken und an den Schultern, die nicht miteinander in Zusammenhang stehen. Seiner Auffassung nach setzen selbst bei schweren körperlichen Verletzungen die normalen Selbstheilungskräfte des Körpers in vorhersagbarer Weise ein und tun ihre Wirkung. Außerdem gibt es, wie er deutlich macht, keine vernünftige physiologische oder organische Erklärung dafür, warum Rückenschmerzen oft kommen und gehen oder an immer anderen Stellen auftreten und typischerweise in psychischen Streßsituationen stärker werden.

Die Ursache der Spannungen, die zu Muskelverkrampfungen und Nervenschmerzen führen, sind nach Sarnos Ansicht unterdrückte Emotionen. Rückenschmerzen, so legt er in seinem Buch *Healing Back Pain* (»Rückenschmerzen heilen«) dar, entstehen auf Befehl des Geistes, der eine körperliche Reaktion einer schmerzlichen emotionalen Erfahrung vorzieht. Aufgrund seiner klinischen Erfahrungen ist Sarno mehr denn je davon überzeugt, daß Ärger die am häufigsten für Rückenschmerzen verantwortliche Empfindung ist. Seine Aufgabe sieht er darin, seine Patienten darauf aufmerksam zu machen, daß sich unterdrückte Wut – oder Angst – am Ende getarnt in Form von körperlichen Beschwerden zeigt. Sobald man diesen Mummenschanz durchschaut, bringt das Ablenkungsmanöver der körperlichen Schmerzen laut Sarno nichts mehr. »Es ist ein bißchen so, wie wenn bei einer Geheimoperation die Deckung auffliegt«, schreibt er. »Solange der betreffenden Person nicht bewußt ist, daß der Schmerz nur der Ablenkung dient, wird er ungestört weiterhin auftreten. Aber im selben Augenblick, in dem ihr ein Licht aufgeht, funktioniert das Täuschungsmanöver nicht mehr; die Schmerzen sind weg, weil sie überflüssig geworden sind. Bewirkt wird das letztlich durch die entsprechende Information.«[2] In wenigen Ausnahmefällen scheinen Patienten zwar die TMS-Diagnose zu akzeptieren, aber es tritt trotzdem keine Besserung ein. Dann verordnet Sarno im Anschluß an seine Behandlung eine Psychotherapie, die insbesondere die Verbindung zwischen physischen Schmerzen und psychischen Faktoren aufdecken soll. Solche Patienten stoßen, wie er sagt, mit ziemlicher Sicherheit auf tieferliegende emotionale Konflikte.

Am zweitwichtigsten ist es bei seiner Behandlung, wie Sarno festgestellt hat, die Patienten davon zu überzeugen, daß ihre tiefverwurzelten Ängste bezüglich des Rückens aus der Luft gegriffen sind. Die Sorge, bestimmte Tätigkeiten könnten dem Rücken irgendwie noch mehr schaden, steigert seiner Ansicht nach die Angst und unterstützt den Schmerzteufelskreis nur. Das heißt, der Geist übermittelt dem Körper die Botschaft, daß Angst angesagt ist, und schon geht diese Prophezeiung ganz von selbst *physiologisch* in Erfüllung. Vor kurzem wurde eine Untersuchung an Patienten mit Rückenleiden durchgeführt, bei der sie Elektroden an den Rücken angeschlossen bekamen und gebeten wurden, über ihre Schmerzen zu reden. Die Stärke der in den betreffenden Muskelpartien gemessenen elektrischen Ströme – im allgemeinen ein Maß für Verkrampfungen – stieg immerhin siebenmal an, während die Leute sprachen. »Daran sieht man, daß allein schon das Denken Einfluß auf die Physiologie und den Schmerz haben kann«,[3] bemerkte der Psychologe Dr. Dennis Turk von der Universität von Pittsburgh dazu, der den Versuch leitete. Während ich hier sitze und über dieses schmerzhafte Thema schreibe, spüre ich, wie sich mein Rücken etwas versteift – wie ich überzeugt bin, ein letztes Zeichen meiner eigenen alten Ängste und Vorstellungen. Der Unterschied ist nur, daß ich inzwischen darauf vertraue, daß die Schmerzen schnell wieder abklingen werden – und fest glaube, eine beachtliche Fähigkeit erworben zu haben, direkt auf meinen Körper einzuwirken.

Kurz nach meinem Erlebnis mit Sarno brach ich zu meiner Weisheitssuche auf. Von Anfang an hielt ich die Verbindung von Körper und Bewußtsein für einen wichtigen Teil des Puzzles. Ich fragte mich, ob es wohl belegt und wissenschaftlich bewiesen war, daß sich Gedanken und Gefühle auf die körperliche Gesundheit auswirken. Besonders interessierte mich, ob inzwischen der Nachweis erbracht war, daß unser Denken und Fühlen nicht nur milde Beschwerden wie Rückenschmerzen auslösen kann, sondern auch lebensbedrohliche Erkrankungen wie Krebs oder Herzkrankheiten. Forschungen auf diesem Gebiet, der sogenannten Verhaltensmedizin – oder Psychoneuroimmunologie – haben zu keinem eindeutigen Schluß geführt und sind bisweilen widersprüchlich. Trotzdem hat mich ein unverwechselbares Muster verblüfft. Einfach ausgedrückt, sorgt das, was gut für Geist, Gemüt und Seele ist, offenbar auch immer für körperliche Gesundheit. Umgekehrt macht etwas, das für Geist, Gemüt und Seele ungesund ist, meist auch anfällig für Erkrankungen und verzögert die Genesung.
Zwei Emotionen, die am häufigsten mit Krankheiten in Zusammenhang stehen, sind Depressionen, die zu Hoffnungslosigkeit und Isolation führen, und chronischer Ärger, der Streß und Entfremdung verursacht. Die am häufigsten mit körperlicher Gesundheit verbundenen Emotionen sind die Liebe, die Gefühle der Sicherheit und Nähe vermittelt, sowie Hoffnung oder Glaube, die Lebenssinn und Widerstandskraft geben. Ganz allgemein scheint es so zu sein, daß Gefühle, die zu mehr Zusammengehörigkeit und Gewahrsein

führen, gesund sind, während solche, die zu Einsamkeit und Entfremdung führen, ungesund sind. Bildlich gesprochen, läßt die Erforschung des Zusammenhangs von Körper und Geist vermuten, daß wir, je weniger Barrieren wir errichten – zwischen Bewußtem und Unbewußtem, uns selbst und anderen, persönlichen und universellen Belangen –, um so gesünder sind. Umgekehrt gilt, daß wir, je beschränkter unsere Selbsteinschätzung ist, je stärker wir uns von anderen getrennt fühlen und je mehr wir uns von unseren tiefinnersten Bedürfnissen abwenden, um so anfälliger werden für Krankheiten.

Immer mehr Beweise sprechen auch dafür, daß der Körper mit Hilfe des Geistes dazu angeregt werden kann, sich selbst zu heilen. Ausschlaggebend dafür scheint zu sein, sich der Sprache zu bedienen, die der Körper am besten versteht: Bilder. Durch Vorstellungsbilder kann man offenbar direkt mit dem eigenen Unbewußten in Kontakt treten und in physiologische Prozesse eingreifen, die angeblich nicht dem Willen unterliegen. Doch ehe solche Bilder heraufbeschworen und weitergeleitet werden können, muß erst der Geist still, müssen die Emotionen zur Ruhe gekommen und muß eine körperliche Entspannung eingetreten sein. Letztlich hängt eine gute Gesundheit weniger davon ab, ob man irgendeinen Idealzustand, ein körperliches Gleichgewicht, gefunden hat, sondern davon, daß man die Fähigkeit des Körpers pflegt, sich flexibel auf die unterschiedlichsten Aufgaben einzustellen, die zu bewältigen sind. Damit ist die Fähigkeit gemeint, sich schnell von allen Arten von Streß zu erholen. Was auch immer diese Spannkraft fördert, dient anscheinend der Gesundheit – emotional, intellektuell, spirituell und physisch.

Die heutige »*Mind-Body*-Bewegung«, die ihr Augenmerk der Verbindung zwischen Geist und Körper zuwendet, hat viele Väter. In den achtziger Jahren des vorigen Jahrhunderts verblüffte der französische Neurologe Jean-Martin Charcot Studenten und Kollegen damit, an Patienten, die an einer sogenannten hysterischen Lähmung litten, zu demonstrieren, daß sie in hypnotischer Trance in der Lage waren, vollkommen frei herumzulaufen. Selbst Freud untersuchte die Symptome der »hysterischen Konversion«, wie er es nannte – körperliche Leiden, die seiner Auffassung nach der verschleierte Ausdruck unterdrückter emotionaler Konflikte waren. In den dreißiger Jahren führte der Harvard-Physiologe Walter Cannon den Begriff der »Homöostase« ein für den Prozeß, durch den sich der Körper instinktiv gesund erhält. Cannon ging weiter davon aus, daß viele Faktoren die Homöostase beeinträchtigen, unter anderem Erschöpfung, körperlicher Streß und Dauerängste. Diese wiederum würden zu einer Erkrankung führen.

In den vierziger Jahren bereitete der Psychiater Franz Alexander den Weg für die psychosomatische Medizin; er nahm an, daß Erkrankungen wie Magengeschwüre, Dickdarmentzündung, Bluthochdruck, Kopfschmerzen und Asthma eher durch psychischen Streß bedingt seien als durch bestimmte physische Ursachen. In den fünfziger Jahren begann der Endokrinologe Hans Selye an der McGill-Universität in Montreal eine Forschungsreihe über die schädlichen physiologischen Auswirkungen von Streß. Selye definierte Streß als »unspezifische Reaktion des Körpers auf Anforderungen aller Art«.[4] Im Klartext: Streß entsteht durch die Vorstellung der Leute, ihre Lebensumstände würden ihre Fähigkeiten, damit fertig zu werden, übersteigen. Selye machte deutlich, daß die Streßhormone, die jeder produziert, um wirksam auf Gefahren reagieren zu können – durch entsprechende Reaktionen wie etwa einen beschleunigten Puls und erhöhten Blutdruck – Gift für den Körper werden können, wenn ihr Spiegel hoch bleibt. Kurz, Selye zeigte auf, daß chronischer Streß einen meßbaren Tribut vom Körper fordert.

Von allen Pionieren der »Geist-Körper-Medizin« hat mich Larry LeShan am meisten angezogen. Er ist mittlerweile Anfang Siebzig und gerade von einem schweren Herzanfall genesen, wirkt aber immer noch vital. Er ist groß, hat stechende Augen, eine achtunggebietende Körperfülle, eine Hakennase, einen vollen weißen Haarschopf und trägt eine dicke dunkle Brille, die ihm einen professionellen Anstrich verleiht. LeShan spricht im ungeschliffenen, aggressiven, unduldsamen Stil des geborenen New Yorkers. Dieser täuscht zwar über seine freundlichere, sanftere Seite hinweg, aber er ist auf eine poltrige Art stolz auf seine lebenslange Rolle als Enfant terrible und Außenseiter.

LeShan hat während seiner Tätigkeit als Psychologe Probleme in Angriff genommen, mit denen andere sich erst lange nach ihm zu beschäftigen oder ernst zu nehmen bemüßigt fühlten. Nach diesem Muster hat er sich alles vorgenommen, von der Beziehung zwischen Physik und Mystik über den historischen Nachweis parapsychischer Phänomene bis hin zu den verschiedenen Meditationsmethoden in Ost und West. Meist war er anderen Forschern dabei mindestens ein Jahrzehnt voraus. Nicht zuletzt daran lag es, daß er trotz seiner höchst erfinderischen Arbeit auf unterschiedlichsten Gebieten kaum je die Anerkennung gefunden hat wie diejenigen, die sich auf sein Werk berufen konnten. Nur eines seiner zwölf Bücher – *How to Meditate* (»Wie man meditiert«) hat eine etwas höhere Auflage erreicht.

LeShan begann Anfang der fünfziger Jahre über die Beziehung zwischen Geist und Körper nachzudenken; damals war er Heerespsychologe und in Fort Smith, Arkansas, stationiert. Er hatte gerade an der Universität von Chicago promoviert, als der Koreakrieg ausbrach und er einberufen wurde. Seine Arbeit bestand darin, unter den Neuzugängen die auszusuchen, die aufgrund ihrer Persönlichkeit wahrscheinlich eher in einer Schlacht fallen würden, und ihnen andere Pflichten zuzuweisen. Intellektuell ausgehungert durch diese trostlose Tätigkeit, war LeShans Interesse sofort geweckt, als ihm ein Psychologenkollege den Vorschlag machte, sich doch einmal anzuschauen, ob es eine Wechselbeziehung zwischen Persönlichkeit und Krebs gebe. LeShan suchte die nächste medizinische Bibliothek auf und fand dort einen Haufen Statistiken, die im 19. Jahrhundert zusammengetragen worden waren und seitdem Staub ansammelten. Beispielhaft für die Schlüsse, die damals gezogen wurden, war der Satz von Sir James Paget, dem Autor des

klassischen Fachbuchs *Surgical Pathology* (»Chirurgische Pathologie«): »Die Fälle, in denen tiefe Ängste, zerstörte Hoffnungen sowie Enttäuschungen das rasche Wachstum und die Zunahme von Krebsgeschwulsten nach sich ziehen, häufen sich so, daß kaum daran zu zweifeln ist, wie stark, neben anderen Einflüssen, mentale Depressionen ausschlaggebend für die Entwicklung von Krebserkrankungen sind.«[5] LeShan entdeckte auch statistische Beweise. Zum Beispiel war die Sterblichkeitsrate von verwitweten oder geschiedenen Männern und Frauen deutlich höher als bei jeder anderen Gruppe von krebskranken Patienten. Diese Ergebnisse fand er später durch neuere epidemiologische Untersuchungen bestätigt, die aufzeigten, daß weit mehr geschiedene und verwitwete Frauen an Krebs sterben als verheiratete Frauen im vergleichbaren Alter.
Sobald er 1952 aus der Armee entlassen wurde, bewarb sich LeShan um die Mittel zur Stützung seiner Theorie, daß das Gefühlsleben mit der Wahrscheinlichkeit einer Krebserkrankung in Zusammenhang steht. Er bekam die Mittel bewilligt, wurde jedoch trotzdem von 15 Krankenhäusern abgewiesen, bis ihm endlich das Institut für angewandte Biologie in New York, das ehemalige Trafalgar-Hospital, gestattete, seine umstrittene These an Patienten zu überprüfen. LeShans erste Versuchsreihe sah so aus, daß er an etwa 500 Krebspatienten drei Arten von standardisierten Persönlichkeitstests verteilte, um auffällige Muster aufzudecken. In den darauffolgenden zehn Jahren führte er mit 250 dieser Patienten eingehendere Befragungen durch, die jeweils zwischen zwei und acht Stunden dauerten.

Die erste Gemeinsamkeit, die LeShan ans Licht brachte, war die, daß die überwiegende Mehrzahl der Krebspatienten im Jahr vor ihrem Befund auf Krebs von einem verheerenden persönlichen Verlust betroffen worden war. Die Verluste rangierten vom Tod des Partners über den Verlust der Arbeitsstelle bis hin zum Fortgang eines Sohnes oder einer Tochter zum College. Welcher Art der Verlust auch sein mochte, er bewirkte jedenfalls, daß die Patienten übereinstimmend das Gefühl hatten, ihres Hauptlebenssinns beraubt worden zu sein. Dadurch wiederum machte sich ein Gefühl des Isoliertseins, der Wertlosigkeit, Verzweiflung und tiefen Hoffnungslosigkeit in ihnen breit, je wieder ein befriedigendes Leben zu führen. Drei Viertel der Krebspatienten, die LeShan unter die Lupe nahm, hatten unter einem solchen Verlust zu leiden gehabt, hingegen nur 12 Prozent der gesunden Kontrollgruppe.

Das zweite Muster, das sich nach LeShans Erkenntnis bei Krebspatienten abzeichnete, waren lebenslange Probleme damit, die eigenen Bedürfnisse offen zum Ausdruck zu bringen und eine Tendenz, starke negative Gefühle wie etwa Wut zu unterdrücken. Statt dessen pflegten diese Patienten kooperativ zu sein, sie wirkten dem Anschein nach unbeschwert, obwohl sie stets automatisch in den Hintergrund traten, auch wenn sie damit die eigenen Wünsche zurückstellen mußten. Bei fast 50 Prozent der von LeShan befragten Krebspatienten lag dieses Muster vor, in der Kontrollgruppe bei nur 25 Prozent der Befragten. Als LeShan später die Persönlichkeitstests von 28 Personen vorgelegt wurden ohne Auskunft darüber, wer von ihnen Krebs hatte, traf er in 24 Fällen die richtige Diagnose. Drei von denen, die er irrtümlich als krebskrank bezeichnet hatte, litten unter anderen schweren Krankheiten. Ende der fünfziger Jahre begann LeShan, seine Forschungsergebnisse in gängigen psychologischen Fachzeitschriften zu veröffentlichen. 1959, als er für das Informationsblatt des nationalen Krebsforschungsinstituts Literaturhinweise zusammenstellte, konnte er Dutzende von Studien anführen, die seine Beobachtung bestätigten, daß das Gefühlsleben eines Menschen oftmals eng mit Entstehung und Verlauf einer Krebserkrankung gekoppelt ist.

»Wenn unter allen Umständen Verantwortungsbewußtsein und Selbstbeherrschung aufrechterhalten werden zu Lasten des echten Gefühlsausdrucks«, schrieb LeShan später, »wird ein Teil des Selbst verleugnet. Wenn Spannungen ungelöst bleiben und Wut unterdrückt wird, fressen sie sich fest. Wir wissen, daß dies der Fall ist bei der Entwicklung von Magengeschwüren. Können wir die Möglichkeit von der Hand weisen, daß es auch bei der Entwicklung von Krebsgeschwulsten so ist?« LeShan war kein Arzt, er richtete sein Augenmerk nicht vorrangig auf die physiologischen Prozesse, die dabei hätten in Erscheinung treten können. Seitdem ist allerdings beträchtliches Beweismaterial dafür gesammelt worden, daß die Immunreaktion tiefgreifend von Emotionen beeinflußt wird. Danach liegt die Vermutung nahe, daß psychischer Streß Krebs auslösen kann, einmal, indem er eine abnorme Zellentwicklung verursacht, und zum andern, indem er die Immunreaktion der Zellen unterdrückt.

LeShan konzentrierte sich auf die Behandlung der emotionalen Krise, auf die seine Patienten zusteuerten. Was würde wohl passieren, fragte er sich, wenn er den Krebspatienten helfen könnte, ihre tiefinnersten Bedürfnisse zu erkennen, zum Ausdruck zu bringen und zu befriedigen? Was wäre, wenn er bei verzweifelten Patienten, die ihren Lebenswillen verloren hatten, wieder den entschiedenen Wunsch wecken könnte, es noch einmal mit dem Leben zu versuchen? Er hatte von Anfang an den traditionellen psychodynamischen Ansatz abgelehnt, mit Patienten zusammen deren tiefinnerste Konflikte an der Wurzel zu ergründen und nach Möglichkeit zu lösen. So nützlich dieses Vorgehen für viele Menschen auch sein mochte, für Leute mit einer schweren, lebensbedrohlichen Krankheit kam es seines Erachtens nicht in Frage.

Beeinflußt von Vertretern der humanistischen Psychologie wie Abraham Maslow, Carl Rogers und Victor Frankl, entwickelte LeShan seine »Krisentherapie«, mit deren Hilfe seine Patienten feststellen konnten, was sie an ihrem Leben gut fanden und nicht etwa, was sie schlecht fanden. »Wenn ihr um euer Leben kämpfen wollt, müßt ihr euch erst selbst annehmen können und gut finden«, erklärte er. Er vertrat die Ansicht, daß die meisten seiner Patienten den Kampf aufgegeben hatten, sich ihrem ureigenen Wesen gemäß zum Ausdruck zu bringen, und daß sie am vordringlichsten lernen müßten, wieder Lust am Leben zu gewinnen. Er ermutigte seine Patienten vor allem dazu, solche Tätigkeiten aufzunehmen, an denen sich ihr Lebensfunke wieder entzünden konnte, und dieses Ziel mit aller Bestimmtheit zu verfolgen – selbst wenn das hieß, den Beruf zu ändern, eine Ehe zu beenden oder in eine andere Stadt umzuziehen. Wenn Patienten dazu angeregt werden könnten, Leidenschaft zu entwickeln und am Ende sogar wieder Freude am Leben zu haben, überlegte LeShan, würde dadurch vielleicht ein körperlicher Heilungsprozeß ausgelöst, insbesondere in bezug auf die Immunreaktionen. »Nichts dürfte wichtiger für sie sein«, schrieb er viel später, »als ihr ureigenes Lied zu entdecken und zu lernen, es laut und klar herauszusingen.«[6]

Bis Ende der siebziger Jahre, also über einen Zeitraum von fast zwanzig Jahren hinweg, behandelte LeShan etwa 70 Krebspatienten mit seiner umfassenden Therapie. Alle waren als unheilbar krank diagnostiziert worden, und alle hatten nur noch eine begrenzte Lebenserwartung. LeShan veröffentlichte seine Erkenntnisse zwar nie in einer herkömmlichen Fachzeitschrift, aber in seinem Buch *You Can Fight for Your Life* (»Du kannst um dein Leben kämpfen«) schrieb er, daß gut die Hälfte seiner Patienten vollständig genas und zwanzig Jahre später immer noch am Leben war. Viele andere überlebten die vorausgesagte Lebenserwartung um ein beträchtliches. Fast alle sprachen von einer erheblichen Verbesserung ihrer Lebensqualität während der ihnen noch verbleibenden Frist. Diese Statistiken sprechen auch ohne präzisen klinischen Nachweis Bände.

Auf einer anderen Ebene gehen präzise Statistiken sowieso völlig an der Sache vorbei. *Ganz gleich,* in welchem Maße sein psychotherapeutisches Eingreifen den Verlauf der Krebserkrankung und die Lebenserwartung eines Patienten beeinflußt haben mag, LeShan hat auf jeden Fall eine gewichtige Verbindung zwischen Geist und Körper aufgezeigt. Außerdem hat seine akribisch genaue Sammlung von Krebssterberaten deutlich gemacht, daß gewisse emotionale Lebensumstände einen engen Bezug zu einer Krebsentwicklung haben – in vorderster Linie Depression und gesellschaftliche Isolation. LeShans Arbeit hat letztlich die Voraussetzungen für viele andere Wissenschaftler geschaffen, den Zusammenhang von

Körper und Bewußtsein weiterzuverfolgen und im Detail nachzuweisen.

Ende der fünfziger Jahre gingen Meyer Friedman und Ray Rosenman daran, die Auswirkungen bestimmter Empfindungen und Verhaltensweisen für das Auftreten eines Herzinfarkts zu überprüfen. Beide waren Kardiologen und faßten mögliche psychische Faktoren ins Auge, weil sie sich nicht erklären konnten, warum gewisse Patienten überhaupt herzkrank wurden. Bei vielen dieser Patienten lag keiner der herkömmlichen Risikofaktoren vor – Rauchen, erhöhter Cholesterinspiegel, Bluthochdruck, Übergewicht und Bewegungsmangel –, und doch erkrankten sie. Als die beiden Ärzte dieses Phänomen genauer untersuchten, entdeckten sie, unabhängig von den traditionellen Risikofaktoren, eine Reihe von Gemeinsamkeiten bei der überwiegenden Mehrheit ihrer Patienten: schonungsloses Erfolgsstreben, ein latent vorhandenes Gefühl der Unsicherheit, das dauernde Empfinden, zur Eile angetrieben zu werden, chronische Ungeduld, ein höchst aggressives Konkurrenzverhalten und eine allesbeherrschende allgemeine Feindseligkeit. Friedman und Rosenman nannten dieses Muster »Typ-A-Verhalten« und betrachteten es hypothetisch als den Hauptrisikofaktor für Herzkrankheit. Eine zweite Personengruppe kennzeichneten sie als Typ B – Menschen mit unbekümmerterem, entspannterem, freundlicherem, weniger statusbewußtem, eher nonkonformistischem Verhalten – und nahmen an, daß diese Leute längst nicht so infarktgefährdet seien.
Hans Selye hatte mit seiner Arbeit bereits aufgezeigt, daß jede Art von chronischem Streß verheerende Auswirkungen auf den Körper haben kann, insbesondere durch langfristige Pulsbeschleunigung und Blutdruckerhöhung. Die erstmalig 1975 veröffentlichten Forschungsergebnisse von Friedman und Rosenman bestätigten seine Erkenntnisse. Bei der Untersuchung von vierzig Buchhaltern stellten sie fest, daß mit dem Näherrücken des Steuerstichtags – in den USA der 15. April –, also mit der Zunahme des psychischen Drucks,

der Cholesterinspiegel drastisch anstieg. Das war der erste wissenschaftliche Nachweis für den unmittelbaren Einfluß von Gedanken und Gefühlen auf den Cholesterinspiegel. In den sechziger Jahren konnten die beiden Forscher aufzeigen, daß bei Typ-A-Personen die Ausschüttung der Streßhormone Noradrenalin und ACTH, die in einen unmittelbaren Zusammenhang mit der Entwicklung koronarer Herzkrankheiten stehen, stark überhöht ist.

Anfang der sechziger Jahre konnten Friedman und Rosenman mit Forschungsmitteln des Gesundheitsministeriums einen Versuch mit 3000 Männern in mittleren Jahren starten, bei denen keine Anzeichen für koronare Herzkrankheit vorlagen. Diese Männer mußten zuerst eigens dafür erarbeitete Fragebögen ausfüllen, durch die sie in Typ-A- und Typ-B-Personen unterteilt werden konnten. Die Wissenschaftler lasen aber nicht nur am Verhalten ihrer Versuchspersonen ab, ob es sich um Typ A handelte, sondern auch an deren Körpersprache und Gesichtsausdruck. Die Personen wurden neun Jahre lang überprüft. Wie vorherzusehen war, neigten alle die, bei denen Risikofaktoren – wie zum Beispiel Rauchen oder Bluthochdruck – gegeben waren, eher zu Herzkrankheit. Das Außergewöhnliche des Ergebnisses war jedoch die Tatsache, daß Männer vom Typ A bei gleichen Vorbedingungen während der Versuchslaufzeit zweimal so häufig einen Infarkt bekamen wie Männer von Typ B. Das Typ-A-Verhalten, zu diesem aufsehenerregenden Schluß kamen die Forscher, war demnach erheblich heimtückischer als *jeder andere* Risikofaktor einschließlich des Rauchens. Viele Ärzte blieben äußerst skeptisch, daß emotionale Faktoren eine solche Macht haben sollten, aber Friedmans und Rosenmans Untersuchung entsprach den strengsten wissenschaftlichen Normen. In der Öffentlichkeit haben ihre Erkenntnisse schon bald breite Anerkennung gefunden. Ihr 1975 veröffentlichtes Buch *Treating Type A Behaviour and Your Heart* (»Die Behandlung von Typ-A-Verhalten und Herz«) war bald ein Bestseller. Rosenman wandte sich danach anderen Tätigkeiten zu. Friedman, inzwischen Mitte Achtzig, hat seine Forschungen bis heute fortgesetzt.

Mit den Jahren geriet die ursprüngliche Typ-A-Hypothese allerdings unter ziemlichen Beschuß. 1985 zum Beispiel ergab eine Untersuchung von 12000 Männern, bei denen vielfache Risikofaktoren für eine Koronarerkrankung sprachen, keinen erkennbaren Zusammenhang zwischen Typ-A-Verhalten und Herzkrankheit. Acht von zehn weiteren Studien konnten einen solchen Zusammenhang ebenfalls nicht bestätigen. Viele Schulmediziner zogen daraufhin den Schluß, emotionale und Verhaltensfaktoren würden doch keine Rolle bei der Entwicklung von Herzkrankheiten spielen. Weniger leicht war eine andere Hypothese abzutun, nämlich daß die Definition von Typ A zu umfassend geraten sei und daß eine echte Bestimmung der Risikofaktoren der Herzkrankheit erfordere, sehr viel genauer die Verhaltensweisen herauszufiltern, die sich schädlich auswirken.

Redford Williams, Psychiater an der Duke-Universität, der die ursprünglichen Typ-A-Ergebnisse sehr interessant fand, beschloß, sie einmal genauer unter die Lupe zu nehmen. Er vermutete, daß viele der Eigenschaften, die anfangs Typ A zugeordnet wurden, nicht unbedingt schädlich für das Herz waren. Manche Leute empfanden nach Williams' Auffassung intensives Konkurrenzverhalten, Hektik oder die gleichzeitige Beschäftigung mit verschiedenen Dingen womöglich gar nicht als stressig, sondern vielleicht sogar als belebenden Jungbrunnen. Ein Typ-A-Faktor fiel Williams allerdings ins Auge, der eigentlich unter allen Umständen schädlich sein mußte: chronische Feindseligkeit. Dieser Sammelbegriff umfaßt sowohl Ärger und Zynismus als auch Argwohn und übertriebene Aggressivität. Ein alltägliches Verhalten, mit dem man schlicht sich selbst oder anderen schadet, so Williams, schadet höchstwahrscheinlich auch der eigenen körperlichen Gesundheit. »Einiges am Typ-A-Verhalten ist durchaus nützlich, zum Beispiel Zeitdruck und Ehrgeiz«, schrieb er. »Viel schwieriger ist es, der Feindseligkeit noch irgendwelche Tugenden abzugewinnen.«[7]

Ab 1980 berichtete Williams, daß Patienten, die beim Persönlichkeitstest als eher feindselig abschnitten, mit höherer Wahrscheinlichkeit Herzkrankheit entwickelten als die allgemeiner definierten Patienten von Typ A und auch Typ B. Eine Untersuchung von etwa 2000 Männern ergab, daß solche mit einer feindseligen Grundhaltung 1,5mal häufiger an einem Herzinfarkt starben als die anderen. Bei einer zweiten Untersuchung, diesmal von 255 Ärzten, stellte sich heraus, daß die feindseligeren vier- bis fünfmal häufiger Gefahr liefen, einen Infarkt zu erleiden als ihre freundlicheren Kollegen. Alles in allem wurden diese Erkenntnisse durch ein halbes Dutzend Studien gestützt. »Feindseligkeit läßt erheblich deutlicher auf einen späteren Herztod schließen als jede andere Ursache«, sagte Williams.

Aber wie war nun LeShans Auffassung, daß ein Zusammenhang zwischen Krebs und dem *Unterdrücken* von Emotionen wie Wut besteht, mit Friedmans und Williams' Nachweis vereinbar, daß das *Ausdrücken* von Wut der Herzkrankheit Vorschub leistet? Wie so oft in der Erforschung von Körper und Bewußtsein sprang mir ein gemeinsamer Nenner ins Auge: die Rolle des Zusammengehörigkeitsgefühls gegenüber dem Empfinden der Abneigung. Krebspatienten, die chronisch negative Gefühle unterdrücken, bezahlen dafür den Preis, daß sie ihren zwischenmenschlichen Beziehungen die Vertrauensgrundlage entziehen und sich von ihren tiefinnersten Gefühlen und Bedürfnissen trennen. Die wutgeladenen Typ-A-Patienten hingegen stoßen ihre Mitmenschen im allgemeinen weg und isolieren sich, woran sie aber im Normalfall den anderen die Schuld geben. Da sie die Gefühle, die ihrem oft rüden Verhalten letztlich zugrunde liegen – meist Verletzlichkeit und Unsicherheit –, nicht erkennen, entfremden auch sie sich ihrem wahren Selbst. Im einen Fall müssen sie dafür bezahlen, daß sie ihre starken Wutgefühle nicht wahrhaben wollen, und im anderen für ihre Unfähigkeit, die Verantwortung für solche Gefühle zu tragen und sie durch ein gewisses Maß an Selbstbeherrschung zu meistern. In beiden Fällen scheint die Losgelöstheit von einer tieferen emotionalen Wahrheit das Risiko für körperliche Erkrankungen zu erhöhen.

Neuerdings ist jedoch selbst die Rolle der Feindseligkeit als Risikofaktor für Herzkrankheit ins Kreuzfeuer der Kritik geraten. Mindestens zwei Großversuche haben erbracht, daß Personen mit höheren Feindseligkeitswerten im Test nachweislich nicht häufiger herzkrank wurden als ihre freundlicheren Zeitgenossen. Wie Williams glaubt, ist dies dadurch zu erklären, daß die Methoden zur Bestimmung von feindseligen Gefühlen immer noch sehr ungenau sind und verfeinert werden müssen. Außerdem bestimmen bei diesen umstrittenen Versuchen die Testpersonen ihren Feindseligkeitspegel selbst, statt daß ein Außenstehender anhand von Verhaltensbeobachtungen eine Einschätzung vornimmt. Williams behauptet, Feindseligkeit – ein Grundzug, den die meisten Leute nicht für wünschenswert halten – würde meist gar nicht erkannt. Kurz: Viele von denen, die Herzkrankheit entwickeln, haben unter Umständen viel feindseligere Gefühle, als die Bewertung ihrer Testbögen, die sie selbst ausfüllen, vermuten läßt.
Meyer Friedman kommt zu einer ganz ähnlichen Erklärung für die Tatsache, daß zahllose Studien seine Erkenntnisse nicht erhärten konnten. Die Methode zur Bestimmung von Typ A hätte bei Untersuchungen, die seinen eigenen folgten, durchweg Mängel aufgewiesen, erzählte mir Friedman, als ich ihn in seinem Institut in San Francisco aufsuchte. In fast allen Fällen hätten sich die Wissenschaftler auf die von ihren Patienten ausgefüllten Fragebögen verlassen, statt klinische Untersuchungen an den Leuten vorzunehmen und nach körperlichen Anzeichen für Typ-A-Verhaltensweisen zu suchen. Hinweise sind zum Beispiel eine Verengung der Augen, Gesichtszuckungen, schnelles, heiseres Sprechen und Verkrampfung der Muskeln rund um den Mund – das alles ist bei einem Interview kaum zu verbergen. »Fragebögen reichen nicht«, sagte mir Friedman, »weil viele Leute die Fragen nicht ehrlich beantworten oder einfach nicht wissen, ob sie nun aggressiv, ungeduldig oder feindselig sind.« Friedman setzte sich auch mit dem Problem auseinander, Feindseligkeit aus der umfassenderen Zahl der ursprünglichen Typ-A-Faktoren herauszufiltern. Feindseligkeit, behauptet

er, ist Teil eines größeren Komplexes von untrennbar miteinander verknüpften Ty-A-Emotionen. Zeitdruck zum Beispiel nährt Ungeduld; Hektik und Ungeduld wiederum erhöhen die Wahrscheinlichkeit für feindselige Gedanken. Dieses Muster kannte ich sehr gut aus meinem eigenen Leben.

Friedmans Methode zur *Behandlung* von Typ-A-Verhalten erscheint mir viel umfassender als die Methoden nachfolgender Wissenschaftler. Williams beispielsweise weigert sich hartnäckig, die wahren Ursachen von Feindseligkeit zu erforschen; er konzentriert sich statt dessen lieber auf Verhaltensstrategien für den Umgang damit. »Es hat keinen Zweck, zu tief nachzubohren«, erklärte er mir, »und es ist nicht sehr wirkungsvoll.« Demgegenüber vertritt Friedman die Meinung, daß simultan zur fortwährenden näheren Bestimmung von Typ-A-Verhalten auch dessen Ursachen ergründet werden müssen. Das Grundproblem von Typ-A-Personen bestehe darin, daß sie als Kind nicht genügend vorbehaltlose Liebe erfahren hätten, wodurch in der Jugend ihr Selbstwertgefühl gelitten hätte. Ebenso wie bei Tieren oft gewalttätige, aggressive Tendenzen in Erscheinung träten, wenn sie zu früh von der Mutter getrennt würden, sagt Friedman, würden aus Typ-A-Jugendlichen in Reaktion auf den Mangel an elterlicher Liebe abwehrbereite, wütende Erwachsene. Der eigentliche »Gift«-Faktor im Typ-A-Verhalten, sagt er, »ist mangelnde Selbstsicherheit und Selbstachtung, die Ungeduld und Feindseligkeit auslösen und nähren«.[8] Dies ist sicherlich eine Übervereinfachung, aber nichtsdestoweniger auch eine nützliche Erkenntnis.

Mit seinem überzeugendsten Versuch verband Friedman einen ähnlichen therapeutischen Zweck wie LeShan mit seiner Untersuchung von Krebspatienten. 1978 nahm er sich mit seinem Team zusammen 1000 Männer vor, die früher schon einen Herzinfarkt erlitten hatten und danach als Typ-A-Persönlichkeiten eingestuft worden waren. Diese Männer wurden nach dem Zufallsprinzip in drei Gruppen eingeteilt. Bei der ersten Gruppe wurden überhaupt keine speziellen therapeutischen Maßnahmen getroffen, während die zweite die üblichen Ernährungs- und Bewegungsvorschriften wie auch Medikamente erhielt. Die dritte Gruppe erfuhr die übliche Behandlung, kam aber darüber hinaus regelmäßig zusammen zu einer Beratung, die ihnen helfen sollte, ihr Typ-A-Verhalten in jeder Hinsicht abzuwandeln. Wie LeShan wollte auch Friedman wissen, was geschehen würde, wenn Patienten ihr Leben veränderten, indem sie entweder bestimmte Verhaltensweisen ablegten oder positivere Gefühle kultivierten.

Bei der Gruppensitzung wurden verschiedene Techniken ausprobiert, um zum Beispiel ein tieferes Verständnis für die Ursachen bestimmter destruktiver Verhaltensweisen zu gewinnen oder die Patienten in ihren festen Überzeugungen zu erschüttern und von ihren gewohnten, selbstzerstörerischen Verhaltensweisen abzubringen. Die Gruppenmitglieder widmeten sich auch Aufgaben wie der Umordnung ihres Tagesplans, um chronische Streßursachen zu reduzieren und mehr Zeit für sich zu gewinnen; sie suchten nach neuen Möglichkeiten, Liebe zu geben und zu empfangen; sie lernten, die Schwächen anderer besser ertragen zu können; sie übten, weniger barsch, laut und schnell zu sprechen; sie entwickelten die Fähigkeit, ihre Impulse zu beobachten, statt ihnen voreilig nachzugeben; und sie bemühten sich um Wege, über ihre eigenen Sorgen und Nöte hinauszugehen und anderen von Nutzen zu sein. Allgemein gesprochen: Es ging in der Gruppe darum, sich gegenseitig zu helfen, die Barrieren abzubauen, die den einzelnen von den tiefinnersten Empfindungen und Bedürfnissen abschnitten und anderen Menschen entfremdeten.

Innerhalb eines Jahres hatte sich bei der Gruppe mit dem Verhaltensänderungsprogramm eine Abschwächung der Typ-A-Verhaltensweisen um 30 Prozent vollzogen. In den folgenden drei Jahren traten in dieser Gruppe nur halb so viele Herzinfarkte auf wie in den beiden anderen Gruppen. Im vierten und fünften Versuchsjahr erlitten die Männer, die keine spezielle Hilfestellung zur Veränderung ihres Typ-A-Verhaltens bekamen, fünfmal so häufig einen Herzinfarkt wie die Mitglieder der Typ-A-Verhaltensberatungsgruppe. »Kein Medikament, keine Diät und kein Übungsprogramm, das je verschrieben wurde«, schrieben Friedman und seine Mitarbeiterin Diane Ulmer, »hat je diese Schutzwirkung erreicht.«[9]

Noch immer steht die Verhaltensänderung im Mittelpunkt von Friedmans Typ-A-Gruppen; inzwischen häufen sich die wissenschaftlichen Beweise dafür, daß allein schon die Teilnahme an einer Gruppe mit Leuten, die ähnliche Probleme haben, vor Krankheit schützt. Eine ganze Reihe von Untersuchungen haben nämlich inzwischen die wohltuende Wirkung von Liebe, Zärtlichkeit und Zuwendung auf die Gesundheit bestätigt. Das gilt für alle Altersstufen. Tiffany Field, ein Wissenschaftler der Universität von Miami, hat zum Beispiel nachgewiesen, daß Frühgeburten, die regelmäßig gestreichelt wurden, statt im Brutkasten allein gelassen zu werden, im Schnitt um die Hälfte schneller zunahmen als die einsameren Säuglinge. Eine Langzeituntersuchung von 7000 erwachsenen Bürgern von Alameda County, Kalifornien, ergab, daß bei solchen mit starken sozialen Bindungen – an den Ehepartner, Freunde, die Kirche und anderes mehr – die Wahrscheinlichkeit, an irgendeinem der untersuchten Faktoren zu sterben, zwei- bis dreimal geringer war als bei denen, die ein einsameres Leben führten.
Die gesellschaftliche Einbindung könnte sogar Auswirkungen auf die Immunreaktion haben. An der Ohio State University führte der Immunologe Ronald Glaser zusammen mit seiner Frau, der Psychologin Janice Kiecolt-Glaser, eine Reihe von Versuchen durch, um eben diese Beziehung zu untersuchen. Bei einem Experiment stellte sich heraus, daß der einsamste einer Gruppe von Collegestudenten auf dem Campus die am stärksten beeinträchtigte Immunabwehr aufwies. Eine andere Untersuchung ergab, daß die Immunreaktionen bei kürzlich geschiedenen Frauen schwächer waren als bei ihren verheirateten Geschlechtsgenossinnen und daß bei diesen das Immunsystem um so robuster war, je glücklicher ihre Beziehungen nach eigenen Angaben waren. 1992 veröffentlichte Redford Williams im *Journal of the American Medical Association*

seine Untersuchungsergebnisse, nach denen von einer großen Anzahl Patienten mit fortgeschrittener koronarer Herzkrankheit 82 Prozent derer mit starken sozialen Kontakten mindestens noch fünf Jahre lebten, im Vergleich dazu nur 50 Prozent von den einsamsten und isoliertesten.

Wohl die spektakulärste Studie über den Einfluß der sozialen Einbindung auf die Sterblichkeitsrate – in diesem Fall bei Frauen mit Brustkrebs – stammt von David Spiegel, Psychiater an der Stanford-Universität. Für Spiegel stand von Anfang an fest, welche Bevölkerungsgruppe er untersuchen wollte. Ende der siebziger Jahre rief er zusammen mit seinem Kollegen Irving Yalom, einem der Pioniere der Gruppentherapie, mehrere Therapiegruppen für Patientinnen mit metastasenbildendem Brustkrebs ins Leben. An 50 Frauen, die weiterhin konventionell medizinisch betreut wurden, erging die Einladung, an einer wöchentlichen Gruppe unter Leitung von Spiegel und Yalom teilzunehmen. Alle Patientinnen waren unheilbar krank, und Ziel war nicht, den Verlauf ihrer Erkrankung zu beeinflussen. Vielmehr sollte mit diesem Experiment der Versuch unternommen werden, den Frauen zu helfen, besser mit ihrer Angst vor dem Tod zurechtzukommen, in eine effektivere Kommunikation mit ihren Ärzten und Familien einzutreten und trotz der Nervenanspannung ein relativ erfülltes, freies Leben zu führen. Eine Kontrollgruppe von 36 Frauen mit ähnlicher Diagnose erhielt keine Unterstützung dieser Art. Nach Ablauf eines Jahres konnten Spiegel und Yalom feststellen, daß die Frauen, die an den wöchentlichen Gruppentherapiesitzungen teilgenommen hatten, erheblich weniger unruhig, verwirrt, erschöpft und verstört waren als die Frauen der Kontrollgruppe. »Sie verleugneten auch nicht soviel, vermochten ihren Schwierigkeiten besser ins Auge zu sehen und hatten weniger Angst«,[10] schrieb Spiegel. Er und Yalom werteten das Experiment als Erfolg, veröffentlichten die Ergebnisse und forschten weiter.

Zehn Jahre später beschloß Spiegel, diese Untersuchung noch einmal aufzugreifen. Sein Hauptaugenmerk galt Leuten wie Bernie Siegel, ehemaliger Chirurg und Autor des Bestsellers *Liebe, Medi-*

zin und Wunder. In seinem Buch wie auch in Vorträgen und Workshops landauf, landab vertrat Siegel die These, daß Patienten ihre Chancen, von lebensbedrohlichen Erkrankungen zu genesen, verbessern könnten, wenn sie nur vermehrt Hoffnung, Willenskraft, Optimismus und Liebe kultivierten. Siegel gründete unter anderem eine Gruppe mit dem Namen »Exceptional Cancer Patients (ECAP)« – »Außergewöhnliche Krebspatienten« –, um für Patienten, die an ihrer Behandlung aktiven Anteil nehmen wollten, eine Umgebung zu schaffen, die sie emotional unterstützte. »Seelenfrieden übermittelt dem Körper die ›Lebe‹-Botschaft«, schrieb er, »während Depressionen, Angst und ungelöste Konflikte ihm die ›Stirb‹-Botschaft senden.«[11] Genau solche allgemeinen, unspezifischen Äußerungen erregten David Spiegels Zorn.

Auch bei mir weckten Bernie Siegels Behauptungen gemischte Gefühle, selbst dann noch, als ich ihn längst vor begeistertem Publikum hatte sprechen hören und ihn selbst einigermaßen ausführlich interviewt hatte. Ich schließe mich seiner Überzeugung an, daß die geistige Verfassung unmittelbaren Einfluß auf die körperliche Gesundheit hat, daß Hoffnung und Liebe mächtige Heilfaktoren sein können, daß es von Wert ist, durch Meditation, Traumarbeit oder sogar Zeichnen einen Zugang zu tieferen Gefühlsschichten im Unbewußten zu gewinnen und daß viel zu viele Mediziner Krankheiten rein mechanisch behandeln, ohne den ganzen Menschen in Betracht zu ziehen. Aber darüber hinaus fand ich seine Äußerungen doch auch übervereinfachend und möglicherweise irreführend. Wenn Siegel zum Beispiel Patienten auffordert, sich einmal zu fragen: »Warum brauchte ich diese Krankheit?«, wie er es in seinen beiden Büchern tut, fürchte ich, daß er ihnen einen schlechten Dienst erweist.

Das erste Risiko ist, daß Patienten, die glauben, sich eine Krankheit selbst zugezogen zu haben, auch glauben, sie könnten sie selbst heilen. Daraufhin lehnen sie unter Umständen jede übliche medizinische Hilfe ab. Außerdem berücksichtigt Siegel, wenn er die Rolle der patienteneigenen Emotionen und Verhaltensweisen so betont, die starken Faktoren viel zuwenig, die sich einer Kontrolle entziehen, nämlich vor allem die Erb- und Umwelteinflüsse. Wie steht es zum Beispiel mit dieser Frage, wenn es sich um ein zweijähriges Kind handelt, das an Leukämie leidet, oder um einen Erwachsenen, der ahnungslos mit Asbest kontaminiert wird und infolgedessen an Krebs erkrankt? Man sollte sich vielleicht lieber eine weniger einschränkende, vorverurteilende Frage in dieser Art stellen: »Gibt es etwas, das ich aus dieser Krankheit über mich selbst lernen kann, und regt es mich dazu an, neue Prioritäten in meinem Leben zu setzen?«

David Spiegel bezog noch entschiedener Stellung. Als er neuerliche Nachforschungen über die Sterblichkeitszahlen seiner eigenen Gruppentherapiepatienten anstellte, erwartete er eigentlich, damit aufzeigen zu können, daß weder die soziale Einbindung noch emotionale Faktoren *überhaupt* Einfluß auf die Lebensdauer eines Patienten bei metastasierendem Krebs haben. Zu seinem Erstaunen stellte Spiegel jedoch fest, daß die Frauen, die an seinen wöchentlichen Gruppensitzungen teilgenommen hatten, im Schnitt *doppelt* so lange gelebt hatten wie die Frauen der Kontrollgruppe – 36,6 Monate im Vergleich zu 18 Monaten bei den Nichttherapierten. Nur drei der 86 Frauen waren noch am Leben, aber diese drei hatten alle zur Therapiegruppe gehört. »Ich habe dieses Ergebnis vor der Veröffentlichung an zwanzig Kollegen geschickt und alles Menschenmögliche getan, um sie zur Kritik an unserer Vorgehensweise zu bewegen, aber niemand hatte etwas daran auszusetzen«, erzählte Spiegel mir.

Wie Spiegel angab, traten die Unterschiede in den Überlebensraten der beiden Frauengruppen etwa acht Monate nach Beendigung der wöchentlichen Therapiesitzungen zutage. Das gab ihm zu der Vermutung Anlaß, daß die Gruppe langsam und zunehmend Wirkung zeigte. Und tatsächlich, je mehr Sitzungen eine Frau mitmachte, um so länger lebte sie im Durchschnitt. Diejenigen, die an einer bis zehn Sitzungen teilnahmen, lebten noch 36,5 Monate, während diejenigen, die über zehn Sitzungen besuchten, im Schnitt noch 41,5

Monate am Leben blieben. »Die Unterstützung von außen kann ein wesentlicher Faktor sein, wenn es ums Überleben geht«, schloß Spiegel daraus, ganz entgegen seinen eigenen ursprünglichen Annahmen. »Durch die Einbindung in eine Gruppe konnten die Patientinnen wahrscheinlich ihre inneren Kräfte besser mobilisieren ... Das neuroendokrine und das Immunsystem sind womöglich die Hauptverbindung zwischen emotionalen Prozessen und dem Verlauf einer Krebserkrankung.« Ausgehend von diesen Erkenntnissen hat Spiegel sein Buch *Living Beyond Limits* (»Leben ohne Grenzen«) veröffentlicht.

Was an Spiegels Untersuchung besonders auffällt, ist die Tatsache, daß schon ein bescheidenes, kurzfristiges Eingreifen so einschneidende Ergebnisse zeitigen kann. Die Frauen kamen nur ein einziges Jahr lang einmal pro Woche zusammen und hatten nie Grund zu der Annahme, damit ihr Leben verlängern zu können. Spiegels Studie ließ vermuten, daß bereits eine geringe Stärkung des Zusammengehörigkeitsgefühls – sich anderen verbunden zu fühlen, sich geliebt, unterstützt und in seinen tiefinnersten Gefühlen bestätigt zu wissen – den Verlauf einer lebensbedrohlichen Krankheit verändern kann. Da erhebt sich zu Recht die Frage, ob nicht noch viel mehr mit nachhaltigeren und umfassenderen Maßnahmen erreicht werden könnte.

Es ist allerdings nicht zu leugnen, daß die Form des Gruppenprozesses selbst eine Wirkung auf die Krankheit hat. Eine Nachuntersuchung von 34 Brustkrebsfällen, bei denen es sich ausnahmslos um Frauen handelte, die an Bernie Siegels Spezialprogramm für Krebspatienten in New Haven, Connecticut, teilgenommen hatten, ergab, daß diese Frauen im Schnitt nicht länger gelebt hatten als 102 andere Personen mit vergleichbaren Krebsarten, die keine wöchentlichen Gruppensitzungen mitgemacht hatten. Dabei zeichneten sich jedoch deutliche Unterschiede zwischen den Siegel- und den Spiegel-Gruppen ab. Weder Bernie Siegel noch die Leiter seiner Gruppen hatten eine spezifische psychotherapeutische Ausbildung. Spiegel und besonders Yalom hingegen, beide Psychiater, brachten in ihre Arbeit mit den Frauen ihre langen Erfahrungen als Gruppenleiter ein. Sie konzentrierten sich in ihren Gruppen nicht etwa auf Heilung oder positives Denken – wie Siegel in seinen Gruppen –, sondern befaßten sich eingehend und in aller Aufrichtigkeit mit den Fragen, die sich im Lauf der Auseinandersetzung mit der Krankheit erhoben. Es ging letztlich darum, sich der Wahrheit bewußter zu werden und zu stellen. »Wenn von einem immer erwartet wird, positiv und optimistisch zu sein, während andere Gefühle nicht so gern gesehen sind in der Gruppe, wird man sich selbst entfremdet und von einer echten Beziehung zu den anderen abgehalten«, erklärte mir Spiegel. »Wichtig ist meines Erachtens vielmehr, daß die Leute starke Gefühle äußern und haben dürfen, wie immer diese auch geartet sein mögen, und dabei die rückhaltlose Unterstützung ihrer Gruppe genießen.«

1968, als zum ersten Mal mehrere Anhänger der Transzendentalen Meditation (TM) an ihn herantraten, war Herbert Benson ein junger Harvard-Wissenschaftler, der ergründen wollte, wie bestimmte Verhaltensweisen unter Affen Einfluß auf deren Blutdruck nehmen. Die jungen TM-Übenden boten sich Benson als Versuchspersonen an und behaupteten, durch Meditation ihren Blutdruck senken zu können – der bisher als nicht steuerbar galt. Das war eine Behauptung mit großer Tragweite, denn der Zusammenhang zwischen erhöhtem Blutdruck und Herzkrankheit bzw. anderen Erkrankungen war inzwischen nachgewiesen. Forscher wie LeShan und Friedman hatten bereits aufgezeigt, daß emotionale Faktoren bei Erkrankungen eine bedeutende Rolle spielen können. Aber außer Elmer und Alyce Greens Biofeedback-Erkenntnissen gab es verhältnismäßig wenig Veröffentlichungen über den Einfluß des *Geistes* auf den Körper. Benson war Arzt und Wissenschaftler und mußte an seinen guten Ruf unter den Harvard-Kollegen denken, aber er war vor allem auch sehr neugierig. Als die TM-Leute nicht lockerließen, willigte er schließlich ein, sich näher mit der Sache zu befassen. Nicht zuletzt reizte es ihn, TM einer Untersuchung zu unterziehen, weil die Technik überall gleich gelehrt wurde, ziemlich unkompliziert war und Versuche daher leicht wiederholt werden konnten.

Benson begann seine Untersuchung mit einer Reihe von physiologischen Streßmessungen, die er zum Vergleich vor und nach der Meditation der jungen TM-Anhänger vornahm. Zur gleichen Zeit führte Keith Wallace, Doktorand an der Universität von Kalifornien in Los Angeles, eine ähnliche Untersuchung durch wie Benson. Wallace publizierte 1970 als erster seine Ergebnisse in der Zeitschrift *Science.* Im darauffolgenden Jahr schloß er sich Bensons Team an der Harvard-Universität an. Gemeinsam veröffentlichten sie verschiedene Schriften, in denen sie die meditative Versenkung als spezifischen physiologischen Entspannungszustand charakterisierten, der sich sowohl vom normalen Wachsein als auch vom Schlaf unterscheidet. Benson und Wallace gaben an, daß die Meditation genau die umgekehrte Wirkung von Streß habe. Während der Meditation nehme der Sauerstoffverbrauch ab, verlangsame sich der Puls, stelle sich ein hormonelles Gleichgewicht ein und steigerten sich die mit Entspannung verbundenen Alphawellen. Interessanterweise waren die TM-Anhänger, die an Benson herangetreten waren, nicht in der Lage, ihren Blutdruck zu senken. Das lag nach Bensons Ansicht wahrscheinlich daran, daß sie bereits einen normalen Blutdruck hatten, während Personen mit Bluthochdruck vielleicht wirklich davon profitieren konnten, wenn sie es einmal mit Meditation versuchten.

Er und Wallace fanden diese Hypothese bald bestätigt. Nach einigen Wochen täglicher Meditation war der systolische Blutdruck von 36 Versuchspersonen, der vorher bei 146 gelegen hatte, auf 137 gesunken – von der Grenze des Zulässigen auf normal. Der diastolische Blutdruck sank von 93,5 auf 88,9 und damit ebenfalls in den Normalbereich. Trotz dieses beachtlichen Erfolges trennten sich 1973 die Wege von Benson und Wallace. Wallace hatte sich mit Haut und Haar der TM-Bewegung angeschlossen und war überzeugt davon, daß die Heilkraft von TM unvergleichlich sei. Benson war anderer Ansicht. Obwohl er selbst überhaupt keine Form der Meditation erprobt hatte – was er unerklärlicherweise damit rechtfertigte, seine wissenschaftliche Objektivität könnte darunter leiden –, kam er durch seine Untersuchungen zu dem Schluß, daß die positiven physiologischen Auswirkungen der Meditation keineswegs nur bei der Transzendentalen Meditation in Erscheinung traten. Auch wenn bei der Meditation statt eines TM-Mantras einfach *irgendein* Wort, Satz oder Klang benutzt und dadurch die Konzentration aufrechterhalten werde, würde diese Wirkung erzielt, versicherte Benson.

Er nahm die Meditation aus ihrem spirituellen oder mystischen Kontext heraus und verwandte sie einfach als Technik zur Behandlung von chronischem Streß. Die Wirkung nannte er *Relaxation Response* (»Entspannungsreaktion«), und sein gleichnamiges Buch wurde 1975, ein Jahr nach Erscheinen von *Treating Type A Behaviour and Your Heart,* zum Bestseller. Wie sich herausstellte, waren von Bensons Erkenntnissen nur die über den Blutdruck wirklich beachtenswert. Er hat seitdem noch viele Artikel veröffentlicht, aber weder er noch andere Wissenschaftler haben nachweisen können, daß Meditation auch auf andere chronische Erkrankungen eine tiefgreifende, nachhaltige Heilwirkung hat. Keith Wallace hat weiterhin die Wirkungen der Transzendentalen Meditation erforscht und eine Reihe von Behauptungen über ihren Wert aufgestellt, doch haben er und seine TM-Kollegen ihre Ergebnisse kaum je in unparteiischen wissenschaftlichen Fachzeitschriften veröffentlicht; außerdem haben sie bei keiner ihrer Untersuchungen die üblichen Kontrollmethoden angewandt.

Meditation hat sich auf breiter Front als äußerst effektiv erwiesen bei streßbedingten Symptomen wie Kopfschmerzen, Magen-Darm-Störungen und Reizsyndrom. Bensons *Mind-Body*-Programm am Deaconness Hospital in Boston ist eigens für Patienten mit gesundheitlichen Problemen, die durch Streß verstärkt werden, gedacht. Die psychosomatische Abteilung dieses Krankenhauses entstand aus der Arbeit Bensons und wurde so eingerichtet, daß Meditation im Mittelpunkt der Behandlung von streßbedingten Störungen stand. Mitbegründerin war Joan Borysenko, eine Zellbiologin, die später zur Psychologie überwechselte und Autorin des Bestsellers *Minding the Body, Mending the Mind* (deutscher Titel: *Gesundheit ist lernbar*) wurde, in dem nicht nur die Meditation als Behandlungsmaßnahme empfohlen wird, sondern auch Atemtechniken, Yoga, Visualisation und eine ganze Reihe von Übungen zur Auseinandersetzung mit latent vorhandenen Konflikten.

Pionierarbeit auf diesem Gebiet leistete auch der Psychologe Jon Kabat-Zinn, dessen nachhaltiger Einsatz der Meditation zur Behandlung von chronischen Schmerzen hervorragend dokumentiert ist. Kabat-Zinn brachte seine langjährigen persönlichen Meditationserfahrungen in die Arbeit ein. In seinen Zwanzigern studierte er Vipassana-Meditation unter Joseph Goldstein und Jack Kornfield und nahm an etlichen ihrer 30-Tage-Schweige-Retreats teil. 1981, im Alter von 35 Jahren, rief Kabat-Zinn am medizinischen Institut der Universität von Massachusetts in Worcester ein Streßreduzierungsprogramm ins Leben. Während sich Benson auf Konzentrationstechniken stützte, lehrt Kabat-Zinn seine Patienten die Übung der Achtsamkeit. Sein 8-Wochen-Kurs ist für Patienten mit chronischen Schmerzen verschiedenster Art gedacht, die nicht auf eine traditionelle medizinische Behandlung ansprechen – vorwiegend Rücken- und Nackenschmerzen, Hypertonie, Kopfschmerzen und Magen-Darm-Störungen.

Wie Kabat-Zinn herausfand, konnten seine Patienten den Teufelskreis aus Schmerz und Angst durchbrechen, der ihr Leiden hervorrief oder verschlimmerte, wenn sie die Fähigkeit entwickelten, einfach nur Beobachter der eigenen Gedanken und körperlichen Empfindungen zu sein. Nach einer Reihe von Untersuchungen im Lauf der letzten zehn Jahre hat Kabat-Zinn immer wieder von positiven, langfristigen Erfolgen berichten können. Bei Patienten mit chronischen Schmerzen, die über einen Zeitraum von vier Jahren beobachtet wurden, zeigte sich langfristig eine deutliche Abnahme der Schmerzen. Mehr als ein Drittel sprach von einer

»erheblichen Besserung«. Kabat-Zinns Patienten gaben außerdem an, nicht mehr so viele Schmerztabletten zu benötigen, weniger Depressionen und Angstzustände zu haben, körperlich beweglicher und sogar ein wenig in ihrer Selbstachtung gestiegen zu sein. Dieses Ergebnis läßt vermuten, daß die meditative Übung der Achtsamkeit nicht nur die eigene Einstellung zum Schmerz beeinflußt, sondern auch ein tieferes Wohlgefühl mit sich bringt. Entscheidend für die körperliche *und* geistige Gesundheit ist laut Kabat-Zinn die praktische Übung darin, Erwartungen fahrenzulassen und alles, was kommt, gleichermaßen anzunehmen. »Wenn wir lernen, so ruhig zu werden, daß wir für längere Zeit in einen tiefen Entspannungszustand eintreten, können sich Körper und Geist erholen und wieder zu Kräften kommen«,[12] schrieb er in seinem ersten Buch *Full Catastrophe Living* (»Mit Katastrophen leben«). Zu diesem Zweck stellt er ungewöhnliche Anforderungen an seine Patienten: Sie müssen volle acht Wochen lang sechs Tage pro Woche mindestens 45 Minuten am Tag meditieren und Yogaübungen machen. Außerdem widmen sie sich gegen Ende des Kurses einen ganzen Tag der Meditation. Patienten werden im allgemeinen an Kabat-Zinn überwiesen, wenn konventionelle Behandlungsmethoden fehlgeschlagen sind, und haben meist noch nie etwas mit Meditation zu tun gehabt. Aber sie folgen seinem leidenschaftlichen Eintreten für die Meditation mit großem Engagement.

Vier Jahre nach der Teilnahme an seinem Kurs meditiert ein gutes Drittel seiner Patienten nach eigenen Angaben immer noch mindestens dreimal pro Woche. Einen Grund dafür sieht Kabat-Zinn darin, daß die Übung der Achtsamkeit nicht nur der Entspannung seiner Patienten dient, sondern ihnen auch neue spirituelle Perspektiven eröffnet. »Die Ruhe, die man in konzentrativer Meditation gewinnt, bringt einen nur begrenzt weiter«, erklärte er mir, als ich mich in Worcester einen Tag lang über seinen Kurs informierte. »Durch die Achtsamkeit wird man auf eine höhere Bewußtseinsstufe gehoben und bekommt einen Vorgeschmack davon, wie es ist, leichter, weniger aufgesplittert, dafür ausgewogener und dem Gefühl nach ganz zu sein – und nicht mehr Gefangener des eigenen Denkens.«

So groß und nutzbringend seine Leistung auch sein mag, die Möglichkeiten der Methode Kabat-Zinns für die körperliche Heilung sind doch sehr beschränkt. Da er zum Beispiel auf ein klassisches Meditationsmodell zurückgreift, will er sich offenbar bewußt nicht mit den emotionalen Faktoren auseinandersetzen, denen andere Wissenschaftler eine so bedeutende Rolle für die Gesundheit zuschreiben. »Wir betrachten es keinesfalls als Gruppentherapie«, sagt er. »Wir wollen keine tiefgehenden emotionalen Bindungen zwischen den Leuten knüpfen und wünschen auch nicht, daß sie sich gegenseitig von ihren Gefühlen, ihrem persönlichen Hintergrund oder ihren derzeitigen Problemen erzählen ... Wir wollen ihnen einfach nur helfen, die Fähigkeit zu entwickeln, sich in einen tiefen Entspannungszustand, in unerschütterliche Ruhe, in Bewußtheit und Achtsamkeit versenken zu können, und lassen das, was bei ihnen nicht stimmt, von selbst ins Lot kommen.«

Leider kommt das, was auf der Gefühlsebene nicht stimmt, nur selten von selbst ins Lot. Man nehme nur einmal die Patienten mit chronischen Rücken- und Nackenschmerzen, die einen bedeutenden Prozentsatz der Kursteilnehmer von Kabat-Zinn ausmachen. Die meisten von ihnen erfahren zwar durch die Meditationsübung der Achtsamkeit eine beträchtliche Erleichterung und gewinnen zudem einen gewissen Abstand von ihren Schmerzen, aber wie Kabat-Zinn selbst zugibt, ist nur eine Minderheit am Ende schmerzfrei. Meines Erachtens läßt sich dies damit erklären, daß die Meditation im Grunde das, was John Sarno als die tieferliegenden Wurzeln vieler Schmerzsyndrome identifiziert hat, die unerkannten emotionalen Konflikte nämlich und vor allem den Ärger, gar nicht erreicht. Die Übung der Achtsamkeit zielt nicht auf eine solche emotionale Arbeit ab. Sarno hingegen stürzt sich mitten hinein, und daraus erklärt sich vielleicht, warum seine Vorgehensweise häufig zu einem vollständigen Abklingen der Symptome führt und Kabat-Zinns nicht.

Elmer und Alyce Green gehörten zu den ersten Geist-Körper-Forschern, die vermuteten, daß der Geist in Form von Bildern Heilungsanweisungen direkt an den Körper weiterzuleiten vermag. Bei einem Experiment baten sie Patienten, sich ein gewünschtes Ergebnis bildlich vorzustellen, etwa eine Erhöhung der Temperatur in ihren Händen. Indem sie den Leuten positives Feedback gaben, wann immer sie in ihrem Bemühen erfolgreich waren, lernten diese allmählich, welche Bilder und entsprechenden Sinnesempfindungen die gewünschten Ergebnisse hervorriefen. Nach Ansicht der Greens waren die Bilder, die im sogenannten Thetazustand, der Tiefentspannung, aufstiegen, eine brauchbare Sprache für die Kommunikation mit dem Körper. Aber keinem Wissenschaftler kommt so wie Jeanne Achterberg das Verdienst zu, den Mechanismus, durch den Vorstellungsbilder in physiologische Prozesse eingreifen – und dessen medizinische Anwendung in Vergangenheit und Gegenwart –, erklärt zu haben.

Bei der Forschungspsychologin Achterberg wuchs das Interesse an der Macht der geistigen Bilder, nachdem sie den Onkologen Carl Simonton kennengelernt hatte, der Patienten beibrachte, sich bildlich Energiekugeln vorzustellen, die ihre Krebszellen attackierten, in der Hoffnung, diese Botschaft dergestalt an den Körper weiterzuleiten. So unkonventionell diese Methode auch war, Achterberg war beeindruckt, sowohl von Simontons leidenschaftlichem Engagement als auch von den positiven Ergebnissen, die er damit anscheinend erzielte. Schon bald interessierte sie sich vor allem für den speziellen Bewußtseinszustand, in dem Patienten lebhafte bildliche Vorstellungen produzieren. Zugang zu diesem Zustand fanden, wie sie entdeckte, schon vor langen Zeiten die alten Heiler oder Schamanen, die sich in einen anderen Bewußtseinszustand versetzten, um Heilungen zu vollbringen. Achterberg beschrieb den Zustand, in den sie eintraten, als »traumartig … irgendwo zwischen Schlafen und Wachen angesiedelt, wo lebhafte Vorstellungsbilder und Erfahrungen möglich sind«.[13] Der verbale Geist, argumentierte sie, sei ein Stück weit entfernt von den physiologischen Vorgängen des Körpers. »Ich behaupte, daß Botschaften erst von der rechten Hirnhemisphäre in eine nichtverbale bzw. Bildersprache übertragen werden müssen, bevor sie vom vegetativen oder autonomen Nervensystem verstanden werden können«, schrieb sie in *Imagery and Healing* (deutsch: *Heilung durch Gedankenkraft*). »Die Bilder der rechten Hirnhälfte sind das Kommunikationsmedium zwischen dem Bewußtsein und der Innenwelt unseres Körpers.«[14]

Achterberg zeigte auf, daß die Bilder, die aus dem Unbewußten aufsteigen, ein äußerst verläßlicher Hinweis auf den Gesundheitszustand sein können. Bei einem sehr aufschlußreichen Versuch mußten sich Krebspatienten hinlegen, entspannen und auf Anweisungen von Tonkassetten reagieren wie: »Beschreiben Sie, wie sich Ihre Krebszellen Ihrem inneren Auge darstellen« oder: »Wie bekämpfen Ihrer Vorstellung nach weiße Blutkörperchen Krankheiten?« Die Patienten wurden ferner gebeten, sich bildlich auszumalen, welche Fortschritte ihre Behandlung machte und welche Prognose sie sich selbst stellen würden. Der Versuch wurde mit etwa 100 Patienten in zwei Krankenhäusern durchgeführt. Achterberg versuchte, verschiedene quantitative Maßstäbe für die Vorstellungsbilder zu entwickeln, beispielsweise die Lebhaftigkeit und Kraft, mit der die Patienten die Krebszellen und weißen Blutkörperchen schilderten, und die Häufigkeit von positiven oder negativen Zukunftsprognosen, die sie für sich selbst abgaben. Wie sie feststellte, gaben die Bilder mit neunzigprozentiger Sicherheit Auskunft darüber, bei welchen Patienten in den folgenden zwei Monaten der Tod oder eine erhebliche Zustandsverschlechterung eintreten würde und welche auf dem Weg einer Besserung waren. »Die Symptome waren Symbole und die Symbole Symptome«, faßte Achterberg zusammen. »Das Immunsystem stimmte mit dem Selbstbild der Patienten überein. Hatten sie ein starkes, klares Bild von sich, wurde die Krankheit überwunden.«[15]

Den zwingendsten, hevorragend dokumentierten Beweis dafür, daß Vorstellungsbilder verändernd in den Verlauf einer chronischen Erkrankung eingreifen können – insbesondere, indem sie

Geist und Körper umprogrammieren –, erbrachte ein klinischer Forschungsversuch, den der Psychologe Eugene Peniston 1988 einleitete. Peniston war an einem kleinen Veteranenkrankenhaus im ländlichen Pueblo, Colorado, tätig. Im Laufe seiner Berufsjahre waren ihm immer mehr Zweifel an der Macht der herkömmlichen Gesprächstherapie gekommen, tiefgreifende Veränderungen im Leben auszulösen. Nachdem er Elmer Greens Ausführungen zum Biofeedback gelesen hatte, begann er sich zu fragen, ob nicht eine freiwillige Kontrolle über innere Vorgänge letztlich effektiver sei als die Gesprächstherapie, um Verhaltensveränderungen hervorzurufen. Er suchte speziell nach wirksameren Methoden zur Behandlung von chronisch Alkoholabhängigen, die sich regelmäßig zu seinem dreißigtägigen Entgiftungsprogramm im Krankenhaus einstellten, im allgemeinen jedoch bald nach ihrer Entlassung wieder dem Alkohol verfielen.

Auf Greens Anraten hin unterzog sich Peniston 1987 einer dreitägigen Ausbildung in der Anwendung von Theta-Biofeedback. Peniston war schnell in der Lage, sich selbst in den Thetazustand zu versenken. Im Laufe von vier Sitzungen stiegen Bilder in ihm auf, die außergewöhnlich aufschlußreich waren. Als er das erste Mal in den Thetazustand eintrat, sah er das menschliche Gehirn sowie Darstellungen der Alphawellen. Er betrachtete dies schließlich als Hinweis auf die Schlüsselfunktion von Alphawellen bei der Suchtbehandlung. Wie er später feststellte, ist die Alphaaktivität bei Alkoholikern generell ziemlich gering. In seiner zweiten Thetasitzung erlebte Peniston sich selbst im Gehirn und beobachtete maskierte Leute beim Umgang mit Mikroskopen. In der dritten Sitzung sah er wieder die Alphawellen vor seinem inneren Auge, nur waren sie diesmal von spontan aufwallenden Thetawellen unterbrochen. In seiner vierten und letzten Sitzung schließlich erlebte er innerlich, wie ein richtiges Gehirnwellentraining stattfand, einschließlich der Alpha- und Thetawellen von vorher, und sah die Zahl 30 aufblitzen.

Peniston verwirrte diese Flut von Bildern, aber sie wollten ihm nicht mehr aus dem Kopf gehen. »Sie ließen mich nicht mehr los«, erzählte er mir, als ich ihn im Veteranenkrankenhaus in Fort Lyon besuchte. »Irgendwann erkannte ich dann, daß mir ein vollständiger Behandlungsablauf vorgegeben worden war.« Nach seinem Verständnis mußten sich seine Patienten mit seiner Hilfe zuerst in den Alphazustand versetzen und dann weiter in den Thetazustand, von dem Green vermutete, daß in ihm eine Umprogrammierung des Unbewußten vorgenommen werden könnte. Die Zahl 30 wertete Peniston einfach als die Idealzahl von Trainingssitzungen für seine Patienten. Vom Menninger-Team ermutigt, kehrte Peniston an sein Veteranenkrankenhaus zurück und begann Versuchsreihen mit den Alkoholabhängigen während ihrer Entgiftungszeit im Hospital.

Als erstes lehrte er seine Patienten, mittels Temperaturfeedback ihre Hände zu erwärmen, um sicherzugehen, daß sie sich körperlich tiefentspannen konnten – eine Vorbedingung für den Thetazustand. Danach mußten sich die Patienten, davon ausgehend, daß der Körper direkt auf geistige Bilder anspricht, auf Penistons Anweisung hin in bestimmten Vorstellungsbildern üben. Bei ihrer ersten Visualisierungsübung mußten sie sich bildlich vorstellen, wie sie die Schwingungsweite ihrer Alphawellen steigerten. Dann bat Peniston sie, sich eine Szene vor Augen zu führen, in der sie Alkohol ausdrücklich abgelehnt hatten. Zum Schluß forderte er sie auf, die »Normalisierung« ihrer Persönlichkeit zu visualisieren. Sobald seine Patienten diese Vorstellungstechniken beherrschten, schloß er sie an Biofeedbackgeräte an. Zu Anfang sagte er ihnen, sie würden Feedback erhalten, wann immer sie mehr Alphawellen erzeugten. Wenn sie schließlich in die Tiefentspannung sinken und mehr Thetawellen produzierten, würden sie eine Reihe anderer Töne hören. Hatten sie endlich den nichtverbalen Thetazustand erreicht und dabei die zuvor geübten Bilder vor ihrem inneren Auge, gebot Peniston ihnen, die Umprogrammierung einzuleiten mit dem kurzen Befehl: »Mach es.« Gemeint war, daß die Bilder dem Körper regelrecht sagen sollten, was er machen sollte.

Die ersten Veränderungen, die Peniston auffielen, waren Verhaltensänderungen. »Ich konnte es kaum glauben«, erzählte er mir. »Die Patienten waren tatsächlich ruhiger, freundlicher und entspannter. Zuerst habe ich niemandem etwas davon erzählt. Aber allmählich merkten das Pflegepersonal und die Psychiater etwas.«
Nicht zuletzt, um der Kritik an seiner unorthodoxen Vorgehensweise vorzubeugen, beschloß Peniston, sein Alpha- und Thetawellen-Training in einem nach dem Zufallsprinzip angelegten, klinisch kontrollierten Versuch mit Alkoholikern zu überprüfen. 30 hospitalisierte Patienten nahmen daran teil. Bei 20 von ihnen handelte es sich um sogenannte chronische Alkoholiker, die seit 20 Jahren und länger tranken und schon mindestens viermal auf Entzug im Krankenhaus waren. 10 willkürlich ausgewählte Patienten wurden der experimentellen Gehirnwellen-Trainingsgruppe zugeteilt, während 10 andere einfach nur die am Krankenhaus übliche Standardbehandlung für Alkoholiker erhielten einschließlich eines 12-Schritte-Programms sowie Einzel- und Gruppenberatungen. Eine dritte Gruppe, alles Nichtalkoholiker, diente als Kontrollgruppe.
Auf der Grundlage der Trainingsmethode aus seinen eigenen Thetaerfahrungen vermittelte Peniston seiner Versuchsgruppe zuerst einmal ein Temperaturtraining, baute dann bestimmte Vorstellungsbilder mit ihnen auf und führte zum Schluß 30 Tage lang in Sitzungen von jeweils 30 Minuten täglich ein Gehirnwellentraining mit ihnen durch. Allein schon durch die Intensität dieses Trainings hebt sich Penistons Experiment von fast allen früheren Biofeedback-Forschungsversuchen ab. Andere Forscher pflegten ihre Versuchspersonen in maximal sechs, meist kürzer als halbstündigen Sitzungen vorzubereiten. Mehr Sitzungen von längerer Dauer anzubieten erwies sich als entscheidend. Oft stellte Peniston erst nach der fünfzehnten Sitzung erste Veränderungen fest.
Zu Anfang machte er die Beobachtung, daß sich bei den Alkoholikern, die ein Biofeedbacktraining erhielten, eine stete Steigerung der Alpha- und Thetaaktivität abzeichnete und die Alphawellen schließlich nahezu dreimal so stark waren wie bei den Personen in

der Gruppe mit normaler Behandlung. Das war beeindruckend, aber was Peniston regelrecht elektrisierte, waren die weiteren Ergebnisse. Aus den standardisierten psychologischen Tests, die er vor und nach dem Vorstellungs- und Hirnwellentraining durchführte, ging hervor, daß die Versuchsgruppe statistisch bedeutende Persönlichkeitsveränderungen aufwies. Aggressionen, Ängste und Depressionen hatten merklich ab-, Herzlichkeit, Stabilität, Einbildungskraft und Selbstbeherrschung hingegen zugenommen. Weder unter den Alkoholikern, die die übliche Krankenhausbehandlung erhalten hatten, noch bei den Nichtalkoholikern waren ähnlich positive Veränderungen aufgetreten.

Noch außergewöhnlicher war die Wirkung des Trainings auf den Alkoholkonsum. 1989 veröffentlichte Peniston seine Erkenntnisse in der Schrift *Alcoholism: Clinical and Experimental Research* (»Alkoholismus: klinische und experimentelle Erforschung«). Alle 20 Alkoholiker wurden 13 Monate nach dem Training – und dann noch einmal vier Jahre später – überprüft, mit ähnlichen Ergebnissen. Acht der zehn Versuchspersonen, die sich einem Hirnwellentraining unterzogen hatten, waren vollkommen abstinent, und alle gaben an, keinerlei Bedürfnis mehr zu haben, zu trinken. Zwei waren rückfällig, aber nach erneutem Alkoholkonsum sofort schwerkrank geworden. Damit lag die Vermutung nahe, daß sie infolge ihres Trainings Alkohol körperlich nicht mehr vertragen konnten. Von den zehn Alkoholikern, die kein Hirnwellentraining erhalten hatten, sondern nur die Standardbehandlung, wurden acht innerhalb eines Jahres rückfällig und mußten wieder ins Krankenhaus. Die beiden anderen hatten zeitweilig wieder unkontrolliert getrunken. Es gibt kaum Behandlungsmethoden für Alkoholabhängige mit einer Erfolgsquote von mehr als 30 Prozent.

Diese Ergebnisse waren so erstaunlich und unerhört, daß ich nach Colorado flog, um mich selbst mit den Versuchspersonen zu unterhalten, die das Hirnwellentraining absolviert hatten. Ich lernte sechs von ihnen kennen, die mir ausnahmslos bestätigten, daß sie einfach das Bedürfnis verloren hätten, zu trinken, und seit dem

Training clean seien – und das, obwohl einer von ihnen sogar als Barmann arbeitete. Die Männer berichteten mir außerdem von einer ganzen Reihe positiver Veränderungen in ihrem Leben, vor allem ihren besseren Beziehungen zu Familienangehörigen und Freunden und der neugewonnenen Fähigkeit, sich eine Arbeitsstelle zu erhalten.

Als Peniston Fort Lyon 1991 verließ, um eine neue Tätigkeit als Chef der Psychologie am Veteranenkrankenhaus in Bonham, Texas, anzutreten, hatte er bereits über 150 chronisch Alkoholabhängige mit seinem Hirnwellentraining behandelt und ähnliche Ergebnisse erzielt wie bei seinem ersten Versuch. Etwa 80 Prozent hatten ganz mit dem Trinken aufgehört. Diejenigen, die doch wieder zur Flasche griffen, wurden davon ernstlich krank. Mindestens sieben andere unabhängige Untersuchungen, eine davon in einem Navaho-Reservat, haben Penistons Erkenntnisse erhärtet, und weitere Versuche laufen noch. Zum Beispiel wurde bei einem staatlich finanzierten Versuch am Riverside Hospital in Houston, Texas, Penistons Verfahren an einer Gruppe von Patienten ausprobiert, die crack- und kokainsüchtig waren, mit vergleichbarer Erfolgsquote.

Mit der Zeit erwachte bei Peniston die Neugier, wozu sein Verfahren vielleicht sonst noch nützlich sein mochte. Fast alle Suchtkranken, mit denen er im Veteranenkrankenhaus zu tun hatte, waren im Vietnamkrieg gewesen. Während ihrer Behandlung hatte Peniston entdeckt, daß viele von ihnen jahrelang unter wiederkehrenden Alpträumen und Flashbacks litten, wie sie für posttraumatische Streßerkrankungen (PTSE) symptomatisch sind. Selbst hohe Dosen von Beruhigungsmitteln hatten diesen Patienten nicht helfen können. Peniston beschloß, die Patienten einem Hirnwellentraining zu unterziehen und festzustellen, ob diese Behandlung ihnen etwas nützte. Statt bei den Versuchspersonen jedoch die bildliche Vorstellung für den Thetazustand zu schulen, bat er sie vielmehr, ihr Unbewußtes aufzufordern, in die Zeit der traumatischen Ereignisse zurückzugehen und die Konflikte zu lösen. Als die Patienten in den Thetazustand eintraten, konnten sich viele von ihnen nach eigenen

Angaben in ihrer Vorstellung abreagieren und sich noch einmal lebhaft mit lange verdrängten Vietnamerinnerungen auseinandersetzen. Da der Thetazustand mit Tiefentspannung verbunden ist, waren sie dazu fähig, ohne das Entsetzen zu empfinden, das solche Alpträume und Flashbacks normalerweise hervorrufen. Nach Abschluß des Trainings litt die überwiegende Mehrzahl der Patienten nicht mehr an den PTSE-Symptomen, die die meisten von ihnen über zwei Jahrzehnte lang geplagt hatten.

1991 veröffentlichte Peniston diese Ergebnisse in der Zeitschrift *Medical Psychotherapy*. Persönlichkeitstests wiesen bei allen vierzehn PTSE-Patienten positive Veränderungen nach, darunter weniger häufiges Auftreten von Depressionen, hysterischen Anfällen, Paranoia und psychopathischen Verhaltensweisen. Bei allen verringerte sich zudem nach der Behandlung der Verbrauch von psychotropen Medikamenten. Die Kontrollgruppe wies keine derartigen Persönlichkeitsveränderungen auf, und nur einer davon schränkte im gleichen Zeitraum seinen Tablettenkonsum ein. Außerdem waren bei allen Kontrollpersonen 30 Monate später wieder PTSE-Symptome aufgetreten, hingegen nur bei drei Personen aus der Gruppe, die sich dem Hirnwellentraining unterzogen hatte. Peniston vermutet inzwischen, daß die Versenkung in den Thetazustand die Hippokampus-Region des Gehirns einschaltet, in der die unterdrückten Erinnerungen gespeichert sind. »Ich glaube, wir haben diesen Patienten einen sicheren Weg zum Unterbewußtsein gezeigt und einen sicheren Ausweg dazu«, sagte er mir.

Von Penistons Befunden angeregt, haben mittlerweile viele Ärzte im ganzen Land sein Verfahren in abgewandelter Form angewandt, und zwar nicht nur bei Alkoholismus, Drogensucht und PTSE, sondern auch bei anderen Störungen wie etwa Persönlichkeitsspaltung, klinischer Depression, chronischem Ermüdungssyndrom und Bulimie. Zum Beispiel hat in Columbus, Ohio, die Psychologin Carol Manchester einem guten Dutzend Patienten mit Persönlichkeitsspaltung helfen können, sich zu einer Persönlichkeit mit einem einzigen Wesenskern zu entwickeln. In den meisten Fällen gehört

dazu das Wiedererleben von frühkindlichen Mißbrauchserinnerungen im Thetazustand.
Gleichzeitig ist auch deutlich geworden, daß bestimmte Störungen und Krankheiten durch eine *exzessive* Produktion von Thetawellen begünstigt werden. In solchen Fällen muß der Patient darin geschult werden, mehr Betawellen zu erzeugen. Dieses Verfahren hat sich zum Beispiel als besonders wirksam erwiesen bei der Behandlung von Aufmerksamkeitsstörungen, einer typischen Schwäche der Konzentrationsfähigkeit, die eine hohe Betawellenaktivität erfordert. Margaret Ayers, praktizierende Psychologin aus Beverly Hills, konnte außergewöhnliche Erfolge bei der Behandlung von Patienten mit bestimmten Formen von Schädel-Hirn-Trauma verzeichnen, als sie diese Leute lehrte, die Überproduktion von Thetawellen zu unterbinden und deren Spannung herabzusetzen. Ayers faßte die Ergebnisse ihres kontrollierten Versuchs mit solchen Patienten in einem Bericht zusammen, der 1991 im Jahrbuch der amerikanischen Kopfverletztenstiftung erschienen ist. Alle sechs Patienten, die eine Feedbacktherapie erhielten, litten weniger unter Stimmungsschwankungen, hatten keine so explosiven Wutanfälle mehr wie vorher und erlebten seltener Angstattacken. Die weiterhin nur mit normaler Psychotherapie behandelten Patienten der Kontrollgruppe hingegen zeigten keinerlei Anzeichen einer Verbesserung.

Keine wissenschaftlich fundierte Untersuchung des Zusammenhangs von Geist und Körper ist so umfassend und so bahnbrechend gewesen wie die des Internisten Dean Ornish. 1988 startete Ornish, damals 37 Jahre alt, einen Versuch, um festzustellen, ob ein breitangelegtes Verhaltens- und Lebensstiländerungsprogramm die Rückentwicklung einer fortgeschrittenen Herzkrankheit, die normalerweise medikamentös oder operativ behandelt werden muß, einleiten könnte. Aus schulmedizinischer Sicht ist Herzkrankheit absolut *irreversibel* und schon gar nicht durch bloße Verhaltensänderungen zu heilen. Nichtsdestoweniger berichtete Ornish zwei

Jahre später in der Zeitschrift *Lancet,* daß bei 18 seiner ersten 22 Versuchspersonen deutliche Anzeichen sowohl für eine verbesserte Blutzfuhr zum Herzen als auch für den Abbau von Verstopfungen in den Arterien auftraten. Diese Ergebnisse waren beispiellos. Überdies verschlimmerte sich der Zustand der meisten Patienten aus der Kontrollgruppe in den genannten beiden Punkten.

Ornishs Untersuchung erregte weithin Aufsehen, vor allem wegen der fettarmen Diät, die allen Versuchsteilnehmern verordnet worden war. Das Programm war auf allen Ebenen wirksam: körperlich (durch eine Diät *und* tägliche Bewegungsübungen), geistig (durch den Versuch, die Menschen zu einer anderen Einstellung sich selbst und ihren Heilungsfähigkeiten gegenüber zu bewegen), emotional (durch Gruppensitzungen zweimal wöchentlich unter Leitung eines Therapeuten) und seelisch (durch tägliche Meditations- und Yogaübungen). Ornish ging trotz seiner traditionellen medizinischen Ausbildung von der radikalen Hypothese aus, daß die eigentliche Ursache für Herzkrankheit nicht im Körperlichen, sondern eher im Psychischen und Seelischen zu suchen ist.

Zu dieser Einstellung kam Ornish durch eigene Erfahrungen in seiner Jugend. In einer Familie aufgewachsen, die vor allem äußere Leistungen und Errungenschaften hoch bewertete, geriet er bald nach seiner Aufnahme an der Rice-Universität in eine Glaubenskrise. Unter dem starken Druck, dem er ausgesetzt war, glaubte er, sein langgehegtes Ziel, Arzt zu werden, nicht erreichen zu können oder, wenn er es doch schaffen sollte, auf die Dauer nicht glücklich damit zu werden. Im Abwärtsstrudel der mit Schlaflosigkeit und Depressionen einhergehenden Sorgen gefangen, die ihn mit dem Gedanken an Selbstmord spielen ließen, beschloß er am Ende, sein Studium abzubrechen. Als er – im Jahre 1969 – an diesem Punkt angelangt war, nahm ihn seine Schwester zu einem Vortrag von einem der bekanntesten Gurus der damaligen Zeit, Swami Satchidananda, mit. Daraufhin begann Ornish zu meditieren und merkte, daß er dabei zumindest zeitweilig von Frieden und Wohlbefinden erfüllt war und sich etwas Größerem als er selbst verbunden fühlte.

Er meditierte weiter und begab sich außerdem in Psychotherapie. »Je mehr ich mich nach innen wandte, um so mehr schwand mein Bedürfnis, erfolgreich zu sein, und um so weniger gestreßt war ich«, schrieb er später. »Und je weniger ich den Erfolg brauchte, um so leichter fiel er mir zu. Je weniger ich erringen mußte, um so mehr bekam ich.«[16]

Ornish ist immer noch ein außerordentlich motivierter, ehrgeiziger Mensch, aber er hat seine gewaltigen Energien und sein Konzentrationsvermögen in Ziele einfließen lassen, die nicht nur dem Selbstzweck dienen, sondern einem größeren Guten. Diese seine Neigungen nahmen kurz nach seiner Rückkehr zum College Gestalt an. Nach dem Examen wurde er am Baylor College of Medicine aufgenommen. 1977, nach seinem dritten Studienjahr dort, nahm er sich frei, um sein erstes Experiment durchzuführen mit dem Ziel, den Verlauf von Herzkrankheit durch Veränderungen im Lebensstil zu beeinflussen. Ornish schaffte es, die Mittel zur Untersuchung von zehn Patienten mit schwerer Herzkrankheit aufzutreiben und konnte die Leute in einem Houstoner Hotel unterbringen, das ihm unentgeltlich entsprechende Räumlichkeiten zur Verfügung stellte. Seine Versuchsgruppe mußte sich einer strikten Lebensweise mit Meditationsübungen, mäßiger körperlicher Bewegung und vegetarischer Kost unterwerfen.

Nach Ablauf von 30 Tagen bescheinigten ihm alle Patienten erhebliche Besserungen; sie litten weniger Schmerzen in der Brust, ihr Cholesterinspiegel war gesunken, sie hatten mehr Energie, seltener Depressionen und vor allem eine deutlich verbesserte koronare Blutzirkulation. Drei Jahre später, vor seinem Eintritt ins Massachusetts General Hospital, führte er noch eine ähnliche Untersuchung größeren Stils durch, diesmal mit 48 Versuchspersonen, von denen die Hälfte einer Kontrollgruppe angehörten. Bei der Versuchsgruppe ergab sich nach 24 Tagen eine Minderung der Brustschmerzen um 90 Prozent, eine Verbesserung der Beweglichkeit um 55 Prozent und ein Absinken des Cholesterinspiegels um 20 Prozent. 1981 veröffentlichte Ornish diese Ergebnisse im *Journal of the American*

Medical Association und im darauffolgenden Jahr ausführlicher in seinem ersten Buch *Stress, Diet and Your Heart* (»Streß, Diät und Ihr Herz«).

»Ich hatte nie die Absicht, den Leuten einfach nur ein paar Techniken zur Streßbewältigung beizubringen«, erklärte mir Ornish, als wir uns das erste Mal in seinem Büro in Sausalito, Kalifornien, gegenübersaßen. »Die Techniken sollten den Leuten vielmehr helfen, ihr Gefühl der Getrenntheit zu identifizieren und darüber hinauszugehen – sei es die Getrenntheit vom Körper, vom Gefühl, von anderen Menschen oder von einer spirituellen Kraft jenseits ihrer selbst.« Ornish vertrat die These, daß Entfremdung in jeder Form für den Körper ungesund ist. »Alles, was ein Gefühl der Isolation auslöst, führt zu chronischem Streß und oftmals zu Erkrankungen wie Herzkrankheit«, schrieb er im Anschluß an seine Forschungen. »Umgekehrt kann alles, was wirkliche Nähe und Verbundenheit bewirkt, heilsam sein.«

Auf den einfachsten Nenner gebracht, hat Ornish herausgefunden, daß Menschen, die einsam und deprimiert sind, auch weniger motiviert sind, diszipliniert zu handeln, um sich ihre Gesundheit zu erhalten – sei es, indem sie sich fettarm ernähren, sich genügend Bewegung verschaffen oder sich Zeit zur Entspannung nehmen. »Es ist sehr schwer, Leute dazu zu bewegen, ihre Ernährung zu ändern, wenn sie deprimiert sind und keinen Sinn in ihrem Leben sehen«, erzählte mir Ornish. »Bevor man andere Maßnahmen ergreift, muß man sich erst mit diesen versteckten emotionalen Qualen auseinandersetzen. Ebenso mag es zwar ganz gesund sein, jemandem zur Blutdrucksenkung die Meditation als Übungstechnik anzuraten, aber wenn das alles ist, ist das nur so, als hätte man eine nichtpharmakologische Droge verschrieben. Der wahre Wert der Meditation liegt darin, sie dafür zu verwenden, wofür sie gedacht ist – als Mittel, das Bewußtsein zu steigern und wieder mit etwas in Berührung zu kommen, mit dem wir außer Fühlung gekommen sind. Mir ging es in erster Linie darum, die Lebensqualität der Leute zu verbessern, und deshalb habe ich als erstes die eigent-

liche Wurzel ihrer Isolation in der Kette von Ursache und Wirkung so weit wie möglich zurückverfolgt.«
Manche Kritiker haben behauptet, der entscheidende Faktor in Ornishs Programm sei die fettarme Kost, und es sei unrealistisch, vom Durchschnittsmenschen zu erwarten, daß er so strenge Regeln einhält. Ich habe die gegenteilige Erfahrung machen können. Kurz nachdem ich Ornish begegnet bin, wurden bei meinem Vater, der gerade Anfang Siebzig war, schwere koronare Gefäßverengungen festgestellt. Monatelang litt er unter Angina und konnte nicht einmal mehr einen Häuserblock weit ohne schwere Schmerzen laufen. Mein Vater, selbst Arzt, holte die Meinung verschiedener führender Kardiologen ein, die ihm klar zu verstehen gaben, daß er sich sofort einer koronaren Bypass-Operation unterziehen sollte. Ihm widerstrebte eine so radikale Lösung, und daraufhin arrangierte ich ein Treffen mit Ornish. Wenn mein Vater willens sei, ebensolche Veränderungen in seiner Lebensweise vorzunehmen wie die anderen Patienten, die sich an sein Programm hielten, erklärte ihm Ornish, wäre das eine vernünftige Alternative zu einer Operation. Mein Vater verlegte sich augenblicklich auf die vorgeschriebene Diät und ging fortan zum ersten Mal in seinem Erwachsenenleben jeden Tag spazieren, um sich regelmäßig Bewegung zu verschaffen. Die Angina pectoris klang schon bald ab. Vier Jahre später – er hält immer noch Diät und dreht jeden Tag seine Runden – ist er bei guter Gesundheit und hat kaum noch Schmerzen. Außerdem hat er dreißig Pfund abgenommen, und sein Cholesterinspiegel ist um 40 Punkte auf 170 gesunken.
Als Ornish herausfiltern wollte, welcher seiner Programmpunkte den Hauptausschlag für einen Rückgang der Herzkrankheit gab, stellte er fest, daß jede einzelne Maßnahme mitverantwortlich war. Das Festhalten an der Diät war ebenso wichtig wie regelmäßige Bewegung. Genauso stark fiel aber auch die Meditation und die Teilnahme an den Gruppentreffen zweimal wöchentlich ins Gewicht (woran sich mein Vater nicht hielt). Nach seiner ganz privaten Meinung ist jedoch der entscheidendste Faktor dafür, daß das Herz

»aufgeht« – physiologisch und auch sonst –, das Maß, in dem Menschen einen tieferen Sinn, Zufriedenheit und eine innige Verbundenheit mit allem in ihrem Leben finden.

Was, wenn überhaupt etwas, haben nun diese verschiedenen Geist-Körper-Therapien letztlich gemeinsam? Die beste Erklärung hierzu bekam ich von einer völlig unerwarteten Seite. Irving Dardik, ehemals Chirurg, war sieben Jahre lang Vorsitzender des sportmedizinischen Rates des Amerikanischen Olympischen Komitees. In den letzten zehn Jahren hat er eine Theorie über das Wesen der Herzkrankheit entwickelt und an einer kleinen Anzahl von Patienten mit chronischen Erkrankungen klinisch getestet. Es handelte sich um verschiedene Erkrankungen, von multipler Sklerose über Anorexie und Krebs bis hin zum chronischen Ermüdungssyndrom.
Dardiks Theorie gründete sich auf die Beobachtung, daß Patienten mit chronischen Leiden und gesunde Spitzensportler zwei Seiten derselben Medaille darstellen. Sportler, so beobachtete er richtig, trainierten, um ihr Leistungspensum ständig zu steigern, während sie die Zeit für Ruhe und Erholung entsprechend verkürzten. Patienten mit chronischen Erkrankungen hingegen werden meist dazu angehalten, Streß zu vermeiden und sich möglichst viel Ruhe und Erholung zu gönnen. Dardik vertrat von Anfang an die Auffassung, daß beide Extreme ungesund seien. Streß ohne ausreichende Erholung kann krank machen, überlegte er, aber ebenso Ruhe ohne Streß, und das gilt für Kranke wie für gesunde Sportler. »Gesundheit«, folgerte er weiter, »beruht auf einer ausgewogenen Beziehung zwischen Streß und Erholung, einer steten rhythmischen Wellenbewegung von Kraftverbrauch und Krafterneuerung.« Nach seiner Theorie wird, wenn dieses Wellenmuster abflacht und kaum noch Unterschiede aufzeigt – wie im Fall von chronischem Streß durch gnadenlosen Kraftverbrauch oder dem relativen Tief der Unterforderung –, die Leistung beeinträchtigt und so einer Erkrankung Tür und Tor geöffnet.
Die sicherste Möglichkeit, eine körperliche Wellenbewegung der

gewünschten Art auszulösen, ist laut Dardik ein Rhythmus von Anspannung und Erholung – zuerst den Körper in Hochform zu bringen und ihm dann zu gestatten, sich vollkommen zu entspannen. Er beschloß, den Puls als Einstieg in die Gesamtphysiologie zu benutzen, weil das Herz mit so vielen Körperfunktionen verbunden ist und weil der Puls auch über längere Zeit einfach zu messen ist. Nachdem er seine Patienten mit Pulsfrequenzmeßgeräten ausgestattet hatte, trug er ihnen Übungen auf, die ihren Puls beschleunigen sollten. Sobald sie eine bestimmte Frequenz erreicht hatten, mußten sie sich sofort hinsetzen und sich ausruhen. Natürlich fiel es den Patienten mit der schwersten Erkrankung auch am schwersten, lange rhythmische Wellen dieser Art zu erreichen.

Manche konnten ihre Pulsfrequenz einfach nicht hoch genug treiben. Andere zeigten eine so starke Reaktion auf die Übung, daß ihr Herz immer noch schneller klopfte, obwohl sie längst saßen. Wieder andere Patienten konnten zwar ihren Puls einigermaßen hochtreiben, fielen aber in dem Augenblick, in dem sie sich nicht mehr bewegten, auf eine sehr niedrige Pulszahl zurück. Dardik fiel auf, daß die gesündesten Versuchspersonen lange rhythmische Wellen produzierten: Bei ihnen ging der Puls hoch, um sich dann allmählich wieder auf niedrige Ruhezahlen abzusenken. Wenn er Patienten mit chronischen Erkrankungen beibringen konnte, diese »gesunden« Wellenmuster zu erzeugen, würden sich ihre Symptome – davon war Dardik überzeugt – mit der Zeit bessern. In mindestens einem halben Dutzend Fällen, die ich direkt mitverfolgt habe, ist auch genau das passiert. Da er keine Nachuntersuchungen durchführte, weiß ich nicht, ob diese Besserungen auch von Dauer waren.

Eher theoretisch hat Dardik beobachtet, daß eine Vielzahl von Alltagsverhaltensweisen ein ähnliches Streß-Erholungs-Muster widerspiegeln. Das einsichtigste ist das vom Schlafen und Wachen. Zuwenig Schlaf hat erwiesenermaßen eine Reihe von Krankheiten zur Folge, während zuviel Schlaf häufig ein Anzeichen für Depressionen ist, die ebenfalls oft mit einer Erkrankung einhergehen. Essen ist eine Möglichkeit, um Energie aufzutanken; Fasten oder weniger Kalorien zu sich zu nehmen, als man verbrennt, ist eine Form von Energieverausgabung. Das eine Extrem führt zu Fettleibigkeit, das andere zu Magersucht. Beides ist ungesund. Dardik widmete den Empfindungen nicht besonders viel Aufmerksamkeit, aber mir fiel auf, daß auch sie mannigfaltige Wellenmuster durchlaufen. Zum Beispiel haben Friedman und andere aufgezeigt, daß Feindseligkeit den Körper in einen chronischen Erregungszustand versetzt – eine wellenlose, lineare Form von Streß. Das gleiche trifft für das andere Extrem zu, chronische Depression und Hoffnungslosigkeit, die laut LeShan so häufig Krebspatienten kennzeichnen. Die Fähigkeit, flexibel und nachgiebig auf Streß zu reagieren – dementsprechend, was Dardik ein gesundes Wellenmuster nennt–, wird schlicht beeinträchtigt, wenn man sich in chronischem Ärger, in Angst oder Depressionen festfrißt. »Mir wurde auf einmal klar«, erzählte mir Dardik, »daß all diese Verhaltensweisen einen gemeinsamen Nenner haben – die Energie – und so gelenkt werden können, daß sie zusammen eine große Welle aus Kraftaufwand und Erholung bilden. Die Gesundheit hängt nicht nur von Anspannung und Entspannung, vom Essen oder davon ab, wieviel man schläft oder was man fühlt. Sie ist vielmehr eine Funktion der Art und Weise, wie das alles integriert wird.«

Dardik hat nie eine kontrollierte Studie durchgeführt. Mir war er gleich sympathisch, weil das, was er sagte, so unglaublich einleuchtend war. Mitten in meinen Recherchen unterhielt ich mich monatelang fast jeden Tag mit ihm und sah ihm bei der Arbeit mit Patienten zu. Mich faszinierte seine leidenschaftliche Überzeugung, chronische Krankheiten kurieren zu können. Ich vermochte nicht einmal seine waghalsige Behauptung ganz von der Hand zu weisen, daß diese seine Theorie auch die Wirkungsweise des Universums in allen Bereichen erkläre – also das sei, was die Physiker eine »Weltformel« nennen. Obwohl ich sonst immer skeptisch bin und hinterfrage, ließ ich mich diesmal von der berauschenden Aussicht verführen, daß es vielleicht doch nur eine einzige Antwort im Leben gibt – und daß Dardik sie gefunden hatte.

Infolgedessen beging ich genau den Fehler, den so viele ausgehungerte Sucher machen, wenn sie einem Lehrer verfallen, der alles zu durchschauen behauptet. Ich sah bereitwillig über die tausend Widersprüche hinweg – zum Beispiel über die Tatsache, daß Dardik selbst ein chaotisches Leben führte, daß sich viele seiner Patienten später vernachlässigt fühlten und daß er sich standhaft weigerte, einen anderen Standpunkt als seinen eigenen gelten zu lassen. All das dämmerte mir jedoch mit der Zeit, und dann waren mir meine begeisterten Beifallsbezeugungen ihm gegenüber eher unangenehm und peinlich. Doch obgleich ich Dardik nach und nach aus den Augen verloren habe, ist mir die Einfachheit, Logik und Kraft seiner grundlegenden Erkenntnisse über Streß und Erholung in allen Lebensbereichen im Gedächtnis geblieben und eine lebhafte Mahnung, daß selbst ein Bote mit Fehlern noch eine gute Botschaft überbringen kann.

Nach Dardiks Grundmodell sind die idealen Maßnahmen zum Eingreifen in Körper und Geist solche, die einen Ausgleich herstellen zwischen Verhaltensweisen zur Streßsteigerung bzw. Energieausgabe und Verhaltensweisen, die zur Entspannung bzw. Energieerneuerung anregen. Bei Ornishs Programm beispielsweise wird dieser Ausgleich auf verschiedenen Ebenen erreicht. Mäßige tägliche Bewegung, Yoga und eine fettarme Ernährung sorgen für einen gesunden Energieverbrauch. Die Meditation stellt eine gesunde Möglichkeit dar, sich wieder mit Energie aufzuladen – physisch, emotional und vielleicht sogar spirituell. Wöchentliche Gruppentreffen begründen ein starkes Gefühl von Vertrauen, Wohlwollen, Liebe und Hoffnung –, alles Empfindungen, die es leichter machen, auf die Probleme und Streßsituationen des Alltags flexibel zu reagieren. Die Weisheit liegt bei diesem Denkmodell nicht so sehr in dem Bemühen, über das hinauszugehen, was schwierig ist – einschließlich Schmerz, Konflikt und Kummer –, sondern in der Fähigkeit, voller Anmut und Spannkraft auf diesen unvermeidlichen Wellen zu reiten. Das jedenfalls scheint ein ausgewogenes Leben in guter Gesundheit letztlich auszumachen.

6

Der Idealzustand für Spitzenleistungen

Flow, angelernter Optimismus und Zähigkeit

Nichts belastet die Seele mehr als Reue, Groll und Klagen. Negative Gefühle besetzen einen erschreckend großen Raum unseres Geistes und blockieren unsere Wahrnehmung, unsere Aussichten, unsere Freuden.

Norman Cousins

»In jedem Wettbewerb kommt einmal ein Augenblick, der über Gewinnen und Verlieren entscheidet. Der wahre Krieger erkennt und nutzt diesen Augenblick, indem er eine so starke, so intuitive Anstrengung unternimmt, daß man sie nur von Herzen kommend nennen kann.«

Pat Riley

Bei all meinen Bemühungen um eine Steigerung meines Selbstbewußtseins hatte ich bisher verhältnismäßig wenig Zeit daran gewandt, die Rolle der Leistung bei der Suche nach einem Leben in Ganzheit zu berücksichtigen – bei dem Verständnis in Handeln umgesetzt wird und Einsicht in ein erwünschtes Verhalten. Der Sport schien mir die ideale Metapher für eine solche Untersuchung zu sein. Leistung kann auf dem Sportplatz genau gemessen werden, und zufällig ist Tennis seit gut 20 Jahren eine meiner Hauptleidenschaften. In meinen besten Augenblicken habe ich beim Tennis die Erfahrung eines entspannten Aufgehens im Sport, von Kraft und unaussprechlicher Freude gemacht. Aber viel häufiger ist das Gegenteil passiert: Unruhe, Angst, Neid, Ärger und bitterste Frustration haben sich eingestellt. Mein Geist und mein Körper waren viel öfter meine Widersacher als meine Verbündeten.
Was genau mochte mir da im Weg stehen? Und was, wenn überhaupt, hatte es mit Weisheit zu tun, noch unter Druck Anmut zu

zeigen – und seine Grenzen im Sport zu erkunden? Der Gedanke, es könnte mehr am Tennis sein als nur Schlagtechnik und Strategie, dämmerte mir 1974 kurz vor meinem Collegeabschluß, als mir zufällig ein Buch von Timothy Gallwey mit dem Titel *Tennis: Das innere Spiel* in die Hände fiel. Gallwey wußte nicht viel über Aufschläge zu sagen, aber eine Menge über die Rolle des Geistes beim Tennis. »Das ›innere‹ Spiel findet im Geist des Spielers statt«, schrieb er. »Es ist ein Kampf gegen solche Hindernisse wie Konzentrationsschwäche, Nervosität, Selbstzweifel und Selbstverurteilung. Kurz: Gespielt wird, um all die geistigen Gewohnheiten zu überwinden, die eine vollendete Leistung verhindern.«[1]

Zweierlei ereignete sich in den Monaten, nachdem ich Gallweys Buch gelesen und mit seinen Techniken, das bewußte Denken vom Spiel abzuziehen, experimentiert hatte. Ich spielte viel besser als je zuvor – und es machte mir auch noch ungeheuren Spaß. Ich ging so im Spielen um des Spielens willen auf, daß ich mir überhaupt nicht mehr, wie vorher dauernd, Sorgen um das Ergebnis machte. Selbst in scharfen Wettkämpfen blieb ich ungewöhnlich entspannt. Ich hatte selten ein solches Vergnügen an irgend etwas, und für eine Weile habe ich tatsächlich mit dem Gedanken gespielt, mir ein Jahr freizunehmen und nur Tennis zu spielen. Aber dann fiel ich im Spielen ebenso plötzlich und geheimnisvoll, wie ich mich verbessert hatte, wieder zurück. Ich hörte wieder die vertraute kritische Stimme in meinem Kopf, doch je mehr ich mich anstrengte, nicht mehr zu denken, um so schlimmer wurde es, und um so mehr wurde mir auch die Freude am Spiel verleidet. Am Ende schob ich Gallweys Vorstellungen beiseite und widmete mich wieder der Arbeit an meinem Aufschlag. Meine Spielerfolge blieben dabei so wechselhaft wie eh und je.

Bald nach Beendigung meines Collegestudiums nahm ich eine Tätigkeit bei einer kleinen Zeitschrift auf. Dort kam ich auf die Idee, einen Artikel über Gallwey zu schreiben. Sein Buch war ein Bestseller geworden, und ich mußte mich noch profilieren bei meiner Zeitschrift. Vor allem aber sah ich eine Chance, den Zauber wieder einzufangen, dem ich einmal erlegen war, diesmal, indem ich direkt an die Quelle ging.

Meine erste Begegnung mit Gallwey fand in einem Tennisclub in Chicago statt, wo er für etwa hundert Leute einen zweitägigen Schnellkurs im »inneren Spiel« abhielt – fast alles reine Freizeitspieler wie ich. Mit seinem schmächtigen Körperbau und der leisen Sprechweise gab er in seinen weißen kurzen Hosen und dem weißen Lacoste-Hemd eine elegante, jungenhafte Figur ab. »Denken Sie einmal an die Augenblicke, in denen sie hervorragend gespielt haben«, begann er an diesem Morgen seine Einführung. »Fragen Sie erfolgreiche Olympiasportler, was sie bei der Ausübung ihres Sports gedacht haben, und sie werden wie aus einem Munde antworten: ›Nichts. Ich war ganz bei der Sache.‹ Darum geht es beim inneren Spiel. Der größte Gegner, dem Sie gegenüberstehen, ist der Zweifel. Ich will versuchen, Ihr Vertrauen in diesen Typen in Ihrem Innern zu erschüttern, der Ihnen sagt, *wie* Sie etwas machen sollen, und Ihr Vertrauen in Ihren Körper stärken. Kritik ist einfach dem Bewußtsein im Wege. Der Ball kann nicht von einem Schläger getroffen werden, der irgendwo sein *sollte.* Vielmehr kann er nur von einem Schläger getroffen werden, der irgendwo *ist.* Manche Menschen bleiben ihr Leben lang beim Sollen. Sie wissen immer, was sie eigentlich tun *sollten,* aber nie, was sie *gerade tun.* Wenn Ihr Schläger genau da ist, wo er sein sollte, Sie jedoch nicht wissen, wo er gerade ist, werden Sie danebenschlagen. Andererseits haben Sie, wenn Sie wissen, wo Ihr Schläger ist, und sei es hinter Ihrem Ohr, eine viel bessere Chance, ihn dahin zu bewegen, wo er den Ball treffen kann.«

Kernstück von Gallweys Idee war die Annahme, daß jedesmal, wenn wir einen Tennisplatz betreten, zwei »Ichs« ans Werk gehen. Ich 1, der bewußte, urteilende Verstand, gibt uns Anweisungen, wie wir spielen sollen, während Ich 2, der unbewußt und automatisch Handelnde, sie ausführt. Inzwischen habe ich den Verdacht, daß das, was Gallwey Ich 1 nennt, ziemlich genau der Dominanz der linken Hirnhälfte und der schnellen Hirnwellenaktivitäten entspricht, wohingegen Ich 2 einer Dominanz der rechten Hirnhälfte und der langsameren Hirnwellen entspricht. In Höchstform spielen zu können setzt laut Gallwey voraus, das aufdringliche, durch und durch verbale Ich 1 ruhigzustellen und so Ich 2 zu befreien, das jetzt die ihm innewohnenden Möglichkeiten entfalten kann. Diese Vorstellung stimmt genau mit Betty Edwards' Meinung überein, daß ihre Schüler die verbale linke Hirnhemisphäre links liegenlassen müssen, um sich die Fähigkeiten der visuellen rechten Hirnhemisphäre zu erschließen, die das Zeichnen nach der Natur erst ermöglichen. Gallwey ging davon aus, daß der Körper ohne bewußte Einmischung instinktiv die beste Entscheidung trifft, wie und wann der Ball zu treffen ist. Es sei beileibe kein Zufall, erklärte er uns, wenn Spieler in Hochform oft sagten, sie hätten »völlig kopflos« gespielt oder »aus dem Bauch heraus«.

Mihalyi Csikszentmihalyi, Professor für Psychologie an der Universität von Chicago, untersucht seit über 25 Jahren systematisch, woraus sich ähnliche Gipfelerlebnisse von Abertausenden von Menschen in aller Welt zusammensetzen, seien es Bergsteiger oder Maler, Geschäftsleute oder Schachspieler. Csikszentmihalyi prägte den Begriff *Flow,* um den optimalen Zustand innerer Harmonie zu beschreiben, in dem alle Gedanken, Intentionen, Gefühle und Sinne nur noch auf ein einziges Ziel gerichtet sind. Flow, behauptete er, ist der Zustand, in dem Menschen so vollkommen von ihrer Tätigkeit absorbiert sind, daß sie spontan und wie von selbst abläuft und das Tun wichtiger wird als das, was dabei herauskommt. Das setze jedoch die Fähigkeit voraus, seine Aufmerksamkeit auf die vorliegende Aufgabe zu konzentrieren und zugleich alles Bedrängende von außen auszublenden, von dem das Flow-Erlebnis häufig untergraben wird. »In einer bedrohlichen Situation ist es nur natürlich, alle psychischen Kräfte zu mobilisieren, nach innen zu lenken und sie zur Abwehr dieser Bedrohung zu verwenden«, hat Csikszentmihalyi geschrieben. »Aber diese angeborene Reaktion beeinträchtigt sehr häufig die Kooperationsfähigkeit, verschärft den inneren Aufruhr und engt den Handlungsspielraum ein.«[2]

Gallweys Techniken sollten das bewußte Denken kurzschließen, das den *Flow* unterbricht. Er bat uns zum Beispiel, den Nähten des heranfliegenden Balles unsere gesammelte Aufmerksamkeit zu widmen, auf seine Flugbahn zu achten, während er über das Netz sauste, genau in dem Augenblick, in dem wir jeden Ball abschmetterten, »getroffen« zu sagen und sogar jedesmal im Geiste die Bahn mitzuverfolgen, die unser Schläger bei einem Schlag vollführte. »Um den Geist still werden zu lassen, muß man lernen, ihn irgendwo abzustellen«, erklärt er in seinem Buch. »Er kann nicht einfach bloß losgelassen werden. Er muß ›geparkt‹ werden ... In dem Maße, in dem er beschäftigt ist, greift er nicht störend in die natürlichen Körperbewegungen ein.«[3] Diese instinktive Art des Spielens, so führte er weiter aus, sei das Wesentliche beim inneren Spiel. »Wenn der Spieler konzentriert ist, dann ist er auch wirklich bei der Sache«, schrieb er. »Dann ist er eins mit Schläger, Ball und Schlag; dann entdeckt er seine wahren Möglichkeiten.«[4]
Nach Gallweys Ansicht ist die Aufhebung der Hindernisse, die das instinktive Wissen blockieren, wichtiger als eine detaillierte professionelle Unterweisung. »In den ersten dreißig Jahren meines Lebens«, erzählte er unserer Gruppe, »bin ich davon ausgegangen, daß ich dumm sei und klug werden müsse, daß ich unausgewogen sei und folglich ins Gleichgewicht kommen müsse. Ich entschied, wie ich sein *sollte,* und strengte mich sehr an, um mich dieser Vorstellung anzupassen. Erst in den letzten fünf Jahren habe ich mir eine zweite Art des Lernens zunutze gemacht, indem ich davon ausging, daß ich schon bin, was ich bin, und daß mein Ziel die Selbstfindung ist und nicht die Selbstverbesserung. Ich glaube, daß man mehr lernt, wenn man auf das achtet, was man *tut,* statt über das nachzudenken, was man *nicht* tut.«

Von Jugend auf bemühte sich Gallwey nicht nur, den hohen Erwartungen seiner Eltern Genüge zu tun, sondern auch der äußerst selbstkritischen Stimme in seiner Brust, die ihn immerfort zu neuen Leistungen antrieb. So erklären sich seine akademischen und so-

zialen Erfolge und die sportlichen Leistungen im Tennis, dem er viele Trainingsstunden widmete. Im Alter von fünfzehn Jahren errang er in Kalamazoo, Michigan, bereits den Meisterschaftstitel der Junioren. Das war der erste Wendepunkt in seinem Leben. Er gehörte damals nicht gerade zu den Spitzenspielern des Turniers und hatte eigentlich damit gerechnet, schon in der ersten Runde zu verlieren. Darum machte er sich aber weiter keine Sorgen, denn er befand sich gerade in einer tiefreligiösen Phase seines Lebens und glaubte, sein Schicksal ganz in Gottes Hände geben zu können. »Ich mußte nur seinen Willen geschehen lassen«, erzählte Gallwey mir, als wir uns nach dem Workshop in Chicago noch ein wenig unterhielten. »Damit war der Druck von mir genommen, denn nun hatte ich keine Kontrolle mehr über das Ergebnis.«
Drei der ersten vier Matches fanden auf dem Center Court vor großem Publikum statt, und Gallwey gewann sie alle. Im fünften Match mußte er gegen einen Spieler der Spitzenklasse antreten, der das Turnier im darauffolgenden Jahr gewann. Es war ein harter Kampf, aber im dritten Satz gewann Gallwey fünf Spiele hintereinander, und damit stand es 5:3 und 40:15, so daß ihn nur noch ein Punkt vom Sieg trennte. Noch Jahre später erinnerte er sich daran, was er sich in diesem Augenblick im stillen sagte. »Vielen Dank für deine Hilfe, lieber Gott«, sagte er. »Von jetzt an schaffe ich's allein.« Daraufhin machte er prompt einen Doppelfehler und verpaßte einen leichten Flugball. Ehe er sich's versah, hatte er das Match verloren. »Ich habe verloren, als ich versuchte, die Kontrolle zu übernehmen, statt die Dinge einfach geschehen zu lassen.«
Danach ging Gallwey in Harvard zum College, führte sein Tennisteam an, diente in der Marine und arbeitete an einem Experimentalcollege bis zu dessen Schließung 1969. Im August 1971 begegnete er Maharajji, einem damals noch jugendlichen Guru, der in Amerika eine große Anhängerschar hatte. Gallwey wurde sein Schüler und verbrachte einige Zeit in einem indischen Ashram. Die Erfahrung, daß er mit Hilfe der Meditation seinen Geist ganz still werden lassen konnte, eröffnete ihm eine vollkommen neue innere

Erlebnisebene. Nach seiner Rückkehr in die Heimat begann er, mit dem neugewonnenen Verständnis – und besonders der Meditation – effektiver Sport zu treiben. Zuerst probierte er seine Methode auf Workshops in Esalen aus, dann auf der John Gardiner Tennis Ranch in Carmel, Kalifornien, wo er sie »Yoga-Tennis« nannte. Erst als er sein Buch schrieb, benannte er sie in das »innere Spiel« um. Der schnelle und anhaltende Erfolg des Buches zeigte, daß offenbar Abertausende von Tennisspielern auf dem Platz unter Angst und Unsicherheit litten und nach Lösungen dürsteten, die das normale Training nicht zu bieten hatte.

Gegen Ende meines zweiten Tages bei Gallwey in Chicago bekam ich die Gelegenheit, einmal mit ihm Tennis zu spielen. Die Begegnung mit ihm hatte mich ohnehin schon inspiriert. Jetzt konnte ich erproben, ob ich auch unter dem Druck eines Matches meinen Geist stillhalten und meine Aufmerksamkeit auf den gegenwärtigen Augenblick konzentrieren konnte. Das hatte ich im Sinn, als ich ein Doppel arrangierte, bei dem der Lehrer des Gastclubs und ich gegen Gallwey und eine junge Turnierspielerin, die ebenfalls am Workshop teilgenommen hatte, antraten. Von uns vieren spielte ich am wenigsten routiniert, während Gallwey eindeutig der Stärkste war. Besonders seine Aufschläge – weite, hohe Topspins – machten mir sehr zu schaffen. Doch war ich von Anfang an entspannter als sonst und spielte seit langem einmal wieder besser. Gallwey und seine Partnerin gewannen trotzdem den ersten Satz mit 6 : 4 Punkten, und im zweiten waren sie mit 5 : 4 in Führung, und Gallwey war am Aufschlag. Es dauerte nicht lange, und er hatte den Matchball von 40 : 30 erreicht. Ich spielte mit Platzvorteil, und so blieb es mir vorbehalten, den Tag noch zu retten.

Damit befand ich mich genau in der Hochdrucksituation, die mich normalerweise zutiefst unsicher, um nicht zu sagen fatalistisch, werden ließ und mich eigentlich immer zu dummen Fehlern verleitete. Doch bei diesem Spiel blieb ich ungewöhnlich gelassen und äußerst konzentriert. Nicht ein einziger Gedanke ging mir durch den Kopf. Als Gallwey mit einem gewaltigem Aufschlag loslegte, erwischte ich den Ball noch mit der Rückhand und trieb ihn sanft schräg über das Netz. Der Punkt ging an uns. Den nächsten verloren wir, und Gallwey bekam zum zweiten Mal den Matchball. Wieder streckte ich mich aus und parierte mit einem weichen Netzroller. Unser Punkt. Beim dritten Mal blieb Gallwey kurz im Mittelfeld stehen, und ich meinte, ein flüchtiges Lächeln über sein meist unbewegtes Gesicht huschen zu sehen. Schließlich waren wir im Vorteil, und diesmal kam der Aufschlag von Gallwey zu mir voll ins Mittelfeld. Ich hatte es die ganze Zeit vorausgesehen. Jetzt beobachtete ich, wie mein Schläger hochging und einen vierten Ball geradewegs zwischen die beiden Gegner feuerte. Ich erstarrte fast vor Ehrfurcht. Beinahe war es so, als hätte ein anderer Spieler vorübergehend Besitz von mir ergriffen.

Es war fast unwichtig, daß Gallwey nun entschlossener spielte und sie das Match mit 7 : 5 Punkten beendeten. Hinterher, auf dem Weg zum Umkleideraum, war ich so überglücklich, daß ich kaum noch an mich halten konnte. Da Gallwey immer betont hatte, es käme nicht auf das Ergebnis an, erschien es mir irgendwie unangebracht, ihm zu sagen, daß ich gerade so gut wie noch nie im Leben Tennis gespielt hatte. Aber ich konnte der Versuchung nicht widerstehen. »Ich habe noch nie so Tennis gespielt«, sagte ich so ruhig wie möglich. Gallwey nickte gedankenverloren. »Es war gut«, sagte er dann lakonisch. »Jetzt müssen Sie nur noch ein wenig mehr auf das Hochwerfen beim Aufschlag achten.«

Eine große Ermutigung war das nicht, aber ich verließ Chicago doch in der Gewißheit, das Geheimnis des inneren Spiels wiederentdeckt zu haben. Außerdem glaubte ich verstanden zu haben, was mich zuerst so zurückgeworfen hatte. Ich hatte einfach zu verbissen versucht, *nicht* verbissen zu sein. Jetzt hatte ich das richtige Werkzeug, um gegebenenfalls mein bewußtes Denken kaltzustellen. Leider versagte das Werkzeug seinen Dienst. Binnen weniger Wochen war der ganze Zauber dahin. Mit der Zeit schwanden mir die Techniken des inneren Spiels aus dem Bewußtsein, und ich fing wieder an, jeden meiner Fehler übergenau zu kritisieren. Inzwischen sind 15 Jahre vergangen, aber außer einem gelegentlichen Durchbruch von Spontaneität habe ich beim Tennis nie wieder eine so außergewöhnliche Kraft und Eleganz erreicht wie damals in Chicago.

Jerry Alleyne bin ich im Herbst 1987 zum ersten Mal begegnet. Da erst verstand ich besser, warum Gallweys Methoden zu Anfang so wirkungsvoll waren, mir späterhin jedoch nichts mehr nützten. Alleyne war 67 Jahre alt, als wir uns kennenlernten, sah aber zwanzig Jahre jünger aus. Er war mittelgroß, kräftig gebaut und seit über dreißig Jahren professioneller Tennislehrer. Ich war längst wieder vom inneren Spiel abgekommen und hatte eigentlich nur nach einem ganz normalen Lehrer gesucht, der mir Bälle zuspielen und helfen konnte, meinen Schlag zu verbessern. Ich brauchte Alleyne nur wenige Minuten auf dem Platz zu sehen, um zu erkennen, daß er alles andere als normal war. Ich spürte aber auch, daß ich eine Menge von ihm lernen konnte. Ich hatte noch nie jemanden mit einer so gesammelten Konzentration und Spielleidenschaft getroffen.

Im Gegensatz zu Gallwey hielt Alleyne das geistige Stillwerden und die körperliche Entspannung für unerheblich, wenn man sich das eigene Potential voll erschließen wollte. Im Gegenteil, sagte er mir, Tennis ist ein schwieriges, komplexes Spiel, das Geist und Körper gleichermaßen beansprucht. Die erste Aufgabe besteht darin, eine Reihe von unnatürlichen Schlägen so gut auszuführen, daß man sie allmählich beherrscht, ohne nachdenken zu müssen. Außerdem müsse man eine Platztaktik entwickeln, also automatisch wissen, wohin man den Ball in jeder Situation schlagen müsse. Eine solche Meisterschaft zu erlangen, erklärte Alleyne, setze beständige harte Arbeit voraus, und dazu führe sein methodischer, präziser Unterricht. Dann käme ein Punkt, fuhr er fort, an dem das Denken hinderlich wäre und die Aufgabe darin bestehe, Disziplin und Willenskraft nur noch anzuwenden, um loszulassen. Auf der höchsten Stufe müßten die Schläge »vom Nervensystem« kommen, erklärte er. Und selbst dann wäre es bisweilen noch angebracht, seinen Verstand zu gebrauchen, um das eigene Spiel zu kritisieren. Der Schlüssel zu Hochleistungen im Tennis, schloß er, sei das Wissen, wann man denken und wann man loslassen müsse. Er fühle sich dazu berufen, sagte er mir, seinen Schülern beizubringen, mit der gleichen entspannten Unbekümmertheit, Konzentration und Freude zu spielen wie er selbst. Dann sei man »absolut beieinander, absolut lebendig und voll unter Dampf«.

Zuerst verbrachten wir eine Menge Zeit mit den Feinheiten des Schlagens. Ich war erstaunt, welche winzig kleinen Fehler Alleyne aufspürte, obwohl ich doch schon jahrelang Tennis spielte und zahllose Unterrichtsstunden hinter mir hatte. Er schlug dann eine kaum wahrnehmbare Veränderung vor mit dem Ergebnis, daß sich meine Schlagkraft drastisch verbesserte. Nur wenn er das Gefühl hatte, daß ich wirklich verstanden hatte, was er meinte, und keine grundlegenden technischen Probleme mehr sah, begann er, mich darin zu trainieren, die Schläge automatisch auszuführen. Um das zu können, müsse man erst die drei zentralen Paradoxe des Tennis verstanden haben, erklärte er mir. Das erste sei, immer ein Ziel vor Augen zu haben, aber es nie treffen zu wollen. Bei bewußtem Zielen ginge der Ball immer daneben, sagte er. Das zweite sei, schnell zu werden, aber nicht durch Anspannung aller Kräfte, sondern durch die Freisetzung von Energie. Je angestrengter man versuche, schneller zu werden, erklärte er mir, um so mehr würden sich die Muskeln verspannen und um so weniger sei man in der Lage, ganz und gar loszulassen. Und das dritte sei, daß man stets auf Sieg spielen müsse, das Gewinnen jedoch nie in den Vordergrund stellen dürfe. Sich vorzunehmen, zu gewinnen, wirke aufbauend und sei gut für die Konzentration, während das Daranhängen nur Spannungen mit sich brächte und ablenken würde. Der gemeinsame Nenner, auf den es beim Tennis letztlich ankomme, sagte er, sind Disziplin und Konzentration auf den gegenwärtigen Augenblick.

Alleyne hat dank dieser Fähigkeiten schwere Belastungen in seinem Leben überwinden können. Er wuchs in ärmlichen Verhältnissen in Brooklyn als Sohn eines Schwarzen und einer Weißen auf. Noch keine zehn Jahre alt, mußte er schon viele Stunden an der Seite seines strengen, antreibenden Vaters arbeiten, der Hausmeister an einer örtlichen Privatschule war, mit einer Arbeitswoche von sieben Tagen. Alleyne respektierte die Arbeitsmoral und das Verantwortungsgefühl seines Vaters für die Familie, aber er verzieh ihm nicht, als Kind so erbarmungslos von ihm unter Druck gesetzt worden zu sein und so wenig Lob für seine Anstrengungen bekommen zu haben. Auch ärgerte ihn die abfällige Art, in der sein Vater seine Mutter behandelte, eine sanfte, offenherzige Frau, die Alleyne anbetete. Als er ungefähr zehn Jahre alt war, trat ein Wendepunkt in seinem Leben ein. Er hatte unter größten Mühen durch verschiedene unangenehme Jobs Geld für Schokolade gespart, die er seinem Vater zum Geburtstag schenken wollte. Doch als er diesem die Packung stolz und aufgeregt überreichte, stieß der Vater sie nur unwirsch beiseite und dankte ihm noch nicht einmal. Das ging Alleyne so nahe, daß er zu weinen begann. Er war zutiefst gekränkt. »Hinterher habe ich mir geschworen, daß ich nie wieder vor ihm weinen würde«, erzählte er mir. »Von dem Tag an habe ich nie wieder etwas von meinem Vater erwartet.«

Statt dessen strebte er mit aller Kraft nach Unabhängigkeit und Erfolg. Von Jugend an ein hervorragender Sportler, glänzte er zuerst im Boxsport, dann im Laufen und schließlich im Tennis. Er bekam ein Stipendium für die Temple-Universität, arbeitete nebenher ganztags, schloß sein Studium 1939 ab und leistete seinen Wehrdienst. Mit Mitte Zwanzig war er bereits ein Tennisas der Weltklasse, aber Farbige waren noch immer von den großen nationalen Tennisturnieren ausgeschlossen. Alleyne schlug etliche Spitzenspieler der Welt bei Schauwettbewerben, aber Turniere konnte er nur im Ausland, zum Beispiel in Südamerika, spielen. Erst 1959 wurde er endlich zur Ausscheidung für die U.S.-Meisterschaften in Forest Hills zugelassen. Obgleich er mit 38 Jahren seine Glanzzeit längst überschritten hatte, schaffte er es doch noch bis zum dritten

Satz, ehe er das Match an Barry McCay verlor, der damals zu den zehn Weltbesten im Tennis gehörte.

Auf berufliche Sicherheit bedacht, wie sie den meisten Schwarzen jener Zeit versagt war, beschloß Alleyne, Polizist zu werden. Über zwanzig Jahre gehörte er der Polizei von New York City an, bis er nach einem schweren Motorradunfall auf Streife wegen Berufsunfähigkeit pensioniert wurde. Ihm wurde gesagt, er würde nie wieder richtig laufen können, ein Urteil, gegen das er sich vehement wehrte, indem er unerbittlich trainierte, um körperlich wieder fit zu werden. Tatsächlich erlangte er seine Beweglichkeit weitgehend wieder und begann dann, auf den Plätzen im New Yorker Central Park Tennis zu lehren. Einige Zeit später wurde er angestellt, einen kleinen Tennisclub in einem Vorort der Stadt zu leiten. Die Schüler strömten ihm in Scharen zu, und bald betrug seine Arbeitszeit, wie es einst bei seinem Vater gewesen war, zwölf Stunden täglich, sieben Tage die Woche. Anfang der siebziger Jahre beschloß er, einen eigenen Tennisclub zu eröffnen.

Alleyne war erfolgreich, wie ich vermutete, weil er seine Ziele so unbeirrt verfolgte und sich allen Herausforderungen voll und ganz stellte. Während meiner vier Unterrichtsjahre bei ihm habe ich kein einziges Mal miterlebt, daß seine Aufmerksamkeit auf dem Platz nachgelassen hätte, und in jedem Augenblick war seine Leidenschaft für den Sport fühlbar. Als er schließlich im Alter von über sechzig Jahren von seinem 12-Stunden-Tag abging, füllte er die Lücke, indem er täglich zwei Meilen schwamm und Klavier zu spielen begann. Er erzählte mir, daß er manchmal vier Stunden hintereinander übte, weil er so in seinem Spiel aufging, daß er darüber die Zeit vergaß. Da er wenig Schlaf brauchte, vertiefte er sich nachts in psychologische, philosophische und wissenschaftliche Werke und verschlang jedes Wort, fest entschlossen, alles zu verstehen. Auf ähnliche Weise hörte er auch zu – mit gespannter Aufmerksamkeit. Kinder verloren in seiner Gegenwart jegliche Scheu, denn sie spürten sofort sein aufrichtiges Interesse.

Dieses Konzentrationsvermögen umfaßt alle seine Lebensbereiche. Als sein Club-Nachtdienst einmal nicht erschien, machte sich Alleyne selbst an die Arbeit und schrubbte den Club einschließlich der Toiletten und Bäder. Als er auf die Uhr schaute, waren zehn Stunden vergangen. »Ich reiße mich nicht darum, aber wenn ich's schon tun muß, dann auch richtig und mit ungeteilter Konzentration«, erzählte er mir später. Ein andermal brauchte ein junger Mann, den er erst kürzlich eingestellt hatte, zwei Tage, um neuen Schotter auf dem Parkplatz des Clubs zu verteilen, ohne daß ein Ende abzusehen gewesen wäre. Alleyne, mittlerweile siebzig, beschloß, dem jungen Mann eine Lehre zu erteilen – und ihm mit gutem Beispiel voranzugehen. »Ich sah mir einfach diesen Riesenhaufen Schotter an«, erzählte er mir und lachte bei der Erinnerung daran, »und wiederholte immerfort: ›Wenn Jerry schaufelt, ist es um den Berg geschehen.‹« Als er aufhörte, hatte er zwei Tonnen Schotter bewegt und war kein bißchen erschöpft, sondern vielmehr wie neu belebt.

»Je mehr man im Hier und Jetzt bleibt, um so lebendiger wird man, und um so mehr Freude macht einem alles, was man tut«, sagte er mir. »Es muß einem nur alles wichtig sein. Mir ist es egal, was es ist, aber es nicht richtig zu tun heißt, halbtot zu sein.« Das größte Hindernis für die Fähigkeit, voll und ganz im Augenblick zu leben, ist Angst. »Man kann nicht ganz gegenwärtig sein, wenn man Angst hat. Sie hält einen davon ab, loszulassen, dabei stellt sich erst beim Loslassen die wahre Freude ein. Die größte Angst ist die vor dem Tod. Sobald man keine Angst mehr vor dem Sterben hat, kann man wirklich loslassen.« Alleyne hat schon zwei Herzinfarkte erlitten, und bereits vor einigen Jahren hat ihm sein Kardiologe nach einem Angiogramm geraten, sich einer Bypass-Operation zu unterziehen. Alleyne lehnte ab. »Ich habe keine Angst vor dem Sterben«, erklärte er mir, »aber ich lasse mich auch von niemandem aufschneiden.« Seitdem sind drei Jahre vergangen, und Alleyne gibt immer noch jeden Tag Tennisunterricht.

Es kam recht häufig vor, daß ich zerstreut, sorgenvoll oder wütend zum Unterricht kam. Alleyne war nicht nur ein strahlendes Vorbild, sondern er hatte auch eine ganze Reihe von Übungen parat, um mich wieder in Form zu bringen. Er wies mich beispielsweise an, mich so weit zu beruhigen, daß ich meinen Körper fühlen könnte, mir im Geiste meinen Schläger im Verhältnis zum Ball bewußt zu machen und den Ball dann auch *wirklich* zu sehen – seine Drehung, seine Geschwindigkeit und seine Flugbahn, wenn er auf mich zukam und wenn er von meinem Schläger getroffen wurde. Selbst das Geräusch, das mein Schlag gegen den Ball erzeugte, hielt er für wichtig. Wenn ich anfing, mich zu ärgern, und aus dem Rhythmus kam, ließ Alleyne mich den genauen Moment jeder Berührung meines Schlägers mit dem Ball zählen und zwang mich so, vom bewußten Denken ab- und in einen perfekten Rhythmus hineinzukommen. »Wenn Sie wieder ganz Sie selbst sind«, sagte er mir, »fällt alles Störende weg, während zugleich alle Sinne wiederkehren, die Sie als Kind hatten. Sie sehen besser, Sie hören besser, und Sie fühlen mehr.« Meistens nahm mich dann auch der Unterricht vollkommen gefangen und machte mir ungeheure Freude. Und meine sportliche Leistung nahm zu. Ich konnte viel besser mit Alleyne spielen als mit jedem anderen. Außerdem trug ich oft meine Entspanntheit, mein Wohlgefühl, ja selbst die Freude vom Tennisplatz bis in mein Arbeitsleben hinein.

Zu meiner Enttäuschung hielt diese Erfahrung jedoch selten länger als ein oder zwei Stunden an. Ich konnte sie auch nie wirklich im Spiel mit anderen wiederholen. Immerhin hatte sich mein Stil ohne Zweifel verbessert, meine Angst hatte sich vermindert und meine Kenntnis des Spiels sowohl in technischer wie in psychologischer Hinsicht drastisch zugenommen. Alles in allem war es eine wunderbare Zeit. Ich konnte in eine vollkommen entspannte Konzentration verfallen und spielte dann plötzlich voller Leidenschaft und Hingabe. Es war klar, daß ich jetzt über das notwendige Rüstzeug verfügte. Aber sobald ich mich bei dem Gedanken ertappte: »Ich wünschte, so würde es immer bleiben!«, war der Zauberbann gebrochen. Gleich schweifte meine Aufmerksamkeit ab, und statt der Freude und Unbekümmertheit, die ich noch am Vortag empfunden hatte, hörte ich nun wieder die vertraute kritische Stimme im Innern.

Als ich Alleyne davon erzählte, wie hektisch ich unter starkem Druck nur noch an Gewinnpunkte dachte, hatte er eine einfache Erklärung dafür. Ich versteifte mich zu sehr auf Ergebnisse. »Dieses unbedingte Wollen«, sagte er mir, »ist wie ein Krebsgeschwür.« Nach seiner Auffassung hieß dieses unbedingte Wollen, sich in äußere Abhängigkeit zu begeben – auf den Beifall von Eltern oder anderen Autoritäten angewiesen zu sein. Ich zweifelte nicht daran, daß diese Erklärung einen wahren Kern enthielt. Ich mochte nicht verlieren, weil ich fürchtete, dadurch in der Achtung meines Gegners und meiner selbst zu sinken. Aber ich sorgte mich auch um das Siegen aus Angst, damit Neid, Ärger und vielleicht sogar Strafe heraufzubeschwören. Alles das und noch vieles mehr pflegte mir beim Spiel durch den Kopf zu gehen. In Alleynes Augen war das alles Unsinn, unnützer Ballast aus meiner Vergangenheit, der mir nur hinderlich war.

Ich sah, daß sich dies auf mein ganzes Leben auswirkte. Das Nachgrübeln über Vergangenes und die Sorgen um die Zukunft hinderten mich oft daran, mich vollkommen in das zu versenken, was ich gerade tat, ob es sich um das Zusammensein mit meinen Kindern, um die Arbeit an diesem Buch oder um den Genuß eines Musikstücks handelte. Es verwirrte Alleyne, daß ich so klar erkannte, wie angenehm und produktivitätsfördernd es war, mich nicht derart ablenken zu lassen, und daß ich trotzdem immer wieder auf die Ablenkungen hereinfiel. Alleyne war der Ansicht, daß ich aus etwas sehr Einfachem – dem Gegenwärtigsein – etwas höchst Kompliziertes machte. Wenn ich einfach loslassen würde, drang er in mich, würde sich nicht nur mein Tennisspiel, sondern mein ganzes Leben verwandeln. Beim Spiel auf dem Tennisplatz merkte ich, daß er recht hatte, obwohl mir der Durchbruch nie gelingen wollte.

Ansonsten aber wuchs allmählich meine Überzeugung, daß die Ganzheit des Lebens, so wertvoll Alleynes Erkenntnisse auch sein mochten, mehr umfaßte, als er einräumte. Bisweilen hatte ich das

Gefühl, daß er aus etwas ziemlich Komplizierten einfach etwas Einfaches machte. Dadurch kam es schließlich zu Spannungen zwischen uns. Wie Alleyne es sah, war er völlig selbstgenügsam, da er gelernt hatte, einzig aus seiner eigenen Kraft Freude zu schöpfen. Er weigerte sich, vergangenen Leiden oder Benachteiligungen nachzuhängen, und zog es vor, seine gewaltigen Energien voll auf die Gegenwart zu konzentrieren und sich ausschließlich auf sich selbst zu verlassen. Er war groß im Geben, sagte jedoch, er wünsche, brauche und erwarte nichts als Erwiderung. Zum Beispiel ist er verheiratet und liebt seine Frau sichtlich. Aber wie er mir oft sagte, würde er weder Schmerz empfinden noch sich zurücksehnen, wenn ihre Beziehung einmal enden würde. Selbst bei der Beerdigung seiner Mutter, die er innig geliebt hatte, vergoß er keine Träne. »Ich habe sie mit meinem ganzen Wesen geliebt, als sie noch unter uns weilte, und deshalb konnte ich sie loslassen, als sie gestorben ist«, erklärte er. Diese Philosophie hielt normales Leid weitgehend von ihm fern, besonders die Erfahrung seiner eigenen Verletzlichkeit. Er weigerte sich einfach, solchen Empfindungen wie Schmerz, Trauer oder Angst über längere Zeit Raum zu geben. All das bewunderte ich, und Alleynes Unterricht war außergewöhnlich gut, aber mir schwebte doch noch ein anderes Bild von einem Leben in Ganzheit vor. Während Alleyne unterschwellige Konflikte lieber verdrängte, hatte ich immer mehr das Bedürfnis, mich damit auseinanderzusetzen. Meinem Tennisspiel war das nicht gerade förderlich, denn Gefühle wie Angst oder Wut sind der Konzentration auf den gegenwärtigen Augenblick im Wege. Aber daß ich erkannt hatte, wie verletzlich, bekümmert und unerfüllt ich früher gewesen war, und daraus Nutzen zog, half mir, etwas von meinem Herzen wiederzufinden – eine Zärtlichkeit und Innigkeit, vor der ich mich jahrelang gefürchtet hatte. Auch über Wut und Zorn war ich anderer Meinung als Alleyne. Wir hatten beide oft genug damit zu tun. Er für sein Teil hielt Wut und Zorn für gerechtfertigt, da die Menschen sich oft verletzend verhielten, wie ja auch sein eigener Vater es getan hatte.

Gewisse Kränkungen konnten eine so heftige Wut bei Alleyne auslösen, daß er buchstäblich außer sich geriet. Zeigte sich dieser Hang zur Gewalttätigkeit, pflegte er zu sagen, das sei das »wilde Tier« in ihm, um es dann mit eiserner Disziplin zu unterdrücken. Allermeistens jedoch war Alleyne freundlich, gutmütig und feinfühlig im Umgang mit anderen Menschen. Gelegentlich ging er allerding in die Luft. Da er seine Wut verschiedene Male an mir ausließ, wußte ich, wie angsteinflößend und schrecklich das sein konnte. Seine Wut stand in keinem Verhältnis zum auslösenden Ärgernis. Er hatte jedoch keine Lust, die unbewußten Ursachen seines Ärgers einmal unter die Lupe zu nehmen – etwa die Möglichkeit, daß sich dahinter tiefere, verletzlichere Gefühle versteckten oder daß sie aus der Kindheit herrührten. Alleyne sehnte sich danach, freier und tiefer lieben zu können, wie er mir sagte, aber er sah keinen Sinn darin, herauszufinden, was ihn daran hinderte. Ich liebte und bewunderte ihn weiterhin, obwohl wir irgendwie wie zwei Züge waren, die in der Nacht aneinander vorbeifahren.
Was mich betrifft, so erfuhr ich erst mehr über meine tieferliegenden Gefühle und ihre Ursachen, als ich mich endlich traute, meine Wut richtig zu fühlen – sie zu beobachten, ohne sie auszuagieren. Trotzdem blieb es mir nicht erspart, zwei schwierige Aufgaben unter einen Hut zu bringen. Ich hatte eingesehen, wie wichtig es für mich war, meine Aufmerksamkeit nach innen zu lenken und mich mit den Qualen und Konflikten auseinanderzusetzen, die mir im Weg waren. Dennoch blieb die Frage offen, wie ich diesen Anspruch je mit dem vereinen sollte, was ganz offensichtlich der äußeren Leistung am dienlichsten war, wie Alleyne demonstriert hatte: dem Abgehen von Konflikten, von Zweifeln und sogar vom bewußten Denken zugunsten eines Lebens in der Gegenwart des Augenblicks.

Jim Loehrs Arbeit faszinierte mich, weil sie so vielschichtig ist, da er zugleich Sportpsychologe, Sportler, ein gründlicher Forscher und ein aufrichtiger Sucher ist. Niemand von denen, die ich kenne, hat ein umfassenderes Verständnis vom »idealen Höchstleistungszustand«, wie er es nennt, und gleichzeitig von dessen Grenzen. Loehr, hochgewachsen, mit langen Gliedmaßen und unbeschwertem Lächeln, sah blendend aus, war topfit und 47 Jahre alt, als wir uns 1990 begegneten. Seit nunmehr zwei Jahrzehnten versucht er, die mentalen, physischen und emotionalen Faktoren zu definieren und meßbar zu machen, durch die Sportler selbst unter größtem Druck Höchstleistungen vollbringen.

Wie Gallwey und Alleyne stellte auch Loehr fest, daß die Ruhigstellung von Geist und Körper, die Konzentration auf die Gegenwart und das Ablassen vom bewußten Denken entscheidende Voraussetzungen für Spitzenleistungen sind. Er betonte aber außerdem noch die Bedeutung einer ganz bestimmten positiven Geisteshaltung beim Wettbewerb und eine entsprechende Körperhaltung. Dann ging er noch einen Schritt weiter. Warum, fragte er sich, ist eine solche Geisteshaltung nur bei einigen Sportlern anzutreffen und bei den meisten anderen nicht? Und wie kann man diesen idealen Leistungsstand wohl erzielen und erhalten? Im Laufe unserer Gespräche machte Loehr einen deutlichen Unterschied zwischen der Persönlichkeit, die sich jeder, der im Sport etwas erreichen will, zulegen muß, und einem tieferen, wahreren Selbst, das den Zugang offenhält zu einem breiteren Spektrum von Gedanken und Gefühlen.

Wie vor ihm die Geist-Körper-Forscher entdeckte Loehr, daß alles, was im Geist vor sich geht, unmittelbaren Einfluß auf den Körper hat – und umgekehrt. Die Gedanken eines Sportlers lösen bestimmte Gefühle aus, und diese Gefühle haben körperliche Folgen. Gedanken an eine Niederlage können zum Beispiel Angst und Unruhe hervorrufen. Diese Empfindungen wiederum lösen die verschiedensten körperlichen Reaktionen aus wie etwa Pulsbeschleunigung, Muskelverkrampfung, Kurzatmigkeit, verminderte Blutzufuhr zu Händen und Füßen und sogar Sichteinschränkung. Jede dieser Reaktionen untergräbt die Leistung in ähnlicher Weise, wie Verzweiflung und Wut erwiesenermaßen die körperliche Gesundheit beeinträchtigen. Beim Tennis zum Beispiel führen verkrampfte Muskeln zu ungenauen Schlägen, eine schlechtere Durchblutung führt zu bleiernen Füßen und Gefühllosigkeit in den Händen, und Kurzatmigkeit führt zu einer Beeinträchtigung der Ausdauer. Eins kommt zum anderen, ein Teufelskreis. Unruhe und Angst greifen störend in die Physiologie ein, so daß die Leistung geschwächt wird, und eine schwächere Leistung löst umgekehrt noch mehr Unruhe und Angst aus. Kurz: Das negative Denken kann verheerende Folgen haben für Leib und Seele.

Loehr stellte aber auch fest, daß es möglich ist, bewußt einen Kreislauf mit positiver Wirkung in Gang zu setzen. »Positive Gedanken«, erklärte er mir bei meinem Besuch in seinem Büro in Florida, »lösen Empfindungen wie entspannte Wachsamkeit, Begeisterung und Entschlossenheit aus.« Diese Empfindungen bewirken diverse physiologische Reaktionen, von einer größeren Flexibilität der Muskeln über ein gutes Gefühl bis hin zu besserem Durchhaltevermögen. Loehr fand heraus, daß dieser positive Kreislauf durch den Körper angeregt werden kann. Techniken, die eine körperliche Entspannung herbeiführen – zum Beispiel das Annehmen einer selbstbewußten Haltung – ziehen im allgemeinen positivere Gedanken und Gefühle nach sich. Das natürliche Nebenprodukt ist eine starke, gesammelte Konzentration. »Niemandem, mit dem ich je zu tun hatte, fiel es schwer, sich zu konzentrieren, wenn ihm die Sache Spaß machte«, sagte Loehr. »Es ist zwar nicht normal, im Angesicht einer Krise angenehme Gefühle zu haben, aber alle Spitzensportler entwickeln offenbar die Fähigkeit, Streß als positive Herausforderung anzunehmen. Sie werden Meister in der Beherrschung ihrer Gedanken. Ich habe lediglich versucht, diesen Vorgang zu entmystifizieren. Es ist keine Zauberei. Man kann ebenso lernen, positiv zu denken und zu handeln, wie man korrekte Aufschläge lernen kann.«

Seine Entscheidung, Psychologe zu werden, machte Loehr in seiner tiefreligiösen Familie zum Außenseiter. Er wuchs mitten in Colorado auf, wo sein Vater als Ingenieur tätig war; seine Mutter war Hausfrau. Im Mittelpunkt des Familienlebens stand die katholische Kirche. Loehrs Bruder wurde Jesuitenpater, seine Schwester ist Nonne, und auch Loehr selbst studierte anfangs bei den Jesuiten. »Als ich aufwuchs, gab es auf alle Fragen immer die gleiche Antwort«, erzählte er mir. »In der Kirche lernten wir, bestimmte Werte hochzuhalten, aber kaum waren die Leute draußen, taten sie die ganze Woche lang die schrecklichsten Dinge. Vor diesem Hintergrund *mußte* ich einfach alles in Frage stellen.« Ebensogroße Bedeutung hatte in Loehrs Familie die Leistung, doch damit hatte er weniger Probleme. 1969 promovierte er in Psychologie und wurde bald danach Leiter einer kommunalen Heilanstalt in Colorado. An der Wirksamkeit der klassischen Psychotherapie, die sich auf die ungelösten Konflikte der Kindheit konzentrierte, hatte er inzwischen große Zweifel. »Ich sah einfach nicht, daß sie zu etwas führte«, sagte er mir. »Ich habe mitbekommen, wie die Leute sich in Therapie begaben, sich endlos mit ihren Konflikten befaßten und schließlich unverändert oder sogar mit deutlich verschlechtertem Befinden aus der Therapie hervorgingen.«

Loehr interessierte sich mehr für die Methoden der aufkommenden humanistischen Psychologie, mit deren Hilfe man seine Möglichkeiten in der Gegenwart ausschöpfen konnte. In dieser Zeit begann er auch, an einem örtlichen College Sport zu treiben. Dabei lernte er Joe Vigil kennen, den Trainer des Leichtathletikteams der Schule. Vigil ließ Loehr gegenüber einmal die Bemerkung fallen, ein guter Trainer müsse auch ein erstklassiger Psychologe sein. Sofort war Loehrs Interesse geweckt. Er war in seiner Jugend ein guter Sportler gewesen, bei Wettbewerben allerdings mit wechselndem Erfolg. Die Schwierigkeiten fingen an, als er noch Baseball in einer Jugendligamannschaft spielte, deren Trainer sein anspruchsvoller Vater war. Unter diesem starken Leistungsdruck erwarb er sich den Ruf eines Spielers, der zwar Talent besaß, aber immer dann, wenn es wirklich darauf ankam, versagte. Später verlegte er sich auf Tennis, um von seinem Vater loszukommen, und brachte auch entsprechend bessere Leistungen. Doch selbst als Mitglied des College-Tennisteams hatte er Probleme, auf dem Platz seine Wut unter Kontrolle zu halten. Nach seiner Begegnung mit Vigil begann er davon zu träumen, eine systematische Trainingsmethode für den Sport zu entwickeln, die nicht nur den Körper, sondern auch den Geist beanspruchte.

1976 gab er seine Stellung auf und zog nach Denver, wo er eine Praxis für Sportpsychologie aufmachte. Damit betrat er völliges Neuland. Zwar bezeichneten sich ein paar Universitätsprofessoren als Sportpsychologen, aber Loehr war vermutlich der erste, der sein Brot mit der Betreuung von Sportlern verdienen wollte. Fünf Jahre lang lebte er sozusagen im Dämmerdunkel und konnte sich gerade so über Wasser halten. Zwei Profiteams und mehrere Weltklassesportler kamen zu ihm, aber er hatte ihnen versprechen müssen, nichts davon in der Öffentlichkeit verlauten zu lassen. Die meisten Sportler hatten, wie er merkte, die Befürchtung, daß es nach Schwäche oder Labilität aussah, wenn sie einen Psychologen aufsuchten.

1982 kam für Loehr die Wende, als ihn auf Empfehlung eines Freundes ein Tennisspieler namens Tom Gullikson aufsuchte. Zu diesem Zeitpunkt stand Gullikson ungefähr an hundertster Stelle auf der Weltrangliste und hatte gerade sein schlimmstes Jahr als Profi hinter sich. Mutlos und in der Annahme, nichts mehr zu verlieren zu haben, willigte er ein, mit Loehr essen zu gehen. Nach einer vierstündigen Unterhaltung schlug Loehr ihm einen Tauschhandel vor. Er würde Gullikson kostenlos beraten. Falls seine Vorschläge etwas fruchteten, sollte Gullikson das öffentlich bekanntgeben – vor Journalisten, Trainern und Mitspielern. Gullikson schlug ein.

Außer seinem Schlagstil, der gut war, nahm Loehr alles, was zu Gulliksons Spiel gehörte, auseinander: wie er sich auf ein Match vorbereitete, seine Ernährung, seine Einstellung zum Spiel, ja sogar die Rolle seiner Ehe für sein Tennisspiel. Im Laufe des Jahres veränderte sich Gulliksons Leistung vollkommen. Er kletterte auf Platz 25 in der Weltrangliste, den höchsten Rang, den er je erreicht hatte. »Die Veränderung vollzog sich vorwiegend in meiner Haltung und Einstellung zum Spiel«, erzählte er mir. »Das verdanke ich zum großen Teil Jim.« Ende desselben Jahres – 1982 – beschloß Loehr, nach Florida umzuziehen, um in der Nähe möglichst vieler Spitzenspieler zu sein.

Er war immer fester davon überzeugt, daß Höchstleistungen eng mit der jeweiligen Gemütsverfassung zusammenhängen. Spitzensportler erzählten Loehr, daß sie unter großem äußerem Druck sowohl von Ruhe und Frieden erfüllt als auch energiegeladen, optimistisch und enthusiastisch waren. Die meisten von ihnen waren intuitiv, ohne Anleitung oder ein entsprechendes Training, in diese Gemütslage gekommen. Für Loehr stellte sich damit die Aufgabe, herauszubekommen und zu verstehen, wie diese Spieler das machten, um es dann durch ein breitangelegtes, systematisches Programm lehren zu können. Auf der Suche nach Mitteln und Wegen, diesen Idealzustand herbeizuführen, von dem die Sportler sprachen, experimentierte Loehr mit einer Reihe von Techniken: Er arbeitete mit Biofeedback, stattete die Sportler mit Walkmans aus, die verschiedene Arten von Musik spielten, und brachte ihnen bei, wie man meditiert. Doch die meisten Sportler waren ungeduldig und wollten schnell Resultate sehen, wie er merkte, und keine seiner Methoden hatte eine sofortige Wirkung.

Der Wendepunkt trat ein, als Loehr einen Anruf von Irving Dardik erhielt, dem ehemaligen Chirurgen, dessen Überzeugung, Gesundheit beruhe auf dem ausgewogenen Verhältnis von Anspannung und Erholung, mich seinerzeit fasziniert hatte. Loehr kannte Dardik von seiner Tätigkeit im Olympischen Komitee der Vereinigten Staaten her. »Ich glaube, ich habe da etwas, was Ihnen weiterhelfen wird«, hatte Dardik Loehr 1986 am Telefon gesagt. Gemeint war der Pulsfrequenzmesser, den er inzwischen bei seiner Arbeit mit chronisch kranken Patienten benutzte. »Dieses Gerät verschaffte mir über den Puls einen verläßlichen Einblick in die Physiologie des

Sportlers. Wenn ich einem Sportler dieses Instrument anlegte, erfuhr ich genau, was physiologisch mit ihm geschah, sobald er ärgerlich oder wütend wurde oder gar aufgab. Und dann konnte ich einen Bezug herstellen zwischen diesen Meßwerten und der Leistung des Sportlers.«

Wie Loehr herausfand, war das Spiel dann am besten und blieb auch lange Zeit so, wenn die Herzfrequenz des Sportlers innerhalb eines bestimmten Rahmens lag. Beim angestrengten Spiel erhöht sich die Pulszahl fast immer. Die Schwierigkeiten fangen bei den meisten Spielern an, wenn sie sich zwischen den einzelnen Punkten nicht genügend erholen – was eindeutig daran abgelesen werden kann, ob die Pulszahl absinkt. Loehr beobachtete auch, welche Wirkung negative Gefühle auf die Herzfrequenz seiner Sportler hatten, indem er ihnen winzige Mikrofone umhängte und so mithören konnte, was sie zwischen den Punkten vor sich hinmurmelten. Kamen negative Empfindungen zum Ausdruck, pflegte ihr Puls aus dem normalen Rhythmus zu geraten, was schnell Einfluß auf die Qualität ihres Spiels hatte. Wut zum Beispiel sorgte für eine hohe Herzfrequenz, ebenso Unruhe und Nervosität. Bei Sportlern, die entmutigt waren oder sich anschickten, aufzugeben – weil sie »die Schnauze voll hatten« –, sank die Pulszahl im allgemeinen. Loehr bemerkte, daß positive Empfindungen wie Zufriedenheit, Freude und Energiegeladenheit dafür sorgten, daß sich der Puls nach dem Streß harterkämpfter Punkte schneller wieder normalisierte.

Die Mikrofone erwiesen sich als Quelle überraschender Informationen. Die Spitzensportler atmeten tief und gleichmäßig aus, wenn sie den Ball trafen, und ließen dabei ein »Aaaaahhhh« vernehmen. Der Atem von schwächeren Spielern war hingegen gar nicht zu hören, besonders, wenn diese unter Druck standen. Loehr wurde klar, daß das tiefe Atmen Teil der Erholung ist – eine Wellenbewegung, bei der sich Spannungen abbauen, die Muskeln lockern und vollkommene Entspannung einstellt. Verkrampfung, eine Folge von Angst und Nervosität im Wettkampf, zeigt sich physiologisch recht deutlich daran, daß der Atem stoßweise, flach und unregelmäßig geht.

Da Loehr unbedingt Methoden entwickeln wollte, mit deren Hilfe bestimmte Gedanken und Gefühle ausgelöst werden konnten, untersuchte er, wie Spitzensportler während eines Wettkampfes in Hochform bleiben. Um das herauszufinden, verglich er Hunderte von Aufnahmestunden der Meßdaten von Spitzensportlern im Wettbewerb. Zu seiner Überraschung konnte er kaum Unterschiede zwischen ihnen ausmachen. Im Stil waren sie alle nahezu perfekt, und doch trugen manche Spieler häufiger den Sieg davon. Schließlich kam Loehr auf die Idee, sich einmal anzuschauen, was die Sportler *zwischen* den Punkten eigentlich machten. 50 Prozent der Zeit bei einem Tennismatch liegen zwischen den Punkten, aber diese Seite des Sports ist lange Zeit nicht berücksichtigt worden. Ziemlich schnell entdeckte Loehr ein Muster, das sich nur bei den Spitzensportlern abzeichnete. Bei diesen Spielern lief zwischendurch ein ganz eigenes Ritual ab. Loehr zerlegte es in seine einzelnen Bestandteile und konnte dann Schritt für Schritt sehen, warum Hochleistungssportler beim Wettkampf entspannt, konzentriert und positiv gestimmt bleiben. Außerdem kam er zu der umfassenderen Erkenntnis, daß die Art und Weise, wie sich jemand vorbereitet und wieder erholt – sowohl im Sport wie auch in anderen Lebensbereichen – ebenso entscheidend für das Endergebnis sein kann wie das, was während des Wettkampfes selbst geschieht.

Beim Tennis konnte Loehr vier verschiedene Erholungsphasen feststellen. Phase eins nannte er die »positive körperliche Reaktion«. Er bemerkte, daß sich Spitzenspieler nach Beendigung eines Ballwechsels sofort vom Netz abwandten und den Tennisschläger in die andere Hand nahmen. Dadurch wurde ihre Spielhand entlastet. Als nächstes pflegten sie sich mit geraden Schultern und erhobenem Haupt, einer Haltung, die Kraft und Selbstvertrauen ausdrückte, ins Hinterfeld zurückzuziehen. Dies bezeichnete Loehr als »Matadorengang«. Auf einer Winterreise nach Spanien vor etlichen Jahren hatte er ein Gespräch mit dem damals 69jährigen

Spitzenmatador Manolo Martin-Vasquez führen können, der im Laufe seiner sportlichen Karriere 15mal von Stieren auf die Hörner genommen und schwer verletzt worden war, zweimal sogar fast mit tödlichem Ausgang. Loehr fragte ihn, wie er mit seiner Angst umginge, wenn er in die Arena träte. »Die wichtigste Lektion im Mutigsein erteilt einem der Körper, nicht der Geist«, erwiderte Martin-Vasquez. »Ich habe schon mit zwölf Jahren gelernt, auf eine Weise zu gehen, die Mut *macht.* Die geistige Einstellung kommt erst in zweiter Linie.«

Tatsächlich stellte Loehr fest, daß die besten Tennisspieler auch dann noch positiv und zuversichtlich gestimmt sind, wenn sie einen Fehler gemacht haben. Sie hatten gelernt, so folgerte er, daß negative Reaktionen jeder Art Energie verbrauchen, die Spannung erhöhen und die Erholung beeinträchtigen. Einmal wurde Loehr in höchster Not von Ray Mancini angerufen, einem Mittelgewichtsboxer, den er betreute. »Ich mache mir große Sorgen«, erzählte Mancini ihm. »Mir ging doch tatsächlich gestern im Ring ein negativer Gedanke durch den Kopf.« Loehr war verblüfft. »Sie machen sich um einen einzigen negativen Gedanken Sorgen?« fragte er. »Sie verstehen nicht ganz«, sagte Mancini. »Ein einziger negativer Gedanke reicht, und schon bekommt man eins auf die Nase.« Für Loehr war das wie eine Erleuchtung. »Daraus habe ich gelernt, wie verheerend sich negative Gedanken und Gefühle bei einem Wettkampf auswirken können«, erklärte er.

Nach und nach fiel Loehr auf, daß Spitzensportler viel mit professionellen Schauspielern gemeinsam haben. »Das Markenzeichen eines großen Filmschauspielers ist die Fähigkeit, all die Gefühle in sich zum Leben zu erwecken, die das Drehbuch vorschreibt – Freude, Trauer, Lebhaftigkeit, Wut, Schwäche«, sagte Loehr. »Das Drehbuch für eine sportliche Leistung ist nicht viel anders: Der Sportler muß immer *positive* Gefühle in sich zum Leben erwecken, was immer er auch wirklich empfinden mag. Ich bin gewissermaßen ein Schauspieltrainer. Jedesmal, wenn ich einen Sportler dazu bewege, die richtigen Gefühle in sich wachzurufen, ist er in Hochform und bringt Spitzenleistungen. Indem er lernt, seine Gedanken und Gefühle unter Kontrolle zu halten, erlangt er die Kontrolle über seine Physiologie.«

Im Mittelpunkt der zweiten Loehrschen Phase steht die Entspannung. Spitzensportler gehen so lange weiter, bis sie die Grundlinie überschritten haben. Sie haben einzig die körperliche Erholung im Sinn. Es ist wie eine Kurzmeditation – sie atmen tief ein und aus, spannen die Muskeln an und entspannen sie wieder, damit diese locker bleiben, und halten den Blick fest auf die Bespannung des Schlägers gerichtet, um möglichst wenig abgelenkt zu werden und nicht in ihrer Konzentration nachzulassen. Loehr war fasziniert, als er erfuhr, daß die Spitzenspieler während der ersten beiden Phasen – also insgesamt zwischen zehn und zwanzig Sekunden lang – nach eigenen Angaben völlig gedankenleer sind. Da es technisch noch nicht möglich ist, die Gehirnwellentätigkeit eines Tennissportlers *beim Spiel* aufzuzeichnen, lassen ihre Angaben lediglich vermuten, daß die langsameren Alphawellen dominant werden und dementsprechend die rechte Hirnhemisphäre aktiviert wird. Nur in der dritten Phase – die Loehr die »Vorbereitungsphase« nennt – denken die Sportler im verbalen Linkshirnmodus. Diese Phase beginnt, wenn der Spieler ein paar Schritte hinter der Grundlinie in Stellung geht, seinen Punktstand registriert und sich ein paar leichtverdauliche Ratschläge erteilt oder Strategien vornimmt wie: »Vorbeugen« oder: »Weit aufschlagen, kurz zurückspielen« und: »Den Ball genau beobachten.«

In der vierten und letzten Phase gehen die Sportler nach Loehrs Beobachtungen wieder vom verbalen, analytischen Denken zu visuellen Vorstellungen über. Spitzensportler erzählten ihm, daß sie dann nicht mehr in Worten denken, sondern sich bildlich vorstellen, wie der Ball ein bestimmtes Ziel trifft. Wie seine Vorgänger kam auch Loehr zu der Erkenntnis, daß Bilder dem Körper offenbar viel wirksamer komplexe Befehle erteilen können als Worte. Überdies fiel ihm auf, daß jeder Spieler in dieser letzten Phase ein genau vorhersagbares eigenes Ritual vollführte – den Schläger in der

Hand drehte, an seinem Hemd herumzupfte, sich den Schweiß von der Stirn wischte, den Ball eine genaue Anzahl von Malen aufprallen ließ, bevor er aufschlug, oder sich beim Warten auf den gegnerischen Ball vor und zurück wiegte. Diese Rituale helfen den Sportlern nach Loehrs Auffassung, nicht auf ablenkende Gedanken zu kommen, sondern sich wieder in ihre vertraute positive Gemütsverfassung zu versetzen und die entsprechenden, zur Gewohnheit gewordenen Körperbewegungen auszuführen. Im Grunde benutzen die Spitzensportler die Phasen zwischen den Punkten dazu, sich auszuruhen und neu zu programmieren. Sobald der nächste Ballwechsel beginnt, lassen sie einfach jeden Gedanken fahren und vertrauen darauf, daß ihr Körper automatisch richtig reagiert. Zu Höchstleistungen kommt es laut Loehr aufgrund eines labilen Gleichgewichts zwischen disziplinierter Bewegung und Flexibilität, willentlicher Anstrengung und Loslassen, bewußtem Denken und instinktivem Handeln.

Loehrs Erkenntnisse über die Phasen zwischen den Punkten gehören zu einem umfassenden Lehrprogramm, das er für Hochleistungssportler entwickelt hat. Entscheidend ist seines Erachtens, daß der oder die Betreffende generell ein ausgewogenes Muster von Anspannung und Erholung kultiviert: körperlich, geistig und seelisch. Dies bezeichnet er als »Zähigkeitstraining«, womit er weniger reine Willenskraft oder bloße Kraftanstrengung meint, sondern vielmehr jene positive Energie der Entspanntheit und äußersten Konzentration, die seiner Meinung nach zu Spitzenleistungen führt. Die eigentliche Herausforderung bei der Leistungsmaximierung liegt nach Loehrs Ansicht nicht etwa darin, den ohnehin unvermeidlichen Streß zu vermeiden, sondern auf jede Anforderung mit Stärke, Flexibilität und Spannkraft zu reagieren. »Zähigkeit ist die Gabe, unter Einsatz aller Fähigkeiten und alles Könnens und unter allen Umständen im Wettbewerb permanent Spitzenleistungen zu vollbringen«,[5] schreibt er. Zähe Wettkämpfer verstehen sich seines Erachtens darauf, sich auf eine raffinierte, ausgeklügelte Art systematisch zu erholen. Schlechtere Sportler hingegen wären weniger diszipliniert, nähmen es weniger genau, hielten sich nicht an ein bestimmtes Ritual, wären sprunghafter in ihrem Handeln und würden leichter negative Gefühle zum Ausdruck bringen, wenn sie einen Fehler gemacht hätten.

Ausgehend von Maslows Hierarchie der Bedürfnisse argumentierte Loehr, das Bedürfnis, einen Ausgleich zwischen Anspannung und Erholung herzustellen, sei generell gegeben. Die Grundbedürfnisse Essen, Trinken und Schlafen zum Beispiel seien körperlich bedingt. Würde versäumt, diesen körperlichen Erfordernissen nachzukommen, wären damit die physischen Kapazitäten der betreffenden Person im Wettbewerb begrenzt und darüber hinaus die geistigen und emotionalen Fähigkeiten eingeschränkt. »Eine schlechte Ernährung, Durst oder ungenügender Schlaf wirken unserer Fähigkeit entgegen, alles aus uns herausholen zu können oder auch nur mit Streßsituationen fertig zu werden, die halb so schlimm sind«, schreibt er. »In diesem Fall leidet unsere geistige und körperliche Zähigkeit – unser Kampfgeist, unsere Leidenschaftlichkeit und Ausdauer. Wenn bei einem Entscheidungsspiel die körperlichen Bedürfnisse eines Tennissportlers nicht befriedigt werden, wird auch der zäheste Spieler irgendwann zusammenbrechen.«[6]

Außerdem hängen Hochleistungen davon ab, ob »geistige Zähigkeit« kultiviert wird, wie Loehr es nennt. Negatives Denken ist nach Loehrs Modell eine Form von Streß, weil es im allgemeinen negative Gefühle auslöst wie Wut, Angst und Frustration, wodurch umgekehrt wieder die physiologischen Fähigkeiten der betreffenden Person in Mitleidenschaft gezogen werden. Positives Denken hingegen setzt eine Entspannungswelle in Gang, indem es die für die Leistung günstigsten Gefühle auslöst – unter anderem Ruhe, Freude, Lust und Selbstvertrauen. Der Sportler muß also lernen, systematisch von negativen Gedanken und Gefühlen abzulassen und bewußt die positiven zu kultivieren. »Darin, wie man sich wirklich fühlt, verbirgt sich das wirkliche Ich«, schreibt Loehr.

»Und darin, wie man sich fühlen muß, um Spitzenleistungen zu vollbringen, verbirgt sich das Leistungs-Ich. Bei Bedarf vom wirklichen Ich auf das Leistungs-Ich überzuwechseln erfordert präzise Denk- und Handlungsfähigkeit.«[7]

Spitzenleistungen beruhen nach Loehrs Überzeugung nicht nur auf einem disziplinierten, strengen Körpertraining, sondern auch auf der Schulung von Geist und Gefühl. »Gefühle verhalten sich so ähnlich wie Muskeln«, schrieb er. »Diejenigen, die man anregt, werden stärker und verläßlicher.«[8] Ebenso, wie eine komplexe motorische Fähigkeit erst nach Hunderten von Wiederholungen in einem Wettkampf bestehen kann, verhält es sich auch mit den Geisteskräften. »Schlechte Denkgewohnheiten in gute und gute Denkgewohnheiten in echte Überzeugungen zu verwandeln erfordert Zeit und eine Menge gezielte Energie«,[9] sagt Loehr. Letztlich geht es nach seinem Dafürhalten darum, Geist und Körper umzuprogrammieren. »Wenn man von dem, wie man sich gerade fühlt, zu dem überwechselt, wie man sich fühlen *muß,* um in Hochform zu sein«, erklärte er mir, »verändert man tatsächlich die Grundphysiologie. Man lernt letzten Endes, die chemische Reaktion auszulösen, die für das Selbstvertrauen verantwortlich ist. Dadurch wird die Höchstleistung erst möglich.«

Eine deutliche Veranschaulichung seines Standpunktes sieht Loehr in der Grundausbildung junger Soldaten. »Könnte das Militär solche Erfolge verzeichnen«, fragt er rhetorisch, »wenn es den Rekruten nicht mittels eines hervorragend durchdachten, mit Absicht harten Drills große, sorgfältig abgestimmte Dosen mentalen, emotionalen und physischen Stresses verabreichen würde? Sicherlich nicht ... Über die Angst hinaus zu einer effektiven Leistung zu kommen erfordert mentale und emotionale Zähigkeit. Der notwendige Zähigkeitspegel kann nur durch ein systematisches Training erzielt werden.«[10] Selbst das endlose Marschieren in Reih und Glied diene diesem Zweck, überlegte Loehr. Tatsächlich würden Soldaten zur Vorbereitung auf Schlachtbedingungen auch im Matadorengang ausgebildet.

»Man sieht nie Anzeichen der Schwäche«, sagte er über Soldaten im Marschverband. »Keine sichtbare Erschöpfung, keine hängenden Schultern, nichts Negatives, keine Angst. Was man sieht, ist absolute Konzentration, Selbstvertrauen, positive Energie und Präzision ... Das Marschieren fördert die Disziplin, es erhält das Konzentrationsvermögen und stärkt die Entscheidungskraft sowie die innere Ausgeglichenheit, alles wesentliche Voraussetzungen zur Überwindung von Angst.«[11] Die Angstüberwindung ist nach Loehrs Auffassung auch für Sportler, die alles aus sich herausholen wollen, entscheidend. Mihalyi Csikszentmihalyi hat es folgendermaßen ausgedrückt: »Von allen Tugenden, die wir erwerben, ist kein Charakterzug nützlicher und wichtiger für das Überleben und eher dazu angetan, die Lebensqualität zu verbessern, als die Fähigkeit, in einem Unglück eine erfreuliche Herausforderung zu sehen.«[12]

Welche Macht eine höchst disziplinierte, ausgewogene Einstellung zum Training haben kann, erfuhr ich sehr überzeugend, als ich 1990 einmal mit Ivan Lendl zusammen reiste. Lendl war damals zum vierten Mal in vier Jahren hintereinander der weltranglistenbeste Tennisspieler. Zwischen den einzelnen Begegnungen pflegte er viele Stunden auf dem Platz zu verbringen, um seine Schlagkraft beizubehalten und sich einem äußerst strengen Konditionstraining zu unterziehen. Ebensoviel Zeit widmete er jedoch der Schulung seiner Geisteshaltung. Er übte sich zum Beispiel, einem Meditierenden vergleichbar, regelmäßig darin, seine Gedanken und Gefühle zu beobachten, indem er, ohne einzugreifen, einfach wahrnahm, wie diese aufstiegen und wieder vergingen. Er machte auch Konzentrationsübungen, um die Schärfe seiner Wahrnehmung und seine Fähigkeit, vollkommen in einer einzigen Sache aufzugehen, zu steigern. Vor einem Wettkampf pflegte er sich hinzusetzen und seine Ziele noch einmal kurz zusammenzufassen, etwa so: »Sei stark, selbstsicher, gespannt und schnell«, um sich positiv darauf einzustimmen. Am Ende schloß er dann die Augen und stellte sich bildlich vor, wie er seine Ziele auf dem Tennisplatz verwirklichte – manchmal, indem er ganze Sätze im Geiste durchspielte.

Lendl vollführte ebenfalls zwischen den Punkten eine lange Reihe von Ritualen, die ihm halfen, konzentriert und im Rhythmus zu bleiben; er wischte sich zum Beispiel mit dem Gelenkschützer die Stirn, klopfte mit dem Schläger gegen seine Fersen, trocknete seine Hände mit Sägemehl aus seiner Hosentasche und ließ den Ball vor dem ersten Aufschlag viermal und vor dem zweiten dreimal aufprallen. In beiden Fällen visualisierte er sowohl sein Aufschlagsziel als auch die Stelle, wo sein zweiter Ball auftreffen sollte. Außerdem achtete er sehr darauf, sich zwischendurch zu erholen. Als ich mit ihm zusammen reiste, machte er jeden Tag zur selben Zeit einen Mittagsschlaf, schlief nachts im wesentlichen immer die gleiche Anzahl von Stunden und nahm eine eigens für ihn zusammengestellte Kost zu sich. Seine Umgebung durfte ihm bei Turnieren keine beunruhigenden Nachrichten übermitteln, um seine konzentrierte, positive Geisteshaltung nicht zu erschüttern. Selbst eine schwere Niederlage konnte er zu meinem Erstaunen schnell verwinden, um seine Aufmerksamkeit gleich wieder dem nächsten Turnier zuzuwenden. Es war kein Zufall, daß Lendl, obwohl andere Spieler angeblich begabter waren als er, seine Weltspitzenstellung vier Jahre lang verteidigte.

Loehr hat viele Spitzentennisspieler betreut, darunter Jim Courier und Martina Navratilova, ferner den Boxer Mancini, den Eisläufer und olympischen Goldmedaillengewinner Dan Jansen sowie zahllose Berufsgolfspieler. Einen seiner beachtlichsten Erfolge erlebte er 1990 nach intensiver Arbeit mit Gabriela Sabatini. Als Loehr die junge argentinische Tennissportlerin im April des Jahres kennenlernte, machte sie gerade eine tiefe Schwächeperiode durch. Sie fühlte sich allein gelassen, wußte nicht mehr recht aus noch ein und gestand ihm, sie leide unter Motivationsverlust und habe auf dem Platz sehr gemischte Gefühle und Angst. Angesichts solcher aufstrebenden jungen Nachwuchsspieler wie Monica Seles und Jennifer Capriati (die beide einige Zeit später selbst eine für ihr Selbstvertrauen und ihre Motivation kritische Phase durchmachten) machte sich Sabatini Sorgen, ihre besten Zeiten bereits hinter sich zu haben, obwohl sie erst 19 Jahre alt war. Ihre Schlagtechnik bedurfte keiner Verbesserung. Statt dessen konzentrierte sich Loehr auf ihre geistige Einstellung. »Meine Aufgabe bestand darin«, befand Loehr, nachdem er zugesehen hatte, wie sie völlig lustlos trainierte, »ihr die Freude am Spiel wiederzugeben, ihr dabei zu helfen, die Spannung und Begeisterung wiederzufinden, die sie offensichtlich verloren hatte.«

Loehr ermutigte die junge Sportlerin dazu, auf dem Platz mehr aus sich herauszugehen und ruhig nach ihrem ersten großen Treffer die Faust in die Luft zu stoßen, zu lächeln oder auch zu schreien, kurz: alles zu tun, was sie wieder anfeuern und zum Leben erwecken würde. Er riet ihr ferner, selbst wenn sie keine besonders positiven Gefühle verspürte, so zu handeln, als hätte sie welche, weil der Körper auf ein überzeugendes Rollenspiel physiologisch so ähnlich reagiert wie auf echte Gefühle. »Ich bat sie, zu versuchen, möglichst oft so *auszusehen,* wie sie sich gern *fühlen* würde«, erzählte mir Loehr. »Je öfter es ihr in Gestik, Intensität und Bewegung gelang, um so besser. Irgendwann fühlte sie sich tatsächlich so, wie sie vorgab.«

Auf Loehrs Frage, wie sie am liebsten spielen würde, antwortete Sabatini, sie träume davon, aggressiver zu sein, kurze Bälle zu erwischen, direkt übers Netz zu spielen und Flugbälle abzuschmettern. Aber sie gab auch zu, daß sie gar nicht genug Selbstvertrauen für all das hätte, was auch der Grund dafür wäre, daß sie sich bei einem Match hinter der Grundlinie postierte und spiralige, himmelhohe Topspinbälle fabrizierte. Loehr beschloß, ein Video zusammenzustellen von den Augenblicken der letzten Jahre, in denen sie in Hochform war und aggressiv spielte, und ihre Lieblingsmusik dazuzuschneiden. Dann brachte er ihr einen kleinen Kofferfernseher samt Videorecorder, so daß sie das Video auch unterwegs immer wieder anschauen konnte. Loehrs Absicht war die, Sabatinis

Selbstbild visuell umzuprogrammieren, indem er sie mit der energiegeladenen, begeisterten Version ihrer selbst konfrontierte. Das Ergebnis war erstaunlich. Vier Monate, nachdem er mit ihrer Betreuung begonnen hatte, errang Sabatini den ersten Grand-Slam-Titel ihres Lebens und schlug dabei zum Abschluß der U.S.-Open die Favoritin Steffi Graf. Mindestens genauso interessant war das Nachspiel. Nach dem Open wurde öffentlich bekannt, daß Loehr Sabatini betreute. Daraufhin kündigten ihre Eltern aus Angst, in der Öffentlichkeit entstände der Eindruck, ihre Tochter brauche einen Psychologen, die Zusammenarbeit mit Loehr auf. Unter dem neuen Trainer, den zu finden Loehr ihr geholfen hatte, spielte Sabatini einige Monate weiterhin gut. Doch langsam, aber sicher fiel sie wieder zurück. Drei Jahre und etliche Trainer später ist sie nie wieder auch nur in die Nähe eines Grand-Slam-Siegs gekommen, sondern steckt in einer der tiefsten Krisen ihrer Karriere. Auffallend ist, daß Loehr Anfang 1994 Arantxa Sanchez-Vicario betreute, die prompt im darauffolgenden August ihr erstes U.S.-Open gewann und dabei wieder die Favoritin Steffi Graf besiegte.

Die Erfolge meiner eigenen Trainingsarbeit mit Loehr waren nicht annähernd so glänzend, aber nichtsdestoweniger sehr erhebend. Als ich Loehr zum ersten Mal in der Nick-Bollitieri-Tennisakademie aufsuchte – inzwischen hat er ein eigenes Zentrum für Sportwissenschaften in Orlando, Florida, eröffnet –, widmete er sich mir vier Tage lang zwischen seinen anderen Verpflichtungen. Zuerst mußte ich mir ein Herzfrequenzmeßgerät umhängen. Auf diese Weise konnte ich selbst feststellen, wie ich physiologisch auf verschiedene Situationen beim Spiel reagierte und welche Auswirkungen meine Gedanken und Gefühle auf meinen Puls hatten. Außerdem gingen wir verschiedene Übungen durch, die mich in die ideale Hochleistungsverfassung versetzen sollten. Wir spielten zum Beispiel Punkte, und ich mußte am Ende jedesmal begeistert die Faust in die Luft stoßen, selbst wenn ich den Ball gerade einen Schritt weit außerhalb des Spielfeldes befördert hatte. Es fiel mir schwer, nach solchen Fehlern Begeisterung aufzubringen, aber Loehr drängte mich, es trotzdem zu versuchen.

Als wir schließlich Sätze spielten, merkte ich zu meinem Erstaunen, daß ich nur mit Mühe Zeit zwischen den Punkten herausholte. Normalerweise pflegte ich nach Beendigung eines Ballwechsels – besonders, wenn ich einen Fehler gemacht hatte – gleich wieder an die Linie zu treten und weiterzuspielen. Erholung und Entspannung gehörten einfach nicht zu meinem Repertoire, obwohl ich nach einem Ballwechsel oft genug aufgedreht, frustriert oder schlicht nervös war. Die Eile, so dämmerte es mir, war ein Mittel, mich davon abzuhalten, mir Gedanken oder Sorgen zu machen. War der Ballwechsel zu Ende, so daß ich kein sichtbares Ziel mehr für meine Aufmerksamkeit hatte, versank ich oft in negatives Sinnen – ich bereute den letzten Ballwechsel oder dachte mit Unbehagen an den nächsten. Darum verfiel ich lieber instinktiv auf die Lösung, mir keine Zeit zum Nachdenken zu lassen – und damit auch nicht zu meiner Erholung. Loehr vermittelte mir mit seinem Vier-Phasen-Programm ein ausgezeichnetes Erholungstraining.

Ich erkannte rasch, daß meine Herzfrequenz immer dann, wenn ich Loehrs Erholungsphasen sorgfältig einhielt, in ein gleichmäßiges, vorhersagbares Muster überging und eine Kurve mit einem Scheitelwert von 155 beschrieb, die auf etwa 125 absank, sobald ich zum nächsten Punktspiel antrat. In diesem Bereich war ich sowohl entspannt als auch energiegeladen. Das Einhalten der Erholungsphasen in allen Einzelheiten ließ mir wenig Zeit für ablenkende Gedanken. Sobald ich merkte, daß sich ein negatives Gefühl einschleichen wollte, mußte ich mich ähnlich verhalten wie in der Meditation bei einem abschweifenden Gedanken und meine Aufmerksamkeit wieder ganz meinem Hauptziel zuwenden. Wenn ich überhaupt zwischen den Punkten Selbstgespräche führte, dann möglichst kurz und positiv: »Immer mit der Ruhe!«, »Weiter so!« oder: »Du schaffst es.«

Am letzten Tag unseres Zusammenseins arrangierte Loehr ein Match mit einem 16jährigen As der Sportakademie für mich, einem

Nachwuchsspieler, der vor einer Woche gerade bei einem Bundesturnier das Halbfinale erreicht hatte. Das sei doch Quatsch, sagte ich zu Loehr. Selbst wenn ich in Hochform wäre, würde ich sicher trotzdem auf der ganzen Linie geschlagen. »Darum geht es nicht«, erwiderte er und erklärte mir, daß ich einfach in perfekter Abfolge die Phasen zwischen den Punkten einhalten, meine Pulsfrequenz beobachten und den Erfolg Erfolg sein lassen sollte. Er würde das Match auf Video aufnehmen, und hinterher würden wir uns gemeinsam anschauen, wie ich mich gehalten hatte. Wenig überzeugt ließ ich mich nervös auf den Handel ein. Mein Gegner hatte einen gewaltigen Aufschlag und spielte auch sonst sehr kraftvoll, so daß ich mich wie eine lahme Ente fühlte. Trotzdem spielte ich pflichtschuldigst den Selbstsicheren. Ich achtete darauf, vor der Videokamera einen besonders ausgeprägten Matadorengang hinzulegen und so oft wie möglich zu lächeln, auch wenn die Bälle am Netz an mir vorbeipfiffen. Zwischen den Punkten wandte ich den Blick nicht von der Bespannung meines Schlägers ab und widerstand der Versuchung, meinen Gegner anzuschauen.

Außerdem nahm ich mir trotz meines intensiven Verlangens, die Sache zu beschleunigen, Zeit. Ich war zwar dabei, zu verlieren, merkte jedoch nach ein paar Spielen, daß ich immer noch erstaunlich locker und positiv gestimmt war. Mehrmals stellte ich bei einem Blick auf die Uhr fest, daß meine Herzfrequenz unter 120 gesunken war, ein Beweis dafür, daß ich mich *zu sehr* entspannt hatte. Das war bei einem Wettkampf noch nie dagewesen. Die Zeit verlangsamte sich. Der Ball erschien mir ungewöhnlich groß. Ich konnte nicht begreifen, daß ich so munter war. Meine Übungsroutine zwischen den Punkten kam allmählich ganz von selbst in einen stetigen Rhythmus. Es stand 3 zu 1 für meinen Gegner, als ich wahrhaftig einen seiner gewaltigen Aufschläge zu erwidern schaffte. Ich schlug den Ball voller Autorität zurück und überraschte ihn damit total. Als ich aufblickte, sah ich, wie ein Ausdruck der Besorgnis seine Miene verdüsterte, während mein Rückball an seinem ausgestreckten Schläger vorbeisauste. Etwas Ähnliches hatte ich einmal vor Jahren mit Gallwey in Chicago erlebt. Im Unterschied zu heute war es damals sozusagen aus heiterem Himmel geschehen. Diesmal war ich mir bewußt, daß ich mich mit methodischer Arbeit in Hochform gebracht hatte und daß der Erholungsprozeß mir dabei half, die Hochform zu erhalten. Je lockerer ich spielte, um so frustrierter wurde mein Gegner, bis klar war, daß er einfach unterging. Ich widerstand der Versuchung, ihm einen Rat zu geben oder Trost zu spenden, und gewann den Satz schließlich mit 7 zu 5 Punkten. Als ich hineinging und mir mit Loehr zusammen das Video anschaute, sah ich, wie ich lauter Treffer landete, und wollte es nicht für möglich halten, daß es mein Schläger war, der diese Bälle geschlagen hatte.

Ich kehrte zwar nicht als ein auf wundersame Weise verwandelter Tennisspieler nach Hause zurück, aber ich verstand immerhin besser denn je, was mir hinderlich war. Die einfachste Erklärung war die, daß ich nie die nötigen Hunderte von Stunden erübrigt hatte, um diszipliniert zu trainieren, mich zu schulen und die Kondition zu erlangen, so daß meine Schläge quasi automatisch kamen und nicht unter dem Druck eines Matches ihre ganze Kraft verloren. Darüber hinaus aber waren meine Denkgewohnheiten und Gefühle auf dem Tennisplatz zutiefst negativ geblieben. Die hinterhältigsten Empfindungen, die sich beim Wettkampf einstellen, sind Angst und Wut, und beides erlebte ich in reichlichem Maße. Loehr ließ dennoch keinen Zweifel daran, daß er mich zu Dauerhochleistungen auf dem Platz bringen könnte, wenn ich nur entsprechend Zeit und Mühe in die Aufgabe investieren würde. Es sei kein Zufall, sagte er, daß ich an jenem Tag in Florida so gut gespielt hätte. Nach vier intensiven Trainingstagen hätten sich meine mentalen Gewohnheiten zu verändern begonnen. »Wenn Sie auf dem Spielfeld wütend werden oder frustriert sind«, erklärte er mir, »lese ich daran lediglich ab, daß Sie in der Vergangenheit so häufig in diesen Gefühlen geschwelgt haben, daß Sie immer wieder ganz leicht hineingeraten. Die positiven Empfindungen sind Ihnen hingegen nicht so geläufig, weil Sie bisher nicht viel Zeit daran gewendet haben, sie zu kultivieren. Diese für den Erfolg notwendigen Fähigkeiten stellen sich nicht spontan ein.«

Nebenbei wuchs jedoch bei Loehr – wie bei mir – die Überzeugung, daß das Hochleistungsvermögen oft überbewertet und mißbraucht wird. »Man braucht kein großartiger Mensch zu sein, um im Sport einen Spitzenrang zu bekleiden«, sagte er. »Die meisten Sportler sind mehr oder weniger gut angepaßte Leute mit einem außergewöhnlichen Leistungsniveau. Sie wissen oft nicht einmal, wie sie es machen. Durch Instinkt im Verein mit Erfahrung bringen sie es zu höchster Geschicklichkeit darin, die Gefühle auszulösen, die für das Erreichen ihres Leistungsziels entscheidend sind. Ihr Lohn sind nicht bloß Ruhm oder Geld. Der ideale Hochleistungszustand – mit seinem Wellenmuster aus Streß und Erholung – ist äußerst angenehm, ja berauschend und kann buchstäblich süchtig machen. Am Ende ist er jedoch auch nicht mehr als ein High. Das eigentliche Risiko für solche Sportler liegt darin, daß sie leicht die Verbindung zu ihren wirklichen Empfindungen verlieren. Sie kommen an einen Punkt, wo sie von einer Gemütsverfassung, die ihnen nicht zusagt, mittels ihrer leistungsorientierten Fähigkeiten zu Gefühlen überwechseln, die ihnen besser gefallen. Viele von ihnen wissen schließlich überhaupt nicht mehr, wer sie in Wahrheit sind.«
In einem ähnlichen Sinne ist auch Csikszentmihalyi der Meinung, daß das Flow-Erlebnis nicht unbedingt ein Maßstab für Weisheit oder auch nur eine Garantie für eine gute Lebensführung ist. Zum Beispiel könnte ein geschickter Bankräuber oder ein zwanghafter Spieler durchaus ein Flow-Erlebnis haben. Und selbst diejenigen, die Flow auf der einen Seite zu höchst produktiven, positiven Zwecken kultivieren, handeln in anderen Lebensbereichen unter Umständen vollkommen chaotisch und destruktiv. Csikszentmihalyi führt Pablo Picasso und Bobby Fischer als Beispiele für dieses Phänomen an. »Das optimale Erleben ist eine Energieform«, sagt er. »Energie ist Macht, aber Macht ist auch nur ein Mittel ... Absolut gesehen ist das Flow-Erlebnis nicht unbedingt ›gut‹. Die Ziele, für

die es kultiviert wird, können das Leben zwar bereichern, aber auch schmerzhafter gestalten.«[13]

Ein anderer Experte in der Kunst des positiven Denkens und Fühlens kommt zum gleichen Schluß: Martin Seligman, Professor für Psychologie an der Universität von Pennsylvania, einer der Pioniere auf dem Gebiet der kognitiven Psychologie, die davon ausgeht, daß das, was wir fühlen und leisten, weitgehend eine Funktion unseres Denkens ist. In seinem Bestseller *Pessimisten küßt man nicht,Optimismus kann man lernen* vertritt Seligman die These, Menschen könnten systematisch lernen, positiv zu denken, selbst angesichts von Ereignissen, die sie aus Gewohnheit unangenehm und stressig finden. Aber so wirksam seine Methoden nach seiner Auffassung sind, weiß er doch auch, welchen Preis das positive Denken kostet, von dem die vielen Menschen – vor allem Versicherungsvertreter – geprägt sind, die er jahrelang untersucht hat. »Für das, was sie gewinnen, müssen sie bezahlen«, sagte er mir, als wir uns bei einem Nachmittagsimbiß in Philadelphia trafen. »Sie opfern Weisheit für den Anstrich von Sympathie und Fröhlichkeit. Wer will schon den Abend mit Leuten verbringen, die alles durch eine rosarote Brille sehen? Ich fühle mich in ihrer Gegenwart kreuzunwohl und bekomme ausgesprochen ungute Gefühle. Wenn ich mit Menschen dieser Art zusammen bin, möchte ich nur noch raus.«

Seligman, der einen Großteil seines Berufslebens damit verbracht hat, das Lob des Optimismus zu singen, zeichnet jetzt ein zunehmend komplexeres Bild. »Es gibt eine Wechselbeziehung zwischen dem Guten, das Optimismus mit sich bringt, und dem Preis dafür«, erklärte er mir. »Wenn man sich vornimmt, erfolgreich zu sein statt deprimiert und ein robustes Immunsystem zu haben, ist Optimismus eine Tugend. Häufig geht er allerdings auch mit glückseliger Unwissenheit oder sogar Verleugnung einher. Es mag sogar sein, daß Optimismus und tiefgründige Weisheit antagonistisch sind. Wenn ich persönlich die Wahl hätte, würde ich mich für die Weisheit entscheiden.« Ein ausgewogenes Verhältnis entsteht, wie

Seligman inzwischen glaubt, bei einem »flexiblen Optimismus«, wie er es nennt. In diesem Zustand könnte man sich für eine optimistische Haltung entscheiden, sofern man der Meinung sei, aus seinen Depressionen heraus zu müssen, mehr leisten oder etwas für die Gesundheit tun zu wollen, schrieb er. Aber wir müßten auch den Mut zum Pessimismus haben, falls das, was er ins Gesichtsfeld rückt, von Wert sei. »Wir wollen keinen blinden Optimismus, sondern einen Optimismus mit offenen Augen.«

Loehr hat genau diesen Konflikt selbst erlebt. Er wurde von klein auf wegen seiner Leistungen gelobt und lernte mit der Zeit, mit aller Kraft vor allem die positiven Gedanken und Gefühle zu kultvieren, die leistungsfördernd waren. Er hat mindestens zehn Bücher über den Leistungssport geschrieben und gilt als einer der führenden Sportpsychologen des Landes. Als Sportler gewann er die nationale Meisterschaft im Einzel der professionellen Tennislehrer und war fünf Jahre hintereinander Titelverteidiger im Doppel. Im Laufe seines Lebens hat er gelernt, schmerzvolle, unangenehme Gefühle unter Kontrolle zu halten. »Ich habe alles getan, was man tun muß, um erfolgreich zu sein, und dabei unbehagliche Gefühle, die nicht ins Konzept paßten, einfach weggeschoben«, erzählte er mir. »Dafür habe ich meine Entwicklung zu einem voll integrierten Menschen, der mit all seinen Gefühlen einverstanden ist, geopfert. Meinem Leben fehlt immer noch etwas.«

Loehr ist mittlerweile zu der Überzeugung gelangt, daß es letztlich darauf ankommt, ein Gleichgewicht zwischen innen- und außengerichteter Konzentration zu schaffen. »Wenn man sein Leistungsvermögen nicht trainiert und gebraucht, erreicht man wahrscheinlich nicht viel. Dann bleiben Talent und Können weitgehend ungenutzt«, schrieb er kürzlich. »Andererseits werden, wenn die Persönlichkeit vom Leistungs-Ich beherrscht wird, oft wichtige Bedürfnisse des wirklichen Ichs unterdrückt und bleiben unbefriedigt… Ein Gefühl der Entfremdung stellt sich ein, Wertvorstellungen brechen zusammen, und alles hat plötzlich keinen Sinn mehr.« Wie Loehr festgestellt hat, ist der Auslöser für positive Gefühle häufig nur die

Schmerzvermeidung. »Dadurch werden Schmerzen zwar relativ wirksam vermindert«, so Loehr, »aber das Problem mit dieser Bewußtseinsabstumpfung ist, daß man den Kontakt zur Wahrheit immer mehr verliert.«[14]

Nachdem er fast sein ganzes Berufsleben den Vorzügen des idealen Höchstleistungszustands gewidmet hat, sucht Loehr nun nach einer breiteren Basis für sein Konzept. »Das Spannendste an der idealen Verfassung für Hochleistungen ist, daß sie Leute mit Macht ausstattet«, sagte er mir. »Wenn man weiß, wie man auf dem Tennisplatz seine Körperchemie im Griff behält, kann man eher seine Möglichkeiten ausschöpfen. Außerdem kann man die erworbenen Fähigkeiten auch in andere Bereiche hineintragen, um seine erhabensten Wertvorstellungen zu verwirklichen.« Trotzdem ist Leistung nach Loehrs Auffassung nur die eine Seite der Medaille. »Am Ende ist Wahrheit doch das einzige, was einem Freiheit und Wohlbehagen verschafft«, sagte er. »Wer sich dauernd dagegen wehrt, um Schmerz zu vermeiden, geht irgendwann mit einem Lächeln nach außen umher, während er innen ein Gefühl gähnender Leere hat. Erst wenn man die Wahrheit – samt Schmerzen – annimmt, kommt es zur echten inneren Heilung.«

7
Erwachen

Montague Ullman, Jeremy Taylor und die Weisheit der Träume

Es ist sicher wahr, daß es Träume gibt, die unterdrückte Wünsche und Ängste darstellen, aber gibt es überhaupt irgend etwas, das ein Traum nicht bei Gelegenheit darstellen könnte? Träume können unentrinnbare Wahrheiten, philosophische Äußerungen, Illusionen, wilde Phantasien, Erinnerungen, Pläne, Vorahnungen, irrationale Erlebnisse, ja selbst telepathische Visionen und Gott weiß was zum Ausdruck bringen.

C. G. Jung

Vom Standpunkt des spirituellen Wachstums aus besteht der Zweck der Traumarbeit darin, in die tiefsten Gründe seiner selbst vorzudringen, um verborgene Möglichkeiten zutage zu fördern und ins Alltagsleben zu integrieren.

Louis Savary

Mich reizte das verlockende Geheimnis der Träume: ihre Vielschichtigkeit und das Fenster, das sie uns bieten, durch das wir etwas erkennen können, was wir im Wachsein nicht sehen. Während die optimale Leistung auf der Fähigkeit zum willentlichen Handeln in der Außenwelt beruht, steigen Träume ungebeten aus dem Unbewußten auf. Leistung setzt punktgenaue, konzentrierte Aufmerksamkeit voraus, die Arbeit mit Träumen hingegen eine uneingeschränkte Aufnahmebereitschaft gegenüber Botschaften, die zuerst oft unergründlich oder gar abwegig erscheinen. Ich selbst bin in meinen Träumen vor allem immer wieder auf die unzensierte, ungeschminkte Wahrheit über meine Erfahrungen gestoßen. Mich interessierten in besonderem Maße alle die Zeitgenossen, die sich mit Traumarbeit beschäftigen und die Träume aus der engen Praxis der Psychoanalytiker heraus- und in die normale

Gruppenarbeit hereingeholt haben. Ihnen ist es zu verdanken, daß nahezu jeder, der heutzutage Zugang zur Weisheit des Unbewußten erlangen will, die produktive Arbeit mit Träumen erlernen kann.

Das Grundgerüst für das heutige Verständnis von Träumen stammt natürlich von Sigmund Freud und der Psychoanalyse. In seiner 1900 erschienenen *Traumdeutung* schrieb Freud, daß die Träume der »Königsweg zum Unbewußten« seien. Vereinfacht ausgedrückt, sah Freud in den Träumen den tiefverschleierten Ausdruck verdrängter sexueller und aggressiver Wünsche aus der frühen Kindheit. Das Träumen, sagte er, stelle die Befriedigung dieser verbotenen Triebe dar. Seines Erachtens bedienten sich die Träume der Symbolsprache, um dem Träumenden die Triebe, die ihm bei Bewußtsein unannehmbar erscheinen, vor Augen zu führen. Ein geschulter Psychoanalytiker, sagte er, stehe nicht nur vor der Aufgabe, die Traumsymbole zu entschlüsseln, sondern er müsse darüber hinaus dem Patienten helfen, die unangenehmen Wahrheiten über die Bedeutung seiner Träume zu schlucken. Dies sei seiner Meinung nach ein überaus wirksames Mittel, auch die tiefsten neurotischen Konflikte zu lösen.

Jeder heutige Psychoanalytiker, der mit Träumen arbeitet, steht tief in der Schuld Freuds. Er hat glänzend bewiesen, daß Träume Sinn und Bedeutung haben und von großer Weisheit zeugen, was ihr oftmals absonderlicher, ja absurder Inhalt nicht unbedingt vermuten läßt. Freuds ehemaliger Schüler C. G. Jung wiederum entwikkelte eine ganz andere Traumtheorie, auf die sich die heutigen Schulen der Traumarbeit zum Großteil berufen. Jung, der 1914 mit Freud brach, kam zu der Ansicht, daß Träume nicht etwa unterdrückte Wünsche darstellten, sondern den Trieb nach Wachstum und Ganzheit widerspiegelten, das, was er Individuation nannte. In den Traumgestalten sah er zum Beispiel vielerlei Anzeichen für den »Schatten«. Der Schatten besteht nach Jung aus den Teilen der Persönlichkeit, die für unannehmbar gehalten und deshalb verleugnet oder auf andere projiziert werden. Laut Jung muß sich der betreffende Mensch diese Schattenanteile am Ende wieder zu eigen machen, um ganz zu sein. Jung beobachtete ferner, daß im Traum archetypische Bilder aufsteigen, die über die individuellen Belange hinausgehen und wiederkehrende universelle Konflikte reflektieren – Motive, die in der Mythologie vorherrschen. Er vertrat sogar die Ansicht, Träume hätten unter Umständen eine mediale Weissagungsfunktion, indem sie sehr genaue Hinweise auf zukünftige Entwicklungen wie auch mögliche Hindernisse gäben.

Vor allem jedoch ging es Jung um die alltägliche Rolle, die Träume bei der Wiederherstellung des psychischen Gleichgewichts spielen, indem sie Gefühle zu Bewußtsein bringen, die weggedrängt wurden. »Traumsymbole«, schrieb er, »sind demnach die wichtigsten Mitteilungsträger von den instinktiven zu den rationalen Teilen des menschlichen Geistes, und ihre Deutung bereichert das Bewußtsein, das dadurch die vergessene Sprache der Instinkte wieder verstehen lernt.«[1] Jung behauptete, ein Traum könne sehr vieldeutig interpretiert werden. »Kein Traumsymbol«, schrieb er, »kann von dem Menschen, der davon geträumt hat, abgetrennt werden; denn es gibt keine allgemeingültige Deutung für einen Traum.«[2] Damit räumte Jung den Träumenden das Recht ein, ihre Traumbilder selbst zu deuten, statt wie Freud zu behaupten, eine Traumdeutung dürfe nur von gut ausgebildeten Psychoanalytikern vorgenommen werden. »Mir darf es nicht daran liegen, daß das Resultat der Traumüberlegungen wissenschaftlich beleg- oder haltbar ist«, schrieb Jung. »Das einzige Kriterium, das ich anerkennen darf, ist also die Tatsache, daß das Resultat meiner Bemühungen *wirkt.*«[3]

Theoretiker gehen seither von mehr als einem Dutzend möglicher Bedeutungsebenen im Traum aus. Eine verhältnismäßig breite Übereinstimmung herrscht zum Beispiel darüber, daß sich alle Träume auf die aktuelle Situation des Träumenden beziehen. Darüber hinaus verweisen Träume regelmäßig auf bestimmte ungelöste Konflikte und Fragen aus der Vergangenheit des Träumenden, wie Freud ursprünglich annahm. Einige Theoretiker glauben, aus Träumen Informationen über die körperliche Gesundheit beziehen zu können. Träume können ferner Stellung nehmen zu allgemeineren sozialen Fragen, die etwas mit dem Leben des Träumers und mit seiner religiösen oder spirituellen Entwicklung zu tun haben. Und etliche heutige Theoretiker teilen Jungs umstrittene Behauptung, daß Träume Zukunftsereignisse voraussagen können – was lange schon zur Grundüberzeugung gewisser alter Weisheitstraditionen gehört. Das eine oder andere Mal habe ich jede einzelne dieser verschiedenen Bedeutungsebenen in meinen eigenen Träumen entdecken können.

Die moderne Ära der Traumarbeit brach Anfang der fünfziger Jahre mit zwei Ereignissen an. Das erste war eine Entdeckung, die zwei Wissenschaftler der Universität von Chicago, Nathan Kleitman und Eugene Aserinsky, bei ihrer Erforschung des Phänomens der schnellen, ruckartigen Augenbewegungen *(Rapid Eye Movements)* in bestimmten Schlafphasen, den sogenannten REM-Phasen, machten. Wie die beiden Forscher feststellten, träumen Menschen in diesen weniger tiefen Schlafphasen. Sie träumen in jeder REM-Phase, in einer durchschnittlichen Nacht mindestens vier- bis fünfmal, ob sie sich an die Träume erinnern können oder nicht. Etwa zur selben Zeit gründete der Psychologe und Geisteswissenschaftler Calvin Hall das Institut für Traumforschung an der Universität von Kalifornien in Santa Cruz. Als Freudianer ausgebildet, war Hall unzufrieden mit der höchst subjektiven psychoanalytischen Deutung von Träumen, aufgebaut auf eine sehr begrenzte Zahl von Patienten, und hatte sich vorgenommen, die Träume von Durchschnittspersonen eines größeren Bevölkerungsquerschnitts systematisch zu untersuchen. 1953 erschien sein Buch *The Meaning of Dreams* (»Die Bedeutung der Träume«).

Auf Jungs Streit mit Freud aufbauend, vertrat er vehement die Ansicht, es läge nicht in der Absicht von Träumen, den Träumer in die Irre zu führen. Im Gegenteil, seiner Meinung nach sei ein Bild mehr wert als tausend Worte, und die visuelle Sprache von Bildern und Metaphern, so argumentierte er, gebe in klarster, knappster Form über den *gegenwärtigen* Zustand des Lebens dessen, der träumt, Aufschluß. Erst viel später legten neurologische Forschungsergebnisse die Vermutung nahe, daß die bildorientierte rechte Hirnhemisphäre dem Gehirn als Hauptverbindung zum Unbewußten dient, aus dem die Träume entspringen, während die linke Hemisphäre die Aufgabe hat, in diesen Bildern einen Sinn zu erkennen. Hall ahnte schon in den Fünfzigern intuitiv, daß ein solcher Prozeß vonstatten ging. »Ziel der Trauminterpretation ist es, durch Übertragung der Bilder in geistige Vorstellungen die Bedeutung eines Traums zu ergründen«,[4] schrieb er.

Hall nannte seine Methode, mit deren Hilfe die Bedeutung von Träumen objektiv und wissenschaftlich erforscht werden sollte, »Inhaltsanalyse«. Die Auswertung von annähernd 10000 Träumen brachte ihn zu dem Schluß, daß Träume der Erweiterung und Verstärkung von Alltagserfahrungen dienen. »Im großen und ganzen ist der Träumer mit sich selbst beschäftigt, mit seinen Beziehungen zu denen, die ihm nahestehen, und mit seinen Konflikten und Ängsten.«[5] Weiter erklärte Hall, im Traum ginge es permanent um einen Lösungsversuch der fünf menschlichen Grundkonflikte: Freiheit und Sicherheit, Recht und Unrecht, Männlichkeit und Weiblichkeit, Leben und Tod sowie Liebe und Haß in der Eltern-Kind-Beziehung. Auch meine eigenen Träume und solche anderer Träumer, die mir erzählt wurden, kreisten – wie hätte es anders sein können! – überwiegend um diese Konflikte. Ich kam jedoch zu der Überzeugung, daß Hall zumindest *einen* wesentlichen Konflikt ausgelassen hatte – den zwischen persönlichen und transpersonalen Interessen. Hall berücksichtigte bei den Tausenden von Träumen, die er analysiert hat, einfach nie eine spirituelle Dimension. »Träume sind nichts Geheimnisvolles, Übernatürliches oder Esoterisches«, bei dieser Ansicht, die sich für mich als zu beschränkt herausstellte, blieb er. »Sie sind weder Botschaften von den Göttern noch Prophezeiungen für die Zukunft. Der Sinn eines Traums erklärt sich nicht aus irgendeiner Traumtheorie; er steckt direkt im Traum. Jeder intelligente Mensch sollte in der Lage sein, Träume zu deuten.«[6]

Halls Werk war in erster Linie Theorie. Der erste bekannte Psychiater, der die Traumarbeit aus der Praxis des Psychoanalytikers herausholte und einer breiteren Öffentlichkeit zugänglich machte, war Fritz Perls. Ende der sechziger Jahre arbeitete Perls in Esalen mit jeweils einer Person vor einer größeren Schar von Zuschauern. Sein Hauptrequisit war ein leerer Stuhl, den er den »heißen Stuhl« nannte. Ein Freiwilliger setzte sich auf den Stuhl neben Perls, um sich dann abwechselnd zu erheben und wieder hinzusetzen, während er die Rollen der einzelnen Charaktere und Gegenstände seines Traums durchspielte. Entsprechend den Techniken der Gestaltpsychologie wurde alles, was im Traum vorkam, so behandelt, als sei es Teil der Persönlichkeit des Träumenden, und auf diese Weise der Dialog mit den verschiedenen Facetten des Ichs angeregt. Dadurch offenbarte sich laut Perls unweigerlich das, was er als »Überlegener« oder »Topdog« und »Unterlegener« oder »Underdog« bezeichnete.

Der Überlegene war im allgemeinen so etwas wie der strafende Boß – in etwa dem Freudschen Über-Ich vergleichbar –, während der Unterlegene den Aspekt der Persönlichkeit verkörperte, der verleugnet oder auf andere projiziert worden war – ähnlich dem Jungschen Schatten. Wenn dieser Unterlegene abgespalten würde, so Perls, bekäme die Persönlichkeit ein »Loch«. Das zeige sich zum Beispiel an einem Mangel an Selbstvertrauen oder Geltungsbewußtsein. Dieses Loch müsse erkannt, akzeptiert und integriert werden, sagte Perls, damit die betreffende Person ihre wahre Ganzheit erlange. Da Träume ungehinderten Zugang zum Unterlegenen böten, fuhr Perls fort, seien sie das ideale Vehikel für den therapeutischen Prozeß. Perls griff zwar helfend in die Dialoge ein, die die Träumer mit ihren Traumgestalten führten, aber zur Einsicht kamen seine Klienten von selbst.

Einem Massenpublikum erschloß sich die Traumarbeit erst 1972, als Ann Faraday, eine Psychologin aus Australien, ihr Buch *Deine Träume – Schlüssel zur Selbsterkenntnis* herausbrachte, den ersten Bestseller über Träume. Sie hatte sich das Ziel gesteckt, die gegensätzlichen Auffassungen von Traumtheoretikern miteinander zu versöhnen, um so eine umfassendere, verständliche Methode der Traumdeutung zu schaffen. So unterschiedlich auch die Vorstellungen von Jung, Hall und Perls gewesen seien, argumentierte Faraday, hätten sie doch gewisse Grundzüge gemeinsam. Erstens sei allen dreien klar, daß Träume stets die gegenwärtige Lebenssituation und Empfindung ansprächen, auch wenn sie gleichzeitig ein Schlaglicht auf ungelöste Kindheitskonflikte werfen könnten. Zweitens stimmten alle drei Forscher darin überein, daß Träume am besten auf der Ebene interpretiert würden, die der Träumende selbst als nützlich und bedeutsam erachtete, mochten die Traumbilder oder der manifeste Trauminhalt dabei auch nur oberflächlich gestreift werden. Ein Traum vom Ärger über jemanden zeige dann einfach nur die Möglichkeit auf, dem betreffenden Konflikt mehr Aufmerksamkeit zuzuwenden. Drittens wären Jung, Hall und Perls übereinstimmend der Meinung, die Beschäftigung mit Träumen könne nicht nur aktiv mit der Psychotherapie befaßten Personen von Nutzen sein, sondern auch Menschen, die mit den normalen Problemen des Lebensalltags fertig zu werden versuchten. Faraday ihrerseits postulierte, Träume würden dreierlei Einblicke gewähren: in tatsächliche Lebensereignisse, die noch nicht ganz verstanden wurden, in die subjektive, oft verzerrte Art und Weise, in der der Träumer tatsächliche Lebensereignisse wahrnimmt, und in das tiefinnerste wahre Wesen des Träumers.

1982 organisierte sich eine Bewegung zur Förderung der Traumarbeit und brachte ein Mitteilungsblatt mit dem Titel *Dream Network Bulletin* heraus. Im darauffolgenden Jahr gründete eine Gruppe von Traumtherapeuten die »Association for the Study of Dreams« (ASD). Ihr erklärter Zweck war der, dem Traumprozeß in Fachkreisen und Öffentlichkeit eine größere Wertschätzung zu verschaffen und ein Forum zu sein für breitgefächerte interdisziplinäre Diskussionen unter all denen, die sich mit dem Traumstudium und der Traumarbeit befaßten. Statt Träume als ausschließliches Terrain der Psychotherapie zu betrachten, stand die

Vereinigung Wissenschaftlern, Philosophen, Geistlichen und sogar Laien mit einem besonderen Interesse am Traum gleichermaßen zur Verfügung. Sie interessierte sich auch für ungewöhnlichere Formen der Traumarbeit, etwa mit luziden oder Klarträumen – der Fähigkeit, beim Träumen zum vollen Bewußtsein zu kommen und den Trauminhalt zu steuern. Ich selbst hatte mehr für die gewöhnlichen Träume übrig, die allnächtlich eine wahre Fundgrube für Material aus dem Unbewußten sind. Vor allem interessierte mich die Traumgruppenarbeit von zwei Therapeuten: Jeremy Taylor, einem Schriftsteller und Geistlichen der Unitarier in San Rafael, Kalifornien, und Montague Ullman, einem nach eigenen Aussagen »rekonvaleszenten Psychoanalytiker« aus Ardsley im Staate New York.

Als ich Jeremy Taylor 1989 kennenlernte, war er 46 Jahre alt und widmete sich bereits seit zwanzig Jahren in unterschiedlichen Einrichtungen – Schulen, Krankenhäusern, Gefängnissen, ja sogar einem Heim für schizophrene Jugendliche – den Träumen Tausender von Leuten. Ziemlich früh schon kam Taylor zu der Überzeugung, daß Träume in einer Gruppe am besten aufgehoben sind. Von der dortigen Ansichtsvielfalt konnte der Träumende seiner Meinung nach nur profitieren. Die Gruppenarbeit würde ihm zeigen, daß Träume viele Bedeutungsebenen nebeneinander haben. Außerdem komme in der Gruppe die Macht der Träume zum Tragen, die Verstellungen, Falschheiten und Posen des Lebensalltags aufzuheben, so daß eine sehr enge Beziehung zwischen den Anwesenden entstehen könne. Überdies würden Träume, so Taylor, wie absonderlich, konfliktbeladen und unangenehm sie auch erscheinen mochten, letztlich der »Ganzheit« dienen. Träume, befand er, können nicht nur eine Quelle der Selbsterkenntnis sein, sondern auch gemeinsamen Belangen und Zielen zugute kommen oder gar zum spirituellen Erwachen führen. »Mit der Zeit kommen Leute, die ihre Träume miteinander teilen, zu der verläßlichen Erkenntnis, daß das Leben Sinn und Zweck hat«, erzählte mir Taylor. »Allmählich geht einem auf, daß man sich durch aufrichtige Traumarbeit nach den höheren Zielen des Kosmos ausrichten kann.«

Taylor, ein bärenhafter Mann mit graumeliertem Bart, freundlichem Lächeln und sanfter Wesensart, wuchs in schwierigen Umständen auf. Sein Vater zog kurz nach seiner Geburt in den zweiten Weltkrieg und kehrte erst nach vier Jahren zur Familie heim, um nur wenige Monate zu bleiben und dann für immer fortzugehen. Taylor wurde von der Mutter aufgezogen, die den Lebensunterhalt als Englischlehrerin an verschiedenen Privatschulen in Buffalo verdiente. Aufgrund ihrer Berufstätigkeit mußte er schon von klein auf für sich selber sorgen. Dennoch war die kurze Rückkehr des Vaters letzten Endes traumatischer für ihn als seine spätere Abwesenheit oder die Probleme der Mutter. Erst durch die Auseinandersetzung mit seinen eigenen Träumen im Alter von über vierzig Jahren vermochte er sich lebhaft daran zu erinnern, daß er als Vierjähriger von seinem Vater sexuell mißbraucht worden war. Als er seiner Mutter davon erzählte, wollte sie das einfach nicht wahrhaben. Für Taylor hingegen entschlüsselte sich plötzlich so manches Geheimnis seines Lebens: der Ursprung des Mißtrauens gegen jegliche Erwachsenenautorität, das ihn beherrschte, sein tiefgreifendes Gefühl der Einsamkeit und Isoliertheit und die Angstzustände, die ihn jahrelang geplagt hatten.

Als Teenager leitete Taylor seine antiautoritären Energien in den Widerstand gegen den Vietnamkrieg. »Ich rief meine Altersgenossen dazu auf, aus Gewissensgründen den Wehrdienst zu verweigern mit der Begründung, daß dem autoritären System erwachsener Männer, durch das der Krieg immer weiter unterhalten werde, nicht zu trauen sei«, erzählte er mir. »Zum ersten Mal seit Jahren merkte ich, warum das Thema ›Autoritätsmißbrauch‹ für mich so explosiv war.« Taylor, ein guter Schüler, bekam ein Stipendium für die staatliche Universität von New York in Buffalo. Danach verweigerte er aus Gewissensgründen den Wehrdienst und wurde anerkannt. Er mußte sich allerdings zum Ersatzdienst verpflichten.

1969 zog Taylor nach Oakland, Kalifornien, um eine Tätigkeit bei einer örtlichen Bürgerbewegung anzutreten. Zu seiner Überraschung war er der einzige Weiße unter durchweg schwarzen Mitarbeitern. Die Black-Power-Bewegung war gerade auf ihrem Höhepunkt, er wurde also nicht sehr herzlich aufgenommen. Andere Weiße – die meisten von ihnen sehr gebildete Angehörige der oberen Mittelschicht – hatten ehrenamtlich in der Organisation mitgearbeitet, waren jedoch mit der Beschuldigung hinausgedrängt worden, herablassend und unterbewußt rassistisch zu sein. Was blieb, waren allseits bittere Gefühle und Spannungen. Taylor wurden Hilfsarbeiten aufgetragen wie Aktenordnen, Kaffeekochen und Anrufbeantworten.

Da er etwas Produktiveres tun wollte, kam er auf die Idee, ein wöchentliches Trainingsseminar abzuhalten unter dem Titel »Den Rassismus überwinden«. Als Teilnehmer dazu lud er all die weißen Freiwilligen ein, die zuvor hinausgedrängt worden waren. Über zwölf kamen, aber schon nach wenigen Sitzungen glitt auch diesmal wieder alles in Bitterkeit ab. In dem verzweifelten Bemühen, die Stimmung in der Gruppe zu verändern, schlug Taylor eines Tages vor, sie wollten einander ihre Träume erzählen – speziell solche mit eindeutig rassistischem Inhalt. Er kam darauf, weil die Traumarbeit für sein eigenes Leben so unerwartet nützlich gewesen war. Bei ihren heftigen Streitereien über Rollenverteilung und Sexismus waren er und seine Frau schließlich spontan dazu übergegangen, sich jeweils die Träume zu erzählen, die auf diese Konflikte Bezug nahmen. Ihre Träume offenbarten ihnen unbewußte Ängste, die jeder von ihnen ahnungslos mit in die Beziehung gebracht hatte. Aufgrund des neuen Verständnisses, das sie so füreinander gewannen, verringerten sich die Spannungen zwischen ihnen allmählich. Auch die Atmosphäre in Taylors Seminar veränderte sich schnell. Als sich die Teilnehmer ihre Träume erzählten, verschwand der Unterton von Schuldzuweisung und Aggressivität. Es stellte sich heraus, daß viele in dieser durchweg weißen Gruppe Alpträume hatten, in denen sie bedroht, überfallen oder beschimpft wurden, oft von Angehörigen anderer Rassen. So schlimm diese Gefühle waren, dämmerte es doch verschiedenen Gruppenmitgliedern, daß ihre entsetzlichsten Schreckensbilder weniger mit anderen Leuten zu tun hatten als mit den tief im eigenen Innern versteckten Ängsten und Dämonen. Hinter ihrer sorgfältig aufrechterhaltenen Maske schlummerten, wie sie merkten, die empfindlichsten Gefühle, von Unsicherheit bis hin zum einfachen Hunger nach Liebe und Verbundenheit.

Der Austausch von Träumen begründete laut Taylor mehr Mitgefühl sich selbst und anderen gegenüber sowie neue Hoffnung. Fast alle Freiwilligen nahmen nach einiger Zeit ihre Arbeit mit der überwiegend schwarzen Bevölkerung wieder auf. »Schon nach wenigen Wochen berichteten hiesige Bürger unserer Organisation unaufgefordert von dem guten Arbeitsstil und Einfühlungsvermögen der Freiwilligen«, erzählte Taylor mir. »Ich überlegte mir, daß ich mit dieser Traumarbeit eigentlich weitermachen könnte, bis mir etwas anderes einfiel. Nachdem auf diese Weise einige Jahre verstrichen waren, wurde mir klar, daß ich meine Lebensaufgabe damit gefunden hatte.«

Taylor nahm jede Tätigkeit an, bei der ein Interesse an Träumen bestand. Seine Gruppen an der örtlichen Unitarierkirche in Berkeley zum Beispiel waren so gut besucht, daß sich die Kirchengemeinde schließlich dafür entschied, ihn zum Lehrgeistlichen zu berufen. Taylors gruppentherapeutischer Ansatz stand in krassem Widerspruch zu herkömmlichen psychoanalytischen Methoden. In seinen Gruppen gab es keine Autoritätsfigur. Nach seiner Auffassung konnte nur der Träumer selbst sicher wissen, was sein Traum eigentlich bedeutete. Der Prüfstein für ein solches Verständnis ist das Aha-Erlebnis, wie Taylor es nennt, eine fühlbare Veränderung, die sich dann im Körper bemerkbar macht, wenn die Einsicht in einen Trauminhalt ein Volltreffer war. Selbst die brillanteste Auslegung durch einen Außenstehenden bringe nicht viel, so Taylor, da sie beim Träumer keinen emotionalen Widerhall finde.

Für mich wurde dieses fühlbare Erlebnis zu einem verläßlichen Wegweiser durch die fast immer widersprüchlichen Interpretationen eines Traums, die angeboten werden. Taylor erkannte, daß das Träumen eine höchst subjektive Erfahrung ist, und kam zu der Überzeugung, kein Deutungssystem könne allein einem Traum gerecht werden. Alle Hauptdenkrichtungen der Traumdeutung hätten recht, argumentierte er, aber nur innerhalb ihres gesteckten Rahmens. »Werfen wir eine Apfelsine weg, weil sie kein Apfel oder Pfirsich ist?« fragt er in seinem jüngsten Buch *Where People Fly and Water Runs Uphill* (»Wo Leute fliegen und Wasser bergauf fließt«). »All diese Theorien sind recht nützlich, und wir brauchen sie nicht von unseren Untersuchungen auszuschließen.«[7]

Taylors eigene Methode ist relativ wenig strukturiert. Er beginnt in seinen Gruppen mit etwas, das er »Fühlungnahme« nennt und wobei jedem die Gelegenheit gegeben wird, etwas über sein Leben zu erzählen. Dadurch werden leichter die alltäglichen Barrieren abgebaut, und es wird eine intime, ehrliche Atmosphäre geschaffen, in der sich die Traumarbeit gut entwickeln kann. Im Anschluß daran macht Taylor mit den Anwesenden eine kurze Übung, um die eigene Mitte zu finden – eine Meditationstechnik, durch die der Geist still werden soll, damit es einfacher wird, mit unbewußten Gefühlen und Intuitionen Verbindung aufzunehmen. Dann bittet er die Teilnehmer, jeweils einen kurzen Traum neueren Datums vorzutragen. So entsteht laut Taylor eine Vertrauensgrundlage, denn alle ohne Ausnahme sind nun gefordert, sich zu offenbaren. Sobald eine Person aus der Gruppe in die Arbeit mit ihrem Traum einwilligt, darf sich der Gruppenprozeß spontan entfalten – mit einer wichtigen Einschränkung: Um das Sicherheitsbedürfnis des Träumenden zu wahren, muß jedes Gruppenmitglied seinen Kommentar mit den Worten beginnen: »Wenn es mein Traum wäre ...« Auf diese Weise wird von vornherein der unvermeidlichen Neigung des Menschen, die eigenen Vorurteile zu projizieren, Rechnung getragen. Danach steht es dem Träumer frei, Deutungen anzunehmen, die er brauchbar findet, oder solche, die ihm nicht zusagen, abzulehnen.

Dieser Gruppenprozeß kann außerordentlich effektiv sein, auch wenn der Träumer nur bruchstückhafte Erinnerungen anzubieten hat. Ein besonders herausragendes Beispiel für eine solche Erfahrung ergab sich während einer Traumgruppe, die Taylor Ende der achtziger Jahre bei einem theologischen Seminar in Berkeley abhielt. Einer der Teilnehmer – nennen wir ihn Mike – berichtete der Gruppe regelmäßig, daß er sich nicht an das kleinste Stückchen Traum erinnere und deshalb auch nichts mitzuteilen habe. Taylor, dessen Enttäuschung darüber wuchs, nahm sich schließlich vor, Mike mehr unter Druck zu setzen, damit er sein Gedächtnis anstrengte. Als auch das nichts nützte, probierte er etwas anderes, um Mikes Unbewußtes wachzurütteln. »Wie wäre denn der Traum wohl gewesen, wenn Sie sich daran erinnern *könnten*?« Keine Reaktion, doch ein Weilchen später rückte Mike plötzlich mit winzigen Erinnerungsfetzen heraus. »Es waren vielleicht Pastellfarben in meinem Traum heute nacht«, sagte er. Taylor beschloß, die Gruppe weiterbohren zu lassen. Pflichtschuldigst warteten sie mit Assoziationen zu den erwähnten Pastellfarben auf, aber keine Resonanz bei Mike. Zuletzt hatte ein Gruppenteilnehmer eine Idee. »Gibt es nach deiner Ansicht irgendeinen Zusammenhang zwischen dem Wort *pastell* und dem Wort *pastoral?«* fragte er.

Im gleichen Moment hatte Mike sein Aha-Erlebnis. Es käme ihm so vor, sagte er, als sei seine Verpflichtung zum pastoralen Leben – er studierte Theologie, um Geistlicher zu werden – »ausgesprochen pastellfarben«. Damit löste er eine ganze Reihe von Assoziationen bei den anderen wie auch bei ihm selbst aus. Nicht lange, und es stellte sich heraus, daß Mike das Priesterseminar nur besuchte, um seinen Eltern einen Gefallen zu tun, daß es ihn nicht wirklich interessierte und daß sein Studium seine tiefsten spirituellen Sehnsüchte überhaupt nicht berührte. Während er diese Gefühle nach und nach zum Ausdruck brachte, sprudelten Wut und Enttäuschung, die er hinter einer freundlichen Miene versteckt hatte, nur so aus ihm heraus. Zurückgedrängt hinter diese Fassade reiner Verbindlichkeit, tobten starke Emotionen, die er vollkommen unterdrückt hatte.

Taylor war inzwischen eine weitere starke Assoziation zu Mikes Traumfragment eingefallen. Eine der Pastellfarben, an die Mike sich nicht erinnern konnte, war vielleicht Lavendelblau. Wenn es sein Traum gewesen wäre, überlegte Taylor weiter, ginge es vielleicht um Homosexualität. Taylor behielt diesen Gedanken jedoch für sich. Es war immerhin ein ganz schöner Sprung, und Mike hatte ohnehin an dem Abend eine Menge zu kauen; außerdem behandelte Taylor das Thema der sexuellen Veranlagung nur ungern innerhalb einer Gruppe. Lieber wollte er unter vier Augen mit Mike darüber reden, aber es ergab sich nie die Gelegenheit dazu. In den darauffolgenden Wochen isolierte sich Mike immer mehr von seinen Kommilitonen, arbeitete nicht mehr und kam nicht mehr zu den Vorlesungen – auch nicht mehr zur Traumgruppe. Zum Ende des Semesters entschloß er sich, das Priesterseminar zu verlassen. Er zog ins nahegelegene San Francisco und nahm dort eine Tätigkeit in einer Bank auf, in der er schließlich ziemlich erfolgreich war. Später erfuhr Taylor, daß Mike kein verkappter Homosexueller mehr war, sondern sich zum prominenten Aktivisten der Schwulenbewegung aufgeschwungen hatte.

Für Taylor war das eine gute Lektion über den Nutzen des Schattens. In Mikes Fall hatte der Schatten die Form einer Pastellfarbe angenommen – einer Seite seiner selbst, die er fürchtete und verleugnet hatte, allerdings zu einem hohen Preis. »Auch die häßlichen, angsterregenden, dunklen, starken, sexuellen, gewalttätigen, unverantwortlichen, gefährlichen Traumfiguren sind höchst lebendige Teile unseres wahren Wesens«, schrieb Taylor. »Nur wenn wir uns selbst annehmen, wird Verdrängtes freigesetzt und werden Projektionen abgezogen, ja werden selbst die grundlegendsten, eingeprägtesten, längst gewohnten Muster des Selbstbetrugs und destruktiven Verhaltens verwandelt.«[8] Das Paradoxe daran sei, so Taylor, daß diese dunklen Aspekte unserer selbst nur so lange Macht über unser Leben hätten, wie wir ihnen Widerstand leisteten. »Sobald wir uns endlich eingestehen, daß wir sowohl böse als auch gut sind, wird die Energie, die zuvor an ständig wiederkehrende, unbewußte neurotische Verhaltensweisen verschwendet wurde, freigesetzt und steht zum bewußten, freiwilligen, kreativen Gebrauch zur Verfügung.«[9]

Ich habe im Lauf der Zeit an mehreren Workshops, die von Taylor geleitet wurden, teilgenommen und diesen Prozeß eines Nachmittags sehr deutlich beobachten können, als wir uns mit dem Traum einer scheuen, ordentlichen, leisen Frau in den Fünfzigern – wir wollen sie Ann nennen – beschäftigten. Zuerst wollte sie gar nicht recht ans Erzählen eines Traums, den sie wegen seiner Schattenseiten abstoßend fand. Aber am Ende wirkten die absonderlichen, lebhaften Traumbilder doch so stark auf sie, daß sie sie unbedingt verstehen wollte und sie uns deshalb schilderte. Der Traum drehte sich um einen Besuch, den sie zwei tiefreligiösen Freundinnen abstattete. An einer Stelle dieses Traums erhob sich Ann vom Sofa im Wohnzimmer, um das Bad aufzusuchen, und entdeckte, daß die Toilette im zweiten Stock überlief. »Es stimmt etwas nicht mit euren Sanitärinstallationen«, sagte sie ihren Freundinnen. Fäkalien – ein Wort, das sie nur mit Mühe laut aussprechen konnte – drangen durch die Zimmerdecke und kleckstan auf den hellen Teppichboden im Wohnzimmer. Aufgeregt und mit Fluchtgedanken trat Ann langsam den Rückzug zur Tür an, während die Abwasserpfützen immer größer wurden. Die ganze Zeit über wollten die Freundinnen einfach nicht wahrnehmen, was geschah. Auch Ann selbst ging nicht zur Tür hinaus. Soviel wußte sie noch von ihrem Traum.

Als wir diesen Traum in der Gruppe unter die Lupe nahmen, waren wir ebenso überrascht wie Ann, daß unsere Assoziationen im Grunde recht positiv und hoffnungsvoll waren. Ann verband mit den überfließenden Fäkalien die Fähigkeit, Gefühle frei zum Ausdruck bringen zu können, die sie immer zurückgehalten hatte. In der Gleichgültigkeit ihrer Freundinnen gegenüber der Schweinerei auf dem Teppichboden erkannte sie eine Seite ihrer selbst wieder, die über Äußerlichkeiten oder materielle Belange hinausging. Daß sich Ann im Traum bereitgefunden hatte, eine unangenehme Situation zu ertragen, ohne zuletzt doch noch zu fliehen – auch angesichts der Katastrophe standhaft zu bleiben –, war für sie der Beweis dafür, endlich ihren Überzeugungen treu bleiben zu wollen. Sie hatte scharfe Kritik von seiten ihrer Familie einstecken müssen, weil sie von deren fundamentalistischen religiösen Überzeugungen abgewichen war, und jetzt nahm sie ihren Traum als gutes Omen auf, daß sie für sich die richtige Wahl getroffen hatte. Die Tatsache, daß sie diesen beunruhigenden Traum einer Gruppe von Fremden hatte erzählen können, war ein Akt sowohl der Selbstbehauptung als auch der Befreiung. Ich beobachtete Ann, während sie mit unserer Gruppe ihre Traumbilder durchging, und konnte sehen, wieviel Mut ihr das machte, was sie eher zufällig entdeckt hatte. Dadurch, daß sie die dunkle, schmutzige Seite ihrer Erfahrung so bereitwillig angenommen hatte, war deren eingebildete Macht geschwunden.

Niemand hat einen systematischeren Ansatz für die moderne Traumtherapie gefunden als Montague Ullman. Ullman war Arzt und wechselte dann zur Psychoanalyse über, wo er zum ersten Mal mit Träumen arbeitete. Ernüchtert von den Grenzen der Freudschen Perspektive, entdeckte er seine Leidenschaft für die weniger doktrinäre Traumarbeit in Gruppen. Doch selbst dabei zeigt sich durchweg sein wissenschaftlicher Hintergrund. Mich überzeugte die Klarheit und Aufgeschlossenheit seiner Arbeit. Ullman, ein freundlicher, zurückhaltender kleiner Mann, ist mittlerweile siebzig und teilt seine Zeit zwischen dem Schreiben und der Leitung von Traumgruppen. Diese Arbeit hat er durch sein vielseitiges Wissen sehr bereichert.

Ullman ist in Manhattan als Sohn jüdischer Eltern aufgewachsen, die großen Wert auf Bildung und Erfolg im herkömmlichen Sinne legten. Schon von Kindheit an hatte er ein zwiespältiges Verhältnis zu den bürgerlich-materialistischen Werten seiner Eltern. Doch obwohl er sich stets auch für Träume, parapsychologische Phänomene und dergleichen mehr interessierte, war seine akademische Laufbahn glänzend. Kurz vor seinem fünfzehnten Geburtstag trat er ins City College ein und wurde bereits drei Jahre später zur medizinischen Fakultät der New Yorker Universität zugelassen. Obgleich er zu Anfang erheblich weniger erfolgsorientiert war als seine älteren Kommilitonen, begeisterte ihn doch die Aussicht, Arzt zu werden.

Mit der Zeit konzentrierten sich seine Interessen auf das Bewußtsein, und so studierte er sowohl Neurologie als auch Psychiatrie. Nach einigen Jahren gab er die Neurologie jedoch auf, um sich einer psychoanalytischen Ausbildung zu unterziehen. 1942 wurde sein Studium vom Krieg unterbrochen, aber nach seiner Heimkehr arbeitete er über ein Jahrzehnt lang als Psychoanalytiker, behandelte Patienten in seiner Praxis und arbeitete mit ihren Träumen. Zu seinem Erstaunen bemerkte er, daß einige seiner Patienten im Traum offenbar parapsychische oder telepathische Erlebnisse hatten. »Sie kannten auf einmal Dinge aus meinem Leben, die sie auf normalem Wege nicht hätten erfahren oder wissen können«, erzählte mir Ullman. »Das hat mich zu der festen Überzeugung gebracht, daß das Wesen der Wirklichkeit anders ist, als wir gedacht hatten.«

Erst 1961, als er beauftragt wurde, eine psychiatrische Abteilung am Maimonides-Krankenhaus in der Bronx einzurichten, hatte Ullman die Zeit und die nötigen Mittel, einige dieser klinischen Beobachtungen wissenschaftlich zu erforschen. Begierig darauf, Träume und parapsychische Phänomene eingehender zu untersuchen, führte er eine Reihe faszinierender, sorgfältig kontrollierter Versuche durch. Er wollte herausfinden, ob eine schlafende Versuchsperson unter Laborbedingungen telepathische Träume produzieren konnte. Gemäß der Versuchsanordnung mußte sich eine wache Versuchsperson eine Freihandzeichnung oder eine ausdrucksstarke Fotografie anschauen und dann versuchen, diese der Person, die in einem anderen Zimmer schlief, telepathisch zu »senden«. Sobald die schlafende Versuchsperson eine REM-Phase hinter sich hatte, wurde sie aufgeweckt und mußte beschreiben, was sie geträumt hatte. Dann wurden unabhängige Fachleute gebeten, eine Auswertung vorzunehmen und die Traumbilder mit der Zeichnung oder dem Foto zu vergleichen, die die wache Person telepathisch zu übermitteln versucht hatte.

In neun von zwölf Versuchen, die Ullman leitete, waren die festgestellten Ähnlichkeiten statistisch bedeutsam – im Klartext: Die Ergebnisse ließen sich nicht als reiner Zufall deuten. Ullman und seine Kollegen veröffentlichten eine Reihe von Schriften über ihre Erkenntnisse. In einem veränderten Bewußtseinszustand wie beim Träumen, so schlossen sie, kommt es regelmäßig zu telepathischen Ereignissen, ebenso zu präkognitiven Erfahrungen, anhand derer die Betreffenden die Zukunft voraussagen können. Die Versuche zeigten Ullman nicht nur die Wirklichkeit psychischer Phänomene auf, sondern hatten noch eine andere Wirkung. »Sie haben mich zu der Überzeugung gebracht, daß Träume etwas mit unserer Verbundenheit untereinander zu tun haben«, sagte er mir, »und daß darauf Verlaß ist, daß der psychische Mechanismus diese Verbindung nötigenfalls aufrechterhält.«

Tagsüber betreute und beaufsichtigte Ullman ein staatliches Zentrum für geistig Behinderte. Bei der Ausarbeitung von Möglichkeiten, durch die einer großen Zahl von Menschen psychologische Hilfe zukommen sollte, überlegte er, ob er die Traumarbeit nicht aus der Enge der individuellen Psychotherapie herausnehmen und in größere Gruppen integrieren könnte. Leider fand sich dazu erst Gelegenheit, nachdem er 1974 das Maimonides-Krankenhaus verlassen hatte und eine Einladung nach Göteborg in Schweden annahm, wo er die Betreuer geistig Behinderter sowie Psychologiestudenten unterrichten sollte. Die meisten Studenten wollten Psychoanalytiker werden, und als es an der Zeit war, über Träume zu reden, entschloß Ullman sich zu dem Experiment, seine ersten 15 jungen Studenten zusammenzubringen und festzustellen, ob sie vielleicht mehr lernten, wenn sie sich gemeinsam mit den eigenen Träumen befaßten.

Bei seiner Tätigkeit in Schweden machte Ullman verschiedene grundlegende Beobachtungen. Zuerst kam er zu der Ansicht, daß Träume immer einen gegenwärtigen Bezug und Sinn haben. Darüber hinaus kam er zu der Überzeugung, daß alle Träume in irgendeiner Weise einen Bezug zu nichtabgeschlossenen emotionalen Vorgängen des Tages wie auch zu Erinnerungen aus der Vergangenheit haben, die im Wachzustand meist aus dem Gedächtnis entschwunden sind. Und als letztes fiel ihm auf, daß Träume stets grundehrlich sind und nicht widerspiegeln, wie man gesehen werden möchte, sondern wie man sich in Wahrheit selbst sieht.

Nach seiner Rückkehr in die Vereinigten Staaten führte er seine Gruppentechniken auch bei Menschen ein, die einfach nur ein Interesse daran hatten, sich mit ihren Träumen zu beschäftigen. »Ich kam mehr und mehr zu dem Schluß«, erzählte er mir, »daß die beste Voraussetzung für die Traumarbeit nicht die therapeutische Stunde ist, sondern eine kleine tragende Gruppe. Dort hat man die Zeit und bekommt die vielen Anregungen unter verschiedenen Gesichtspunkten, die ein Traum verdient.« Die Gruppe wiederum übernimmt die Hauptfunktion des Therapeuten. »Im Traum wird man unfreiwillig mit einem ehrlichen Bild von sich selbst konfrontiert«, erklärte Ullman mir. »Wach sind wir längst nicht so aufrichtig uns selbst gegenüber. Die soziale Maske stülpt sich uns über. Wir wollen nicht, daß intime Dinge sichtbar werden, und so rationalisieren, leugnen, unterdrücken, distanzieren und entfremden wir uns. Der Gruppenprozeß hilft uns, das alles abzuschneiden.«

Wie Taylor sorgt auch Ullman zuerst für eine Atmosphäre, die für das Träumeaustauschen günstig ist. »Wenn Sie sich psychisch entblößen wollen, müssen Sie sich sicher fühlen«, sagte er bei der Einführung zu dem ersten Traumseminar in seinem Haus, an dem ich teilnahm. Zu unserer Gruppe gehörten unter anderem zwei Künstler, ein Meditationslehrer und mehrere Psychotherapeuten. Wie anzunehmen war, gaben einige schon bei der Vorstellung ihrer Abneigung Ausdruck, sehr persönliche Träume einer Gruppe von Fremden mitzuteilen. Bei mir war es genau umgekehrt. Mich vor Leuten zu offenbaren, die ich gar nicht kannte und wahrscheinlich nie wiedersehen würde, erschien mir nicht besonders schwierig. Später, als ich eine eigene Traumgruppe leitete, an der Leute teilnahmen, die ich zwar kannte, mit denen ich aber nie sehr privat geredet hatte, schreckte es mich viel mehr, meine Träume erzählen zu müssen. Doch selbst dann war es mit Ullmans Methode leichter. Niemand wird je in einer Gruppe gezwungen, einen Traum zu erzählen, und der Träumer hat immer die Kontrolle über den Prozeß – es bleibt allein ihm überlassen, wieviel er enthüllen will, und er kann jeden Moment aufhören. Wie Taylor achtet auch Ullman auf den Schutz der Träumer und bittet die Gruppenteilnehmer, in bezug auf einen vorgetragenen Traum nur von ihrer eigenen Erfahrung zu sprechen und nicht davon auszugehen, daß ihre Deutung »richtig« sei.

Ullmans schrittweises Vorgehen eröffnet dem Träumer die Möglichkeit, immer tiefer in die Bilder und Gleichnisse und ihren Zusammenhang mit dem wirklichen Leben einzudringen und sich die Assoziationen zunutze zu machen, die vielleicht geäußert werden. Im Normalfall widmet Ullman einem einzigen Traum volle anderthalb Stunden – etwa doppelt soviel Zeit, wie Taylor im Schnitt zugestand. Er arbeitet am liebsten mit einem Traum aus der eben vergangenen Nacht, mit der Begründung, daß die jüngeren Ereignisse, die den Traum ausgelöst haben könnten, dann noch am lebhaftesten in Erinnerung sind. Sobald sich jemand freiwillig zur Beschäftigung mit seinem Traum bereitfindet, erzählt er ihn der Gruppe, allerdings ohne Assoziationen anzubieten. Jeder Gruppenteilnehmer schreibt den Traum so mit, wie er diktiert wird. In der zweiten Arbeitsphase werden die Gruppenteilnehmer gebeten, so über den Traum nachzudenken, als wäre es ihr eigener, dann Assoziationen zu den Traumbildern herzustellen und jedes Gefühl zu beschreiben, das der Traum in ihnen auslöst.

Da sich der Träumer bis zu diesem Zeitpunkt noch nicht über Assoziationen zwischen Traum und wirklichem Leben geäußert hat, bieten die anderen Teilnehmer Interpretationen an, die reine Projektion sind. Was sie sagen, stellt für den Träumer unter Umständen Zusammenhänge her oder verhilft ihm zu Einsichten, aber vielleicht auch nicht. Auf jeden Fall erleichtert dieser Prozeß es den

Gruppenteilnehmern, eine engere, persönlichere Beziehung zu dem Traum einzugehen. »Wir schwimmen alle im gleichen Meer von Bildern herum«, sagte Ullman. »Selbst wenn die Projektionen nicht immer ins Ziel treffen, hat mich die Erfahrung gelehrt, daß die Gefühle, die andere über den Traum äußern, die Abwehrhaltung des Träumers aufweichen. Und damit sind alle Voraussetzungen erfüllt für den weiteren Verlauf des Gruppenprozesses.«

Mir vorzustellen, der Traum eines anderen Menschen sei mein eigener, erwies sich als sehr aufschlußreich. Ich merkte, daß ich automatisch meine eigenen Vorurteile, Ansichten, Hoffnungen und Ängste in die fremden Bilder einfließen ließ und weiter, daß diese subjektiven Gefühle in all meinen Beziehungen ihr Spiel trieben. Ziemlich schnell wurde mir klar, daß es unmöglich ist, den Traum eines anderen Menschen objektiv zu interpretieren. Es besteht auch keine Gewähr, ob eine Idee, und sei sie noch so brillant, dem Träumer weiterhelfen wird. Meiner Meinung nach konnte es viel mehr nützen, wenn ich so ehrlich und aufrichtig wie möglich beschrieb, was mir der Traum aufgrund von Assoziationen sagte. Während dieses Prozesses erfuhr ich allerdings häufig genausoviel über mich wie über den Träumer.

Bei diesem ersten Workshop schilderte eine Frau meines Alters – ich will sie Rebecca nennen – einen Traum, der sich um die Tatsache drehte, daß sie seit Jahren bewußt Abstand zu Männern hielt. Diese Entscheidung, so erzählte sie uns, habe sie nach einer Reihe von schmerzhaften Beziehungen getroffen, und sie sei vollkommen glücklich allein. Nach meiner Auffassung ließen jedoch mehrere Bilder aus ihrem Traum das Gegenteil vermuten: daß sie nämlich trotz aller Verletzungen und Angst den leidenschaftlichen Wunsch verspürte, einfach loszulassen und sich einer intimeren Beziehung zu öffnen. Ich führte schließlich alle Beweise an, die ich gefunden zu haben meinte, und bot ihr voller Begeisterung über mein tiefschürfendes Verständnis für die Bilder ihres Traums eine Deutung an. Absolut keine Reaktion von seiten Rebeccas. Was ich sagte, schien über sie hinwegzuwehen wie ein kühles Lüftchen. Erst später kam es mir in den Sinn, daß der Konflikt, den ich beschrieb, tatsächlich mein eigener sein könnte – die innige Verknüpfung von Ängsten und Wünschen – und daß ich ihn in aller Deutlichkeit erlebte, weil ich Rebeccas Traum wie meinen eigenen behandelt hatte. Womöglich galten meine Schlüsse überhaupt nicht für Rebecca, oder sie wollte einfach nichts davon wahrhaben. Ich habe es nie klären können, aber es war eine wertvolle Erfahrung. Durch sie habe ich nicht nur erkannt, wie leicht man seine eigenen Gefühle auf andere projiziert, sondern auch, wie sehr man von der Arbeit in der Gruppe profitieren kann, auch wenn nicht der eigene Traum zur Debatte steht.

In der dritten Phase nach Ullmans Methode spielt der Träumer die Hauptrolle. Unter Zuhilfenahme beliebiger Gruppenprojektionen, die er brauchbar findet, sowie eigener Assoziationen beginnt er nun, seine eigenen Gedanken und Gefühle über den Traum darzulegen. Im vierten Stadium befaßt sich die Gruppe damit, mit dem Träumer zusammen die jüngsten Umstände näher zu bestimmen, die dessen Traum ausgelöst haben könnten. Dazu muß er sich Ereignisse, Menschen oder Empfindungen aus dem wirklichen Leben ins Gedächtnis zurückrufen, die einen Bezug zu seinem Traum haben, speziell alles, was am Vorabend passiert ist. Im fünften Durchgang lesen die Gruppenteilnehmer abwechselnd Abschnitte aus dem Traum laut vor, um den Träumer auf Bilder aufmerksam zu machen, die dunkel geblieben sind. Diese abschließende Phase nennt Ullman »Orchestrierung«. Hierin bemüht sich die Gruppe um eine Projektion, die sich auf sämtliche Hintergrundinformationen stützt, indem sie sich nicht nur auf die Traumbilder beruft, sondern auf alle Angaben und Einzelheiten, die der Träumer inzwischen angeführt hat. Ziel ist es, sich ein möglichst umfassendes Bild von dem zu machen, was der Traum wahrscheinlich sagen wollte.

Die erste Aufgabe bei der Traumarbeit besteht einfach darin, Träume zu behalten. Zu Anfang konnte ich das nicht immer. Taylor schlug mir verschiedenes vor, was sich als nützlich erwies. Zum einen sollte ich vor dem Zubettgehen keinen Alkohol (oder stimmungsverändernde Drogen) zu mir nehmen, da diese Gifte das Erinnern erschweren. Dann sollte ich ein Traumtagebuch führen, in dem ich regelmäßig meine Träume, Assoziationen sowie erste Deutungsversuche aufzeichnete. Als nächstes sollte ich auf Taylors Anraten eine Art Ritual daraus machen, dieses Tagebuch neben mein Bett zu legen und jeweils oben auf die betreffende Seite das Datum zu schreiben. Während des Einschlafens sollte ich meine Gedanken ausschließlich um den Wunsch kreisen lassen, einen Traum in Erinnerung zu behalten. Das Unbewußte ist nach Überzeugung Taylors und anderer empfänglicher, wenn der betreffende Mensch schläfrig ist, und kann dann mit bestimmten Vorsätzen befrachtet werden.

Taylor riet mir, immer einen Stift mit eingebautem Lämpchen am Bett bereitzuhalten, so daß ich, wenn ich in der Nacht aufwachte, Träume gleich aufschreiben konnte, ohne erst Nachttischlampe oder Deckenlicht einschalten zu müssen. Ich habe nicht viel dafür übrig, mich um vier oder fünf Uhr nachts aufzuraffen, und so erfand ich eine andere Methode, die bei mir funktionierte. Wenn ich mich mitten in der Nacht im Halbschlaf an einen Traum erinnerte, sagte ich ihn mir noch einmal von vorn auf und gab ihm dann einen Titel. Schon allein der Titel half mir, beim Erwachen am nächsten Morgen den ganzen Traum wieder abzuspulen. Ich mußte allerdings darauf achten, nicht zu schnell aufzustehen, denn dieser Bewußtseinsumschwung sorgte im allgemeinen dafür, daß meine Traumerinnerungen verschwanden. Vielmehr übte ich mich darin, still liegenzubleiben und zu warten, ob mir irgendwelche Träume in Erinnerung kamen. Da ich diese Routine gewissenhaft einhielt, konnte ich mich wahrhaftig jeden Morgen an Träume erinnern – manchmal bis zu vier.

Es ist auch möglich, einen Traum »auszubrüten«, wie ich lernte. Diese Technik wurde erstmals vor Tausenden von Jahren angewandt, um zu tieferem Wissen zu gelangen und Rat zu erhalten. Taylor und andere Traumtherapeuten von heute sehen darin eine

Möglichkeit, dem Unbewußten Informationen aller Art zu entlokken. »Wenn unsere letzte vorsätzliche Handlung vor dem Einschlafen einzig die Konzentration auf den Wunsch ist, uns an Träume zu erinnern«, schrieb er, »und wir dabei vorsichtig bestimmte Fragen, Probleme und Situationen in den Vordergrund stellen, von denen wir träumen möchten, so werden die Träume dem im allgemeinen entsprechen.«

Mir empfahl Taylor, mich auf eine einfache, kurze und bestimmte Frage zu konzentrieren, statt mir einzureden, ich müsse einen Traum behalten. Eines Nachts fragte ich mich zum Beispiel, ob mir wohl eine bestimmte psychologische Methode helfen würde, einige meiner tiefsitzenden Ängste zu überwinden. Ich schlief ein in der Hoffnung, die Antwort möge ein deutliches Ja sein. Am nächsten Morgen konnte ich mich noch an fünf kurze, miteinander verknüpfte Träume erinnern. Als ich über die verschiedenen männlichen Figuren, die jeweils vorkamen, nachdachte, stellte ich fest, daß sie unzweifelhaft eines gemeinsam hatten. Alle fünf waren in ihrem Leben nach außen hin mit irgend etwas beschäftigt, was nicht die gewünschten Ergebnisse zeitigte. Ich kam allmählich zu dem Schluß, daß mir die Träume auf wiederholte Weise klarmachen wollten, daß mir die Methode, die mir vorschwebte, nicht das bringen würde, was ich ersehnte. Zuerst war ich enttäuscht über diese Botschaft, doch mit der Zeit erkannte ich, daß es zu meinem Besten war. Hätte ich die Technik ausprobiert, wäre ich nur von dem äußerst positiven und produktiven Weg abgekommen, auf dem ich gerade war. Ich wäre sozusagen auf den Holzweg geraten – und genau das hatten mir die Träume mitgeteilt.

Meine Frau Deborah machte zwei Erfahrungen, die noch deutlicher machten, welchen Wert das Ausbrüten von Träumen hat. Das erste Mal litt sie schon seit Wochen unter einem schmerzhaften steifen Hals. Sie nahm an, die Schmerzen hingen mit bestimmten Spannungen in ihrem Leben zusammen, aber diese großartige Einsicht brachte ihr auch keine physische Erleichterung. Eines Nachts vorm Zubettgehen, als Deborah sich besonders unwohl fühlte, schlug ich ihr vor, sich vorzunehmen, darüber zu träumen, warum sie solche Schmerzen an Hals und Nacken hatte. Am nächsten Morgen wachte sie auf und konnte sich noch an einen Traum erinnern, in dem sie von einer barschen älteren Frau gescholten wurde, unsere jüngste Tochter Emily zu vernachlässigen. Tatsächlich waren wir gerade von einer Woche Urlaub zurückgekehrt, in der Emily uns sehr vermißt hatte. Im weiteren Verlauf des Traums brachte die ältere Frau Deborah das Kind und übergab es ihr. Emily kletterte auf Deborahs Schoß, umarmte sie fest und plapperte glückselig drauflos, welche Abenteuer sie gerade bestanden hatte. Beim Aufwachen ging Deborah schlagartig auf, daß sie unbewußt schreckliche Schuldgefühle mit sich herumgeschleppt hatte, weil sie Emily zurückgelassen hatte. Der steife Hals diente höchst wirkungsvoll als Strafe. Aus dem Traum ging jedoch hervor, daß Emily im Grunde gar nicht gelitten hatte und Deborah keine Schuldgefühle zu haben brauchte. Und siehe da, es dauerte nur ein paar Stunden, und die Hals- und Nackenschmerzen, die sie wochenlang hatte ertragen müssen, waren wie weggeblasen.

Vor kurzem versuchte Deborah, sich darüber klar zu werden, ob sie ihre zwanzigjährige Berufslaufbahn als erfolgreiche Herausgeberin einer Zeitschrift aufgeben und sich zur Sozialarbeiterin umschulen lassen sollte. Hierbei handelte es sich natürlich um einen dramatischen Wechsel in der Lebensmitte, und Deborah rang schwer um einen Entschluß. Endlich nahm sie sich vor, eine Antwort zu träumen, und stellte sich die Frage: »Was soll ich mit meinem Berufsleben machen?« Am nächsten Morgen war Deborah noch ein Traum im Gedächtnis, in dem sie in einem Zimmer mit einem großen Aquarium voller tropischer Fische stand. Als sie bemerkte, daß ein Fisch auf dem Fußboden herumzappelte, warf sie ihn in das Becken zurück, und der Fisch schwamm fröhlich davon. In diesem Augenblick kam der Besitzer des Aquariums herein. »Es ist doch wohl nicht zu glauben, daß Sie das getan haben«, sagte er zu Deborah, »den Fisch wollte jemand abholen.« Aber Deborah war uneinsichtig. »Ich mußte ihn einfach retten«, erklärte sie dem Besitzer. »Wenn ich noch länger gewartet hätte, wäre der Fisch eingegangen.« Nach Deborahs Ansicht war der Traum eine ganz klare Bestätigung dafür, daß sie mit einem Berufswechsel richtig lag. Als Herausgeberin war sie ihrem Gefühl nach wie ein Fisch auf dem trockenen. Entweder mußte sie ein neues Gewässer finden, oder sie würde eintrocknen und sterben. Es dauerte noch sechs Monate, bis Deborah sich endlich fest zu dem Wechsel entschloß. Einen Monat nach Beginn ihrer neuen Ausbildung hatte sie keinen Zweifel mehr daran, die richtige Entscheidung getroffen und ihre Berufung gefunden zu haben. Sie hat es nie bereut.

Als ich mit diesem Kapitel anfing, kam mir der Gedanke, daß es sicher gut sei, wenn ich mich selbst in einer Gruppe mit einem Traum beschäftigte und dann über meine Erfahrungen berichtete. Ich beschloß, es einmal mit dem Ausbrüten zu versuchen. Eines Nachts nahm ich mir kurz vor dem Einschlafen vor, etwas zu träumen, worüber man gut schreiben könnte. Ich war nicht an bestimmten Informationen interessiert. Ich hoffte nur auf einen Traum, der immerhin so interessant war, daß er mir Gelegenheit gab, an seinem Beispiel den Wert der Traumarbeit in der Gruppe aufzuzeigen. Ich bekam alles, was ich mir gewünscht hatte, und mehr: einen äußerst bedeutsamen, vielschichtigen Traum, der neues Licht in meine Vergangenheit brachte, meine gegenwärtigen Lebensumstände beleuchtete und sogar meine Zukunft erhellte. Es war, um mit C. G. Jungs Worten zu sprechen, ein »großer Traum«, ein Traum, der »oft ein Leben lang in Erinnerung bleibt und sich nicht selten als der kostbarste Edelstein im Schatzhaus der psychischen Erfahrungen erweist«.
Ich profitierte überdies von den vielen Reaktionen auf meinen Traum. Die erste stellte sich in einer wöchentlichen Traumgruppe ein, die Ullman seit Jahren leitete und der ich für kurze Zeit angehörte. An dem Abend, als die Gruppe meinen Traum aufgriff, waren sechs Leute anwesend. Außer Ullman und mir selbst waren das ein

Geschäftsmann, der Psychoanalytiker werden wollte, ein Fotograf, ein Lehrer und eine Hausfrau im Rentenalter. Die Altersstufen reichten von Anfang Dreißig bis Mitte Siebzig, und alle Gruppenmitglieder waren in der Traumarbeit erfahren. Im folgenden gebe ich den Traum wieder, den ich ihnen erzählte. Es traf sich, daß es sich bei fast allen darin vorkommenden Figuren um Personen aus meinem wirklichen Leben handelte.

Ich bin in der früheren Wohnung meiner Großmutter mütterlicherseits auf der Fifth Avenue in New York City. Sie ist gestorben, und ich frage mich, ob ich die Wohnung wohl zu einem niedrigen Preis kaufen kann. Sie gefällt mir, denn sie bietet Aussicht auf den Central Park, aber andererseits ist sie auch sehr klein und liegt nur auf dem dritten Stock. Ich bin außerdem davon überzeugt, daß man soviel renovieren kann, wie man will, aber trotzdem keine hübsche Küche bekommt. Dann entdecke ich, daß Lisa, eine reiche Frau, die ich aus der Schulzeit kenne, die Wohnung gerade für sich gekauft hat. Sie hat nämlich fünf Wohnungen auf demselben Stockwerk gekauft und will sie aneinanderhängen. Ich erfahre, daß dieses Gebäude nicht ihre erste Wahl war, sondern daß sie seit langer Zeit suchte und sich schließlich dafür entschied, weil sie nichts Besseres finden konnte. Lisas schwarze Haushälterin ist in der Wohnung, und sie erweist sich als jähzornige Frau, vor der ich mich irgendwie behaupten muß. Ich frage mich, ob Lisa mir wohl gestatten wird, eins ihrer Schlafzimmer zu benutzen, wenn ich zu Besuch in New York bin. Ich überlege, daß wahrscheinlich kein Platz für mich bleibt, wenn ich an ihre Kinder und die ebenfalls hier lebende Haushälterin denke.

In der zweiten Szene bin ich immer noch in der Wohnung meiner Großmutter, nur lebe ich diesmal selber dort. Ich bemerke, daß meine Kinder ein junges Hündchen mitgebracht haben, das sie behalten wollen. Dann sehe ich, daß es sich um ein Kätzchen handelt. Ich sage zu meiner Frau: »Auf keinen Fall – ich hasse Katzen.« Sie sagt, unsere Kinder würden das Kätzchen versorgen. Ich sage: »Du weißt doch, daß sie das niemals tun.« Ich frage mich auch, ob nicht unser Hund das

Kätzchen fressen wird. Allmählich wird mir klar, daß ich gegenüber meiner Frau und den Kindern machtlos bin und daß wir das Kätzchen behalten werden.
Im letzten Traumbild stirbt gerade mein Großvater väterlicherseits. Einen Augenblick vorher merke ich, daß er noch jemanden – vielleicht mich – wegen einer Missetat strafen will und die Person zu diesem Zweck mit zu einem Holzschuppen hinausnehmen und ihr auf altmodische Art den Hintern versohlen will. Ich finde es merkwürdig, daß mein Großvater mit seiner letzten Tat vor dem Tod jemandem weh tun will. Er erklärt mir, daß er der einzige ist, der weiß, wie man es richtig macht, und ich komme zu dem Schluß, daß er wohl sein Vergnügen an der Mißhandlung haben muß.

So absonderlich und unzusammenhängend mir diese Bilder auf den ersten Blick erschienen, hatte ich doch gleich vom Aufwachen an das Gefühl, daß der Traum etliche der zentralen Fragen meines Lebens berührte. Als ich ihn Ullmans Gruppe vortrug, hatte ich schon oft über ihn nachgedacht. Meines Erachtens war es möglich, den Traum im klassischen Freudschen Sinne zu deuten – als Ausdruck verbotener sexueller und aggressiver Impulse. In dem Maße, in dem ich mich im Traum mit meinem Mißbrauch treibenden Großvater identifiziere, drückt sich bei mir offensichtlich der verkappte Impuls aus, meinen Vater zu töten oder zumindest von der Bildfläche zu entfernen. In dem Maße, in dem ich mich in die Wohnung meiner Großmutter – und, wie sich assoziieren läßt, meiner Mutter – zurücksehne, versuche ich auf eine verschleierte Art, das Ödipusdrama zu einem Abschluß zu bringen. Allerdings erschien es mir allzu einengend und eindimensional, den Traum nur von dieser Warte aus zu untersuchen.
Also trug ich den Traum der Gruppe vor. Ehe die Teilnehmer ihre Assoziationen und Projektionen äußerten, stellte ich ein paar Fakten klar. Die Wohnung in meinem Traum hatte tatsächlich meiner Großmutter gehört. Sie war seit über zehn Jahren tot. Der Traumgroßvater war wirklich der Vater meines Vaters, aber er war schon

vor meiner Geburt gestorben. Die schwarze Haushälterin war mir nicht bekannt. Und die einzige starke Empfindung, die ich im Zusammenhang mit meinem Traum hatte, war Betroffenheit angesichts der Tat meines Großvaters.

Nachdem ich der Gruppe diese Fakten unterbreitet hatte, wurden die Teilnehmer gebeten, den Traum so zu behandeln, als sei es ihr eigener. Die ersten Projektionen, mit denen sie aufwarteten, lösten kein Aha-Erlebnis bei mir aus, aber einige berührten Traumbereiche, die mir bedeutsam vorkamen. Ich schloß mich der Vermutung an, der Traum müsse etwas mit meinem Empfinden zu tun haben, nicht genug Platz zu haben und um mehr Annehmlichkeiten für mich zu kämpfen. Ich stimmte auch zu, daß ein Konflikt angesprochen wurde, in dem ich mich befand, weil ich einerseits natürlich eine Wohnung auf der Fifth Avenue für nobel und erstrebenswert hielt, es andererseits aber nicht einmal zu einem luxuriösen Heim gebracht hatte, das meinen eigentlichen Bedürfnissen entsprochen hätte. Und ich pflichtete schließlich bei, daß mein Großvater mir durch seine letzte Handlung irgendeine Botschaft übermitteln wollte, die etwas mit meiner Rolle als Mann zu tun hatte.

In der nächsten Phase sprach ich von meinen eigenen Assoziationen. Ich erwähnte, daß meine Großmutter eine sehr kritische, unglückliche und schwierige Frau gewesen sei. Ich erzählte, welchen Einfluß sie auf meine Mutter hatte und inwiefern sie sich ähnlich waren und mich beide in Schwierigkeiten stürzten. Ich merkte auf einmal, daß mich Lisa, meine Schulfreundin, sowohl an meine Mutter als auch an meine Großmutter erinnerte. Besonders bewegend fand ich die Stelle im Traum, daß alles Renovieren bei der Küche in der Wohnung meiner Großmutter nichts nützen würde. In einen größeren Zusammenhang gestellt, hieß das für mich, daß kein Eingriff aus jener Wohnung überhaupt einen lebenswerten Ort machen würde. Des weiteren gab mir zu denken, daß Lisa im Traum zwar nur vier von ihren fünf Schlafzimmern brauchte – eins für sich, je eins für ihre beiden Kinder und eins für die Haushälterin –, mir jedoch ihr freies Zimmer nicht zur Verfügung stellen würde, wie ich spürte. Mir fiel ein, daß Angehörige meiner eigenen Familie in einer Wohnung auf der Fifth Avenue aufgewachsen waren und daß auch wir einmal dort gewohnt hatten. Obwohl das »fünfte« Zimmer in der Traumwohnung frei war, konnte ich doch nicht dorthin zurückkehren. Kurz: Der Traum ließ vermuten, daß ich mich zwar immer noch danach sehnte, an diesem unglücklichen Ort meiner Kindheit Trost zu finden, aber auch erkannt hatte, daß diese Umgebung nicht sehr anheimelnd war und nie sein würde.

Bezüglich der zweiten Traumszene erklärte ich der Gruppe, Katzen hätte ich noch nie gemocht, sie wären meiner Meinung nach kalt, fremd und unkontrollierbar. Hunde hingegen fände ich liebenswerter, aber auch abhängiger. Sowohl Hunde als auch Katzen beanspruchten Pflege und Aufmerkamkeit, die ich lange Zeit nicht zu geben bereit war. Dieser Teil des Traums zeigte, so überlegte ich, eine andere Betrachtungsmöglichkeit für den Konflikt zwischen Abhängigkeit und Unabhängigkeit auf. Ein Haustier bietet Gesellschaft, stellt aber auch Anforderungen. Unabhängigkeit ist eine Form von Freiheit, gelegentlich allerdings auf Kosten einer innigeren Beziehung zu anderen. Die Hund-und-Katzen-Szene gab auch meine ambivalenten Gefühle bezüglich der Vormachtstellung meiner Frau und der Kinder treffend wieder. Einerseits ist meine Entscheidungsgewalt im Traum sehr begrenzt, andererseits scheint mich das nicht besonders unglücklich zu machen. Trotz meines instinktiven Widerstands gegen ein weiteres Mitglied unseres Haushalts behielten die drei die Oberhand, weil ihnen so viel an einem Kätzchen lag. Das Herz triumphiert über den Kopf, der Instinkt über die Logik. Ich faßte dies als Botschaft über die Richtung auf, die ich in meinem Leben einschlagen mußte.

Das Bild des strafenden Großvaters erschien mir besonders wichtig. Obgleich mein Großvater noch vor meiner Geburt gestorben war, wurde ich durch die Traumbilder an die Geschichten erinnert, die ich im Lauf der Jahre über seine Tyrannei gehört hatte. Es war zudem das zweite Mal innerhalb weniger Wochen, daß ich so lebhaft von meinem Großvater als einem starken, aber zur Mißhandlung neigenden Mann geträumt hatte. Mein eigener Vater war kaum jemals wütend geworden oder hatte sich Autorität verschafft, als ich aufwuchs. Die Macht in unserer Familie hatte im Grunde meine Mutter inne. Der Traum sei ein Hinweis darauf, erklärte ich der Gruppe, warum mein Vater so geworden war, wie er war – weil er seine tiefempfundene Wut und Aggressivität hatte unterdrücken müssen, um seinen dominanten Vater zu überleben. Außerdem deute er an, warum er eine Frau geheiratet hatte, die stets Kritik übte und alles unter ihre Kontrolle brachte – nämlich aus einem unbewußten Bedürfnis heraus, eine ihm wohlbekannte Beziehung aus seiner Kindheit fortzusetzen.

Ich habe einen Großteil meines Lebens damit verbracht, in die Fußstapfen meiner Mutter zu treten. Wie sie wollte ich alles unter Kontrolle haben, mich durch Wut zur Geltung bringen und auf jeden Fall durch Leistung zum Erfolg kommen. Wie sie habe ich es stets schwer und sogar beängstigend gefunden, mein Herz zu öffnen. Das Traumbild brachte den Konflikt zwischen dem Wunsch, enge, intime Beziehungen aufzubauen, und der Angst, damit mein Machtbedürfnis und mein Sicherheitsgefühl zu bedrohen, noch einmal verstärkt zum Ausdruck. Ich sei sicher, sagte ich der Gruppe, daß der im Traum bevorstehende Tod meines Großvaters – und der Werte, die er verkörperte – bedeutsam sei, wenn ich auch nicht genau wüßte, inwiefern.

Als die Gruppe mich ausquetschte, welche Ereignisse des Vortages wohl den Traum mitausgelöst haben könnten, fiel mir etwas im Zusammenhang mit der Figur der schwarzen Haushälterin ein. Am Abend vorher hatte ich den Film *Passion Fish* gesehen, in dem die schwarze Schauspielerin Alfre Woodard die Haushälterin einer Weißen spielt, die durch einen Unfall vor kurzem querschnittgelähmt war. Der Film war im Grunde etwas langweilig, und ich ging, bevor er zu Ende war. Trotzdem faszinierte mich die Figur der Haushälterin. Die Frau war ungewöhnlich selbstbeherrscht, achtunggebietend, eindeutig unabhängig und trotzdem dazu fähig,

Liebe zum Ausdruck zu bringen. Dies war ein Gleichgewicht, so meinte ich, wie ich es schon lange gern in meinem eigenen Leben sähe. Eine weitere Verbindung, die ich zu neueren Ereignissen herstellen konnte, berührte die gleiche Frage. In der vergangenen Woche war meine Frau außer Haus gewesen, so daß ich allein für die Kinder sorgen mußte, also im wörtlichen Sinne Haushälter war. Dadurch war es meiner Frau möglich, sich auf eine Arbeit im Rahmen ihrer neuen beruflichen Interessen zu konzentrieren, ohne sich um mich oder die Kinder kümmern zu müssen. Wieder einmal zeigte der Traum mein Bemühen auf, meine Rolle neu zu definieren – in diesem Fall innerhalb meiner Familie.

Bis wir die letzte Phase erreichten, die Ullman die Orchestrierungsphase nennt, hatte ich vielfältige eigene Assoziationen zu meinem Traum angesprochen. Jetzt stand die Gruppe vor der Aufgabe, mir zu helfen, zu bestimmten Schlüssen zu kommen. Fast alle hatten sich mittlerweile ein generelles Bild von der möglichen Bedeutung meines Traums gemacht. Diesmal reagierte ich auf vieles, was mir angeboten wurde, aus dem Bauch heraus. Ein Gruppenmitglied meinte, ich scheine hin und her gerissen zu sein, ob der Preis für einen gewissen materiellen Standard – den die Wohnung auf der Fifth Avenue repräsentierte – letztlich nicht dessen Vorteile übersteige. Das traf genau ins Schwarze. Ich hatte oft darüber nachgedacht, ob wir nicht in ein weniger kostspieliges Haus umziehen sollten. Eigentlich wollte ich den finanziellen Druck, der auf uns lastete, weil ich so lange brauchte, um dieses Buch zu schreiben, schleunigst abbauen, nicht zuletzt, um es Deborah leichter zu machen, ihre Stellung aufzugeben und einen neuen Beruf zu lernen. Der Traum deutete darauf hin, daß eine Entscheidung in diese Richtung richtig sein könnte – auch wenn sie letztlich dann doch unnötig war. Einer der Männer aus der Gruppe nahm sich das Haustierthema vom zweiten Teil meines Traums vor. Ihm war aufgefallen, daß ich Katzen für weniger kontrollierbar hielt als Hunde und daß der im Besitz der Kontrolle befindliche Großvater in meinem Traum kurz vor seinem Tod stand, woraus er schloß, daß mein eigenes Bedürfnis nach Kontrolle und Dominanz vielleicht einer fürsorglicheren Form des Umgangs miteinander gewichen war, den die Art und Weise verkörperte, in der ich während der Abwesenheit meiner Frau für meine Kinder gesorgt hatte.

Zum Abschluß des Abends versuchte Ullman selbst, die Fäden der zentralen Motive meines Traums, wie er sie sah, zusammenzuknüpfen. Er meinte, der Film *Passion Fish,* den er zufällig selber auch gesehen hatte, sei sicher ein starker auslösender Faktor für meinen Traum gewesen. Die Hauptfigur des Films ist, wie er es darstellte, eine Frau mit enormer Energie. Trotz ihres schrecklichen Unfalls hat sie noch all ihre Energie, nur daß sich diese jetzt in Frustration und Wut äußert. Sie lernt, meistenteils von der sachlich-nüchternen schwarzen Haushälterin, wie sie diese Energien umlenken, das heißt positiv und nützlich verwenden kann, statt sie zu mißbrauchen und andere damit zu verletzen. Dies, so Ullman, sei genau der Punkt, den mir der Traum vor Augen führe. Der mächtige, zur Mißhandlung neigende Großvater in meinem Traum ist dem Tode nahe. Wenn ich seine Energie aufgreifen und umlenken könnte, führte Ullman aus, stände mir eine ganz neue Möglichkeit zur Verfügung, von meiner Macht und Kraft Gebrauch zu machen – nicht, um Kontrolle über andere Menschen auszuüben, sondern eher zu ihrem Wohl.

»Der Traum handelt von einem inneren Kampf«, sagte Ullman zusammenfassend. »Nach meiner Ansicht versuchen Sie, eine zerstörerische, negative Energie in liebevolle, positive Energie umzuwandeln. Sie sind in Ihrem Menschsein durch die Umstände, unter denen Sie nach eigenen Angaben aufgewachsen sind, gelähmt worden. Sie sind unzulässigen Aggressionen ausgesetzt worden, und jetzt setzen Sie sich damit auseinander, wie Sie Ihre eigenen Aggressionen besser nutzen können. Der Traum weist darauf hin, daß Sie nicht einfach Ihr Narbenkleid ablegen können, sondern es wahrscheinlich noch ein wenig behalten müssen, ebenso wie Sie noch an der alten Wohnung hängen. Aber es paßt Ihnen nicht mehr so recht. Indem Sie sich eine neue Grundlage schaffen, können Sie

Ihre Narben akzeptieren und Ihre Menschlichkeit aufblühen lassen. Das ist verständlicherweise ein schmerzhafter Prozeß, und ich glaube, deshalb sind Sie aus dem Kino verschwunden, bevor der Film aus war. Aber letztlich haben Sie den Film doch mit Ihrem Traum zu Ende gesehen.«

So groß die Ausbeute auch war, wollte ich doch meinen Traum in einer von Taylor geleiteten Gruppe noch einmal durchgehen, zum einen, weil ich mich fragte, ob man ihn nicht auch unter anderen Gesichtspunkten betrachten könnte, und zum anderen, weil Taylor ein ausgesprochenes Interesse an der spirituellen Dimension von Träumen hat. Ullman betritt dieses Terrain nur zögernd, immerhin befaßt er sich auch mit telepathischen Träumen. Er schrieb: »Unser Traum-Ich verliert eine Grundwahrheit nie aus den Augen: Trotz der mannigfachen Art und Weise, in der sich die Menschheit im Lauf der Geschichte zersplittert hat, gehören wir doch alle einer einzigen Spezies an.« Taylor geht einen Schritt weiter. »Ich glaube, daß jeder allnächtlich ›zu Gott zurückkehrt‹«, schrieb er, »wobei sich die Grenzen seiner normalen Ich-Persönlichkeit, all die Sorgen darüber, wie die Zeit vergeht und unweigerlich der Tod naht, und das angstvolle Gefühl, vom wahren unbewußten Selbst, voneinander und vom Göttlichen getrennt zu sein, auflösen.«[10] Träume setzen ein, so Taylor, wann immer die Verbindung zu einer transzendenten, höheren Macht verletzt worden oder abgebrochen ist. »Alle Träume, insbesondere die Träume von aufrichtig nach spiritueller Erfahrung Strebenden, führen direkt zu den Hindernissen auf dem Weg – zu Verletzungen aus der Kindheit, derzeitigen Selbsttäuschungen sowie unterdrückten ›geheimen‹ Wünschen und Meinungen, kurz: zu all den Dingen, die den Weg versperren und von der Erfahrung eines tieferen Lebenssinns trennen.«[11]

Da ich aus Zeit- und Ortsgründen nicht persönlich an einer von Taylors Gruppen teilnehmen konnte, willigte er ein, direkt mit mir zusammen an dem Traum zu arbeiten. Ich schrieb den Traum auf und schickte ihn mit einigen der Assoziationen, die sich in Ullmans

Gruppe ergeben hatten, an ihn. Dann sprachen wir über eine Stunde am Telefon darüber. Seine ersten Assoziationen waren spannend, aber einige davon erschienen mir doch recht weit hergeholt. Immer, wenn das der Fall war, meldete ich mich gleich zu Wort und wies ihn darauf hin. Darüber war er keineswegs beleidigt. Taylor ist der Auffassung, daß selbst ein negatives Aha-Erlebnis – das klare, sichere Empfinden, daß eine gewisse Assoziation *nichts* mit dem Sinn des Traums zu tun hat – auf dessen tiefere Bedeutung verweisen kann. Und wahrhaftig, je länger wir miteinander redeten, um so eingängiger fand ich Taylors Ideen.

Er war der Meinung, daß mein Traum im weitesten Sinne mein fortwährendes Bemühen widerspiegelte, mit einem Gefühl der Einengung und Frustration fertig zu werden – ob ich die Wohnung meiner Großmutter kaufen, das Kätzchen behalten oder wie ich mit dem mißbräuchlichen Verhalten meines Großvaters umgehen sollte. Das Gefühl der Beschränktheit, so Taylor, scheine aus der Generation meiner Großeltern herzurühren. »Wenn es mein Traum wäre«, sagte er, wie es seiner eigenen Technik entspricht, »wäre das zentrale Motiv die Aussöhnung mit meinen weiblichen Energien. Da mein Vater eine passive Rolle gespielt hat, bin ich dazu geprägt worden, das Weibliche als die einzige legitime Verhaltensweise zu betrachten. Gleichzeitig sind mir jedoch so viele Verletzungen vom Weiblichen – meiner Mutter – zugefügt worden, daß es mir nicht leichtfällt, die Arme auszustrecken und diese Seite meiner selbst zu umarmen. Ich bleibe mit einem Gefühl der Isoliertheit auf der Strecke. Aus meinen Schwierigkeiten, mich mit den weiblichen Figuren meines Traums einzulassen und eine Verbindung herzustellen – mit der Großmutter, Lisa, dem Kätzchen und der schwarzen Haushälterin –, erklärt sich mein Gefühl der Ohnmacht und Frustration. Ebenso, wie sich Lisa in einer Wohnung einrichtet, die sie im Grunde gar nicht will, habe ich mich, wie ich glaube, im Hinblick auf mein eigenes Gefühlsleben mit viel zuwenig zufriedengegeben.«

Eine noch stärkere Beziehung zu Taylors Ideen spürte ich, als er sie auf den Teil meines Traum bezog, in dem es um meinen Großvater ging. Hier wurden seines Erachtens gewisse universelle Themen angesprochen – C. G. Jungs »Archetypen«. Der Traum beginnt in der ausschließlich weiblichen Welt meiner Mutter, Großmutter und Lisas, endet jedoch in der vollkommen männlichen Welt meines Großvaters. Taylor hielt es für absolut bedeutsam, daß ich den Mann nie kennengelernt hatte. Die Thematik des Traums, überlegte Taylor, sei weniger meine Beziehung zum Großvater als vielmehr sein Erbe an mich – und was ich davon annehmen würde. Die Probleme in meiner Familie hätten, so Taylor, wohl eine Verbindung zu universalen Motiven – der Kampf um männliche oder weibliche Prinzipien und die Beziehung zwischen Tod und Wiedergeburt. »Im Traum ist der Tod, egal, wie er in Erscheinung tritt, immer mit einer Persönlichkeits- und Charakterentwicklung verbunden.«[12] Wenn man den Tod im Traum akzeptieren und ganz erfahren würde, erklärte mir Taylor, leite er unweigerlich zu einem ebenso starken Wiedergeburtserlebnis über.

»Es ist ziemlich klar«, sagte er, »daß der Großvater nicht sterben wird, solange er Ihnen die Strafe nicht verpaßt hat. Er ist ein starker Mann, der der Frau die Stirn bieten kann, die Sie in Ihrem Leben stets gefürchtet haben. In gewisser Weise stellt dieser Traum einen Energietransfer dar, eine Weitergabe des Zepters. Er steht kurz vor seinem Tod, Sie haben Ihr Leben noch vor sich. Das unangenehmste Traumbild – sein mißbräuchliches Verhalten – birgt zugleich die größten Verwandlungsmöglichkeiten für die Zukunft in sich.« Wie Ullman hielt auch Taylor meine Entscheidung, die negative Energie meines Großvaters positiv zu nutzen, für die Kernfrage. »Damit sich die Persönlichkeit entwickeln und reifen kann«, schrieb er, »muß erst das alte Ich sterben und dem neuen Platz machen. Dies ist ein psychischer, spiritueller Tod, den wir angstvoll mit dem physischen Tod gleichsetzen.«[13] Nach Taylors Auffassung ist das eigentliche Thema meines Traums die Wiedergeburt. »Ihr Traum sagt ganz klar aus, daß Sie Ihre Energien anders verwenden wollen«, erklärte er mir. »Die alte Wohnung reicht nicht, Sie wollen die Bedürfnisse Ihrer Kinder stärker berücksichtigen, als es bei Ihnen selbst früher war, und Sie halten es für entscheidend, sowohl das Männliche als auch das Weibliche in Ihr Leben einzubeziehen. Wonach Sie in Ihrem Traum suchen, ist neuer Boden unter den Füßen – nicht der Ihrer Großmutter oder Ihres Großvaters, auch nicht der Ihrer Mutter oder Ihres Vaters, sondern einen ureigenen Platz zum Wohlfühlen, mit vielen Zimmern und einer besseren Übersicht über die Dinge.«

Nach meinem Gespräch mit Taylor ging mir auf, daß es nahezu unmöglich ist, eine erschöpfende Deutung für einen Traum zu finden. Zum Beispiel wurde mir später klar, daß selbst dieser verhältnismäßig kompakte Traum alle fünf Grundthemen ansprach, von denen die Menschen nach Calvin Halls Meinung träumen. Um das Thema Sicherheit und Freiheit ging es bei der Frage, ob ich mich in der Wohnung meiner Kindheit noch wohl fühlen würde. Das Thema Männlichkeit und Weiblichkeit kam in meiner konfliktbeladenen Beziehung zu allen Hauptfiguren meines Traums zum Ausdruck. Das Thema Leben und Tod wurde angesprochen durch das bevorstehende Ableben meines Großvaters und dessen Wirkung auf mich. Weiter griff der Traum, wie meine vielen Assoziationen zeigten, das Thema Liebe und Haß in der Beziehung zu meinen Eltern auf. Und schließlich behandelte er noch das Thema Recht und Unrecht, verkörpert in meinem Zwiespalt, wie ich mich angesichts der von meinem Großvater angedrohten Strafe verhalten sollte.

Der Traum hat nunmehr seit über einem Jahr in mir nachgewirkt. Unter anderem hat er mir Einblick in die Kräfte gewährt, von denen meine Eltern geprägt wurden. Ich wurde zum ersten Mal zu meinem Großvater geführt, einem Mann, von dem ich nur wenig in meinem Leben gehört hatte. Je mehr ich über seine paradoxe Rolle in meinem Traum nachdachte, um so mehr kam ich zu der Überzeugung, daß ich auf eine neue Quelle männlicher Energie gestoßen war, die mir vorher einfach nicht zur Verfügung gestanden hatte.

Als ich nach dem Traum mit meinem Vater darüber sprach, wurde deutlich, daß er wirklich unter der Tyrannei des Großvaters gelitten hatte. Im Traum erhebt sich mein Großvater vom Totenbett, um mir eine Lektion zu erteilen, die ich sicher seit langem nötig hatte. Sein Stil stößt mich ab, seine Intentionen hingegen nicht. Es geht um unmittelbare Machtausübung. Jemand in meinem Traum hat eine Missetat begangen und muß bestraft werden. Nach Auffassung meines Großvaters will niemand sonst diese Verantwortung auf sich nehmen. Er selbst ist zwar dem Tode nahe, aber er nimmt die Verantwortung an. Und sobald er im Holzschuppen fertig ist, wird die Sache ihr Ende haben. In meinen Augen übt er seine Macht unmittelbar und mit Recht aus. Und doch ist er herzlos. Die von Alfre Woodard gespielte Figur, sein weibliches Gegenstück, ist ebenfalls hart und direkt, aber auch mitleidsvoll. Ich konnte von beiden etwas lernen.

Träume kommen meiner Überzeugung nach nicht, um uns etwas zu sagen, was wir bereits wissen, sondern um uns Informationen zu Bewußtsein zu bringen, die uns im wachen Leben noch nicht bewußt geworden sind. Träume strafen die oberflächliche Regung Lügen, man könne einfach über Konflikte hinweggehen. Persönliche Probleme bleiben bis in alle Ewigkeit lebendig und setzen uns zu, ob wir uns nun mit ihnen auseinandersetzen oder nicht. Träume sind oft demütigend, da sie uns unmittelbar vor Augen führen, wie wir uns selbst betrügen, aber sie weisen uns auch auf ein ganzheitlicheres Leben hin. Mir jedenfalls ging schließlich auf, daß mein Traum – auf jeder Ebene und mit unzensierter Treffsicherheit – widerspiegelte, wo ich mich selbst an diesem Punkt der Lebensreise befand. »Bei korrekter Deutung erzählen uns Traumbilder, wer wir sind, und nicht, wer wir zu sein *glauben«*, sagte Ullman. »Sie geben uns Aufschluß über unsere tatsächliche Wirkung auf andere und nicht über die Wirkung, die wir gern hätten. Kurz: Sie geben ehrlich und sachlich Auskunft über die unmittelbare Lage, in der wir uns zur Zeit des Träumens befinden.«[14]

Mein Traum behandelte den Weg, den ich schon zurückgelegt

hatte, die ungelösten Aufgaben, mit denen ich konfrontiert war, und die Möglichkeiten, die vor mir lagen. Er vermittelte mir ein lebhaftes Bild von dem Schmerz, der sich hartnäckig in meinem Leben erhalten hat, und zeigte mir, wieviel Energie diese Konflikte immer noch verbrauchten. Trotzdem war er auch voller Hoffnung und Verheißung. Ich hatte meine Suche nach Weisheit begonnen, von äußerlichen Ambitionen angetrieben, getrennt von den zarteren Regungen meines Herzens und in der qualvollen Erkenntnis, daß Erfolg und Macht mir nicht das Gefühl von Glück und innerer Stärke geben konnten, wie ich angenommen hatte. Der Traum hatte mir einige Erklärungen zu bieten. Er sagte mir, daß meine alte Denkungsart ausgedient hatte, auch wenn ich mir manchmal wünschte, sie gelte noch. Zu einer neuen Lebensweise zu finden hieß, nicht mehr aus dem Brunnen der Kindheit schöpfen zu wollen, der längst versiegt war, anderen trotz meiner Angst mein Herz zu öffnen und den Mut aufzubringen, positiver zu handeln, indem ich auf eine Quelle männlicher Kraft zurückgriff, für die mir erst der Traum die Augen geöffnet hatte. Wenn ich ein zusammenfassendes Urteil über die Botschaft meines Traums – und damit über meine unvollendete Suche nach Weisheit – abgeben sollte, würde es folgendermaßen lauten: Meine Aufgabe besteht darin, ohne Angst zu leben und in aller Freiheit meine Kraft anzunehmen. Wie mir der Traum klarmachte, ist beides möglich.

III
Das Ziel:
Die Integration des Erreichten

8
Die Suche nach dem Herzen der Weisheit

Wo sich die Wege von Jack Kornfield und Joseph Goldstein trennten

Viele Leute werden aktiv, aber wenn ihr Geisteszustand nicht friedvoll oder glücklich ist, säen ihre Handlungen nur noch mehr Unruhe und Ärger und verschlimmern die Situation. Statt also zu sagen: »Sitz nicht einfach herum, tu lieber etwas«, sollten wir im Gegenteil sagen: »Tu nicht einfach etwas, setz dich lieber hin.«

Thich Nhat Hanh

Sieh dir jeden Weg genau und in aller Ruhe an. Probiere ihn so oft aus, wie du es für nötig hältst. Und dann stell dir, einzig dir selber, eine Frage. Diese Frage ist von der Art, wie nur ein sehr alter Mann sie stellt. Mein Wohltäter hat mir einmal davon erzählt, als ich noch jung war und mein Blut noch zu heftig wallte, um sie zu verstehen. Aber jetzt verstehe ich sie. Ich werde dir sagen, wie sie lautet: Hat dieser Weg ein Herz? Wenn ja, ist der Weg gut. Wenn nicht, dann ist er nicht zu gebrauchen.

Carlos Castaneda

Bis weit in ihre Dreißigerjahre hinein wies das Leben von Joseph Goldstein und Jack Kornfield erstaunlich viele Parallelen auf. Beide wuchsen in den fünfziger Jahren in liberalen jüdischen Familien an der Ostküste auf. Beide waren gut in der Schule, setzten ihre Ausbildung an einem Elite-College fort und schienen ganz normal Karriere zu machen – Kornfield als Arzt, Goldstein als Professor. Beide interessierten sich während des Collegestudiums für östliche Religionen, traten nach Abschluß des Studiums dem Peace Corps bei und gingen in dessen Auftrag nach Asien. Beide studierten dort Theravada-Buddhismus und die klassische Meditationstechnik Vipassana – Kornfield in Thailand, Goldstein in Indien. 1974 begegneten sie sich kurz nach ihrer Rückkehr in die Vereinigten Staaten zum ersten Mal in Boulder, Colorado, wo sie sich während der

Sommerferien als Meditationslehrer betätigten. Dort wurden sie enge Freunde. Im Herbst desselben Jahres beschlossen sie, gemeinsam das erste einer ganzen Reihe von längeren Meditationsretreats abzuhalten. Sie waren die Mitbegründer der Insight Meditation Society (IMS), die zwei Jahre später ins Leben gerufen wurde, eines Retreatzentrums in Massachusetts. Fast ein Jahrzehnt lang lehrten sie gemeinsam und scharten mit ihren Meditationskursen von einigen Tagen bis zu drei Monaten Dauer, bei denen im allgemeinen geschwiegen wurde, eine große Zahl von treuen Anhängern um sich.

Nachdem ich schon in die verschiedensten Richtungen gewandert war, um einige Aspekte des menschlichen Potentials zu ergründen – ein paar Teile des großen Puzzles –, interessierten mich in zunehmendem Maße integrative, umfassende Modelle. Insbesondere war ich auf Methoden aus, bei denen das Persönliche und das Transpersonale gleichermaßen Beachtung fanden, also sowohl Verstand, Körper und Gefühl als auch Geist und Seele. Ich faßte als erstes diese zwei Lehrer ins Auge, die versuchten, eine klassische spirituelle Tradition des Ostens im Westen einzuführen. In der Art von Buddhismus, die Kornfield und Goldstein nach Amerika importierten, gab es weder Dogma noch Doktrin, weder Rituale noch Zeremonien, weder Hierarchien noch Glaubensbekenntnisse an irgendeine höhere Macht. »Es gab kein Räucherwerk, keinen Singsang, keinen Gott und keinen Guru«, erklärte Eric Lerner, einer der Begründer von IMS. »Vielmehr ging es darum, sich hinzusetzen, die Augen zu schließen und selbst auf die Wahrheit zu kommen.«

Mich faszinierte Vipassana durch seine intellektuelle Klarheit, seinen psychologischen Anspruch und seine elegante Einfachheit. Im Gegensatz zu Praktiken, in deren Mittelpunkt das Leerwerden des Geistes von allem Denken steht, wird im Vipassana Wert auf Bewußtheit gelegt – auf »Achtsamkeit«. Gedanken, Gefühle und Sinneswahrnehmungen, die im Bewußtsein aufsteigen, werden eben beachtet, wie sie nacheinander kommen, und dann losgelassen. Das

Ziel ist, sich dessen, was in einem bestimmten Augenblick aufsteigt, vollkommen bewußt zu sein, ohne sich damit zu identifizieren, daran festzuhalten, dabei zu verweilen oder sich darin zu verlieren. Ausgangspunkt bei der Übung des Vipassana und im Buddhismus generell ist der Leitsatz, daß alle Erscheinungen – einschließlich des Lebens selbst – letztlich vorübergehend und vergänglich sind. Durch die Übung des Vipassana wird allmählich die Illusion eines festen, permanenten Ichs abgebaut. In der Folge wird das Leben als ein Tanz des Bewußtseins erkannt, als dauernd in Veränderung begriffener Prozeß, in dem sich letzten Endes alle Grenzen auflösen und mit ihnen das Gefühl der Getrenntheit und Entfremdung, von dem das normale Leben gekennzeichnet ist. Indem man innerlich zum Zeugen oder Beobachter wird – also Achtsamkeit entwickelt –, kann man zurücktreten vom flüchtigen Schauspiel der alltäglichen Gedanken, Gefühle und Ereignisse und sie gelassen und gleichmütig betrachten. Das hilft einem, wie ich selber merkte, ebenso den spirituellen Horizont zu erweitern, wie es ein Mittel ist, das psychische Wohlbefinden zu steigern. Robert Assagioli, der Begründer der Psychosynthese, hat in diesem Zusammenhang einmal gesagt: »Wir werden von allem beherrscht, woran sich unser Ich bindet. Wir können alles beherrschen und kontrollieren, von dem wir uns entbinden.«[1]

Sowohl Goldstein als auch Kornfield halten nach wie vor unerschütterlich an der Kultivierung und Steigerung der Bewußtheit als dem wichtigsten Mittel auf der Suche nach Weisheit fest. Allerdings sind ihre Wege inzwischen weit auseinandergegangen. Goldstein vertritt noch immer leidenschaftlich das, was er die klassische buddhistische Lehre nennt. »Wir wollen im Grunde von allem ablassen«, hat er erklärt, »statt an irgendeinem Zustand anzuhaften.«[2] Diese Aufgabe beinhaltet, allem, was aufsteigt und vorübergeht, ob Begierden oder Abneigungen, Freuden oder Schmerzen, die gleiche Aufmerksamkeit zu widmen. Kornfield, der als buddhistischer Mönch ordiniert wurde, dann aber in Psychologie promovierte, kam hingegen zu der Überzeugung, daß die direkte Auseinandersetzung mit und Lösung von Persönlichkeitsproblemen – meist durch Psychotherapie – mindestens ebenso entscheidend für das Streben nach einem vollkommeneren Leben ist wie die Meditation. Goldstein stellt persönliche Belange in einen größeren Zusammenhang. Für Kornfield sind persönliche und universale Ebenen unlösbar miteinander verwoben und gleich wichtig. Goldstein glaubt, daß der Weg zur Freiheit in der Verwandlung der geistigen Gewohnheiten und im Hinausgehen über die weltlichen Begierden liegt. Nach Kornfields Empfinden ist die schwierigere Aufgabe die, mehr im Körper zu leben und sein Herz zu öffnen.

Ihre unterschiedlichen Auffassungen spiegeln sich auch im Körperlichen wider. Goldstein, ein großer, schlanker Mann mit beginnender Glatze und feinen Gesichtszügen, ist liebenswürdig und von ausgesuchter Höflichkeit. Er wägt seine Worte sorgfältig und lacht ab und zu nervös. Freundlich und besorgt, ist er ein aufmerksamer Zuhörer und eher Geistes- als Gefühlsmensch. Es ist, als schwebe er ein wenig über den Dingen. Goldstein lebt gleich neben der IMS in einem kleinen, geschmackvoll hergerichteten, makellos möblierten Haus mit zwei Wohneinheiten, das er sich mit seiner Kollegin Sharon Salzberg teilt. Das Haus wurde von einem ihrer Schüler erworben. Goldstein ist mit 49 Jahren unverheiratet und kinderlos und gedenkt es auch zu bleiben. »Das Heiraten ist nie mein sehnlichster Wunsch gewesen«, sagte er mir, als ich ihn zum ersten Mal in seinem Haus besuchte. »Ich bin den ganzen Tag mit Leuten zusammen und habe eine nette Beziehung zu ihnen. Die Arbeit, der ich mich widme – Schreiben, Lehren und Meditieren – wächst mir immer mehr ans Herz und füllt diesen Teil meiner selbst so ziemlich aus.«

Kornfield, ebenfalls schlank und zur Kahlköpfigkeit neigend, wirkt auf den ersten Blick wie eine kürzer geratene Version von Goldstein. Aber die Unterschiede treten gleich zutage. Kornfields Gesicht ist bewegter und ausdrucksvoller, und seine Gestik ist theatralischer. Trotz seiner sanften Sprechweise ist er reizbarer als Goldstein; er vereint in sich ein größeres Spektrum von Interessen und Gefühlen. Er hat eine rasche Auffassungsgabe, eine scharfe Zunge und einen rastlosen, vielseitig interessierten Verstand. Redegewandt und leidenschaftlich, ist Kornfield charismatischer und sprunghafter als Goldstein. Das eine Mal ist er hingegeben bei der Sache und voller Verständnis, das andere Mal geistesabwesend und ungeduldig. 1984 zog Kornfield aus der IMS aus und nach Nordkalifornien, um eine Familie zu gründen. Inzwischen hat er mit seiner Frau eine zehnjährige Tochter und lebt in einem bescheidenen Haus in Woodacre, einer gutbürgerlichen Ortschaft dreißig Meilen nördlich von San Francisco. Das Haus wurde wie das von Goldstein zum Teil mit dem Geldgeschenk eines Schülers erworben. 1990 gründete Kornfield ein Retreatzentrum namens Spirit Rock, das nur fünf Minuten von seinem Haus entfernt ist. Das Zentrum bietet Meditationsretreats und Workshops zu psychologischen Themen sowie zu dem Thema an, wie spirituelle Erkenntnisse ins Alltagsleben übertragen werden können. Kornfield bringt vollkommen Unterschiedliches unter einen Hut: Er ist Ehemann und Vater, Verwalter von Spirit Rock, Lehrer und Retreatleiter, Schriftsteller und obendrein noch privat praktizierender Therapeut.

Trotz aller Differenzen, die sich zwischen ihnen eingestellt haben, fühlen sich Kornfield und Goldstein doch weiterhin verbunden durch gemeinsame Einsichten, zu denen sie schon frühzeitig im Leben kamen, vor allem die, daß die herkömmliche westliche Definition von Erfolg und Glück einfach nicht stimmt. Goldsteins Suche nach Antwort wurde durch die oft verwirrenden emotionalen Turbulenzen seiner Kindheit geprägt. Er wuchs als jüngerer von zwei Brüdern in den Catskill Mountains im nördlichen Staat New York auf, wo seine Eltern eine Feriensiedlung besaßen. Mutter und Vater arbeiteten beide schwer, aber Goldstein kann sich nicht erinnern, sich je vernachlässigt oder falsch behandelt gefühlt zu haben. Nichtsdestoweniger litt er als Junge unter starken Jähzorn- und Gefühlsausbrüchen, die er weder in den Griff bekam noch verstand. »Es wallte plötzlich etwas in mir auf«, erzählte er mir. »Irgendwo wurde ich empfindlich getroffen, und schon kam es zur Explosion. Das brachte eine Menge Leid über mich und die anderen.« Er war kurz bei einem Psychologen in Behandlung, allerdings ohne großen Erfolg. Goldstein mußte sein Problem allein lösen.

»An einem bestimmten Punkt kam ich urplötzlich zu der Erkenntnis, daß ich eigentlich gar nicht explodieren mußte, daß es mir freistand, mich anders zu verhalten«, fuhr er fort. »Ich war elf oder zwölf, und das war ein wichtiger Wendepunkt. Ich hatte damals noch keine Ahnung von Meditation, erfand jedoch ein System zur Umsetzung meiner Erkenntnis, das meinem Alter entsprach. Wenn mich die Wut packte, zählte ich einfach bis zehn. Das war eine rudimentäre Art, meine Gefühle zu beobachten, statt mich von ihnen fortreißen zu lassen, aber sie wirkte, denn mein Verhalten veränderte sich. Nach einer Weile war der aufgeflammte Zorn wieder verflogen.« Als Goldstein zwölf Jahre alt war, starb sein Vater plötzlich und unerwartet. Im Laufe der nächsten Jahre mußte der Junge auch noch den Tod des Großvaters erleben, der bei der Familie lebte, sowie den eines 19jährigen Vetters, der bei einem Autounfall ums Leben kam. Jedesmal fand Goldstein eine Möglichkeit, seine Reaktion zu beeinflussen, indem er den Blickwinkel wechselte. Statt in Kummer und Trauer zu versinken oder die Todesfälle als grausame Tragödie zu betrachten, fand er philosophische Erklärungen für die Ereignisse. »Die Leute gehörten zu meinem Leben, und plötzlich waren sie nicht mehr da«, sagte er. »Diese Todesfälle hatten einen tiefgreifenden Einfluß auf mein Verständnis, daß dies der Lauf der Dinge sei. Zwei von den Todesfällen konnte man nur als unzeitig bezeichnen, aber ich kam zu der Erkenntnis, daß der Tod kein Zufall ist. Er ist ein Teil des Ganzen. Wenn einem das klar wird, ist er keine so tragische Angelegenheit mehr.« Goldstein brachte sich regelrecht bei, Abstand zu halten von beunruhigenden Gefühlen. Es dauerte zum Beispiel fast ein Jahrzehnt, bis er tief in seinem Innern ein Gefühl von Verlust und Trauer über den Tod seines Vaters entdeckte und sich damit auseinanderzusetzen begann.

Goldsteins Interesse an östlichen Religionen erwachte an der Columbia-Universität, wo er im Hauptfach Philosophie studierte. Er las die *Bhagavadgita,* eine klassische indische Dichtung von etwa 500 v. Chr., in der der Kampf der menschlichen Seele geschildert wird, von allen Begierden loszukommen und über das Ich hinauszugehen. »Das kam mir sehr bekannt vor«, sagte Goldstein. »Wenn ich mir jetzt meine vollgekritzelte Collegeausgabe anschaue, sehe ich, daß mich vor allem die Idee des Nichtanhaftens anzog.« Zugleich war Goldstein enttäuscht, daß seine Professoren die Philosophie als akademische Disziplin und nicht als Lebensweise vermittelten. Seine Lust, weiterzustudieren, schwand mehr und mehr.

Am Ende beschloß er, statt dessen dem Peace Corps beizutreten, das wenige Jahre zuvor gegründet worden war. Er bewarb sich für Ostafrika, wurde jedoch nach Thailand geschickt. Einige Monate nach seiner Ankunft dort lud ihn ein Freund zur Besichtigung eines buddhistischen Tempels ein. Er stellte den Mönchen eine Menge Fragen, aber erst als er meditierte, spürte er, wie tief in seinem Innern etwas anklang. »Nicht, daß ich durch das Sitzen irgend etwas Großartiges erreicht hätte«, erklärte er. »Mir ging nur auf einmal auf, daß es die Möglichkeit gab, sowohl nach *innen* als auch nach außen zu schauen – dem eigenen Geist Aufmerksamkeit zuzuwenden. Genau danach hatte ich immer gesucht.«

Goldstein faszinierte vor allem, daß sich die Meditation dem Begrifflichen entzog. »Ich hatte schon viel in meinem Leben nachgedacht und kannte die Grenzen des Denkens«, sagte er. »Hier eröffnete sich mir eine völlig neue Welt.« Trotzdem war es ein Buch, ein Werk des tibetischen Buddhismus, das den Hauptwendepunkt in Goldsteins Leben markierte. Er lebte noch immer in Thailand, und das Ende seiner Peace-Corps-Zeit näherte sich. »An jenem Tag war ich geistig ungewöhnlich konzentriert und klar«, erinnert er sich. »Auf irgendeine grundlegende Art lösten die Worte des Textes, den ich las, ein Verständnis in mir aus, das intellektuell nicht zu erklären war. Es war wie ein Sichöffnen, wie die verwandelnde Erfahrung der

Selbstlosigkeit. Alles, was ich kannte, war ins Gegenteil verkehrt. Von da an war mein Lebensweg vorbestimmt.«
Kurz darauf ging Goldstein nach Bodh-Gaya in Indien, wo Buddha die Erleuchtung erlangt haben soll. Goldstein begann unter dem geachteten Lehrer Anagarika Munindra mit der Übung des Vipassana. Nicht lange, und Goldsteins Disziplin hatte legendären Ruhm erlangt, selbst unter den Mitübenden. Rick Fields beschreibt seine Erinnerungen daran in seiner Geschichte des amerikanischen Buddhismus *How the Swans Came to the Lake:* »Joseph war in Indien berühmt dafür, geduldig zu sitzen, dabeizubleiben – achtsam, achtsam, achtsam nach Art der Vipassana-Meditation; er beobachtete seinen Geist, beobachtete seinen Atem, beobachtete seine Gefühle, beobachtete seine Schmerzen, Freuden, Hoffnungen, seine Glückseligkeit, seinen Durst, beobachtete, was immer ins Gesichtsfeld seines Bewußtseins rückte, während alle anderen es nur mal probierten, vielleicht einen Tag, eine Woche oder einen Monat saßen und dann weiterzogen.«[3]

Während Goldstein in Bodh-Gaya meditierte, übte Jack Kornfield Vipassana in den entlegenen Urwäldern Thailands. Kornfield hatte sich Asien und die Meditation aus Gründen erwählt, die er später mit seiner stürmischen Kindheit in Zusammenhang brachte. Er wurde als ältester von vier Jungen auf einer Marineforschungsstation in North Carolina geboren, aber seine Familie zog häufig um. Sein Vater war Biophysiker und an mehreren Universitäten an der Ostküste tätig. Kornfield war jedoch schon früh klar, daß die Laufbahn seines Vaters nicht sehr befriedigend war. »Die Leute, die ich aus den wissenschaftlichen und intellektuellen Kreisen kannte, waren unglücklich«, erzählte er mir bei einem unserer ersten Gespräche. »Es war selbst für ein Kind wie mich nicht zu übersehen, daß es einen Unterschied gab zwischen weltlichem Erfolg und Glück.« Kornfield war gut in der Schule, empfand jedoch eine qualvolle Unsicherheit und Unbeholfenheit in seinen Beziehungen zu anderen Menschen. Auch das Familienleben war nicht gerade glücklich oder leicht. Seine Eltern stritten sich oft, die Atmosphäre zu Hause war häufig gespannt, und seine Bemühungen, Frieden zu stiften, fruchteten meist wenig.

Als er vierzehn war, gab ihm seine Mutter *Das dritte Auge* zu lesen, ein romanhaftes Buch mit mystischen Geschichten über Tibet. Kornfield fand das Buch sowohl unterhaltsam als auch ganz reizvoll, ohne auf die Idee zu verfallen, ein so fremdartiges Leben könnte eine vernünftige Alternative für ihn selbst sein. 1963 ging er ans Dartmouth College, um Arzt zu werden, hielt aber von Anfang an die Augen offen, ob es nicht etwas Verlockenderes gab, was er mit seinem Leben anfangen konnte. Im ersten Semester schrieb er sich für eine Vorlesung mit dem Titel »Laotse und der Buddha« ein, die ein gutaussehender älterer Professor namens Wing Tsit Chan abhielt, der in China studiert hatte und sich sowohl in der östlichen wie der westlichen Philosophie auskannte. Dr. Chan saß mit gekreuzten Beinen auf einem Pult vorn im Saal und referierte über das Tao und anderes aus der Mystik. Bereits nach kurzer Zeit faßte Kornfield den Entschluß, auf das Hauptfach Orientalistik umzusatteln.

Er begann, Sinologie zu studieren, ließ sich die Haare lang wachsen und nahm sich ein Jahr frei, um durch Europa zu trampen. Im Sommer 1966 verbrachte er vier Monate in Haight Ashbury. An den Straßenecken wurde LSD – damals noch legal – verteilt, und Kornfield machte psychedelische Erfahrungen, die ihm einen starken, meist schönen Einblick in andere Bewußtseinszustände verschafften. Obgleich er nach Dartmouth zurückkehrte, um sein Studium abzuschließen, war er bereits entschlossen, sich nach dem Examen in Asien als buddhistischer Mönch ordinieren zu lassen. »Ich war einigermaßen unglücklich mit meinem Leben, hatte immer noch schreckliche Schwierigkeiten mit Frauen und wußte nicht, wer ich bin«, sagte er. »Was ich wußte, war, daß der Osten irgendwie eine Schlüsselrolle für mich spielte.« Erst viel später wurde ihm klar, daß seine Beweggründe zum großen Teil seinem Wunsch entsprangen, der unvermeidlichen Qual und Verwirrung eines weltlichen Lebens zu entfliehen. Kornfield traf 1967 in Thailand ein und suchte sich sofort ein Kloster, in dem er seinen Studien nachgehen konnte, wenn es ihm seine Peace-Corps-Pflichten erlaubten.

»Ich hatte nicht unbedingt vor, für den Rest meines Lebens Mönch zu werden«, erzählte mir Kornfield, »aber ich wollte auf jeden Fall das Training kennenlernen, dem sich buddhistische Mönche unterwerfen, um ein tieferes Verständnis der Schriften, die ich auf dem College gelesen hatte, und meiner psychedelischen Erfahrungen zu gewinnen. Ich wollte mich weit von meiner Kultur absetzen, in der Hoffnung, mir dann ein gültigeres Bild vom Leben machen zu können.« Ein Landsmann, den er in Asien kennenlernte, stellte ihn schließlich Achaan Chaa vor, einen hochgeachteten »Waldmönch«. Achaan Chaa hatte mehrere Jahre in Askese verbracht, sich während dieser Zeit seine Nahrung erbettelt und unter Bäumen geschlafen. Streng und der Tradition verhaftet, verlangte er von seinen Schülern die strikte Einhaltung der 226 angeblich von Buddha überlieferten Regeln. Kornfield war begeistert von der Einfachheit und Strenge des Lebens in einem Waldkloster Hunderte von Meilen von jeder größeren Stadt entfernt. Bald teilte er seine Zeit in lange Stunden der Meditation, einen täglichen Marsch von fünf Meilen, um barfuß und bei jedem Wetter das Essen für seine einzige Mahlzeit in der Tagesmitte zu sammeln, und das Fegen der Pfade rund um das Kloster, eine Arbeit, die ebenfalls zu seiner Meditationspraxis gehörte.

Nach zwei Jahren wurde Kornfield als Mönch ordiniert. Mit dem Segen Achaan Chaas begann er nun, unter verschiedenen führenden buddhistischen Lehrern zu studieren, unter anderem bei einem der alten Lehrer des Theravada-Meisters Mahasi Sayadaw, dessen Schüler Goldsteins Lehrer Munindra gewesen war. Kornfield begab sich außerdem für ein Jahr in ein intensives Retreat der absoluten Stille, bei dem er bis zu zwanzig Stunden am Tag meditierte und die ihm zugewiesene kleine Hütte nur verließ, um seinen Meister aufzusuchen oder sich seine Tagesration an Nahrung zu holen. Wie Goldstein fand auch Kornfield seine ersten Erfahrungen mit intensiver Meditation außerordentlich bewegend. »Zuerst hatte ich alle möglichen Probleme, auch große Schmerzen, aber ich riß mich zusammen«, erzählte er mir. »Ich war noch jung, hatte ohnehin einen gewissen Hang zur Askese und zudem großes Interesse an der Übung. Mit der Zeit wurde ich unglaublich offen und klar. Ich spürte, wie all meine Sinne geschärft wurden, und verstand auf einmal die buddhistische Geschichte und Psychologie, über die ich gelesen hatte, in aller Tiefe.«

1972, nach fünfjährigem Aufenthalt in Asien, entschloß sich Kornfield zur Rückkehr in die Vereinigten Staaten. Er wollte die emotionalen Beziehungen zu seiner Familie und Freunden, die er hinter sich gelassen hatte, aufarbeiten. Aber trotzdem wollte er weiterhin die Mönchskutte tragen, sich den Kopf kahl scheren und als asketischer Bettelmönch leben. Diese letzteren Vorsätze waren allerdings nicht von langer Dauer. Zwei Wochen nach seiner Ankunft in der Heimat wagte er sich in Robe und mit Bettelschale nach draußen, um seine Schwägerin zu treffen, die gerade im Elizabeth-Arden-Kosmetiksalon auf der Fifth Avenue saß und auf ihre Schönheitskur wartete. Kaum hatte er sich im Warteraum niedergelassen, als sich auch schon acht bis zehn Frauen um ihn scharten und ihn voller Erstaunen anstarrten. Die Diskrepanz zwischen dem östlichen Leben, das er geführt hatte, und dem, was für die westliche Welt der Elizabeth Arden typisch war, wirkte augenblicklich ernüchternd. »In dem Moment«, schrieb er später mit erheblicher Untertreibung, »wurde mir klar, daß ich einen Weg finden mußte, um die alten, wunderbaren Lehren, die ich in dem buddhistischen Kloster empfangen hatte, mit dem Leben in der modernen westlichen Welt zu vereinen.«

Binnen weniger Wochen hatte Kornfield die Mönchsrobe abgelegt, sich in Antioch für das Psychologiestudium eingeschrieben und zwei Jobs übernommen, um seinen Lebensunterhalt zu verdienen: als Taxifahrer in Boston und als Nachtwache in einer Klinik für geistig Behinderte. Außerdem ging er die erste Beziehung mit einer Frau seit seiner Collegezeit ein und zog in eine Gemeinschaftswohnung. Ziemlich schnell kam er zu einer schmerzhaften, enttäuschenden Erkenntnis. Das tiefe Verständnis, die außerordentliche Klarheit und das Wohlbefinden, also das, was er in der Meditation erlebt hatte, ließ sich nicht so leicht in den amerikanischen Lebensalltag übertragen. »Meine Meditation hatte mir im Hinblick auf zwischenmenschliche Beziehungen wenig geholfen«, schrieb er. »Ich war nach wie vor emotional unreif und legte wieder die gleichen Verhaltensmuster von Schuldgefühlen und Angst, Annehmen und Ablehnen an den Tag wie vor meinem buddhistischen Training. Das Entsetzliche war nur, daß ich diese Muster jetzt immer deutlicher erkannte. Ich hatte meine Geisteskraft in der Meditation dazu verwandt, schmerzhafte Gefühle zu unterdrücken, und allzuoft erst viel später gemerkt, daß ich wütend, traurig, kummervoll oder enttäuscht war. Ich war sehr ungeübt darin, mich mit meinen Gefühlen auseinanderzusetzen, mich emotional zu engagieren oder zu einem weisen Miteinander mit meinen Freunden und denen, die ich liebte, zu finden.«[4] Oder, wie er mir zusammenfassend erklärte: »Das Leben, zu dem ich zurückgekehrt war, hatte in weiten Teilen etwas völlig Unausgegorenes, Unfertiges.«

Paradoxerweise war es bei den Übungen, die Kornfield unter Achaan Chaa durchgeführt hatte, eigens um die Frage gegangen, wie die meditative Bewußtheit mit ihren Qualitäten von Liebe und Mitgefühl ins Alltagsleben übertragen werden könnte. Kornfield glaubt, daß er sicher mehr von seinen persönlichen Problemen hätte bereinigen können, wenn er länger bei Achaan Chaa geblieben wäre. Doch selbst dann hätte es seiner Meinung nach immer noch zwischenmenschliche Fragen gegeben, die in klösterlicher Atmosphäre nicht hätten geklärt werden können.

Im Gegensatz zu Kornfield machte Joseph Goldstein ein Training nach klassischem Muster durch, bei dem es kaum eine Rolle spielte, wie man in der Welt lebte, weil man sich ohnehin darauf konzentrierte, an nichts festzuhalten. »Wenn du übst, solltest du ohne Rücksicht auf Leib oder Leben bei der Sache sein«, lautete die Unterweisung, die Goldstein von U Pandita erhielt, dem gestrengen, traditionsverbundenen Nachfolger Mahasi Sayadaws. Goldstein ist trotzdem davon überzeugt, daß sein strenges Meditationstraining in Asien einen positiven Einfluß auf seine Fähigkeit hatte, Beziehungen einzugehen. Er kehrte 1974 in die USA zurück mit der Vorstellung, etwas zu lehren, ohne genau zu wissen, was. »Das, was normalerweise in Beziehungen passiert, passierte immer noch, als ich wieder zu Hause war«, erzählte er mir. »Nur kam es mir aufgrund meines Trainings viel leichter vor, damit umzugehen.« In diesem Zusammenhang sollte allerdings fairerweise erwähnt werden, daß für Goldstein intime Beziehungen einfach nicht so wichtig waren wie für Kornfield. Die buddhistische Idee des Nichtanhaftens entsprach Goldsteins persönlichen Neigungen voll und ganz. Kornfield hingegen hatte immer gehofft und erwartet, eines Tages zu heiraten und eine Familie zu gründen.

Als sich Kornfield und Goldstein im Sommer 1974 in Boulder kennenlernten, überwogen ihre Gemeinsamkeiten die Unterschiede bei weitem. Anlaß ihres Treffens war die Teilnahme an der Gründungsfeier des Naropa-Instituts in Boulder, Colorado, die einen ganzen Sommer lang dauerte, ein ähnlich grundlegendes Ereignis für die Bewegung der Bewußtseinskultur wie sechs Jahre zuvor Woodstock für die Rock'n'Roll-Gegenkultur. Sowohl Goldstein als auch Kornfield, beide knapp ein Jahr zurück aus Asien und beide noch im ungewissen, was sie mit ihrem Leben anfangen sollten, fanden es sensationell, ein so begeistertes Publikum von jungen amerikanischen Suchern vorzufinden. Die Schüler kamen in Scharen zu ihren Kursen, nicht zuletzt deshalb, weil sie zu den ersten westlichen Meditationslehrern mit einer authentischen asiatischen Ausbildung gehörten und zudem beide die Gabe besaßen, östliche spirituelle Lehren als relevant und annehmbar darzustellen.

Das Naropa-Institut war auf Anregung eines charismatischen, in Tibet geborenen buddhistischen Lehrers, des *Tulku* Chögyam Trungpa Rinpoche, entstanden. *Tulkus* sind erleuchtete Lehrer –

mit dem Dalai Lama als dem prominentesten –, von denen es heißt, sie hätten die erneute Wiedergeburt nach einer früheren Inkarnation nur auf sich genommen, um andere zum Erwachen zu führen. Trungpa, im Alter von 18 Monaten als *Tulku* erkannt, verbrachte seine Kindheit in Tibet, wo er sich einem strengen buddhistischen Training unterwerfen mußte. 1959, mit zwanzig Jahren, soll er 300 Mitmenschen bei der gemeinsamen Flucht aus Tibet geholfen haben, mit denen er nachts reiste, um nicht von den chinesischen Besatzungstruppen entdeckt zu werden, und gekochtes Leder aß, um sich am Leben zu erhalten. Trungpa ließ sich zuerst in Indien nieder, fühlte sich aber zum Westen hingezogen. Mit Hilfe eines Gönners ging er nach England, um 1963 ein Studium in Oxford aufzunehmen. Er erwies sich als hervorragender Student, was nicht zuletzt auf sein gesteigertes Konzentrationsvermögen und die ungeteilte Aufmerksamkeit zurückzuführen war, die er sich in jahrelanger intensiver Meditation erworben hatte.

Trungpa kam im Mai 1970 in den Vereinigten Staaten an und trat bereits kurze Zeit später eine Vortragstour durch das Land an. Auf seiner Reise fiel ihm auf, wie ungeheur groß der spirituelle Hunger der jungen Amerikaner war, denen er begegnete, und wie falsch ihre Vorstellung von der traditionellen östlichen Auffassung von der Suche nach Wissen war. Seine Vorträge von dieser Reise wurden gesammelt und in seinem wohl bekanntesten und vielleicht einflußreichsten Buch *Spirituellen Materialismus durchschneiden* veröffentlicht. »Wir können leicht der Selbsttäuschung verfallen, wir würden Spiritualität entwickeln«, schrieb er, »während wir in Wahrheit nur unsere Selbstbezogenheit durch spirituelle Techniken stärken. Diese grundlegende Entstellung kann als spiritueller Materialismus bezeichnet werden.«[5]

Paradoxerweise hat Trungpa mit seinem eigenen Verhalten genau diese Widersprüche verkörpert. Er rauchte, trank exzessiv, aß alles, was ihm schmeckte, und kam regelmäßig zwei Stunden zu spät zu seinen Vorträgen. Insbesondere mit dem Trinken verletzte er eines der fünf sittlichen Gebote des Buddhismus. Am Ende mußte er einen katastrophalen Preis dafür zahlen. Als Trungpa 1987 mit 47 Jahren starb, wurde als offizielle Todesursache Herzversagen angegeben, aber es war weithin bekannt, daß der wahre Grund Alkoholismus war. Zeit seines Lebens sah Trungpa allerdings keine Veranlassung, sich zu entschuldigen, sondern behauptete steif und fest, selbst seine Schwächen seien noch eine spirituelle Lehre für seine Schüler. Seine Tugenden – Charisma, ein durchdringender Verstand, umfassendes Wissen, Verständlichkeit und die fremde Herkunft – sorgten dafür, daß seine Anhänger über seine Ausschweifungen hinwegsahen. Wie Trungpa selbst ignorierten auch seine Schüler einen der Kernsätze von seiner ersten Vortragstour durch die Vereinigten Staaten. »Sobald wir eine Diskrepanz, einen Widerspruch zwischen unserem Handeln und der Lehre spüren, interpretieren wir die Situation sofort so, daß der Konflikt geglättet wird«, führte er damals an. »Wir versuchen eine Antwort auf jede Frage zu finden, die uns rechtfertigt.«[6]

Trungpa ließ sich mit seiner englischen Frau Diana in Boulder, Colorado, nieder und richtete dort ein Lehrzentrum ein. 1974, als auch schon in anderen Städten Zentren entstanden waren, kam er auf die Idee, in Boulder eine Schule nach dem Vorbild einer altindischen buddhistischen Universität zu eröffnen. »Der Leitgedanke des Naropa-Instituts war der, daß klares, scharfes Denken entscheidend für die spirituelle Reise ist«, erklärte Rick Fields, der selbst ein hingebungsvoller Schüler Trungpas wurde. »Gebraucht wurde ein Kreuzungspunkt, wo sich das intellektuell-kritische Bewußtsein des Westens und der östliche Weg der Erfahrung und Meditation Auge in Auge begegnen konnten.«[7] Sucher im Collegealter, die durch den entsprechenden Lesestoff und Erfahrungen mit halluzinogenen Drogen zur Mystik stießen, waren schnell entflammt für das Kursangebot des Naropa-Instituts, das Themen von der Meditation bis zur Anthropologie und von Sanskrit bis hin zur Teezeremonie abdeckte. Zur Eröffnung des Instituts im Sommer hatte man ein paar Hundert Schüler erwartet. Über zweitausend stellten sich ein.

Hauptattraktion waren die Vorträge, die Ram Dass und Trungpa im Wechsel zweimal pro Woche hielten. Ram Dass trug immer noch indische Gewänder und einen langen Bart, und er hatte eine große Anhängerschar, da *Sei jetzt hier,* das zwei Jahre vorher erschienen war, ein weithin bekanntes Kultbuch geworden war. Nach seiner auf Demut und Verehrung beruhenden hinduistischen Auffassung ging es vor allem darum, Freude und Mitgefühl zu empfinden und das Herz einer tieferen Wahrheit zu öffnen, manchmal durch ekstatisches Singen die ganze Nacht hindurch. Gleichzeitig predigte Ram Dass eine asketische Lebensweise. Trungpa hingegen, der viel amerikanischer aussah als der in Boston geborene, in Harvard ausgebildete Ram Dass, hielt vollkommen nüchterne und anspruchsvolle Reden mit häufiger Bezugnahme auf das Leiden, die Qual der Illusion und die Notwendigkeit einer rigorosen Disziplin für die Meditationspraxis. Hinterher saßen seine Anhänger allerdings oft die ganze Nacht in einer Bar und feierten.

»Ram Dass hielt einen Vortrag, und alle Welt sang und dachte an Gott«, erinnerte sich Kornfield fast zwanzig Jahre später. »Und am nächsten Abend sprach dann Trungpa davon, daß Weisheit nicht durch irgendeine Gottesschau gewonnen wird, sondern durch die geistige Übung der Achtsamkeit und die Auseinandersetzung mit der Vergänglichkeit. Zwischen ihnen bestand eine enorme schöpferische Spannung, wie man sie bei zwei Tänzern oder Musikern erleben kann.« Doch bei allen äußeren Gegensätzen hatten Trungpa und Ram Dass auch viel gemeinsam. Beide sprachen davon, daß die Aufmerksamkeit von äußeren Zielen weg auf ein kontemplativeres Leben gelenkt werden müßte, vom endlosen Denken auf die Erkenntnis der Wahrheit in der Stille der Meditation, vom Streben nach immer mehr Eigenbefriedigung dahin, persönliche Begierden fahrenzulassen und über das Ego hinauszugehen.

Kornfield wurde von Trungpa eingeladen, Vipassana am Naropa-Institut zu lehren, nachdem sie sich 1973 auf einer Cocktailparty in Cambridge kennengelernt hatten. Joseph Goldstein kam zum Institut, nachdem er kurz vor der Eröffnung Ram Dass – den er von Indien her kannte – zufällig in einem Restaurant in Berkeley getroffen hatte. Ram Dass schlug ihm vor, bei seinen Kursen die Meditationsanleitung zu übernehmen. Der erste Naropa-Sommer erwies sich als berauschendes Erlebnis für fast alle Beteiligten. »Die Saat des Dharma war nach jenem Sommer weithin ausgestreut«, sagte Goldstein. Kornfield empfand damals die gleiche Begeisterung, während er rückblickend doch einige Bedenken hat. »Wir hatten alle das romantische, idealistische Gefühl, den Beginn einer Bewußtseinsbewegung mitzuerleben, die mit Sicherheit die Welt verändern würde«, erzählte er mir. »Es war, als brauche man nur ein höheres Bewußtsein zu erreichen, und alles dort unten auf der Erde würde ganz von selbst ins Lot kommen. Wir hatten vollkommen naive Vorstellungen von dieser Verwandlung und der schweren Arbeit, die bevorstand.«

Dennoch ließen sich viele Schüler von den Übungen der Achtsamkeit inspirieren, die Goldstein und Kornfield lehrten. Gegen Ende des Sommers merkten die beiden Lehrer, daß sich ihre Methoden glichen. Im September verließ Goldstein das Institut, um mit Sharon Salzberg zusammen, die er in Indien kennengelernt hatte, ein einmonatiges Meditationsretreat im Sequoia-Nationalforst zu leiten, zu dem sechzig Schüler kamen. Auf dieses Retreat folgten im Lauf des darauffolgenden Jahres weitere, an verschiedenen Orten der USA, bei deren Leitung Kornfield mitwirkte. Kornfield und Goldstein wechselten sich mit täglichen Dharma-Gesprächsrunden über den Buddhismus und die Praxis des Vipassana ab und sprachen jeden Tag kurz mit den einzelnen Schülern über Fragen, die ihnen während des Übens gekommen waren. Meistens jedoch meditierten die Schüler einfach 14 bis 20 Stunden am Tag, wobei sie nach dem Sitzen jeweils Gehübungen ausführten.

Die wachsende Beliebtheit der Vipassana-Retreats veranlaßte Goldstein, Kornfield und etliche ihrer Schüler, nach einem festen Retreatzentrum zu suchen. 1976 erwarben sie ein ehemaliges katholisches Kloster mit 100 Zimmern, das in einem etwa 150 Morgen großen Naturgelände in der Nähe des Städtchens Barre in Massachusetts liegt. Die relativ niedrige Anzahlung auf den Kaufpreis von 150000 Dollar wurde von Anhängern aufgebracht. Sie nannten das neue Zentrum Insight Meditation Society. »Die IMS hat im Grunde einer Menge kluger jüdischer Kids eine Karriere eröffnet«, sagte Eric Lerner, der mitgeholfen hatte, das Barre-Anwesen zu finden. »Wir wollten keine Doktoren oder Anwälte sein, und wir waren eigentlich auch noch nicht bereit, ein Leben in der Welt zu führen. Hier gab es endlich eine Alternative. Wir konnten Missionare sein, indem wir eine spirituelle Institution schufen und den Buddhismus ohne Roben und Gurus in Amerika einführen. Was uns vorschwebte, war ein demokratischer Ort, wo die Leute sitzen und meditieren konnten, während die verschiedensten Lehrer kamen und gingen.«

Wie alle buddhistischen Schulen geht auch die Theravada-Tradition auf den Mann zurück, der schließlich Buddha genannt wurde. Siddhartha Gautama wurde 567 v. Chr. als Sohn eines reichen Fürsten geboren, der in einem Palast in den Vorbergen des Himalaya lebte. Die Geschichte seines Weges zur Erleuchtung mutet wie eine klassische Heldensage an. Siddhartha wuchs in der behüteten Privilegiertheit und Luxuriosität eines Schlosses auf, heiratete jung und hatte einen Sohn. Erst dann wagte er sich zum ersten Mal in die Stadt. Dort erlebte er das Leiden, etwas, das ihm vorher unbekannt war – unter anderem einen Kranken und eine Leiche, die zur Verbrennungsstätte getragen wurde. An jenem Tag beschloß er, sein privilegiertes Leben aufzugeben und auf die Suche nach einer Lösung für das Leiden zu gehen. Sechs Jahre lang wanderte er im Land umher, lebte asketisch, meditierte und studierte die heiligen Schriften. Eines Tages kam er in das kleine indische Dorf Bodh-Gaya. Enttäuscht darüber, daß er bisher keine Lösung gefunden hatte, setzte er sich unter einen Bodhi-Baum, fest entschlossen, bis zur Erleuchtung auszuharren. Als nach der ersten Nacht eben der Morgenstern am Himmel erschien, öffnete Siddhartha die Augen und erkannte, daß er die Lösung in seinem eigenen Innern gefunden hatte.

Siddharthas zentrale Erkenntnisse sind im Buddhismus als die Vier Edlen Wahrheiten bekannt. Sowohl Goldstein als auch Kornfield haben sich in den letzten zwanzig Jahren bemüht, diese Wahrheiten ihren westlichen Schülern nahezubringen. Die erste Wahrheit besagt, daß alles Leben Leiden oder, wie es im Sanskrit heißt, *Duhkha* ist (Pali: *Dukkha*). Ganz gleich, welchen Zerstreuungen, Ablenkungen und Vergnügungen wir uns auch hingeben mögen, sind wir doch nicht gefeit gegen Gefühle wie Wut, Angst, Böswilligkeit und Enttäuschung. Außerdem werden wir älter und somit unweigerlich krank, bis wir endlich sterben. Die zweite Wahrheit lautet, daß die Ursache allen Leidens das Begehren ist, das Anhaften an der Sinneslust, an eigenen Meinungen und Vorurteilen, die uns davon abhalten, die Dinge so zu sehen, wie sie wirklich sind, und vor allem an unserer Überzeugung, ein festes, dauerhaftes Ich zu besitzen. Die dritte Wahrheit ist die Erkenntnis, daß dieses Ich letztlich eine Illusion ist – und daß alles Streben, Ansammeln von Verdiensten und alle Willenskraft daran nichts ändern kann. »Der Geist hört auf, zu erfassen und festzuhalten«, schrieb Goldstein, » wenn die bis ins kleinste gehende Vergänglichkeit von allem realisiert wird und wir den Prozeß von Körper und Geist ohne die Last des Ichs erfahren.«[8] Die vierte Wahrheit ist die vom »Achtfachen Pfad«, der den Weg zu Wahrheit und Freiheit weist; das ist der Dharma.

Das erste Glied des Achtfachen Pfades besteht aus einer Reihe von Geboten und Verhaltensweisen, die den Weg zur Weisheit klar erkennen helfen. »Wenn wir Taten begehen, mit denen wir Schmerzen und Konflikte über uns und andere bringen, können wir uns unmöglich in der Meditation festigen, sammeln und konzentrieren«, erklärte Kornfield. »Außerdem kann sich das Herz dann unmöglich öffnen.«[9] Tugenden sind im Buddhismus Qualitäten wie Weitherzigkeit und Mitgefühl, die das eigene und das Leiden anderer lindern und dem Geist die Versenkung in einen Zustand der Ruhe und Stille erleichtern. Behinderungen sind Qualitäten wie beispielsweise Wut und Gier, die einem selbst und anderen Leiden bringen und so Aufregung und Unrast im Geist hervorrufen. Ethisches oder sittliches Verhalten ist weniger etwas, das willkürlich von oben diktiert wird, als vielmehr die natürliche Frucht sorgfältiger Beobachtung der Konsequenzen aus dem eigenen Denken und Fühlen.

So bedeutet die »rechte Rede« laut Goldstein nichts weiter als »nichts auszusprechen, was unwahr ist, sondern statt dessen aufrichtige, hilfreiche Worte zu sagen«. Das »rechte Handeln« beinhaltet, nicht zu töten oder zu stehlen beziehungsweise »anderen aus Habsucht oder Begierde auf Sinnesgenüsse Leid zuzufügen«. Der »rechte Lebenserwerb« setzt sittliches Verhalten im Arbeitsleben voraus, nämlich »zum Broterwerb und Unterhalt einer Tätigkeit nachzugehen, die anderen nicht schadet«. Das »rechte Bemühen« schließlich bezieht sich auf die richtige Art von Disziplin bei der Verfolgung eines Ziels, also »in geistiger Entspanntheit und Ausgeglichenheit beharrlich und ausdauernd zu sein und sich unverkrampft anzustrengen«. Jede dieser Verhaltensweisen ist den Bewußtseinszuständen zuträglich, die die letzten beiden Stufen des Achtfachen Pfades bilden. Mit *Konzentration* ist die Fähigkeit gemeint, sich zu einem gegebenen Zeitpunkt auf eine einzige Sache sammeln zu können. Zur *Achtsamkeit* gehört, sich dessen bewußt zu sein, was in jedem Augenblick geschieht, ohne an irgend etwas davon anzuhaften.

Grundlage des Edlen Achtfachen Pfades ist der *Abhidharma,* ein Kompendium klassischer buddhistischer Psychologie zum besseren Verständnis der normalen Geistesverfassungen. Dieses Werk geht von 14 »unheilsamen« Faktoren aus, die der Weisheit im Weg stehen, sowie 14 entsprechenden »heilsamen« Faktoren, die die unheilsamen Faktoren daran hindern, in Erscheinung zu treten. Dem Zweifel wirkt beispielsweise der Glaube entgegen, der Rastlosigkeit die Gemütsruhe, dem Neid die Unvoreingenommenheit. Nach dem Abhidharma sind drei Faktoren die Wurzeln alles unheilsamen Tuns und Leidens: Gier (oder Begehren), Haß (oder Abneigung) und Täuschung (oder Unwissenheit).

Die Gier schließt, wie Goldstein sagt, das Festhalten, Wünschen und Anhaften in sich. Diese Eigenschaften werden durch die heilsamen Faktoren Weitherzigkeit, Nichtanhaften und Nichthabenwollen aufgehoben. Zum Haß gehören Abneigung, Böswilligkeit und Wut, die durch die heilsamen Faktoren Liebe, Freundschaft und guter Wille wettgemacht werden. Bei der Täuschung handelt es sich um Kenntnismangel, der daran hindert, das wahrzunehmen, was wirklich ist. Er wird durch Weisheit ausgeglichen, die zu einer klareren Sicht der Wahrheit hinleitet. Jeder bestehende unheilsame Faktor verursacht eine bestimmte Geistesverfassung, die das Wohlbefinden stört. Haß oder Abneigung zum Beispiel erfüllen den Geist mit Aufregung, Wut und sogar Gewaltsamkeit. Die Gier nach Genuß, sei es nach materiellen Objekten oder auch nach bestimmten Sinneseindrücken, hält den Geist beschäftigt und nach außen gerichtet. »Jede Verurteilung der Hemmnisse stärkt den Feind noch«, schrieb Goldstein. »Durch Achtsamkeit hingegen werden sie alle unwirksam. Sie steigen vielleicht weiterhin auf, aber sie stören das Bewußtsein nicht mehr, weil wir nicht auf sie reagieren.«[10]

Wohl kein Westler hat Schwierigkeiten und Lohn der Vipassana-Übung verständlicher beschrieben als Roger Walsh. Walsh, inzwischen Mitte Vierzig, ist in Australien aufgewachsen, hat dort promoviert und ist dann in die Vereinigten Staaten gekommen, um an der Stanford-Universität Psychiatrie zu studieren. Darüber hinaus begab er sich in Psychotherapie und kostete von allem, was die Human-Potential-Bewegung Anfang der siebziger Jahre zu bieten hatte. 1976, kurz nach seinem dreißigsten Geburtstag, ging er in der IMS zum ersten Mal für längere Zeit ins Schweigeretreat. Diese Erfahrung verwandelte ihn. »In den zehn Tagen habe ich mehr über das Bewußtsein gelernt als in meinen drei Jahren Psychiatriestudium«, sagte er mir bei einem gemeinsamen Mittagessen in seinem Heimatort Mill Valley in Kalifornien. Danach machte er längere Meditationsretreats mit und begann vom darauffolgenden Jahr ab, regelmäßig jeden Herbst in der IMS für volle neunzig Tage in Stille zu sitzen.

1977 veröffentlichte er in zwei langen Artikeln im *Journal of Transpersonal Psychology* den bis dahin wahrscheinlich umfassendsten und verständlichsten westlichen Erfahrungsbericht über Langzeitmeditation. Walsh hatte eingangs die Beobachtung gemacht, daß der Geist jenseits einer oberflächlichen Integrationsebene chaotisch funktioniert. Die Kontrolle über die eigene Aufmerksamkeit zu gewinnen empfand er als ungeheure Herausforderung, selbst für einen hochdisziplinierten, erfahrenen Meditierenden. »Die meiste Zeit über erging ich mich in Phantasien«, schrieb Walsh. »War ich einmal davon losgekommen, dauerte es nicht lange, und ich hing ihnen wieder nach. Ich wurde von Begierden, Zweifeln und vor allem Ängsten getrieben. Manchmal erhaschte ich einen flüchtigen Blick in ungeahnte Tiefen meines Geistes – das waren Augenblicke voller Stille, Klarheit und Frieden –, doch mir fehlte die nötige Aufmerksamkeit und Kontrolle, um sie zu erhalten. Die erstaunlichste Erkenntnis, zu der ich kam, je feinfühliger ich wurde, war die, daß der Geist vollkommen außerhalb der Kontrolle ist und daß ich davon mein Leben lang nichts gemerkt hatte.«[11]

Obwohl Walsh schließlich Professor für Psychologie an der Universität von Kalifornien in Irvine wurde, war sein eigenes bevorzugtes Mittel der Erkenntnis nicht die Psychotherapie, sondern die meditative Übung der Achtsamkeit. »Tag zehn eines Retreats ist leichter als Tag eins«, erzählte er mir. »Wenn man hineingeht, ist es so, wie wenn man einen Hahn aufdreht, der lange nicht benutzt worden ist. Was zuerst hervorsprudelt, ist ungenießbares Zeug. Die erste Reaktion der meisten Leute ist die, den Hahn abzudrehen und zu sagen: ›Igitt, das will ich aber nicht!‹ Doch wenn man sich allmählich mit der Furcht und Unruhe auseinandersetzt und merkt, daß selbst die schlimmsten Phantasien nicht wahr werden, wächst das Vertrauen in den Prozeß.« Bei diszipliniertem Üben ist der Lohn der Achtsamkeit nach Walshs Auffassung groß. »Man lernt die Unermeßlichkeit des Geistes höher schätzen, nimmt tiefer Einblick, macht unglaublich feinfühlige Wahrnehmungen, erfährt eine bedeutende Steigerung seines Konzentrationsvermögens und erlebt kurze Zeitabschnitte voll intensiven Friedens und voller Ruhe, die ungeheuer befriedigend sind. Vor allem aber kommt man beim Üben zu der Erkenntnis, daß es so etwas wie Befreiung gibt – daß man einen flüchtigen Blick in das eigene wahre, selbstlose Wesen erhaschen kann.«

Ich selbst habe mich bei einem Wochenendworkshop mit Vipassana vertraut machen können, den Goldberg und Sharon Salzberg in einem gedrängt vollen Saal mit Blick auf den New Yorker Times Square abhielten. Damals hatte ich bereits ein Jahr mit Hilfe einer einfachen Konzentrationsübung meditiert, bei der ich das Wort *eins* wiederholte. Die Übung des Vipassana war, wie mir bald aufging, erheblich schwieriger. Doch trotz der Ablenkung durch Mitübende neben mir und den dumpfen Verkehrslärm draußen merkte ich schnell, daß die Achtsamkeit – die Buddhisten sprechen auch vom »Zeugenbewußtsein« oder dem »inneren Beobachter« – einen beachtlichen Einblick gewährt in die Wirkungsweise des Geistes. Es war eine ganz neue Erfahrung für mich, einfach nur das Aufsteigen und Entschwinden von Gedanken, Gefühlen und Sinneswahrnehmungen zu beobachten, ohne einzugreifen oder zu werten. Zum Beispiel kam es häufig vor, daß ich nicht nur einen Gedanken wahrnahm, sondern auch meine Neigung, diesen Gedanken zu beurteilen. Nie zuvor hatte ich so systematisch das Muster aus Vorurteilen, Zwangsvorstellungen, Gewohnheiten, Sorgen, Ängsten, Hoffnungen, Reue, Muskelschmerzen, Phantasien und Tagträumen durchschaut, aus dem unser Normalbewußtsein meist besteht. Ich erkannte plötzlich, wie wenig Kontrolle ich über die geistigen Verhaltensweisen hatte.

Goldstein und Kornfield vertreten beide die Ansicht, daß Geist und Körper nach einer Zeitspanne von zwei Tagen bis zu mehreren Wochen anhaltender Meditation für eine längere Zeit spürbar zur Ruhe kommen können. Die IMS bietet Retreats von unterschiedlicher Dauer an, darunter ein 90-Tage-Schweige-Retreat, zu dem regelmäßig nahezu hundert Menschen herbeiströmen. Aufgrund meiner familiären Verpflichtungen war ich nicht in der Lage, mich zu einem langen Retreat anzumelden. Ich beschloß jedoch, bei meiner täglichen Meditation von der Konzentration auf das Zählen der Atemzüge zum Vipassana überzugehen. Über zwei Jahre lang übte ich mich 20 bis 25 Minuten täglich in Achtsamkeit, manchmal zweimal am Tag. Ich nahm ferner an mehreren kürzeren Retreats teil, die Goldstein und Kornfield leiteten. Obwohl ich nie zu den tiefgreifenden Einsichten kam, von denen ich gelesen hatte – vor allem der unmittelbaren, grenzenlosen Erfahrung wahrer Leere –, lernte ich doch die einzigartige Kraft und neue Perspektive, die sich während der Übung der Achtsamkeit ergaben, allmählich schätzen.

Ziemlich von Anfang an war ich mir beispielsweise der Schmerzen und Verspannungen in meinem Körper deutlich bewußt, wenn ich für längere Zeit saß. Sie konzentrierten sich im allgemeinen auf den unteren Rücken, den Nacken und die Schultern. Registrierte ich der Anweisung getreu alles, was in meinem Bewußtsein aufstieg, merkte ich manchmal, daß es sich immer wieder um die gleiche Sinnesempfindung »Rückenschmerzen, Rückenschmerzen, Rückenschmerzen« handelte, bis der Schmerz mein ganzes Denken auszufüllen schien. Dann hielt Goldstein einmal während eines Meditationstages, den er leitete, einen Vortrag über das Wesen körperlicher Schmerzen. Statt eine Empfindung, sobald sie sich einstellte, als »Rückenschmerz« oder »Nackenschmerz« zu registrieren, sollten wir die betreffende Sinneswahrnehmung genauer unter die Lupe nehmen. Um welche Art von Schmerz handelte es sich? War es ein stechender, beißender, ziehender, brennender Schmerz, ein Jucken, eine Verkrampfung? Und wo genau trat der Schmerz auf? Welche greifbare Form nahm er an? Durch diese Art der scharfen Beobachtung von Augenblick zu Augenblick könnten wir, so Goldstein, die Entdeckung machen, daß die Schmerzen gar nicht so unbarmherzig, allesbeherrschend und unveränderlich seien, wie wir angenommen hatten.

Natürlich bemerkte ich daraufhin, daß sich das Wesen der Schmerzen bei näherer Betrachtung von Augenblick zu Augenblick veränderte und daß sie dauernd an anderer Stelle auftraten. Als ich sehr genau und vorurteilsfrei beobachtete, merkte ich, daß es Pausen in meinem Schmerzerleben gab. Etwas anderes – ein anderer Gedanke oder eine andere Empfindung – tauchte zwischendurch auf und fesselte meine Aufmerksamkeit. Allmählich erkannte ich, daß selbst die schmerzhaftesten Empfindungen etwas Flüchtiges hatten. Ich litt viel stärker, wenn ich alles unter dem Oberbegriff »Schmerzen« zusammenfaßte – der Art von Leiden, die einem unvergänglich und erdrückend erscheint –, als wenn ich meine wechselnden Sinneswahrnehmungen Augenblick für Augenblick beobachtete. Nicht allein, daß die Schmerzen dann kamen und gingen, sie verschwanden bisweilen sogar ganz. Das war, wie mir nach und nach bewußt wurde, meine erste unmittelbare Erfahrung sowohl der Vergänglichkeit als auch des Nichtanhaftens. Bis dahin waren beides nur abstrakte Begriffe gewesen. Doch jetzt erlebte ich das Flüchtige in Form von ständig wechselnden Empfindungen, die ich vorher für unveränderlich gehalten hatte. Und das Gefühl des Nichtanhaftens wurde greifbare Realität, als ich von meinen festen Vorstellungen über das Wesen des Schmerzes Abstand nahm, um dann einfach nur das zu beobachten, was kam und ging. Ich identifizierte mich tatsächlich nicht mehr so stark mit dem Schmerz, so daß er mich auch nicht mehr so stark plagte.

Aber wie stand es mit den starken Emotionen Wut, Trauer und Angst, die sich während der Meditation einstellten? War es möglich, sie in ähnlicher Weise, ohne an ihnen festzuhalten, bloß als zu beobachtende Gefühle zu behandeln statt als Ausdruck meines ureigenen Ichs? Nach meinem ersten Eindruck zu Beginn der Achtsamkeitsübung hatte ich meist überhaupt keinen Abstand zu meinen Gedanken oder Empfindungen. War ich wütend, vermochte ich meine Wut nicht zu beobachten, sondern war eben einfach wütend. Hatte ich Angst, konnte ich keinen angstvollen Gedanken beobachten, weil er mich vollkommen beherrschte. Die Aufgabe beim Vipassana besteht zwar darin, das zu beobachten, was in einem aufsteigt und wieder entschwindet, doch ich ertappte mich

des öfteren dabei, wie ich mich in das versenkte, was mir in den Sinn kam, und meinen Beobachterposten aufgab.
Ich hing zum Beispiel Gedanken über dieses Buch nach oder formulierte sogar im stillen Sätze. Oder ich überlegte, was an einem bestimmten Kapitel, das ich gerade abgeschlossen hatte, nicht ganz stimmte. Danach überkam mich allmählich eine allgemeinere Unruhe – daß ich dieses Buch vielleicht nie beenden würde, daß die Kritiker es verreißen würden oder niemand es lesen würde. Das wiederum stürzte mich in sorgenvolle Überlegungen, wie ich in diesem Fall meine Rechnungen begleichen sollte. Und dann traf es mich plötzlich wie ein Schlag, so, als hätte mir jemand kaltes Wasser ins Gesicht gespritzt. Beschämt stellte ich fest, daß ich nicht einen dieser Gedanken, nicht ein Gefühl wirklich beobachtet hatte, ja daß ich mich nicht einmal an deren Abfolge erinnern konnte. Durch diese Einsicht gestärkt, machte ich mich dann wieder ans Beobachten. Doch schon bald schweiften meine Gedanken erneut ab – zu einem Problem, das meine Tochter in der Schule hatte, zu einem Konflikt, der sich meinem Empfinden nach in der Beziehung zu jemandem anbahnte, oder zu den Schmerzen in einem verspannten Muskel. Ehe ich mich's versah, war ich wieder in Gedanken und Gefühlen verloren. Diese Erfahrung machte ich im Laufe einer Meditation von dreißig Minuten ein dutzendmal und öfter.
Aber es gab auch Tage, an denen mein Geist ein wenig klarer und stiller war und meine Ängste und Sorgen in den Hintergrund traten. Dann merkte ich, daß ich alles, was mir in den Sinn kam, etwas genauer beobachten konnte, ohne mich sofort in dessen Inhalt zu versenken. Das hatte bemerkenswerte Auswirkungen. Es war, als würde ich von einem überfüllten, lauten Gang in ein ruhigeres, geräumigeres Zimmer kommen. Sobald ich nicht mehr so unruhig war und mich nicht mehr so von Gedanken bombardiert fühlte, wurde auch meine bewußte Wahrnehmung schärfer und konzentrierter. Nehmen wir einmal an, einer der üblichen angstvollen Gedanken über das Schicksal dieses Buches tauchte auf. Statt mich nun auf einer Gefühlswoge von Sorgen und Phantasien forttragen

zu lassen, nahm ich in diesem Fall den besorgniserregenden Gedanken einfach nur zur Kenntnis, um ihn dann fahrenzulassen. Kam er wieder, nahm ich ihn erneut zur Kenntnis und ließ ihn fahren. Wann immer ich intensiv auf einen beunruhigenden Gedanken oder ein ebensolches Gefühl reagierte, stärkte ich ihn unweigerlich, so daß er mich am Ende ganz vereinnahmte. In der Rolle des Zeugen oder Beobachters hingegen konnte ich aufgrund des Abstands sehen, daß meine Angst nur ein Gedanke, ein Gefühl unter vielen und meistens bloß eine automatische Negativhaltung ohne eine rationale, vernünftige Grundlage war. Das reine Zuschauen, wie ein Gedanke aufstieg und wieder entschwand, schien ihn, selbst wenn er zigmal wiederkehrte, seiner magnetischen Kraft zu berauben. Hatte ich wirklich die Beobachterhaltung eingenommen, eröffnete sich mir eine breitere Perspektive, und dann erlebte ich ein umfassenderes Identitätsgefühl. Ablenkende oder störende Gedanken stellten sich zwar weiterhin ein, aber sie waren keineswegs alles – sie waren nicht einmal mehr von besonderer Wichtigkeit.

Gelegentlich erweiterte die Übung der Achtsamkeit meinen Blickwinkel noch mehr. Wenn ich einmal eine äußerst bedrohliche Empfindung – die Erfahrung einer Zurückweisung etwa – kühl zu beobachten vermochte, kamen mir unweigerlich neue Möglichkeiten in den Sinn, wie ich damit umgehen konnte. Solange ich nicht panisch reagierte oder das »Problem« verzweifelt zu lösen versuchte, entwickelten sich die Dinge ganz natürlich, wie ich merkte. Das Schlimme, was ich mir vorher ausgemalt hatte, traf vielleicht trotzdem ein, aber wenn es soweit war, hatte ich oft schon erkannt, daß das Problem eigentlich nicht gravierend war oder daß die Sache ohnehin nicht meinen Interessen diente. Was sich auf kurze Sicht als höchst bedrohlich darstellte, hatte letzten Endes oft einen ungeahnten Wert, eine ungeahnte Dimension. Meine automatischen Sofortreaktionen kosteten mich meist die Verbindung zu meinem gelasseneren inneren Beobachter – zu jenem ruhigeren, festeren Kern meiner selbst also, der sich nicht so schnell vom Auf und Ab der Alltagsereignisse durcheinanderbringen ließ.

Es gab noch eine zusätzliche buddhistische Meditationsübung, die Goldstein und Kornfield lehrten. *Metta* ist das Paliwort für Güte (Sanskrit: *Maitri*), und so geht es bei der Metta-Meditation darum, bewußt Gefühle der Liebe und des Mitgefühls hervorzurufen, sich selber wie anderen gegenüber. Ich hatte diese Technik in abgewandelter Form bei meinem ersten Retreat in Utah kennengelernt. Bei der Metta-Übung wiederholt man für sich eine Reihe von Sätzen, zum Beispiel: »Möge ich von Liebe und Güte erfüllt sein«, »Möge ich frei sein vom Leiden«, »Möge ich friedvoll und unbekümmert sein« oder »Möge ich glücklich sein«. Nach einer Weile muß man das »Ich« in jedem Satz durch die Namen bestimmter Angehöriger ersetzen, dann durch die von Freunden und Bekannten und schließlich durch die von Feinden.

Meine erste Reaktion war die, diese Technik als zu mechanisch und zu vereinfachend, ja irreführend abzulehnen. Sie bewirkte jedoch einen fühlbaren und sehr willkommenen emotionalen Wandel, als ich sie am ersten Tag in Utah ausprobierte. Ich begann schließlich, regelmäßig Metta- und Vipassana-Übungen im Wechsel miteinander auszuführen mit zeitweilig sehr positiven Ergebnissen. Wenn die Sätze, die ich hersagte, abstrakte Ideen blieben, hatten sie nur einen geringen Einfluß auf mich. Aber wenn ich es schaffte, mit den Worten Bilder und Gefühle zu verbinden, konnte ich förmlich spüren, wie mir das Herz weich wurde und Ärger, Unruhe oder gar Angst abnahmen. Zu anderen Zeiten wieder war ich innerlich so erregt, daß meine Gedanken während des Aufsagens der Sätze ständig abschweiften und es mir kaum gelingen wollte, bildliche Vorstellungen damit zu verbinden und aufrechtzuerhalten. Doch auch das war aufschlußreich. Für mich war es nämlich ein untrügliches Zeichen, daß ich eine Menge Wut mit mir herumschleppte. Diese schuf unweigerlich eine Kluft zwischen mir und anderen Menschen. Meine Fähigkeit, Liebe zu verströmen, hing also erst einmal davon ab, ob es mir gelang, diese tiefinnersten negativen Emotionen bewußtzumachen. Mit Hilfe der Metta-Übung konnte ich dann positivere Gefühle entwickeln.

So brauchbar ich diese Technik in Verbindung mit der Übung der Achtsamkeit, der ich mich weiter unterzog, oft auch fand, blieb doch eine Ebene übrig, auf der keine der beiden Methoden die für mich so beunruhigenden unterschwelligen Empfindungen verwandeln konnte. Es genügte letztlich nicht, sich einfach nur um eine Verlagerung der Aufmerksamkeit zu bemühen. Während meiner Achtsamkeitsübung gewann ich oft Abstand von meinem Neid, meinem Zweifel, meiner Angst und meinem Kummer. Wirkten diese Gedanken und Empfindungen nicht so überwältigend auf mich, fühlte ich mich auch nicht so stark genötigt, darauf zu reagieren. Durch die Metta-Übung konnte ich vor allem meinen Ärger fahrenlassen und sogar überströmende Liebe und Mitleid Menschen gegenüber empfinden, die ich mir immer vom Leib gehalten oder nie gemocht hatte. Aber meine wahrhaft tiefsitzenden negativen Emotionen kamen trotzdem immer wieder zum Vorschein, besonders unter Streß und in meinen engsten Beziehungen. Diese familiären, immer wiederkehrenden Konflikte ließen sich offenbar auch durch noch so ausdauernde Meditation nicht lösen.

Genau hierin schieden sich schließlich die Geister von Kornfield und Goldstein. Fast ein Jahrzehnt lang lehrten sie beide Vipassana nach den traditionellen buddhistischen Methoden in der IMS. Der Frage, wie sich Erkenntnisse, die während der stillen Meditation gewonnen wurden, in das alltägliche Beziehungs- und Berufsleben übertragen ließen, schenkten sie wenig Aufmerksamkeit. Für Goldstein, der sich weiterhin in langen Retreats übte, war dies nach wie vor der lauterste Weg zur Freiheit. »Etwas kann wahr sein – zum Beispiel die Idee der Vergänglichkeit –, ohne unserer Kultur nun unbedingt zu schmecken«, sagte er mir. »Mir war es stets am wichtigsten, die höchste Befreiung des Geistes anzustreben. Ich bemerke die Tendenz, das Ziel fahrenzulassen und sich statt dessen mit weniger zufriedenzugeben: Gutes zu tun in der Welt, seine Beziehungen harmonischer zu gestalten, ein glücklicheres Leben zu verwirklichen. Das ist alles sehr schön, geht aber nach meiner

Auffassung am Kern der Sache vorbei. Mein Lehrer U Pandita, der es absolut nicht darauf anlegt, den Leuten Angenehmes zu sagen, vergleicht die Übung des Vipassana immer mit einer bitteren Arznei. Meist schmeckt es zwar nicht gut, aber es wirkt. Unser Geist ist zahllose Weltalter hindurch konditioniert worden, und wir bemühen uns, daraus aufzuwachen. Die Verwandlung erfordert Übung, Einsatz und Engagement.« Wer das Konzept der Vergänglichkeit wahrhaft versteht, so Goldstein, erfährt nicht nur Befreiung, sondern verändert auch sein Verhalten der Welt gegenüber. »Sowie man sich weniger mit einem vorgestellten ›Ich‹ identifiziert, nimmt das Gefühl des Getrenntseins von selbst ab«, erklärte er. »Dann ist das Mitgefühl in der Alltagswelt die spontane Reaktion auf die Erfahrung der Verbundenheit.«

Kornfield hingegen zweifelte zunehmend daran, daß die Vipassana-Übung das Leben der Menschen – einschließlich seines eigenen – verwandeln könnte. Ehe er die IMS gründete, hatte er sich während seines Psychologiestudiums zusätzlich in Psychotherapie begeben. »Ich wußte, daß die Meditation einige meiner tiefgreifendsten persönlichen und zwischenmenschlichen Probleme nicht berührte«, erzählte er mir. »Und ich wußte auch, daß es gut sein würde, sich mit solchen Problemen in der Gemeinschaft der IMS auseinanderzusetzen. Aber irgendwie war mir noch nicht danach, und den anderen Lehrern auch nicht. Ich für meine Person war vielleicht noch nicht reif dafür, es machte mir zuviel Angst. Folglich unterrichtete ich das, was ich gut konnte, und das war die Meditation.«

Selbst begeisterten Anhängern fiel schließlich auf, daß eine tiefe Kluft bestand zwischen Goldsteins und Kornfields beträchtlichem Geschick in der Leitung von Meditationskursen und ihrem Unvermögen, ihre Erkenntnisse ins Alltagsleben zu übertragen. Mark Epstein, ein Psychiater, der von Anfang der siebziger Jahre an Retreats in der IMS mitmachte und sich sowohl mit Goldstein als auch mit Kornfield anfreundete, bemerkte dieses Problem schon frühzeitig. »Sie konnten sich beide besser als jeder andere, den ich kannte, durch die Meditation in einen friedvolleren, ausgeglicheneren Zustand versenken«, erzählte mir Epstein. »Aber dadurch waren sie noch längst nicht auch im normalen Leben friedvoller und ausgeglichener.«

Während Goldstein weiterhin U Panditas kompromißlosem Weg zur Befreiung folgte – den er bei Retreats in der IMS und in Indien lehrte –, machte Kornfield keinen Hehl aus seiner Unzufriedenheit. »U Pandita war auf seine Art sehr gut, und wer sich stark konzentrieren konnte, machte sehr tiefgreifende Erfahrungen bei ihm«, erinnerte sich Kornfield. »Aber er war auch sehr traditionell und konservativ. Seine Auffassung vom Dharma war: ›Entweder du machst es so, oder du findest keine Erleuchtung.‹ Er lehrte, daß das Leben Leiden sei, der Körper von Übel und die Gefühle unwichtig und daß es nur darauf ankäme, vom Anhaften abzulassen und den Nirwana-Zustand des Aufhörens zu erreichen. Er betrachtete sich als Krieger, der uns lehrte, unseren Geist zu gebrauchen im Kampf gegen Gier, Haß und Verblendung, die Wurzeln alles Unheilsamen, die es auszurotten galt. Trotzdem war er nicht unbedingt freundlich zu den Schülern. Er hatte, wie einer seiner Langzeitschüler es einmal ausdrückte, eine Art von steinzeitlicher Psychologie. Wenn ich ein Retreat mit U Pandita abgeschlossen hatte, war ich zwar angetan von seinem Können als Lehrer, aber nicht besonders von seiner Sehweise.«

Je mehr sich Goldstein und Sharon Salzberg U Panditas harter Linie anschlossen, um so eifriger erforschte Kornfield andere Möglichkeiten der Weisheitsfindung. »Josephs und Sharons Dharma-Gespräche kreisten mehr und mehr um die Wurzeln des Unheilsamen«, sagte Kornfield. »Mir lag mehr daran, den Dharma von Herzen zu lehren, mit Gefühl, und Erfahrungen mit ins Alltagsleben hineinzunehmen. Das sind sehr unterschiedliche Ansichten. Joseph versteht es sehr gut, einen dazu zu bringen, aus seinem persönlichen Lebensdrama herauszutreten, aber ich glaube nicht, daß das vollkommen befreiend ist.« Goldstein war, wen wundert es, anderer Ansicht. »Manchmal sitzen die Leute psychologisch so fest, daß sie dadurch wirklich in ihrer Fähigkeit behindert werden, aufmerksam und achtsam zu sein, und dann kann eine Therapie helfen. Aber psychologische Eingriffe können, wenn sie nicht mit großem Geschick vorgenommen werden, das Ichgefühl stärken – mein Gefühl für mich, meine Geschichte und meine Probleme –, was ich für eine grundsätzliche Fehleinstellung halte. Unter Umständen wird das Leben dadurch angenehmer, aber zur wahren Freiheit führt es nicht. Ein Unterschied zwischen mir und Jack liegt wahrscheinlich darin, daß er humanistische Werte betont, ich hingegen die Werte der Befreiung. Kollidieren sie miteinander, schätze ich die Befreiung als höher ein. Alles andere ist dann zweitrangig.«

Freunde sahen in ihrem Auseinandertreiben ein Spiegelbild ihrer unterschiedlichen Temperamente. »Josephs starke Seite ist die Wißbegier«, erzählte mir ein guter Freund beider. »Er geht von außen an das Universum heran, fast so, als wolle er sich davon distanzieren. Er hat etwas außerordentlich Sanftmütiges. Bei Joseph hat man das Gefühl des Klösterlichen, von jemandem, der vom Rad loskommen will und sich nicht viel Gedanken darum macht, wie er sich wieder mit dem weltlichen Leben arrangieren könnte. Er hat sich mehr der Meditation verschrieben als Jack, und bisher hat er diese Leidenschaft sehr tapfer verfolgt. Jack hat das Meditieren und die Retreats irgendwann nur noch als Teil des größeren Ganzen angesehen. Das Sitzen in langen Retreats hat seine Probleme nicht gelöst, und so ist er zu der Überzeugung gekommen, daß der westliche Mensch vor allem an seinem Herzen arbeiten muß. Deshalb hat er die Gefühle und die Verkörperung der gewonnenen Erkenntnisse in den Vordergrund gestellt – wie man wieder ins alltägliche Leben zurückkehren kann. Jack ist weniger daran gelegen, einen auf einen außerkörperlichen Trip zu schicken, sondern mehr an innerkörperlichen Erfahrungen.«

Tatsächlich ergänzte Kornfield auch bald die klassische östliche Befreiungsidee durch ein eher psychodynamisches Modell, indem er eine Bewußtseinssteigerung auf allen Ebenen anstrebte, statt sich einzig auf einen höheren Zustand, nämlich die traditionelle östliche Erleuchtung, zu konzentrieren. »Erkenntnis überträgt sich nicht automatisch auf alle Bereiche«, sagte mir Kornfield. »Man kann ein tiefes Verständnis für seinen Körper erlangt haben und trotzdem emotional unwissend sein. Man kann großes emotionales Verständnis erworben haben und trotzdem spirituell unwissend sein. Ich kenne Dutzende von Meditierenden, die in der Meditation die vollkommene Leere erfahren und mit Körper und Geist in das reine Nichts und die Glückseligkeit eingehen, um dann ins Diesseits zurückzukehren und sich in ihren Beziehungen immer noch als gefühlsunreife Kinder und sexuelle Tölpel zu verhalten. Meiner Meinung nach haben sie nur den halben Dharma verwirklicht. Es muß eine Vermählung zwischen dem Persönlichen und dem Universellen stattfinden. Wir müssen unser persönliches Leben – die Art und Weise, wie wir mit unseren Mitmenschen umgehen und unser Leben führen – mit den universellen Wahrheiten in Einklang bringen.« Damit beschrieb Kornfield im Grunde seine eigenen Ziele. Trotz aller Erkenntnisse und trotz seiner Intelligenz kämpft er weiter »gegen die Diskrepanz zwischen dem, was er so wirkungsvoll lehrt, und dem, wie er sich manchmal benimmt«, wie es ein Freund ausdrückte.

»Viele Menschen unterwerfen sich zunächst einmal einer spirituellen Übung in der Hoffnung, über ihre Kümmernisse und Wunden, über die schwierigen Bereiche ihres Lebens einfach hinweggehen zu können«, schrieb Kornfield in seinem jüngsten Buch *A Path with Heart* (deutscher Titel: »Frag den Buddha und geh den Weg des Herzens«). »Sie hoffen, sich darüber zu erheben und aller Konflikte ledig in eine spirituelle Welt voll göttlicher Gnade einzutreten. Doch sobald die Übenden in ihrer Disziplin nachlassen, stehen sie wieder vor all den unabgeschlossenen Angelegenheiten von Körper und Herz, die sie hinter sich zu lassen wähnten.«[12] Genau das erlebte ich selbst. Die Achtsamkeitsübung war mir sehr nützlich als Technik, mit deren Hilfe ich meine automatischen Verhaltensweisen und Gefühlsreaktionen untersuchen konnte, während sie mir kaum half, über diese hinauszuwachsen oder mich auf Dauer von ihnen abzulösen. Für mich war es notwendig, wie ich immer wieder

feststellen mußte, meine Angst, Sorge und Wut wirklich zu erfahren, um an die dahinterliegende Hoffnung, Liebe und Kraft heranzukommen. »Letzten Endes ist das spirituelle Leben kein Prozeß, durch den man irgendeinen außergewöhnlichen Zustand oder besondere Kräfte anstreben oder erwerben würde«, sagte Kornfield. »Ein solches Trachten kann uns sogar von uns wegführen. Wenn wir nicht aufpassen, wiederholen sich die großen Irrungen unserer modernen Gesellschaft – Ehrgeiz, Materialismus und Isolation des einzelnen – in unserem spirituellen Leben.«[13]
Kornfield zog daraus den Schluß, daß die meditative Praxis leidet, wenn man es versäumt, sich mit den persönlichen Problemen auseinanderzusetzen. »Wenn wir die Grundvoraussetzungen für die Entwicklung unseres Gefühlslebens nicht erfüllt haben oder unsere Beziehungen zu Eltern und Verwandten immer noch nicht ganz durchschauen, werden wir merken, daß wir unsere spirituelle Schulung nicht vertiefen können«, erklärte er. »Wir werden uns bei der Meditation nicht konzentrieren können oder nicht in der Lage sein, das, was wir in der Meditation gelernt haben, in unsere Wechselbeziehungen mit anderen Menschen einzubringen.«[14] Etwa die Hälfte der Schüler, die alljährlich an dem 90-Tage-Retreat der IMS teilnehmen, sind laut Kornfield nicht dazu fähig, die traditionelle Einsichts- oder Achtsamkeitsübung auszuführen. Während des Sitzens schwemmen zu viele ungelöste Probleme nach oben, die die unmittelbare Aufmerkamkeit erfordern – und häufig auch die fürsorgliche Hilfe eines Mitmenschen.

Anfang der achtziger Jahre erfaßten die philosophischen Differenzen zwischen Goldstein und Kornfield schließlich auch die IMS-Gemeinschaft. Im Mittelpunkt eines besonders schmerzlichen Ereignisses stand Goldsteins erster Lehrer Munindra, der ab und zu aus Indien kam, um Retreats zu leiten. Bei allen Retreats galt die Verpflichtung zur sexuellen Enthaltsamkeit. Gegen Ende eines Retreats 1983 erzählte eine weibliche Teilnehmerin mehreren anderen, darunter auch Goldstein und Kornfield, sie hätte während des

Retreats Sex mit Munindra gehabt. Die Frau hatte psychisch ohnehin schwer unter Druck gestanden, und die Affäre mit Munindra erwies sich als weiteres Trauma. Daraufhin kam es zu einer Meinungsverschiedenheit unter den amerikanischen Lehrern der IMS, wie mit dieser Situation zu verfahren sei. »Mir fiel in der Gemeinschaft inoffiziell die Rolle zu, heikle Themen zur Diskussion zu bringen«, erzählte mir Kornfield. »Zum Teil lag das einfach an meinem Temperament. Ich wollte, daß keiner die Augen vor dieser Affäre verschloß, und stellte fest, daß Joseph und Sharon nicht gewillt waren, sich mit dieser Schattenseite unseres Übens und Zusammenlebens auseinanderzusetzen. Sie wollten Geheimnisse wahren, und darüber war ich tief enttäuscht und wütend.«

Goldstein wollte das Thema auch jetzt, ein Jahrzehnt später, nicht so recht anpacken, da es ja längst vom Tisch sei. Aber auf mein Drängen hin erzählte er mir widerstrebend seine Version vom Lauf der Ereignisse. »Ich glaube, unsere Meinungen gingen am stärksten in der Frage auseinander, wer von der ganzen Gemeinschaft davon erfahren sollte«, sagte er. »Es war schließlich keine Frage von Schwarz oder Weiß, und ich war der Auffassung, man müsse im Umgang damit vor allem Rücksicht auf die Betroffenen nehmen. Mir bereitete es Sorgen, daß es unter den IMS-Leuten ein paar Hitzköpfe gab, die Munindra schon für schuldig erklärten und verurteilten, bevor sie überhaupt mit ihm gesprochen hatten«, erzählte mir Goldstein. »Ich hätte gern bis zu seiner geplanten Rückkehr neun Monate später gewartet, um dann mit ihm zu reden.«

Kornfield war anderer Ansicht. »Ich spürte, daß die Abneigung, sich mit dem Problem zu befassen, auf Angst beruhte. Wenn bestimmte Seiten des Lebens unberührt bleiben – was für uns alle zutrifft – und einem verehrten Lehrer so etwas nachgesagt wird, zieht man alles, was man jahrelang gemacht hat, in Zweifel. Es bedroht die ganze Gemeinschaft.« Kornfield wurde schließlich vom IMS-Vorstand – einschließlich Goldsteins – dazu auserwählt, nach Indien zu fliegen und offen mit Munindra zu reden. Der Lehrer gab das Vorkommnis zu und willigte ein, sich bei der Gemeinschaft zu entschuldigen. Für

Kornfield war die Lektion klar. »Wir müssen uns selbst die Wahrheit eingestehen«, sagte er, »und wir müssen uns untereinander die Wahrheit sagen.«

Nach dem Vorfall mit Munindra wurden für die Lehrer wie auch die Vipassana-Gemeinschaft der IMS allgemeine moralische Richtlinien eingeführt. Diese stützten sich auf grundlegende buddhistische Lehren und beinhalteten die Enthaltung von sexuellen Fehltritten, Alkohol- und Drogenmißbrauch und Geldverschwendung sowie die Einhaltung der Verpflichtung zu offenem, ehrlichem Gedankenaustausch. Außerdem stellte die Gemeinschaft ein eigenes Komitee auf und betraute es mit der Aufgabe, die Einhaltung der Richtlinien zu überwachen, jeder ernstlichen Verfehlung von seiten eines Lehrers nachzugehen und gegebenenfalls einzuschreiten. Seitdem sind keine derartigen Vorfälle mehr gemeldet worden. Vielleicht, weil die Vipassana-Gruppen keinen Lehrer mit absoluter Autorität ausstatten, sind sie, was eher ungewöhnlich ist, von der Sektenatmosphäre verschont geblieben, die so viele gurugeleitete spirituelle Gemeinschaften in Nordamerika kennzeichnet. Dennoch gibt es einige Kritiker, nach deren Ansicht die Institutionalisierung der Suche nach Sinn schon fast eine Garantie für ein gewisses Maß an Dogmatismus und Hierarchie ist, wodurch am Ende die freie, ungehinderte Suche nach Weisheit wieder behindert wird.

1984 verließ Kornfield die IMS nach fast einem Jahrzehnt. Er war frisch verheiratet, seine Frau war schwanger, und sie wollten im Norden Kaliforniens ein neues Leben anfangen, wo er bereits häufig als Lehrer gewirkt hatte. Die IMS blühte und gedieh weiterhin; die Retreats unter Leitung von Goldstein und Salzberg waren fast immer vollbesetzt. Kornfield hielt ein paar Jahre lang Retreats an der gesamten Westküste ab, in die er psychotherapeutische Techniken einbezog, und nahm auch Privatklienten an. 1989 fanden er und mehrere Kollegen endlich nach langem Suchen ein geeignetes Gelände für ein eigenes Zentrum, das sie Spirit Rock nannten; es war nur Minuten von Kornfields Haus entfernt. Nach der Erschließung des Geländes im darauffolgenden Jahr nahm Spirit Rock sofort in provisorischen Gebäuden den Betrieb auf. Kornfield bietet dort nicht nur traditionelle Schweigeretreats an, sondern auch Kurse darüber, wie die Grundsätze des Buddhismus – der Dharma – im weltlichen Leben befolgt werden können. Etwa 300 Menschen strömen jeden Montagabend zu den Vorträgen, die Kornfield seit einigen Jahren hält. Spirit Rock bietet ferner Programme zu verschiedenen Themen an, zum Beispiel über die Berührungspunkte von Meditation und Psychotherapie, über Elternschaft, die Rolle des Dienens und den rechten Lebenserwerb, wobei letzteres eine Art der Arbeit meint, die mit den tiefinnersten Überzeugungen in Einklang steht.

Selbst in bezug auf die Meditation hat Kornfield eine sehr flexible Haltung angenommen. »Wenn bei jemandem während des Sitzens sehr schmerzhafte Erinnerungen hochkommen, helfe ich ihm oder ihr unter Umständen, sich eine längere Zeit mit dem Kummer auseinanderzusetzen«, erzählte er mir. »Das kann Weinen, Zeichnen oder Im-Wald-Spazierengehen heißen. Es geht um Möglichkeiten für den Betreffenden, mit dem Gefühl in Berührung zu bleiben, bis sich etwas bewegt. An dem Punkt ist dann vielleicht angesagt, zu einer anderen Stufe des Prozesses zurückzukehren – zum Beobachten, ohne anzuhaften. In meinen Augen hat das Üben immer etwas damit zu tun, sich auf die Wahrheit dessen, was im gegenwärtigen Augenblick geschieht, einzulassen. Die wirkliche Herausforderung ist die, jede Dimension des Lebens ins Gesichtsfeld der Aufmerksamkeit zu rücken. Dorthin, wo eine Schwierigkeit ist, wo etwas nicht bewußt ist, wird die Aufmerksamkeit gelenkt.« Kornfield betrachtet mittlerweile selbst die tiefgreifendsten meditativen Erkenntnisse lediglich als einen Schritt auf dem Weg zur Weisheit. »Wie gewaltig die Einsichten auch sein mögen und wie kraftvoll der erleuchtende Pfad«, schrieb er in *Frag den Buddha,* »kommt man doch unweigerlich wieder auf den Boden herab und muß sich mit fühlendem Herzen in die Welt zurückbegeben.«[15]

Auch Goldstein widmet inzwischen der Aufgabe, in der Welt zu leben, mehr Aufmerksamkeit. »Wenn die Befreiung im Mittelpunkt unseres Lebens steht«, schreibt er in seinem neuesten Buch *Insight Meditation: The Practice of Freedom* (»Einsichtsmeditation: Die Übung der Freiheit«), »können Zeiten intensiver Meditation von unschätzbarem Wert sein. Aber es gibt auch Zeitabschnitte eines aktiven weltlichen Lebens, in denen sich Großzügigkeit, Sittlichkeit, Wahrhaftigkeit und Mitgefühl entwickeln können, Eigenschaften, die im täglichen Leben leichter zum Ausdruck kommen als in der Zurückgezogenheit.«[16] Das letzte Kapitel seines Buches trägt den Titel »Das Üben in der Welt«; darin behandelt er Alltagsthemen wie die Beziehungen zu den eigenen Eltern, die Rolle des Humors und die Kunst der Kommunikation. Goldstein und Kornfield sind nach wie vor Freunde und lehren mindestens einmal im Jahr gemeinsam.

Im Privatleben hat Goldstein begonnen, unter Lehrern außerhalb der Vipassana-Schule zu studieren, und er hat sich sogar für einige Zeit in Psychotherapie begeben. »Nach meinen Erfahrungen befaßt sich die Meditation mit Fragen, die ganz von selbst auftauchen, lenkt jedoch nicht zwangsläufig die Aufmerksamkeit darauf hin und weckt nicht das Bedürfnis, ihnen nachzugehen und tiefer zu schürfen. Für mich war die Therapie ein Mittel, mich mit bestimmten Problemen eingehender zu befassen – in meinem Fall speziell mit der Frage, was es bedeutet, ein Mann zu sein.« Trotzdem bleibt Goldstein weiterhin leidenschaftlich dem verpflichtet, was er das Erwachen oder die Befreiung nennt und was er durch die traditionelle Achtsamkeitsübung des Nichtanhaftens und Nichtidentifizierens mit allen Geistesregungen zu erreichen sucht. Zu diesem Zweck verbringt er noch längere Zeit als in den vergangenen Jahren in intensiver Meditation.

Als Lehrer vertritt er jedoch inzwischen eine zunehmend liberalere Auffassung zu der Frage, wie Schüler am besten mit Problemen umgehen, die in ihrem Leben und beim Üben auftauchen. »Worum es geht, ist das Erwachen aus der Unwissenheit, und ich sehe einfach, daß es eine ganze Reihe angemessener Mittel und Wege gibt, mit den Problemen umzugehen«, sagte er mir. »In gewisser Weise könnte man sagen, daß der Dharma – also die Art und Weise, wie die Dinge sind – eine Doppelspirale aus relativer Wahrheit und absoluter Wahrheit ist, die sich umeinander winden. In dem Maße, in dem man die absolute Wahrheit verwirklicht oder erkannt hat, erleichtert sie das Tätigwerden auf der relativen oder persönlichen Ebene. Je mehr wir uns wiederum mit unseren Problemen auf der persönlichen Ebene auseinandersetzen, um so mehr Zugang gewinnen wir zur absoluten Wahrheit. Es ist leicht, zu weit in die eine oder andere Richtung zu gehen. Zum einen besteht die Gefahr, sich so sehr in das Persönliche zu verstricken, daß man das größere Ganze aus den Augen verliert – die grundlegende Leere und Vergänglichkeit von allem. Zum anderen läuft man aber auch Gefahr, sich an den Begriff der Leere zu klammern und dann fälschlicherweise anzunehmen, daß nichts wirklich eine Rolle spielt, da ja letztlich alles leer ist.«

9
Die Landschaften des Bewußtseins

Wie Ken Wilber Freud und Buddha miteinander vermählte

Das Schönste, was wir erfahren können, ist das Geheimnisvolle. Zu wissen, daß das, was uns unergründlich ist, wirklich existiert und sich in höchster Weisheit und strahlendster Schönheit manifestiert, die unsere stumpfen Geisteskräfte nur in ihren primitivsten Formen zu erfassen vermögen – dieses Wissen, dieses Gefühl ist der Kernpunkt wahrer Religiosität. In diesem Sinne, und nur in diesem Sinne, gehöre ich in die Reihen tiefreligiöser Menschen.

Albert Einstein

Das tiefste metaphysische Geheimnis ist, wenn wir es so einfach auszudrücken wagen, daß es im Universum keine Grenzen gibt. Grenzen sind Illusionen und keine Produkte der Wirklichkeit, sondern der Art und Weise, wie wir die Wirklichkeit kartographieren und redigieren. Es ist zwar gut und schön, die Landschaft in Form einer Karte zu erfassen, aber fatal, beides zu verwechseln.

Ken Wilber

Niemand hat den Weg zur Weisheit systematischer und umfassender beschrieben als Ken Wilber. Wilber, ein Autodidakt, schrieb mit 23 Jahren sein erstes Buch *Das Spektrum des Bewußtseins.* Seitdem sind zwei Jahrzehnte vergangen, in denen er in einem Dutzend Bücher akribisch genau die Stufen der menschlichen Entwicklung beschrieben hat in der Absicht, die westliche Psychologie mit den spirituellen Traditionen des Ostens zu vereinen. Sein Werk ist ein Beweis dafür, welchen Wert exaktes, scharf unterscheidendes Denken für das Streben nach einem erfüllteren Leben hat. Wilbers Modell des »gesamten Spektrums« geht von der Voraussetzung aus, daß sich die menschliche Entwicklung in vorhersagbaren Stufen vollzieht, die weiterführen als die von den meisten westlichen Psychologen anerkannten. Nur indem man erfolgreich jede Stufe durchläuft, so Wilber, kann man ein gesundes Gefühl der eigenen Individualität entwickeln und zuletzt eine umfassendere Identität erfahren, die das getrennte Ich sowohl übersteigt *und* in sich schließt.

Wilber ist den meisten seiner Kollegen, bei denen er als der führende Bewußtseinstheoretiker gilt, vorwiegend durch seine Schriften bekannt. Er ist Mitte Vierzig, lebt allein in Boulder, Colorado, schreibt und meditiert von früh bis spät, weist alle Vortrags- und Lehrangebote ab, gibt selten Interviews und bescheidet sich mit einem kleinen Kreis von Freunden, die selbst Mühe haben, ihn telefonisch zu erreichen. Keiner von denen, die ich für dieses Buch befragen wollte, war so schwer dingfest zu machen wie Ken Wilber. Aber als er erst in ein Gespräch eingewilligt hatte, war auch keiner großzügiger mit seiner Zeit. Wir haben am Ende viele, viele Stunden über seine Gedanken und die Ideen anderer gesprochen. Wilber bereichert die Suche nach Weisheit durch einen außerordentlich durchdringenden, kombinationsfreudigen, scharfen Intellekt, durch geradezu enzyklopädische Kenntnisse der Psychologie, Philosophie, Mystik, Anthropologie, Soziologie, Religion und sogar Physik sowie durch umfassende persönliche Erfahrungen mit Bewußtseinszuständen, die in der Meditation erlebt werden können.

Da er an kein bestimmtes Dogma gebunden ist, tritt Wilber sowohl als Bewußtseinstheoretiker wie auch als Kritiker der Stärken und Schwächen, der Ansprüche, Mängel und unverhohlenen Unwahrheiten bestimmter Weisheitslehren auf. Gleichzeitig macht er kein Hehl daraus, was er persönlich bevorzugt. Er hat ein größeres Interesse an den höheren Bewußtseinszuständen als an den Stufen der persönlichen Ego-Entwicklung und neigt mehr zum Intellektuellen und Spirituellen als zu Herz und Körper. In seinen Zwanzigern hat er sich einige Jahre in Psychotherapie begeben und auch die Fachliteratur ausgiebig gelesen, aber in den letzten zwei Jahrzehnten hat er sich hauptsächlich der Meditation hingegeben: zwei

Stunden täglich, und hinzu kommen noch Dutzende von längeren Retreats. Wilber zählte mir viele Vorteile auf, die das Meditieren mit sich bringt – spürbar mehr Freiheit, Gleichmut, Klarheit und innere Ruhe; ein gesammeltes und doch weites Bewußtsein und die verstärkte Fähigkeit zu unparteiischer Selbstbeobachtung. Letztlich ist es jedoch die spirituelle Dimension, die ihn am tiefsten berührt hat. »Die Meditation ist als Möglichkeit für die Seele erfunden worden, sich nach innen zu wagen, um dort schließlich zur höchsten Identität mit dem Göttlichen zu gelangen«, schrieb er. »Was immer sie auch sonst noch bewirkt, und sie bewirkt viel Gutes, ist die Meditation zuallererst eine Suche nach dem Gott im eigenen Innern.«

Ich wollte nur zu gern glauben, daß die Art von Wahrheit und Sinn, nach der ich suchte, am Ende doch logisch mit Worten erklärt werden könnte, und das hatte ich im Hinterkopf, als ich Wilber einen Besuch abstattete. Er kam diesem Ziel viel näher als alle, die ich bisher kannte. Mit seinen Karten vom Weg zur Weisheit erschließt er mehr *erforschbares* Gebiet als andere Theoretiker. Doch so genau und umfassend sie auch sind, können sie nicht das ganze Spektrum menschlicher Erfahrungen und Möglichkeiten abdekken. Wilber hält sich beispielsweise nicht groß auf mit den eher subjektiven Bereichen der Alltagserfahrung, zu denen auch die Intuitionen des Körpers und die Leidenschaften des Herzens gehören, die sich beide einer systematischen Beobachtung und logischen Beschreibung entziehen. Trotzdem hat er auch auf diesen Gebieten in seiner bewährten Art sehr präzise Beobachtungen gemacht.

Über lange Zeit hatten Wilber und ich eine etwas steife Beziehung, in der er der Lehrer war und ich willig die Rolle des Schülers spielte. Er hatte ein ungeheures Wissen, ich eine enorme Wißbegier; auf meine Fragen hatte er stets logische, zwingende und intellektuell überzeugende Antworten. Mit der Zeit merkte ich, daß Wilber auch herzlich, charmant, geduldig, großzügig, witzig, einsichtsvoll und unterhaltsam sein kann. Irgendwann unterhielten wir uns fast genausoviel über Beziehungen, Filme und gemeinsame Freunde wie über die Weisheit. Obgleich wir unsere Beziehung überwiegend per Telefon und Fax aufrechterhielten, kamen wir uns doch auf vielen Ebenen näher. Mir ging dabei auf, daß Wilber nicht einfach als Intellektueller apostrophiert werden kann. Er führt zwar ein relativ einsames, am Geistigen orientiertes Leben, hat jedoch noch viele andere Facetten. Als sich zum Beispiel im Herbst 1983 seine persönlichen Lebensumstände plötzlich drastisch veränderten, fügte er sich mit Würde in eine vollkommen neue Rolle. Kaum einen Monat nach seiner Heirat mit Treya Killam wurde bei seiner Frau Brustkrebs diagnostiziert. In den folgenden sechs Jahren gab er seine Schreib- und Meditationsroutine fast ganz auf, um sie zu pflegen. Treya starb 1989; die Geschichte ihrer Beziehung, ihrer Krankheit und ihres Sterbens hat er in dem sehr bewegenden, ungewöhnlich persönlichen Buch *Mut und Gnade* erzählt.

Ansonsten ist Wilbers Werk durchgehend äußerst theoretisch, woraus er kein Hehl macht. Das sei eben seine stärkste Seite, sagt er – die Fähigkeit, etwas in sich aufzunehmen, Verbindendes zu finden, zu kategorisieren und den Riesenmengen von Informationen aus den unterschiedlichsten Bereichen einen Sinn abzugewinnen. Zwanzig Jahre lang hat er das Ziel verfolgt, die *Entwicklungsstufen* des Bewußtseins – mit ihren tiefsten unveränderlichen Strukturen – objektiv zu dokumentieren, einschließlich derer, die jenseits der von Freud und der westlichen Psychologie beschriebenen Ebene liegen. Das Ergebnis davon war die umfassendste Kartographie des Bewußtseins, die es je gegeben hat – eine Karte vom Spektrum der menschlichen Möglichkeiten, wie sie in Ost und West definiert worden sind.

Wilber zollt den vielen großen Denkern und Weisen, auf deren Werk er zurückgreift und die er miteinander in Zusammenhang zu bringen versucht, dankbare Anerkennung. Der westliche Einfluß kam unter anderem von Sigmund Freud, C. G. Jung, R. D. Laing, Jean Piaget und Alan Watts. Zu den östlichen Einflüssen gehören Krishnamurti, Ramana Maharshi, D. T. Suzuki, Sri Aurobindo und vor allem Buddha. Wilber hat auch bei anderen Theoretikern der menschlichen Entwicklung Anleihen gemacht, etwa bei Lawrence Kohlberg und seiner früheren Schülerin Carol Gilligan, die beide die moralischen Stufen der Entwicklung systematisch aufgezeichnet haben. Dadurch, daß er die Theorien so grundverschiedener Denker zusammenbringt und erhellt, ist Wilber zum führenden Theoretiker auf einem Gebiet geworden, das heute als transpersonale Psychologie bekannt ist.

Die Idee einer Psychologie, die sich mit Fragen auseinandersetzt, die das normale Ichgefühl übersteigen, stammt von einem bemerkenswerten Mann namens Anthony Sutich, der durch verzweifelte Umstände zu seiner persönlichen Suche kam. Sutich, 1907 geboren, hatte mit zwölf Jahren beim Baseballspiel einen Unfall, der zu einer fortschreitenden rheumatischen Arthritis führte. Seine Schulausbildung endete mit der neunten Klasse, und als er 18 wurde, war er schwer körperbehindert. Er kam ins Krankenhaus, wo man ihm eröffnete, er hätte nur noch ein paar Monate zu leben. Dort fiel ihm auf, daß die Krankenschwestern, die bei ihm hereinzuschauen pflegten, ihm ihre Kümmernisse erzählten und seinen Rat suchten. Sutich blieb nicht nur am Leben, er war die nächsten fünfzig Jahre auch noch unglaublich produktiv, obwohl er für immer an einen rollenden Liegestuhl gefesselt blieb und sich kaum bewegen konnte.
Trotz dieser schrecklichen Lage zog Sutich mit seinem angeborenen Einfühlungsvermögen und seiner Einsicht weiterhin Scharen von Leuten an wie einst die Krankenschwestern. Im Alter von 31 Jahren hielt er Gruppenberatungen für Blinde ab, und drei Jahre später eröffnete er eine Ganztagspraxis als Lebensberater. Neben seiner beruflichen Tätigkeit genoß er ein erfülltes Geistesleben. Er verschlang Bücher geradezu, besonders solche über Psychologie und Philosophie, und stand in überaus fruchtbarem Briefwechsel mit Psychologen, Schriftstellern, Politikern und Intellektuellen aller Art. 1949 kam es zum ersten Kontakt mit Abraham Maslow. Sie wurden enge Freunde. Auf Sutichs Anregung hin gründeten sie

1961 gemeinsam die amerikanische »Vereinigung für humanistische Psychologie« sowie das *Journal of Humanistic Psychology.* Die humanistische Psychologie befaßte sich mit den Theorien von Psychologen wie Maslow, Carl Rogers, Rollo May und Fritz Perls und konzentrierte sich stärker auf die Entwicklung des menschlichen Potentials als auf die Erforschung der Psychopathologie.
1966 nahm Sutich – immer noch auf seinem fahrbaren Liegestuhl – an dem berüchtigten Esalen-Seminar teil, auf dem Maslow eine neue Sprache für die höheren menschlichen Fähigkeiten entwickeln wollte, an der er schon lange arbeitete. Michael Murphy hatte widerstrebend Fritz Perls zum Mitmachen eingeladen, der am Ende Maslow als total kopflastig verhöhnte. Für Sutich war dieses Erlebnis – wie auch ein Seminar vorher in jener Woche, das der Beziehung zwischen humanistischer Psychologie und Theologie gewidmet war – sowohl Ärgernis als auch Anregung.
In den darauffolgenden Monaten begann Sutich, sein Engagement für die humanistische Psychologie noch einmal zu überdenken. Vielleicht war sie doch nicht so allumfassend, wie er geglaubt hatte. Er hatte sich bereits eingehend mit der mystischen Literatur von Ost und West befaßt, unter anderem mit Yoga, Buddhismus und Theosophie sowie klassischen Texten wie der *Bhagavadgita* und den *Upanischaden.* Er hatte sich mit führenden Vertretern des östlichen Denkens beschäftigt, etwa mit Alan Watts und Krishnamurti. »Die Idee der Selbstverwirklichung erschien mir nicht mehr umfassend genug«, schrieb er später. »Ich spürte, daß bei dieser Orientierung etwas fehlte, daß sie den Tiefen der kulturellen Hinwendung zur ›innerpersonalen‹ Welt nicht mehr gerecht wurde und dem Platz des Menschen im Universum oder Kosmos nicht genügend Aufmerksamkeit widmete.«[1]
Kurz nach seiner Esalen-Erfahrung schlug Sutich Maslow in einem Brief vor, mit ihm zusammen eine neue Fachrichtung einzuschlagen. Als Namen schlug er »Humamystik« vor, ein verunglückter Versuch, Humanismus und Mystik in einem Wort miteinander zu verschmelzen. Maslow, begeistert von der Idee, setzte sich in seiner

Erwiderung dafür ein, das Gebiet lieber »Transhumanismus« zu nennen. Auch er hatte viele Werke der mystischen Literatur gelesen, und er blieb mit Sutich in brieflichem Kontakt über die Möglichkeiten der neuen Schule. Im Herbst 1967 hielt Maslow vor tausend Leuten in der Unitarierkirche von San Francisco einen Vortrag mit dem Titel »Die Entwicklungsmöglichkeiten der menschlichen Natur«. Dort sprach er zum ersten Mal von dem, was er eine »vierte Kraft« in der Psychologie nannte, die über den Behaviorismus, die Freudsche Schule und seine eigene dritte Kraft des Humanismus hinausginge. Maslow wies besonders auf die Notwendigkeit der Entwicklung einer Psychologie transzendenter Erfahrungen und transzendenter Werte hin. »Der vollentwickelte (vom Glück begünstigte) Mensch, der unter besten Bedingungen fungiert, läßt sich im allgemeinen von Werten leiten, die sein Ich transzendieren«, sagte Maslow.[2]

Durch Maslows Vortrag von neuem inspiriert, machte sich Sutich daran, das Gebiet genau zu definieren. Diese hervortretende vierte Kraft, so folgerte er, sollte sich mit allem befassen, von den höchsten Werten über die Selbsttranszendenz, das einigende Bewußtsein und mystische Erfahrungen bis hin zu Gipfelerlebnissen, Ekstase, Ehrfurcht, Staunen, reinem Geist und tiefstem Sinn. Stanislav Grof, der aufgrund seiner eigenen klinischen Experimente mit LSD zur Psychologie höherer Bewußtseinszustände hinneigte, führte bei einem Treffen mit Maslow das Wort *transpersonal* an. »Je mehr ich darüber nachdenke«, schrieb Maslow hinterher an Sutich, »um so deutlicher scheint mir dieses Wort alles zu sagen, was wir zu sagen versuchen, nämlich alles jenseits der Individualität, jenseits der Entwicklung der individuellen Person, hin zu etwas Umfassenderem.«[3] Die erste Ausgabe des *Journal for Transpersonal Psychology* erschien 1969. Sutich war der Herausgeber und Michael Murphy Mitherausgeber. Der übrige Mitarbeiterstab setzte sich aus allen Größen der Bewußtseinsbewegung zusammen, darunter Grof, Maslow, Alan Watts, Huston Smith und der Begründer der Psychosynthese Roberto Assagioli. Der Leitartikel in der ersten Ausgabe war ein Abdruck von Maslows Vortrag in der Unitarierkirche. Im gleichen Jahr war inzwischen auch die »Vereinigung für Transpersonale Psychologie« gegründet und Elmer Greens Frau Alice zu deren erster Präsidentin gewählt worden.

In den anschließenden Jahren wirkten etliche Forscher, die neue Wege beschritten, daran mit, die transpersonale Psychologie auf festere wissenschaftliche Grundlagen zu stellen. Dazu gehörten Elmer Green, insbesondere durch seine Arbeit mit Theta-Feedback, die dem transpersonalen Bereich eine meßbare Struktur gab, und Stan Grof mit seinen laufenden Experimenten, bei denen LSD psychotherapeutisch eingesetzt wurde. Grof entdeckte zum Beispiel, daß Patienten unter dem Einfluß von LSD im Normalfall zuerst regredieren und Kindheit und Säuglingsalter wiedererleben. Nachdem sie die Konflikte aus dieser Zeit noch einmal durchlebt und sich damit auseinandergesetzt hatten, gingen die Versuchspersonen häufig zu perinatalen Erfahrungen einschließlich der Geburt selbst über. Dieser Prozeß gleicht genau, wie Grof feststellte, den klassischen spirituellen Beschreibungen von Tod und Wiedergeburt. Das erneute Durchleben der verschiedenen Stufen des Geburtsvorgangs, so Grof, führe die Versuchspersonen oft direkt in den transpersonalen Bereich.

»Nach meiner Erfahrung«, schrieb er, »kommt jeder, der diese Ebene erreicht, schließlich zu überzeugenden Einsichten in bezug auf die äußerste Relevanz der spirituellen und religiösen Dimensionen im universellen Gefüge der Dinge.«[4] Wie Grof weiter feststellte, konzentrierten sich die Versuchspersonen, die den Tod- und Wiedergeburtsvorgang erlebt hatten, in den nachfolgenden Sitzungen ausschließlich auf den transpersonalen Bereich. »Der gemeinsame Nenner dieser ansonsten so mannigfaltigen, komplizierten Gruppe von Phänomenen«, schrieb er, »ist das Gefühl des einzelnen, daß sich sein Bewußtsein über die normalen Ichgrenzen und die Beschränkungen von Zeit und Raum hinaus ausdehnt.«[5]

Ein dritter Forscher, Charles Tart, hat mehr als jeder andere dazu beigetragen, *Stufen* des Bewußtseins – einschließlich derer im transpersonalen Bereich – als legitimes wissenschaftliches Forschungsfeld zu erkennen. In den vergangenen dreißig Jahren hat Tart es sich zur Aufgabe gemacht, ein ganzes Areal von ungewöhnlichen Bewußtseinszuständen anhand von Messungen zu untersuchen und zu dokumentieren, in denen es zu einzigartigen Erscheinungen kommt wie etwa parapsychischen Zuständen, hypnotischer Trance, außerkörperlichen und Nahtoderfahrungen, verschiedenen Traumzuständen, psychedelischen Zuständen infolge Drogengenusses sowie einer Reihe von meditativen Erfahrungen. Sich gezielt Zugang zu weiteren Bewußtseinsebenen zu verschaffen vergrößert, so Tart, den Spielraum der menschlichen Möglichkeiten und ist daher ein wichtiger Schritt auf dem Weg zu einem ganzheitlichen Leben. In seinem bekanntesten Buch *Altered States of Consciousness* (»Veränderte Bewußtseinszustände«) stellte er 35 Aufsätze über verschiedene ungewöhnliche Bewußtseinszustände zusammen – den hypnagogischen oder Theta-Zustand, das Träumen, die Meditation, die hypnotische Trance, die psychedelische Erfahrung usw. Außerdem enthielt das Buch auch einen Aufsatz über die Auswirkungen des autogenen Trainings sowie drei der ersten Studien über den Einfluß von Meditation und Biofeedback auf die Hirnstromtätigkeit. »Diese Daten dürfen wir nicht einfach übergehen, wenn wir eine umfassende Psychologie anstreben«, sagte Tart.[6]

Ken Wilber wird zwar allgemein als der führende Theoretiker der transpersonalen Psychologie betrachtet, aber er selbst läßt sich nicht gern auf irgendeine Richtung festlegen. Er ist ebenso von der traditionellen westlichen Psychologie beeinflußt wie von den östlichen kontemplativen Traditionen, von Freud ebenso wie von Buddha. Während sich seine transpersonalen Kollegen in erster Linie für die Legitimität und Wertschätzung außergewöhnlicher Bewußtseinszustände eingesetzt haben, war Wilber mehr daran interessiert, ein Modell der Bewußtseinsentwicklung zu erarbeiten, das mit den vorpersonalen Stufen der Kindheit beginnt, sich über

die Egoebenen fortsetzt und letztlich auch die höchsten Stufen transpersonaler Verwirklichung umfaßt. Die überwiegende Mehrzahl seiner Kollegen aus der transpersonalen Psychologie stellt die höchsten Entwicklungsstufen in den Mittelpunkt, Wilber hingegen hat mehr Interesse an dem, was er das »gesamte Spektrum« nennt.
Wie Michael Murphy hat auch Wilber zuerst die herkömmliche Route zum Erfolg eingeschlagen und schon früh in seinem Leben in ganz Amerika Lorbeeren einer bürgerlichen Karriere geerntet. Sein Vater war ein hochrangiger Offizier der amerikanischen Luftwaffe, weswegen die Familie jedes Jahr in einen anderen Ort umzog, aber Wilber paßte sich stets leicht und schnell wieder an. An zwei verschiedenen Instituten wurde er zum Präsidenten der Studentenschaft gewählt, war im Abschlußsemester Trainer des Footballteams, legte ein ausgezeichnetes Examen ab und hielt die Abschiedsrede. Um nicht zu sehr aus dem Rahmen zu fallen, machte er auch wildere Sachen mit, trank Bier, rauchte und stiftete Unruhe. »Ich war ganz auf die Außenwelt fixiert, war sehr mitteilsam und wollte unbedingt beliebt sein«, erzählte er mir. So oft umzuziehen war schwer – Wilber erinnert sich noch, daß er tagelang fast ununterbrochen schluchzte, wenn er wieder eine Stadt verlassen mußte –, aber es hatte auch Vorteile. »Ich lernte sehr schnell, enge Kontakte zu knüpfen«, sagte er, »aber auch alles locker zu sehen. Es war eigentlich eine echte buddhistische Erziehung: offen zu sein und doch zu wissen, daß alles kommt und geht.«
Die Qual der Umzüge wurde, wie Wilber glaubt, durch ein gewisses Maß an Sicherheit gemildert, das ihm seine Eltern boten. »Mein Vater wurde von seinem Vater verlassen, als er vier war, und seine Mutter starb bald danach an Tuberkulose, so daß er bis zum High-School-Eintritt bei einem Onkel aufwuchs; dann kehrte sein Vater zurück. Trotzdem hat er nie das Verschwinden seines Vaters oder den Tod seiner Mutter für seine schwierigen Lebensumstände verantwortlich gemacht. Auf mich hat er immer sehr vernünftig gewirkt: gutaussehend, liebenswert und geachtet, jemand, der trotz aller Widrigkeiten aus allem das Beste macht. Meine Mutter hatte

drei Schwestern, und alle vier waren einfach großartig und hielten zusammen. Sie war Hausfrau und hing sehr an mir. Als es Zeit wurde, mich von ihr zu lösen, wurde das zu einem echten Problem. Was ich aber in meiner Jugend wirklich gut fand an beiden Eltern, war, daß sie mich unterstützten und mir intellektuell jede Freiheit ließen. Sie waren stolz auf das, was ich leistete, aber keiner von ihnen setzte mich je unter Druck und sagte: ›Mach deine Hausaufgaben.‹ Die Folge davon war, daß ich meinen eigenen Interessen folgte – und mich dabei sehr anstrengte.«

Nach seinem High-School-Abschluß in Lincoln, Nebraska, ging Wilber im Herbst 1967 an die Duke-Universität, um Medizin zu studieren. In der High-School hatte er sich leidenschaftlich für die Naturwissenschaften interessiert, zu Hause im Keller ein Chemielabor eingerichtet und Preise bei Wissenschaftswettbewerben gewonnen. »Ich habe mir ein Ich zurechtgezimmert, das auf der Logik aufbaute, von der Physik strukturiert wurde und seinen Antrieb von der Chemie bekam«, schrieb er später. »Meine geistige Jugend war eine Idylle der Präzision und Genauigkeit, ein Hort des Klaren und Beweiskräftigen.«[7] Aber kaum war Wilber an der Duke-Universität, da wurde ihm klar, daß er nicht die geringste Lust verspürte, dort zu bleiben. »Ich wußte, was die Naturwissenschaften zu bieten hatten – objektives Wissen –, und das interessierte mich nicht mehr. Ich wollte etwas über innere, psychologische, spirituelle Fragen wissen, obwohl ich es damals noch nicht so formulierte. Ich wußte einfach nur vom ersten Tag an, daß ich nichts von dem, was an dieser Universität gelehrt wurde, wissen wollte. Es war eine klassische totale Existenzkrise. Ich suchte nach Sinn – nach Gott –, und ich wollte die ganze Außenwelt danach absuchen.«

Auf der Suche nach Antwort fiel Wilber eines Tages zufällig ein kleines klassisches Werk des chinesischen Philosophen Laotse in die Hände. In den Anfangszeilen des *Tao Te King* heißt es unter anderem:

Wahrlich:
Wer ewig ohne Begehren ist,
wird das Geheimste schauen;
wer ewig Begehren hat,
erblickt nur dessen Rand.

Diese beiden sind eins und gleich.
Hervorgetreten, sind ihre Namen verschieden.
Ihre Vereinung nennen wir dunkel.
Mystisch und abermals mystisch:
aller Geheimnisse Schoß.

Hier war plötzlich eine vollkommen andere Art der Weltsicht: eine Ausrichtung nicht auf äußere Ziele hin, sondern auf eine Erforschung des tieferen Sinns jenseits von Logik und Wissenschaft, ja jenseits der normalen Definitionen des Selbst. Wilber vertiefte sich von da ab mit Haut und Haar in die mystische Literatur. »Es war, als würde mich meine lebenslange ›Verdrängung des Erhabenen‹ jetzt zwingen, das Gleichgewicht mit einer fast schon pathologischen Ernsthaftigkeit wiederherzustellen«,[8] schrieb er später. Er verschlang mystische Texte wie die *Bhagavadgita* und die Kabbala förmlich, die Bücher von Leuten wie Aldous Huxley und Huston Smith, die östliches und westliches Denken miteinander vereinen, und die vom Zen beeinflußten Werke von Beatpoeten wie Gary Snyder. Er studierte Sufismus, Hinduismus und Buddhismus. Durch die Lektüre der Bücher von Alan Watts wurde er auf den indischen Mystiker Krishnamurti und den westlichen Philosophen Norman O. Brown aufmerksam, der wiederum zu Freud überleitete. Vollkommen fasziniert von Freuds Erkenntnissen über die frühkindlichen Entwicklungsstadien und die Rolle des Unbewußten, las Wilber begierig Freuds gesammelte Schriften. »Ich kannte bis dahin nichts von Freud und wußte auch nichts über Meditationstechniken«, erzählte er mir, »aber nun stand ich vor einem intellektuellen Puzzle: Wie passen all diese Leute und Ideen zueinander?

Ich fand das absolut spannend. Auf einmal brauchte ich mich nicht mehr mit der Chemie herumzuplagen. Ich war auf dem Wege zu etwas, bei dem es um mein eigenes Glück ging, meine eigene Erlösung, um das, was es mit dem Leben eigentlich auf sich hat.«

Wilber verließ die Duke-Universität nach dem zweiten Collegejahr und kehrte nach Nebraska in den Schoß der Familie zurück. Er war fest entschlossen, als Autodidakt weiterzulernen, und hatte kein Interesse mehr an offiziellen Lehrangeboten. Um jedoch nicht zum Militär zu müssen – und weil er immerhin noch so bürgerlich war, daß er einen Collegeabschluß für erstrebenswert hielt –, schrieb er sich an der Universität von Nebraska ein. Er wählte als Hauptfächer Chemie und Physik, weil ihm beides leichtfiel. Da er die erforderlichen Vorlesungen und Hausaufgaben schnell erledigt hatte, brachte er den Rest des Tages – fünf, sieben, manchmal sogar zehn Stunden – damit zu, sich durch sein eigenes Pensum östlicher Philosophie und westlicher Psychologie hindurchzulesen. Er bestellte sich Bücher per Post immer gleich dutzendweise vom Shambala-Buchladen in Berkeley, der sich auf Esoterik spezialisiert hatte. »Ich tat das keineswegs für meinen Collegeabschluß, für einen bestimmten Beruf, einen Titel oder auch nur ein freundliches Schulterklopfen«, erklärte er mir. »Ich tat es, weil ich mußte; für mich war es wie eine Gralssuche.«[9]

In dieser Zeit begab sich Wilber auch in Therapie bei Bob Young, einem vielseitig gebildeten, geistig sehr aufgeschlossenen Psychologen. Das Hauptproblem, mit dem Wilber zu kämpfen hatte, war Wut, genauer gesagt die Schwierigkeit, diese Wut unmittelbar zum Ausdruck zu bringen. »Ich war wütend, über alles und jedes«, sagte er mir, »aber sie kam nur in Form von Hohn und Sarkasmus heraus – oder einfach als Angst. Ich bin in Therapie gegangen, weil ich mich mit alledem auseinandersetzen wollte.« Über kurz oder lang konzentrierte sich die Therapie auf seine Beziehung zur Mutter. »Meine Hauptklage war die, daß ich mich von ihr zu sehr gepäppelt und behütet fand«, erzählte er. »Mein Vater war nicht viel da, als ich aufwuchs, und so wurde ich nicht bloß Mutters Liebling, sondern auch so etwas wie ein Ersatzehemann. Sie hat ihr Bestes getan, und trotzdem fühlte ich mich von ihr an die Wand gedrängt. Ich mußte Raum für mich haben – ohne mich preisgegeben zu fühlen.«

Youngs Therapiestil war unkonventionell, und im Lauf der Zeit wurden er und Wilber enge Freunde, schon während ihrer therapeutischen Beziehung. »Bob war in seinen Sechzigern, als wir uns kennenlernten, und er wurde mein Mentor im besten Sinne des Wortes«, erklärte Wilber. »Er war einer von denen, die die großen Fragen stellen. Ich sprach über alles mit ihm, was ich gerade las, und er ermutigte mich, auch andere Methoden zu erforschen – Perls' Gestaltpsychologie, Ira Progoffs intensive Tagebucharbeit, durch die ich an Jung kam, und schließlich Zen und Meditation.«

Wilber verfolgte allerdings auch eine traditionelle akademische Laufbahn. Nach seinem Collegeabschluß und der Magisterwürde in Chemie bereitete er sich auf die Promotion vor. Um sich seinen Lebensunterhalt zu verdienen, gab er nebenbei jungen Studenten Nachhilfeunterricht. Eines Tages erschien eine flotte, sehr attraktive junge Frau namens Amy Wagner zu ihrer ersten Stunde bei ihm – und blieb. 1972, ein Jahr später, heiratete sie Wilber. Bob Young war Trauzeuge des Bräutigams.

Irgendwann merkte Wilber, daß er zwar mit seinem Leben zufriedener war, aber jetzt an etwas litt, was er »einen schweren Fall von kognitiver Verstimmung« nannte. Einerseits brachte ihm seine akademische Arbeit immer weniger. »Ich hatte mein ganzes Leben lang Naturwissenschaften studiert«, schrieb er später, »nur um schließlich zu der elenden Erkenntnis zu kommen, daß die Naturwissenschaften zwar nicht falsch, aber äußerst begrenzt und schmalspurig sind. Wenn der Mensch aus Materie, Körper, Vernunft, Geist und Seele besteht, dann befassen sich die Naturwissenschaften großzügig mit Materie und Körper, aber wenig mit der Vernunft und überhaupt nicht mit Geist und Seele ... Ich suchte nach dem roten Faden in dem Durcheinander von Fakten, die ich in mich aufnahm.«[10] Gleichzeitig überlegte Wilber verzweifelt, wie er die brillanten, aber sichtlich in krassem Widerspruch zueinander stehenden Ideen von so unterschiedlichen Menschen wie Freud, Fritz Perls und Buddha unter einen Hut bekommen könnte.

»Die meisten dieser Denker versuchen, das zu widerlegen, was alle anderen sagen«, bemerkte Wilber. »Die Freudianer haßten den Zen-Buddhismus, die Zen-Jünger haßten Freud, und Perls haßte sie alle zusammen, und dabei behauptete jeder von ihnen, im Besitz der letzten Wahrheit zu sein. Ich hingegen hatte das Gefühl, daß sie alle etwas Wahres sagten, aber *keiner* hatte das bisher richtig begriffen.« Als Wilber sich noch mehr in die entsprechende Lektüre versenkte und Vergleiche vornahm, fügten sich die Teile plötzlich zusammen. »Langsam dämmerte es mir, daß sich diese Leute einfach nicht auf die gleiche *Stufe* des Bewußtseins bezogen«, sagte er. Die Frage lautete nicht länger: »Wer hat recht und wer unrecht?«, sondern: »Wie passen alle diese Wahrheiten zusammen?« Wundervollerweise kam Wilber eines Tages genau im richtigen Augenblick auf die Antwort, als er gerade im Biologielabor Kühen die Augen herausschnitt, um den Sehmechanismus zu studieren. Ich machte Schluß für diesen Tag, räumte auf, ging nach Hause, marschierte in die Küche und sagte zu Amy: »›Ich breche mein Studium ab und schreibe ein Buch.‹« Er war gerade 23 Jahre alt.

In nur drei Monaten, jeweils zwölf Stunden pro Tag und ohne viel zu redigieren, schrieb er das Manuskript zum *Spektrum des Bewußtseins.* Seinem Empfinden nach war der Prozeß selbst genug Lohn für seine Mühe. »Wenn ich schrieb, brachte ich mein höheres Selbst zum Ausdruck; daran hatte ich nicht den mindesten Zweifel«, sagte er. »Zwei Absätze, und ich wußte, daß ich zu Hause war, daß ich mich gefunden hatte, meinen Lebenszweck, meinen Gott. Ich habe seitdem nie daran gezweifelt.«[11] Wilbers Glaube wurde wahrlich auf die Probe gestellt. Es dauerte über drei Jahre, bis sein Buch veröffentlicht wurde; zwanzig Verlage lehnten es ab, dann wurde es endlich angenommen. Obwohl Wilber 1978, als *Das Spektrum des Bewußtseins* erschien, erst 27 Jahre alt war und keinerlei akademische Grade in Psychologie oder Philosophie vorweisen konnte, erregte das Buch sofort Aufmerksamkeit und Aufsehen. James Fadiman, einer der Begründer der »Vereinigung der transpersonalen Psychologie«, bemerkte, Wilbers Buch sei das einfühlsamste und umfassendste über das Bewußtsein seit William James. Wilber hatte systematisch die Denkweisen Dutzender von westlichen Psychologen und östlichen Mystikern zu einer Synthese geführt, um ein Modell der menschlichen Entwicklung vom Kindesalter bis zur Erleuchtung darzustellen. Kaum zwei Jahre später brachte er *No Boundary* (»Keine Grenze«) heraus, eine straffere, verständlichere Beschreibung seines Modells vom gesamten Bewußtseinsspektrum. In den darauffolgenden zehn Jahren schrieb er im Schnitt jedes Jahr ein Buch, wobei er seine Entwicklungstheorie des Bewußtseins jeweils auf ein anderes Wissensgebiet anwandte, sei es Evolution oder Soziologie, Anthropologie oder Physik.

Ich selbst habe Wilbers Werk zutiefst schätzengelernt während eines dreitägigen Marathons im Sommer 1991 in seinem Heim in Boulder. Bis dahin hatte ich über ein Jahr lang versucht, in Kontakt mit ihm zu treten, und zweimal mit ihm telefoniert. In Anerkennung meiner Hartnäckigkeit und meines leidenschaftlichen Bemühens fand sich Wilber schließlich dazu bereit, sich mit mir zusammenzusetzen. Beim ersten Anblick machte er sofort einen unvergeßlichen Eindruck auf mich. Ich hatte schon Bilder von ihm gesehen, aber als er an die Tür seines großen, geräumigen, modernen Hauses auf einem Berghang mit Blick auf Boulder kam, war ich doch überrascht. Trotz seiner knapp 1,95 Meter Größe ist er schlank und muskulös infolge seines täglichen Hanteltrainings. Das verblüffendste an ihm ist jedoch sein Kopf. Er ist kahlgeschoren und wirkt im Verhältnis zum Körper sehr groß. Wilber hat Anfang Zwanzig angefangen, sich zu scheren, in einer Zeit, als er sich einem strengen, asketischen Zentraining unterwarf, bei dem er unter anderem von braunem Reis lebte, körperliche Arbeit verrichtete und viele Stunden in Meditation verbrachte. Mit den Jahren kam er von diesem Training ab und ging zu einem weltlicheren Lebensstil über, aber in der Zwischenzeit hatte sich sein Haar von selbst gelichtet, und so blieb er der Gewohnheit treu, sich das Haupt zu scheren.

Wir vertaten keine Zeit mit unwichtigem Small talk. Vielmehr setzten wir uns in sein Wohnzimmer und sprachen sofort über seine Arbeit. Es gab keine zeitlichen Grenzen, die ich gespürt hätte, und Wilber schien nie zu ermüden. Wir unterbrachen unser Gespräch nur zu den Mahlzeiten, und er erwies sich als fürsorglicher Gastgeber, denn er hatte Quiches und Nudelsalate für uns fertig vorbereitet. Es wurde schnell deutlich, daß Wilber alles, was er anpackt, mit außergewöhnlicher Aufmerksamkeit tut. Während der 15 bis 20 Stunden, die wir in den nächsten Tagen miteinander verbrachten, wurde mir klar, daß ich Nutznießer der ungeheuren Konzentration war, mit der er schreibt, liest und meditiert.

Mehr als jeder andere Theoretiker, der den Weg zur Weisheit analysiert hat, weiß Wilber überzeugend darzulegen, daß sich die Stufen der menschlichen Entwicklung in vorhersagbarer, gleichmäßiger Folge entfalten. Selbst wenn man die höchste Stufe der Persönlichkeitsentwicklung erreicht hat – das voll integrierte Ego, wie es Freud und andere beschrieben haben –, ist es laut Wilber noch möglich, ebenso klar vorgezeichnete Stufen der transpersonalen Entwicklung zu durchlaufen. Es würde jedoch, sagte er, eine frühere Stufe keineswegs durch die folgende ersetzt oder aufgehoben. »Die höhere Stufe bleibt immer in Verbindung zu der darunter befindlichen«, erklärte Wilber mir. »Jede nachfolgende Stufe besitzt alle Fähigkeiten der vorhergehenden, fügt aber noch etwas hinzu. Durch dieses Etwas geht sie über die vorige Stufe hinaus. Nicht die vorherige Stufe wird negiert, sondern deren Grenzen. Jede Stufe überschreitet die vorige *und* schließt sie in sich.«

Daraus erklärt sich, wieso es möglich ist, gleichzeitig das Empfinden eines getrennten Ichs und ein Gefühl der Einheit oder des Einsseins mit einem größeren Ganzen zu haben. »Auf der ersten transpersonalen Stufe beruhigt sich der Geist, und dann fühlt man sich deutlich eins mit allen Erscheinungen«, sagte mir Wilber. »Das heißt allerdings nicht, daß man nicht weiß, wo Körper oder Geist sind. Selbst in diesem höheren Bewußtseinszustand kann man exakt reagieren, wenn jemand fragt: ›Wo bist du?‹, und sich seines eigenen Körpers vollkommen bewußt sein. Der Unterschied ist nur, daß man sich nicht mehr so stark mit seinem einzelnen Ich *identifiziert* – oder mit seinen Gedanken.« Man könnte es auch anders sehen, fuhr er fort, und sich jede Stufe als eine sich weitende Identität vorstellen. »Teil eines größeren Ganzen zu sein bedeutet nicht, daß sich dieser Teil einfach in Luft auflöst«, schrieb er einmal. »Man ist ein Individuum und hat doch auch das Gefühl, Teil der größeren Einheit ›Familie‹ zu sein, die wiederum ein Teil der Gesellschaft ist. Die mystische Erfahrung ist bloß die noch größere Identität mit dem Gefühl, auch Teil des gesamten Kosmos zu sein und so zu einem tieferen Sinn und Zweck zu finden.«[12]

Für Wilber war diese Einsicht der Kern seiner Entwicklungstheorie. »Wenn ein philosophisches System ein anderes in sich aufnehmen kann, aber nicht umgekehrt, dann ist das umfassendere auch das gültigere«, sagte er mir. »Ich habe mich bemüht, alle westlichen Entwicklungstheorien ins Auge zu fassen und darüber hinaus alle Texte über östliche Wachstumsstufen zu sichten, um dann eine Universalmatrix zu schaffen – eine umfassende Psychologie von Materie, Körper, Vernunft, Geist und Seele. Ich bin interkulturell vorgegangen. Obwohl die Oberflächenstrukturen sehr verschieden sind, habe ich in den darunterliegenden Strukturen starke Ähnlichkeiten bei allen Kulturen im gesamten Lauf der Geschichte gefunden. Die Tatsache, daß jede Entwicklungsstufe die vorhergehende sowohl übersteigt als auch in sich schließt, gibt dem Gesamtmodell seinen inneren Zusammenhang und der Entfaltung des Bewußtseins eine Einheit. Das bedeutet letztlich, daß das Universum zusammenhängt. Im Grunde habe ich da angefangen, wo Maslow mit seiner Entwicklungshierarchie aufgehört hat. Ich wollte die moderne westliche Psychologie wieder in die ›große Kette des Seins‹ einreihen, in das, was Huxley die ›ewige Philosophie‹ nannte.«

Die Wahrheiten, die zusammen die ewige Philosophie bilden, sind so gut wie allen großen kontemplativen Traditionen in Ost und West geläufig. Unter Dutzenden gemeinsamen philosophischen Grundlagen hat Wilber sieben herausgestellt, die er für entscheidend hält. Erstens: Es gibt einen Geist, einen Gott oder eine höchste Wirklichkeit. Zweitens: Sie liegt im eigenen Innern. Drittens: Die meisten erkennen diesen Geist nicht, weil sie in der Illusion leben, von anderen und vom universellen Urgrund des Daseins getrennt zu sein. Viertens: Der Weg zur Befreiung erfordert, eine umfassendere Identität aufzubauen, in der sich das Ich-Empfinden des vollkommenen Getrenntseins auflöst. Fünftens: Wenn dieser Weg bis zum Ende beschritten wird, führt er schließlich zu Wiedergeburt oder Erleuchtung und damit zur unmittelbaren Erfahrung des inneren Geistes oder des Einsseins mit Gott. Sechstens: Diese Erfahrung markiert das Ende des Leidens. Und siebtens: Die natürliche Folge einer solchen Erleuchtung ist ein Leben, das sich auf Mitgefühl gründet und dem selbstlosen Dienen gewidmet ist.

Wilber hat des weiteren zehn große Stufen der Bewußtseinsentwicklung näher beschrieben. Unter Berufung auf Entwicklungspsychologen wie Piaget, Jane Loevinger und Margaret Mahler unterscheidet er zunächst die frühen Stufen der Bewußtseinsentwicklung. Stufe eins ist, wie er sagt, von den ersten Sinnes- und Wahrnehmungsfähigkeiten des Neugeborenen gekennzeichnet. Auf Stufe zwei, im Alter von ein bis drei Jahren, setzt die Entwicklung der Impulse und Emotionen sowie der Fähigkeit ein, in Bildern zu denken. Auf Stufe drei, im allgemeinen im Alter von drei bis sechs Jahren, treten Symbole und Vorstellungen auf, die den Kern der Sprache bilden. Die Übernahme von Rollen anderer und die Aufgabenbewältigung nach Regeln beginnt ungefähr mit sechs oder sieben Jahren auf Stufe vier. Stufe fünf, für die meisten westlichen Menschen die höchste Entwicklungsstufe, ist von der Fähigkeit zu rationaler Erkenntnis, Introspektion, deduktivem Denken und sozialverträglichem Verhalten geprägt. Sie beginnt meist etwa in der Pubertät, im Alter von zwölf bis vierzehn. Stufe sechs stellt nach Wilber die höchstmögliche Stufe der persönlichen Entwicklung dar. Kennzeichnend für diese Stufe ist ein integrativeres Denken einschließlich der Fähigkeit, Begriffe in einen Zusammenhang zu stellen, Ideen miteinander zu verbinden und Wahrheiten in Bezug zueinander zu bringen. Sie ist außerdem die erste Stufe, auf der sich eine echte Integration von Körper und Geist vollzieht.

Wilbers bahnbrechende Leistung ist seine These, daß sich diese Entwicklung über die ersten sechs Stufen hinaus in transpersonalen Stufen, die sich ebenfalls nacheinander entfalten, fortsetzen kann. Keine dieser höheren Stufen wird von westlichen Psychologen oder Kulturen überhaupt anerkannt. Statt dessen liegt die Norm beziehungsweise der Schwerpunkt in der modernen westlichen Kultur bei dem, was bei Wilber Stufe fünf heißt. »Die Gesellschaft übt einen sanften Druck aus, damit man sich bis zu dieser Stufe entwickelt«, erklärte mir Wilber. »Wenn man das nicht tut, wird man für zurückgeblieben gehalten. Andererseits sorgt die Gesellschaft mit ebensostarkem Druck dafür, daß man sich nicht über diese Stufe hinaus entwickelt. Der Magnet auf Stufe fünf zieht nach beiden Seiten – diejenigen, die noch darunter sind, hoch und diejenigen, die zu weit gegangen sind, herab. Um höhere Bewußtseinsstadien zu entwickeln, ist man auf sich selbst gestellt und muß sich über die Gesellschaftsnormen hinwegsetzen.«

Höhere transpersonale Bewußtseinsstufen werden zwar schon lange in der östlichen Literatur beschrieben, aber Wilber war der erste Denker, der sie als Fortsetzung der normalen Ichentwicklung darstellte und ihre Eigenschaften in verständliche psychologische Begriffe faßte. Nach Wilbers Modell entspricht die siebte oder *übersinnliche* Stufe – auf der tatsächlich mediale Fähigkeiten zutage treten können – den Anfangsstufen des transpersonalen Bewußtseins. Das ist die Stufe, auf der man die erste unmittelbare Ahnung von Gott oder einem höheren Geist im Universum hat. »Man spürt – und sei es auch jedesmal nur für ein paar Sekunden oder gar einige Stunden –, daß der gesamte Kosmos etwas absolut Göttliches an sich hat, und man erfährt dieses Einssein vielleicht sogar direkt«, sagte Wilber.

Stufe acht bezeichnet er als die *feinstoffliche* Ebene. Unter »feinstofflich« sind die Bewußtseinsprozesse zu verstehen, die subtiler sind als die alltäglichen, außengelenkten Erfahrungen. Unter Umständen wird intensives, strahlendes inneres Licht erlebt. »Auf dieser Stufe kommt man in einer allumfassenden Liebe in Berührung oder sogar zur Vereinigung mit dem Göttlichen«, erklärte Wilber. Nach seinem System stellen Stufe sieben und acht die beiden Entwicklungsstufen der »Seele« dar, »ein Haus auf halbem Wege zwischen dem persönlichen Ichbewußtsein und dem unpersönlichen oder transpersonalen Geist«, fügte er hinzu. »Die Seele ist der tiefste, archetypische Wesenskern des Menschen. Sie ist zudem auch Sitz des ›Zeugen‹ oder, genauer gesagt, der Fähigkeit, die eigenen Gedanken und Gefühle beobachten zu können, ohne an ihnen festzuhalten oder sich mit ihnen zu identifizieren.«

Auf der *kausalen* Ebene – Stufe neun – ist nicht nur eine Vereinigung der Seele mit Gott gegeben, sondern eine »höchste Identität« oder reiner Geist. Diese Stufe ist erreicht, so Wilber, wenn die Vereinigung so vollständig ist, daß kein Ichgefühl mehr da ist, sie ist ein Bewußtseinszustand, der dem tiefen traumlosen Schlaf oder der reinen Leere gleicht. Hier ist auch der Beobachter zum letzten Mal auf seinem Posten, allerdings ohne ein von ihm getrenntes Objekt der Aufmerksamkeit. Paradoxerweise ist dieser Zustand auch von einer umfassenden Bewußtheit gekennzeichnet. »Nichts geschieht«, sagte mir Wilber, »und doch ist es die Fülle, aus der alles hervorkommt.«

Die zehnte und höchste Stufe – die Nichtzweiheit oder Abwesenheit einer Spaltung in Subjekt und Objekt – ist sowohl am leichtesten als auch am schwersten zu erklären. »Die zehnte ist eigentlich keine Stufe für sich«, erklärte Wilber, »sondern Grundlage und Wirklichkeit aller anderen Stufen, ob hoch oder niedrig, sakral oder profan. Es handelt sich schlicht um die Realität oder das ›Sosein‹ von allem. Diese Stufe ist außergewöhnlich *gewöhnlich.* Weise, die an diesem Punkt angelangt sind, werden immer so absolut normal dargestellt, daß sie in der Menge nicht aufzufinden sind. An ihnen ist überhaupt nichts Besonderes, weil sie einfach nur eins sind mit allem, was geschieht.«

Die Stufen neun und zehn entsprechen der Ebene des reinen Geistes. »Sobald man die Seelenstufe durchbricht, fällt der Beobachter mit allem Beobachteten zusammen«, erläuterte Wilber weiter. »Man beobachtet die Wolken nicht mehr, man *ist* die Wolken. Der Wind bläst einem nicht ins Gesicht, er bläst hindurch oder im Innern. Es besteht keine Kluft zwischen einem selbst und dem, was man bewußt wahrnimmt. Man ist die Gesamtsumme von allem, was sich von Augenblick zu Augenblick ergibt. Diese fundamental einfache, nichtduale Bewußtheit ist das, was im Zen das ›ursprüngliche Gesicht‹ heißt – das, was da war, bevor die Eltern geboren wurden. Es ist der zeitlose Urzustand. In diesen Zustand tritt man nicht ein, weil man ihn nie verlassen hat. Man erkennt ihn nur. Das ganze Universum ist eine Reflexion im Spiegel des eigenen Geistes.« Zwischen diesen Stufen zu unterscheiden sei entscheidend, sagte Wilber: »Auf jeder dieser vier transpersonalen Stufen macht man vier verschiedene Arten von mystischen Erfahrungen, die im allgemeinen in einen Topf geworfen werden. Dabei werden sie durch unterschiedliche Techniken erzielt und führen zu völlig anderen Erkenntnissen und Erfahrungen.«

Nach Wilbers Auffassung haben fast alle Denker und Weisheitslehren aus Ost und West bestimmte Stufen hervorgehoben, während sie andere verwarfen oder ableugneten. Die westliche Psychologie ist vor allem durch Freud zu einem äußerst weitreichenden Verständnis der gesunden Ichentwicklung sowie der Stockungen und Erkrankungen gekommen, die auf jeder Stufe in Erscheinung treten können. Andererseits hielt Freud alle sogenannten mystischen Erfahrungen für primitiv und infantil, wenn nicht gar krankhaft, und nicht für umfassend und transzendent. Die meditativen Schulen des Ostens hingegen haben mit großem Feingefühl Techniken zur Entwicklung der transpersonalen Bewußtseinsstufen erarbeitet. Sie haben allerdings fast ausnahmslos die Probleme der persönlichen

Entwicklung mit der Behauptung außer acht gelassen, daß eine solche Beachtung nur die Illusion eines wahrhaft getrennten Ichs stärke. »Freuds Verständnis für die unteren Stufen ist unübertroffen, aber er kommt nicht einmal andeutungsweise zu solchen Einsichten wie Buddha über die höheren Bewußtseinszustände«, führte Wilber aus. »Und Buddha hatte bei all seiner geistigen Klarheit nicht annähernd so fruchtbare Einblicke in die frühkindliche Entwicklung und die Rolle des verdrängten Unbewußten.«
Wilber unterscheidet zwischen der Entwicklung höherer Bewußtseinsstufen und der Pflege bestimmter menschlicher Fähigkeiten. »Die rechte und linke Hirnhemisphäre, um nur ein Beispiel zu nennen, sind keine Bewußtseinsstufen«, sagte er, »obwohl sie dauernd damit verwechselt werden. Links und rechts sind vielmehr zwei Aspekte des Bewußtseins, die auf allen Stufen gegenwärtig sind – außer auf der tiefsten und der höchsten. Es ist wichtig, die Möglichkeiten sowohl der linken als auch der rechten Hirnhälfte auszuschöpfen – man versäumt etwas, wenn man das nicht tut –, aber im allgemeinen kommen sie ganz von selbst auf der Stufe, auf der man sich gerade befindet, zum Ausdruck. Einen besseren Zugang zur rechten oder linken Hirnhälfte zu finden befördert nicht unbedingt die Höherentwicklung.«
In ähnlicher Weise treten auch Träume in Wilbers Modell auf allen Bewußtseinsebenen außer der niedrigsten und der höchsten auf. »Ein Traumsymbol«, so Wilber, »kann eine wichtige Botschaft von jeder der Hauptstufen des Bewußtseins sein, und folglich müssen entsprechend viele Interpretationen herangezogen werden, um die Traumbotschaft zu entschlüsseln. Je höher die Entwicklungsstufe ist, um so größer ist die Wahrscheinlichkeit, daß man von dem Traum vielseitigen und umfassenden Gebrauch machen kann. Gleichzeitig können Träume auch immer eine Erinnerung an Probleme auf tieferen Stufen sein, die man verleugnet hat.« Ähnlich stellt Wilber die Behauptung auf, daß das Flow-Erlebnis, der ideale Zustand für Spitzenleistungen, zwar eine machtvolle menschliche Möglichkeit ist, aber nicht unbedingt von einer Höherentwicklung

zeugt. Flow kann auf vielen Bewußtseinsebenen in Erscheinung treten, auch auf verhältnismäßig primitiven Stufen.

Wilbers Modell besitzt eine wunderbare innere Ordnung. Nur wenn man eine bestimmte Stufe erfolgreich umgesetzt hätte, argumentiert er, könne man sich auch auf der nächsten richtig einrichten. »Ebenso wie in der körperlichen Entwicklung das Sitzen dem Stehen vorausgeht und bei der geistigen Entwicklung Buchstaben vor dem Wort erlernt werden, entfalten sich auch die Bewußtseinsstufen nacheinander«, sagt er. »Man kann keine überspringen. Im Unbewußten schlummernde ungelöste Probleme, mit denen man sich nicht auseinandersetzt, hindern einen an der Höherentwicklung. Gibt es eine Menge Verdrängtes auf den unteren Stufen, wird es einfach die Aufmerksamkeit und Energie aufzehren. Je mehr das Bewußtsein in diesen unteren Stadien gefangen ist – etwa durch ein ungelöstes Problem, das man im Alter von vier Jahren mit der Mutter hatte –, um so weniger Bewußtsein steht einem für die egoüberschreitenden Stufen zur Verfügung.«

Geht die Entwicklung glatt vonstatten, erklärte mir Wilber, nimmt die Identität fortschreitend zu und wird immer umfassender. Auf der ersten transpersonalen Stufe beispielsweise tritt der Beobachter in Aktion. »In gewissem Sinne kann der Mensch nun seine individuellen Sorgen loslassen und sie mit schöpferischer Distanz und Neutralität betrachten in dem Bewußtsein, daß sein tiefinnerstes Selbst über alle Probleme, mit denen sein persönliches Ich vielleicht konfrontiert wird, hinausgehen kann«, schrieb Wilber. »Er wird, zuerst noch zögernd, aber dann mit immer größerer Gewißheit, ein tiefgründiges Bewußtseinszentrum erkennen, das unberührt bleibt wie die Tiefen des Meeres, selbst wenn die Bewußtseinswellen an der Oberfläche von Schmerzen, Angst oder Verzweiflung gepeitscht werden.« Dieses Denkmodell berücksichtigt auch gewisse Aspekte der emotionalen Entwicklung einschließlich der Rolle der Liebe. »Auf persönlicher Ebene empfindet man vielleicht Liebe für seine Frau«, erklärte mir Wilber. »Auch bei der Weiterentwicklung zu einer höheren Stufe gibt man diese Liebe nicht auf, sondern man dehnt sie auf die Menschengemeinschaft und schließlich auf das ganze Universum aus. Auf der höchsten Bewußtseinsebene ist das biblische ›Du sollst deinen Nächsten lieben wie dich selbst‹ kein moralisches Gebot mehr, sondern Hinweis auf einen Bewußtseinszustand, in dem man sich selbst und seinen Nächsten als ein und denselben erfährt.«

Im Lebensalltag – das gibt Wilber unumwunden zu – verläuft die Entwicklung längst nicht so glatt, vorhersagbar und fortschreitend. Auf den unteren Stufen bleiben Bedürfnisse unbefriedigt, wird etwas verdrängt, entstehen Blockierungen. Aber wenn diese Störungen nicht allzuschwer sind, klettern die Leute nach Wilbers Überzeugung trotzdem die Stufenleiter der Entwicklung weiter empor. »Alles, was nötig ist, ist ein Versetzungszeugnis für die nächste Stufe«, sagte er. Neue Fähigkeiten, die sich auf einer bestimmten Stufe einstellen, können allerdings nicht nur der Bewußtseinserweiterung dienen, sondern auch der Vermeidung ungelöster Probleme, die von einer tieferen Stufe zurückgeblieben sind. Die Kräfte von Logik und Vernunft sind sicher sehr brauchbar auf dem Weg zu mehr Weisheit und Tiefe, aber sie können auch zum Rationalisieren, Intellektualisieren und Distanzieren von schmerzhaften Gefühlen und Impulsen aus früheren Bewußtseinsstufen verwandt werden.

So kann das Eintreten in eine transpersonale Stufe – zum Beispiel in Form der wundervollen Erfahrung von Einheit und Einssein – ein umfassenderes Identitätsgefühl und eine erweiterte Perspektive mit sich bringen, aber es kann auch als Entschuldigung herhalten, ungelöste Selbstachtungs- oder Wutprobleme wegzuschieben. Statt über die Fähigkeiten der vorherigen Stufe hinauszugehen und sie *einzuschließen* – worin Wilber die ideale Entwicklung sieht –, gehen die Leute oft über die Konflikte, die hinter ihnen liegen, hinweg und *schließen sie aus.* »Viele Menschen wählen die Meditation, um mit ihrer Hilfe die unteren Stufen spirituell zu umgehen, aber das funktioniert nicht«, sagte Wilber. »Die Probleme bleiben bestehen, und sie finden irgendwann eine Ausdrucksmöglichkeit.«

Wilber lehnt die klassische östliche Lehrmeinung ab, die Stufen der Ichentwicklung spielten kaum eine Rolle, und das einzelne Ich sei suboptimal. »Das klingt so, als sage man, daß eine Eichel keine optimale Eiche sei«, erklärte er. »Dabei ist die Eichel so, wie sie ist, perfekt. Das Ego ist im Grunde die Eichel für das spirituelle Selbst. Im größeren Zusammenhang ist es eine perfekte Stufe, vollkommen in Ordnung, soweit es reicht, und so optimal, wie ein Ego nur sein kann. Wenn man die Eichel zerstört – das Ego –, zerstört man auch die Möglichkeit für eine Eiche – ein höheres Selbst.« Das heißt im Klartext, auch die höheren Stufen haben ihre Grenzen. Es sei möglich, argumentiert Wilber ähnlich wie Kornfield, auf der transpersonalen Ebene einen sehr hohen Bewußtseins- und Erkenntnisgrad zu erreichen und gleichzeitig auf anderer Ebene zutiefst unbewußt und rückständig zu sein. Häufig begünstigt auch äußere Sicherheit selbstloses, kluges, mitleidsvolles Handeln, während unter schlechteren Bedingungen ein Rückfall auf tiefere Stufen stattfindet. Der Pfad zur Weisheit baut nach Wilbers Modell darauf auf, daß man fortschreitend die eigenen Grenzen erweitert und damit sein Gefühl von sich selbst. »Das Ziel ist, uns an etwas von uns zu erinnern, das wir längst vergessen hatten. Sich erinnern heißt letztlich, wieder in sein Inneres zu kommen, wieder ganz zu werden – das ganz zu machen, was gespalten und in Stücken war.«[13]

Kaum war Wilbers Buch *Das Spektrum des Bewußtseins* erschienen, wurde er mit Angeboten überschüttet, zu lehren, Vorträge zu halten, Interviews zu geben und auf Konferenzen zu erscheinen. Nachdem er einige Vortragsangebote angenommen hatte, zog er sich schnell zurück. »Es bringt einen vollkommen aus dem Gleichgewicht«, erzählte er mir. »Ein Haufen Leute erzählt einem, wie toll man ist. Es dauert nicht lange, und man glaubt ihnen, und schon steuert man in die Katastrophe. Ich fühlte mich einfach nicht kompetent, in der Öffentlichkeit als Lehrer aufzutreten. Ich mochte zwar theoretisch den großen Zusammenhang verstanden haben, aber damit war keineswegs garantiert, daß auch mein Leben davon durchdrungen war. Mir stand noch eine Menge Arbeit an mir selbst und für mein persönliches Wachstum bevor. Ich wollte nicht als Musterbeispiel eines Menschen mit dem gesamten Spektrum des Bewußtseins öffentlich in Erscheinung treten.«

Wilber blieb lieber zu Hause in Lincoln und konzentrierte sich auf das Schreiben und die Fortsetzung der inneren Arbeit. Er ging weiterhin zur Therapie bei Bob Young und probierte eine Reihe von Selbsterfahrungstechniken aus, darunter Traum- und Gruppenarbeit. Außerdem übte er sich in der klassischen Zenmeditation, was sehr anstrengend war und nicht von schnellem Erfolg gekrönt. »Ich kam schließlich soweit, daß ich 20 oder 30 Minuten im vollen Lotus sitzen konnte, aber ich hatte monatelang keinerlei positives Feedback«, gestand mir Wilber. »Ich versuchte, meine Gedanken zu beobachten, und verlor mich darin. Ich lernte, mich auf das Zählen meiner Atemzüge von eins bis zehn zu konzentrieren, aber es kam nichts dabei heraus. Drei oder vier Jahre verstrichen, ehe ich den ersten echten Durchbruch erlebte. Ich weiß nicht einmal, warum ich weitermachte, außer weil ich fest davon überzeugt war, daß dies das war, was man tun mußte – der Weg zu meiner Erlösung.« Um seinen Anteil an den Lebenskosten tragen zu können, verdingte Wilber sich als Tellerwäscher, Tankwart und Lagerarbeiter im Supermarkt. »Dadurch, daß ich aus dem Haus kam, bin ich mit beiden Füßen auf dem Boden geblieben«, erklärte er. »Meine Arbeit war oft schwierig und schrecklich, aber mir machte das nichts. Der Vorteil war, daß sie nach Ablauf des Tages getan war. Jede andere Arbeit hätte mich auch nach Feierabend noch beschäftigt.«

Seine Hauptleidenschaft war und blieb das Schreiben. Während der folgenden zehn Jahre veröffentlichte Wilber zehn Bücher und verfaßte Dutzende von Artikeln für Fachzeitschriften. Er war sich durchaus bewußt, daß er einen ausgesprochen intellektuellen Weg zur Weisheit beschritt, aber er hielt es nicht für nötig, sich dafür zu rechtfertigen. »Wenn die Leute zu mir sagen: ›Lassen Sie bei Ihrer Arbeit nicht das Gefühl und die persönliche Dimension vollkommen außer acht?‹ oder: ›Schreiben Sie nicht bloß, um sich nicht mit Ihren persönlichen Problemen auseinandersetzen zu müssen?‹, antworte ich: ›Vielleicht ja, vielleicht auch nicht.‹ Tatsache ist, daß ich alle diese Ideen im Kopf habe, und mir erscheint es wichtig, sie miteinander zu verknüpfen. Meine Hauptarbeit in dieser Welt ist das Schreiben. Ich widme ihm im Schnitt sechs bis zehn Stunden täglich, sieben Tage die Woche, 365 Tage im Jahr. An besonders intensiven Schreibtagen komme ich auf 15 bis 18 Stunden. Als ich mit dem Meditieren anfing, saß ich drei bis vier Stunden täglich. Einmal pro Woche meditierte ich den ganzen Tag für mindestens zehn bis zwölf Stunden. Ich sitze immer noch täglich mindestens zwei Stunden. Das sind meine beiden Hauptbeschäftigungen: das Meditieren und das Schreiben. Es sind sehr einsame, kognitive Tätigkeiten. Meine Stärke liegt im Geistigen, das ist keine Frage. Das ist Gabe, die mir in die Wiege gelegt worden ist. Wenn ich meine Ideen singen oder in Stein hauen könnte, würde ich das wahrscheinlich machen. Ich glaube einfach, daß der Hauptanteil des menschlichen Wachstums und Sichentwickelns im Bewußtsein liegt, und die beste Möglichkeit, diese Ideen zu verbreiten, ist für mich das Schreiben.«

In der Praxis dürfte Wilbers wichtigste Funktion die eines Kritikers an Lehrern, Gurus, Methoden, Ideen und Systemen sein, die versprechen, zur allumfassenden Wahrheit zu führen, in Wirklichkeit jedoch unvollkommen, irreführend oder fehlgeleitet sind. »Ich bin der Typ«, sagte Wilber mir halb im Spaß, halb im Ernst, »der nach der Party hereinkommt und anfängt aufzuräumen. Wenn man in Sachen Bewußtsein keine Landkarte besitzt, wandert man ziellos herum und verirrt sich hoffnungslos. Manche Leute haben die Strecke besser aufgezeichnet als andere, aber ich finde alle bisherigen Karten unvollständig und ungenügend. Ich habe versucht, *alle* Karten zu berücksichtigen, sie zusammenzufügen und die weißen Flecken zu füllen. Nur so wird das gesamte Spektrum kartographiert.«

Mit seinem fundierten Wissen und durchdringenden Verstand besitzt Wilber die ungewöhnliche Fähigkeit, sowohl die Stärken als auch die Schwächen jedes Modells der Weisheitssuche zu ergründen. Einen besonders tiefen, weittragenden Einblick hat er in das, was er als »Prä-Trans-Trugschluß« bezeichnet. *Prä* bezieht sich auf die frühen Entwicklungsstufen, die der Sprache und der Fähigkeit zu logischem Denken vorausgehen, *Trans* auf die transrationalen oder transpersonalen Stufen, in denen sich der Horizont über die persönlichen Belange hinaus erweitert, ohne daß dabei Vernunft oder ein starkes Ichgefühl geopfert würden. Beim Prä-Trans-Trugschluß werden, so Wilber, diese beiden völlig verschiedenen Entwicklungsstufen als ein und dasselbe betrachtet.

»Da prärational und transrational an sich beide *nicht*-rational sind, erscheinen sie dem ungeschulten Auge als sehr ähnlich oder gar identisch«,[14] hat Wilber einmal erklärt. Einfacher ausgedrückt: Das wirkliche transzendente Bewußtsein wird manchmal als primitiv und neurotisch abgetan, während kindliche, prärationale Erfahrungen oft fälschlich als transzendent etikettiert und gepriesen werden. Der Trugschluß besteht laut Wilber bis zum heutigen Tag fort in den Versuchen, die Mystik entweder zu verteidigen oder sie abzuleugnen.

Wilber führt sowohl die Human-Potential-Bewegung als auch die psychedelische Drogenkultur an, die in den sechziger und siebziger Jahren ein Nährboden des Prä-Trans-Trugschlusses waren. Fritz Perls zum Beispiel, der seine Schüler dazu anhielt, »den Kopf zu verlieren und wieder zu Sinnen zu kommen«, vertrat im Namen der persönlichen Höherentwicklung einen prärationalen Denkansatz. Ein transrationaler Ansatz, so Wilber, hätte eigentlich darauf abzielen müssen, Kopf *und* Sinne, Denken *und* Fühlen miteinander zu vereinen. Ebenso ist Wilber der Auffassung, daß Ram Dass' Ruf nach einem höheren Bewußtsein unter dem Motto »Sei jetzt hier« vorwiegend als präpersonale und nicht als transpersonale Herausforderung betrachtet wurde. »Die meisten Leute«, erzählte mir Wilber, »haben unter ›Sei jetzt hier‹ verstanden, daß nur das zählt, was sie im Augenblick empfinden und erleben, und daß sie sich keine Sorgen um das Morgen machen oder irgend etwas bereuen müssen, was sie früher einmal getan haben. Das geht völlig am Sinn der höheren Bewußtseinsstufen vorbei, die das Rationale transzendieren, es aber gleichzeitig umfassen. Einfach nur ›hierzusein‹ ist nicht jenseits der Logik, sondern *prälogisch.* Im transpersonalen Bereich ist man sich der Gegenwart voll bewußt, aber ebenso der Vergangenheit und der Zukunft. Und keinem ist man verhaftet.«

Wilber zieht durchaus die Möglichkeit in Betracht, daß jemand einen kurzfristigen Durchbruch in höhere Entwicklungsstufen erfahren kann. »Ein Gipfelerlebnis – sei es in der Meditation, bei Drogengenuß oder bei einem Sonnenuntergang – ist wie eine Transfusion«, erklärte er. »Es packt einen im Kern und verändert das ganze momentane Weltverständnis. Es kommt zu einer Art Miniatur-Satori, einem kurzen Einbruch in eine höhere Bewußtseinsstufe. Das ist noch nicht die eigentliche Verwandlung, die etwas Bleibendes ist, aber es kann ein entscheidender Auslöser sein. Das Leben wird aufgewirbelt. Man erkennt neue Möglichkeiten und sieht die Grenzen der Stufe, auf der man steht. Darum kann auch Leiden eine Gnade sein. Wenn man einen flüchtigen Blick in eine höhere Bewußtseinsstufe erhascht, ist man im allgemeinen jedesmal ein bißchen tiefer enttäuscht von seiner gegenwärtigen Weltanschauung, von der Art und Weise, wie man Erfahrungen auf seiner jeweiligen Entwicklungsstufe umsetzt. Kurz: Wenn die Umsetzung versagt, kommt es zur Umwandlung, zur Transformation – entweder nach oben oder nach unten.«

Nach Wilbers Überzeugung gelingt nur einem sehr geringen Prozentsatz von Leuten die Transformation zu den höheren Stufen hin. »Die meisten Gipfelerlebnisse verschaffen einfach nur dem Ego mehr Wohlgefühl – ein bißchen mehr Sicherheit und Sinn –, indem sie ihm einen kleinen Ausschnitt aus einem größeren Bild zeigen«, sagte er mir. »Wenn man Glück hat, kann daraus eine im Verhältnis zu vorher vorteilhaftere, humanere Lebensart auf der Stufe entstehen, auf der man sich gerade befindet. Aber die betreffenden Menschen können auch selbstgerecht und unausstehlich werden. Wenn man nicht die mühsame Arbeit auf sich nimmt, sich einer ständigen

Übung zu unterwerfen, um den flüchtigen Eindruck aufrechtzuerhalten, den man bei einem Gipfelerlebnis gewonnen hat, schwindet dessen Wirkung allmählich wieder. Es ist ein grundlegender Fehler, anzunehmen, daß der Übergang zu höheren Stufen der spirituellen Entwicklung leicht wäre, daß er schon durch einen Wochenendworkshop, die Lektüre eines Buches oder die Einnahme von LSD vollbracht werden könnte. Nur durch eine langfristige Disziplin können diese Erfahrungen zu stabilen, dauerhaften Bewußtseinsstrukturen gemacht werden. Das ist Schwerarbeit. Die Wahrheit ist, daß die Selbstverwandlung ein langer, mühseliger und schmerzhafter Prozeß ist.«

Gipfelerlebnisse können auch vollkommen irreführend sein und in die falsche Richtung führen. »Man kann leicht erkennen, wie sehr sie einen aus der Bahn werfen können«, sagte Wilber. »Nehmen wir einmal an, Sie hätten – vielleicht durch Meditation oder auch durch LSD – einen wirklichen Eindruck davon bekommen, daß Sie nicht nur dieses individuelle Körperbewußtsein sind, sondern daß ein Teil von Ihnen zum universellen Sein gehört. Sie werden in eine neue Welt eingelassen und sind begeistert. Aber dann verblaßt die Erfahrung unweigerlich immer mehr. Genau das ist mit der ›dunklen Nacht der Seele‹ gemeint. Das Verblassen ist häufig mit einer größeren Qual verbunden, als das Ego ertragen kann. Die Folge davon ist, daß viele Leute den unteren Stufen am liebsten ausweichen würden, obwohl sie gerade dort eine Menge tun müßten. Sie wählen eine spirituelle Umgehung, und diese Lösung ist ebenso unangemessen wie das Ignorieren höherer Bewußtseinszustände in Bausch und Bogen.«

Wie Wilber ausführt, waren im historischen Streben nach Erleuchtung zwei einander entgegenwirkende Richtungen vorherrschend: die östliche und die westliche. Die eine ist »aufsteigend«, die andere »absteigend«. Die aufsteigende Bewegung – puritanisch, klösterlich, asketisch – hat der Körperlichkeit zugunsten der Transzendenz eine Absage erteilt und die Möglichkeit verworfen, daß man in der materiellen Welt sein Glück finden könnte. Die absteigende hat genau das Gegenteil gemacht und Sinne, Körper, Sexualität und Selbstverwirklichung gefeiert, die Möglichkeit einer höheren oder transzendenten Wahrheit hingegen von sich gewiesen. »Es kommt darauf an, diese beiden Strömungen in ein gewisses Gleichgewicht und in Einklang miteinander zu bringen«, erläuterte Wilber, »so daß sich Weisheit und Mitgefühl die Hand reichen können in einem Geist, der diese Welt sowohl transzendiert als auch in sich schließt. Darin, in der Vereinigung des Aufsteigenden mit dem Absteigenden, findet sich die Harmonie, nicht etwa im brutalen Krieg der beiden.«

Als Beispiel der absteigenden Richtung nennt Wilber die Moderne – und Postmoderne – im Westen. Auf der einen Seite haben diese Strömungen zu mehr Demokratie und zu den Befreiungsbewegungen geführt, zu vernünftigeren Rechtsinstitutionen und zum wissenschaftlichen Fortschritt auf breiter Front. Allerdings um den Preis, wie Wilber weiter ausführt, daß die Menschen von ihrem transzendenten Ursprung abgeschnitten wurden, ihrem eigentlichen Lebenssinn. »Die Erlösung, ob durch Wissenschaft oder Rückbesinnung auf erdnahe Religion und Stammeskultur, durch Marxismus, Konsum oder Sexualität, ist angeblich nur auf dieser Erde zu finden«, erklärte Wilber, indem er die Hauptthesen des abwärtsführenden Fortschrittglaubens zusammenfaßte. »Es gibt keine höhere Wahrheit, keine Aufstiegsmöglichkeit und schon gar nichts Transzendentes. Die nach Selbstüberschreitung drängenden spirituellen Impulse von Männern und Frauen wurden in eine unendliche Fortschrittssehnsucht verkehrt, die sich auf absolut endliche Ziele richtet – eine unmögliche Situation, die durch und durch faustisch ist.«

Im Gegensatz dazu bieten die aufsteigenden Strömungen Wege zu einer höheren Sinn- und Wahrheitsstufe an, die jedoch auf Kosten der Alltagswelt gehen. Als wahrscheinlich einflußreichsten aufsteigenden Pfad nennt Wilber die Vipassana-Meditation. »Indem man seine Gedanken, Empfindungen und Sinneswahrnehmungen einfach nur beobachtet, überschreitet man sie allmählich und gewinnt ruhige Gelassenheit«, erklärte er mir. »Letztes Ziel dieser Meditationsart ist jedoch, die gewöhnlichen Gedanken und Emotionen ganz ruhen zu lassen. Die persönlichen Dimensionen werden vollkommen ignoriert, und beim traditionellen Training wird der Integration höherer Bewußtseinszustände ins Alltagsleben und -streben kaum Beachtung geschenkt.«

Ähnliche Probleme erheben sich bei der einfachsten und bekanntesten spirituellen Schulung des Ostens, der Transzendentalen Meditation (TM). Die Lehrer der TM, allen voran der Guru Maharishi Mahesh Yogi, vertreten die Auffassung, daß die höchsten Stufen der Weisheit durch Übungen wie das Mantrarezitieren, bei denen der Geist still werden soll, erreicht werden können. »Das ist ein guter Schritt in die richtige Richtung«, sagte mir Wilber. »TM führt die Leute in eine Tiefentspannung, so daß ihre Angst abnimmt und ihre Abwehrmechanismen nachlassen. Außerdem löst sie heilsame physiologische Veränderungen aus, die meßbar und wissenschaftlich nachgewiesen worden sind. Mehr wollen die meisten Leute gar nicht, und diese Verbesserungen erzielen sie, indem sie zweimal täglich jeweils zwanzig Minuten meditieren.« Laut Wilber ist es mit Hilfe von TM sogar möglich, über das Ego hinaus in die höchsten Bewußtseinsebenen einzutreten. Doch selbst dann hat diese Übung seiner Meinung nach Grenzen.

»Da die TM-Methode im Grunde ganz auf die Aufwärtsbewegung ausgerichtet ist«, erklärte er mir, »mißt sie den persönlichen Problemen sehr wenig Bedeutung bei, sondern geht einfach davon aus, daß sie sich von selbst lösen, je mehr man sich entspannt. Was dabei herauskommt, sind oft vollkommen entspannte Neurotiker.« Wie die meisten aufwärtsgerichteten Übungswege in Ost und West übergehen auch die TM-Lehrer die Frage der persönlichen Entwicklung einfach. »Sie verbinden den Leuten die Augen, setzen sie in einen Sessellift und schicken sie auf den Berggipfel«, sagte Wilber. »So gelangen die Leute zwar auf den Gipfel, aber sie haben unterwegs überhaupt nichts sehen können, und wenn sie angekommen sind, haben sie keine Ahnung, wie sie das geschafft haben –

oder wie sie mit den Problemen umgehen sollen, die weiterhin auftreten, obwohl sie die höchsten Verwirklichungsmöglichkeiten erfahren haben.«

Selbst diejenigen, die bewußter und umsichtiger nach Weisheit streben, werden, so Wilber, mit erheblichen Hindernissen konfrontiert. Das Problem liegt zum Teil darin, daß das Überschreiten jeder Stufe eine Art Todeserfahrung voraussetzt. »Um zu einer höheren Entwicklungsstufe fortzuschreiten, muß gewissermaßen erst die Weltanschauung der vorherigen ›gestorben‹ sein. Auf den unteren Stufen geschieht dies mehr oder weniger automatisch. Aber je bewußter man wird, um so erschreckender wird es auch, das fahrenzulassen, was man bereits hat – das Gefühl seiner selbst –, wie unangemessen und beschränkt es auch sein mag.« Gleichzeitig hat die westliche Kultur nach Wilbers Ansicht wenig Rollenvorbilder zu bieten. »Wir haben kaum ›Schrittmacher‹, also Menschen, die sich etwa über Stufe fünf hinaus entwickelt hätten, und so fehlt uns der gemeinsame Magnet, der uns über diese Ebene hinaufziehen könnte.«

Die praktischen Schwierigkeiten bestehen für die meisten Leute nicht so sehr darin, ihre eigenen Grenzen zu überschreiten, sondern sie durchlässiger zu machen. Man muß nicht unbedingt die höchsten Bewußtseinsebenen erreichen, sondern vielmehr lernen, sich verhältnismäßig frei zwischen verschiedenen Bewußtseinszuständen und -stufen hin und her zu bewegen. Dazu muß man allerdings das Spiel der Gegensätze, von dem jeder Aspekt des Lebens geprägt ist, kennen und sich darauf einlassen. Auffällig ist vor allem die Spannung zwischen individuellen und eher universalen oder transpersonalen Belangen. Zum gesunden Selbstgefühl eines Menschen gesellt sich zum Beispiel im Idealfall die Fähigkeit, über seinen beschränkten Horizont hinauszugehen und selbstlos zum Wohle anderer zu wirken. Das Streben nach Verwirklichung der eigenen höchsten Möglichkeiten muß durch die Bereitschaft ausgeglichen werden, auch die dunkle Schattenseite zu sehen und anzunehmen. Bewußte Willensanstrengung und diszipliniertes

Vorgehen sind zwar entscheidend für die Verwirklichung bestimmter Ziele, aber manchmal gilt es auch, von jeder bewußten Kontrolle abzulassen. Und ebenso wichtig wie die Fähigkeit zu entschlossenem Handeln auf dieser Welt ist die stille innere Selbstbetrachtung. Die Frage, so Wilber, sei nicht bloß die, auf welcher Etage des Gebäudes man wohne, sondern zu wie vielen Etagen man auf seinem Weg durchs Leben Zugang habe.

Wilbers Belastbarkeit wurde in den ersten drei Jahrzehnten seines Lebens nie ernstlich auf die Probe gestellt. Er hatte praktisch mit allem, was er anpackte, Erfolg. Seine Ehe mit Amy endete zwar 1981 nach neun Jahren, als beiden klar wurde, daß sie sich stark auseinanderentwickelt hatten. Der Bruch vollzog sich jedoch friedlich, und sie blieben Freunde. Nachdem er ein Jahr allein in Cambridge, Massachusetts, gelebt hatte, wo er die Zeitschrift *ReVision* herausgab, die den Fragen des Bewußtseins gewidmet war, kehrte Wilber nach Kalifornien zurück und wohnte eine Zeitlang bei Roger Walsh und dessen Frau Frances Vaughn. In ihrem Haus in Mill Valley, Kalifornien, lernte er im August 1983 Treya Killam kennen. Wilber war 34 Jahre alt; vom ersten Abend an, den Teya und er in Gesprächen miteinander verbrachten, war er sicher, seine große Liebe gefunden zu haben. Ihr ging es genauso. »Als ich meinen Arm um sie legte, spürte ich, wie sich jedes Trennungsgefühl, jedes Fernsein verflüchtigte«, schrieb er viel später. »Es war, als wären Treya und ich schon einige Leben lang zusammen gewesen.«[15] Zehn Tage nach ihrer ersten Begegnung macht Wilber ihr einen Heiratsantrag. »Wenn du mich nicht gefragt hättest«, erwiderte Treya, »hätte ich dich gefragt.« Sie wurden im November getraut und planten, ihre Flitterwochen in Hawaii zu verbringen. Doch das Leben ließ ihnen keine Zeit dazu.

Bei Treya wurde eine Woche nach der Hochzeit Brustkrebs diagnostiziert. Trotz intensiver Bestrahlung blieb die Krankheit bösartig und erbarmungslos. Als der Krebs ein Jahr später wieder in Erscheinung trat, wurde Treya eine Brust abgenommen, aber die Prognose blieb weiterhin schlecht. Die Wahrscheinlichkeit eines dritten, diesmal tödlichen Rückfalls innerhalb von neun Monaten liege bei 50 Prozent, wurde dem Paar mitgeteilt. Sowohl Treya als auch Ken gingen auf allen Ebenen gegen die Krankheit vor – körperlich, geistig, psychologisch und seelisch. Zuerst sammelten sie möglichst viele Daten über Krebs, stellten jedoch bald fest, daß das wenig Nutzen brachte, einmal abgesehen von der Information, daß die Anfangsdiagnose bei dieser Krebsart nur höchst selten länger als fünf Jahre überlebt wurde. Angesichts der Bösartigkeit von Treyas Krebs entschlossen sie sich zunächst zu den radikalsten Maßnahmen überhaupt. »Diese Tumore sind die Nazis unter den Krebsgeschwulsten und lassen sich kaum von Weizensprossensaft und netten Gedanken beeindrucken«, sagte Wilber. »Man muß diese Hunde atomar beschießen, um überhaupt eine Chance zu haben – also war es Zeit für die Medizin des weißen Mannes.«[16] Gleichzeitig erforschten sie nahezu alle Arten von alternativen Heilverfahren, die auf dem Markt waren: von Makrobiotik und Meditation über Glaubensheilung, Laetril und hohe Vitamingaben bis hin zur Visualisation. Grimmig entschlossen, den Krebs zu besiegen, und mit Blick auf die Möglichkeit, daß er mannigfaltige Ursachen haben konnte, probierte Treya zusätzlich zur Strahlen- und Chemotherapie die verschiedensten Behandlungsarten aus. Dazu gehörten fettarme Ernährung, Megavitamintherapie, tägliche Meditations- und Visualisationsübungen, Traumarbeit, Tagebuchführen über Gedanken und Gefühle und regelmäßiges Körpertraining. Sie machte sich vor allem Gedanken darum, inwiefern vielleicht eigene psychische Konflikte zu ihrer Krankheit beigetragen hatten. »Gab es eine heimliche Todessehnsucht?« schrieb sie kurz nach der Krebsdiagnose in ihr Tagebuch. »War ich zu hart gegen mich selbst, zu kritisch oder zu nett, habe ich mit meiner Wut und meinem Urteil zurückgehalten, so daß sie sich allmählich als körperliches Symptom niederschlagen konnten? Bin ich bestraft worden, weil mir in diesem Leben soviel gegeben wurde? Habe ich es mir irgendwie durch das Karma aus einem früheren Leben verdient? Enthält diese Erfahrung eine Lektion für mich, die ich lernen muß, ist sie der notwendige Anstoß für meine spirituelle Weiterentwicklung?«[17]

Wilber sah die Dinge mit etwas mehr Abstand; er überlegte sich einfach genau, wie er Treyas eigene Heilkräfte mobilisieren konnte. Nach seiner Ansicht spielten emotionale und seelische Faktoren eine Rolle für den Verlauf der Krankheit, aber Schuldgefühle und Selbstbezichtigungen hatten sicher keinen Wert. »Da niemand weiß, was deinen Krebs verursacht hat«, sagte er zu Treya, »warum benutzt du ihn dann nicht als sichtbaren Hinweis und als Ansporn, endlich all das in deinem Leben zu verändern, was du immer schon ändern wolltest? Mit anderen Worten: Egal, ob die Verdrängung bestimmter Emotionen unter Umständen den Krebs begünstigt hat oder nicht, du willst doch die Emotionen ohnehin nicht mehr unterdrücken, und nun gibt dein Krebs dir guten Grund dazu.«[18] Er lehnte die radikale, aber allseits beliebte New-Age-Auffassung ab, daß wir unsere Wirklichkeit und damit auch unsere Krankheiten letztlich selbst erschaffen. Das sei nur wieder ein Prä-Trans-Trugschluß: infantiler Größenwahn und Narzißmus, die sich als höheres Verständnis tarnten.

Mit der Zeit wurden Treya die wohlmeinenden Freunde und Bekannten lästig, die ihr unbedingt helfen wollten, einen Sinn in ihrer Krankheit zu finden, die in sie drangen, lieber positiv zu denken, statt sich ihrer Angst und Qual zu überlassen, oder sie davon zu überzeugen versuchten, daß sie die Krankheit nur mit Geistes- und Willenskraft überwinden könnte. »Ich mußte Menschen um mich haben, die mich so liebten, wie ich war, nicht Leute, die mich zu ihrer Lieblingsidee oder -theorie motivieren oder bekehren wollten«, schrieb sie in einem Artikel mit dem Titel »Verhalten bei Krebs: Welche Hilfe hilft wirklich?«. »Ich tat gewiß alles, um körperlich zu genesen«, fuhr sie fort, »aber wahre Heilung hat etwas damit zu tun, wie man sein Leben in allen Bereichen und Dimensionen lebt, und dabei ist die körperliche Gesundheit mit Sicherheit keineswegs wichtiger als die emotionale oder seelische.«[19] Die guten Ratschläge rissen trotzdem nicht ab. »Jeder hatte so seine Theorie, und das hing immer irgendwie in der Luft«, klagte Wilber. »Es wurde zum unerwünschten, aber allesbeherrschenden Thema unseres Lebens.«

Gleichwohl konnten weder Ken noch Treya vorausahnen, wie schwer das Leben für sie beide noch werden sollte. 1985 zogen sie von Kalifornien nach North Lake Tahoe, Nevada, wo sie eine für beide körperlich und psychisch verheerende Zeit erlebten. Treya unterzog sich weiterhin der intensiven, strapaziösen Chemotherapie. Ein unglückseliger Zufall wollte es, daß North Lake Tahoe 1985 von einer absonderlichen, noch immer unerklärbaren Krankheit heimgesucht wurde, die über 200 Menschen erfaßte und entkräftete. Wilber war einer von ihnen. Während der nächsten zwei Jahre traten bei ihm Symptome auf, die denen des chronischen Ermüdungssyndroms glichen, wie leichtes Dauerfieber, Muskelfunktionsstörungen, Nachtschweiß, schmerzende geschwollene Lymphknoten und pure Erschöpfung. Beides zusammen – Treyas fortschreitender Krebs und seine eigene Erkrankung, die nie richtig diagnostiziert werden konnte – war bei Wilber der Auslöser einer tiefen Depression.

Er stellte fest, daß er nicht mehr schreiben konnte, obwohl er nie zuvor irgendwelche Hemmungen dieser Art erlebt hatte. »Wie es die Männer oft tun«, schrieb er später, »habe ich mich durch mein Tun definiert, durch mein Schreiben, und als es damit plötzlich zu Ende war, fiel ich aus allen Wolken.«[20] Er verlor auch die Motivation zum Meditieren. »Das starke Gefühl, das ich für den ›Beobachter‹ in mir entwickelt hatte, schwand dahin«, erzählte er. »Ich fand nicht mehr so leicht den Zugang zum ›Zentrum des Zyklons‹, mir blieb nur noch der Zyklon selbst. Als ich nicht mehr zum reinen, offenen Bewußtsein fand – zum Beobachter, zu meiner Seele –, blieb ich auf mich selbst beschränkt, ein Narziß, der hoffnungslos in seinem eigenen Bild gefangen ist.«[21] Wilber begann von morgens bis abends zu trinken – Wodka, Bier, Wein und Weinbrand – und saß stundenlang vor dem Fernseher. »Ich hatte das Gefühl, alle Kontrolle über mein Leben verloren zu haben«, sagte er. »Monatelang habe ich immer wieder mit dem Gedanken an Selbstmord gespielt.«[22]

Wilber gab, was wohl unvermeidlich war, Treya die Schuld an seinem Elend, und zwar genau zu einem Zeitpunkt, als sie zu entkräftet war, um mit ihren eigenen, viel lebensbedrohlicheren Problemen fertig zu werden. Es war eine schreckliche Verkettung für beide. Gerade die Ursache von Treyas Hilflosigkeit – ein bösartiger Krebs – gab Wilber das Empfinden, kein Recht zu haben, seine eigenen wachsenden Bedürfnisse zur Geltung zu bringen oder sich mit dem Gefühl auseinanderzusetzen, seine Mitte verloren zu haben. Dadurch wurde wiederum seine Fähigkeit untergraben, Treya ein Halt zu sein. Als Wilber eines Tages so wütend wurde, daß er Treya schlug – es war das erste Mal, daß er eine Frau schlug –, war der Tiefpunkt ihrer Beziehung erreicht. Damit kam ein Wendepunkt für beide. Zutiefst beschämt und ratlos, ging Wilber nach San Francisco, ohne recht zu wissen, was er machen sollte, außer daß er verzweifelt eine Veränderung brauchte. Treya kam kurze Zeit später nach. In Kalifornien begaben sie sich gemeinsam in Therapie, und dann ging es aufwärts. Treyas Befinden besserte sich vorübergehend, Kens Krankheit verging schließlich von selbst, und ihre Zuneigung füreinander wuchs wieder.

Ihre Beziehung blieb zwar stark, aber Treyas Gesundheit verschlechterte sich bald wieder. Ende 1985, einige Monate, nachdem sie sich in San Francisco niedergelassen hatten, wurde Diabetes bei ihr festgestellt, ausgelöst vermutlich durch die Chemotherapie. Das war ein neuer Schlag, den sie jedoch leichter ertrugen. »Noch eine Welle, die uns weiterträgt«, sagte Wilber damals. Im November 1986 trat der Krebs wieder in ein aggressives Stadium, als sie gerade vierzig wurde. »Das Leben schlug sie nieder, und sie stand gleich wieder auf«, schrieb Wilber in sein Tagebuch. »Wenn überhaupt, dann haben die Ereignisse des letzten Jahres ihre ungeheure Widerstandskraft noch gesteigert.«[23]

Wilber selbst wuchs allmählich in die Rolle eines Tag-und-Nacht-

Pflegers hinein. »Alles, was ich mir theoretisch ausgemalt hatte, verblaßte dagegen«, erzählte er mir. »Dies war durch und durch konkret, überaus wirklich und sehr schwer.« Mit Treya und ihrer Krankheit umzugehen, für sie dazusein erforderte von mir, alles fallenzulassen, was mich bisher ausgemacht hatte. Ich hatte nur den einen Gedanken gehabt, zu schreiben und produktiv zu sein, und am Ende mußte ich mich ganz davon lossagen. Das war eine sehr nachdrückliche Einführung in die buddhistische Idee der Leere, und ich glaube, sie hat mir gutgetan. Jetzt kann ich arbeiten oder es lassen. Ich habe nicht mehr das Gefühl, daß mein Leben davon abhängt.«

Trotz verschiedenster Behandlungsversuche breitete sich Treyas Krebs immer weiter aus. Im Sommer 1988, nachdem Treya an einem neuartigen Chemotherapieversuch in Deutschland teilgenommen hatte, zogen sie in ein neues Haus um, das sie in Boulder erworben hatten. Beide hatten sich inzwischen einigermaßen mit ihrem Los abgefunden. Treya war einfach Tag für Tag glücklich, noch am Leben zu sein, und sie beschäftigte sich nicht mehr vornehmlich mit ihrem eigenen Leiden, sondern versuchte mit einer Gruppe in San Francisco, der Cancer Support Community, einer Krebshilfegemeinschaft, deren Mitbegründerin sie war, auch andere Menschen zu erreichen. »Daß ich das Leben immer mehr so annehmen konnte, wie es ist, mit allem Kummer, mit allem Schmerz, allem Leid und all seiner Tragik, hat mir so etwas wie Frieden gebracht«, sagte sie in einer Rede, die sie während dieser Zeit einmal vor anderen Krebskranken hielt. »Da ich dem Tod nicht mehr ausweichen kann, schenke ich dem Leben mehr Beachtung.«[24]

Wilber nahm seine intensiven Meditationsübungen wieder auf und spürte bald, wie sich sein Blickwinkel erweiterte und die Fähigkeit zurückkehrte, sein eigenes Drama mit einigem Abstand und Gleichmut zu beobachten. »Treyas Umgang mit einer tödlichen Krankheit gibt der meditativen Bewußtheit einen außerordentlichen Auftrieb«, schrieb er in einem Artikel über seine Erfahrungen als

Pfleger. »Treyas Krebs ist eine dauernde Erinnerung daran, daß der Tod ein großes Loslassen ist, man jedoch nicht auf den wirklichen physischen Tod zu warten braucht, um von seinem Festhalten und Anhaften in diesem Augenblick abzulassen, und wieder in diesem, und wieder in diesem Augenblick.«[25] In Treyas letzten Lebensmonaten wichen Wilbers frühere Klagen, sein Groll und sogar seine tiefe Traurigkeit dem schlichten selbstlosen Wunsch, seiner Frau zu helfen. Es war dies ein Phänomen, von dem er oft gelesen und über das er sogar selbst geschrieben hatte, das er jedoch nie zuvor so persönlich erlebt hatte. Sein Leben war eigentlich nur noch »tätige Meditation«. Wilber war bereit, diese Rolle bis in alle Ewigkeit weiterzuführen, und glaubte letztlich nie daran, daß Treya sterben würde – bis 48 Stunden vor ihrem Tod.

Bis es soweit war, war Treya in seinen Augen förmlich zu seiner anderen Hälfte geworden. »In ihren letzten Jahren«, schrieb er, »hat sie zu ihren Wurzeln in der Erde zurückgefunden, zu ihrer Liebe zur Natur, ihrem Körper, zum schöpferischen Werden, zu ihrer Weiblichkeit, ihrer erdhaften Offenheit, zu Vertrauen und Fürsorglichkeit. Ich war geblieben, wo ich mir zu sein gewünscht hatte und wo ich zu Hause bin – in den apollonischen Welten der Ideen, der Logik, der Begriffe und Symbole. Der Himmel ist geistig, die Erde körperlich. Ich nahm Gefühle und bezog sie auf Ideen; Treya nahm Ideen und bezog sie auf Gefühle. Ich ging vom einzelnen aufs Allgemeine über, dauernd; Treya ging vom Allgemeinen aufs Konkrete über, immer. Ich hatte eine Vorliebe für das Denken, sie hatte eine Vorliebe für das Schaffen. Ich hatte etwas für Kultur übrig, sie etwas für Natur. Ich schloß das Fenster, um Bach hören zu können; sie stellte Bach ab, um die Vögel singen zu hören.«[26]

Wilber kam immer mehr zu der Überzeugung, daß die höchste Bewußtseinsstufe – das, was er den reinen Geist nennt – weder nur im Himmel noch allein auf der Erde zu finden ist. »Nur ein Gleichgewicht zwischen beidem, das im Herzen zu Hause ist, kann zu der geheimen Tür jenseits von Tod, Sterblichkeit und Schmerz führen«, schrieb er. »Und das hatte Treya für mich getan; das hatten wir beide füreinander getan: den Weg zum Herzen gewiesen ... Weit davon entfernt, vollkommene, in uns ruhende Menschen zu sein, waren wir beide halb, einer nach Art des Himmels, einer nach Art der Erde, und genauso sollten wir auch sein ... Ich bin immer in Ideen zu Hause. Treya wird immer in der Natur zu Hause sein, aber zusammen, im Herzen vereint, bildeten wir ein Ganzes; da konnten wir jene Ureinheit finden, die keiner von uns allein zu erreichen vermochte.« Diese letzte Erkenntnis – kurz vor ihrem Tod – war für Wilber bitter und süß zugleich: »Mit Treya, dachte ich im stillen, fange ich an, fange ich eben an, mein Herz zu finden.«[27]

In den fünf Jahren seit dem Tod seiner Frau hat Wilber von ganzem Herzen daran gearbeitet, sein Modell vom gesamten Spektrum der menschlichen Möglichkeiten weiterzuentwickeln und zu vervollkommnen. Er hat nicht nur die Stufen des Spektrums – Materie, Körper, Vernunft, Seele und Geist – behandelt, sondern auch aufsteigende und absteigende Strömungen einzubeziehen versucht, Äußeres und Inneres, männlich und weiblich, das Individuelle und das Gesellschaftliche. Gerade hat er den ersten Band seiner »Kosmos«-Trilogie mit dem Titel *Sex, Ecology, Spirituality* abgeschlossen. Um diese gewaltige Aufgabe bewältigen zu können, ist Wilber wieder zu einer Routine von täglich bis zu zehn Stunden Schreiben sieben Tage die Woche übergegangen und zu einem ziemlich mönchischen Lebensstil.

Obwohl seine Arbeit weitgehend theoretisch ist, verfolgt er damit doch auch ganz praktische Anliegen. »Ich möchte gerne eine möglichst umfassende Landkarte der menschlichen Möglichkeiten zeichnen, und eine gute Karte hilft bei der Planung des Weges«, sagte mir Wilber. »Wir haben nur so wenige umfassende Karten, daß uns nicht einmal der volle Spielraum bewußt ist, der uns zur Verfügung steht. Wenn man nicht weiß, daß es die Bahamas überhaupt gibt, will man auch nicht dahin. Ich rate nun allerdings nicht zum bloßen Kartenstudium. Vielmehr empfehle ich jedem, sich eine Methode zu suchen und einzuhalten, bei der er seine Möglichkeiten voll ausschöpfen und das ganze Gelände kennenlernen kann. Je mehr die Methode das gesamte Spektrum einbezieht, um so besser. Das heißt für gewöhnlich, Psychotherapie und Meditation miteinander zu kombinieren, so daß die aufsteigenden und absteigenden Strömungen integriert werden. Aber im Grunde kann eine solche Praxis alles beinhalten – Kunst, kommunale Aufgaben, gesunde Kinder aufzuziehen, Romane zu schreiben, Sport –, wenn sie einen nur auch aus sich selbst herausholt und in ein umfassenderes Sein einbindet. Das Entscheidende daran ist, daß jeder von uns einmal auf die Reise gehen muß, auf seine ureigene Art, zu seiner eigenen Zeit und mit einer Geschwindigkeit, die er selbst vorgibt.«

10
Persönlichkeit und Wesenskern

Helen Palmer, Hameed Ali und das Enneagramm

Die höhere Natur des Menschen beruht auf der niederen Natur des Menschen, braucht sie als Fundament und bricht ohne dieses Fundament zusammen.

Abraham Maslow

Das Ziel des Menschen ist Wahrheit. Wahrheit ist mehr als Glück. Ein Mensch, der Wahrheit hat, kann in jede gewünschte Stimmung verfallen oder gar keine ... Wir haben vorgegeben, Wahrheit sei Glück und Glück Wahrheit, und die Leute haben uns geglaubt. Deshalb hast auch du bis jetzt geglaubt, Glück müsse das gleiche sein wie Wahrheit. Aber das Glück macht dich ebenso zu seinem Gefangenen wie das Leid.

Sufiweisheit

Wie alle, denen ich auf meiner Suche begegnet bin, sind auch Helen Palmer und Hameed Ali leuchtende Beispiele für die unauflösliche Verbindung zwischen den Erkenntnissen der westlichen Psychologie und dem spirituellen Verständnis des Ostens, was die Suche nach Weisheit angeht. Beide benutzen westliche psychologische Methoden, um tiefer in das einzudringen, was dem »Wesen« des Menschen im Wege steht – einer authentischen Erfahrung des wahren Selbst. Obwohl sie unterschiedlich vorgehen, betrachten beide die Persönlichkeit, das Ego, nicht einfach nur als Hindernis für das Wesen – als falsches Selbst –, sondern auch als wichtigstes Werkzeug, um die eigene wahre Natur aufzudecken. Palmers und Alis Werk könnte in vieler Hinsicht exemplarisch für eine das gesamte Spektrum berücksichtigende Weisheitsauffassung werden, wie Wilber sie fordert.

Als ich Helen Palmer kennenlernte – ein Jahr, bevor ich Hameed

Ali begegnet bin –, war ich seit drei Jahren auf der Suche und bemühte mich immer noch angestrengt, sehr gegensätzliche Erfahrungen miteinander auszusöhnen. Durch Meditation konnte ich, wie ich festgestellt hatte, in einen Zustand tiefen Wohlbehagens gelangen. Ich hatte Momente von großer Friedlichkeit, Hochgestimmtheit und sogar grenzenloser Liebe erlebt. Aber mir war auch klar geworden, daß diese Zustände flüchtig waren. Die normalen Emotionen, die mir am meisten in die Quere kamen – rasch aufflammende Wut, nervöses Mißtrauen, eine Widerwilligkeit, mein Herz zu öffnen –, kamen gleich wieder an die Oberfläche, sobald ich in diese Welt zurückkehrte. Selbst Leute, die sich seit Jahren in Meditation versenkten, benahmen sich nach meiner Kenntnis im Alltagsleben nicht unbedingt besser. Andererseits hatte ich auch bemerkt, daß selbst eine Vielzahl von psychologischen Einsichten, durch die man vielleicht besser in der Alltagswelt zurechtkam, den Hunger nach einem Sinn niemals ganz stillen konnte, mit dem ich mich ursprünglich auf die Suche gemacht hatte. Palmer und Ali faszinierten mich, weil sie die westliche Psychologie als Möglichkeit betrachteten, Persönlichkeitskonflikte zu verstehen – und weil sie zugleich eine tiefere Wahrheitsebene anerkannten, auf die man durch die Konzentration auf Persönliches nie gelangt.

Bei Helen Palmer war es ihre Arbeit mit dem Enneagramm, einer uralten Persönlichkeitstypologie, die mich vor allem interessierte. Das griechische Wort *ennea* bedeutet »neun«, und so ist das Enneagramm ein Diagramm von neun Persönlichkeitstypen und ihren Beziehungen untereinander. Es wird allseits angenommen, daß das Enneagramm in der mystischen Tradition der Sufis wurzelt. Im Westen wurde es zu Beginn des 20. Jahrhunderts von dem russischen Mystiker Georg Gurdjieff eingeführt. In den siebziger Jahren brachten es die beiden Psychiater Oscar Ichazo und Claudio Naranjo in eine verständlichere Form. Jeder Persönlichkeitstyp des Enneagramms ist von einer zentralen Fixierung oder Leidenschaft gekennzeichnet, einer Verteidigungsstrategie zum Überleben, die eine sehr enge, gewohnheitsmäßige, eingeschränkte Wahrnehmungs- und Reaktionsweise der Welt gegenüber zur Folge hat. Die Bestimmung meines eigenen Typs und der mit ihm verbundenen Muster half mir, wie es die Therapie nie vermocht hatte, die rätselhaften, sich ständig wiederholenden, oft selbstzerstörerischen Verhaltensmuster meines Lebens zu durchschauen. Nichts, auf was ich bei meiner Weisheitssuche gestoßen bin, hat mir so deutlich die spezifischen Hindernisse vor Augen geführt, mit denen ich es zu tun habe.

Helen Palmers wichtigster Beitrag zum Enneagramm war die Zusammenstellung von Gruppen jedes Persönlichkeitstyps, die sie vor anderen Schülern in aller Tiefe interviewte. Ihr Buch *Das Enneagramm*, das sich auf Tausende von solchen Interviews stützt, enthält die genauesten und einsichtsvollsten Beschreibungen der einzelnen Persönlichkeitstypen, denen ich je begegnet bin. Dennoch macht sie die psychologischen Charakteristika jedes Typs und seine vorhersagbaren Wahrnehmungs- und Verhaltensmuster am deutlichsten in der »oralen Tradition«, wie sie ihre Art, durch Live-Gespräche zu lehren, nennt. Die Beschäftigung mit den Persönlichkeitsgruppen übt einen sehr starken Einfluß aus, zunächst einmal, weil man sich einfach mit anderen Menschen solidarisch fühlt, die eine bestimme Weltsicht mit einem gemeinsam haben. Darüber hinaus macht man die aufrüttelnde Entdeckung, wie jeder Typ automatisch und häufig unbewußt auf eine bestimmte Situation reagiert. Vor allem jedoch ist die Feststellung, daß es noch mindestens acht andere Möglichkeiten gibt, das gleiche Ereignis zu betrachten, sowohl ein Dämpfer als auch etwas Erhebendes. Palmers Persönlichkeitsgruppen machen deutlich, wie sehr unsere Ängste, Hoffnungen, Vorurteile und Zerstreuungen unsere Sicht der Dinge prägen und unsere Erfahrung einengen.

Im Gegensatz zu anderen psychologischen Systemen behandelt das Enneagramm *alle* Persönlichkeitstypen grundsätzlich als Abwehrstrukturen. Unsere erworbenen Persönlichkeiten, führt Palmer in ihrem Buch *Das Enneagramm* aus, dienen uns dazu, all das zu tarnen und vor weiterem Schaden zu bewahren, was wir als unsere wahren Möglichkeiten in die Wiege gelegt bekommen haben, wovon wir jedoch während des Heranwachsens immer mehr abgeschnitten werden. Durch seine genaue Charakterisierung der Abwehrmechanismen jedes Persönlichkeitstyps öffnet einem das Enneagramm auf einzigartige Weise die Augen. Die meisten herkömmlichen psychotherapeutischen Techniken sollen Patienten unbewußte Abwehrstrategien bewußt machen. Was das Enneagramm für Palmer so interessant machte, war die Entdeckung, daß mit Hilfe dieses Systems zerstörerische Persönlichkeitsfixierungen wie Angst, Wut und Lüge nicht nur identifiziert und aufgelöst, sondern auf einer höheren Stufe sogar ins Gegenteil verkehrt werden können – in echte Wesensqualitäten wie Mut, Gelassenheit und Wahrhaftigkeit. Es bietet zwar auch kurzfristig die Möglichkeit einer besseren Verhaltensanpassung, ist aber vor allem ein Weg zur Erfahrung des wahren Selbst.

Bei unserer ersten Begegnung 1991 war Helen Palmer Mitte Fünfzig und lehrte mit einer seltenen Geschicklichkeit. Ursprünglich als Psychologin ausgebildet, erwachte Ende der sechziger Jahre, nachdem sie New York City verlassen und sich in Berkeley niedergelassen hatte, ihr Interesse für das Bewußtsein und die östlichen Weisheitslehren. Sie erhielt eine Anstellung als Dozentin für Psychologie an einem örtlichen College und fing an, mit der Einübung in andere Bewußtseinszustände zu experimentieren. Sie unterwarf sich einer strengen Meditationspraxis bei einem Zenmeister und dem Training in der Kampfkunst Aikido. Während ihres Meditationstrainings entdeckte sie außergewöhnliche übersinnliche oder intuitive Fähigkeiten bei sich. Von 1972 an verdiente sie über ein Jahrzehnt lang ihren Lebensunterhalt weitgehend mit »Lesungen«, bei denen sie Klienten intuitive Diagnosen ihrer Persönlichkeit gab. Palmer wurde wegen ihrer Genauigkeit und ihrer sehr spezifischen Aussagen sowie der Tiefe ihrer psychologischen Einsichten weithin geschätzt. In diese Zeit fällt auch ihre erste Beschäftigung mit dem Enneagramm. 1975 fing sie an, Gruppen von Persönlichkeitstypen in ihrem Wohnzimmer zu versammeln. Heute verbringt sie fast ihre gesamte Zeit damit, das Enneagramm in den Vereinigten Staaten und in Europa zu lehren und insbesondere Lehrer dieses Systems auszubilden.

Vom ersten Tag unserer Begegnung ab haben mich Helen Palmers drängende Intensität, ihr außergewöhnliches Konzentrationsvermögen, ihre Klarheit und Genauigkeit in den Bann gezogen. Sie hatte es so eingerichtet, mich in der Mittagspause während eines Enneagramm-Workshops, den sie in der Nähe von Palo Alto in Kalifornien abhielt, zu treffen. Sie war klein und untersetzt, hatte schulterlanges blondes Haar und große blaue Augen und verlor keine Zeit mit der Vorrede. Ich stellte eine Reihe von Fragen, und sie antwortete schnell und ohne Umschweife, ohne je zu zögern, ins Stocken zu geraten oder sich zu widersprechen. Sie wirkte kühl und geschäftsmäßig und sah mich selten direkt an; es dauerte noch Monate, bis ich das Gefühl hatte, eine persönlichere Beziehung zu ihr gefunden zu haben. Trotzdem bekam ich vom ersten Augenblick an eine Ahnung von ihrem leidenschaftlichen Bekenntnis zu dieser Arbeit, ihrer scharfen Intelligenz und ihrem umfassenden Wissen.

Die Ursprünge des Enneagramms sind geheimnisvoll und mannigfach. Zum Beispiel entsprechen die Fixierungen oder Leidenschaften von sieben Enneagrammtypen den sieben Todsünden der Christenheit – Hochmut, Geiz, Wollust, Neid, Völlerei, Zorn, Trägheit. Schon im 13. Jahrhundert beschrieb Dante in seiner *Göttlichen Komödie* im Abschnitt über das Fegefeuer die sieben Todsünden und ihre höheren Gegensätze. Er schilderte zudem die Sünden der Furcht und Täuschung und damit praktisch die restlichen zwei Enneagrammtypen Sechs und Drei. Ein Jahrhundert später führte Geoffrey Chaucer in seinen *Canterbury Erzählungen* die Gegenmittel für die sieben Todsünden auf, die ziemlich genau dem Hauptabwehrmechanismus und dem höheren Pendant eines jeden Enneagrammtyps entsprechen.

Im Westen wurde das Enneagramm durch Georg Iwanowitsch Gurdjieff eingeführt, einen geheimnisumwitterten, in Rußland geborenen Mystiker und Lehrer. Gurdjieff, um 1870 geboren, reiste in seinem Leben durch die ganze Welt und studierte eine Vielzahl von östlichen und westlichen Weisheitslehren. Seinen Lebensunterhalt verdiente er sich viele Jahre lang mit den merkwürdigsten Tätigkeiten, ob Teppichhandel, Gurkenverkauf oder Haushaltsreparaturen. Nachdem er sein Konzentrationsvermögen mit Hilfe von Studien und Übungen gesteigert hatte, verdingte er sich als Magier und Hypnotiseur. 1918 ließ er sich in Paris nieder und gründete eigens für seine Lehre eine Schule, das »Institut für die harmonische Entwicklung des Menschen«. Obgleich er auf vielerlei Methoden und Traditionen zurückgriff, hatte wahrscheinlich die mystische Richtung des Islam, das Sufitum, den stärksten Einfluß auf ihn. Dies sei die Quelle gewesen, so erzählte er seinen Anhängern, die ihn mit dem Enneagramm bekannt gemacht habe, insbesondere eine alte, geheime Sufisekte von Weisen in Afghanistan, die sogenannte Sarmung-Bruderschaft. Das Enneagramm wurde zum Sinnbild für die Techniken, die Gurdjieff anwandte, um an die wesentlichen Eigenschaften heranzukommen, die, wie er glaubte, in Bewußtseinszuständen jenseits des logischen Denkens auftreten.

Gurdjieffs »Werk«, wie es genannt wurde, drehte sich um seine Überzeugung, daß die meisten von uns schlafen und deshalb ihr wahres Selbst, ihr eigentliches Wesen, nicht sehen. Gurdjieff unterschied die Eigenschaften des wahren Wesens klar von den verschiedenen Qualitäten, aus denen sich die falsche Persönlichkeit – das Ego der westlichen Psychologie – zusammensetzt. »Man muß verstehen, daß der Mensch aus zwei Teilen besteht: *Kern* und *Persönlichkeit«,* schrieb P. D. Ouspensky, wohl der bekannteste Schüler Gurdjieffs. »Der Kern im Menschen ist *sein Eigenes.* Die Persönlichkeit im Menschen ist das, was »nicht sein Eigenes« ist ... Ein kleines Kind hat noch keine Persönlichkeit. Es ist, was es wirklich ist. Es ist Kern. Seine Wünsche, sein Geschmack, seine Neigungen, Abneigungen drücken sein Wesen so, wie es ist, aus.«[1] Die meisten Menschen, so Gurdjieff, würden sich so sehr mit ihrer Persönlichkeit identifizieren, daß sie jede Verbindung zu ihrem wahren Selbst verlören. Die Folge davon sei, daß ihr Verhalten mechanisch und reflexiv sei und sie in automatischen Verhaltensmustern steckenblieben, die ihrem Abwehrbedürfnis entsprängen. Die Hauptaufgabe des Lebens bestehe darin, sagte Gurdjieff, aus diesem unbewußten Zustand zu erwachen, indem man sich immer deutlicher seiner Gewohnheiten, Rollen, Vorlieben, Vorurteile, Begierden und angeblichen Bedürfnisse bewußt werde, aus denen sich die falsche Persönlichkeit zusammensetzt. Zu diesem Zweck entwickelte er eine Reihe von Übungen, darunter Meditationen, Bewegungsabläufe, ja sogar körperliche Arbeiten, die alle der »Selbstbeobachtung« und »Selbsterinnerung« dienten, wie er es nannte.

Für Gurdjieff war das Enneagramm ein Mittel, die falsche Persönlichkeit zu durchschauen. Ihm lag daran, Schüler dazu zu bewegen, sich ihre jeweilige Fixierung bewußtzumachen, die er als »Grundzug« bezeichnete. Äußerst erfinderisch darin, dieses Merkmal bei seinen Schülern auszumachen, unternahm er dann die entsprechenden Schritte, um das Abwehrverhalten ans Licht zu holen, vor allem, um dessen verzerrenden Einfluß auf alle Facetten eines Menschenlebens bloßzustellen. Lange Zeit später sah Helen Palmer im »Hauptzug« einen möglichen Lehrer. »Durch die Benennung unserer Haupteigenschaft können wir beobachten lernen, auf wie viele Weise diese Gewohnheit unser Leben kontrolliert«, schrieb sie. »Die neurotische ›Schieflage‹ unserer Aufmerksamkeit kann dann als Verbündete herangezogen werden, deren Anwesenheit uns leiden läßt und uns an das erinnert, was wir verloren haben.«[2]

Gurdjieff hielt seine Schüler für unfähig, allein mit dem Enneagramm zu arbeiten. Er bestimmte zwar die Grundzüge von Menschen, hinterließ aber keine offiziellen Angaben zur Nutzung des Systems. Deshalb schlummerte es von seinem Tod 1947 ab jahrelang in der Versenkung. Zwei Jahrzehnte später wurde das Enneagramm schließlich von dem bolivianischen Psychiater Oscar Ichazo noch einmal im Westen eingeführt, diesmal in einer psychologisch erheblich ausgereifteren Form. Ebenso wie Gurdjieff hat sich auch

Ichazo immer nur dunkel und unklar über seine Vergangenheit geäußert. 1931 in La Paz geboren, litt er vom sechsten Lebensjahr an unter Katalepsie, schmerzhaften Starrkrampfanfällen, bei denen er zwar nicht das Bewußtsein verlor, aber unfähig war, sich zu bewegen. Fortan sah er seine Hauptlebensaufgabe darin, eine Möglichkeit zu finden, diese schweren Schmerzen zu überwinden. Ichazo studierte zunächst Medizin und Psychiatrie, die ihm beide nicht weiterhalfen. Daraufhin wandte er sich der Bewußtseinsforschung zu, experimentierte mit psychedelischen Drogen und studierte den Zenbuddhismus, das Sufitum, den Schamanismus, Yoga und andere mystische Disziplinen. Mit 18 Jahren hatte er genügend Selbstkontrolle erworben, um seine Anfälle zu überwinden.

Jahrelang wurde angenommen, daß Ichazos Kenntnisse des Enneagramms aus der gleichen Sufiquelle wie Gurdjieffs stammten. In einem Interview hat Ichazo jedoch vor kurzem beteuert, die meisten Einsichten in dieses System durch innere Bilder bekommen zu haben, die er in tiefer Konzentration heraufbeschworen habe. Geschehen sei das, sagte er, als er sich Anfang 1950 mit einer Gruppe von Intellektuellen in Buenos Aires mit esoterischen Praktiken beschäftigt habe. Woher sein Wissen auch stammen mag, Ichazo war jedenfalls in der Lage, jede Persönlichkeitsfixierung an den neun Punkten des Enneagramms – die er »Enneagonen« nannte – festzumachen und aufzuzeigen, wie sie sich aufeinander bezogen. Er kam zum Beispiel zu dem Schluß, daß ein Typ oft von seinen »Flügeln« beeinflußt wird, den direkt angrenzenden Typen. Außerdem stehen manche Typen auf vorhersagbare Weise mit anderen in Verbindung. Das zentrale Dreieck des Enneagramms wird zum Beispiel aus den Typen Drei, Sechs und Neun gebildet. Unter Streß neigt nun die Sechs laut Ichazo dazu, die Merkmale der Drei anzunehmen, die Drei die der Neun, und die Neun die der Sechs. Das gleiche Muster tritt umgekehrt auch in besonders sicheren Verhältnissen auf. In diesem Fall verhält sich die Sechs mehr wie die Neun usw.

Ichazos Werk ist weitgehend unbeachtet geblieben, bis er 1969 vor der »Chilenischen Psychologischen Vereinigung« eine Reihe von Vorträgen hielt. Zu den Anwesenden gehörte auch ein chilenischer Psychiater namens Claudio Naranjo, der damit experimentiert hatte, westliche psychologische Techniken mit östlichen meditativen Praktiken zu verschmelzen. Naranjo kam Mitte der sechziger Jahre zum ersten Mal in die Vereinigten Staaten und irgendwann auch nach Esalen, wo er unter Fritz Perls Gestalttherapie studierte, körperbezogene Übungen erforschte und meditierte. Mit der Zeit wurde er ein beliebter Lehrer am Esalen-Institut. Nachdem er 1969 in Chile einen Vortrag von Ichazo gehört hatte, kehrte er voller Begeisterung über dessen Lehre und besonders das Enneagramm nach Big Sur zurück. Im Sommer 1970 reisten 54 Amerikaner, fast alle aus Esalen, mit Naranjo in den kleinen Wüstenort Arica in Chile, um sich einem zehnmonatigen intensiven Training unter Leitung Ichazos zu unterziehen.

Ähnlich wie Gurdjieff behielt sich Ichazo die alleinige Autorität vor, den Teilnehmern ihren Typ zu sagen, wozu ihm nach seiner Aussage der Blick auf ein Foto genügte. Sobald er die Typen der Mitglieder seiner Trainingsgruppe bestimmt hatte, teilte er alle Teilnehmer in Untergruppen ein, damit sie an Problemen arbeiten konnten, die speziell mit ihrer Fixierung zusammenhingen. »Er konnte sehr originelle Dinge über manche Leute sagen. Und das hat einigen sehr zugesetzt«, erklärte Naranjo vor kurzem. Nach sieben Monaten hatte Naranjo allerdings eine schwere Auseinandersetzung mit Ichazo und wurde gezwungen, das Training aufzugeben. Seitdem haben die beiden nicht mehr miteinander gesprochen. Ichazo gründete schließlich eine eigene Schule, das Arica-Institut, das seit den siebziger Jahren blühte und gedieh und noch immer Schüler und Niederlassungen in etlichen Städten der USA hat. Ichazo lebt ausschließlich in Hawaii und pflegt den Kontakt mit seinen Schülern überwiegend durch lange esoterische Aufsätze zu verschiedenen Themen. Obwohl er nie irgend etwas über das Enneagramm veröffentlicht hat, geht er sehr aggressiv juristisch gegen andere Enneagrammlehrer vor und bezichtigt sie des Plagiats. Eine sich lang hinziehende Klage, die Ichazo und das Arica-Institut gegen Helen Palmer anstrengten, wurde 1992 endlich von einem New Yorker Bezirksgericht niedergeschlagen.

Naranjo kehrte nach seinem Bruch mit Ichazo wieder nach Berkeley zurück, wo er sofort das Enneagramm in sein eigenes Lehrangebot aufnahm. Eine der von ihm entwickelten Techniken bestand darin, Schüler mit einem hohen Grad an Selbstreflexion über die Art ihrer Voreingenommenheiten zu befragen. Im Gegensatz zu Gurdjieff und Ichazo ermutigte Naranjo also seine Schüler dazu, ihre eigenen typbezogenen Fixierungen herauszufinden. Naranjos Befragungsmethode war dazu geeignet, die vielfältigen psychologischen Attribute eines jeden Typs deutlicher herauszuschälen. Dadurch war es ihm möglich, die mit jedem Typ verbundenen Hauptabwehrmechanismen aufzuzeigen, wobei er die klassischen psychodynamischen Kategorien des Westens benutzte wie zwanghaft-besessen, soziopathisch und paranoid.

In Naranjos Kursen wurde außerdem erforscht, ob ein besseres Verständnis der persönlichen Abwehrmechanismen die Möglichkeit eröffnet, Zugang zum eigenen Wesenskern zu finden. Unter den ersten Schülern war auch der Psychologe Charles Tart, der später eigene Kurse in Gurdjieffscher Selbsterinnerung abhielt. »Die Tatsache, daß das Enneagramm der Persönlichkeit die existentiellen und spirituellen Qualitäten sowie Tugenden erörterte, die durch die Rückgewinnung der essentiellen Lebensenergie entwickelt werden können, machte es besonders anziehend«, schrieb Tart. »Es stellte sich eindeutig als das komplexeste und anspruchsvollste Persönlichkeitssystem heraus, das mir in meiner beruflichen Praxis als Psychologe bis dahin begegnet war.«[3] Tart war besonders bewegt von seinen eigenen Erfahrungen in Naranjos Workshop. »Als mir die Eigenart meines Enneagrammtyps erklärt wurde, war dies einer der aufschlußreichsten Momente meines Lebens«, fuhr er fort. »Viele bislang rätselhaften Ereignisse und Reaktionen meines Daseins ergaben nun plötzlich einen Sinn. Noch wichtiger war, daß mir der zentrale Bereich klar wurde, in dem meine Einstellung zum Leben unzulänglich war, und mir gangbare Möglichkeiten aufgezeigt wurden, wie ich sie ändern konnte.«[4] Ein weiterer Schüler Naranjos war Robert Ochs, ein Priester, der das Enneagramm später in der Jesuitengemeinschaft verbreiten half. Ferner nahmen noch zwei Leute an Naranjos Kursen teil, deren Bemühen, Wesenskern und Persönlichkeit miteinander zu verbinden, mir schließlich ganz besonders überzeugend erschien. Das waren einmal der Kuwaiti Hameed Ali, damals noch ein junger Physikstudent, und zum anderen Helen Palmer.

Helen Palmers leidenschaftliches Interesse an einer persönlichen Transformation läßt sich auf ihre harte, bittere Kindheit und die Abwehrmechanismen zurückführen, die sie aufbaute, um zu überleben. Sie wurde als Säugling von ihren leiblichen Eltern in einer Kirche ausgesetzt. Die ersten drei Lebensjahre wurde sie bei Zieheltern herumgereicht, bis sie schließlich von einem jungen kinderlosen New Yorker Ehepaar adoptiert wurde. Sie wohnten in einem Mietshaus in einem irischen Viertel der Stadt unter der Hochbahn der Third Avenue und kamen finanziell kaum über die Runden. Helen Palmers Adoptivmutter war eine begabte Musikerin, jedoch schwer alkoholabhängig. Als Kind fühlte sich Helen Palmer zutiefst durch die volltrunkenen öffentlichen Auftritte der Mutter gedemütigt und litt nicht weniger unter den privaten Auswirkungen des Alkoholkonsums der Mutter. Sie erinnert sich noch lebhaft, wie sie einmal von der Schule nach Hause kam und ihre Mutter wie betäubt dalag; sie war gefallen und hatte dabei ein Fenster zerbrochen. Ihr Adoptivvater war ein eher stiller, zurückgezogener Mann, der es nicht weit gebracht hatte und große Schwierigkeiten im Umgang mit anderen Menschen hatte. »Meine Eltern hatten beide Angst vor ihrer Umwelt und waren nicht gut dafür gerüstet, sich zu behaupten«, erzählte mir Helen Palmer. »Ich hatte nie das Gefühl, daß sie mich beschützen konnten.«

So schlimm das alles klingt, weist Helen Palmer doch entschieden jedes Selbstmitleid weit von sich und behauptet, keine Bitterkeit zu empfinden oder das Gefühl zu haben, zu kurz gekommen zu sein, wie man erwarten könnte. »Die Menschen ertragen so viel Schmerz und so viel Schweres, daß das, was mir widerfahren ist, nicht unbedingt etwas Besonderes ist«, sagte sie. Der Rettungsanker in ihrer Kindheit war ihrer Meinung nach die hingebungsvolle Zuneigung des Vaters. Die beiden pflegten zusammen den Ausschweifungen der Mutter zu entfliehen und viele Stunden im Freien zuzubringen. »Mein Vater war sehr liebevoll und mütterlich, ich habe ihn angebetet«, sagte sie. Vor allem vor dem Einschlafen unterhielt er sie mit endlosen Heldengeschichten und Märchen. Sie stellte sich instinktiv die Figuren aus diesen Geschichten bildlich vor und projizierte sie auf die Zimmerdecke, was sie in ähnlicher Weise tat, wenn sie sich Hörspiele im Radio anhörte. Die Einbildungskraft bot ihr eine angenehme Möglichkeit zur Flucht. Lange Zeit später sollte ihr dieses gute Vorstellungsvermögen von großem Nutzen sein, um sich andere Bewußtseinszustände zu erschließen, darunter die intuitiven Fähigkeiten.

Von früh auf stand fest, daß sie hochintelligent war. »Das war das einzige, was mir damals Auftrieb gab«, gestand sie mir freimütig. Mit sechs Jahren wurde sie zur New Yorker Hunter-Schule zugelassen, einer staatlichen Schule für Sonderbegabte, wo sie auch die High-School-Jahre absolvierte. »Ich habe gute Erfahrungen mit der Schule gemacht«, erzählte sie mir. »Es war eine Flucht in eine andere Welt, und ich blieb jeden Tag bis abends um sechs dort.« Mit achtzehn zog sie zu Hause aus und ging auf ein College, die heutige Städtische Universität von New York. Sie heiratete einen Mitstudenten, der später Geistlicher wurde. Fast mittellos suchten sie sich eine Wohnung nur mit kaltem Wasser an der New Yorker Bowery: Helen übernahm Teilzeitbüroarbeiten, die sie auf ihre Uni-Termine abstimmte. Zum Teil aus dem Wunsch heraus, das unverständliche, unvorhersagbare Verhalten ihrer Mutter besser zu begreifen, interessierte sie sich mehr und mehr für die Psychologie. 1960, kurz nach ihrem Examen, brachte sie einen Sohn zur Welt. Sechs Monate später schrieb sie sich an der New

York School for Social Research ein und schloß als Magister der Psychologie ab.

Mitte der sechziger Jahre, als der Widerstand gegen den Vietnamkrieg immer hitziger wurde, schloß sich Helen Palmer aufgrund ihrer instinktiven Auflehnung gegen das Establishment der Antikriegsbewegung an. 1966 begann sie, bei einer radikalen Untergrundgruppe mitzuarbeiten, die Wehrdienstverweigerer über die Grenze nach Kanada schmuggelte, eine gefährliche Arbeit. Aber die Angst vor Gefahr hatte bei ihr überraschende Folgen. Schon in frühester Kindheit hatte sie, um sich gegen die Alkoholexzesse der Mutter zu schützen, ein ausgeprägtes Gespür für feine Signale entwickelt, die andeuteten, daß sich die Dinge zum Schlechten wendeten. Während ihrer Widerstandsarbeit verfeinerte sie diese Antenne für drohende Gefahr noch. In den Nächten, in denen ihr die Aufgabe zufiel, jemandem über die Grenze zu helfen, spürte sie dann plötzlich, daß ihnen eine Verhaftung bevorstand oder der Wehrflüchtige in Wirklichkeit ein Regierungsinformant war. Die betreffende Szene spulte sich wie ein Film in ihrer Einbildung ab. Statt einfach über ihre Ängste hinwegzugehen, war sie wie gelähmt und rührte sich nicht aus ihrer Wohnung.

»Wenn ich in solchen Nächten diese Visionen hatte und daheim blieb«, erzählte sie mir, »hörte ich unweigerlich, daß Verhaftungen vorgenommen worden waren, und zwar genau so, wie ich es mir vorgestellt hatte. Andere meinten, ich hätte einfach Glück gehabt, aber ich empfand es anders. Durch die konzentrierte Aufmerksamkeit, zu der mich meine Angst zwang, verschaffte ich mir Zugang zu einer tieferen Wissensebene jenseits des logischen Denkens.«

Mit der Zeit wuchs der Druck auf die Widerstandsbewegung fortwährend, ihre Ehe ging zu Bruch, und 1969 entschloß sie sich, mit ihrem Sohn an die Westküste zu ziehen.

Palmer fand schnell eine Anstellung als Dozentin für Psychologie an einem College in der Nähe von San Francisco. Die Aussicht darauf, vor einer großen Studentenschar Vorlesungen halten zu müssen, war ihr so entsetzlich, daß ihr schon beim Gedanken daran schlecht wurde. Da sie unbedingt lernen wollte, sich zu entspannen, belegte sie an der örtlichen freien Universität einen Kurs in Selbsthypnose und übte die Techniken fleißig zu Hause. Der Lehrer war ein ehemaliger Verkehrspolizist, an dem Helen Palmer besonders berührte, daß er sich selbst durch Hypnose von seiner Alkoholabhängigkeit kuriert hatte. Es ging darum, sich systematisch von Gedanken und Sinnesempfindungen, ja selbst vom Wahrnehmen der unmittelbaren Umgebung abzukoppeln, um sich in einen tiefen Trancezustand versenken zu können. Sobald dieser Wandel eintrat, mußte Palmer sich selbst in einem Hörsaal vorstellen, wie sie gerade eine Vorlesung hielt und dabei ganz ruhig und entspannt blieb. Schon bald konnte sie sich sogar während des Lehrens in diesen Zustand versetzen. Wie sie merkte, bot ihr die Technik, den Geist völlig ruhigzustellen, die Möglichkeit, endlich die Angst loszuwerden, von der ihr Leben durchdrungen war. »Wenn mein Schmerz, meine Sorgen und meine Angst durch meine Gedanken hervorgerufen waren«, erzählte sie mir, »mußte ich wohl lernen, leer von Gedanken zu werden und in einen Bewußtseinszustand überzuwechseln, wo es keine Angst gab.«

Die Selbsthypnose hatte eine weitere unerwartete Wirkung. Während sie die betreffenden Übungen durchführte, erschienen immer häufiger bestimmte Ereignisse vor ihrem inneren Auge – um ein paar Tage später Wirklichkeit zu werden. Palmer überlegte sofort, bei welchem Lehrer sie diese intuitive Fähigkeit schulen konnte, und widmete sich der Ausarbeitung dieser Gabe mit gewohnter Disziplin, Rigorosität und Systematik. »Man beginnt damit, sich von Gedanken und Gefühlen zu leeren«, sagte sie mir. »Dann konzentriert man sich auf einen Namen, Ort oder Zeitpunkt, über den jemand etwas wissen will, und verankert das in seinem Bewußtsein. Als nächstes wird man damit eins, wobei innerer Beobachter und Gegenstand der Aufmerksamkeit miteinander verschmelzen. Die Aufgabe besteht darin, sein Bewußtsein so total mit dem betreffenden Ereignis, der Person oder dem Ort zu identifizieren, daß die gewünschte Information einem durch ein inneres Bild, eine Sinneswahrnehmung oder ein Gefühl übermittelt wird. In meinem Fall ist es eine Art von Träumen – allerdings kann ich mich willentlich in diesen traumähnlichen Zustand versetzen. Ich erhalte die Information schließlich so, wie man es vom Träumen her kennt: indem ich ›aufwache‹ und sie aufzeichne. Zum Schluß muß ich nur noch in Worte fassen, was ich geschaut habe.«

Es kam so weit, daß Helen Palmers Lehrer Leute einlud, die sie nicht kannte, und ihnen sagte, sie könnten Fragen über ihr Leben an sie stellen. Palmer bemühte sich, diese zu beantworten, und griff dabei auf die Traumbilder zurück, die in ihr entstanden. Das Ergebnis war so gut, daß sie beschloß, Privatklienten anzunehmen.

1972 begann sie privat Sitzungen abzuhalten, und bereits nach sechs Monaten war sie für weitere anderthalb Jahre ausgebucht. Inzwischen hatte sie auch ein strenges Meditationstraining unter einem Zenlehrer aufgenommen und erlernte zudem bei einem tibetischen Lehrer Techniken, mit deren Hilfe sie ihre Visualisationsfähigkeit steigern wollte. Es war ein äußerst intensiver Lebensabschnitt. »Ich erkannte gleich, daß ich ein besonderes Talent zu dieser inneren Arbeit hatte«, erzählte sie mir. »Ich verbrachte viele Stunden täglich in Meditation. Es war, als verlangte etwas in meinem Innern sehnlichst danach. Ich spürte, daß ich von etwas Größerem ergriffen wurde. Welch ein Gefühl, daß sich etwas so stark meiner bemächtigte, eine solche Berufung in mir wecken konnte. Mir war, als sei ich verliebt, als würde mir das Herz aufgehen, und so blieb es jahrelang. Die meisten Leute können nicht so leben, aber ich empfand den Ruf als so stark, daß ich einfach reagieren mußte.«

Helen Palmers spirituelle Lehrer interessierten sich nicht sonderlich für ihre intuitiven Fähigkeiten. Solche *Siddhis,* sagten sie ihr, wären eine häufig vorkommende Nebenwirkung der Ruhigstellung des Geistes, würden jedoch letzten Endes nur von der wirklichen Arbeit ablenken, das Ego zu transzendieren. Palmer schlug diese Warnung in den Wind, weil sie glaubte, durch die Schulung ihrer intuitiven Fähigkeiten auch ihrer spirituellen Suche zu dienen.

»Ich habe meine intuitive Arbeit stets als Zwischenstation für den nächsten Sprung betrachtet, als Trittstein zu den höheren Fähigkeiten, die sich in diesem Zustand äußerster Konzentration und Intuition allmählich einzufinden pflegten«, erzählte sie mir. »Ich brachte tatsächlich sechs bis acht Stunden damit zu, meine Gedanken fahrenzulassen, meine Fähigkeit, mich vollkommen zu versenken, zu steigern und die Kontrolle über meine Aufmerksamkeit zu erlangen. Ein Grund dafür, warum ich diese intuitive Welt so mochte, war das Feedback, das ich erhielt und das mir bewies, daß diese höheren Fähigkeiten real sind. Diese Art von Nachweis war mir sehr wichtig. Die Intuition ist der Zustand auf der Mitte zwischen dem Normalbewußsein und den höheren Bewußtseinsstufen, und sie bietet die Möglichkeit, zwischen Projektionen und einer echten Fühlungnahme mit dem Wesenskern zu unterscheiden. Sie ist eine Form der unmittelbaren Erkenntnis. Ich bin stets auf der Suche nach der Wahrheit gewesen, wollte meine Zweifel überwinden, über meine neurotischen Projektionen hinausgelangen. Von Anfang an, seit ich die intuitive Arbeit mache, bin ich nie in meiner Überzeugung schwankend geworden, daß ich über die Voreingenommenheiten der Persönlichkeit hinaus zu einer tieferen Wahrheitsschicht durchdringen könnte.«

Helen Palmers intuitive Fähigkeiten sind nie wissenschaftlich getestet worden. Da ich selbst darauf neugierig war, fragte ich sie, ob ich ihre Fähigkeiten auf die Probe stellen dürfte, und sie willigte ein. An einem Nachmittag gab ich ihr daraufhin nacheinander ein halbes Dutzend Vornamen von Leuten, die in meinem Leben eine Rolle spielten, telefonisch durch. Dann bat ich sie, mir möglichst eingehend jede einzelne Person und ihre Lebensumstände zu beschreiben. Mehr sagte ich nicht. Da wir ja nur telefonisch verbunden waren, gaben ihr weder mein Gesichtsausdruck noch meine Körpersprache irgendwelche Fingerzeige. Und da ich ihr nur die Vornamen genannt hatte, konnte sie unmöglich wissen, um wen es sich bei den Personen handelte, die sie mir beschreiben sollte. Ich gab ihr auch keinerlei Feedback.

In allen sechs Fällen waren die Informationen, die Helen Palmer mir

lieferte, erstaunlich treffend. Oft waren sie ganz spezifischer Art. Zum Beispiel nannte sie einen ungewöhnlich gutaussehenden, charmanten, erfolgreichen Freund einen »sehr gut aussehenden Dandy, gesellig, kultiviert und von rascher Auffassungsgabe, der sich auf die unterschiedlichsten Dinge versteht«. Damit hatte sie den Nagel auf den Kopf getroffen, aber dann rückte sie noch mit etwas besonders Eigentümlichem heraus. »Er ist irgendwie sehr oberflächlich«, sagte sie. »Es ist, als sei er absichtlich nie ganz ernst, als wolle er nicht wirklich in die Tiefe gehen, weil das zu beängstigend ist. Das weiß er aber nicht. Er ist sich dessen nicht bewußt, daß er sich um keinen Preis mit etwas befassen will, das ihn tief bewegt.« Ich hätte das psychologische Profil dieses langjährigen Freundes selbst nicht genauer zeichnen können.
Ferner sprach Helen Palmer davon, daß eine der Personen zu der Überzeugung gekommen sei – auch wenn sie das vielleicht noch nicht ausgesprochen hätte –, daß das finanzielle und emotionale Versagen ihres Mannes ihre zweijährige Ehe bedrohe. Tatsächlich wurden die beiden ein Jahr später wegen genau dieses Problems geschieden. Bei einer anderen Bekannten schilderte Helen Palmer absolut richtig deren Bedürfnis nach intellektueller Überlegenheit, das lediglich den grundsätzlichen Mangel an Selbstvertrauen kaschiere. Palmer bemerkte in diesem Zusammenhang noch, daß sich diese Frau Freunde suche, die sie als Herausforderung empfinde, nur um sich ständig mit ihnen zu messen. Und bei einem weiteren Kandidaten auf meiner Liste kam sie sofort auf dessen berufliche Krise nach jahrelangem stetigen Erfolg zu sprechen. Kaum ein Jahr später gab dieser Freund seine langjährige Tätigkeit auf.

1973 befaßte sich Helen Palmer zum erstenmal mit dem Enneagramm, nachdem ihr mehrere ihrer Klienten, die dieses System kannten, sagten, sie bediene sich in ihren Lesungen der gleichen Sprache. Damit nahmen sie Bezug auf die Tatsache, daß Palmer in ihren Beschreibungen instinktiv sofort den wichtigsten Charakterzug, die Hauptfixierung der Persönlichkeit eines Klienten anspricht. »Durch meine intuitiven Fähigkeiten konnte ich sehen, wie sich in allen Lebensbereichen eines Klienten immer das gleiche Muster abzeichnete«, erzählte mir Helen Palmer. »Dann vermochte ich all die anscheinend zusammenhanglosen Erfahrungen für sie miteinander zu verknüpfen – warum sie das eine Mal Neid empfanden, das andere Mal eine unbestimmte Wut und wieder ein andermal das Gefühl hatten, daß etwas fehlte. Die Leute, die zu mir kamen, erhielten außerordentlich gute, nützliche Informationen über ihr Leben.« Sie sah aber auch gewisse Gefahren in der Fortsetzung ihrer intuitiven Arbeit. »Ich habe hart daran gearbeitet, mich in dieser Hinsicht weiterzuentwickeln, und ich sage Ihnen: Man hält sich daran fest. Man denkt: ›He, Moment mal, ich kann etwas, das andere nicht können.‹ Und dann warten die Leute zweieinhalb Jahre, um einen Termin zu bekommen. Es ist gar nicht so leicht, bei alledem ausgeglichen zu bleiben.«

Als Palmer bei Naranjo einen Kurs über das Enneagramm absolvierte, fand sie eine psychologische Erklärung für das, was sie intuitiv bei ihren Klienten erspürte. Sie begriff, daß ein bestimmter Persönlichkeitstyp bei jemandem auftritt, weil er dessen Überleben sichert. Angesichts der Notwendigkeit, die physischen Bedürfnisse nach Nahrung, Obdach und Sicherheit, dann die emotionalen Bedürfnisse nach Fürsorge, Schutz und Liebe und schließlich noch das soziale Bedürfnis nach Geborgenheit und Akzeptanz befriedigen zu müssen, wendet selbst ein kleines Kind seine Aufmerksamkeit der Außenwelt zu. Am Ende entsteht aus diesen Anpassungsmechanismen ein persönlicher Stil – mit einer ganzen Reihe von Fixierungen. »Sobald die Persönlichkeit geformt ist, vertieft sich die Aufmerksamkeit in die für unseren Typ charakteristischen Themen«, schrieb Palmer später. »Wir verlieren die dem Wesenskern eigene kindliche Fähigkeit, auf die Welt so zu reagieren, wie sie wirklich ist, und beginnen, für die Informationen selektiv empfänglich zu werden, die die Weltanschauung unseres Typs unterstützen. Wir sehen fast nur, was wir sehen müssen, um zu überleben, und werden blind gegenüber der ganzen übrigen Wahrheit: Uns begrenzt eine funktionale Blickverengung.«[5] Nach dieser Auffassung spiegelt jeder Persönlichkeitstyp eine andere Strategie wider, mit deren Hilfe die eigenen Bedürfnisse befriedigt werden können und der Schmerz über das verlorene wahre Wesen wettgemacht wird.

Ein kurzer zusammenfassender Überblick über die Persönlichkeitstypen des Enneagramms kann dieses sehr komplexe, hochentwickelte System nur stark vereinfacht wiedergeben, ist aber immerhin ein Ausgangspunkt. Die perfektionistische Eins versucht, da sie früher oft heftiger Kritik ausgesetzt war, ein Gefühl ihres wahren Wertes wiederzugewinnen, indem sie sich in allem perfekt zu sein bemüht, nur um ihr eigener schärfster Kritiker zu werden, wenn sie ihren Idealen nicht zu entsprechen vermag, was unausweichlich der Fall ist. Die gebende Zwei, schon früh im Leben für ihre Gefälligkeit und Selbstaufopferung gelobt, sucht nach Zuneigung und Bestätigung, indem sie den Bedürfnissen anderer den Vorrang gibt, aber immer in der stillen Erwartung, im Gegenzug selbst etwas dafür zu erhalten. Die dynamische Drei, bereits als Kind wegen ihres Erfolgs und ihrer Leistungen gepriesen, wertet schließlich Leistung und Image am höchsten und koppelt sich so von den eigenen wahren Gefühlen und emotionalen Bedürfnissen ab. Die tragisch-romantische Vier glaubt aufgrund ihres Gefühls, in der Kindheit preisgegeben und verlassen worden zu sein, durch leidenschaftliche Beziehungen ihren Depressionen entfliehen zu können und das Glück zu finden, was sich nie erfüllt, so daß sie ewig enttäuscht wird. Die beobachtende Fünf ist, weil sie als Kind immer störte oder einfach ignoriert wurde, zu dem Schluß gekommen, daß Abstandhalten und die Einschränkung der eigenen Bedürfnisse auf ein Minimum die beste Möglichkeit ist, weder von den eigenen Empfindungen noch von den Forderungen anderer erdrückt zu werden.

Die ängstliche Sechs, von Autoritätspersonen aufgezogen, von denen sie in ihrem Vertrauen mißbraucht oder gar erniedrigt wurde, kommt schließlich zu der Überzeugung, Schaden von sich abwehren zu können und sich Schutz und Sicherheit zu verschaffen, wenn sie die Motive anderer unablässig wachsam im Auge behält. Die dilettantische Sieben verwandelt angsteinflößende Kindheitsumstände samt und sonders in angenehme Erinnerungen, sie lebt in einer eigenen heilen Welt, lehnt jede tiefere Verpflichtung ab und beschäftigt sich lieber mit den Möglichkeiten für die Zukunft. Die kämpferische Acht, von frühester Kindheit an von mächtigen, anspruchsvollen Menschen beherrscht, sieht den Schlüssel zur eigenen Sicherheit darin, Kontrolle über andere zu gewinnen, Macht auszuüben und jedes Gefühl der Abhängigkeit und Verletzlichkeit zu vermeiden. Die vermittelnde Neun reagiert auf eine düstere Kindheit und häufige Ablehnung, indem sie die eigenen Bedürfnisse denen ihrer Umgebung unterordnet und nur passiv Widerstand leistet.

Um diese Persönlichkeitsprofile noch auszufeilen und zu vertiefen, entwickelte Helen Palmer – zum Teil rein intuitiv – eine Fragetechnik, mit deren Hilfe die Neigungen und Abneigungen sichtbar werden sollten, die den Typ eines Menschen ausmachen. Zum Beispiel erkannte sie sich selbst sofort als Sechs – einen Großteil ihres Leben von Angst und Mißtrauen besetzt, kopflastig und immer argwöhnisch auf der Hut vor den verborgenen Absichten anderer. »Der Wert dieses mündlich überlieferten Systems«, erklärte sie mir, »liegt darin, daß die Leute sofort ein weitreichendes psychologisches Verständnis gewinnen können und keinen allwissenden Guru brauchen, sondern nur ihr Selbstbeobachtungsvermögen.« Was Hunderte von Menschen über sich selbst sagten, zeigte Palmer zum Beispiel, daß alle Typen von mindestens einem ihrer »Flügel«, den Nachbarn im Enneagramm, beeinflußt werden. Eine Zwei wird beispielsweise unter Umständen zur Eins oder Drei tendieren. Ausgehend von Gurdjieffs Theorie, daß jeder von uns mit drei Arten von Intelligenz geboren ist – der mentalen (Kopf), der emotionalen (Herz) und der instinktiven (Bauch) –, hat Palmer festgestellt, daß sich auch die Enneagrammtypen je nach ihrer Tendenz zusammenfassen ließen, ob sie die Welt in erster Linie mit dem Verstand, mit dem Herzen oder aus dem Bauch heraus erfahren, woraus sich wiederum ihr bevorzugtes Handeln herleitet. Typ

Acht, Neun und Eins sind im allgemeinen Bauchtypen, Zwei, Drei und Vier sind meist Herztypen, und Fünf, Sechs und Sieben sind überwiegend Kopftypen. Ganzheit erfordere letztlich, so Palmer, alle drei Formen des Wesenskerns herauszubilden – die intellektuellen und visionären Fähigkeiten des Geistes ebenso wie die Liebe und das Mitgefühl des Herzens und die Kraft und den Willen des Bauches.

Helen Palmer widmete sich intensiv der Schulung ihrer eigenen drei Zentren – Kopf, Herz und Bauch. Dennoch wurde sie sich – manchmal auf schmerzhafte Weise – bewußt, daß diese Aufgabe unterschiedlich schwer war. »Ich finde leichter zur Kraft aus dem Bauch und zur gesammelten Konzentration des Geistes als zur strömenden Empfindung meines Herzens«, gestand sie mir. »Ein gewisses Einfühlungsvermögen ist zwar da, aber schwächer als die beiden anderen Regungen. Viele meiner Schüler erwarten von mir, daß ich Stärke, Präzision und Mut unter Beweis stelle und gleichzeitig friedlich, mitfühlend und liebevoll bin. Tatsache ist, daß ich nur bin, was ich bin. Ich bin nicht alles dies gleichzeitig, aber wir alle projizieren solche Idealvorstellungen auf Leute, die uns helfen. Man findet vielleicht einen Guru oder Lama, der großes Mitgefühl zeigen kann, aber dafür intellektuelle Präzision vermissen läßt. Es wird allzuleicht das Kind mit dem Bade ausgeschüttet, das heißt, es wird gesagt: ›Na also, er taugt nichts.‹ Doch dem ist nicht so. Er mag zwar nicht über intellektuelle Präzision verfügen, aber er hat Mitgefühl. Und das schenkt er uns.«

Als Lehrerin fühlte sich Helen Palmer vor allem dazu berufen, ihren Schülern mittels der aus dem Enneagramm gewonnenen Informationen zu helfen, Verbindung mit ihrem Wesenskern herzustellen und zu unterhalten. Der erste Schritt war jedoch, wie sie schnell merkte, ein Bewußtsein für die jeweiligen Egofixierungen oder Abwehrmechanismen zu entwickeln, die jeden Typ charakterisieren, oft allerdings unbewußt bleiben. Um dieses Bewußtsein ging es bei dem ersten Workshop unter Helen Palmers Leitung, einem fünftägigen Intensivkurs, an dem ich im Sommer 1992 in Esalen teilnahm. Was meine Suche anbetraf, hatte meine Frau Deborah bisher eine gewisse Zurückhaltung gegenüber meiner Begeisterung an den Tag gelegt, sie war zugleich neugierig und doch skeptisch. Irgend etwas an meiner Beschreibung des Enneagramms erregte jedoch ihre Aufmerksamkeit, und so beschloß sie, mich nach Esalen zu begleiten. Außer uns kamen noch etwa vierzig Leute.

Während des Workshops hörte man vor allem zu, wie Helen Palmer Gruppen eines jeden Persönlichkeitstyps befragte, die meisten davon Workshopteilnehmer. Außerdem hielt sie mindestens eine Stunde täglich einen Vortrag über das Enneagramm und machte uns mit Aufmerksamkeitsübungen bekannt, mit deren Hilfe der »innere Beobachter« entwickelt werden sollte, wie sie es nannte. Mir war der »innere Beobachter« bereits von der Vipassana-Meditation her vertraut; durch ihn lernt man, die eigenen Gedanken, Gefühle und Sinneswahrnehmungen zu beobachten, ohne ihnen nachzugehen, auf sie zu reagieren oder sie fälschlich für sein wahres Selbst zu halten.

»Das schwerste«, sagte Helen Palmer vor unserer Gruppe, »ist die Feststellung, *wann* genau wir in diese automatischen Verhaltensweisen hineinrutschen, die für unseren Typ bezeichnend sind. Es ist sehr leicht, aus der Rückschau zu erkennen, was wir getan haben. Erheblich schwerer ist es aber, sich dessen bewußt zu sein, wenn es gerade geschieht – die Gewohnheit oder das emotionale Muster aufsteigen zu sehen, ohne gleich entsprechend zu handeln oder zu reagieren.«

Wir alle sehen die Welt durch die Brille unseres jeweiligen Persönlichkeitstyps und lassen uns immer wieder in unseren festen Überzeugungen bestätigen, statt die Welt in ihrer ganzen Fülle zu erleben. »Die Erkenntnis, daß wir von den 360 Grad der Realität nur einen sehr begrenzten Ausschnitt wahrnehmen und die meisten unserer Entscheidungen und Interessen eher auf kompliziert gestalteten Gewohnheiten als auf wirklicher Wahlfreiheit beruhen, mag tatsächlich erstaunen«, schrieb sie in ihrem Buch *Das Enneagramm.*[6]

Im Gegensatz zu den meisten anderen Workshopteilnehmern, die schon vorher mit dem Enneagramm gearbeitet hatten, mußte ich zunächst einmal meinen Typ bestimmen. Es ist gar nicht so einfach, die eigenen Abwehrmechanismen zu durchschauen, und weder Deborah noch ich hatten unseren Typ eindeutig im Enneagramm wiederfinden können, selbst nachdem wir die langen Beschreibungen jedes Persönlichkeitstyps in Palmers Buch nachgelesen hatten. Am ersten Workshopabend machte Helen Palmer den Vorschlag, daß diejenigen, die sich ihres Typs nicht ganz sicher waren, einfach den Gruppeninterviews zuhören sollten, wobei sie sich mit größter Wahrscheinlichkeit irgendwann wiedererkennen würden. In der Nacht las ich die von ihren Typenbeschreibungen noch einmal, bei denen eine vertraute Saite in mir angeklungen war, schlief ein, während ich noch darüber nachdachte, und erwachte am nächsten Morgen mit der Erinnerung an zwei sehr unangenehme, aber aufschlußreiche Träume. Im ersten Traum befand ich mich im Keller des Hauses meiner Mutter und merkte, daß sie mich töten wollte, daß mein Vater unfähig war, mich zu beschützen, und ich mich selbst auf die Flucht machen mußte, was mir schließlich gelang. Im zweiten Traum war ich wieder im Keller eines Hauses, diesmal mit einem Medium zusammen. Ich fragte die Frau nach dem Sinn meines ersten Traums und nach meiner Kindheit. Sie wehrte meine Fragen ab, trödelte eine Zeitlang herum und sagte mir schließlich, sie sei müde und könne ihre Lesung nicht weiter fortsetzen.

Kaum hatte ich diese Träume aufgeschrieben, als es mir so vorkam, als wäre ich, wie Helen Palmer, eine Sechs im Enneagramm. Wenn ich so glaubhaft träumen konnte, daß mich meine Mutter umbringen wollte und mein Vater mich nicht beschützen konnte, war eigentlich anzunehmen, daß meine erste Empfindung in der Kindheit Angst gewesen war. Angst ist zwar eins der beiden Gefühle, die allen Typen des Enneagramms zugeschrieben werden – das andere ist die Täuschung –, aber nur bei der Sechs ist sie die Hauptregung. Helen Palmer sagt dazu: »Sechsen erinnern sich daran, daß sie Angst hatten vor denen, die Macht über sie hatten. Das Grundmotiv ist das eines Kindes, das sich als schutzlos empfand, keinen sicheren Zufluchtsort hatte und ohne eine starke Person war, die ihm Schutz gewährt hätte.« Dies kam mir sehr bekannt vor, ebenso erging es mir plötzlich auch mit ihrer ganzen Beschreibung der Sechs. Mehr als andere Typen haben Sechsen zwei ganz deutliche Unterarten. Die krankhaft ängstliche Sechs wird mit der Angst fertig, indem sie jede Konfrontation meidet und nach einem starken Beschützer sucht, während der Gegentyp mit seiner Angst umgeht, indem er Autorität aggressiv in Frage stellt und den starken Mann markiert. Das letztere traf auf mich zu. Es war auch keine besondere Überraschung, daß ich mir dieser tiefinneren Angst gar nicht bewußt war. Ich hatte schließlich seit langem die Strategie verfolgt, die Angst aggressiv wegzudrücken, um das bedrohliche Gefühl von Verletzlichkeit zu vermeiden.

Als ich Helen Palmer am nächsten Morgen beim Frühstück von meinen Träumen und meiner Deutung erzählte, mußte sie lachen. Sie erzählt Schülern im allgemeinen absichtlich nicht, welcher Typ sie sind, aber es war klar, daß auch sie mich für eine Sechs hielt. Als ich später die Aufzeichnung einer intuitiven Lesung Helen Palmers bei unserer ersten Begegnung einige Monate zuvor noch einmal las, war darin ständig von dem Typ Sechs entsprechenden Überzeugungen und Verhaltensweisen die Rede. Das Wort *Angst* kam zum Beispiel in ihrer Lesung ein gutes dutzendmal vor. Ebenso andere Typ-Sechs-Probleme, beispielsweise mein Hang, immer das Schlimmste anzunehmen, meine Angst vor Erfolg, die der Überzeugung entspringt, daß der Erfolg Neid und Isolation nach sich zieht, und meine große Sehnsucht danach, auf die Güte anderer zu vertrauen, jedoch daran zu zweifeln, daß das Vertrauen je gerechtfertigt ist. Es war auch klar, daß meine Kindheitserfahrungen typisch für eine Sechs sind. Wie mein Traum zeigte, war meine Mutter eine ungeheuer starke, aber unberechenbare Figur, als ich heranwuchs.

Sie konnte mich wie eine Löwin verteidigen und war für mich da, und mit ihrer Kraft und ihrem Elan identifizierte ich mich. Aber sie war auch herrisch, kritisch und emotional unstet, geriet aus unerfindlichen Gründen in helle Wut und schloß sich dann stundenlang im Schlafzimmer ein, um schließlich ohne eine Erklärung wieder hervorzukommen. Als Kind hatte ich ebensolche Angst vor ihr, wie ich nach ihrer Liebe hungerte. Mein Vater war sanfter und weicher, und er nahm das Verhalten meiner Mutter passiv hin; meistens zog er sich einfach zurück. Ich habe mich nie von ihm beschützt gefühlt, und er hat mir auch die Wutausbrüche meiner Mutter nicht begreiflich machen können.

Daß ich dieses Angstmuster in meinem Leben zum ersten Mal erkannte, war eigentlich kaum ein Anlaß zum Feiern, und doch war ich merkwürdigerweise in Hochstimmung. Meine Ängste, Zwänge und vor allem feindseligen Anwandlungen, die meist ohne vorherige Warnung einfach in Erscheinung traten, waren mir oft ein Rätsel gewesen. Plötzlich sah ich in ganz neuem Licht, warum ich manchmal so abwehrend reagierte. Ich sah auf einmal, daß meine Persönlichkeit – und vor allem meine Egofixierung – von meinem Mangel an Vertrauen geprägt worden war, von der ständigen Angst, verletzt zu werden, und von dem Wunsch, den Schmerz von Verurteilung und Ablehnung zu vermeiden. Zum ersten Mal, so seltsam das scheinen mag, dämmerte mir, daß meine Art, die Dinge zu sehen, nicht unbedingt korrekt oder vollständig war. Weit davon entfernt, mich in Verzweiflung zu stürzen, erfüllte mich diese Entdeckung vielmehr mit Hoffnung. Plötzlich sah ich die Notwendigkeit ein, über meine eingeengte, abwehrende Perspektive hinauszugehen, die ich immer für die Wahrheit gehalten hatte, über die beschränkte Weltanschauung, die meine Erfahrungen so stark beschnitten hatte. Manche der Aufgaben, die vor mir lagen, wurden nun deutlicher: Angst in Vertrauen umzuwandeln, Zweifel in Zuversicht, und statt mir immer gleich das Schlimmste auszumalen, mußte ich ein realitätsbezogeneres Urteil fällen lernen. Vor allem aber mußte ich mich wohl vom Kopf zum Herzen hin bewegen.

Etwa zur gleichen Zeit war auch Deborah zu einer plötzlichen Einsicht über ihren Typ gekommen. Sie war, wie ihr bewußt wurde, eine perfektionistische Eins. Sie bemühte sich sehr, immer alles richtig zu machen, angenehm aufzufallen und keine Kritik auf sich zu ziehen. Zugleich stand das Bild, das sie vor der Welt abgab, in unmittelbarem Widerspruch zu ihrem tiefinnersten zentralen Sehnen. Nur selten traute sie sich, ihren Groll und Ärger darüber zuzulassen oder zum Ausdruck zu bringen, daß sie ein Image von Perfektion aufrechterhalten mußte, um sich liebenswert zu fühlen. Wie sehr sie sich auch einsetzte und wieviel positives Feedback sie auch erhielt, hatte sie dennoch immer ein gewisses Gefühl der Unwürdigkeit. Und das Image, das sie sich gab, erschien ihr keineswegs ganz echt. Deborah mußte nun nicht unbedingt lernen, ihrem Ärger und Groll Luft zu machen, sondern ihre Aufgabe bestand darin, sich beides bewußtzumachen und bereitwilliger als etwas Eigenes anzunehmen. Mit einem Satz, die Eins ist gefordert, sich annehmbar zu finden, auch wenn sie nicht vollkommen ist, ähnlich wie die Sechs die innere Erfahrung von Sicherheit machen muß, obwohl manch einer ihr Vertrauen mißbraucht.

Wie es der Zufall wollte, nahm sich Helen Palmer die Sechsergruppe als erste vor. Ich sah mich auf einmal unter lauter Leuten, die die gleiche Sicht der Dinge hatten wie ich. Wir schilderten einander, wie wir uns stets automatisch das Schlimmste ausmalten, und das unter anderem deshalb, weil wir uns vor einer Enttäuschung schützen wollen, die wir für unvermeidlich halten. Wir sprachen darüber, daß wir in der ständigen Erwartung leben, jeden Augenblick könnte sich ein Mensch oder eine Situation gegen uns wenden. Uns allen war ein feines Gespür für mögliche Gefahren und persönliche Kränkungen gemeinsam sowie ein instinktiver Argwohn gegenüber der Zuneigung und den guten Absichten anderer. Ich hätte nie geglaubt, daß andere die Welt ebenso düster sehen könnten wie ich – Deborah ist zum Beispiel sonnig und optimistisch –, denn ich war überzeugt, daß mein Pessimismus einfach eine Form von

Realismus und daß Optimismus in Wirklichkeit bloß eine Form der Verdrängung ist.

Die Beschäftigung mit meiner Persönlichkeitsgruppe machte mir deutlich, wie sehr diese Ansichten einer bestimmten Reihe fester Überzeugungen entsprechen und wie wenig sie oft mit äußeren Ereignissen zu tun haben. Meine Zweifel und Ängste waren weniger ein Spiegelbild der objektiven Wirklichkeit als vielmehr eine Reaktion auf meine eigenen beschränkten, von Abwehr geprägten Wahrnehmungen. »Ein ängstlicher Mensch strebt vor allem eine intellektuell korrekte Haltung an, von der aus er möglichen Widerstand abwehren kann«, schrieb Helen Palmer. »Im intellektuellen Bereich produziert ein gesunder Skeptizismus gute Wissenschaft, überprüfbare Verfahren und klar definierte Grundprinzipien. Menschen, die dem Skeptizismus zu stark verhaftet sind, können jedoch echte innere Erfahrungen zerstören, wenn sie sie anzweifeln, sobald die Aufmerksamkeit sich wieder auf das Denken verlagert.«[7]

Zum ersten Mal ging mir auf, daß mein leidenschaftlicher Wunsch, ein Buch über die Suche nach Weisheit zu schreiben, dem sehr persönlichen Verlangen entsprang, meine chronischen Zweifel zu überwinden und etwas zu finden, an das ich wirklich glauben konnte. Ich sehnte mich im tiefsten Innern danach, das wortlose gläubige Vertrauen in die Welt wiederzugewinnen, das in meiner Kindheit so stark verletzt worden war. Ich sah allmählich, warum es mir so besonders schwer fiel, meinen Geist in der Meditation still werden zu lassen. Sobald ich mich entspannte und in meiner dem Selbstschutz dienenden Wachsamkeit nachließ, fühlte ich mich jedem Angriff ausgeliefert. Dann überfiel mich die Angst, und sofort traten alle Abwehrreaktionen wieder in Kraft: Denken, Sorgenmachen, Zweifeln und Urteilen.

Andererseits verstand ich nun auch besser, warum es so erhebend war, in der Meditation vom Denken loszukommen, und sei es nur für einen kurzen Augenblick. Wenn mein Geist endlich still wurde, geschah es bisweilen, daß ich über den Zweifel hinausgelangte. In solchen Augenblicken erlebte ich ein reines, einfaches Vertrauen.

Dann gewann ich mein Urvertrauen zurück. Und war in der Welt zu Hause.

Noch eine Einsicht kam mir in den ersten paar Tagen des Workshops. Sie stellte sich ein, während ich zuhörte, wie andere Typen ihre Fixierungen beschrieben. Besonders die Siebenen taten es mir an, einesteils, weil ich jetzt merkte, daß etliche meiner Freunde Siebenen waren, und andernteils, weil Siebenen es offenbar viel leichter im Leben hatten als ich. Die Sieben verkörpert das ewige Kind, den *Puer aeternus* oder Peter Pan. Siebenen wirken angst- und sorgenfrei, sie strahlen meist gute Laune, Frohsinn und Charme aus und sehen stets unerschöpfliche Möglichkeiten. »Sie haben einen erlesenen Geschmack, möchten das Beste kosten, was das Leben zu bieten hat, und immer in Hochstimmung sein«, schreibt Helen Palmer. »Sie wollen Abenteuer, haben hochgesteckte Erwartungen und lieben Gipfelerlebnisse ...

Als ich den Siebenen zuhörte, wurde mir klar, warum Leute mit diesen Eigenschaften oft so anziehend auf mich wirkten. Wo ich mir das Schlimmste ausmale, sehen sie das Beste. Ich bin instinktiv auf der Hut vor neuen Erfahrungen, sie hingegen sind geradezu wild auf Abenteuer. Während ich noch zittere und zage, stürzen sie sich einfach hinein ins Vergnügen. Da sie so furchtlos und optimistisch wirken, heben sich meine Lebensgeister, wenn ich mit ihnen zusammen bin. Es kommt sogar vor, daß ich mich mit ihnen identifiziere. Sieben ist einer meiner »Flügel« oder Tendenztypen, und wie sie lasse ich mich schnell für eine grenzenlose Zukunft begeistern und hänge Zukunftsträumen nach. Der Unterschied zwischen uns ist der, daß ich sehr schnell über das stolpere, was alles schiefgehen könnte. Jahrelang habe ich meine Siebenerfreunde um ihre unerschütterliche, gute Laune, ihre Zweifelsfreiheit und ihre Fähigkeit beneidet, das Leben unbeschwert zu genießen.

Was ich nicht durchschaut hatte und was das Enneagramm jetzt deutlich machte, war, daß die unablässig optimistische Einstellung der Sieben bis zu einem gewissen Grad ebenfalls eine Abwehrhaltung ist. Sobald ich die Siebenen besser verstand, erkannte ich, daß sie auf ihre Art ebenso unter einem Zwang stehen, immer bei Laune zu bleiben, wie ich, mir immer das Schlimmste auszumalen. Es überraschte mich, daß in ihren Geschichten – fast wie bei den Sechsen – so oft von schrecklichen Kindheitsumständen die Rede war. Sich ausschließlich auf die schönen Seiten des Lebens zu konzentrieren ist ihr Abwehrmechanismus gegen Angst- und Schmerzerfahrungen. Jede Aktivitäts- oder Spannungsflaute setzt sie den unangenehmen Gefühlen aus, die in ihnen schlummern. Sie wenden enorme Kraft auf, um die Schattenseiten des Lebens von sich fernzuhalten. Bezeichnenderweise lassen sie sich ebenso ungern bremsen, wie sie sich allzusehr in etwas hineinknien, sei es privat oder im Berufsleben. Sie spielen gekonnt den Liebhaber und Kavalier und brillieren mit zündenden Ideen und hochfliegenden Plänen, während es ihnen ziemlich schwerfällt, längerfristig berufliche Verpflichtungen einzuhalten oder wahrhaft intime Beziehungen einzugehen. Bei näherem Überlegen merkte ich, daß ich kaum jemals in eine engere, herzliche Beziehung zu Siebenerfreunden getreten war und wir so gut wie nie über sehr persönliche Dinge gesprochen hatten. So unbeschwert sie wirken, sind sie doch zu ängstlich, lange genug stehenzubleiben, um einen echten Kontakt zu knüpfen.

Eine weitere Variation zu diesem Thema entdeckte ich im Persönlichkeitsbild der Drei. Die Drei verkörpert mehr als alle anderen Typen im Enneagramm den amerikanischen Traum: Sie ist engagiert, zupackend, optimistisch, statusbewußt, nach außen gerichtet und häufig erfolgreich. Dreien übernehmen in bestimmten Situationen stets die Führungsrolle und sind, wie die Siebenen, unentwegt beschäftigt und aktiv, selbst an Wochenenden und in den Ferien. Im Gegensatz zu Siebenen jedoch, die einfach gern ihr Vergnügen haben, sind sie an Macht, Kompetenzen und Hochachtung interessiert. Schon als Kinder für ihre Leistungen gelobt, sind sie extrem imagebewußt und gewillt, alles zu tun, um den Beifall und Respekt anderer zu gewinnen. Das kam mir bekannt vor. In Streßsituationen tendiert die Sechs zur Drei, und deshalb konnte ich leichter verstehen, warum ich, wenn ich mich bedroht fühle oder unsicher bin, so stark nach Macht, Anerkennung und äußeren Erfolgen hungere – oder die beneide, denen all das zufällt.

In gewissem Sinne ist die Drei die Quintessenz der »falschen Persönlichkeit«. Ihr Hauptabwehrmechanismus ist die Täuschung. Laut Helen Palmer suchen wir alle bis zu einem gewissen Grad in äußeren Dingen die Erfüllung dessen, was uns innerlich fehlt. Für die Dreien gerät das allerdings zur Schwerarbeit. Ihr Problem besteht darin, so sehr auf Bestätigung in der Außenwelt fixiert zu sein, daß sie dafür oft ihr Gefühl opfern, mit ihren wahren Empfindungen, Wünschen und tiefen Bedürfnissen im Einklang zu sein. Sie identifizieren sich so stark mit dem, was sie *tun,* daß sie die Berührung mit dem verlieren, der sie *sind.* Die Kluft zwischen ihrem Image – dem, was sie darstellen wollen – und der Wirklichkeit – dem, was sie wirklich sind – tritt fast immer auch in ihren intimsten Beziehungen in Erscheinung. »Dreien können das Image vermitteln, ein intimer Partner zu sein, während sie gleichzeitig wissen, daß sie eine Rolle spielen«, schreibt Helen Palmer. »Es fällt ihnen leicht, intime Partnerschaften zu spielen und das zu werden, was ihrer Meinung nach ein starker oder perfekter Partner ist. Wenn echte Emotionen hochkommen, fühlen sie sich unerfahren.«[9]

Verblüfft machte ich die generelle Feststellung, daß auch die umgänglichsten, anpassungsfähigsten Persönlichkeitstypen – darunter die Drei und die Sieben – noch unter tiefsitzenden, oft unbewußten Entzugserscheinungen leiden. Außerdem wurde mir klar, daß die Persönlichkeitstypen, die kulturell am meisten gefördert werden – die leistungsorientierten, temperamentvolleren und sozial engagierten Typen – häufig keine Veranlassung sehen, in ihrem Innern nach einer tieferen Wahrheit zu suchen. Konventionell betrachtet, sind diese Persönlichkeitstypen natürlich die produktiveren, schwungvolleren Mitglieder der Gesellschaft, und das ist für sich genommen sicher ein Plus. Aber aus der Sicht des Enneagramms kann die Außengerichtetheit eines solchen Persönlichkeitstyps auch vorgeschoben sein, um Schutz zu bieten vor einem Gefühl innerer Leere oder Minderwertigkeit und vor dem Bedürfnis, sich mit dem Schmerz und dem Verlust des eigenen Kerns auseinanderzusetzen.

Sich mit Hilfe des Enneagramms die Egofixierungen bewußtzumachen, ist laut Helen Palmer nur ein erster Schritt. Sie sieht, wie sie unserer Gruppe in Esalen sagte, ihre Hauptberufung darin, ihren Schülern zu helfen, diese Fixierungen in ihr höheres Gegenteil zu verkehren, nämlich in die Wesensmerkmale, die im allgemeinen durch die Abwehrmechanismen kaschiert werden. Danach steht die Eins vor der Aufgabe, Zorn in Annehmenkönnen und Heiterkeit zu verwandeln, die Zwei Stolz in Demut, die Drei Täuschung in Wahrheit, die Vier Neid in Gleichmut, die Fünf Geiz und Behaltenwollen in die Fähigkeit zu tiefer Verbundenheit, die Sechs Angst in Vertrauen, die Sieben Unersättlichkeit in Mäßigung, die Acht ihr Kontrollbedürfnis in Empfindsamkeit, und die Neun Faulheit in Fleiß.
In erster Linie durch ihre intuitiven Erfahrungen kam Helen Palmer zu der Erkenntnis, daß, wenn man lernt, die Aufmerksamkeit von seinem Hauptabwehrmechanismus abzuziehen, sobald er einsetzt, und sie auf eine neutrale Stelle im Bauch zu richten, die gesuchten tieferliegenden Wesensqualitäten im allgemeinen von selbst hervortreten. Diese Wesensqualitäten dürfen ihrer Meinung nach nicht damit verwechselt werden, daß man sich fortan größerer Ehrlichkeit, Anständigkeit oder Rücksicht befleißigt, so tugendhaft das auch sein mag. »Wir sind dann im Einklang mit unserem wahren Wesen, wenn unser Körper die richtige Bewegung macht, ehe wir uns überlegt haben, was wir tun sollen, und wir die Wahrheit sagen, noch ehe wir wissen, was wir sagen wollen«, erklärte uns Helen Palmer. Das klang zwar etwas mystisch, aber sie legte es sehr praktisch und klar aus. »Wenn Sie merken, wie Sie wütend, ängstlich, stolz oder gierig werden, ist der erste Schritt, einfach achtsam zu sein, zu beobachten, was im Augenblick geschieht, und die

Aufmerksamkeit auf den neutralen Punkt im Bauch zu richten«, erklärte sie uns. »Folgen Sie Ihrem ein- und ausströmenden Atem. Und dann warten Sie einfach, statt sich bloß abzureagieren und damit die unvermeidlich folgenden Rückschläge vorzuprogrammieren. Zumindest lenken Sie so die Energie an eine neutrale Stelle und können dann leichter den Standpunkt von jemand anderem verstehen. Wenn es Ihnen gelingt, diese Neutralität allmählich auch in Streßsituationen aufrechtzuerhalten, werden Sie Ihr wahres Wesen erfahren können.«

Ich hatte diese Erfahrung zumindest in einem Bereich meines Lebens schon gemacht. Ohne einen bedrohlich näherrückenden Endtermin schrieb ich meist nur stotternd, hatte Mühe, meine Ideen auf den Punkt zu bringen, und ließ mich leicht durch allerlei beängstigende Dinge aus anderen Lebensbereichen ablenken. Unter großem Zeitdruck jedoch schien die Last von mir abzufallen. Je schwieriger das Unterfangen, um so besser reagierte ich darauf. In meinen zwanzig Berufsjahren als Journalist, darunter vielen Jahren, in denen mir täglich eine Deadline gesetzt war, habe ich nie einen Termin überschritten. Ähnlich wie bei Helen Palmer schärfte eine bestimmte Art von intensivem Druck mein Konzentrationsvermögen – und befreite mich aus dem Kopf. Wenn etwas einfach getan werden mußte, war ich aller Zweifel und Ablenkungen ledig und oft auf eine Weise produktiv, wie ich es bei vernünftiger Überlegung nie für möglich halten würde. Sätze, die mir tagelang nicht eingefallen waren, flossen mir auf einmal in vollkommenem Rhythmus aus der Feder. Ideen verknüpften sich plötzlich. Kurz: Ich machte mir Energien zunutze, die sich sonst in ein halbes Dutzend Richtungen zerstreuten. Dabei vermochte ich Potentiale jenseits des gewöhnlichen Denkens und Fühlens zu erschließen, den Bereich, den Helen Palmer den Wesenskern nannte.

Nach ihrer Auffassung hängt eine Transformation des Menschen davon ab, daß eine sehr starke, stabile Verbindung zum inneren Beobachter hergestellt wird. Sie selbst hat diese Fähigkeiten in vielen Jahren strenger Meditation erworben und schätzt nach wie vor den Wert disziplinierter innerer Arbeit für sich allein sehr hoch. »Ohne Fleiß kein Preis. Ohne Konzentration kein Lohn«, sagte sie mir klipp und klar. »Ich mag meine Familie und meine Freunde, aber ich bin auch gern allein. Ich kann über lange Zeit allein zu Hause sein und bin dabei ganz glücklich.«

Weder in ihrem Leben noch in ihrer Lehre hält Helen Palmer sich an die eher klassischen psychologischen Modelle des Westens: die Ursprünge der eigenen Egofixierungen zu ergründen, ein besseres Verständnis dafür zu gewinnen, warum sie entstehen, schmerzhafte Gefühle ganz zuzulassen und sich im Rahmen einer therapeutischen Beziehung mit ihnen auseinanderzusetzen. Allerdings hält auch sie die Beschäftigung damit für notwendig. »Während man den inneren Beobachter entwickelt und sich allmählich seiner Fixierungen bewußt wird«, sagte sie, »muß man damit rechnen, daß durch die gute psychologische Arbeit allerlei aus dem Unbewußten mit hochkommt.« Trotzdem macht es sie ungeduldig, sich zuviel mit der Vergangenheit zu befassen.

»Jeder Typ folgt einer Bahn aus der Tiefe des Pathologischen zur Erleuchtung empor, aber ich widme mich lieber dem Persönlichkeitstyp selbst, als die Art des Traumas zu erforschen, das ihn verursacht hat«, bemerkte Helen Palmer mir gegenüber. »Ganz gleich, auf welcher Stufe seiner psychologischen Entwicklung man sich befindet, glaube ich nach wie vor, daß die Aufgabe darin besteht, die grundlegenden Abwehrmechanismen und Leidenschaften zu Bewußtsein zu bringen. Man muß kein ›guter Mensch‹ sein, um spirituelle Güte zu besitzen. In den mystischen Traditionen werden sehr oft als Beispiel Diebe und Mörder angeführt, die die Fähigkeit haben, ihr Bewußtsein zu verändern und so ihre Fixierungen in deren höheres Gegenteil zu verwandeln. Was ich als spirituelle Fähigkeit ansehe, ist nicht unbedingt das gleiche wie psychische Gesundheit.«

Da ich allmählich eine eigene Vorstellung von einem Leben in Ganzheit entwickelt hatte, sah ich das etwas anders. Mir erschien eine noch so tiefgreifende innere Verwandlung als irrelevant, wenn

sie nicht auch ein entsprechendes äußeres Verhalten auslöst. Es ist eine gute Sache, durch disziplinierte Meditationsübungen schließlich die Aufmerksamkeit verlagern zu können. Eine ganz andere Sache ist es, einen solchen Wechsel auch im Schmelzfeuer von familiären und beruflichen Beziehungen vollziehen zu können, besonders unter Streß. Helen Palmers Hauptfixierungen als Sechs – Angst, Zweifel und Mißtrauen – hatten anscheinend trotz ihres langen Meditationstrainings nicht viel an Kraft eingebüßt. Ich hielt es kaum für bewiesen, daß die Fähigkeit zur Aufmerksamkeitsumlenkung nun unbedingt dazu führt, daß man beispielsweise anderen sein Herz weiter öffnet, geschweige denn zu einer Transformation der Persönlichkeit. In dem Maße, wie die Abwehrmechanismen immer noch durch unbewußte Kindheitskonflikte genährt werden, so hatte ich es bei vielen Leuten erfahren, pflegen die Probleme bei Streß wieder aufzuleben, allen Meditationsanstrengungen zum Trotz. Andererseits war ich mehr und mehr von Macht und Wert des inneren Beobachters überzeugt, von der schlichten Beobachtung kraftvoller Emotionen, ohne darauf zu reagieren. Buchstäblich in letzter Stunde bekam ich bei dem Workshop in Esalen Gelegenheit, persönlich mitzuerleben, wie Helen Palmer bestimmte Fixierungen mit Hilfe von meditativen Techniken anging.
Ein angespannter kleiner Mann ungefähr meines Alters – ich will ihn Richard nennen – saß mitten im Raum und beschrieb, wie er als hochanalytische Fünf mit einer bestimmten Situation fertig geworden war. Während er sprach, verstärkte sich bei mir das Gefühl, daß er sich irgendwie uns anderen allen überlegen fühlte. Ohne nachzudenken, platzte ich laut mit dieser Beobachtung heraus. Nach meinem eigenen Verständnis suchte ich damit nach einem Weg, ihn besser zu begreifen und die Kluft zwischen uns zu überbrücken. Im Laufe der Woche hatte ich eine gewisse Härte und Ungeduld bei ihm wahrgenommen, aber er wirkte auch geistreich und lebhaft auf mich und faszinierte mich. Kaum hatte ich meine Bemerkung fallenlassen, als sich Richard in heller Wut gegen mich wandte und mich beschuldigte, ihm meine private Meinung aufzudrängen und

völlig mißzuverstehen, was er gesagt hatte. Es sei schon das zweite Mal in dieser Woche, daß ich mich so verhielte, sagte er. Ich fand eigentlich, daß er *mich* mißverstand, aber dem Gemurmel ringsumher entnahm ich, daß andere ihm beipflichteten.

Nach unserem kurzen Schlagabtausch war mir schrecklich zumute, nicht zuletzt deshalb, weil die Woche ein so positives Erlebnis für mich gewesen war und ich es furchtbar fand, daß sie nun mit einem Mißklang enden sollte. Als das Ende der Sitzung näherrückte, hob ich die Hand und fragte Helen Palmer, ob ich in die Mitte kommen und mit Richard über das reden dürfte, was ich gemeint hatte. In den letzten Jahren hat Helen Palmer angefangen, mit Wechselbeziehungen zwischen verschiedenen Typen zu experimentieren, um herauszufinden, wie sich die Fixierungen im wirklichen Leben auswirken, und den Versuch zu machen, sich durch die auftretenden Konflikte hindurchzuarbeiten. Sie war nicht gerade erbaut davon, die Woche mit einer offenen Konfrontation abzuschließen, ließ sich jedoch erweichen. Ich ging in die Mitte und setzte mich Richard gegenüber hin. Helen Palmer war zwischen uns. In meinem Eifer, die Sache geradezurücken, neigte ich mich vor auf Richard zu, der bedeutend kleiner war als ich. Ich spürte, wie mein Adrenalinspiegel stieg, aber gerade, als ich loslegen wollte, zog mich Helen Palmer regelrecht zurück.

»Statt Ihre Energie jetzt hier in den Raum abzulassen«, sagte sie sanft, aber nachdrücklich, »möchte ich, daß Sie erst einmal ihrem Atem nach innen und unten folgen und in sich gehen. Danach sagen Sie einfach, was Sie fühlen, schlicht und von Herzen.« Es war, als müßte ich mitten im Lauf anhalten, aber ich bemühte mich, Helen Palmers Anweisungen zu beherzigen, indem ich meine Energie bewußt wieder nach innen zog und meinem Atem in meinen Bauch hinein folgte. Währenddessen verschwand der Raum allmählich, und dann wußte ich überhaupt nicht mehr, was ich eigentlich hatte sagen wollen. Statt dessen spürte ich eine Woge in mir aufsteigen, eine mächtige, hoch aufschäumende Woge der Trauer, die meinen Körper ganz zu erfüllen begann. Ich wollte etwas sagen, merkte jedoch, daß ich wie zugeschnürt war. Plötzlich stürzten mir Tränenbäche aus den Augen. Ich war wie vom Donner gerührt. Ich versuchte, die Fassung wiederzugewinnen, aber vergeblich. Eine endlos erscheinende Zeit lang saß ich, angefüllt mit überwältigenden Empfindungen, einfach nur da und wartete. Schließlich wandte sich Helen Palmer zu mir und sagte leise: »Und nun sagen Sie, was Sie fühlen.«

»Ich fühle mich schrecklich«, hörte ich mich selbst sagen. »Ich habe das Gefühl, daß ich einen Kontakt zu Richard hätte knüpfen können, die Gelegenheit jedoch verpaßt habe. Irgendwie habe ich ihn verärgert, und jetzt ist das Gegenteil von dem eingetreten, was ich eigentlich wollte. Ich habe meine Chance vertan. Mir ist auch bewußt, daß mir das schon hundertmal passiert ist. Und das stimmt mich total traurig.« Unter normalen Umständen hätte ich es als unerträglich empfunden, meine Verletzlichkeit so bloßzulegen, und das auch noch vor einer größeren Zuschauermenge. Hätte Helen Palmer mir gestattet, das auszusprechen, was ich im Kopf hatte, als ich Richard gegenüber Platz genommen hatte, hätte es sicherlich eine wütende Auseinandersetzung gegeben. Mit einer ganz einfachen Geste hatte Helen Palmer mir geholfen, die Energie meiner Leidenschaft, die der angstvollen Überzeugung entsprang, jemand hätte sich gegen mich gewandt, umzulenken und meine Aufmerksamkeit statt dessen auf die schmerzhaften Gefühle zu richten, die allem Anschein nach von dieser Leidenschaft verdeckt wurden. Richard, der sich offenbar auch auf eine heftige Auseinandersetzung gefaßt gemacht hatte, war völlig bestürzt angesichts meiner Tränen. »Ich hatte keine Ahnung von deinen Gefühlen«, sagte er. »Ich bin sprachlos.«

Ich weiß nicht, wie lange es gedauert hat, bis dieses Wechselspiel vorbei war und der Raum um mich her wieder ins Blickfeld kam. Der erste Mensch, auf den mein Blick fiel, war meine Frau, und ich konnte sehen, daß auch sie geweint hatte. Dann bemerkte ich, daß viele der Anwesenden Tränen in den Augen hatten und daß das Erlebnis fast alle tief erschüttert hatte. Die ganze Woche über hatte ich meine gewohnte Rolle als aggressiver, boshafter, zäher Bursche gespielt. Jetzt hatte ich plötzlich der Angst und Trauer von Angesicht zu Angesicht gegenübergestanden, die hinter der Abwehrmaske verborgen lagen. Ich hatte meine Angst zugelassen, mein Gefühl von Verlust, statt davonzurennen. Und nun wurde ich nicht etwa deswegen verachtet oder abgelehnt, sondern empfand genau die Verbundenheit, nach der ich gesucht hatte, nicht nur mit Richard, auch mit vielen anderen im Raum. Ein paar Augenblicke lang waren meine Barrieren gefallen, hatte ich Zugang zu einem verborgenen Aspekt meines eigenen Wesenskerns gefunden. Diese meine Erfahrung war süß und bitter zugleich: bitter und traurig durch das, was sie mir über die Barrieren sagte, die ich errichtet hatte, und echt, süß und tief durch die darin angedeuteten Möglichkeiten, die vor mir lagen. Heute, ein gutes Jahr später, ist mir diese Begegnung noch lebhaft in Erinnerung.

1972, als Hameed Ali und Helen Palmer Claudio Naranjos Enneagrammkurs belegten, hatten sie bereits einiges gemeinsam. Beide sahen natürlich im Enneagramm ein Werkzeug der Verwandlung. Beide spürten, daß die Suche nach Weisheit durch die Vermählung der westlichen Psychologie mit den spirituellen Traditionen des Ostens beschleunigt werden konnte. Beide waren angetan von der Unterscheidung, die Gurdjieff zwischen Persönlichkeit und Kern getroffen hatte. Beide waren logische Denker, und beide suchten nach Möglichkeiten für ein Leben in Ganzheit. Jahrelang lebten sie nur wenige Meilen voneinander entfernt in Berkeley, und vor kurzem sind sie endlich Freunde geworden.
Ihre Wege trennten sich über der Frage, wie die Einsichten der westlichen Psychologie dazu verwandt werden können, einen Zugang zum Wesenskern zu gewinnen. Ali kam mehr und mehr zu der Überzeugung, daß meditative Praktiken kaum ausreichen, wenn man das eigene wahre Wesen im Alltagsleben verwirklichen will, weil Ego oder Persönlichkeit unglaublich verhärtet sind und die unbewußten Ängste und Konflikte den Leuten ständig im Wege

stehen. Viele Menschen meditieren sehr viel, stellte er fest, nur um in ihrer Persönlichkeit festzusitzen, unfähig, sich ihrer Fixierungen zu entledigen. »Ich achte auf das Wechselspiel zwischen dem Psychischen und dem Spirituellen, dem Persönlichen und dem Transzendenten«, sagte mir Ali. »Der Weg zu unserer wahren Natur führt nicht unbedingt durch spirituelle Übungen, sondern durch psychologische Anstrengungen, die Teile der Persönlichkeit zu durchdringen, die mit den tieferliegenden wesentlichen Aspekten unserer selbst verbunden sind. Psychologische Selbsterforschung führt zur spirituellen Erkenntnis. Die Meditation unterstützt und vertieft dieses Erforschen, aber die psychologische Arbeit ist nicht von der spirituellen Praxis zu trennen. Dadurch hat meine Arbeit einen vollkommen westlichen Charakter.«

Ali zieht für seine Arbeit außer dem Enneagramm noch eine Vielzahl von Techniken hinzu, von Atemübungen, durch die die Abwehrmechanismen gelockert werden sollen, bis hin zur eher intellektuellen Erforschung der eigenen Konflikte in kleinen Gruppen. Die Schulung des inneren Beobachters und der konzentrierten Aufmerksamkeit sei, so Ali, weniger eine Möglichkeit, die Persönlichkeit zu transzendieren, als vielmehr ein Mittel, die eigenen festen Überzeugungen, gewohnheitsmäßigen Verhaltensweisen und inneren Widerstände tiefgreifend zu erforschen. »Die Effektivität der meditativen Schulen war oft beeinträchtigt durch die mangelnde Kenntnis der jeweiligen unbewußten Barrieren, die uns davon abhalten, die entsprechenden Wesenszustände zu erfahren, aus denen unsere wahre Natur besteht«, schrieb er. »Die Effektivität der Psychotherapie war oft dadurch beeinträchtigt, daß sie die wahre Natur übergeht und infolgedessen nur Lösungen auf der Ebene des Egos und der Gefühle anzubieten hat, also nicht auf der Ebene, die uns letztendlich befriedigt.«[10]

Ali näherte sich der Fünfzig, als wir uns gegen Ende meiner Suche zum ersten Mal begegneten. Mit seinen Theorien und Praktiken war ich schon aus den Büchern vertraut, die er unter dem Pseudonym A. H. Almaas verfaßt. Darin beschreibt er ein Modell von einem

Leben in Ganzheit, das ich so umfassend, intelligent und praktikabel fand wie selten etwas. Wir führten mehrmals lange Telefongespräche miteinander, ehe ich ihn schließlich in seinem rosaroten mediterranen Anwesen hoch oben in den Bergen von Berkeley aufsuchte. Mit seiner leisen Stimme, seiner Direktheit und seinem sehr ungezwungenen Benehmen sorgte er gleich dafür, daß ich mich wohl fühlte. In den Videofilmen über seine Vorträge, die ich mir angeschaut hatte, war er mir jugendlich erschienen, aber inzwischen hatte er einen graumelierten Bart, der ihn etwas älter machte. Zweck des Bartes sei, gestand er mir lächelnd, ihn an die Rolle des Großvaters zu gewöhnen, der er bald sei. Am meisten faszinierten mich seine Augen. Vom ersten Augenblick an sah ich eine lebendige Wachsamkeit und konzentrierte Intelligenz darin, aber auch ein Zwinkern, das für eine gewisse Unbekümmertheit und Schalkhaftigkeit sprach. Er wirkte zurückhaltend und ernst, aber nicht übertrieben. Wir trafen uns in einem großen Raum, den er als Arbeitszimmer nutzt. Bankähnliche Sitzgelegenheiten für Gruppen säumen die Wände, und in der Mitte ist eine große freie Fläche mit Matten, wo er mit einzelnen Schülern körperorientiert arbeitet. An den Wänden hingen die Fotos von den vielen großen Denkern, die seine Arbeit beeinflußt haben, darunter Sigmund Freud, der Dalai Lama, Gurdjieff, der Mystiker Ramana Maharshi und der Zenmeister Suzuki Roshi.

Ali ist in Kuwait geboren und wuchs als ältestes von acht Kindern in einer mittelständischen Moslemfamilie auf. Sein Vater war ein erfolgreicher Geschäftsmann, seine Mutter Hausfrau; Ali erinnert sich bei seiner Kindheit eher an die Zuwendung als an Entbehrungen. »Ich bin in einer traditionellen Kultur aufgewachsen, wo die Familie etwas galt, wo auf Achtung vor den Mitmenschen Wert gelegt wurde und der Materialismus noch nicht Einzug gehalten hatte«, erzählte Ali mir. »Außerdem hatte ich das Glück, daß ich als Kind bei meinen Eltern wirklich erwünscht war und viel von ihnen bekommen habe. Trotzdem habe ich eigene Fixierungen entwickelt. Wie ich es verstehe, ist die Bildung einer Ichstruktur, einer

Persönlichkeit, ein notwendiger Teil in der Entwicklung der menschlichen Seele. Sie ist nichts Abnormales. Das Problem liegt darin, daß die meisten von uns auf dieser Egostufe festhängen. Es ist eine Art eingefrorener Fortschritt.«

Eines der prägendsten Ereignisse in Alis Leben war die Erkrankung an Kinderlähmung im Alter von anderthalb Jahren. Es gab noch keine Impfung, und so blieb eins seiner Beine gelähmt und praktisch unbrauchbar. Heute läuft er mit einer einzigen Krücke herum. »Zu Anfang hatte ich große Schwierigkeiten mit dieser Behinderung, mit den Einschränkungen, die sie mir auferlegte, und ihrer Wirkung auf meine Selbstachtung«, erzählte mir Ali. »Damit hatte ich in meiner pschologischen Arbeit viel zu kämpfen, aber in einem Punkt war sie auch ein Plus für mich. Da ich in der Außenwelt nicht so aktiv sein konnte, bin ich in der Innenwelt aktiv geworden. Und da ich an der Krücke gehe, ist mein Körper asymmetrisch, was wiederum meine körperlichen Spannungsmuster beeinflußt hat – das, was Reich den Charakterpanzer nannte. Die meisten Menschen stellen sich allmählich darauf ein und halten die Spannungen im Körper aus, um sie nach einer Weile zu vergessen. Ich hingegen empfand die körperlichen Beschwerden und Spannungen stets und lernte, damit zu arbeiten und zu ergründen, was es damit auf sich hatte.«

1963 kam Ali nach Kalifornien, um in Berkeley Physik zu studieren wie einst Elmer Green und aus ähnlichen Gründen. »Ich wollte eine Antwort auf die Fragen: ›Was ist Wirklichkeit?‹ und: ›Was ist Wahrheit?‹«, sagte Ali. »Damals dachte ich, die Physik sei am besten dazu geeignet, diesen Fragen nachzugehen. Erst in den höheren Semestern wurde mir klar, daß die Wirklichkeit, um die es in der Physik ging, nicht ganz die war, hinter der ich her war. Sie wurde als ›objektive Wirklichkeit‹ bezeichnet, dabei konnte ich sehen, daß sie gar nicht wirklich objektiv war.« Als die Human-Potential-Bewegung allmählich Gestalt annahm, begann Ali, an verschiedenen Workshops in Esalen teilzunehmen. Scheu, ein wenig in sich gekehrt und sehr kopflastig, wie er war, kam ihm bald zu Bewußtsein, daß er von seinem Körper und seinen Gefühlen abgeschnitten war. »Ich fing an, mich mit Bioenergetik zu beschäftigen, die aus der Arbeit von Alexander Lowen und Wilhelm Reich entstanden war«, erklärte er mir. »Es war eine starke Sache für mich, daran zu arbeiten, den physischen Panzer abzulegen und mich meinem Körper zu öffnen. Im weiteren Verlauf empfand ich schließlich meine Gefühle tiefer und konnte sie freier zum Ausdruck bringen.« Nachdem er diese tiefere Erfahrung seiner selbst gemacht hatte, spürte er den Drang, weiterzugraben.

Die Kurse, die Claudio Naranjo anbot, als er 1972 von seinem Arica-Training zurückkehrte, waren eine Mischung aus Körpertherapie, Gestalttherapie, meditativen Praktiken und vor allem dem Enneagramm. Für Ali war das Enneagramm die Möglichkeit, seine Kindheitserfahrungen gründlich zu erforschen und herauszufinden, wie sie seine Persönlichkeit geprägt hatten. Er entdeckte schnell, daß er eine Fünf war – der reservierteste, intellektuellste und emotional zurückgenommenste Typ des Enneagramms, der Typ, den die geistigen Modelle und Systeme am stärksten faszinieren, die das menschliche Verhalten erklären. Die Fünfer-Fixierung entsteht im allgemeinen durch das Gefühl, in der Kindheit von den Verantwortlichen preisgegeben worden zu sein – keineswegs Alis Erfahrung – oder übermäßigen Einflüssen ausgesetzt gewesen zu sein. Letzteres klang schon eher plausibel in Anbetracht der Größe seiner Familie. Auf jeden Fall bekommen Fünfen Angst vor emotionalen Forderungen und reagieren darauf, indem sie sich in ihrem Leben absondern und die Einsamkeit suchen. Es paßte ganz gut dazu, daß Ali nicht geneigt war, mir im einzelnen zu schildern, wie sich diese Abwehrmechanismen entwickelt hatten. Wie dem auch sei, mit Hilfe von Körpertherapie, Gestalttherapie und Enneagramm ging er ganz gezielt gegen seine Hauptfixierung an. »Ich habe mich zwei oder drei Jahre lang in Naranjos Gruppe sehr umfassend und sehr tiefgehend damit auseinandergesetzt«, erzählte er mir.

Danach arbeitete Ali mit einer Reihe von anderen östlichen und westlichen Lehrern weiter. Bei Tarthun Tulku Rinpoche, einem hochangesehenen buddhistischen Lehrer, übte er sich in der Meditation, und bei einem Reichschen Therapeuten namens Phillip Curcuruto lernte er eine Atemtechnik, die noch feiner war als die Bioenergetik. Er ging auch zu Henry Korman, der die Methoden der Freudschen Psychoanalyse mit Gurdjieffschen Techniken verschmolz. In dieser Zeit machte Ali Erfahrungen, mit denen keiner seiner Lehrer so recht etwas anzufangen wußte, die er selbst jedoch schließlich als das spontane Hervortreten seines Wesenskerns erkannte. »Es geschah meist, wenn ich meditierte oder spazierenging, manchmal sogar, wenn ich zur Entspannung fernsah«, erzählte mir Ali. »Was da mit aller Macht auf mich einstürzte, war die Erkenntnis, daß dies ich war, mein wahres Wesen – ich erlebte etwas, das sich nicht in Worte fassen läßt. Mir wurde klar, daß meine Lehrer mit diesen Erfahrungen nicht vertraut waren. Mit der Zeit wurde aus diesem Erahnen meines Wesenskerns – dieses Ganz-ich-selbst-Seins, eines Zustands, der sich letztlich nicht mit Worten beschreiben ließ – immer mehr eine feste Gewißheit und allmählich etwas Bleibendes.«

Ali erlebte den Wesenskern nicht als Transzendenz im umfassenden Sinne oder als plötzliche Erleuchtung. Er stellte vielmehr fest, daß der Wesenskern viele einzelne Eigenschaften besitzt, darunter Liebe, Stärke, Willen, Freude, Verständnis, Mitgefühl, Aufmerksamkeit, Klarheit, Wahrheit, Wertempfinden, Vergnügen und Bewußtsein. Die Sufis, bemerkte er, haben das klarste und genaueste Verständnis vom Wesen dieser Eigenschaften und ihrer Anwendung auf das Alltagsleben. Sie beschreiben die verschiedenen Aspekte des Wesenskerns mit Hilfe eines Systems namens *Latifa*, das von fünf Bewußtseinszentren ausgeht, die jeweils mit einer bestimmten Körperpartie und einer entsprechenden Farbe verbunden sind. Gelb im Bereich des Herzens wird mit wahrer Freude und wahrem Entzücken assoziiert; Rot, auf der rechten Körperseite angesiedelt, mit Kraft und Vitalität; Silber im Bereich des Solarplexus mit Willen; Schwarz auf der Stirn mit Klarheit und objektivem Verstehen; Grün in der Brust mit Mitgefühl und liebevoller Güte.

Meine Frau Deborah erlebte zum ersten Mal einen dieser Wesensaspekte während einer gelenkten Meditation unter Leitung eines Schülers von Ali. Konzentrationsziel der Meditation war das Mitgefühl – was die Sufis den »grünen Wesenskern« nennen. Der Ali-Schüler John Harper wollte die Erfahrung des Mitgefühls auslösen: Mitgefühl nicht nur anderen gegenüber, sondern auch sich selbst gegenüber. Während die Meditierenden bei leiser Musik im Hintergrund mit geschlossenen Augen im Kreis saßen, beschrieb Harper ihnen eine Reihe von Lebensumständen, in denen sie gern an sich zweifelten oder sich geringschätzten. Dann beschwor er jedesmal das Bild herauf, wie sie von einem steten Regen des Mitgefühls reingewaschen wurden. »Und der grüne Regen sagt: ›Ich weiß‹«, wiederholte Harper in leisem, rhythmischem Sprechgesang.
Die Wirkung auf Deborah war verblüffend. Sie fing an zu weinen und konnte gar nicht wieder aufhören. Später erzählte sie mir, sie hätte sich unter Mitgefühl immer etwas vorgestellt, das anderen vorbehalten sei, nie so, als sei es auch für sie selbst da. Die durch die Meditation hervorgerufene Erfahrung, sich selbst zutiefst annehmen zu können, zu spüren, wie ihr das Herz für sie selbst aufging, war etwas vollkommen Neues für Deborah und bewegte sie sehr. Noch Tage nach ihrer Heimkehr war sie von dem Erlebnis durchdrungen, und es zeigte sich in ihrem Verhalten. Ich war fasziniert. Eines Abends fragte ich sie endlich, ob sie mich nicht in dieser Meditationsform anleiten könnte. Daraufhin nahmen wir uns an einem Abend, nachdem wir die Kinder zu Bett gebracht hatten, die Zeit, und Deborah lenkte die Meditation. Bereits nach wenigen Minuten war ich ebenso in Tränen aufgelöst wie Deborah seinerzeit. Ich war tatsächlich auf eine Quelle des Trostes und Verständnisses gestoßen, von deren Existenz in meinem Innern ich nichts geahnt hatte.
Ali vertrat die Theorie, daß diese miteinander verbundenen Eigenschaften des Wesenskerns notwendige Bestandteile eines Lebens in Ganzheit sind. »Es ist, als seien sie verschiedene Organe ein und desselben Organismus«, schrieb er. »Sie sind alle notwendig, und

fehlt eins von ihnen, ist das Dasein unvollständig.«[11] Gleichzeitig behauptete er, daß auch Persönlichkeit und Bewußtsein notwendige Bestandteile einer fortschreitenden Reifung des Kerns seien. »Einer der Gründe für die Entwicklung eines Ichs«, sagte er mir, »ist der, daß dadurch die Fähigkeit zur Selbstreflexion ermöglicht wird. Kinder haben sie noch nicht, und ohne Selbstreflexion kann kein Wissen weitergegeben werden oder eine Bewußtseinsentwicklung stattfinden. Ein Mensch muß sich selbst reflektieren können, um seine Erfahrung verstehen und einordnen zu können. Aber es ist trotzdem ein zweischneidiges Schwert. Die Selbstreflexion kann auch vom wahren Wesen trennen. Wir brauchen diese Fähigkeit zwar, um zu wachsen, aber sie kann auch mißbraucht werden.«

Der Durchbruch kam für Ali mit der Erkenntnis, daß es nicht nötig ist, den Wesenskern gleich ganz zu finden. »Die meisten spirituellen Disziplinen kommen nur allgemein auf das Fehlen des wahren Wesens oder Kerns zu sprechen«, erklärte er mir. »Wir hingegen reden nicht von einem generellen Mangel, sondern von sehr spezifischen Verlusten. Wir gehen von der Idee aus, daß jeder Wesensaspekt – Liebe, Frieden, Willen oder Stärke – von einem bestimmten Teil der Persönlichkeit blockiert wird. Damit haben die Leute gleich etwas, mit dem sie anfangen können. Sich psychologisch Stück für Stück vorzuarbeiten, das heißt, einen bestimmten Aspekt der Persönlichkeit zu verstehen und zu durchdringen, führt direkt zu einer Erfahrung des Wesenskerns. Dadurch wird umgekehrt wieder ein Teil der Persönlichkeit verwandelt. Ein schüchterner Mensch ist nicht länger verängstigt. Der Ärgerliche wird zu einem mitfühlenden Menschen. Es ist ein sehr beziehungsreicher Prozeß.«

Aufgrund seiner eigenen Arbeit erkannte Ali auch, daß das wahre Selbst erst dann erfahren werden kann, wenn man mit seinen Gefühlen in Berührung ist. »Viele Leute kennen ihre Empfindungen gar nicht, und andere kennen sie zwar, aber erfahren sie nicht in aller Tiefe und Gründlichkeit. Die Gefühle sind im allgemeinen so verzerrt und negativ besetzt, daß es eine Menge harter Arbeit erfordert, bis sie endlich tief und ausgewogen empfunden werden«, schrieb er. »Ein ausgewogenes emotionales Wachstum ist die Voraussetzung dafür, den eigenen Wesenskern zu finden und zu entwickeln. Das Gefühlsleben ist aber noch nicht das dem Wesen entsprechende Leben. Der emotional entwickelte, normale Mensch ist immer noch oberflächlich, unvollkommen und ein Kind, was die Möglichkeiten des Menschen betrifft.«[12]

Auf jeder Stufe der Arbeit, zu der Überzeugung gelangte Ali schließlich, müsse man die ungeheure Intelligenz der Persönlichkeit und ihre Entschlossenheit zur Dominanz respektieren. »Die Persönlichkeit wird alles in ihrer Macht Stehende tun, um sich ihre Identität zu bewahren und ihre Herrschaft aufrechtzuerhalten«, erklärte er. »Dieses Bedürfnis liegt uns buchstäblich in Fleisch und Blut, es sitzt in unseren Knochen und sogar in unseren Atomen. Die Macht der Persönlichkeit ist so groß, so immens, so tiefgreifend und so raffiniert, daß derjenige, der sich lange Zeit mit ihr herumschlägt, ihr den schuldigen Respekt zollen muß.«[13] Letztendlich wird die Persönlichkeit nach Alis Ansicht nie einfach die Hände hochnehmen und dem Wesenskern das Revier überlassen. »Der Tod des Egos ist eine sich wiederholende und mit der Zeit ständig andauernde Erfahrung«, sagte er. »Der Entwicklung und Entfaltung des Wesenskerns ist kein Ende gesetzt. Diese Entwicklung schreitet fort, indem sie immer neue und mit der Zeit vielleicht immer feinere Aspekte der Persönlichkeit enthüllt. Nicht, daß die Persönlichkeit verginge und danach der Wesenskern hervorträte. Vielmehr ist es so, daß immer mehr von der Persönlichkeit zum Vorschein kommt und sich ihre Grenzen weiter auflösen, je mehr sich der Wesenskern entwickelt.«

Ali nennt sein Werk das »Diamantmodell«, einmal, um den Gedanken auszudrücken, daß der Wesenskern wie ein Diamant viele Facetten hat, und zum anderen, weil er im Ansatz ebenso präzise und klar wie ein Diamant sein will. Ich machte meine ersten unmittelbaren Erfahrungen mit Alis Methode, als ich in San Rafael an einer Einführung in das Diamantmodell teilnahm. Sie wurde auf dem Campus eines kleinen Colleges von einer Frau namens Sandra Maitri gegeben, einer langjährigen Schülerin Alis. Sie ist wie er sehr zurückhaltend, bescheiden und außergewöhnlich klar. Ich fühlte mich bei ihr sofort wohl. Das Wochenende war dem gewidmet, was Ali die »Theorie der Löcher« nannte.

Nach Sandra Maitris Erklärung gehört der Wesenskern zwar von Geburt an zu unserer Grundausstattung, aber wir haben in unseren ersten Jahren noch kein Selbstbewußtsein oder die Fähigkeit, einzusehen, wer wir sind. Kurz: Kinder sind sich ihres Wesenskerns nicht *bewußt*. Theoretisch könnten Erwachsene eine tiefere, reichere, reifere und kraftvollere Erfahrung des Wesenskerns machen, der in Säuglingen nur als Möglichkeit angelegt ist. Praktisch verkümmern wir jedoch meistens in unserer Wesensentwicklung. Im Laufe unseres Heranwachsens gewinnt das physische und emotionale Überleben ebenso an Bedeutung, wie es wichtig wird, eine individuelle Persönlichkeit aufzubauen und gesellschaftliche Anerkennung zu finden. »Sowie sich das Bewußtsein formt, nehmen wir eine Persönlichkeit an, und während dieses Prozesses verlieren wir die Verbindung zu den Eigenschaften unseres Wesenskerns«, erklärte uns Sandra Maitri. »Da unsere Eltern für gewöhnlich selber hoffnungslos den Kontakt zu ihren Wesenstiefen verloren und diese Eigenschaften infolgedessen nie in sich verwirklicht haben, können sie auch uns gegenüber nichts davon zum Ausdruck bringen. Wenn eine bestimmte Kerneigenschaft in uns nicht erkannt oder wenn sie abgewertet wird, verlieren wir sie meist aus den Augen.«

Dieser verlorene Kontakt wird als Loch empfunden. »Es ist ein Defizit, ein Mangel, ein Gefühl, daß etwas fehlt, und das empfindet man tatsächlich als Loch«, sagte Maitri, »und am Ende sind wir voller Löcher.« Wir richten unser Leben, so Ali, meist unbewußt so aus, daß wir Möglichkeiten finden, um unser Gefühl des Zukurzgekommenseins zu kompensieren. »Das, womit man die Löcher stopft«, schrieb er, »sind die falschen Gefühle, Vorstellungen und Überzeugungen, die man in bezug auf sich selbst hat, all die Strategien für den Umgang mit der Umwelt. Diese Füllstoffe werden zusammenfassend Persönlichkeit genannt – die unechte Persönlichkeit oder, wie wir sagen, die falsche Perle. Nach einiger Zeit glauben wir allerdings, daß wir das sind. Jeder denkt, er wäre diese Füllung. Die unechte Persönlichkeit versucht, sich an die Stelle des wahren Wesens zu setzen.«[14] Oder, wie Sandra Maitri es elegant formulierte: »Nachdem wir so oft die Verbindung zu dem verloren haben, wer wir wirklich sind, fangen wir an, uns für das zu halten, was wir gar nicht sind.«

Die meisten Menschen machen laut Ali enorme Anstrengungen, um die Löcher möglichst überhaupt nicht zu merken. »Sie meinen, das Loch, das Fehlende, sei letztlich zutiefst und wahrhaftig sie, und darüber hinaus gäbe es nichts mehr«, sagte er. »Sie glauben, wenn sie nahe an das Loch herankommen, würden sie von ihm verschlungen.«[15] Unsere Kultur hingegen tut so, als wolle sie den Leuten helfen, damit sie nicht in die Löcher fallen, und bietet ihnen zu diesem Zweck unzählige äußere Möglichkeiten an, diese zu füllen: die Einnahme von Drogen, exzessiven Alkoholkonsum, unbändige Eßlust oder Fernsehen ohne Ende. Wie Ali weiter ausführt, können die Löcher aber auch auf raffiniertere Weise gestopft werden, die nicht so eindeutig pathologisch, sondern obendrein erholsam oder sogar von gesellschaftlichem Nutzen sind: durch stundenlanges Meditieren, Arbeitswut oder den Dienst an anderen auf Kosten der eigenen tiefsten Bedürfnisse. »Die Menschen wissen nicht«, schrieb er, »daß das Loch, das empfundene Defizit, ein Symptom für den Verlust von etwas Tiefinnerem ist, für den Verlust des Wesenskerns, der wiedergewonnen werden kann.«[16]

Bei unserem Wochenendworkshop ging es vorwiegend um dieses Thema. »Wir müssen in diese Löcher eintauchen, sie fühlen, statt sie zu füllen«, erklärte uns Sandra Maitri. »Wenn Sie sich trauen, ein Loch zu erleben, es also nicht mehr vermeiden, sondern einfach so lassen, wie es ist, wird sich ein Gefühl von Offenheit einstellen, von Entspanntheit und Weite. Dann tritt die Kerneigenschaft, aufgrund deren sich das Loch irgendwann gebildet hat, spontan zutage.« Oder, mit Alis Worten: »Wenn man ganz eindringt in dieses Gefühl der Leere und in die Angst, es zu spüren, wirklich ganz, dann stößt man auf die Eigenschaft, die man verloren geglaubt hat.«

Als Beispiel führte Ali das allseits vertraute Gefühl der Wut an, einen Aspekt der Persönlichkeit. Wenn man einmal genau hinschaute, warum diese Empfindung eigentlich immer wieder aufsteigt, erzählte mir Ali, würde man vielleicht entdecken, daß sie an der Oberfläche einfach nur dazu diene, Stärke zur Geltung zu bringen und sich damit von anderen Menschen abzuheben und unabhängig zu machen. Bohrte man jedoch ein wenig tiefer, so Ali, stelle sich heraus, daß die Wut nur eine tiefsitzende innere Angst und Schwäche kaschiere. »Wer schließlich nur noch diese Schwäche empfindet«, erklärte er, »wird allmählich das Gefühl bekommen, ein Loch im Bauch zu haben, eine Leere. Er wird meinen, den Boden unter den Füßen zu verlieren, und etwas vermissen. Doch wenn man diese Leere zwar spürt, aber nicht dagegen ankämpft oder darauf reagiert, sondern sie einfach beläßt, wird sich das Loch mit einer bestimmten Kerneigenschaft füllen. Das fühlt sich buchstäblich an wie flüssiges Feuer. Dann überkommt einen ein Gefühl wahrer Stärke. Allein dadurch, daß man wahrhaft man selbst ist, wird man stark. Und diese Wesensstärke verleiht einem die Fähigkeit, ohne Wut wirklich unabhängig zu sein.«

Kerneigenschaften können nach Alis Auffassung Schritt für Schritt gradweise verwirklicht werden durch die Arbeit mit bestimmten Bereichen der Persönlichkeit, ebenso wie das Wesen in der Kindheit Stück für Stück verlorengegangen ist. Wenn der Wesenskern wiedergefunden wurde, so Ali, nimmt das Bedürfnis nach der Persönlichkeit ab. »Ein Mensch, der diesen Kern verwirklicht hat«, schrieb er, »ist nicht mehr auf das lineare Denken angewiesen und braucht sich in bestimmten wichtigen Situationen nicht das Hirn zu zermartern. Ihm steht die unmittelbare Erkenntnis mit aller Klarheit und Präzision zur Verfügung.«[17]

Beim Studium anderer Schulen der westlichen Psychologie stellte Ali fest, daß nur wenige von ihnen die Existenz von etwas ähnlichem

wie dem Wesenskern anerkennen. »Die Psychotherapie orientiert sich daran, die Persönlichkeit gesünder zu machen und sie so zu stärken, daß sie besser funktioniert«, erzählte er mir. »Mit dem Loch befaßt man sich so gut wie nie. Statt dessen lernt die betreffende Person bessere und effektivere Möglichkeiten, um das Loch zu füllen.« Dennoch vermitteln einige therapeutische Ansätze ein sehr weitreichendes Verständnis für bestimmte Persönlichkeitsdefizienzen, die Ali mit den verlorenen Kerneigenschaften in Beziehung bringt. Freud zum Beispiel schenkte den Themen Kastrations- und Aggressionsangst besondere Aufmerksamkeit. Ali griff auf Freuds Erkenntnisse auf diesen Gebieten zurück und stellte fest, daß seine Schüler nicht nur eine Linderung ihrer Schmerzen erfuhren – das traditionelle therapeutische Ziel –, sondern darüber hinaus zur Wiederentdeckung der entsprechenden Kerneigenschaften geführt werden konnten, nämlich des Willens und der Stärke.
Ali war auch von Wilhelm Reich beeinflußt, bei dessen körperorientierter Therapie es um den Verlust der Fähigkeit zu Gefühlstiefe ging, vor allem in bezug auf die Lust. Reich erkannte die Notwendigkeit, den physischen Panzer zu durchbrechen, den wir aufbauen, um uns vor Schmerz zu schützen. Nach Alis Auffassung lassen sich auch die Kerneigenschaften nur körperlich erfahren, statt geistig und abstrakt. Um diesen Punkt zu verdeutlichen, beschrieb er mir den Prozeß, der bei einem Kind auf den frühen Verlust der innigen Verbindung zur Mutter folgt. Er ist unvermeidlich in der Entwicklung und stets schmerzhaft, aber besonders traumatisch für ein Kind, das von der Mutter nicht genügend anerkannt oder sogar regelrecht zurückgewiesen wurde. »Um diesen unerträglichen Schmerz zu vermeiden«, sagte Ali mir, »haben wir einen bestimmten Teil unseres Körpers abgetötet und uns dadurch von dem süßen Gefühl der Liebe in uns selbst abgeschnitten. Wo diese Liebe sein sollte, ist bei uns eine Leere, ein Loch. Diese Liebe, die uns so spürbar fehlt, versuchen wir von außen wiederzugewinnen, und werden unweigerlich enttäuscht, weil die wahre Quelle in unserem Innern ist.«

Das Diamantmodell baut auf einer sehr direkten Form von Erkundung unserer Erfahrung auf. »Wir beginnen mit dem, was der Augenblick mit sich bringt, mit unserem Leben so, wie es ist, ohne den Versuch zu machen, etwas daran zu ändern«, sagte uns Sandra Maitri. »Es geht darum, zu erkennen und zu erfahren, wo wir sind, und uns dem ganzen Spektrum unserer Erfahrung zu öffnen, statt diese einzuschränken. Wir widmen uns dem Prozeß in einem Geist der Neugier, Wißbegier und Aufgeschlossenheit und gebrauchen unseren Geist nur als Werkzeug, um mehr in die Tiefe gehen zu können. Verhaltensmuster ändern sich nicht durch Schieben und Drücken, sondern durch die Einsicht, warum wir glauben, das tun zu müssen, was wir tun, durch das wirkliche Hineinfühlen in den Teil von uns, der daran festhält, und in das, was wir dabei gewinnen, und dadurch, daß wir verstehen, warum wir es nicht für richtig halten, wenn wir uns anders verhalten.« Wir krankten, fuhr sie fort, letztendlich an einer Verwechslung unserer selbst – und einer eingeengten Sicht der Dinge. »Die Persönlichkeit gründet sich auf eine Reihe von festen Überzeugungen über das Wesen der Wirklichkeit«, sagte sie. »Sie ist eine Falle, ein Gefängnis und beschränkt uns auf ein bestimmtes Spektrum der Wirklichkeit. Wenn wir bei dem bleiben, was von Augenblick zu Augenblick geschieht – und zwar ohne Überzeugungen, Vorstellungen und Begriffe von dem, was wir sind –, erleben wir allmählich eine wundersame Entfaltung. Das Herz weiß, wann wir der Wahrheit näherkommen.«

Während des ganzen Wochenendes führten wir zum Zwecke der Selbsterkundung Übungen aus, bei denen wir uns in Gruppen von jeweils zwei bis drei Personen aufteilten und versuchten, eine bestimmte Frage zu beantworten, manchmal im Selbstgespräch, manchmal in Erwiderung einer wiederholt vom Partner an uns gerichtete Frage. Sandra Maitri bat die jeweils Zuhörenden, keinen Kommentar zu dem abzugeben, was die Redner sagten, oder in irgendeiner Weise darauf zu reagieren. »Wir wollen die Wahrheit hinter einem bestimmten Problem ergründen«, sagte sie, »und den besten Beistand können wir einander leisten, wenn wir da sind, offen und aufnahmebereit. Wenn Sie selbst reden, dann sorgen Sie sich nicht darum, wie Sie aufgenommen werden oder was Ihnen widerfährt. Erkunden Sie einfach Ihre Erfahrung.« Die erste Übung hatte zum Beispiel die Form der wiederholten Aufforderung: »Nenne mir etwas, das dich davon abhält, jetzt hier zu sein.« Zu meiner Überraschung merkte ich schnell, daß die meisten meiner Antworten meine Besorgnis widerspiegelten, wie das, was ich sage, aufgenommen wird. Ich hatte nie von mir gedacht, daß mir soviel am Beifall anderer liegt. Durch die Art der Übung dazu gezwungen, tiefer zu graben, deckte ich jedoch nach und nach auf, wie raffiniert ich das, was ich sage, verpacke, damit es besser ankommt. Ich erkannte ferner, daß das grundlegende Motiv dafür weniger der Beifall, als vielmehr die Sicherstellung ist, nicht zurückgewiesen oder falsch verstanden zu werden und deshalb in Gefahr zu geraten. Es wurde deutlich, daß ich höchst selten von meinen tiefinnersten Gefühlen ausgehe und sie unumwunden ausdrücke.

Die zweite Übung mit einer wiederholten Aufforderung war noch einfacher: »Erzähl mir, was du gerade erlebst.« Diesmal sah ich gleich, wie viele widerstreitende Sorgen, Voreingenommenheiten und Gewohnheiten mich daran hinderten, mich einfach ganz dem Augenblick zu überlassen. Ich merkte zudem, daß ich in dem Maße, wie mir keine unmittelbaren, schlagfertigen Antworten einfielen, mehr und mehr in den angsterregenden Bereich des Unbekannten gezogen wurde. Das war auch das Reich einer tieferen Wahrheit. Im Laufe von zwei Tagen führten wir eine ganze Reihe solcher Übungen durch, die uns dazu brachten, uns immer eingehender mit unseren festen Überzeugungen und gewohnheitsmäßigen Reaktionsweisen zu befassen. Die Fragen reichten von: »Welches Muster wiederholt sich immer wieder in deinem Leben?«, »Für wen hältst du dich in diesem Augenblick?« und »Wie füllst du deine Löcher?« bis hin zur Aufforderung: »Erforsche deine Erfahrung der Leere und Entbehrung.«

Eine der letzten Fragen, mit der wir uns beschäftigten, lautete: »Inwiefern ist es richtig, das Gefühl des Leerseins zu *vermeiden*?«

Dies war die vielleicht erstaunlichste, erhellendste Übung für mich. Ich konnte jede Menge Gründe aufzählen, warum ich mich nicht leer fühlen mochte, nicht zuletzt, weil ich Leere mit Einsamkeit, Traurigkeit, Abgetrenntheit, Hoffnungslosigkeit und Angst assoziierte. Vor allem aber hatte mir noch kein Mensch je gesagt, daß es einen Wert haben könnte, sich leer zu fühlen. Mich vollzustopfen – mit Arbeit, Beziehungen, Vaterpflichten, Sport, Kinobesuchen, Sorgen und Plänen – war seit langem mein Hauptlebenszweck. Mir war nie in den Sinn gekommen, daß ein Gefühl der Leere mir den Weg zu etwas Tieferem, Befriedigerendem in meinem Innern weisen könnte. »Leere kann sehr unterschiedlich erfahren werden«, erklärte Sandra Maitri, nachdem wir die Übung beendet hatten. »Oft hat man buchstäblich Angst, zu sterben, wenn diese Leere anhält, und das stimmt auch in einem gewissem Sinne. Ein bestimmter Sektor der Persönlichkeit wird sterben, wenn Sie nicht weiterhin versuchen, ihn auszufüllen. Doch es gibt etwas noch Tiefgreifenderes. Die Leere wird als schwarzes Loch empfunden, wenn sie durch das Prisma der Persönlichkeit betrachtet wird. Hingegen wird das gleiche Loch als weit offen, ursprünglich und sehr friedvoll empfunden, wenn man mit seinem Wesenskern eins ist. Es ist unter Umständen wie ein Sprung ins kalte Wasser, in diese Leere hineinzutauchen, ob voller Mut oder aus Verzweiflung. Aber wenn man ihn wagt, umfängt einen die Weite, und dann fehlt es an nichts. Damit ist der Anfang gemacht, uns unserem wahren Selbst zu öffnen – dem leeren Raum, aus dem alles aufsteigt, dem Urgrund unseres Wesens.«

Der Eindruck, den jede Übung auf subtile Weise bei mir hinterließ, verstärkte sich mit der nächsten. Jedesmal bekam ich ein etwas klareres Gespür dafür, wo ich noch immer festsaß und wie meine vorgefaßten Überzeugungen die betreffenden Verhaltensmuster nährten. Sandra Maitri drückte es so aus: »Wenn sich eine Maschine als Maschine erkannt hat, ist sie keine Maschine mehr.« Es war auch etwas Wunderbares, daß einfach jemand da war und genau zuhörte, ohne sich einzumischen. Mir wurde dabei klar, daß ich kaum jemals das Gefühl hatte, daß mir jemand richtig zuhörte – oder daß ich jemandem gut zuhörte, still und ohne ein Urteil abzugeben. Deborah und ich haben diese Übung des aktiven Zuhörens seitdem in unser Leben integriert, und es hat spürbar etwas bewirkt. Dadurch, daß wir einander abwechselnd mehrmals die Woche zehn Minuten zuhören, hat unsere Beziehung und unser gegenseitiges Verständnis eine andere Tiefe erreicht.

Als der Workshop dem Ende zuging, machte Sandra Maitri uns deutlich, daß das Ziel dessen, was wir getan hatten, nicht der kathartische Durchbruch gewesen sei, auch nicht die sofortige Verwandlung oder auch nur eine Linderung unserer Lasten. »Bei diesem Weg geht es nicht darum, sich über etwas zu erheben oder über sich selbst hinauszugehen«, sagte sie. »Es geht darum, in das einzudringen, was da ist, und etliches davon ist nicht gerade angenehm. Es ist schwer, es ist schmerzhaft, und es gibt vieles, was wir lieber vermeiden würden.« Ali stellt es noch ungeschminkter dar: »Wir könnten meditieren, könnten bestimmte Übungen ausführen, und jeder würde die wundervollsten Dinge erleben. Diese sind aber nicht von Dauer, solange der betreffende Mensch sich nicht mit seinen Defiziten, seinen Löchern, auseinandersetzt und tief in sie eindringt. Das ist kein einfacher Prozeß und schon gar kein kurzer, leichter. Uns interessiert nicht, ob sich die Leute hinterher wohler fühlen«, erklärte er. »Wir wollen ihnen nur helfen, die Wahrheit über sich selbst herauszufinden. Sowie der Prozeß voranschreitet, vertieft sich alles von selber.«[18] Das erschien mir ungeheuer einleuchtend. Ich wartete nicht länger auf die große Abreaktion, die ohnehin mit Sicherheit innerhalb weniger Tage verblassen würde. Nach dieser Arbeit hatte ich nicht das Gefühl, daß sich meine Welt verändert hätte. Statt dessen hinterließ sie einen subtilen Eindruck, der mit der Zeit stärker wurde und zu der Geduld und Aufmerksamkeit aufrief, die, wie ich inzwischen erfahren hatte, zu jeder echten transformativen Übung hinzugehört.

Für Ali muß das Leben in seiner Ganzheit im Alltäglichen verkörpert sein. Einsicht allein genügt nicht. Auch die Lebensführung spielt eine Rolle. »Ständige Nachsicht uns selbst gegenüber heißt, dem Unheilsamen in uns nachzugeben, so daß es unser Handeln bestimmt, auch wenn wir längst erkannt haben, daß es uns nicht guttut«, sagte er mir. »Bei der spirituellen Arbeit geht es um das Ausschöpfen der eigenen Möglichkeiten. Sie muß in der Welt getan werden. Sein wahres Wesen zu erkennen ist gar nicht so schwer. Das kann man durch Meditation, durch die Einnahme von psychedelischen Drogen oder auch durch intensive Lebenserfahrungen erreichen. Bei vielen östlichen Traditionen besteht kein besonderes Interesse am weltlichen Leben. Sie erstreben lediglich die Vereinigung mit dem Göttlichen. Aber um sich seinen Wesenskern ganz *zu eigen* zu machen – ihn als das zu erfahren, was man wirklich ist, und sich entsprechend zu verhalten –, muß man die Barrieren der Psyche durchbrechen und das Herz mit dem Kopf versöhnen. Das nenne ich Verwirklichung. Es bedeutet, sein inneres Verständnis zum Ursprung seiner äußeren Handlungen zu machen. Arriviert, kreativ, erfolgreich und der Welt von Nutzen zu sein ist auch Ausdruck eines bestimmten Aspektes unserer wahren Natur. Letztlich geht es dabei darum, sein Leben aus einem inneren Zentrum heraus zu führen – liebevoll und rechtschaffen, offen und bewußt. Das ist die höchste Aufgabe.«

Trotz fortschreitender Arbeit an sich selbst, so Ali, bleibt eine bestimmte Persönlichkeit erhalten. Aber ihr Charakter ändert sich. »Für mein Teil«, erzählte er mir, »war ich schüchtern und passiv, und jetzt kann ich ganz schön aggressiv sein. Ich hatte früher ziemlich viel Angst vor anderen Menschen, während sie mir jetzt eine Freude sind. Ich war sehr faul, und jetzt bin ich sehr aktiv. Trotzdem ist es keineswegs so, als würde man an der Persönlichkeit arbeiten und dann zu etwas anderem übergehen. Die Persönlichkeit legt einem unendlich viele Hindernisse in den Weg, auf die man immer wieder zurückkommt.«

Wie Michael Murphy ist auch Ali zu dem Schluß gekommen, daß eine Tugend – oder Wesensqualität – für sich allein nicht ausreichend ist. Ganzheit hängt von einer ausgewogenen Entwicklung ab.

»Die Liebe ist auch nur ein Wesensaspekt«, erklärte Ali. »Wir wollen nicht *bloß* liebevoll sein. Wenn man voller Liebe ist, aber keinen Willen besitzt, ist das keine wirkliche Liebe. Wenn man Willen besitzt, aber ohne Liebe ist, ist man zwar mächtig und stark, hat aber keine Ahnung von wahrer Menschlichkeit, Freude oder Liebe. Wenn man voller Liebe ist und Willen besitzt, aber kein objektives Bewußtsein hat, dann werden sich Liebe und Willen auf das Falsche richten. Nur die Entwicklung aller Eigenschaften wird es uns ermöglichen, wahrhaft ganz Mensch zu werden.«[19]

Schluß: Dasein heißt wirklich sein

Das Leben ist ein Wettstreit der Gegensätze: Geburt und Tod, Gesundheit und Krankheit, Liebe und Haß, Geben und Nehmen, Einatmen und Ausatmen, Sommer und Winter, Tag und Nacht.

E. A. Bennett

Der Weg zur Heiligkeit führt durchs Erwachsensein. Es gibt keine schnellen, leichten Abkürzungen. Die Grenzen des Ichs müssen erst gehärtet worden sein, ehe sie aufgeweicht werden können. Man muß sein Selbst erst finden, ehe man es verlieren kann.

M. Scott Peck

Die ernsten Probleme im Leben werden nie ganz gelöst. Wenn es jemals diesen Anschein hat, so ist das ein sicheres Zeichen dafür, daß etwas verlorengegangen ist. Sinn und Zweck eines Problems liegen offenbar nicht in seiner Lösung, sondern in unserer unablässigen Auseinandersetzung damit.

C. G. Jung

Ich bin nicht mehr derselbe wie zu Beginn dieses Buches.

Ich sage das nicht leichthin. In den ersten Jahren meiner Suche nach Weisheit hatte ich eine Menge Einsichten und Offenbarungen, aber an meiner Erfahrung änderte sich nichts Grundsätzliches. Erst als ich allmählich vom Kopf aufs Herz überwechselte, *spürte* ich eine Veränderung und verhielt mich anders. Diese Veränderungen sind manchmal kaum merklich gewesen; zum Teil ich bin vorangeschritten, um gleich wieder zurückzufallen. Aber alles in allem hat mein Leben jetzt mehr Tiefe, Breite und Fülle als je zuvor. Ich erkenne klarer, wann ich etwas nicht erreiche und was mir im Weg steht, und ich spüre deutlicher denn je, wohin es geht und warum ich hier bin. Mein Leben hat einen Sinn, einen Zweck und ein Ziel, was es vorher nicht hatte.

Meine erste und vornehmste Aufgabe ist, wie ich jetzt glaube, die, mir meiner selbst und anderer bewußter zu werden, mir mehr von meinem Unbewußten bewußtzumachen und mehr von der Wahrheit zu erkennen. Die Suche nach Wahrheit ist manchmal schmerzhaft und schwierig, aber man fühlt sich dabei auch unweigerlich authentischer und erdverbundener. Ich bin nicht hinter Wahrheit in einem absoluten Sinne her. Ebensowenig will ich in erster Linie die Wahrheit über andere herausfinden, so sehr ich es auch schätze, wenn ich merke, daß andere mir gegenüber von Herzen aufrichtig sind. Aber vor allem habe ich mich der Suche nach meiner eigenen Wahrheit verschrieben. Wie die meisten anderen auch, vermeide, verleugne, rationalisiere oder handle ich häufig immer noch aus reiner Gewohnheit oder versuche, anderen die Verantwortung in die Schuhe zu schieben, um Wahrheiten aus dem Weg zu gehen, die ich unangenehm oder bedrohlich finde.

Manchmal kommt es mir so vor, als wäre ich unerschöpflich im Selbstbetrug. Mir selbst gegenüber ehrlich zu sein ist kein fest umrissenes Ziel mehr – etwas, das ich durch entsprechenden Einsatz schließlich erreichen werde –, sondern ist eine Aufgabe, der ich mich jeden Tag von neuem stellen muß. Mit der Zeit hat mein Bemühen, insgesamt bewußter zu werden, meinen Lebenshorizont erweitert. Ich verschwende weniger Kraft an Abwehrstrategien, und dadurch kann ich freier und positiver auf andere zugehen und produktiver arbeiten. Daß ich mich *trotz* meiner Ängste auf die Suche nach Wahrheit begeben habe, hat dieser Suche eine Form gegeben und in mir die nötige Leidenschaft geweckt. Andererseits bin ich inzwischen davon überzeugt, daß sowohl das Überleben der Erde als auch die Evolution von unserer kollektiven Fähigkeit abhängen, ehrlicher nach innen zu schauen und in allen Bereichen unseres Lebens bewußter und weniger defensiv zu handeln.

Ich bin auch nicht mehr so erpicht auf absolute Lösungen und mißtrauischer denen gegenüber, die solche zu kennen behaupten. Diese Lehrer und Weisen haben, wie sich immer wieder erweist, durch ihre einseitige Festlegung ihre eigene Suche nach Weisheit torpediert, weil sie einige Aspekte des Lebens in seiner Ganzheit zugunsten anderer ausgeklammert haben. Ich habe Menschen kennengelernt, die außerordentlich erfolgreich sind auf ihrem Gebiet, aber vollkommen dem eigenen Herzen entfremdet und keinem sozialen oder spirituellen Ziel verpflichtet zu sein scheinen. Ich bin Meditierenden begegnet, die sich in transzendente Bewußtseinszustände versenken können, um sich im Alltagsleben ihren Mitmenschen gegenüber abscheulich zu benehmen und sie zu mißbrauchen. Ich habe Leute getroffen, die mitleidsvoll sind und einen hohen Bewußtseinsgrad erreicht haben, denen es jedoch an der nötigen Logik, Unterscheidungs- und Willenskraft mangelt, um intelligent und produktiv zu handeln. Die häufigste Unausgewogenheit aber, auf die ich gestoßen bin, ist wohl die, unter der ich selbst leide: die Überbewertung der Fähigkeit zum Denken und Analysieren, zum Systematisieren und begrifflichen Erfassen und die Unterbewertung der Herzensregungen. Um ein Leben in Ganzheit führen zu können, muß man all seine Möglichkeiten voll ausschöpfen – Kopf, Körper, Herz, Seele und Geist.

Außerdem habe ich Bescheidenheit schätzengelernt. Nur wenige der Lehrer, die ich kennengelernt habe, scheinen ihre eigenen Unzulänglichkeiten, Ängste und Unsicherheiten gern zuzugeben. Mich haben diejenigen am tiefsten angerührt, die sich einen aufrichtigen Blick für ihr eigenes Leben bewahrt haben und den Mut besitzen, sich unentwegt weiter mit ihren Widersprüchen auseinanderzusetzen. Ich bemühe mich aber auch darum, kein vorschnelles Urteil zu fällen. Unter denen, die ich kennenlernte, hatten selbst diejenigen, die ihre Lehre nicht voll und ganz verkörpern oder die einseitig und unter Ausschluß anderer Möglichkeiten auf ihrer Methode bestehen, meist etwas Gutes anzubieten. Bescheidenheit war für mich sicher eine ebensogroße Herausforderung wie für die anderen. Auch ich sehnte mich nach einfachen, absoluten Lösungen. Aber je länger meine Suche andauert, um so klarer wird mir, daß das, was für mich gut ist, nicht unbedingt auch für jemand anderen taugt, und daß ich nicht *die* Antwort auf alles finden werde, die ich suche, wie aufrichtig und eifrig ich auch suche.

Ich ringe weiterhin mit alledem, was am Leben komplex, paradox und widersprüchlich ist. Dieses Spiel der Gegensätze, davon bin ich überzeugt, ist Teil eines voll und ganz gelebten Lebens und eher eine Quelle der Fülle als ein Hindernis. Ich versuche vermehrt, die Signale, die von meinem Kopf ausgehen und die auf Logik und analytischem Denken beruhen, mit denen auszugleichen, die aus dem Bauch kommen und auf Intuition und Instinkt beruhen. Eine Überbetonung des rationalen Denkens tötet die Spontaneität ab und verwehrt uns den Zugang zu einer Weisheitsebene jenseits aller Worte. Zugleich können das Denken und Reflektieren jedoch mächtige Werkzeuge sein, um zur Einsicht zu kommen, kritische Unterscheidungen zu treffen und effektiver mit anderen zu kommunizieren.

Wie notwendig es ist, Gegensätze miteinander auszusöhnen, wird in allen Lebensbereichen sichtbar. Mein Verlangen, mich auf mich selbst zu besinnen und nach innen zu schauen, konkurriert oft mit meinem Wunsch, meine Energie produktiv nach außen zu richten. Ich habe mich zwar meinem eigenen Wachstum verschrieben, aber ich sehe auch, wie wichtig es ist, anderen zu dienen und sich in Selbstlosigkeit zu üben. In einem umfassenderen Sinne suche ich nach einem Gleichgewicht zwischen der leidenschaftlichen Konzentration auf die Belange meines Alltagslebens und einem breiteren Blickwinkel aus größerem Abstand, bei dem mein eigenes Lebensdrama nicht mehr im Mittelpunkt steht. Universale Belange treten für mich immer mehr in den Vordergrund. Die größte Schwierigkeit ist die, nicht durch Parteinahme die eine Seite eines Gegensatzpaares auszuschließen. Entscheidend ist, wie ich festgestellt habe, nach höheren Dimensionen zu streben und sich dazu der niederen zu bedienen.

Ich bemühe mich ferner darum, nach außen hin anders zu handeln.

Die tiefste Einsicht und Weisheit fruchtet meines Erachtens nichts, wenn sie keine Verhaltensänderungen bewirkt. Doch selbst dann fällt die Entscheidung nicht leicht, und ich stimme mit Michael Murphy überein, daß alle Tugenden sich gegenseitig bedingen und keine für sich allein eine Tugend ist. Lange Zeit habe ich Ehrlichkeit am höchsten geschätzt. Ich habe stets ausgesprochen, was ich empfand, weil mir alles andere unecht und heuchlerisch erschien. Wenn ich wütend war oder mich unrecht behandelt fühlte, habe ich kein Hehl daraus gemacht. Meine brüske Direktheit hat andere oft vor den Kopf gestoßen und vertrieben, aber ich redete mir ein, es aus einem edlen Motiv heraus zu tun: um die Wahrheit zu sagen, auch wenn andere das nicht taten. Aber wessen *Version* der Wahrheit, fragte ich mich am Ende, und um welchen Preis? Ehrlichkeit ohne Mitempfinden ist Grausamkeit. An dieser Lektion knabbere ich noch, aber sie ist mir von unschätzbarem Wert.

Bei allem Suchen in meinem Innern engagiere ich mich im Grunde mehr in der Außenwelt statt weniger. Letzten Endes habe ich erkannt, daß ich nicht über das gewöhnliche Leben hinausstrebe. Im Gegenteil, ich will meinen Körper mehr einsetzen, will mich leidenschaftlicher mit anderen Menschen befassen und nach Möglichkeit jeden Augenblick so behandeln, als ei er unendlich wichtig. Mein innerer Beobachter ist stärker geworden, jene Fähigkeit, den erbarmungslosen Ansturm meiner Gedanken und Gefühle zu betrachten, ohne gleich zu urteilen oder mich damit zu identifizieren. Die Bedeutung dieses inneren Beobachters liegt allerdings nicht so sehr darin, mir zu helfen, über Schmerzen und Konflikte hinauszugelangen oder das getrennte Ich als illusorisch anzusehen. Vielmehr bin ich dadurch, daß ich gelernt habe, einen Schritt von meinem eigenen Lebensdrama zurückzutreten und gegenüber den Höhen und Tiefen des Lebens einen gewissen Gleichmut zu bewahren, in die Lage versetzt worden, das freier und tiefgreifender zu erforschen, was sich mir in den Weg stellt.

Ich bin nicht mehr so vorurteilsvoll wie früher. Ich bin zu der Einsicht gekommen – manchmal mit erschreckender Klarheit –, daß mein Urteil mich meistens von anderen Menschen und mir selber trennt. Ich habe gemerkt, daß ich genau die gleichen Schwächen habe, die mir bei anderen besonders zuwider sind. Jedes Urteil, das ich abgebe, spiegelt etwas von meinem ureigenen Problem wider, mich selbst zu akzeptieren. Ich bemühe mich darum, vorurteilsfrei Unterschiede zu erkennen und nach klaren ethischen Grundsätzen zu leben, ohne diese als Waffe gegen andere oder mich selbst zu gebrauchen. Das heißt aber nicht, daß ich müßig zuschaue, wenn ich der Meinung bin, daß jemand mit seinem Tun anderen oder sich selbst schadet. Ich nehme nur nicht mehr die Haltung des Moralapostels an, selbst wenn ich mich zum Eingreifen entschließe. Je besser ich von meinem Kopf auf mein Herz überwechseln und den Schmerz, die Not und die vielschichtigen Probleme begreifen kann, mit denen andere ebenso wie ich konfrontiert sind, um so zurückhaltender bin ich mit meinem Urteil.

Obgleich ich die Suche nach einer tieferen Wahrheit zu würdigen weiß, sehe ich doch, daß man die Dinge auch so annehmen kann, wie sie sind. In den ersten Jahren meiner Suche wollte ich unbedingt mein Leben verändern. Ich wollte den Mut aufbringen, Entscheidungen zu treffen, die ich in meinem Fall für richtig hielt, auch wenn sie nicht allenthalben mit Beifall begrüßt wurden oder gar Kritik heraufbeschworen. Der Entschluß, dieses Buch zu schreiben und die Suche nach Weisheit zum zentralen Thema meines Lebens zu machen, war für sich genommen schon eine ungeheure Herausforderung. Freunde und Kollegen äußerten Zweifel an dem Vorhaben, und ich konnte nur schwer erklären, was ich wollte. Meinem *Gefühl* nach war es jedenfalls stets richtig.

Ich setze mich auch weiterhin mit schmerzlichen Problemen auseinander und stelle meine gewohnheitsmäßigen Verhaltensweisen in Frage. Ich habe immer noch oft das Gefühl, gegen den Strom zu schwimmen – nicht nur gegen meinen eigenen Widerstand, sondern auch gegen den der Kultur. Tief nach innen zu schauen bringt die Leute zwangsläufig dazu, sich mit den eigenen Gefühlen der Leere, Unzufriedenheit und Verzweiflung zu befassen. Die meisten vermeiden diesen Schmerz instinktiv um jeden Preis, und unsere Kultur bietet uns unzählige Möglichkeiten, uns zu betäuben – Alkohol, Drogen, leibliche Genüsse, aber auch Klatsch und Tratsch, Workaholismus und Ruhm. Es ist leicht, sich verführen und auf Abwege locken zu lassen, aber durch Vermeidung werden wir lediglich in unserer Ganzheit eingeschränkt.

Aber ich sehe ein, daß es auch gute Argumente für das Annehmen gibt. Nur allzuoft habe ich versucht, andere für meine Anschauungen und Wertvorstellungen zu gewinnen unter dem Vorwand, ihnen helfen zu wollen, mehr von der Wahrheit zu erkennen. In lichteren Augenblicken ist mir inzwischen klar, daß dieses Bekehrenwollen im Grunde meine eigene geringe Bereitschaft widerspiegelt, auf meine Entscheidungen zu bauen, und meine angsterfüllte Überzeugung, daß ich mich nicht wirklich sicher fühlen darf, solange nicht jeder die Dinge so sieht wie ich. Meistens haben meine Versuche, andere Leute zu ändern, beiden Seiten Leid beschert. Diese bittere Erfahrung habe ich mit meinen Eltern gemacht. Jahrelang habe ich mir gewünscht, sie würden sich ändern, und war wütend und enttäuscht, wenn sie es nicht taten. In gewisser Weise habe ich an dem Bild, wie ich sie gern erlebt hätte oder wie unsere Beziehung hätte sein sollen, festgehalten. Zu dem Zweck habe ich auch mich selbst anzupassen versucht, ebenso wie ich sie umstimmen wollte. Im Laufe dieser Suche habe ich eine Möglichkeit gefunden, wahrhaftiger mit ihnen umzugehen, ohne darauf zu beharren, daß sie sich mir zuliebe ändern müßten. Das hatte eine befreiende Wirkung auf mich, obgleich sie sich kein bißchen gewandelt haben. Es gibt nicht immer ein Happy-End, und manchmal liegt der größte Nutzen darin, etwas loszulassen. Was übrigbleibt, ist vielleicht Trauer, Kummer und Sehnsucht, aber ich habe gelernt, daß es Teil des Prozesses ist, wirklich durch diese schwierigen Gefühle hindurchzugehen, indem man sie bis zur Neige auskostet.

Ich habe auch davon profitiert, daß ich lernte, meine Gedanken und Emotionen zu kontrollieren und meine Aufmerksamkeit zu konzentrieren. Bei einem sportlichen Wettkampf oder wenn ich eine be-

stimmte Aufgabe fertigstellen muß, bin ich mir zum Beispiel sicher, daß es jetzt nicht darauf ankommt, die Aufmerksamkeit nach innen zu richten oder sich dem zu öffnen, was in einem aufsteigt. Ich halte es vielmehr für geraten, ganz spezifische positive Gedanken zu erzeugen, die dem Vorhaben förderlich sind. Ich habe erlebt, wie sehr mein Tennisspiel davon profitiert und wie sehr negative Gedanken und Gefühle mein Spiel untergraben. Allgemein gesprochen, habe ich erkannt, daß Geist, Körper und Empfindung unauflöslich miteinander verknüpft sind. Negative Gedanken verursachen oft körperliche Spannungen, und Verspannungen wirken der Konzentration, Klarheit und Zuversicht entgegen.
Diese Einsichten haben mir auch geholfen, mehr Kontrolle über meinen Körper zu gewinnen. Beim Biofeedbacktraining habe ich entdeckt, daß es möglich ist, physiologische Funktionen zu beeinflussen, von denen man lange geglaubt hat, sie könnten nicht dem Willen unterworfen werden – etwa der Blutdruck, die Pulsfrequenz und die Muskelspannung. Indem ich lernte, zwischen verschiedenen Gehirnwellenmustern hin und her zu wechseln, konnte ich direkten Zugang zum Unbewußten erlangen und hatte sogar die Möglichkeit, durch entsprechende Umprogrammierung sämtliche körperlichen Funktionen zu verbessern. Außerdem wurde deutlich, daß sich Emotionen wie Angst und Wut in körperlichen Symptomen niederschlagen können, in meinem Fall in chronischen Rückenschmerzen. Erst nachdem ich den Zusammenhang zwischen meinen tiefinnersten Gefühlen und den physischen Schmerzen verstanden hatte, ging es mir besser.

Eines Abends, als ich gerade an der Rohfassung dieses letzten Kapitels zu arbeiten begonnen hatte, spürte ich plötzlich einen stechenden Schmerz im Knie. Ich achtete nicht besonders darauf und ging zu Bett in der Meinung, daß er bis zum Morgen wieder abklingen würde. Statt dessen wachte ich mitten in der Nacht mit hämmernden Schmerzen auf. Morgens konnte ich kaum noch die Treppen hinauf und hinunter gehen. Als zwei Tage vergingen, ohne daß sich eine Besserung einstellte, begann ich mich zu fragen, ob ich mir vielleicht eine Zerrung zugezogen hatte. Forderten zwanzig Jahre des Joggens auf asphaltierten Wegen endlich ihren Tribut? Ich sah mich bereits operiert, an Krücken, in einer Reha-Klinik und dann noch monatelang zum Sitzen verurteilt. Ich malte mir in Gedanken das Schlimmste aus und schürte so meine Angst.

Am Ende beschloß ich, einen namhaften Orthopäden anzurufen. Er stellte allerlei Vermutungen an, welcher Art meine Verletzung sein könnte, und riet mir, ihn in ein paar Tagen aufzusuchen, falls die Schmerzen anhielten. Dann müßte er wohl ein unangenehmes und sehr teures Diagnoseverfahren anwenden. Unser Gespräch war vollkommen unpersönlich. Wie es klang, hätten wir ebensogut über eine Reparatur meines Autos reden können. Für diesen durch und durch konventionellen Mediziner war ein Knie ein Knie, das Problem ein rein körperliches, und damit war es erledigt.

Aber was, wenn es das nicht war? Was, wenn das Pochen in meinem Knie mir eine ganz andere Botschaft übermitteln wollte? Bei meinem Rücken hatte ich gesehen, wie eng physische Schmerzen mit einem unbewußten Konflikt verbunden sein können. Die Schmerzen im Knie waren unleugbar Wirklichkeit, aber wodurch wurden sie verursacht? Ich beschloß, es mit freiem Assoziieren zu versuchen, wie ich es manchmal bei jähen Rückenschmerzen tat. Meine erste Assoziation in diesem Fall war die, daß mir der Schmerz im wörtlichen Sinne das Gefühl gab, von meinen Knien abgeschnitten, also verkrüppelt zu sein. Wie paradox, dachte ich. Genau in dem Augenblick, in dem ich mich eigentlich besonders stark fühlen mußte – ich beendete doch gerade ein Buch, an dem ich fünf Jahre gearbeitet hatte –, war ich wie gelähmt und kam nicht dazu, die Arbeit abzuschließen.

Ich rief John Sarno an. Nachdem ich ihm genauestens meine Symptome beschrieben hatte, lachte er. Wir hatten das alles schon einmal durchgemacht. Wie sich herausstellte, hatten ihn inzwischen zahllose Patienten mit ähnlichen Beschwerden aufgesucht, und er hat immer ähnlich gute Erfolgsquoten verzeichnen können.

»Gratuliere, Tony«, sagte er. »Klingt, als hätten Sie's geschafft, Ihre Angst und Unruhe vom Rücken ins Knie zu verlagern. Was ist los in Ihrem Leben?« Ich merkte sofort, daß er den richtigen Zusammenhang herstellte. Binnen weniger Stunden klangen die stechenden Schmerzen schon um 25 Prozent ab. Am nächsten Tag waren sie weg, ebenso mysteriös verschwunden, wie sie gekommen waren.

War es denn so mysteriös? Die Schmerzen, überlegte ich, hatten mir wirklich eine Botschaft übermittelt. Es ging wohl darum, wie ich bei der Traumarbeit schon erkannt hatte, die Botschaft richtig zu übersetzen – in diesem Fall also um die Übersetzung physischer Symptome in Worte. Mein Knie begann zu schmerzen, so folgerte ich, um mir zu sagen, daß ich dem Abschluß des Buches mit gemischten Gefühlen entgegensah, insbesondere mit Angst vor einer kritischen Reaktion auf etwas, an dem ich so lange gearbeitet hatte und das mir am Herzen lag. Meiner Ansicht nach wollten mir die Schmerzen auch sagen, daß ich mit diesem letzten Kapitel eine falsche Richtung einzuschlagen begann. Ich hatte sozusagen von einem sicheren, erhabenen intellektuellen Thron aus geschrieben, der keine Verbindung zu meinem Leben hatte, wie ich es empfand. Das Hämmern in meinem Knie zwang mich regelrecht, vom Kopf weg zum Körper zurückzukehren. Und tatsächlich, kaum hörte ich auf, das, was in meinem Körper vorging, von dem zu trennen, was ich im Kopf hatte, verflogen die Schmerzen. Sie hatten ausgedient. Jetzt höre ich genauer auf meinen Körper als je zuvor. Selbst wenn ich keine akuten Schmerzen habe, ist mein Körper ein präzises Barometer meiner wahren Gefühle. Indem ich den jeweiligen Empfindungen, die aufsteigen, Aufmerksamkeit schenke – wenn es mir eng um die Brust wird, ich ein flaues Gefühl im Magen habe, mir das Herz aufgeht oder ich die Zähne zusammenbeiße –, eröffne ich mir die Möglichkeit, mich auf eine ganz neue Weise selbst zu erfahren.

Während meiner Suche habe ich viele Stunden im Gespräch mit Leuten verbracht, die körperorientierte Techniken in den Mittelpunkt ihres Schaffens gestellt haben, mit deren Hilfe körperliche Panzerungen aufgebrochen, unterdrückte Emotionen freigesetzt werden können und das Bewußtsein gesteigert werden soll. Ich habe etliche dieser Techniken selbst ausprobiert, die meisten jedoch merkwürdigerweise unbefriedigend gefunden. Einfach nur den Gefühlen freien Lauf zu lassen, ohne seinen Verstand zu gebrauchen und diese Gefühle mit früheren Erfahrungen und wiederkehrenden Verhaltensmustern in Zusammenhang zu bringen, genügte mir einfach nicht. Ebenso wie die einsichtsorientierte traditionelle Psychotherapie häufig die Rolle des Körpers und der ihm innewohnenden Wahrheit unterbewertet, so neigten die Körpertherapeuten, die ich kennengelernt habe, oft dazu, die Bedeutung des analytischen Denkens und Einsehens für die Suche nach Weisheit unterzubewerten. Außerdem hatte ich auf einer anderen Ebene auch einen persönlichen Widerstand gegen die körperorientierten Therapien. Erst seit kurzem fühle ich mich wohl und sicher genug, um die sehr tief liegenden, ungeschützten Emotionen in meinem Körper zu erforschen. In dieser Hinsicht gibt es noch einiges zu tun.

Ein weiteres Erlebnis hat meine Suche tiefgreifend beeinflußt. Ein paar Jahre, nachdem ich mit diesem Buch begann, habe ich mich wieder in Psychotherapie begeben. Darüber wollte ich eigentlich nicht schreiben, weil ich mir nicht sicher war, ob sich aus solchen persönlichen Erfahrungen irgendwelche allgemeinen Schlüsse ziehen ließen. Aber letztlich ist mir klar geworden, daß dieses Buch unvollständig wäre, wenn ich sie ausließe. Ich habe mich erneut der Psychotherapie zugewandt, als ich mehr und mehr zu der Überzeugung kam, daß die Meditation mir nicht alle Antworten auf meine Fragen bieten konnte. Trotz früherer Enttäuschungen und meiner beträchtlichen Zweifel, was den Nutzen der Psychotherapie anbelangt, hatte ich doch eine gewisse Hoffnung, der sehr individuellen Beziehung zwischen Therapeut und Patient etwas Einzigartiges abzugewinnen.

Von unserer ersten Begegnung an hat Nathan Schwartz-Salant

genau den Mittelweg gefunden, nach dem ich suchte. Als Jungianer ausgebildet, in seinem Ansatz jedoch nicht festgelegt und undoktrinär, war er in Kopf und Herz gleichermaßen zu Hause und bereit, mit mir sowohl meine psychologischen Probleme als auch meine umfassenderen spirituellen Anliegen durchzuarbeiten. Er war voller menschlicher Wärme, hörte richtig zu und stand mir aufrichtig zur Seite. Aber er war auch unbeugsam und absolut ehrlich, und er ließ mich nicht vom Haken. Wenn ich mich selbst betrog, wie schlau ich das auch zu maskieren versuchte, merkte er es gleich. Er zögerte auch nicht, seinen Standpunkt klarzumachen. Hatte er von meinen Lebensaktivitäten einen schlechten Eindruck, sagte er mir das und trieb mich nicht nur an, bewußter zu werden, sondern auch dazu, mein Verhalten zu ändern. Gleichzeitig war er bescheiden. Er fürchtete sich nicht, einen Fehler einzugestehen. Wenn ich einmal das Gefühl hatte, *er* sei vom rechten Wege abgekommen, und ihm das sagte, hörte er gut zu und pflichtete mir oft bei. Ich habe Vertrauen zu ihm gewonnen, unter anderem deshalb, weil er nicht unbedingt recht haben wollte. Er brachte mich stets zu neuen Einsichten, wenn ich mich in meinen Gefühlen nicht zurechtfand, und war mir immer eine Stütze, wenn ich ins Wanken kam. Er wurde schließlich zum Rollenvorbild für mich als jemand, der weiter statt enger geworden ist durch seine Bereitwilligkeit, die eigenen Widersprüche und Unsicherheiten zuzugeben.

Vor allem aber habe ich in diesen letzten fünf Jahren gelernt, freier und tiefer zu lieben. Die Qualität meiner engeren Beziehungen, auch zu Freunden, hat zugenommen. Ich kann jetzt denen gegenüber, die mir am meisten am Herzen liegen, meine Liebe besser empfinden und zum Ausdruck bringen, auch wenn sie vielleicht andere Entscheidungen treffen als ich. Das sehe ich bei meiner ältesten Tochter, die gerade in die Pubertät kommt. Wie gern würde ich sie vor dem Gefühlselend bewahren, das ich als Kind erfahren habe, und wie sehr fürchte ich mich, diese Qualen durch sie noch einmal zu erleben! Wie gerne würde ich versuchen, sie weit von meinen Fehlern wegzulenken, würde ich einspringen und alles mögliche wieder in Ordnung bringen. Aber ich sehe auch, welche Last das für sie wäre. Meine wirkliche Aufgabe besteht darin, *meine* Bedürfnisse zugunsten der ihren zurückzustellen. Ich muß sie lieben *und* sie gehen lassen, ihr gewisse Grenzen setzen *und* ihr reichlich Raum geben. Und vor allem muß ich sie voll und ganz akzeptieren und ihr stets mein Vertrauen bewahren, auch wenn ihre Dummheiten und Leiden drohen, mir das Herz zu brechen. Viel besser, als ihr raten zu wollen, ist es, wenn ich mein eigenes Leben so lebe, daß sie dessen Wahrhaftigkeit und Redlichkeit spürt. Ich habe gelernt, mich viel mehr zurückzuhalten als früher. Ich tue nicht mehr so, als wüßte ich für alles eine Lösung. Sie geht zwar durch eine Zeit der Krisen, aber ich sehe auch etwas Unübersehbares. Sie blüht auf. Sie wird ein eigenständiger Mensch. Es ist aufregend, das mitzuerleben.

Das gleiche gilt auf einer anderen Ebene auch für Deborah. Jahrelang hat sie aus sicherer Entfernung meinen steigenden und sinkenden Enthusiasmus während meiner Suche mitverfolgt. Vor etwa drei Jahren hat sie mich dann zu Helen Palmers Workshop in Esalen begleitet. Wider Erwarten fand sie die Arbeit mit dem Enneagramm erstaunlich bewegend und erhebend. Schließlich merkte sie, daß ihr diese Art von innerer Erkundung und die Möglichkeit, sie mit anderen zu teilen, viel mehr lag als ihre Tätigkeit als Herausgeberin einer Zeitschrift, die sie zwanzig Jahre lang ausgeübt hatte. Ein Jahr vor Beendigung dieses Buches hat Deborah ihren Beruf aufgegeben und ist wieder zum College gegangen, um ein Diplom als Sozialarbeiterin zu erwerben. Zum ersten Mal in ihrem Leben hat sie das Gefühl, dazu berufen zu sein. So sehr wir uns auch in den 15 Jahren unserer Ehe verändert haben, sind wir doch auf parallelen Pfaden gelandet, die uns einander näher gebracht haben denn je.

Ich lerne immer noch, indem ich nach innen schaue und anderen gegenüber offen bleibe. Ich versuche stets, meinen Bewußtseinskreis auszudehnen, mehr zu sehen und immer weniger abzuwehren. Die gewonnenen Einsichten jeden Tag aufs neue in die Tat umzusetzen ist jetzt mindestens ebenso verlockend für mich.

Manchmal heißt das einfach, konzentrierter und produktiver zu arbeiten. Ein andermal wieder heißt es, in meinen Beziehungen offener zu sein und mich mehr zu engagieren oder mich einfach still in Meditation oder Kontemplation zu versenken. Mehr als früher ist mir zudem jetzt klar, daß es auch heißt, zum Wohl anderer zu wirken und mich nützlich zu machen, so gut ich kann.

Ich habe mich auf die Suche nach Weisheit im Westen begeben, und immer wieder habe ich gemerkt, wie ich mich einseitig festzulegen begann. Mit der Zeit habe ich mir die Ansätze zu eigen gemacht, die eine umfassende, ausgewogene, integrative Einstellung zu einem Leben in Ganzheit haben und in der Praxis sowohl Körper, Kopf und Herz als auch Geist und Seele ansprechen. Obwohl ich durchaus der Meinung bin, daß bestimmte menschliche Möglichkeiten erschlossen werden sollten, ist doch auch mein Mißtrauen solchen Modellen gegenüber gewachsen, die einigen Fähigkeiten auf Kosten anderer den Vorrang geben. Am meisten hat mich die Arbeit von Leuten wie Michael Murphy, Jack Kornfield, Ken Wilber, Helen Palmer und Hameed Ali beeindruckt, gerade weil sie im Ansatz multidimensional und umfassend ist.

Wir alle haben außergewöhnliche Möglichkeiten, die wir allerdings auch mißbrauchen können. Einmal können wir das in uns angelegte Niedere verzerren und verleugnen – den Schatten, den Instinkt und die Emotionen –, aber wir können auch unsere höheren Fähigkeiten – die spirituelle Dimension, das transpersonale Selbst, die wahre Natur – verzerren und verleugnen. Der Preis, den wir dafür zahlen, ist in jedem Fall enorm. Wie Abraham Maslow sagte: »Wenn du weniger sein willst, als du sein könntest, das gebe ich dir zu bedenken, wirst du für den Rest deines Lebens tiefunglücklich sein.«

Diese neuen Möglichkeiten sind aber auch eine Quelle der Hoffnung und Verheißung. Das Aufkommen umfassenderer Weisheitslehren, in denen das Beste aus Ost und West vereinigt ist, ist eine geschichtliche Neuheit. Nie zuvor haben uns so viele Methoden zur

Transformation und Erkenntnisse über das volle Spektrum der menschlichen Möglichkeiten zur Verfügung gestanden. Es ist wahrhaftig Weisheit im Westen zu finden, und nicht nur das: Die umfassenden Methoden, Formen und Schulen dieser Weisheit sind gerade und vor allem im Westen zu finden. Vielleicht waren sie auch nie so verzweifelt notwendig wie jetzt.

Danksagung

Da dieses Buch ebensosehr eine persönliche Reise darstellt wie eine journalistische, bin ich den Menschen, denen ich auf meinem Weg begegnet bin, besonders zu Dank verpflichtet. Als ich mich aufmachte, hatte ich viele Fragen und kaum Antworten. Beim Zusammentragen des Materials habe ich die ersten Monate damit verbracht, Leute zu finden, die meiner Suche eine Richtung geben konnten. Ganz zu Anfang habe ich durch einen glücklichen Zufall einen Brief von Nancy Kaye Lunney bekommen, der Programmleiterin des Esalen-Instituts. Sie hatte keine Ahnung, daß ich an einem Buch schrieb. Vielmehr hatte sie mehrere Zeitschriftenartikel aus meiner Feder gelesen und festgestellt, daß wir gemeinsame Interessen hatten, weswegen sie mir in ihrem Brief den Vorschlag machte, uns zu treffen. Ich war entzückt. Kannte sich irgend jemand besser aus? Bei unserem ersten gemeinsamen Lunch quetschte ich Nancy über die interessantesten Leute aus, die sie in den letzten zehn Jahren während der Planung der Esalen-Seminare kennengelernt hatte.
Nancy, selbst eine höchst kritische Sucherin, ließ sich offenbar nicht so leicht beeindrucken. Sie machte mir nur drei Vorschläge. Der erste war, mich mit Michael Murphy zu unterhalten, dem Begründer und Vorsitzenden von Esalen, denn er sei nicht nur ein Pionier auf diesem Gebiet gewesen, sondern habe sich auch einen leidenschaftlichen, offenen Blick für die menschlichen Möglichkeiten bewahrt. Murphy wurde nicht nur eine zentrale Figur meiner Suche, er war darüber hinaus eine herausragende Informations-

quelle und trieb mich immer dazu an, alle Antworten kritisch zu hinterfragen.

Die nächsten zwei von Nancy Lunney vorgeschlagenen Personen waren Helen Palmer und Hameed Ali, die beiden Menschen, deren Arbeit für mein eigenes Leben so bedeutend geworden ist und die in ihrer Form der Weisheitssuche den bahnbrechenden Versuch unternommen haben, östliches und westliches Denken in umfassenden transformativen Praktiken miteinander zu verschmelzen. Durch Helen Palmer hat meine Frau Deborah letztendlich ihre neue Berufung gefunden, inspiriert unter anderem durch das Enneagramm.

Um es kurz zu machen: Nancy war ihr Gewicht in Gold wert. Und als Dreingabe wurde sie noch eine gute Freundin von uns.

Eine weitere Quelle wichtiger Aufschlüsse war ferner in der ersten Zeit Catherine Ingram. Catherine, Journalistin und selbst auf der Suche, gab mir Hinweise auf die Lehrer, die starken Einfluß nahmen, indem sie den Buddhismus wie überhaupt östliche spirituelle Praktiken in die Vereinigten Staaten importierten. Sie schaffte es tatsächlich, ihren bekanntermaßen sehr zurückgezogen lebenden Freund Ken Wilber dazu zu bewegen, mit mir zu reden. Allein damit war sie mir schon eine unschätzbare Hilfe.

Ken Wilber wiederum wandte viele Stunden daran, mir zu helfen, eine bestimmte Übung, Lehre oder menschliche Möglichkeit in den größeren Weisheitskomplex einzuordnen, den ich darzustellen versuchte. Er ist ein erstaunlicher Mann. Ich habe nie jemanden kennengelernt, der soviel über so vieles weiß wie Ken oder der ebenso klare und systematische Überlegungen darüber anstellen kann. Darüber hinaus ist er mir auf meiner Suche zu einem echten Weggenossen geworden – und ein wunderbarer Freund.

Als ich ziemlich zu Anfang meines Berichts meinen ersten Zeichenkurs bei Betty Edwards belegte, zeigte ich ihr das Exposé, das ich für dieses Buch geschrieben hatte. Rückschauend muß ich gestehen, daß es beschämend wenig war und den begrenzten Stand meiner Kenntnisse und Erfahrungen widerspiegelte. Trotzdem zeigte sich Betty begeistert, vielleicht, weil sie spürte, daß etwas Größeres aus dem entstehen würde, was ich bisher zu Papier gebracht hatte, und sie bestand darauf, ich würde ein wichtiges Buch schreiben. Dieser Überzeugung ist sie durchweg treu geblieben. Mit den Jahren ist sie so etwas wie eine Ersatzmutter für mich geworden, die mich liebevoll unterstützte und immer ein freundliches Wort für mich fand, auch wenn die Ideen, die ich ihr mitteilte, in meinen Augen noch wirr und unausgegoren waren.

Von Elmer Green kamen ganz andere Anregungen. Er, Wissenschaftler und Mystiker zugleich, wirkte vom ersten Gesprächsaugenblick an vollkommen erdnah und von wissenschaftlicher Objektivität völlig durchdrungen, dabei war auch er mit gewissen transzendentalen Erfahrungen vertraut, die von Kindheit an Teil seines Lebens waren. Ich genoß es, mit ihm über meine Suche zu reden, und fühlte mich nach jedem Gespräch an Erfahrung reicher. Ihm schien die Unterhaltung mehr als allen, die ich sonst noch kennenlernte, Vergnügen zu bereiten. Großen Wert messe ich auch meinen Gesprächen mit Dale Walters bei, dem ursprünglichen Mitarbeiter Elmer Greens, und mit Pat Norris, Elmers Tochter, die beide die von Elmer und Alyce, den Pionieren, Mitte der sechziger Jahre aufgenommene Biofeedbackarbeit weiterführen und -entwickeln.

Jerry Alleyne war schon mein Tennislehrer, bevor ich mit diesem Buch begann. Seine Einsichten und sein leidenschaftlicher Wunsch, mir zu ähnlich freudigen Erfahrungen zu verhelfen, wie er sie in vielen Bereichen seines Lebens macht, haben mir ungeheuren Auftrieb gegeben. Ich habe gleich gemerkt, daß Jerry mindestens einen Teil des Weisheitspuzzles gelöst hat, einen viel größeren, als anderen Leuten je vergönnt sein wird. Auch Jim Loehr habe ich durch seine Arbeit im Tennis kennengelernt, aber bald gemerkt, daß er wie Jerry weit mehr Anwendungsmöglichkeiten dafür kennt. Er ist ebenfalls ein guter Freund geworden und jemand, mit dem ich immer noch regelmäßig über die Höhen und Tiefen unserer jeweiligen Suche rede.

Auf eine völlig andere Weise hat John Sarno eine Rolle bei meiner Entscheidung gespielt, dieses Buch zu schreiben. Ich bin ihm ewig dankbar, daß er mich von den Rückenschmerzen geheilt hat, die mich bis zu unserer Begegnung zwei Jahre lang geplagt hatten. Außerdem habe ich durch ihn erkannt, wie stark Geist und Körper miteinander verbunden sind und welche außergewöhnlichen Möglichkeiten erschlossen werden können, wenn man von diesem Wissen bewußten Gebrauch macht.

Während der Arbeit an diesem Buch habe ich über 200 Leute interviewt, am Ende jedoch nur über einen Bruchteil von ihnen geschrieben. Nichtsdestoweniger haben viele von ihnen einen bedeutenden Einfluß auf mein Denken ausgeübt. Dazu gehören Deepak Chopra, Norman Cousins, Jack Engler, Mark Epstein, Lester Fehmi, Don Johnson, Stanley Keleman, Mathew Kelley, Stanley Krippner, Steven LaBerge, Steven Locke, Alexander Lowen, Wes Nisgur, Naomi Remen, Ernest Rossi, Carl Simonton, Brian Weiss, Anna Wise und Shinzen Young. Besonderen Dank schulde ich Joan Borysenko, einer Pionierin auf dem Gebiet des Körperbewußtseins und einer unendlich großzügigen, warmherzigen Frau.

Ich habe während meiner Forschungen auch auf viele Bücher zurückgegriffen. Sie sind alle in der Bibliographie aufgeführt, aber zwei möchte ich herausgreifen, die mir ungemein nützlich waren. Walter Andersons Buch *The Upstart Spring* ist mit Abstand das beste Werk über die ersten Jahre von Esalen, das je geschrieben wurde. *Storming Heaven* von Jay Stevens ist das beste Buch, das ich in den USA über die Geschichte der psychedelischen Drogen gefunden habe. Beide Werke gehen über das Ziel, das sie sich selbst gesetzt haben, hinaus und geben sehr detailliert Auskunft über die kulturellen Bewegungen der sechziger und siebziger Jahre, die so oft unterbewertet worden sind.

Wenn ich jemandem, der sich auf die Suche nach Wissen begibt, ein paar Bücher empfehlen sollte, dann würde ich die folgende Wahl treffen: *Essenz – Der diamantene Weg zur inneren Verwirklichung* von A. H. Almaas, *Frag den Buddha und geh den Weg des Herzen* von

Jack Kornfield, *Das Enneagramm* von Helen Palmer, *Mut und Gnade* von Ken Wilber, *Biofeedback* von Elmer und Alyce Green und *Der wunderbare Weg* von M. Scott Peck. Es gibt noch viele andere für den, der etwas Bestimmtes sucht, aber diese sechs sind eine großartige Einführung.

Meine Lektorin Toni Burbank hat dieses Projekt ein gutes Jahr, nachdem ich mit meinen Recherchen begonnen habe, übernommen. Mit ihren unendlich großen Kenntnissen auf diesem Gebiet war sie von Anfang an eine scharfe Kritikerin. Auf ihre sehr genauen Einwände hin habe ich das Manuskript zweimal umfassend überarbeitet. Toni hat mich mit ihrer Hartnäckigkeit und Klugheit gezwungen, mit Herz und Sinn über meinen Schatten zu springen. Es bereitet mir großes Vergnügen, zu wissen, daß dieses Buch endlich ihren sehr strengen Normen genügt.

Meine Suche ist auch von Leuten beeinflußt worden, die nur indirekt etwas mit diesem Buch zu tun hatten. Nathan Schwartz-Salant hat mein Leben entscheidend verändert, indem er mir beistand, mich selbst mit den qualvollsten Wahrheiten auseinanderzusetzen, und das stets mit größter Sensibilität und mitfühlender Hingabe. Ich liebe und bewundere ihn ebenso, wie ich ihm danke.

Etliche Freunde haben in den fünf Jahren meiner Arbeit an diesem Buch auf unterschiedlichste Art mitgewirkt, indem sie mir entweder Rat gespendet oder mir den Kopf zurechtgesetzt haben, wenn ich mich zu sehr für jemanden oder für eine bestimmte Technik begeistert habe. An unzähligen Vormittagen habe ich das Buch mit Steven Weinstock durchgesprochen, meinem besten Freund in diesen fünf Jahren, und fast ebensooft mit Nancy Weinstock, wenn wir alle am Wochenende beim Essen oder Kaffee zusammensaßen. Susan Lyne und George Crile waren für den größten Teil meiner Suche meine nächsten Nachbarn, und sie sind und bleiben zwei meiner engsten und besten Freunde. Mitch Alfus ist mein ältester Freund – wir kennen uns seit der sechsten Klasse –, und zu unserer Überraschung hat uns die beiderseitige Suche nach Wissen in den letzten beiden Jahren wieder näher zusammengeführt. Das gleiche

ist mit Jane Strong geschehen, lange Jahre Deborahs beste Freundin, die ich jedoch erst in den letzten fünf Jahren wahrhaft kennen-, lieben und verstehen gelernt habe. John Harper ist ein ganz besonderer Mensch, und ich schätze mich glücklich, ihn zu kennen.
Dankbar für Feedback und Freundschaft bin ich ferner Therese Alfus, Laura Day, Jane Eisen, Michael Fiori, Kathryn Galan, David Hirshey, Gail Koff, David Obst, John Osborne, Sarah Pillsbury, Vicky Rybka, Cassie Schwartz, Irv Schwartz, Anita Shreve, Susan Squire und Wally Vincente.
Seit über einem Jahrzehnt ist Kathy Robbins meine Literaturagentin. Niemand hat sich mehr mit meiner Arbeit beschäftigt und sich mehr darum bemüht als sie. Kathy war von Anfang an von diesem Buch überzeugt, und in dieser Überzeugung hat sie sich nie erschüttern lassen – selbst wenn ich ins Schwanken geriet. Sie ist brillant und unvergleichlich in dem, was sie tut. Sie ist nicht nur eine geschickte Agentin, sie ist auch eine gute Freundin, Vertraute, Lektorin und Muntermacherin. Ich kann mir ebensowenig vorstellen, daß ich dieses Buch ohne sie hätte schaffen können, wie ich sie aus meinem Leben wegdenken kann. Auch bei Kathys hervorragenden Mitarbeitern, die mir mein Arbeitsleben auf mannigfaltige Weise versüßt und erleichtert haben, stehe ich tief in der Schuld.
Und dann ist da noch meine Familie. Meine Kinder – Kate, 13, und Emily, neun – wußten nicht immer etwas anzufangen mit dem Buch, an dem ich schrieb, und der Reise, auf die Deborah und ich gegangen sind. »Wie kommt es«, hat mich Emily eines Tages gefragt, »daß in unserer Familie soviel über Gefühle gesprochen wird?« Diese Frage hat mich sehr beeindruckt, obwohl ich nicht gleich eine einleuchtende Antwort parat hatte. Ich glaube, meine Töchter fanden es schließlich gut, daß ich etwas machte, woran ich von ganzem Herzen glaubte, und das wußten sie zu schätzen. Meistens wollen sie jedoch von ihrem Vater »bevatert« werden mit Zeit, Zuwendung und Liebe. Ich hoffe, ich habe ihnen von allem drei mehr und mehr gegeben, denn nur dann hat die Suche, auf die ich mich begeben habe, einen echten Bezug zu meiner Lebenswirklichkeit. Sie haben

mir jedenfalls unendlich viel Freude geschenkt und mich eine Menge über vorbehaltlose Liebe gelehrt.
Wie glücklich bin ich doch, daß Deborah in mein Leben getreten ist. Sie hat es in so vieler Hinsicht bereichert – durch ihre Liebe zu mir, ihren Glauben an mich, dadurch, daß sie mir zugehört hat, mich angestachelt hat und ihren eigenen Instinkten gefolgt ist, auch wenn sie meinen zuwiderliefen. Es war spannend, mitzuerleben, wie sie ganz zu sich selbst fand, und sich klarzumachen, daß wir Jahre vor uns haben, in denen wir alles, was wir gemeinsam oder jeder für sich gelernt haben und noch lernen werden, miteinander teilen können. Nach 18 Ehejahren ist sie mehr denn je die große Liebe meines Lebens.

Literaturverzeichnis

Achterberg, Jeanne: *Imagery and Healing,* Shambhala, Boston 1985

–: *Heilung durch Gedankenkraft. Grundlagen und Methoden einer neuen Medizin. Heilung durch Imagination,* Scherz, München 1989

–: *Die Frau als Heilerin. Die schöpferische Rolle der heilkundigen Frau in Geschichte und Gegenwart,* Scherz, München 1991

Almaas, A-Hammed A.: *Essence,* Samuel Weiser, York Beach, Maine 1986

–: *Diamond Heart: Book One,* Diamond Books, Berkeley 1987

–: *Essenz – Der diamantene Weg zur inneren Verwirklichung,* Transform, Oldenburg 1992

–: *Die Leere. Eine psychodynamische Untersuchung der Beziehung zwischen Geist und Raum,* Transform, Oldenburg 1992

Anderson, Walter Truett: *Open Secrets: A Guide to Tibetan Buddhism for Western Spiritual Seekers,* Tarcher, Los Angeles 1979

–: *The Upstart Spring: Esalen and the American Awakening,* Addison-Wesley, Reading, Mass. 1983

Assagioli, Roberto: *Psychosynthesis,* Penguin, New York 1976

–: *Psychosynthese. Handbuch der Methoden und Techniken,* Rowohlt, Reinbek 1993

Barasch, Marc Ian: *The Healing Path,* Tarcher/Putnam, New York 1993

Benson, Herbert, u. Klipper, Miriam: *The Relaxation Response,* Avon, New York 1976

Benson, Herbert, u. Proctor, William: *Your Maximum Mind,* Avon, New York 1989

Bhagavadgita. Der vollständige Text mit dem Kommentar Shankaras, Droemer Knaur, München 1989

Bly, Robert: *Eisenhans. Ein Buch über Männer,* Kindler, München 1991

Boorstein, Seymour (Hrsg.): *Transpersonale Psychotherapie,* Scherz, München 1988

Borysenko, Joan: *Gesundheit ist lernbar. Das klinisch getestete Programm zur Steigerung der Abwehrkräfte des Körpers und zur Förderung der Selbstheilungskraft,* Scherz, München 1991
–: *Fire in the Soul,* Warner, New York 1993
Bosnak, Robert: *Das kleine Traumbuch. Wie wir unsere Träume verstehen können,* Kösel, München, 2. Aufl. 1991
Boyd, Doug: *Swami,* Paragon House, New York 1990
Brennan, Barbara: *Licht-Arbeit. Das große Handbuch der Heilung mit körpereigenen Energiefeldern,* Goldmann, München 1991
Brooks, Charles V. W.: *Erleben durch die Sinne – »Sensory Awareness«,* dtv, München 1991
Cade, C. Maxwell, u. Coxhead, Nona: *The Awakened Mind,* Element Books, Longmead, GB 1987
Campbell, Joseph, u. Moyers, Bill: *Die Kraft der Mythen. Bilder der Seele im Leben des Menschen,* Artemis, München 1989
Capra, Fritjof: *Das Tao der Physik. Die Konvergenz von westlicher Wissenschaft und östlicher Weisheit,* Scherz, München 1984
Carlson, Richard, u. Shield, Benjamin: *Healers on Healing,* Tarcher, Los Angeles 1989
Castaneda, Carlos: *Die Lehren des Don Juan. Ein Yaqui-Weg des Wissens,* Fischer, Frankfurt, 23. Aufl. 1992
–: *Der Ring der Kraft. Don Juan in den Städten,* Fischer, Frankfurt, 14. Aufl. 1991
–: *Eine andere Wirklichkeit. Neue Gespräche mit Don Juan,* Fischer, Frankfurt, 18. Aufl. 1992
Chandler, Russell: *Understanding the New Age,* Word, Dallas 1988
Chopra, Deepak: *Gesundsein aus eigener Kraft. Mit Ayurveda zu neuem Denken über Krankheit und Gesundheit,* BLV, München, 3. Aufl. 1990
–: *Die Körperseele. Grundlagen und praktische Übungen der Ayurveda-Medizin,* Lübbe, Bergisch Gladbach 1991
–: *Die unendliche Kraft in uns. Energien jenseits der persönlichen Grenze,* BLV, München 1992
Cousins, Norman: *Der Arzt in uns selbst. Anatomie einer Krankheit aus der Sicht eines Betroffenen,* Rowohlt, Reinbek 1981
–: *The Healing Heart,* Avon, New York 1984
Csikszentmihalyi, Mihaly: *Das Flow-Erlebnis. Jenseits von Angst und Langeweile: Im Tun aufgehen,* Klett-Cotta, Stuttgart, 4. Aufl. 1992
D'Antonio, Michael: *Heaven on Earth,* Crown, New York 1992

Dardik, Irving, u. Waitley, Dennis: *Quantum Fitness,* Pocket Books, New York 1984

Deikman, Arthur J.: *Therapie und Erleuchtung. Die Erweiterung des menschlichen Bewußtseins,* Rowohlt, Reinbek 1986

–: *The Wrong Way Home,* Beacon, Boston 1990

Dienstfrey, Harris: *Where the Mind Meets the Body,* Harper-Collins, New York 1991

Doore, Gary: *What Survives? Contemporary Explorations of Life After Death,*Tarcher, Los Angeles 1990

Dossey, Larry: *Die Medizin von Raum und Zeit. Ein Gesundheitsmodell,* Rowohlt, Reinbek 1987

–: *Wahre Gesundheit finden. Krankheit und Schmerz aus ganzheitlicher Sicht,* Droemer Knaur, München 1991

–: *Healing Words,* HarperCollins, San Francisco 1994

Dychtwald, Ken: *KörperBewußtsein. Eine Synthese der östlichen & westlichen Wege zur Selbst-Wahrnehmung, Gesundheit & persönlichem Wachstum,* Synthesis, Essen 1981

Edwards, Betty: *Garantiert Zeichnen lernen. Das Geheimnis der rechten Hirn-Hemisphäre und die Befreiung unserer schöpferischen Gestaltungskräfte,* Rowohlt, Reinbek 1982

–: *Drawing on the Artist Within,* Simon & Schuster, New York 1986

–: *Der Künstler in dir. Intuition und Phantasie methodisch entwickeln – ein Intensivkurs in kreativem Sehen, Denken und Gestalten,* Rowohlt, Reinbek 1987

–: *Drawing on the Right Side of the Brain,* Tarcher, Los Angeles 1989

Ein Kurs in Wundern, Greuthof, Gutach i. Br. 1994

Eisenberg, David, u. Wright, Thomas L.: *Chinesische Medizin. Begegnungen mit Qi – ein Erfahrungsbericht,* Droemer Knaur, München 1990

Epstein, Gerald: *Gesund durch die Kraft der Vorstellung. Ein Übungsbuch,* Kösel, München 1992

Faraday, Ann: *Dream Power,* Berkeley, New York 1980

–: *Die positive Kraft der Träume,* Droemer Knaur, München 1984

Feldenkrais, Moshe: *Bewußtheit durch Bewegung. Verhaltensphysiologie oder Erfahrungen am eigenen Leibe. Mit zwölf exemplarischen Lektionen,* Suhrkamp, Frankfurt 1978

Ferguson, Marilyn: *Die sanfte Verschwörung. Persönliche und gesellschaftliche Transformation im Zeitalter des Wassermanns,* Droemer Knaur, München 1984

Feuerstein, Georg: *Yoga: The Technology of Ecstasy,* Tarcher, Los Angeles 1989
Fields, Rick: *Chop Wood, Carry Water,* Tarcher, Los Angeles 1984
–: *How the Swans Came to the Lake,* Shambhala, Boston 1992
Freud, Sigmund: *Über Träume und Traumdeutungen,* Fischer, Frankfurt, 21. Aufl. 1992
Friedman, Meyer, u. Ulmer, Diane: *Treating Type A Behavior and Your Heart,* Fawcett, New York 1984
Friedman, Meyer, u. Rosenman, Ray: *Type A Behavior and Your Heart,* Fawcett, New York 1985
Frings Keyes, Margaret: *Transformiere deinen Schatten. Die Psychologie des Enneagramms,* Rowohlt, Reinbek 1992
Gallwey, Timothy W.: *Tennis und Psyche. Das innere Spiel,* Wila, München, 3. Aufl. 1986
–: *Tennis: Das innere Spiel. Durch entspannte Konzentration zur Bestleistung,* Goldmann, München 1991
Garfield, Patricia: *Kreativ träumen,* Droemer Knaur, München 1986
Gawain, Shakti: *Stell dir vor. Kreativ Visualisieren,* Sphinx, Basel, 5. Aufl. 1991
Gazzaniga, Michael: *Die Geheimnisse des lernenden Gehirns. Neurowissenschaftliche Forschungen,* Junfermann, Paderborn 1988
Gendlin, Eugene: *Focusing. Technik der Selbsthilfe bei der Lösung persönlicher Probleme,* O. Müller, Salzburg 1981
–: *Dein Körper – Dein Traumdeuter,* O. Müller, Salzburg 1987
Goldstein, Joseph: *The Experience of Insight,* Shambhala, Boston 1976
–: *Vipassana-Meditation: Die natürliche Entwicklung unserer Einsicht,* Berlin 1978
–: *Insight Meditation: The Practice of Freedom,* Shambhala, Boston 1993
–, u. Kornfield, Jack: *Seeking the Heart of Wisdom,* Shambhala, Boston 1987
–: *Einsicht durch Meditation. Die Achtsamkeit des Herzens – Buddhistische Einsichts-Meditation für westliche Menschen,* Scherz, München 1989
Goleman, Daniel: *Meditation: Wege nach innen,* Quadriga, Weinheim 1990
–: *Lebenslügen. Warum wir uns immer wieder selbst täuschen,* Quadriga, Weinheim 1991
Green, Elmer: *Biofeedback and States of Consciousness,* Von Nostrand, New York 1986
– u. Alyce: *Beyond Biofeedback,* Knoll Publishing, Fort Wayne, Ind. 1977
–: *Biofeedback, eine neue Möglichkeit zu heilen,* Bauer, Freiburg 1978

Grof, Christina u. Stanislav: *The Stormy Search for the Self,* Tarcher, Los Angeles 1990

–: *Die stürmische Suche nach dem Selbst. Praktische Hilfe für spirituelle Krisen,* Kösel, München 1991

Grof, Stanislav: *LSD Psychotherapy,* Hunter House, Pomona, Kalif. 1980

–: *LSD Psychotherapie,* Klett-Cotta, Stuttgart 1983

–: *The Adventure of Self-Discovery,* State University of New York Press, Albany, N. Y. 1988

Hall, Calvin S.: *The Meaning of Dreams,* McGraw-Hill, New York 1966

Harman, Willis, u. Rheingold, Howard: *Die Kunst, kreativ zu sein,* Lübbe, Bergisch Gladbach 1991

Harner, Michael: *Der Weg des Schamanen. Ein praktischer Führer zu innerer Heilkraft,* Rowohlt, Reinbek 1986

Herrigel, Eugen: *Zen in der Kunst des Bogenschießens,* O. W. Barth, München, 21. Aufl. 1983

Hillman, James: *Pan und die natürliche Angst. Über die Notwendigkeit der Alpträume für die Seele,* Schweizer Spiegel, Zürich 1981

Hoffman, Edward: *The Right to Be Human: A Biography of Abraham Maslow,* Tarcher, Los Angeles 1988

Horney, Karen: *Selbstanalyse,* Fischer, Frankfurt, o. J.

Houston, Jean: *Der mögliche Mensch,* Sphinx, Basel 1984

–: *Lebenskraft. Geschichte als Spiegel persönlicher Entwicklung,* Sphinx, Basel 1989

Hurley, Kathleen, u. Dobson, Theodore: *My Best Self: Using the Enneagram to Free the Soul,* Harper, San Francisco 1993

Hutchison, Michael: *Megabrain. Geist und Maschine,* Sphinx, Basel, 3. Aufl. 1992

Huxley, Aldous: *Die Pforten der Wahrnehmung,* R. Piper, München 1964

–: *Die ewige Philosophie,* R. Piper, München 1987

Huxley, Laura A.: *Glücklichsein ist keine Kunst. Anleitung zum Leben und Lieben,* Sphinx, Basel 1989

James, William: *Die Vielfalt religiöser Erfahrung: eine Studie über die menschliche Natur,* Walter, Olten 1979

Johnson, Don: *Wie der Körper des Proteus. Rolfing und die menschliche Flexibilität,* Synthesis, Essen 1980

–: *Body,* Beacon Press, Boston 1983

Joy, W. Brugh: *Weg der Erfüllung. Selbstheilung durch Transformation,* Ansata, Interlaken, 2. Aufl. 1987

Jung, C. G.: *GW: Praxis der Psychotherapie,* Walter, Olten, 5. Aufl. 1990
– u. a.: *Der Mensch und seine Symbole,* Walter, Olten, 12. Aufl. 1991
Kabat-Zinn, Jon: *Full Catastrophe Living,* Delacorte Press, New York 1990
–: *Gesund und streßfrei durch Meditation. Das große Buch der Selbstheilung. Das grundlegende Übungsprogramm zur Entspannung, Streßreduktion und Aktivierung des Immunsystems,* Scherz, München 1991
–: *Stark aus eigener Kraft,* O. W. Barth, München 1995
Keen, Sam: *Die Lust an der Liebe,* Heyne, München 1992
–: *Feuer im Bauch. Über das Mann-Sein,* Kabel, Hamburg 1992
Keleman, Stanley: *Dein Körper formt dein Selbst. Selbsterfahrung durch Bioenergetik,* mvg, München, 2. Aufl. 1986
–: *Verkörperte Gefühle. Der anatomische Ursprung unserer Erfahrungen und Einstellungen,* Kösel, München 1992
Kornfield, Jack: *Frag den Buddha und geh den Weg des Herzens,* Kösel, München 1995
–, u. Breiter, Paul: *A Still Forest Pool,* Quest, Wheaton, Illinois 1985
Krippner, Stanley: *Dreamtime and Dreamwork,* Tarcher, Los Angeles 1990
–, u. Scott, Patrick: *Zwischen Himmel und Erde. Spirituelles Heilen der Schamanen, Hexen, Priester und Medien,* Chiron, Mössingen 1987
Krishnamurti, Jiddu: *Frei sein!,* Humata, Bern, 2. Aufl. 1988
Kuhn, Thomas: *Die Struktur wissenschaftlicher Revolutionen,* Suhrkamp, Frankfurt 1973
LaBerge, Stephen: *Hellwach im Traum. Höchste Bewußtheit in tiefem Schlaf,* Junfermann, Paderborn 1987
Langer, Ellen J.: *Aktives Denken. Wie wir geistig auf der Höhe bleiben,* Rowohlt, Reinbek 1991
Lao-tse: *Tao-Te-King,* Reclam, Stuttgart 1961
Leary, Timothy: *Flashbacks,* Tarcher, Los Angeles 1983
Leonard, George: *Der Pulsschlag des Universums. Schwingung und Rhythmus – was die Welt im Innersten zusammenhält,* Scherz, München, Neuausg. 1992
LeShan, Lawrence: *You Can Fight for Your Life,* Evans, New York 1977
–: *Von Newton zu Psi. Neue Dimensionen im Umgang mit der Wirklichkeit,* Rowohlt, Reinbek 1986
–: *Cancer as a Turning Point,* Dutton, New York 1989
–: *Psychotherapie gegen den Krebs. Über die Bedeutung emotionaler Faktoren bei der Entstehung und Heilung von Krebs,* Klett-Cotta, Stuttgart, 5. Aufl. 1991

Levine, Stephen: *Sein lassen. Heilung im Leben und im Sterben,* Gries, Bodewig, Kamphausen, Bielefeld 1992

–: *Wer stirbt? Wege durch den Tod,* Gries, Bodewig, Kamphausen, Bielefeld, o. J.

Lilly, John: *John Lilly, so far,* Tarcher, Los Angeles 1990

Locke, Steven, u. Colligan, Douglas: *The Healer Within,* Dutton, New York 1986

Loehr, James E.: *Persönliche Bestform durch Mentaltraining. Für Sport, Beruf und Ausbildung,* BLV, München, 2. Aufl. 1991

–: *Toughness Training for Life,* Dutton, New York 1993

Lowen, Alexander: *Bio-Energetik. Therapie der Seele durch Arbeit mit dem Körper,* Rowohlt, Reinbek, Neuausg. 1990

–: *Bioenergetik als Körpertherapie. Der Verrat am Körper und wie er wiedergutzumachen ist,* Scherz, München, Neuausg. 1990

–: *Spiritualität des Körpers. Innere Harmonie durch Bioenergetik,* Heyne, München 1991

Maharishi Mahesh Yogi: *Transcendental Meditation,* Signet, New York 1968

–: *Die Wissenschaft vom Sein und die Kunst des Lebens,* SIMS Publications, Frankfurt 1969

Maslow, Abraham: *Toward a Psychology of Being,* Van Nostrand, Princeton, N. Y. 1962

–: *Religions, Values and Peak Experiences,* Viking, New York 1970

–: *The Farther Reaches of Human Nature,* Penguin, New York 1971

–: *Psychologie des Seins. Ein Entwurf,* Fischer, Frankfurt, 3. Aufl. 1990

McClelland, David C.: *Motives, Personality and Society,* Praeger, New York 1984

Mindell, Arnold: *The Dreambody. Körpersymptome als Sprache der Seele,* Bonz, Waiblingen-Hohenacker, 3. Aufl. 1991

Moore, Thomas: *Seel-Sorge. Tiefe und Spiritualität im täglichen Leben finden,* Droemer Knaur, München 1993

Moyers, Bill: *Healing and the Mind,* Doubleday, New York 1993

Murphy, Michael: *Der Quanten-Mensch. Ein Blick in die Entfaltung des menschlichen Potentials im 21. Jahrhundert,* Integral, Wessobrunn 1994

–: *Golf und Psyche. Der Weg zum intuitiven Golf,* Integral, Wessobrunn 1994

–, u. White, Rhea: *Psi im Sport: Der Einfluß übernatürlicher Wahrnehmung auf sportliche Spitzenleistungen,* Hugendubel, München 1983

Naranjo, Claudio: *Ennea-Type Structures,* Gateways Publishers, Nevada City, Kalif. 1990

–, u. Ornstein, Robert: *Psychologie der Meditation,* Fischer, Frankfurt 1988
Ornish, Dean: *Die Ornish-Herz-Diät,* Kreuz Verlag, Stuttgart, 4. Auflage 1994
–: *Revolution in der Herztherapie,* Kreuz, Suttgart 1992
Ornstein, Robert: *The Psychology of Consciousness,* Penguin, New York 1973
–: *Multimind. Wie die neue Hirnforschung unser Verhalten erklärt,* Junfermann, Paderborn 1988
–, u. Thompson, Richard: *Unser Gehirn: das lebendige Labyrinth,* Rowohlt, Reinbek 1986
Ouspensky, P. D.: *Auf der Suche nach dem Wunderbaren,* O. W. Barth, Weilheim 1966
Palmer, Helen: *Das Enneagramm. Sich selbst und andere verstehen lernen,* Droemer Knaur, München 1991
Peck, M. Scott: *Der wunderbare Weg. Eine neue Psychologie der Liebe und des spirituellen Wachstums,* Bertelsmann, Gütersloh 1986
–: *Die Lügner. Eine Psychologie des Bösen – und die Hoffnung auf Heilung,* Claudius, München 1990
Perls, Fritz: *Gestalt Therapy Verbatim,* The Center for Gestalt Development, Highland, N. Y. 1969
–: *The Gestalt Approach and Eyewitness to Therapy,* Bantam Books, New York 1973
–: *Gestalttherapie,* Klett-Cotta, Stuttgart 1979
–: *Grundlagen der Gestalt-Therapie. Einführung und Sitzungsprotokolle,* Edition Humanistische Psychologie, Köln, 8. Aufl. 1992
Prigogine, Ilya: *Vom Sein zum Werden. Zeit und Komplexität in den Naturwissenschaften,* R. Piper, München, 6. Aufl. 1992
Ram Dass: *The Only Dance There Is,* Anchor, New York 1970
–: *Be Here Now,* Crown Publishing, New York 1971
–: *Grist for the Mill,* Unity Press, Santa Cruz, Kalif. 1976
–: *Sei jetzt hier,* Sadhana, Berlin, 5. Aufl. 1984
–: *Reise des Erwachens. Handbuch zur Meditation,* Droemer Knaur, München 1986
–, u. Levine, Stephen: *Schrot für die Mühle,* Sadhana, Köln 1979
Reich, Wilhelm: *Charakteranalyse,* Kiepenheuer & Witsch, Köln 1989
Riso, Don Richard: *Die neun Typen der Persönlichkeit und das Enneagramm,* Droemer Knaur, München 1989
–: *Das Enneagramm-Handbuch. Mit ausführlichem Testteil,* Droemer Knaur, München 1993

Rohr, Richard, u. Ebert, Andreas: *Das Enneagramm. Die neun Gesichter der Seele,* Claudius, München, 15. Aufl. 1992
Rossi, Ernest Lawrence: *Die Psychobiologie der Seele-Körper-Heilung,* Synthesis, Essen 1991
Samuels, Mike u. Nancy: *Seeing with the Mind's Eye,* Random House, New York 1975
Sarno, John E.: *Mind Over Back Pain,* Morrow, New York 1984
–: *Healing Back Pain,* Warner, New York 1991
Schutz, William C.: *Joy,* Grove Press, New York 1967
Seligmann, Martin E.: *Pessimisten küßt man nicht. Optimismus kann man lernen,* Droemer Knaur, München 1993
Siegel, Bernie S.: *Love, Medicine and Miracles,* Harper & Row, New York 1986
–: *Prognose Hoffnung. Heilerfolge aus der Praxis eines mutigen Arztes,* Econ, Düsseldorf 1988
–: *Liebe, Medizin und Wunder. Heilerfolge aus der Praxis eines mutigen Arztes,* Econ, Düsseldorf 1991
–: *Mit der Seele heilen. Gesundheit durch inneren Dialog,* Econ, Düsseldorf 1991
Simonton, Carl O.: *Prinzip Mut,* Heyne, München 1989
–, Simonton, Stephanie M., u. Creighton, James: *Wieder gesund werden. Eine Anleitung zur Aktivierung der Selbstheilungskräfte für Krebspatienten und ihre Angehörigen,* Rowohlt, Reinbek 1982
Sontag, Susan: *Krankheit als Metapher,* Fischer, Frankfurt, 5. Aufl. 1992
Spiegel, David: *Living Beyond Limits,* Times Books, New York 1993
Springer, Sally P., u. Deutsch, Georg: *Left Brain, Right Brain,* W. H. Freeman, New York 1981
–: *Linkes Gehirn / rechtes Gehirn. Funktionelle Asymmetrien,* Spektrum der Wissenschaft, Heidelberg, 3. Aufl. 1990
Stevens, Jay: *Storming Heaven,* Perennial Library, New York 1987
Stevenson, Ian: *Reinkarnation – Kinder erinnern sich an frühere Erdenleben,* Aquamarin, Grafing 1989
Stibane, Michael: *Maharishi Mahesh Yogis Wissenschaft der kreativen Intelligenz als Philosophie der Einheit,* Naglschmid, Stuttgart 1981
Suzuki, Shunryu: *Zen-Geist, Anfänger-Geist. Unterweisungen in Zen-Meditation,* Theseus, Zürich, 5. Aufl. 1990
Tart, Charles T. (Hrsg.): *Altered States of Consciousness,* Anchor, New York 1969

–: *Das Übersinnliche. Forschungen über einen Grenzbereich psychischen Erlebens,* Klett-Cotta, Stuttgart 1986
–: *Hellwach und bewußt leben. Wege zur Entfaltung des menschlichen Potentials – die Anleitung zum bewußten Sein,* Scherz, München 1988
– (Hrsg.): *Transpersonale Psychologie,* Walter, Olten 1978
Tavris, Carol: *Anger: The Misunderstood Emotion,* Simon & Schuster, New York 1982
–: *Wut. Das mißverstandene Gefühl,* Hoffmann und Campe, Hamburg 1992
Trungpa, Chögyam: *Cutting Through Spiritual Materialism,* Shambhala, Boston 1973
–: *Spirituellen Materialismus Durchschneiden. Wie die Selbsttäuschung auf dem geistigen Weg zu erkennen ist,* Theseus, Zürich 1989
Ullman, Montague, u. Zimmerman, Nan: *Working with Dreams,* Tarcher, Los Angeles 1979
–: *Mit Träumen arbeiten,* Klett-Cotta, Stuttgart 1986
Vaughn, Frances E.: *Awakening Intuition,* Anchor, New York 1979
Walsh, Roger N.: *Der Geist des Schamanismus,* Walter, Olten 1992
–, u. Vaughn, Frances E. (Hrsg.): *Psychologie in der Wende. Grundlagen, Methoden und Ziele der Transpersonalen Psychologie. Eine Einführung in die Psychologie des Neuen Bewußtseins,* Rowohlt 1987
–: *Paths Beyond Ego,* Tarcher/Perigee, Los Angeles 1993
Watts, Alan W.: *Die sanfte Befreiung. Moderne Psychologie und östliche Weisheit,* Goldmann, München, Neuaufl. 1988
–: *Die Weisheit des ungesicherten Lebens,* Barth, München 1955
Weil, Andrew: *The Natural Mind,* Houghton Mifflin, Boston 1972
–: *Natürliche Gesundheit – Natürliche Medizin. Das Handbuch für Vorbeugung und Heilung,* Kabel, Hamburg 1991
Weiss, Brian L.: *Many Lives, Many Masters,* Simon & Schuster, New York 1988
–: *Through Time into Healing,* Simon & Schuster, New York 1992
Wilber, Ken: *Eye to Eye,* Shambhala, Boston 1983
–: *Wege zum Selbst. Östliche und westliche Ansätze zu persönlichem Wachstum,* Kösel, München, 4. Aufl. 1988
–: *Das Spektrum des Bewußtseins,* Scherz, München 1989
–: *Grace and Grit,* Shambhala, Boston 1991
–: *Mut und Gnade. In einer Krankheit zum Tode bewährt sich eine große Liebe – das Leben und Sterben der Treya Wilber,* Scherz, München 1992
–: *Sex, Ecology and Spirituality,* Shambhala, Boston 1995

–, Engler, Jack, u. Brown, Daniel P.: *Psychologie der Befreiung. Perspektiven einer neuen Entwicklungspsychologie – die östliche und die westliche Sicht des menschlichen Reifungsprozesses,* Scherz, München 1990
Williams, Redford: *The Trusting Heart,* Times Books, New York 1989
–: *Herzvertrauen. Der Infarkt. Ursachen und Vorbeugen,* Droemer Knaur, München 1992
Williamson, Marianne: *Rückkehr zur Liebe,* Goldmann, München 1993
Wilson, Colin: *Gurdjieff. Der Kampf gegen den Schlaf,* Droemer Knaur, München 1986

Anmerkungen

Kapitel 1

1 Ram Dass: *Be Here Now*, ohne Paginierung (dt.: *Sei jetzt hier*, zitiert n. d. engl. Ausg.)
2 Timothy Leary: *Flashbacks*
3 Ram Dass: ebenda
4 Timothy Leary: ebenda, S. 32
5 Ram Dass: ebenda
6 ebenda
7 Jay Stevens: *Storming Heaven*, S. 160
8 ebenda
9 Aldous Huxley: *Die Pforten der Wahrnehmung*, S. 65 f.
10 Walter Truett Anderson: *The Upstart Spring*, S. 74
11 Jay Stevens: ebenda, S. 189
12 Christina u. Stanislav Grof: *The Stormy Search for the Self*, S. 22 (dt.: *Die stürmische Suche nach dem Selbst*, zitiert n. d. engl. Ausg.)
13 ebenda, S. 24
14 Stanislav Grof: *The Adventure of Self-Discovery*, S. 30
15 Stanislav Grof: *LSD Psychotherapy*, S. 72 (dt.: *LSD Psychotherapie*, zitiert n. d. engl. Ausg.)
16 Ram Dass: ebenda
17 Ram Dass: *The Only Dance There Is*, S. 1
18 Ram Dass: *Be Here Now*
19 ebenda
20 David C. McClelland: *Motives, Personality and Society*, S. 188
21 Ram Dass: *Grist for the Mill*, S. 63 (dt.: *Schrot für die Mühle*, zitiert n. d. engl. Ausg.)
22 ebenda

23 ebenda, S. 72
24 ebenda, S. 54-57

Kapitel 2

1 Edward Hoffman: *The Right to Be Human: A Biography of Abraham Maslow*, S. 9
2 Abraham Maslow: *Toward a Psychology of Being*, S. 5 (dt.: *Psychologie des Seins*, zitiert n. d. engl. Ausg.)
3 Abraham Maslow: »A Theory of Human Motivation«, *Psychological Review 50* (1947), 375-377
4 Fritz Perls: *Gestalt Therapy Verbatim*, S. 29 u. 38
5 Fritz Perls: *The Gestalt Approach and Eyewitness to Therapy*, S. 127
6 Michael Murphy: *Der Quantenmensch*, S. 586 f.
7 William C. Schutz: *Joy*, S. 15
8 Leo Litwak: »Joy Is the Prize«, *The New York Times Magazine*, 12. Sept. 1967, S. 28
9 Carol Tavris: *Anger: The Misunderstood Emotion*, S. 129 (dt.: *Wut. Das mißverstandene Gefühl*, zitiert n. d. engl. Ausg.)
10 Calvin Tomkins: »New Paradigms«. *The New Yorker*, Vol. 51, Nr. 46 (5. Jan. 1976), S. 61
11 Edward Hoffman: *The Right to Be Human*, S. 291 f.
12 Robert Assagioli: *Psychosynthesis*, S. 22 bis 24 (dt.: *Psychosynthese*, zitiert n. d. engl. Ausg.)

Kapitel 3

1 Elmer u. Alyce Green: *Beyond Biofeedback*, S. 68
2 ebenda, S. 7
3 ebenda, S. 294
4 ebenda, S. 207
5 Katherine Webster: »The Case Against Swami Rama of the Himalayas«, *Yoga Journal*, Nov./Dez. 1990, S. 59 bis 94
6 ebenda, S. 60 u. 64
7 William Rodarmor: »The Secret Life of Swami Muktananda«, *The Co-Evolution Quarterly* (Winter 1983,9 S. 110 f.

8 Katherine Webster: ebenda, S. 62
9 Elmer Green: *Biofeedback and States of Consciousness,* S. 563
10 Elmer u. Alyce Green: *Beyond Biofeedback,* S. 143 u. 146
11 Elmer Green: »Alpha-Theta Brainwave Training: Instrumental Vipassana?« (Vortrag in Montreal am 22. Juni 1973), S. 7
12 Elmer u. Alyce Green: *Beyond Biofeedback,* S. 126
13 ebenda, S. xviii
14 Elmer Green: »Alpha-Theta Brainwave Training«, S. 4

Kapitel 4

1 Robert Ornstein: *The Psychology of Consciousness,* S. 100
2 Jerry Levy: »Right Brain. Left Brain: Fact and Fiction«, *Psychology Today,* Mai 1985, S. 33 bis 44
3 J. E. Bogen: »Some Educational Aspects of Hemispheric Specialization«, *UCLA Educator,* Vol. 17, Nr. 2 (Frühjahr 1975)
4 Betty Edwards: *Drawing on the Right Side of the Brain,* S. 29 (dt.: *Garantiert Zeichnen lernen,* zitiert n. d. engl. Ausg.)
5 ebenda, S. xiii
6 Sally Springer u. Georg Deutsch: *Left Brain, Right Brain,* S. 299 (dt.: *Linkes Gehirn / rechtes Gehirn,* zitiert n. d. engl. Ausg.)
7 Betty Edwards: ebenda, S. xiv
8 Sally Springer u. Georg Deutsch: ebenda
9 Betty Edwards: ebenda, S. 127
10 Betty Edwards: *Drawing on the Artist Within,* S. 223 (dt.: *Der Künstler in dir,* zitiert n. d. engl. Ausg.)
11 ebenda, S. 230
12 ebenda, S. 111
13 ebenda, S. 231

Kapitel 5

1 Gina Kolata: »Study Raises Serious Doubts About Commonly Used Methods of Treating Back Pain«, Aufsatz in der *New York Times,* 11. Juli 1994
2 John E. Sarno: *Mind Over Back Pain,* S. 73

3 E. Rosenthal: »Chronic Pain Fells Many Yet Lacks Clear Cause«, *New York Times*, 29. Dez. 1992
4 Steven Locke u. Douglas Colligan: *The Healer Within*, S. 62
5 Lawrence LeShan: *Cancer as a Turning Point*, S. 9 f.
6 Lawrence LeShan: *You Can Fight for Your Life*, S. 108
7 Redford Williams: *The Trusting Heart*, S. 48 (dt.: *Herzvertrauen*, zitiert n. d. engl. Ausg.)
8 Meyer Friedman: »Type A Behaviour: A Frequently Misdiagnosed and Rarely Treated Medical Disorder«, *American Heart Journal*, Vol. 115, Nr. 4, S. 930 bis 936
9 Meyer Friedman: *Treating Type A Behaviour and Your Heart*, S. 149
10 David Spiegel u. a.: »Effect of Psychosocial Treatment on Survival of Patients with Metastatic Breast Cancer«, *Lancet*, 14. Okt. 1989, S. 888 bis 891
11 Bernie S. Siegel: *Love, Medicine and Miracles*, S. 17 (dt.: *Liebe, Medizin und Wunder*, zitiert n. d. engl. Ausg.)
12 Jon Kabat-Zinn: *Full Catastrophe Living*, S. 19
13 Jeanne Achterberg: *Imagery and Healing*, S. 23 (dt.: *Heilung durch Gedankenkraft*, zitiert n. d. engl. Ausg.)
14 ebenda, S. 123 f.
15 ebenda, S. 191
16 Dean Ornish: *Dr. Dean Ornish's Program for Reversing Heart Disease*, S. 87 (dt.: *Revolution in der Herztherapie*, zitiert n. d. engl. Ausg.)

Kapitel 6

1 Timothy Gallwey: *The Inner Game of Tennis* (dt.: *Tennis und Psyche. Das innere Spiel*, zitiert n. d. engl. Ausg.)
2 Mihaly Csikszentmihalyi: *Flow*, S. 206 (dt.: *Das Flow-Erlebnis*, zitiert n. d. engl. Ausg.)
3 Timothy Callwey, ebenda, S. 104 u. 106
4 ebenda, S. 8 f.
5 James Loehr: *Mental Toughness Training of Sports*, S. 1 (dt.: *Persönliche Bestform durch Mentaltraining*, zitiert n. d. engl. Ausg.)
6 James Loehr: *Toughness Training for Life*, S. 70
7 James Loehr: *Mental Toughness Training for Sports*, S. 16
8 ebenda, S. 22

9 ebenda, S. 178
10 James Loehr: *Toughness Training for Life*, S. 133
11 ebenda, S. 134
12 Mihalyi Csikszentmihalyi: *Flow*, S. 200
13 ebenda, S. 69
14 James Loehr: *Toughness Training for Life*, S. 28 f.

Kapitel 7

1 C. G. Jung: *Der Mensch und seine Symbole*, S. 52 f.
2 ebenda
3 C. G. Jung: *GW 16, Praxis der Psychotherapie:* »Ziele der Psychotherapie«, S. 54, § 86
4 Calvin Hall: *The Meaning of Dreams*, S. 214
5 Ann Faraday: *Dream Power*, S. 130 (dt.: *Die positive Kraft der Träume*, zitiert n. d. engl. Ausg.)
6 Calvin Hall: ebenda, S. 120
7 Jeremy Taylor: *Where People Fly and Water Runs Uphill*
8 ebenda, S. 109
9 ebenda, S. 181
10 ebenda, S. 96
11 ebenda, S. 50
12 ebenda, S. 183
13 ebenda, S. 182 f.
14 Montague Ullman u. Nan Zimmerman: *Working With Dreams*, S. 8 (dt.: *Mit Träumen arbeiten*, zitiert n. d. engl. Ausg.)

Kapitel 8

1 Roberto Assagioli: *Psychosynthesis*, S. 22 (dt.: *Psychosynthese*, zitiert n. d. engl. Ausg.)
2 Joseph Goldstein: *The Experience of Insight*, S. 24
3 Rick Fields: *How the Swans Came to the Lake*, S. 318 f.
4 Jack Kornfield: *A Path With Heart*, S. 7
5 Chögyam Trungpa: *Cutting Through Spiritual Materialism*, S. 3 (dt.: *Spirituellen Materialismus Durchschneiden*, zitiert n. d. engl. Ausg.)

6 ebenda, S. 14
7 Rick Fields: ebenda, S. 316
8 Joseph Goldstein: ebenda, S. 22
9 Joseph Goldstein u. Jack Kornfield: *Seeking the Heart of Wisdom,* S. 7
10 Joseph Goldstein: ebenda, S. 57
11 Roger Walsh: »Initial Meditative Experiences«, *Journal of Transpersonal Psychology,* Vol. 10, Nr. 1 (1977), S. 154
12 Jack Kornfield: *A Path With Heart,* S. 53
13 ebenda, S. 11
14 ebenda, S. 41
15 ebenda, S. 141
16 Joseph Goldstein: *Insight Meditation: The Practice of Freedom,* S. 9 f.

Kapitel 9

1 Anthony Sutich: »The concept of self-actualization«, *Journal of Transpersonal Psychology,* Vol. 8, Nr. 1 (1976), S. 7
2 Abraham Maslow: »The Farther Reaches of Human Nature«, *Journal of Humanistic Psychology,* Frühjahr 1969
3 Anthony Sutich: ebenda, S. 16
4 Roger Walsh u. Frances Vaughn: *Paths Beyond Ego,* S. 100
5 ebenda, S. 102
6 Charles Tart (Hrsg.): *Altered States of Consciousness,* S. 7
7 Ken Wilber: »Odyssey: A Personal Inquiry«, *Journal of Humanistic Psychology,* Vol. 22, Nr. 1 (Winter 1982), S. 57 bis 90
8 ebenda, S. 58
9 ebenda, S. 59
10 Ken Wilber: *Grace and Grit,* S. 12 (dt.: *Mut und Gnade,* zitiert n. d. engl. Ausg.)
11 ebenda, S. 58
12 ebenda, S. 70
13 Ken Wilber: »Odyssey: A Personal Inquiry«, ebenda, S. 81
14 Ken Wilber: *Eye to Eye,* S. 216
15 Ken Wilber: *Grace and Grit,* S. 7
16 ebenda, S. 33
17 ebenda, S. 48
18 ebenda, S. 51

19 Ken Wilber: »Attitudes and Cancer: What Kind of Help Really Helps?«, *Journal of Transpersonal Psychology,* Vol. 20, Nr. 1 (1988), S. 49 bis 59
20 Ken Wilber: *Grace and Grit,* S. 141
21 ebenda, S. 141
22 ebenda, S. 140
23 ebenda, S. 172
24 ebenda, S. 360
25 Ken Wilber: »On Being a Support Person«, *Journal of Transpersonal Psychology,* Vol. 20, Nr. 2 (1988), S. 141 bis 159
26 Ken Wilber: *Grace and Grit,* S. 307
27 ebenda, S. 367

Kapitel 10

1 P. D. Ouspensky: *Auf der Suche nach dem Wunderbaren,* S. 235 f.
2 Helen Palmer: *Das Enneagramm,* S. 48 f.
3 ebenda, S. 16
4 ebenda, S. 50
5 ebenda, S. 50
6 ebenda, S. 50
7 ebenda, S. 338 u. 340
8 ebenda, S. 348
9 ebenda, S. 193
10 A. H. Almaas: *Diamond Heart: Book One,* S. 34
11 A. H. Almaas: *Essence,* S. 148 (dt.: *Essenz – der diamantene Weg zur inneren Verwirklichung,* zitiert n. d. engl. Ausg.)
12 ebenda, S. 26
13 ebenda, S. 44 u. 46
14 A. H. Almaas: *Diamond Heart,* S. 29 f.
15 ebenda, S. 20
16 ebenda, S. 50
17 A. H. Almaas: *Essence,* S. 25
18 A. H. Almaas: *Diamond Heart,* S. 27
19 ebenda, S. 55